include MyDesk

Per accedere a MyDesk vai su
www.alphatest.it/tu25387
e segui le istruzioni.

Cos'è MyDesk e cosa ti offre?

MyDesk è l'esclusivo sistema di e-learning adottato anche in tutti i corsi di preparazione Alpha Test. Acquistando questo volume, hai diritto ad accedere a MyDesk usufruendo di contenuti supplementari utili per la tua preparazione.

A tua disposizione trovi:

- **Simulazioni** d'esame
- **Esercitazioni** mirate
- **Tutorial** su test e preparazione all'esame

L'abbinamento del libro con MyDesk ti consente di potenziare lo studio, l'esercizio e la verifica della preparazione offrendoti le maggiori possibilità di successo nella selezione.

TESTUNIVERSITARI

Alpha Test
Ingegneria
4000 quiz

edizioni
Alpha Test

Via Mercalli, 14 – 20122 – Milano (Italy)
Tel. 02 5845981 – fax 02 58459896
servizi@alphatest.it
www.alphatest.it

La possibilità per l'utente di accedere a MyDesk abbinato al volume e di ricevere assistenza informatica da Alpha Test cessa due anni dopo la data di attivazione o, se viene prima, un anno dopo l'uscita dell'edizione dal catalogo editoriale di Alpha Test.

ISBN: 9788848325387

Quinta edizione: novembre 2022
Prima edizione: aprile 2012

Stampato da L.E.G.O. S.p.a. Lavis (TN)
per conto di Alpha Test S.r.l.
nel novembre 2022

INDICE

Prefazione

Per gli studenti italiani (ma anche stranieri che vogliono studiare in Italia) l'iscrizione all'università è ormai da parecchi anni subordinata al superamento di una prova di selezione (o talvolta di valutazione), che ha lo scopo di verificare se e in quale misura le aspiranti matricole abbiano le potenzialità di frequentare con profitto il corso di laurea prescelto.

Attualmente, in Italia – sia nelle più importanti università private sia in quelle statali – quasi tutti i corsi di laurea magistrale a ciclo unico (Medicina e Chirurgia, Odontoiatria e Protesi dentaria, Medicina Veterinaria, Scienze della Formazione primaria, Farmacia, Architettura, Giurisprudenza ecc.) e molti corsi di laurea triennale sono caratterizzati dalla presenza del **numero programmato** a livello nazionale o locale: il numero di iscritti al primo anno di questi corsi non può quindi superare il limite di posti stabilito dal Ministero o dai singoli atenei.

La selezione tra i candidati che desiderano accedere a un corso universitario a numero programmato viene effettuata quasi sempre mediante una prova a test, composta da domande a risposta multipla: si valutano in tal modo le conoscenze e le attitudini degli studenti. Il test viene predisposto, a seconda dei casi, o a cura del ministero dell'Università e della Ricerca (come, per esempio, per le prove nazionali di accesso ai corsi di Medicina/Odontoiatria e Veterinaria) o dalle singole università o da consorzi interuniversitari (quali il CISIA o il CINECA).

Il risultato che uno studente ottiene nel test determina il **punteggio** con il quale entra nella **graduatoria dei candidati** in base alla quale vengono attribuiti i posti a disposizione. In pochi corsi a numero chiuso locale, a definire la posizione nella graduatoria finale contribuiscono anche i voti conseguiti negli ultimi anni di scuola superiore o il voto dell'Esame di Stato, ma con peso minore (se non minimo) rispetto al punteggio del test.

La normativa impone ormai anche ai corsi di laurea ad accesso libero di attivare **prove valutative** e/o di **orientamento**, di solito a test; lo scopo di tali prove è rilevare per ogni studente il livello della preparazione iniziale ritenuta necessaria per frequentare con successo un dato corso (talvolta indicata con la formula "saperi minimi"). Tale valutazione non ha lo scopo di precludere l'iscrizione ma, in caso di mancato raggiungimento della soglia stabilita, attribuisce alcuni **obblighi formativi aggiuntivi** (OFA) che lo studente dovrà assolvere entro il primo semestre o il primo anno di corso, dimostrando di aver colmato le lacune evidenziate. In taluni casi, gli OFA vanno saldati prima di potere affrontare gli esami del primo anno di corso. Talvolta lo studente – prendendo atto di un esito insufficiente della prova – può decidere spontaneamente di rivedere la propria scelta di studi.

Dunque, anche chi intende frequentare un corso universitario ad accesso libero deve affrontare una prova prima dell'immatricolazione; ciò impone agli studenti seriamente motivati di prepararsi in modo adeguato per iniziare senza penalità il proprio percorso di studio.

Alpha Test è la più importante organizzazione in Italia che, per prima e da oltre 30 anni, offre agli studenti strumenti e percorsi diversi per affrontare con successo i test di valutazione o di selezione. A questo scopo pubblica la **collana TestUniversitari**, composta da oltre ottanta tra manuali ed eserciziari, specifici per ogni area di studio (informazioni su alphatest.it/Libri).

In particolare, questo libro è specifico per la preparazione ai test di ammissione per i corsi di laurea triennale delle aree di **Ingegneria** (L-7 Ingegneria civile e ambientale; L-8 Ingegneria dell'informazione; L-9 Ingegneria industriale). Le tre classi di laurea si articolano, di ateneo in ateneo, in curricula variamente caratterizzati.

Per esempio, la classe **L-7** forma i profili di ingegnere civile, ingegnere ambientale, ingegnere gestionale, ingegnere per la tutela del territorio e dell'ambiente, ingegnere dei rischi ambientali e delle infrastrutture, ingegnere della sicurezza ecc. La classe **L-8** forma inoltre i profili dell'ingegnere dell'automazione, ingegnere biomedico, ingegnere elettronico, ingegnere informatico, ingegnere delle telecomunicazioni, ingegnere della sicurezza e protezione delle informazioni ecc. La classe **L-9** forma invece i profili di ingegnere aerospaziale, ingegnere dell'automazione, ingegnere chimico, ingegnere energetico, ingegnere dei materiali, ingegnere meccanico, ingegnere navale, ingegnere nucleare, ingegnere della sicurezza e protezione industriale ecc.

Il volume è inoltre adatto per quei corsi di laurea dell'area **Informatica** (L-31) che, in molte sedi universitarie, hanno come prova di ammissione il TOLC-I o test autonomi di ateneo (incentrati su domande di logica, ragionamento quantitativo, matematica ed elementi di fisica e chimica). Alcune università adottano invece per le triennali della classe L-31 il TOLC-S (che prevede anche domande di altre discipline, come Scienze della Terra non trattate in questo volume).

In generale, questo libro è adatto per l'accesso ai corsi di laurea di ambito scientifico-tecnologico per i quali i singoli atenei prevedono come prova di accesso lo svolgimento del **TOLC-I** (in alcune sedi, per esempio, è utilizzato per i corsi della L-41di Statistica, o per le nuove lauree professionalizzanti come L-P01 Professioni tecniche per l'edilizia e il territorio, o per la L-25 Scienze e tecnologie agrarie e forestali e diverse altre).

Si consiglia sempre di verificare sul bando di ateneo quale TOLC è richiesto per il corso di laurea di interesse e/o quali materie sono previste dal programma di esame.

L'acquisto di un volume della collana TestUniversitari, consente di accedere a **MyDesk**, l'esclusiva piattaforma online sviluppata da Alpha Test, con materiali di studio aggiuntivi (videolezioni, tutorial dei docenti, informazioni aggiornate ecc.) e un avanzato **sistema di simulazione** per svolgere esercitazioni per materia o prove simulate secondo tempi e modalità dell'esame ufficiale.

Per **accedere a MyDesk** è sufficiente seguire le istruzioni che si trovano nella seconda pagina di questo volume.

Alpha Test – attiva su tutto il territorio nazionale, con sedi nelle principali città universitarie – si avvale inoltre della collaborazione di un corpo docente di grande esperienza, organizzando **corsi specifici di preparazione** di diversa durata, in presenza oppure online (informazioni su alphatest.it/Corsi).

Un altro utile strumento per i lettori è **Alpha Test Academy**: una piattaforma online di assistenza personalizzata allo studio, che guida lo studente in un programma graduale di esercitazioni, fino al raggiungimento di una completa preparazione al test.

Il parere dei lettori è importante

Per continuare a migliorare la qualità delle proprie pubblicazioni, Alpha Test considera estremamente prezioso il parere dei propri lettori ai quali chiede la cortesia di esprimere un giudizio su questo libro nell'apposita sezione "Valuta un libro" del sito alphatest.it.

Ringraziamenti

Alpha Test ringrazia i numerosi lettori, i partecipanti ai corsi e i collaboratori che, con i loro interventi, suggerimenti e in particolare con i giudizi ogni anno forniti al termine dei corsi, hanno contribuito a migliorare nel tempo la qualità dei volumi e dei servizi offerti.

Natura dei test e caratteristiche di questo libro

NATURA DEL TEST

L'accesso ai vari corsi di laurea attivati nelle università italiane può essere libero oppure a numero programmato, su base nazionale o locale. A seconda dei casi, è prevista una prova di ingresso valutativa delle conoscenze di base oppure una prova selettiva.

Le prove che dovranno affrontare i lettori di questo volume sono molto spesso **selettive** e gestite in autonomia dalle singole sedi universitarie, sia per quanto riguarda le caratteristiche pratiche sia per i contenuti dell'esame. Ciò comporta che la struttura l'ora e la data di svolgimento delle prove, le discipline interessate, il tempo a disposizione, l'attribuzione di valore a ogni quesito e i criteri con cui viene elaborata l'eventuale graduatoria di merito o assegnati gli OFA possono variare non solo tra un corso o un indirizzo e l'altro ma tra una sede universitaria e l'altra. Per questa ragione è importante che ogni studente si procuri per tempo, sul sito dell'ateneo che intende frequentare, il **bando per l'ammissione al corso di proprio interesse**. Su tale documento si possono reperire tutte le informazioni necessarie.

Il TOLC-I

In particolare, per l'ingresso ai corsi di laurea triennali delle classi L-7, L-8 e L-9 dell'area **INGEGNERIA** ciascuna università o formula **un proprio questionario** oppure si serve dei **test predisposti dal CISIA del tipo TOLC-I** (Test On Line CISIA - Ingegneria).

Diversi atenei si avvalgono del TOLC-I anche per altri corsi di laurea (ad esempio per molti corsi della classe L-31 di Informatica o L-41di Statistica, o per le nuove lauree professionalizzanti L-P01 Professioni tecniche per l'edilizia e il territorio, o L-P03 Tecniche industriali e dell'informazione, o ancora per alcuni corsi della L-25 Scienze e tecnologie agrarie e forestali ecc.).

Questa prova, composta e somministrata in modalità *computer based* dal consorzio interuniversitario CISIA, può essere sostenuta **più volte** dallo studente (anche una volta al mese), in una delle numerose date prefissate durante l'anno, a partire **da febbraio/marzo sino a novembre.** A seconda del modo di erogazione accettato nelle varie università, tutti i tipi di TOLC si possono sostenere (se previsto) presso le aule dell'ateneo (cosiddetto TOLC all'università) oppure dalla propria abitazione nella modalità TOLC@CASA. Le **date** e le **sedi** per lo svolgimento della prova e tutte le informazioni su questi test sono pubblicate sul sito www.cisiaonline.it, alle pagine relative, nel caso nostro, al TOLC-I.

Ogni prova somministrata di uno stesso tipo di TOLC è **diversa** tra un candidato e l'altro ma composta da quesiti equipollenti, estratti dallo stesso database CISIA. Tutti i test di un medesimo tipo hanno perciò pari livello di difficoltà.

Il **TOLC-I** è strutturato in sezioni, ciascuna da svolgere in un tempo prefissato, nel modo seguente:

• matematica	20 quesiti	50 minuti
• logica	10 quesiti	20 minuti
• scienze	10 quesiti	20 minuti
• comprensione verbale	10 quesiti	20 minuti
totale	**50 quesiti**	**110 minuti**
• inglese	30 quesiti	15 minuti
totale con inglese	**80 quesiti**	**125 minuti**

Per la valutazione del test, viene assegnato 1 punto per ogni risposta corretta, 0 punti per ogni risposta non data e una penalità di – 0,25 punti per ogni risposta errata.

Per la sezione di inglese invece, non è prevista la penalità per le risposte sbagliate e viene assegnato 1 punto per le risposte esatte e 0 punti per le risposte sbagliate o omesse. Non sempre il risultato dei quesiti di inglese viene computato per l'inserimento nella graduatoria di merito. Spesso è considerato a parte, come mera indicazione del livello di competenza e/o per attribuire OFA relativamente alla lingua.

Sempre per i corsi di laurea dell'area **Ingegneria**, alcuni importanti atenei somministrano prove autonome e prevedono la possibilità per gli studenti di sostenere il test ammissione anche prima dell'Esame di Stato, non solo durante il quinto anno di scuola secondaria superiore ma anche durante il quarto anno.

Il test di ingegneria al Politecnico di Milano

Il **Politecnico di Milano**, per esempio, organizza diverse "finestre" di selezione mediante una prova denominata **TOL** (Test On Line). Si tratta di un test *computer based* da svolgere a distanza in date prefissate.

Il TOL è composto da **65 quesiti** così suddivisi in 4 sezioni, ciascuna da svolgere in un tempo prestabilito:

• logica, matematica e statistica	25 quesiti	65 minuti
• fisica	5 quesiti	10 minuti
• comprensione verbale	5 quesiti	10 minuti
• inglese	30 quesiti	15 minuti

Per la valutazione del test, viene assegnato 1 punto per ogni risposta esatta, 0 punti per ogni risposta omessa e una penalità di – 0,25 punti per ogni risposta errata.

I punteggi sono convertiti in centesimi e il peso attribuito ai quesiti delle quattro sezioni che formano il test è differente. Pesa 1/3 il punteggio per ogni quesito di inglese; 2,6 per ogni quesito di logica, matematica e statistica; 3 per ogni quesito di comprensione verbale; 2 per ogni quesito di fisica.

Gli studenti di quarta, possono svolgere il **TOL anticipato** anche una volta al mese, tra gennaio e luglio. Chi ottiene un punteggio pari o superiore a 60/100 acquisisce il diritto di iscriversi al corso che desidera nella prima fase di immatricolazioni dell'anno accademico successivo al suo diploma.

Gli studenti di quinta o già diplomati possono svolgere il **TOL standard**: hanno a disposizione tre prove, una per ciascuna delle tre sessioni tra maggio e luglio. Iscrivendosi al test possono esprimere fino a quattro preferenze per i corsi di laurea attivati al PoliMi. Con almeno 60/100 lo studente viene inserito, in base al punteggio ottenuto e secondo le preferenze espresse, nella graduatoria di uno dei quattro corsi indicati e può iscriversi nella seconda fase di immatricolazioni dell'anno accademico entrante. In caso lo studente, pur avendo il punteggio necessario, non riesca a inserirsi nella graduatoria di nessuno dei quattro corsi prescelti, può indicare altre quattro preferenze per altri corsi in cui risultino posti liberi, iscrivendosi durante la terza fase di immatricolazioni. A questa fase possono accedere anche studenti con punteggio pari o superiore a 20/100, a cui però vengono imposti OFA da assolvere nelle varie discipline.

Anche chi ha sostenuto una prova CISIA **TOLC-I** può fare valere il suo punteggio per immatricolarsi al PoliMI purché esso (dopo apposito procedimento di conversione) risulti pari a 60/100 del TOL per le prime due fasi di immatricolazioni o a 20/100 del TOL per la terza fase.

Il test di ingegneria al Politecnico di Torino

Anche il **Politecnico di Torino** ha un proprio autonomo test di ingresso, denominato **TIL-I** (Test in Laib – Ingegneria). Questo ateneo consente la partecipazione solo agli studenti già diplomati o che frequentano il quinto anno di scuola secondaria di secondo grado. Si tratta di un test *computer based* da svolgere in presenza iscrivendosi alle date prefissate delle diverse sessioni, tra marzo e agosto.

Il **TIL-I** è composto da **42 quesiti** suddivisi in 4 sezioni, ciascuna da svolgere in un tempo prestabilito:

• matematica	16 quesiti	36 minuti
• comprensione del testo e logica	10 quesiti	20 minuti
• fisica	10 quesiti	22 minuti
• conoscenze tecniche di base	6 quesiti	12 minuti

La sezione tecnica, aggiunta dall'a.a. 2022/2023, comprende 3 quesiti di tipo tecnico-grafico sulla rappresentazione spaziale degli oggetti (bidimensionale e tridimensionale) e 3 quesiti di conoscenze informatiche e di programmazione. Questi argomenti vengono approfonditi in uno dei contenuti scaricabili da **MyDesk**, ma si consiglia comunque ai lettori di visionare il materiale pubblicato sul sito del PoliTo.

Per la valutazione del test, viene assegnato 1 punto per ogni risposta esatta, 0 punti per ogni risposta non data e una penalità di – 0,25 punti per ogni risposta errata. Questi punteggi vengono poi trasformati in centesimi.

Ogni studente può sostenere una sola prova per ogni sessione. Iscrivendosi al test, ciascuno deve indicare in ordine di preferenza fino a cinque corsi dell'area di Ingegneria attivati dal PoliTo. Chi ottiene un punteggio pari a superiore a 60/100 ha diritto a immatricolarsi nel suo corso di prima scelta. Chi ottiene un punteggio inferiore a 60/100 ma pari o superiore a 20/100 viene inserito nella graduatoria di merito di tutti i corsi da lui indicati e può immatricolarsi nel corso per cui si trovi in posizione utile.

Altri corsi di laurea

Per le caratteristiche dei percorsi di accesso a corsi di laurea con test che insistono sulle medesime discipline del TOLC-I (come i corsi di alcuni atenei dell'area Informatica, delle lauree professionalizzanti L-P01 e L-P03, ecc.) si consiglia di verificare la struttura delle prove e le materie previste sui bandi pubblicati dalle singole università. Tali prove infatti, pur all'interno di una certa omogeneità, possono variare da sede a sede sia per la composizione sia per la presenza o meno di alcune materie.

CARATTERISTICHE DI QUESTO LIBRO

Questo volume consente agli studenti di ottimizzare la preparazione per lo svolgimento delle prove con quesiti a risposta multipla sulle discipline previste nei test.

La sua specificità è offrire al lettore la possibilità di un allenamento intensivo, con il duplice obiettivo di verificare il proprio livello di preparazione nelle diverse materie e di familiarizzare con le diverse tipologie e forme che possono assumere le domande a risposta chiusa.

Qualsiasi struttura possa assumere il questionario per le prove di selezione, infatti, resta sempre fondamentale avere la migliore conoscenza possibile degli argomenti di studio e un'alta confidenza con la risoluzione dei quesiti. Ciò consente di ottimizzare i tempi di risposta.

Contiene centinaia di esercizi relativi alle tipologie di esercizi previsti nei test di ammissione a Ingegneria, Informatica e vari corsi di laurea di ambito scientifico-tecnologico che adottano il TOLC-I o questionari sulle discipline di seguito indicate. È dedicato a corsi di studio diversi, in quanto i test utilizzati per l'ammissione a tali corsi sono della stessa natura e presentano molti aspetti in comune. In generale, non vi è dunque, all'interno del volume, una parte dedicata a Ingegneria, un'altra dedicata a Informatica e così via, ma pressoché tutte le tipologie di esercizi esaminate sono di interesse per i candidati a tutti i test a cui l'opera si rivolge.

Si consiglia ai lettori di verificare sul bando di ateneo del corso di interesse le discipline previste nel test e i programmi di esame.

In particolare, i **4000 quesiti** contenuti nel volume sono così ripartiti:

- 1600 di logica e comprensione verbale;
- 1100 di matematica;
- 900 di scienze (fisica e chimica);
- 400 di inglese.

Al termine di ogni sezione è riportata una tabella con l'indicazione della risposta esatta di ogni quesito.

I suggerimenti e gli strumenti di Alpha Test per prepararsi al test di ingresso

Il **primo passo** in ogni percorso di preparazione consiste nel procurarsi tutte le informazioni disponibili sul test che si vuole affrontare, cominciando dai contenuti delle sue precedenti edizioni. Le fonti più autorevoli e complete sono il **sito del ministero dell'Università e della Ricerca** (MUR), i **siti degli atenei** di proprio interesse e **alphatest.it**. Sul sito del MUR gli studenti possono trovare tutta la normativa in materia, mentre sui siti delle singole università e di Alpha Test vengono pubblicati i bandi per i diversi concorsi di ammissione, che integrano le indicazioni del Ministero con le specifiche proprie di ciascuna sede.

Su **alphatest.it** vengono costantemente aggiornati il calendario con le date di svolgimento delle prove a test e pubblicata la normativa sulle prove di ingresso; si possono inoltre scaricare i test ufficiali degli anni precedenti risolti e commentati, nonché dati e approfondimenti relativi ai diversi corsi di laurea.

Anche i canali social Alpha Test (Facebook, Instagram e Youtube) informano tempestivamente su tutte le novità riguardanti sia i test sia le iniziative del Ministero o degli atenei; nelle rispettive communities gli studenti hanno inoltre la possibilità di relazionarsi tra loro e con gli esperti di Alpha Test.

Un altro utile strumento a disposizione degli studenti è il **magazine on line** di Alpha Test (**http://magazine.alphatest.it**), dove si possono consultare articoli e approfondimenti sempre aggiornati in tema di ammissione all'università, metodi e strumenti di studio, orientamento universitario e bandi di concorso.

Il metodo Alpha Test: libri, Alpha Test Academy, corsi in aula e online

Il **passo successivo** per conseguire una preparazione completa è costituito dallo **studio individuale**. Tra i libri che Alpha Test ha realizzato appositamente per chi deve affrontare i test delle Professioni sanitarie, i principali sono il Manuale di preparazione, la raccolta di quesiti suddivisi per materia Esercizi commentati, la raccolta di prove simulate Prove di verifica e il volume 4000 Quiz.

Ognuno di questi libri consente l'accesso a **MyDesk**, l'esclusivo ambiente di formazione online creato da Alpha Test, con contenuti e strumenti aggiuntivi a disposizione del lettore.

Ai fini dello studio, ciascuno dei quattro volumi è autosufficiente ma, allo stesso tempo, complementare agli altri. Ecco in sintesi le caratteristiche di ciascuno.

- **Manuale di preparazione**: è il principale strumento di studio. Raccoglie la sintesi di tutti gli argomenti previsti nei programmi ufficiali del test, materia per materia. È un valido aiuto a non disperdere gli sforzi di fronte alla vastità dei programmi da svolgere, perché consente lo **studio** e il **ripasso** mirato. L'esposizione degli argomenti è resa più efficace e completa mediante immagini, schemi, tabelle, glossari, mentre l'apprendimento è facilitato e consolidato grazie ai numerosi esercizi di esempio (sempre nella forma a risposta multipla), risolti e commentati.

  Lo spazio **MyDesk** del Manuale propone videolezioni su argomenti di matematica, tutorial sullo svolgimento dei test, sintesi, formulari e ulteriori materiali di studio. Nel libro, un'apposita icona – visibile sul margine della pagina –segnala la presenza di contenuti aggiuntivi su **MyDesk**.
- **Esercizi commentati**: questo libro rappresenta un ulteriore step da usare nella fase intermedia della preparazione. Si tratta di un volume di esercitazioni guidate, con centinaia di quesiti, suddivisi tra le materie oggetto d'esame. Lo studente può svolgere ogni quesito in autonomia per poi verificare la soluzione nel relativo commento, dove troverà richiamate le nozioni teoriche necessarie e i metodi risolutivi più efficaci. In tal modo, il lettore può sia **esercitarsi** sia **accrescere la preparazione.**

  Nello spazio **MyDesk** correlato, è possibile accedere a un **simulatore online** per svolgere esercitazioni per materia, combinando i quesiti a disposizione di una stessa disciplina, o per comporre prove simulate secondo le modalità e i tempi dell'esame ufficiale.
- **Prove di verifica**: è uno strumento agile ed efficace, consigliato nella **fase finale** del percorso di preparazione. Consente di valutare i propri risultati nella soluzione di prove strutturate, monitorare la preparazione raggiunta e intervenire sulle materie o aree in cui si rilevano incertezze o lacune. Contiene 10 test completi, composti con domande ufficiali dei concorsi degli ultimi anni, in forma di **prove simulate**, accompagnate da indicazioni pratiche (tempo a disposizione, criteri di calcolo del punteggio ecc.) che consentono di svolgerle e valutarle nei modi dell'esame ufficiale.

Nello spazio **MyDesk** correlato, è possibile svolgere online le prove contenute nel volume e confrontare così il proprio risultato con quello degli altri lettori. Sono inoltre disponibili alcune prove aggiuntive.

- **4000 QUIZ – I QUESITI DELLE PROVE DI AMMISSIONE:** è la raccolta completa dei quesiti delle prove ufficiali. Gli esercizi sono suddivisi per materia (1600 di comprensione di testi e logica; 1100 di matematica, 500 di fisica, 400 di chimica e 400 di inglese). Alla fine di ogni sezione sono riportate in tabella le soluzioni di tutti i quesiti. Questo volume può essere utilizzato o in parallelo allo studio del Manuale, o con le stesse finalità delle Prove di verifica.

  Come nell'eserciziario, lo spazio **MyDesk** correlato consente l'accesso a un **simulatore online**, per svolgere esercitazioni mirate sulle singole discipline o argomenti e comporre numerose prove simulate da svolgere secondo le modalità e i tempi dell'esame ufficiale.

Alpha Test AlphaTestAcademy

È l'innovativo ambiente di studio online, **personalizzato** e **assistito**, che guida lo studente nella preparazione ai test. Per ciascuna delle materie e degli argomenti previsti nelle prove di ammissione, il programma accompagna lo studente ad accrescere il livello delle sue conoscenze, proponendogli in modo **adattivo** batterie di domande a difficoltà graduale e differenziata; ogni domanda è corredata da spiegazioni o da commenti multimediali (link, videotutorial), con specifici richiami di teoria. Il materiale e l'assistenza offerti da AlphaTestAcademy consentono di chiarire lungo il percorso ogni quesito e dubbio individuale, migliorando e consolidando progressivamente conoscenze e capacità in vista del test ufficiale.

Questo lavoro di preparazione mirato e specifico rappresenta quindi un utile affiancamento al manuale di preparazione o a un corso Alpha Test in aula. L'abbonamento alla piattaforma è in dotazione ai partecipanti ai corsi Alpha Test e viene abilitato al momento dell'iscrizione.

Corsi

Un ulteriore e importante strumento di preparazione alle prove di ammissione, che Alpha Test ha ideato per gli studenti più motivati, sono i numerosi **corsi**, svolti **in aula** oppure **on line**, con durata differenziata (da pochi giorni di lezione ad alcuni mesi). Frequentare un corso Alpha Test consente di completare, perfezionare e consolidare la propria preparazione grazie ai seguenti punti di forza.

1. **La didattica interattiva.** Ogni corso prevede cicli di lezioni e di esercitazioni dedicate al ripasso di tutti gli argomenti oggetto d'esame. Gli studenti possono beneficiare della professionalità di docenti con un'esperienza d'insegnamento unica in Italia, maturata in oltre 30 anni di attività di Alpha Test nel campo specifico della preparazione ai test universitari.
2. **Il materiale supplementare consegnato ai corsi.** Durante le lezioni, a ciascun partecipante viene fornito materiale di studio e di esercitazione aggiuntivo rispetto ai volumi, consegnato al momento dell'iscrizione. Si tratta di contenuti didattici aggiornati e specifici, redatti in base alla struttura e ai contenuti del test che si deve affrontare.
3. **I corsi online** prevedono un mix tra lezioni sincrone e asincrone e si svolgono nell'aula virtuale di MyDesk, uno spazio di e-learning completo, appositamente realizzato da Alpha Test e già sperimentato con soddisfazione da migliaia di corsisti. MyDesk consente infatti ai docenti Alpha Test di seguire gli studenti con la stessa cura che hanno in classe, assicurando quindi la più alta qualità non solo nelle fasi di spiegazione ed esercitazione sulle singole materie ma anche in termini di assistenza e supporto a chiarimento di dubbi individuali. Sono inoltre favoriti il rapporto e il confronto diretto con gli altri studenti nonché la puntuale verifica dei progressi nella preparazione.
4. **L'esperienza "sul campo".** In ciascun corso vengono svolte più simulazioni d'esame per mettersi alla prova e per confrontare la propria preparazione con quella di altri candidati.

Infine, chi desidera prepararsi al test di ammissione senza rinunciare a divertimento e nuove amicizie può partecipare a una delle **vacanze-studio Alpha Test** (per informazioni: **alphatest.it/Corsi**).

Test ufficiali commentati e ultimi aggiornamenti disponibili su alphatest.it

Sul sito **alphatest.it** si possono scaricare gratuitamente i test ufficiali di ammissione ai corsi di laurea in Medicina/Odontoiatria e Veterinaria, somministrati negli ultimi anni, completi delle soluzioni e dei **commenti esplicativi dei singoli quesiti.**

Sul sito sono anche pubblicati gli aggiornamenti riguardo alla normativa sui test, con le eventuali integrazioni agli argomenti e ai programmi d'esame.

Test di autovalutazione online

Su **alphatest.it** è possibile autovalutare il proprio livello di preparazione. Il test diagnostico gratuito prevede 20 domande tratte dai test ufficiali degli ultimi anni, da risolvere in 20 minuti; il suo scopo è aiutare il candidato a individuare le proprie debolezze e impostare al meglio il percorso di studio.

INDICAZIONI PER I PARTECIPANTI AI CORSI ALPHA TEST

Alpha Test:

- è **la prima** società in Italia specializzata nel preparare gli studenti ai test di ammissione all'università;
- è **l'unica** organizzazione che può vantare un'esperienza di 35 anni e migliaia di corsi già organizzati su tutto il **territorio nazionale**;
- dal 1987 a oggi ha **preparato con successo** ai test universitari **decine di migliaia di studenti** che si sono trovati in vantaggio rispetto alle altre aspiranti matricole;
- è **la più scelta** dagli studenti che superano le selezioni per l'università (secondo i rilievi di una primaria società di indagini di mercato, l'**84%** degli ammessi a Medicina si è preparato con Alpha Test);
- propone **corsi** con durata, programmi e costi differenziati a seconda della prova di selezione e delle esigenze dei singoli studenti, comprese **vacanze-studio, corsi online** e **corsi residenziali**;
- vanta un corpo docente composto da oltre 200 esperti rigorosamente selezionati e costantemente formati: docenti e ricercatori universitari, professionisti e insegnanti con un'**esperienza didattica unica** e **specifica** nel campo della preparazione ai test universitari;
- ha sviluppato, per prima in Italia, una **metodologia didattica innovativa** e specifica per affrontare le prove a test, oggi potenziata con **Mydesk**: un originale spazio di e-learning riservato ai corsisti;
- propone ai suoi corsisti **prove simulate**, corrette individualmente; ciò consente ai partecipanti di verificare in tempo reale il proprio livello di preparazione e di apprendimento;
- effettua l'analisi e la discussione in aula delle **prove ufficiali** somministrate negli anni passati;
- ha sviluppato una collana di volumi specifici per i diversi test di ammissione, già scelti da oltre cinque milioni di studenti, che vengono **forniti ai partecipanti ai corsi** all'atto dell'iscrizione;
- ha sviluppato **AlphaTestAcademy**, la piattaforma di training online personalizzato, attivata per tutti coloro che si iscrivono a un corso;
- mette a disposizione anche dei suoi lettori lo spazio digitale di apprendimento **MyDesk**, con materiali e contenuti aggiuntivi per la preparazione.

I risultati conseguiti nelle prove di ammissione dai corsisti Alpha Test nei tanti anni di esperienza confermano che prepararsi a un test frequentando lo specifico corso Alpha Test rappresenta la scelta migliore per chi è veramente motivato ad accedere al corso universitario desiderato. I dati dicono che in tal modo si aumenta fino a sette volte la probabilità di ammissione rispetto a quella degli altri candidati.

Alpha Test e il suo corpo docente mettono a disposizione l'esperienza maturata e forniscono tutto l'aiuto necessario affinché i propri studenti possano prepararsi nel modo più rapido, completo ed efficace alla prova di selezione. Per accrescere ulteriormente la probabilità di successo è comunque **essenziale l'impegno** di ogni aspirante matricola nelle attività di **studio individuale** e di **esercitazione** prima e durante lo svolgimento del corso.

Per facilitare la preparazione preliminare degli studenti, Alpha Test consegna già all'atto dell'iscrizione i volumi MANUALE DI PREPARAZIONE, ESERCIZI COMMENTATI, PROVE DI VERIFICA e 4000 QUIZ (quest'ultimo solo per i corsi di maggior durata) e il codice di attivazione per AlphaTestAcademy valido fino al momento del test ufficiale.

Consigliamo di leggere i libri (almeno il manuale) **prima dell'inizio del corso con l'obiettivo di acquisire almeno una conoscenza di base degli argomenti trattati.** Questa raccomandazione vale in particolar modo per chi sceglie di frequentare uno dei corsi Alpha Test di durata minore.

Sempre al momento dell'iscrizione al corso, Alpha Test fornisce una guida operativa con istruzioni e consigli utili per avviare la preparazione anche prima dell'inizio delle lezioni e con importanti informazioni sul test di ammissione di interesse dello studente.

Durante il corso l'attenzione viene focalizzata in modo specifico sulle tipologie di quesiti previsti nella prova di ammissione di interesse. Viene inoltre esaminato e discusso con i docenti un consistente numero di esercizi diversi da quelli presenti nei libri e contenuti in appositi materiali didattici aggiornati ogni anno e distribuiti durante il corso esclusivamente ai partecipanti.

Informazioni e modalità di iscrizione ai corsi Alpha Test

Le iscrizioni ai corsi Alpha Test per la preparazione ai test di ammissione universitari sono sempre aperte, sino all'esaurimento dei posti previsti. I corsi sono infatti riservati a un numero limitato di partecipanti.

Per ciascun corso, sono disponibili su **alphatest.it** le informazioni aggiornate relative al calendario e alla quota di partecipazione.

Per chi avesse già acquistato **direttamente da Alpha Test** l'ultima edizione dei libri in dotazione al corso, è prevista una riduzione della quota di iscrizione al corso pari al 100% del prezzo di copertina dei libri; se i libri sono stati acquistati **in libreria** tale riduzione è pari al 50% del prezzo di copertina.

L'iscrizione ai corsi e l'acquisto dei libri Alpha Test possono essere effettuati su **alphatest.it**

Per ricevere maggiori informazioni sui libri o una consulenza gratuita sui corsi è possibile scrivere a info@alphatest.it oppure scegliere una delle modalità indicate nella sezione "Richiedi informazioni" su **alphatest.it**

Suggerimenti per affrontare la prova a test

Per affrontare al meglio un test a risposta multipla è importante conoscerne le caratteristiche rilevanti: per esempio quali siano le modalità di svolgimento, la composizione, il numero dei quesiti e delle alternative di risposta, o – se possibile – quali tipologie di esercizi si dovranno risolvere. In tal modo si possono studiare anche opportune "strategie" per valorizzare al massimo le proprie conoscenze e potenzialità.

Nelle prove per l'ammissione ai corsi a numero programmato, i candidati sono selezionati sulla base di un criterio di tipo **comparativo**. Cioè, per superare la selezione **lo studente deve figurare tra i migliori** nella graduatoria: non è quindi tanto rilevante il punteggio assoluto ottenuto quanto svolgere il test di ammissione meglio di un certo numero di altri candidati.

È bene però ricordare, soprattutto nei casi dei test di ammissione a base nazionale, che a volte è prevista una soglia minima qualificante: in tal caso anche qualora residuassero posti disponibili, i candidati con punteggio inferiore a tale soglia non potrebbero immatricolarsi perché giudicati non idonei. Dunque, totalizzare i punti minimi rappresenta una condizione necessaria ma non sufficiente per l'immatricolazione.

Prima di addentrarsi nell'analisi dei contenuti dei test e degli esercizi che li compongono, è opportuno considerare alcuni suggerimenti solo in apparenza banali, e invece molto utili al fine di ottimizzare il risultato nella prova di ammissione.

Prima del test

Il primo suggerimento, di carattere generale, è leggere con grande attenzione e per intero il **bando di concorso**, compresi gli allegati con i programmi di esame. Inoltre bisogna tenere in considerazione anche le **disposizioni** pubblicate dalla sede universitaria dove lo studente svolgerà la prova. Gli atenei e il Ministero, infatti, sono le fonti di informazioni **ufficiali** relative alle norme, alle modalità di selezione, alla struttura e ai contenuti della prova che regola l'ammissione al corso di studi scelto.

In particolare è importante avere ben chiare le indicazioni relative a: modalità di iscrizione alla prova; titoli necessari per potere partecipare al concorso; giorno e ora di svolgimento della prova di interesse, nonché la sua durata ecc.

L'emergenza pandemica ha spinto molte università e corsi di laurea ad adottare prove selettive *computer based*, da svolgere in multisessione (cioè su più turni e/o più giorni) in una pluralità di sedi o addirittura al domicilio dei candidati. Sarà cura dello studente verificare in quale modalità sarà somministrato il test di suo interesse. Sicuramente, in caso di test in presenza, bisognerà ricordare di recarsi all'esame con un documento di identità valido, la ricevuta di iscrizione ed eventuali ricevute di pagamento richieste.

Il giorno del test

In sede d'esame, prima del suo inizio, di solito vengono comunicate ai candidati le **norme alle quali attenersi durante tutte le fasi di svolgimento del test**. Tali norme riguardano, per esempio: il tempo totale a disposizione, le modalità con cui indicare le risposte sull'apposita scheda cartacea o, in caso di prova *computer based*, le istruzioni per l'utilizzo della piattaforma; vengono inoltre fornite altre indicazioni su come comportarsi durante l'esame e al suo termine. È necessario rispettare scrupolosamente tutte le regole, evitando così errori banali ma sostanziali (quale, per esempio, la compilazione errata della scheda per le risposte o l'omissione di una firma), che potrebbero compromettere la validità della prova e quindi l'ammissione.

In alcuni casi, all'interno del test stesso gli esercizi sono preceduti da **istruzioni circa le modalità di risoluzione** dei quesiti e a volte anche da un esempio risolto. È importante in questi casi non lasciarsi prendere dalla fretta di mettersi subito al lavoro, ma dedicare la massima attenzione alla lettura di queste istruzioni, indispensabili per capire la logica degli esercizi e per rispondere correttamente alle domande.

Domande a risposta multipla

I test utilizzati per l'ammissione all'università sono costituiti da domande a risposta **chiusa**, le cui risposte sono cioè predefinite: il candidato deve individuare la sola risposta esatta tra le alternative proposte. Per rispondere a una domanda *aperta* (cioè non corredata da risposte prefissate) come per esempio "Qual è la capitale della Colombia?", occorre conoscere l'esatta nozione che consente di dare la risposta. Nel caso di *domande a scelta multipla* è invece possibile procedere anche in maniera diversa.
Si ipotizzi, per esempio, di dover rispondere al medesimo quesito, però a risposta multipla.

---

1 **Qual è la capitale della Colombia?**
- A Delhi
- B Buenos Aires
- C Bogotá
- D Brasilia
- E Santiago

In questo caso è possibile determinare la risposta corretta procedendo in due modi distinti:

1. ragionando come se si trattasse di una domanda aperta: sapendo che la capitale della Colombia è Bogotá, si individua direttamente la risposta corretta (C) senza valutare le altre risposte proposte;
2. se, al contrario, non si conosce la risposta alla domanda, ma si ricordano altri accoppiamenti Paese/capitale, è possibile individuare la risposta corretta eliminando le alternative errate: sapendo che Delhi è la capitale dell'India, Buenos Aires dell'Argentina, Santiago del Cile e Brasilia del Brasile, per esclusione si può concludere che la risposta esatta è la C.

In altre parole, per rispondere correttamente a una domanda a scelta multipla non è sempre strettamente necessario conoscere la risposta esatta: a volte la soluzione può essere individuata indirettamente, escludendo le alternative errate.
Nel caso in cui, procedendo per esclusione, il candidato non riesca a eliminare tutte le alternative errate, il metodo di risposta per eliminazione permette comunque di aumentare le probabilità di individuare la risposta corretta: l'esclusione di una o più risposte riduce infatti il numero delle alternative tra cui si rimane incerti e quindi incrementa la probabilità di individuare l'alternativa corretta.

Valore dei quesiti e gestione del tempo

Come i partecipanti ai corsi Alpha Test hanno modo di sperimentare durante lo svolgimento delle prove simulate, il **tempo** rappresenta uno dei fattori critici per affrontare con successo un test di ammissione. Infatti, le prove sono spesso progettate e formulate in modo tale da permettere solo ai più preparati e ai più veloci di rispondere, entro i termini concessi, alla totalità delle domande.
È dunque imperativo impiegare razionalmente ogni minuto, avendo ben presente – prima di iniziare la prova – il tempo medio a disposizione per ogni quesito (calcolato sui minuti complessivi divisi per il numero dei quesiti stessi), ed evitando di soffermarsi su una singola domanda per un tempo eccessivamente superiore. In generale, il consiglio è di non superare il tempo medio per più del 20%: questa dilazione per gli esercizi più complessi viene infatti compensata dalla presenza di altri di più veloce risoluzione.
Ormai in quasi tutti i test, ogni risposta corretta fa "guadagnare" lo stesso punteggio: dunque a parità di tempo impiegato conviene risolvere due esercizi semplici piuttosto che uno complesso.
Poniamo che il tempo a disposizione per l'intero test sia di 100 minuti e gli esercizi da risolvere 60, il tempo medio per quesito è di 1 minuto e 40 secondi (100 secondi): quindi, bisogna evitare di dedicare più di due minuti allo svolgimento del singolo quesito.
L'obiettivo da raggiungere è rispondere correttamente al maggior numero possibile di esercizi; si consiglia quindi, compatibilmente con i vincoli imposti dalle modalità di svolgimento della prova, di affrontare prima gli esercizi che – per argomento o tipologia – si presume di riuscire a risolvere più facilmente e velocemente, per tornare poi a quelli più ostici per i quali si prevede un dispendio di tempo maggiore.

Scelta casuale della risposta?

La correzione dei test attribuisce in genere un punteggio positivo per le risposte corrette e, nella più parte dei casi, l'attribuzione di un punteggio negativo per ogni risposta errata (di solito quantificato in una frazione di punto). Ai quesiti omessi, a cui cioè non si è risposto, viene di norma attribuito punteggio nullo.
Spesso l'attribuzione del punteggio avviene secondo la seguente modalità:

- Risposta esatta: +1
- Risposta errata: –0,25 (–1/4)
- Risposta omessa: 0

La penalità sulle risposte errate ha lo scopo di annullare il punteggio positivo che, statisticamente, il candidato potrebbe conseguire rispondendo a caso in assenza di tale penalità.
Ma **è conveniente o no rispondere a caso** ai quesiti a cui non si sa trovare soluzione?
Si supponga di non conoscere assolutamente le risposte di 20 quesiti (con 5 risposte alternative ciascuno) della prova. Scegliendo a caso, si risponderebbe statisticamente in modo corretto a 4 esercizi (20/5) e si sbaglierebbero i restanti 16 quesiti. Il punteggio totalizzato sarebbe dunque:

- risposte esatte: $4 \times (+1) = +4$
- risposte errate: $16 \times (-1/4) = -4$
- risposte nulle: $0 \times 0 = 0$
- punteggio totale: $4 - 4 = 0$

Si otterrebbe quindi un punteggio nullo, esattamente identico a quello che si totalizzerebbe scegliendo di non rispondere ai 20 quesiti. Dunque, è possibile distillare una regola utile su come comportarsi nel caso in cui non si riesca a identificare, tra le diverse risposte alternative, quella corretta:

> conviene rispondere casualmente ogni volta che il numero di alternative tra cui si è indecisi è pari o inferiore al reciproco del punteggio negativo attribuito alle risposte errate.

È evidente che il punteggio totalizzato rispondendo casualmente potrà essere tanto maggiore quanto minore sarà il numero di alternative tra cui si è indecisi e quanto minore è la penalità attribuita alle risposte errate. Il numero delle alternative tra cui si è indecisi non coincide necessariamente con quello delle alternative esistenti. Se, per esempio, le alternative proposte sono 5, ma il candidato riesce a eliminarne due perché le si riconosce come errate, la valutazione statistica va rivista su 3 alternative (cioè 5 – 2).
Nella pratica, scartare almeno due alternative di risposta è possibile anche quando l'argomento sia poco o per nulla noto al candidato. Si veda per esempio:

---

2 **In base alla Costituzione, l'Italia è:**

A una repubblica regionale
B uno Stato federale
C una repubblica democratica, fondata sul lavoro
D una repubblica presidenziale, fondata sul lavoro
E uno Stato federato

Anche senza ricordare la definizione precisa che la Costituzione dà dello Stato italiano, è facile riuscire a escludere le alternative B ed E che si segnalano per l'evidente implausibilità. L'Italia infatti è uno Stato unitario che non si articola al suo interno in altre entità statali né è a sua volta parte di uno Stato federale. Al candidato resterà dunque, eventualmente, il dubbio tra tre sole alternative (la risposta esatta è C).

Scheda per le risposte e correzioni

Se la prova di ammissione si svolge in presenza, potrebbe prevedere l'utilizzo di un supporto **cartaceo**, anche se si tratta di una eventualità oramai molto rara per quanto riguarda i corsi a cui rivolge questo libro.
Da diversi anni infatti, quasi tutti i test autonomi di ateneo e tutte le prove CISIA, compreso il TOLC-I, si svolgono **a computer**, sia nella modalità dal domicilio (nel qual caso bisogna anche rispettare delle precise procedure fornite dall'università per assicurare il controllo sulla correttezza dello svolgimento) sia da postazioni informatiche messe a disposizione dall'università.
Rispetto alle prove cartacee (che hanno questionario e scheda su cui contrassegnare le risposte separate), l'indicazione della risposta è più agevole: è sufficiente cliccare nella schermata con la domanda lo spazio corrispondente all'alternativa che si ritiene corretta. In genere, è possibile modificare le risposte fino al momento in cui si chiude il test.
Attenzione: nei TOLC e nei questionari divisi in sezioni, è possibile cambiare la risposta indicata solo all'interno di ogni Sezione e del tempo concesso per la soluzione dei relativi quesiti. Al termine dei minuti assegnati alla Sezione, il sistema non consentirà di tornare sulle domande di quella stessa Sezione.

parte prima

LOGICA e COMPRENSIONE VERBALE

Quesiti di logica

1 **"Una ricerca indica che il numero di operazioni chirurgiche concluse con la guarigione del paziente nell'ospedale A è doppio rispetto a quello dell'ospedale B. Ne segue che le operazioni chirurgiche vengono condotte meglio nell'ospedale A rispetto all'ospedale B". Quale delle seguenti affermazioni, se vera, indebolirebbe maggiormente la precedente argomentazione?**

- A L'ospedale A è più facile da raggiungere in automobile rispetto all'ospedale B
- B L'ospedale A è privato e le operazioni chirurgiche sono più costose di quelle dell'ospedale B
- C Il numero di operazioni chirurgiche effettuate nell'ospedale A è uguale a quello relativo all'ospedale B
- D Il tasso di guarigione dei pazienti sottoposti a operazioni chirurgiche nell'ospedale B è maggiore rispetto a quello dell'ospedale A
- E Il numero di operazioni chirurgiche effettuate nell'ospedale A è doppio di quello relativo all'ospedale B

2 **Se:**
$ + 10 + £ = % + & + £
$ = %
allora & è uguale a:

- A 20
- B 10
- C 5
- D -10
- E 12

3 **Da un'urna contenente 15 palline numerate da 1 a 15 viene estratta, a occhi bendati, una pallina. Supponendo che tutte le palline abbiano le stesse probabilità di essere estratte, qual è la probabilità che esca un numero maggiore di 7?**

- A 7/15
- B 1/3
- C 9/14
- D 1/4
- E 8/15

4 **Una strada lunga 104 metri ha in totale 28 platani posti su entrambi i lati. Sapendo che i platani sono tra loro equidistanti, a quale distanza è posto un platano dall'altro?**

- A 5 metri
- B Circa 7,4 metri
- C Circa 3,7 metri
- D 8 metri
- E 4 metri

5 **"Se Anna riceve un rimprovero a scuola, piange. Se nessuno rimprovera Anna a scuola, la sua vicina di banco le fa i dispetti. Ieri Anna non ha pianto". Se le precedenti affermazioni sono vere, è possibile dedurre che ieri:**

- A Anna ieri non è andata a scuola e la sua vicina di banco non le ha fatto i dispetti
- B Anna non ha ricevuto un rimprovero a scuola e la sua vicina di banco non le ha fatto i dispetti
- C Anna non ha ricevuto un rimprovero a scuola e la sua vicina di banco le ha fatto i dispetti
- D Anna ha ricevuto un rimprovero a scuola e la sua vicina di banco le ha fatto i dispetti
- E Anna ha ricevuto un rimprovero a scuola e la sua vicina di banco non le ha fatto i dispetti

6 **Con quali delle seguenti figure geometriche NON è possibile pavimentare una superficie piana?**

- A Esagoni regolari
- B Rettangoli
- C Quadrati
- D Pentagoni regolari
- E Triangoli equilateri

7 **Tenendo conto che a numero uguale corrisponde lettera uguale, nella frase:**
«57 52b43tà è p43s1n754 4 2n82157b254»
l'ultima parola è:

- A inviolabile
- B antidiabete
- C enucleabile
- D intestabile
- E detestabile

8 Completare correttamente la seguente successione numerica:

16; 152; 32; 76; 64; 38; 128; ?; ?

- A 19; 256
- B 18; 264
- C 256; 18
- D 17; 128
- E 19; 258

9 Durante un processo: 1) è stata respinta la prova che conferma che il sig. Rossi abbia truffato il sig. Bianchi 2) non è stata acquisita alcuna prova del contrario. Se ne può dedurre che:

- A il sig. Rossi non ha sicuramente truffato il sig. Bianchi
- B il sig. Rossi potrebbe non aver truffato il sig. Bianchi
- C il sig. Rossi ha truffato il sig. Bianchi al 99%
- D il sig. Rossi ha sicuramente truffato il sig. Bianchi
- E Nessuna delle altre alternative è corretta

10 Se la lettera N identifica una qualunque cifra (singola), la lettera P identifica una qualunque cifra (singola) pari e la lettera D identifica una qualunque cifra (singola) dispari, allora il prodotto tra i numeri NP e NN sarà certamente un numero:

- A composto da due cifre
- B divisibile per tre
- C dispari di tre cifre
- D composto da cinque cifre
- E pari

11 Individuare il diagramma che soddisfa la relazione insiemistica esistente tra i termini dati: Porti, Capitani, Barche a vela

diagramma 1

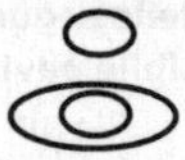
diagramma 2

diagramma 3

diagramma 4

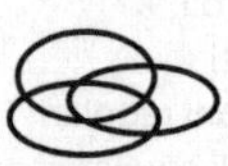
diagramma 5

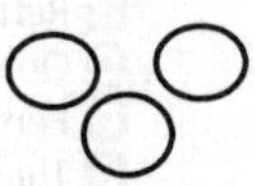
diagramma 6

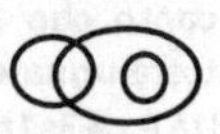
diagramma 7

- A Diagramma 2
- B Diagramma 6
- C Diagramma 3
- D Diagramma 1
- E Diagramma 5

12 Con una bilancia a piatti e un certo numero di pesi si vogliono pesare oggetti di peso inferiore a 125 g con un errore non superiore a un grammo. Inoltre non si possono mettere pesi nel piatto su cui poggia l'oggetto. Qual è il numero minimo di pesi sufficiente a tale scopo?

- A 16
- B 7
- C 21
- D 8
- E 12

13 Tra le alternative proposte, scegliere quella che completa correttamente la frase «credo che nessuno dei presenti ... in grado di tenere testa a Elio».

- A Ebbe
- B Ebbe stato
- C Sarebbe stato
- D Avrebbe stato
- E Saranno stati

14 Indicare quale dei seguenti termini può essere considerato parte della serie RURALE, RUSTICO, BUCOLICO, PASTORALE, ...

- A SILVESTRE
- B DISTINTO
- C RAFFINATO
- D URBANO
- E SCONTROSO

15 Le ruote di un veicolo hanno un diametro di 60 cm, aderiscono perfettamente al terreno e compiono 10 giri in un secondo. A quale velocità viaggia più o meno il veicolo?

- A 68 km/h
- B 28 km/h
- C 108 m/s
- D 38 km/h
- E 8 km/h

16 "Non è sbagliato evitare di rinunciare a non violare la legge pur non avendo dubbi sull'impossibilità di essere colti in flagrante". Qual è il corretto significato della precedente affermazione?

- A Non si deve violare la legge, in ogni caso
- B Si può scegliere se violare o meno la legge, a seconda della probabilità di essere colti in flagrante
- C Non si deve violare la legge perché si è sicuri di essere colti in flagrante
- D Si può violare la legge, in quanto si è sicuri di non essere colti in flagrante
- E A volte è possibile violare la legge

17 **"Franco promette al figlio Tommaso che, se verrà promosso con una votazione superiore a sette, gli regalerà un computer portatile". In quale dei seguenti casi si è certi che Franco NON mantiene la promessa?**

A) Tommaso viene respinto e riceve in regalo un computer portatile
B) Tommaso è promosso con una votazione pari a otto e non riceve alcun regalo dal padre
C) Tommaso riceve in regalo dal padre un computer portatile prima di conoscere l'esito degli scrutini di fine anno
D) Tommaso non viene promosso e non riceve alcun regalo
E) Tommaso viene promosso con sette e non riceve alcun regalo dal padre

18 **Andrea arriva in aeroporto a Roma e osserva i seguenti dati: I) l'aereo in arrivo da Milano per Praga atterra a Roma alle 12.00 e riparte alle 12.30; II) l'aereo che va a Stoccolma parte 90 minuti dopo quello che va a Berlino che parte alle 12.00; III) 40 minuti prima del volo per Stoccolma parte l'aereo per Madrid e, 10 minuti dopo quest'ultimo, quello per Lisbona. In base alle informazioni precedenti, l'aereo che va a Lisbona parte:**

A) 30 minuti prima di quello per Stoccolma
B) un'ora dopo quello per Praga
C) 10 minuti prima di quello per Madrid
D) 50 minuti prima di quello per Stoccolma
E) 30 minuti dopo quello per Berlino

19 **Se l'affermazione "tutte le persone che parlano correttamente il francese sono bionde" è FALSA, quale delle seguenti proposizioni è necessariamente vera?**

A) Almeno una persona che parla correttamente il francese non è bionda
B) Almeno una persona che parla correttamente il francese è bionda
C) Le persone che parlano correttamente il francese sono tutte bionde
D) Nessuna persona che parla correttamente il francese è bionda
E) Tutte le persone che non parlano francese correttamente sono bionde

20 **Indicare in quale delle seguenti alternative la lettera B è presente un numero maggiore di volte rispetto alla lettera O.**

A) OBOBOBOOOBOBBB
B) OOBOOBOBOOBOBB
C) BOBBBOOOBOOO
D) OBOBBBOOOBOBOO
E) BOBOBOOBBBOBOBB

21 **"Tutti i pescatori sono amanti del mare. Armando è un amante del mare. Tutti gli amanti del mare sono sportivi". In base alle precedenti affermazioni, quale delle seguenti NON è necessariamente vera?**

A) Chi non è sportivo non è un amante del mare
B) Tutti i pescatori sono sportivi
C) Armando è sportivo
D) Chi non è un amante del mare non è un pescatore
E) Armando è un pescatore

22 **"L'educazione sanitaria deve già iniziare nei programmi della scuola materna. Se non si modificano le abitudini sanitarie sin dalla più tenera età, non si può sperare di migliorare in futuro la salute degli adulti e degli anziani. Gli investimenti in programmi di educazione sanitaria nell'età prescolare possono essere utili per la società intera e comportare un risparmio di spesa per l'assistenza". A quale conclusione è corretto pervenire in base a quanto riportato nel testo?**

A) L'educazione sanitaria dei bambini può essere utile sia a loro singolarmente sia alla società
B) Se in futuro non migliorerà la salute degli adulti e degli anziani, significa che non sono state modificate le abitudini sanitarie sin dalla più tenera età
C) Solo se si investe in programmi di educazione sanitaria nell'età prescolare si ottiene un risparmio di spesa per l'assistenza
D) Se si modificano le abitudini sanitarie sin dalla più tenera età, si ha la certezza di migliorare in futuro la salute degli adulti e degli anziani
E) Una corretta educazione sanitaria della popolazione permette di ridurre il costo dell'assistenza sanitaria nazionale

23 **Se animale = 14, anima = 10, ghiaia = 12, ghiaccio = ?**

A) 16
B) 8
C) 14
D) 18
E) 12

24 **Se 4 pizzaioli preparano 36 pizze in 20 minuti, lavorando allo stesso ritmo quante pizze prepareranno 5 pizzaioli in un'ora?**

A) 180 pizze
B) 135 pizze
C) 45 pizze
D) 108 pizze
E) 88 pizze

25 Identificare il diagramma che rappresenta correttamente i seguenti insiemi:

- **Numeri compresi tra 1 e 22.**
- **Numeri compresi tra 5 e 11.**
- **Numeri pari divisibili per 7.**

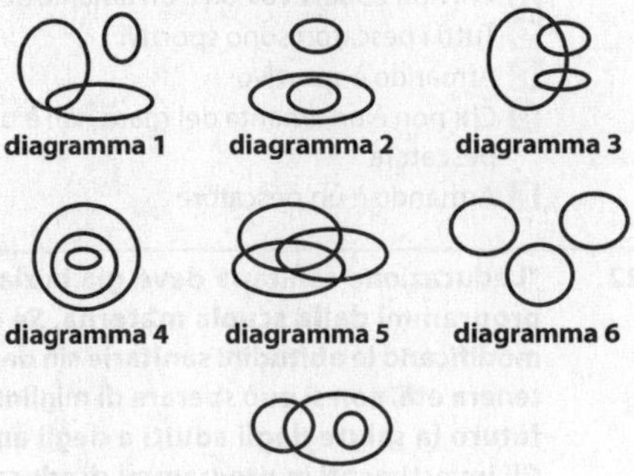

A) Diagramma 4
B) Diagramma 2
C) Diagramma 7
D) Diagramma 1
E) Diagramma 5

26 Se tutti gli uomini hanno la barba e tutti i militari sono uomini, quale affermazione fra le seguenti è vera?

A) Tutti gli uomini non hanno la barba
B) Tutti gli uomini fanno il servizio militare
C) Tutti i militari hanno la barba
D) Solo i militari portano la barba
E) Tutti i militari non hanno la barba

27 Se 3 uomini bevono 3 litri di vino in 3 giorni, quanti litri berranno 9 uomini in 9 giorni?

A) 18
B) 27
C) 36
D) 63
E) 72

28 Cinque treni, A, B, C, D ed E, partono dalla stessa stazione diretti in cinque città differenti. Si sa che: I) C è più veloce di B ma arriva dopo di questo che è, invece, il primo ad arrivare; II) A è l'ultimo ad arrivare anche se è più veloce di D e meno veloce di B; III) E, il secondo treno ad arrivare a destinazione, è più veloce di D, ma meno veloce di A. In base alle precedenti informazioni il quarto treno più veloce è:

A) E
B) C
C) D
D) B
E) A

29 "Nessun amante della musica ama la pittura; tutti gli scultori amano la pittura; tutti gli amanti della musica sono persone allegre". Se le precedenti affermazioni sono vere, allora è certamente vero che:

A) nessuno scultore è una persona allegra
B) nessun amante della pittura è una persona allegra
C) chi ama la pittura ama anche la musica
D) non è detto che alcuni amanti della musica non siano scultori
E) non è detto che alcuni amanti della pittura non siano persone allegre

30 Un numero aumentato dei suoi 2/5 dà 140. Questo numero è:

A) 60
B) 90
C) 70
D) 80
E) 100

31 Vincenzo e Giovanni vogliono spedire le 24 cartoline che hanno acquistato in Grecia in tempo utile per prendere il traghetto che li ricondurrà in Italia. Entrambi sanno che insieme sono in grado di applicare 24 francobolli in 40 secondi. Vincenzo ne applica il triplo di Giovanni che, a sua volta, ne applica la metà di Massimo, il terzo compagno di viaggio. Quanti francobolli riuscirebbero ad applicare i tre lavorando insieme per 1 minuto?

A) 15
B) 36
C) 54
D) 45
E) 24

32 Individuare la figura da scartare.

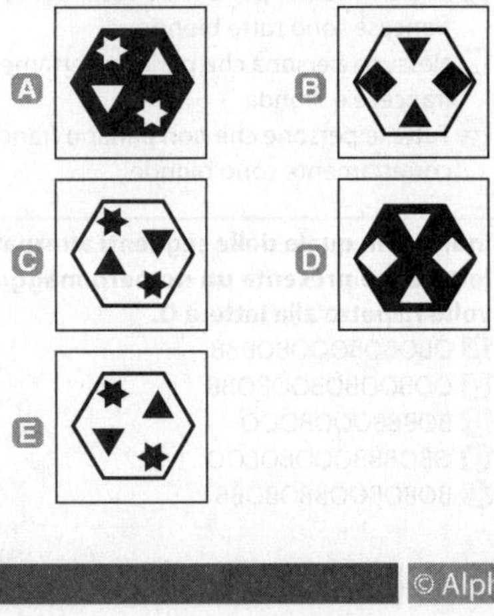

33 Individuare la figura che completa correttamente la seguente serie.

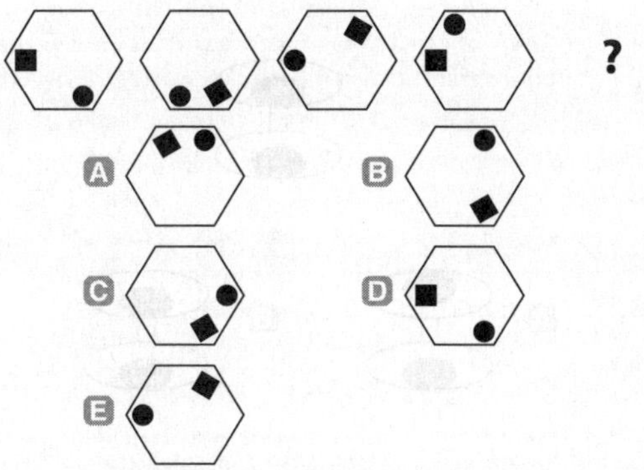

34 "Nell'ufficio di Silvia ci sono diversi scaffali con libri di storia e di matematica. Negli scaffali dove ci sono almeno due libri ce ne è almeno uno di matematica".
Se la precedente affermazione è vera, allora è vero che:

A se su uno scaffale c'è un solo libro questo è di matematica
B uno scaffale che contiene tre libri ne ha sempre due di storia
C il numero dei libri di storia su uno scaffale è sempre inferiore o pari al numero di libri di matematica
D su uno scaffale che contiene due libri potrebbero non esserci libri di storia
E uno scaffale non può contenere un solo libro

35 L'affermazione: "A nessuno dei presenti piace il teatro o il cinema a meno che non abbia compiuto 20 anni e abbia il diploma di maturità" è falsa se, tra i presenti:

A esiste un diplomato di 18 anni a cui piace il cinema
B non esiste un diplomato di 18 anni a cui piace il teatro
C esiste un diplomato di 40 anni a cui piace il teatro
D esiste un diplomato di 40 anni a cui non piace né il teatro né il cinema
E non esiste un ventunenne a cui piace il cinema

36 Luigi aveva 8 anni quando è nato suo fratellino. Quanti anni ha ora che la sua età è doppia di quella del fratello?

A 21
B 20
C 12
D 16
E 18

37 Individuare la figura mancante.

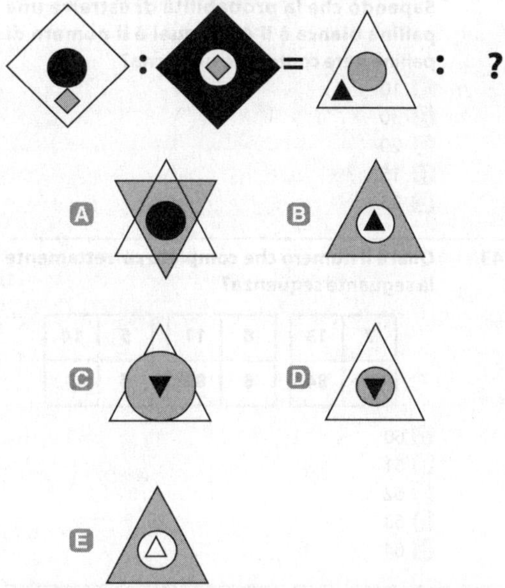

Negli esercizi seguenti individuare il numero o la lettera che completa correttamente la sequenza data.

38 5, 25, 125, ..., 3.125?

A 2.125
B 625
C 1.125
D 2.000
E 2.225

39 F, G, L, Q, ...?

A Z
B S
C A
D U
E T

40 16, 81, ..., 625?

A 169
B 225
C 144
D 256
E 400

41 26, 27, 27, 24, 29, 22, 32, ...?

A 22
B 20
C 30
D 19
E 21

42 **Un'urna contiene 50 palline, bianche o nere. Sapendo che la probabilità di estrarre una pallina bianca è il 40%, qual è il numero di palline nere contenute nell'urna?**

A 10
B 30
C 20
D 15
E 25

43 **Qual è il numero che completa correttamente la seguente sequenza?**

7	13	8	11	5	14
7	84	6	82	6	?

A 60
B 61
C 62
D 63
E 64

44 **Marina è più veloce di Giusy che è più veloce solo di Francesca. Raffaella è più veloce di Paola e più lenta solo di Marina. In base alle informazioni precedenti, è vero che:**

A Raffaella è la più veloce delle cinque ragazze
B Paola è più veloce di Giusy
C Francesca non è la più lenta delle cinque ragazze
D Raffaella è più veloce di Marina
E Francesca è più veloce di Paola

45 **A quale velocità media un pullman percorre un tragitto di 90 km in 1h 40'?**

A 54 km/h
B 36 km/h
C 22 km/h
D 60 km/h
E 82 km/h

46 **Qual è il numero che completa correttamente la seguente sequenza?**

41	56	56
14	21	28
28	36	?

A 28
B 29
C 30
D 14
E 56

47 **Quale, tra le cinque figure seguenti, è speculare rispetto a quella proposta?**

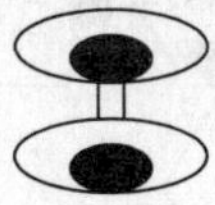

A 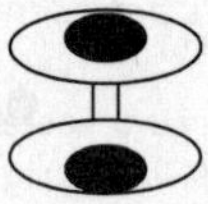

B 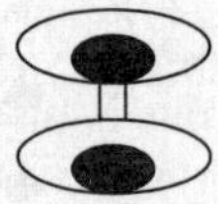

C 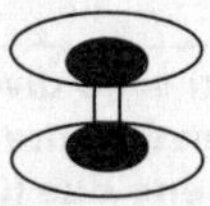

D 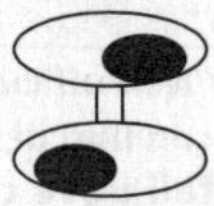

E 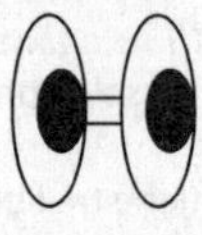

48 **Piera ha quattro pretendenti, Aristide, Basilio, Carlo e Donato, e, dovendo sceglierne uno, decide di consigliarsi con le sue quattro amiche Letizia, Marina, Nives e Olga.**

- **Letizia consiglia decisamente Aristide (e solo lui).**
- **Marina pensa che sia Basilio che Carlo siano degli ottimi ragazzi, mentre gli altri due sono poco affidabili.**
- **Nives non ha dubbi: Carlo è la persona giusta per Piera.**
- **Olga pensa che Aristide e Carlo siano entrambi molto raccomandabili, ma sospende il suo giudizio sugli altri due, che non conosce bene.**

Dopo aver meditato a lungo, alla fine Piera decide, consapevole del fatto che:

A se sceglie Basilio la maggioranza delle sue amiche la criticherà
B Carlo è l'unico approvato dalla maggioranza delle sue amiche
C qualunque persona lei scelga, non riuscirà mai a seguire i consigli di più di due amiche
D se non sceglie Carlo, la maggioranza delle sue amiche la criticherà
E la persona da lei scelta non piace a nessuna sua amica

49 Il compito in classe assegnato a 20 studenti è difficile: 12 studenti non riescono a fare nulla; la prima metà degli esercizi è risolta da 6 studenti. Quanti studenti risolvono il compito in modo esatto?

A Non più di 6
B 2 su 20
C Non più di 8
D 8 su 20
E Nessuna delle risposte precedenti è corretta

50 Una bottiglia piena di vino costa 10 euro. Il vino costa 9 euro più della bottiglia vuota. Il vuoto della bottiglia costa:

A quanto il vino
B 9 euro
C solo 1 euro
D 50 centesimi
E nulla

51 Completare la frase seguente con l'unico aggettivo pertinente: "nonostante il suo proverbiale coraggio, lo spavento fu tale che rimase a lungo ...".

A imperterrito
B apatico
C atterrito
D impavido
E inaudito

52 Individuare tra le alternative proposte quella che contiene una differenza rispetto alle righe seguenti:
56TG-FRTE-56TR-7889
DE45-56TY-45RD-ES34
56TG-FRDE-56TR-7890
23SE-DE5R-3ESW-QAW5

A 23SE-DE5R-3ESW-QAW5
B DE45-56TY-45RD-ES34
C 56TG-ERDF-56TR-7890
D 56TG-FRTE-56TR-7889
E 56TG-FRDE-56TR-7890

53 Sara possiede un numero di gatti pari alla metà dei cani di Alessia. Chiara ha un numero di gatti che è la metà del numero dei propri cani che, a sua volta è pari a 1/3 dei cani di Alessia. Quanti sono i gatti in totale posseduti dalle tre persone sapendo che i cani in tutto sono 16?

A 2
B 6
C 8
D 10
E 15

54 Se ogni 4 vasetti di marmellata alla pesca il negoziante ve ne regala un altro dello stesso tipo e dimensione, che sconto vi sta applicando sul totale dei 5 vasetti?

A Il 25%
B Il 20%
C il 5%
D Il 30%
E Il 15%

55 Lavorando allo stesso ritmo, 3 magazzinieri processano lo scarico del materiale ricevuto in 4 ore. Quante ore impiegherebbe un magazziniere se venisse lasciato solo dai suoi colleghi?

A 9
B 10
C 4
D 12
E 8

56 "Se non metti le cinture di sicurezza, i vigili non mancheranno di multarti". Se la precedente affermazione è vera, allora è certamente vero che:

A se i vigili non ti hanno multato è perché hai messo le cinture di sicurezza
B se i vigili non mancano di multarti è perché non hai messo le cintura di sicurezza
C le cinture di sicurezza sono la miglior protezione alla guida
D è necessario mettere le cinture di sicurezza per far sì che i vigili non ti multino
E se metti le cinture di sicurezza i vigili troveranno difficoltà a multarti

57 Individuare il numero mancante nella serie:
13, 23, 32, 40, ... 53, 58, 62, 65, 67, 68, 68

A 50
B 47
C 44
D 51
E 52

58 In un grattacielo di 100 piani un ascensore fermo al 32° piano inizia la risalita e nello stesso istante un secondo ascensore comincia a scendere. Si sa che mentre il primo sale di tre piani, il secondo scende di quattro piani. Sapendo che si incontreranno al 50° piano, da quale piano è partito il secondo ascensore?

A Dal 74° piano
B Dal 72° piano
C Dal 68° piano
D Dal 70° piano
E Dal 71° piano

59 **Se A viene prima di C, E viene prima di C, C viene prima di D ed A viene prima di E, una delle seguenti affermazioni è falsa (F) mentre tutte le altre sono vere (V):**

1. A è la prima della serie
2. E viene dopo D
3. E non è l'ultima della serie
4. E viene prima di D
5. L'ordine non è alfabetico

Quale tra le seguenti è dunque la sequenza corretta?

A 1:V 2:V 3:F 4:V 5:V
B 1:V 2:V 3:V 4:V 5:F
C 1:V 2:V 3:V 4:F 5:V
D 1:F 2:V 3:V 4:V 5:V
E 1:V 2:F 3:V 4:V 5:V

60 **Individuare il diagramma che soddisfa la relazione insiemistica esistente tra i termini dati: Bevande, Succhi di frutta, Bevande non alcoliche**

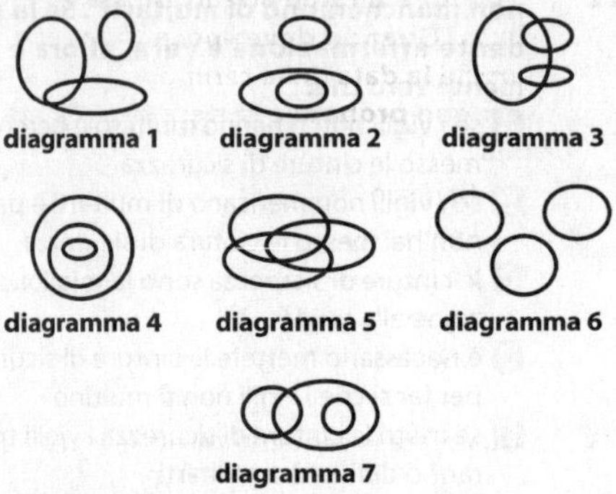

A Diagramma
B Diagramma 4
C Diagramma 3
D Diagramma 5
E Diagramma 2

61 **(A) Una delle caratteristiche dello Stato di Natura era rappresentata dall'eguaglianza tra gli uomini. (B) Allontanandosi, con la civiltà, dallo Stato di Natura, gli uomini sono diventati più infelici. Una sola delle conclusioni sotto elencate è autorizzata esplicitamente dalle sole premesse A e B:**

A lo Stato di Natura è più felice di quello della civiltà
B l'ineguaglianza è per tutti motivo di infelicità
C l'ineguaglianza è caratteristica della civiltà
D non vi è felicità per gli uomini senza eguaglianza
E l'eguaglianza tra gli uomini è una caratteristica della civiltà

62 **La recinzione di un vigneto prevede che si piantino pali a distanza di 6 m l'uno dall'altro. Quanti pali in più sono necessari per recintare un vigneto quadrato di area quadrupla rispetto a un altro vigneto quadrato che ha il perimetro pari a 120 m?**

A 80
B 40
C 20
D 60
E 32

63 **"Solo se conservati nel congelatore, i surgelati non si deteriorano". In base alla precedente affermazione, quale delle seguenti NON è necessariamente vera?**

A La conservazione nel congelatore è necessaria affinché i surgelati non si deteriorino
B Se non conservati nel congelatore, i surgelati si deteriorano
C I surgelati deteriorati non sono stati conservati nel congelatore
D I surgelati non deteriorati sono stati conservati nel congelatore
E Condizione necessaria perché i surgelati non si deteriorino è che vengano conservati nel congelatore

64 **Alla finale di una gara di sci di fondo la classifica dal 1° al 7° posto è la seguente: Aldo, Fausto, Ilaria, Gaia, Beatrice, Claudio, Enrico. Cinque di questi sette ragazzi usano la tecnica "di pattinaggio" e si sa che ad usare la tecnica "di pattinaggio" sono tre tra i primi quattro classificati e tre tra gli ultimi quattro classificati. Si può essere certi che a usare la tecnica "di pattinaggio" è:**

A Ilaria
B Claudio
C Gaia
D Fausto
E Nessuna delle altre alternative proposte è corretta

65 **Il piccolo Giorgio sta giocando con 256 tessere di legno colorato, tutte a forma di triangolo equilatero e aventi le stesse dimensioni. Ha costruito con tutte le tessere, affiancandole, un grande triangolo equilatero; qual è il rapporto tra il lato del triangolo ottenuto e quello di ciascuna tessera?**

A 10:1
B 20:1
C 16:1
D 15:1
E 14:1

66 Individuare la figura da scartare.

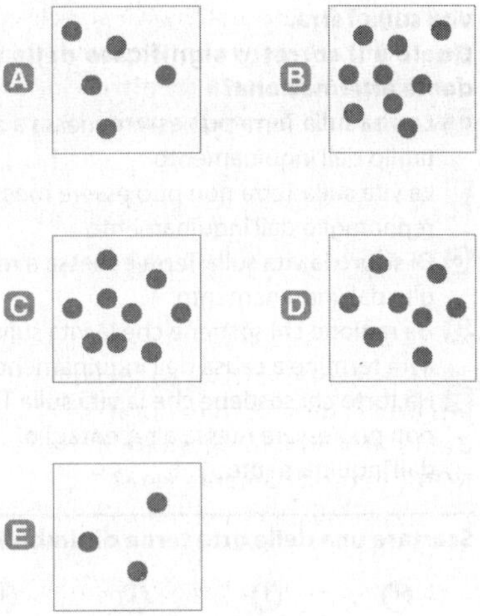

67 Un ladro scippa quella che da dietro sembra essere una ragazza e fugge a piedi alla velocità di 18 km/h. In realtà la "ragazza" è il campione mondiale di pugilato, noto per i suoi lunghi capelli biondi, che, dopo i primi trenta secondi di sbigottimento, comincia a rincorrere il malfattore alla propria velocità massima cronometrata durante gli allenamenti: 25,2 km/h. Quanto tempo impiegherà l'atleta a raggiungere lo sventurato scippatore?

A 1 minuto e 15 secondi
B 1 minuto
C 2 minuti
D 1 minuto e 30 secondi
E Il ladro non sarà mai raggiunto

68 Se il lato di un quadrato viene allungato del 50%, di quanto aumenta la sua area?

A 50%
B 100%
C 25%
D 225%
E 125%

69 Un concessionario di auto usate ha in vendita 265 autovetture. Di queste, i 2/5 sono state prodotte all'estero; quante sono le autovetture di produzione nazionale?

A 3/5
B 159
C 106
D 124
E 100

70 Un'urna contiene in totale 300 palline di colore giallo, blu, rosso e verde. Le palline gialle sono un terzo del totale, le blu sono metà delle gialle e le rosse sono i due terzi delle verdi. Quante sono le palline verdi?

A 90
B 60
C 150
D 100
E 18

71 Alcuni studenti della classe sono alti, tutti gli studenti alti sono biondi. Quindi:

A tutti gli studenti della classe sono biondi
B chi non è biondo non fa parte di questa classe
C solo se sei alto e biondo puoi far parte di questa classe
D alcuni studenti della classe sono biondi
E nessuno studente della classe è biondo

72 Tiziano è un tipo strano. Si affida sempre al caso. Quando deve sposarsi sceglie a caso anche la data della cerimonia. In quale mese è meno probabile che si celebri il matrimonio?

A Gennaio
B Febbraio
C Marzo
D Agosto
E Novembre

73 Quale, tra le seguenti frazioni, è la maggiore?

A 1/2
B 3/10
C 4/9
D 5/11
E 6/11

74 Individuare il numero mancante:
4, 7, 5, 20, 23, 21, ...?

A 27
B 146
C 84
D 81
E 35

75 Individuare il numero mancante:
5, 10, 15, 25, 40, 65, ...?

A 105
B 75
C 100
D 145
E 95

76 **Individuare la lettera mancante:**

B, C, E, F, H, I, M, ...?

A N
B P
C O
D T
E L

77 **Individuare la lettera mancante:**

S, Z, E, M, ...?

A U
B S
C T
D R
E V

78 **All'asilo due bimbi giocano agli indovinelli. Prima un bimbo fa un indovinello e poi tocca al compagno porre la domanda. Ogni volta che un bimbo non conosce la risposta all'indovinello deve dare una figurina al bimbo che ha posto la domanda. Inizialmente i due bimbi hanno 12 figurine ciascuno. Dopo un certo numeri di indovinelli un bimbo ha 20 figurine e l'altro solo 4. Quanti indovinelli sono stati fatti dai due bimbi complessivamente?**

A Non è possibile saperlo, ma gli indovinelli sono stati certamente almeno 16
B 16
C 8
D Non è possibile saperlo, ma gli indovinelli sono stati al massimo 8
E 32

79 **Una rotatrice viene avviata alle 21.00 e dopo 8 ore di lavoro ha stampato 4/5 dei manifesti programmati dal piano di stampa. Per rispettare i tempi previsti il tipografo decide di stampare l'ultima parte del lavoro rimasto a velocità doppia. A che ora la rotatrice avrà stampato tutti i manifesti previsti?**

A Alle 7 del mattino
B Alle 6 del mattino
C Alle 8 del mattino
D A mezzanotte
E Alle 9 del mattino

80 **Ricorrere a ragionamenti volti ad alterare la verità a proprio vantaggio vuol dire:**

A cavillare
B sproloquiare
C discettare
D dirimere
E blaterare

81 **Non è senza ragione chi sostiene che l'inquinamento non possa mettere a repentaglio la vita sulla Terra.**

Quale è il corretto significato della precedente affermazione?

A La vita sulla Terra può essere messa a repentaglio dall'inquinamento
B La vita sulla Terra non può essere messa a repentaglio dall'inquinamento
C Di sicuro la vita sulla Terra è messa a repentaglio dall'inquinamento
D Ha ragione chi sostiene che la vita sulla Terra avrà termine a causa dell'inquinamento
E Ha torto chi sostiene che la vita sulla Terra non può essere messa a repentaglio dall'inquinamento

82 **Scartare una delle otto terne di simboli.**

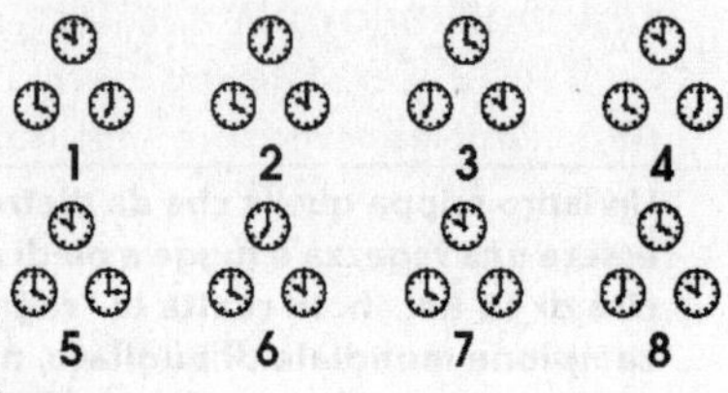

A Terna 1
B Terna 4
C Terna 6
D Terna 5
E Terna 3

83 **Individuare la figura che completa correttamente la seguente serie.**

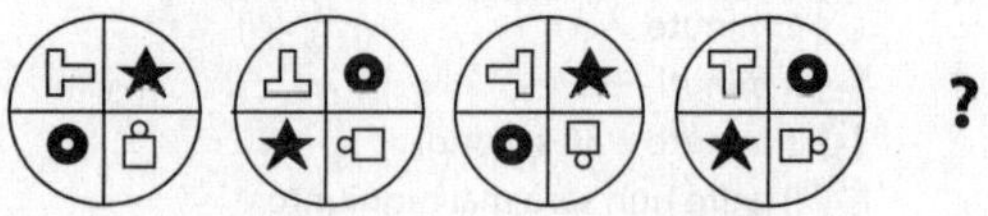

A 

B 

C 

D 

E 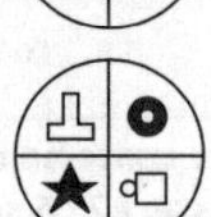

84 **Quale tra le seguenti frazioni è la minore?**

A 2/3
B 4/6
C 3/9
D 8/24
E 4/20

85 **Il beffardo mago Atlante ha rinchiuso in un castello fatato Angelica, l'intelligente principessa cinese. Angelica è confinata in una stanza con cinque porte contrassegnate UNO, DUE, TRE, QUATTRO, CINQUE davanti a ciascuna delle quali sta un aiutante di Atlante, con il contrassegno della porta ricamato sul cappello.**

Lei sa che quattro di essi mentono sempre e uno dice sempre la verità. Dietro alle porte dei mentitori c'è un disgustoso e vorace drago, ma dietro alla porta dell'aiutante che dice la verità c'è il corridoio che porta fuori dal castello. Angelica rivolge alcune domande agli aiutanti del mago, ricevendo queste informazioni:

UNO dice che TRE, QUATTRO e CINQUE mentono;

TRE dice che UNO o DUE dicono il vero;

QUATTRO dice che TRE dice il vero.

Da quale porta deve uscire Angelica?

A UNO
B QUATTRO
C CINQUE
D TRE
E DUE

86 **Individuare la figura da scartare.**

A 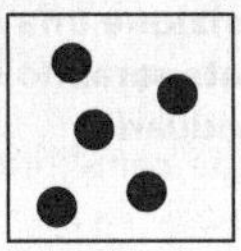
B 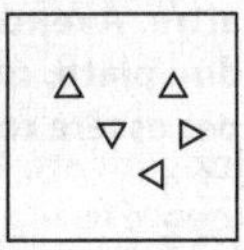
C 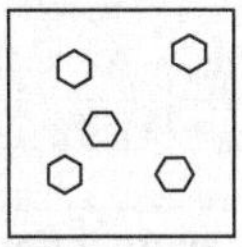
D 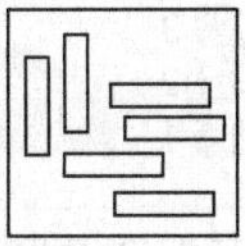
E 

87 **Se l'affermazione "Nessun cittadino italiano paga tutte le tasse" è falsa, quale delle seguenti è necessariamente vera?**

A Diversi cittadini italiani pagano tutte le tasse
B Molti cittadini italiani pagano solo alcune tasse
C Alcune tasse vengono pagate da gran parte degli italiani
D Almeno un cittadino italiano paga tutte le tasse
E Molte tasse sono evase da quasi tutti gli italiani

88 **Quali tra i termini proposti completano correttamente la seguente proporzione?**

Corriere della Sera : X = Y : Verdelli

A X = La Repubblica; Y = Mauro
B X = giornale; Y = Cannavò
C X = De Bortoli; Y = Tuttosport
D X = Mieli; Y = La Gazzetta dello Sport
E X = Milano; Y = Palermo

89 **"Se il rosso è spento l'azzurro è acceso. Se il rosa è acceso il verde brilla. Inoltre o il rosso è spento o il rosa è acceso". In base alle precedenti affermazioni è sicuramente vero che:**

A l'azzurro è acceso o il verde brilla
B il verde brilla
C l'azzurro e il rosa sono accesi
D l'azzurro è acceso e il verde brilla
E il rosso è spento

90 **Individuare la figura mancante.**

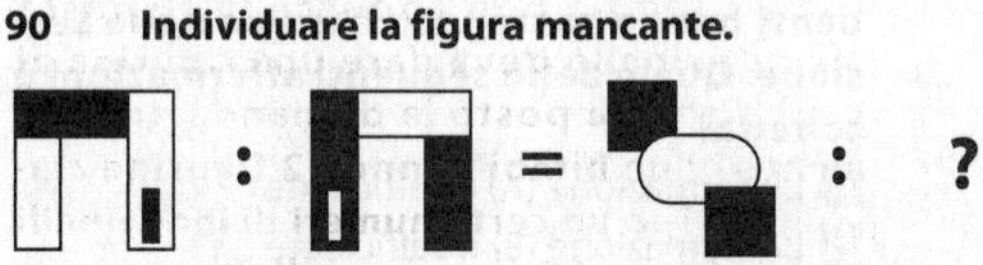

A 
B 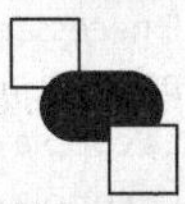
C 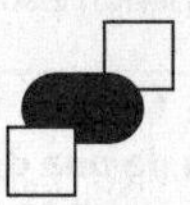
D 
E 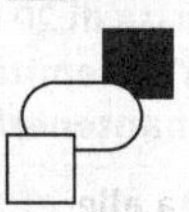

91 **"Sandro è una persona concreta; tutti gli informatici sono persone concrete; tutti gli informatici amano il computer". Se le precedenti affermazioni sono vere, allora per poter dedurre che Sandro ama il computer, quale/i delle seguenti affermazioni aggiuntive si deve far ricorso?**

1) Tutte le persone concrete sono informatici
2) Tutti coloro che amano il computer sono informatici
3) Tutti gli informatici si chiamano Sandro

A Sia alla 1) sia alla 3)
B Solo alla 2)
C Solo alla 1)
D Sia alla 1) sia alla 2)
E A nessuna delle tre, anche senza le affermazioni aggiuntive si ricava che Sandro ama il computer

QUESITI DI LOGICA

92 **"Luigi sarà rilassato se e solo se si concederà una vacanza". In base alla precedente affermazione, quale delle seguenti NON è necessariamente vera?**

- A È necessario che Luigi si conceda una vacanza per essere rilassato
- B Se Luigi non sarà rilassato, vuol dire che non si sarà concesso una vacanza
- C Se Luigi non si concederà una vacanza, non potrà essere rilassato
- D Anche se Luigi si concederà una vacanza, potrà non essere rilassato
- E È sufficiente che Luigi si conceda una vacanza per essere rilassato

93 **Si vuole sapere quanti studenti di un corso universitario hanno ricevuto un voto minore della media in una sessione d'esame. Si hanno le seguenti due informazioni: (A) il punteggio medio è stato 25,6 (B) 135 studenti hanno sostenuto l'esame nella sessione. Quale delle seguenti affermazioni è corretta?**

- A L'informazione (A) è sufficiente
- B L'informazione (B) è sufficiente
- C È necessario conoscere il numero di docenti presenti all'esame
- D La coppia di informazioni è sufficiente
- E La coppia di informazioni non è sufficiente

94 **Un'asta di metallo lunga 1 metro è sospesa per il suo centro. A 10 cm da una delle estremità è agganciata una massa di 20 kg. Qual è la massa da applicare all'estremità opposta per equilibrare l'asta e mantenerla in posizione orizzontale?**

- A 32 kg
- B 8 kg
- C 80 kg
- D 22 kg
- E 16 kg

95 **Si consideri un numero di tre cifre dove la cifra delle centinaia è uguale alla somma di quella delle decine con quella delle unità. Se si somma questo numero con quello ottenuto scambiando la cifra delle decine con quella delle unità e si divide il risultato per la somma delle cifre del numero dato, si ottiene un numero:**

- A 105,5
- B 110,5
- C 100,5
- D 155,0
- E che dipende dal numero di partenza

96 **Osservando le lancette di un suo orologio, Ernesto nota che esso ha accumulato esattamente un'ora di ritardo in tre giorni esatti. Tra quanto tempo, a partire da questo istante, l'orologio segnerà di nuovo l'ora esatta, se continuerà a funzionare con lo stesso ritmo?**

- A 36 giorni
- B 72 giorni
- C 33 giorni
- D 48 giorni
- E 24 giorni

97 **Una bandierina di segnalazione emerge da un tratto di mare. L'asta rigida della bandierina è incernierata al fondale e, quando è verticale, la bandiera svetta 10 cm sopra il pelo dell'acqua. Quando il vento fa inclinare l'asta, la bandierina tocca l'acqua a 40 cm di distanza dalla verticale. A quale profondità è incernierata l'asta?**

- A 30
- B 50 cm
- C 80 cm
- D 40 cm
- E 75 cm

98 **Davide ha 6 candele apparentemente identiche, una delle quali è però più pesante delle altre. Avendo a disposizione una bilancia a due piatti, quante pesate saranno sufficienti per essere certi di individuarla?**

- A 4
- B 5
- C 3
- D 2
- E 1

99 **"Se la pubblicità ha avuto effetto, allora molte persone guarderanno lo spettacolo televisivo". Se l'affermazione precedente è vera, quale delle seguenti è necessariamente vera?**

- A Se la pubblicità non ha avuto effetto, allora poche persone guarderanno lo spettacolo televisivo
- B Se poche persone hanno guardato lo spettacolo televisivo, allora la pubblicità non ha avuto effetto
- C Se molte persone hanno guardato lo spettacolo televisivo, allora la pubblicità ha avuto effetto
- D Chi ha guardato lo spettacolo televisivo ha subito l'effetto della pubblicità
- E Anche se la pubblicità ha avuto effetto, potrebbero esservi poche persone che guarderanno lo spettacolo televisivo

100 Gaspare, Gustavo e Guglielmo acquistano insieme 6 kg di caramelle, spendendo rispettivamente 16 euro, 24 euro, 40 euro. Se la distribuzione delle caramelle viene fatta in proporzione alla cifra versata, qual è la quantità che spetta a Gustavo?

A 1,5 kg
B 1,8 kg
C 2,5 kg
D 3 kg
E 1.200 g

101 Individuare tra le alternative proposte quella che contiene una differenza rispetto alle righe seguenti:

3267-DXTH-BGJI-WLMF
23SW-4567-SAWQ-CVGH
QARD-3ES4-W5TG-7HND
QART-WK2R-W5TG-8HNZ

A QART-WK2R-W5TG-8HNZ
B QARD-3ES4-V5TG-7HND
C 3267-DXTH-BGJI-WLMF
D 23SW-4567-SAWQ-CVGH
E QARD-3ES4-W5TG-7HND

102 "Marcello è italiano. Tutti gli artisti hanno molta fantasia. Tutti gli italiani hanno molta fantasia". Se le precedenti informazioni sono vere, quale ulteriore affermazione permetterebbe di concludere che Marcello è un artista?

A Nessuna: sono sufficienti le affermazioni fornite
B Marcello ha molta fantasia
C Chi ha molta fantasia è italiano
D Alcuni italiani sono artisti
E Chi ha molta fantasia è un artista

103 Individuare tra le alternative quella che contiene un'inesattezza rispetto a:

Passeri Carla, Via Enrico Martini 6/A, Crema (CR)

Carbone Daniela, Piazza Roma 16, Isola Di Capo Rizzuto (KR)

Oppido Antonio, Via Saffo 17, Crotone (KR)

A Carbone Daniela, Piazza Roma 16, Isola Di Capo Rizzuto (KR)
B Oppido Antonio, Via Saffo 17, Crotone (KR)
C Passeri Carla, Via Enrico Martini 6/A, Crema (CR)
D Carbone Daniela, Piazza Roma 16, Isola Di Capo Rizzuto (CR)
E Oppido Antonio, Via Saffo 17, Crotone (KR)

104 "Se la pubblicità ha avuto effetto, allora molte persone hanno guardato lo spettacolo televisivo". Se l'affermazione precedente è vera, quale delle seguenti deve essere vera?

A Anche se poche persone hanno guardato lo spettacolo televisivo la pubblicità può avere avuto effetto
B Se la pubblicità non ha avuto effetto, allora poche persone hanno guardato lo spettacolo televisivo
C Se molte persone hanno guardato lo spettacolo televisivo, allora la pubblicità ha avuto effetto
D Chi ha guardato lo spettacolo televisivo ha subito l'effetto della pubblicità
E Se poche persone hanno guardato lo spettacolo televisivo, allora la pubblicità non ha avuto effetto

105 Indicare la parola da scartare.

A Lindo
B Terso
C Netto
D Puro
E Brillante

106 "Tutte le segretarie sono solerti; Sandra è discreta; tutte le segretarie sono discrete". In base alle precedenti affermazioni, quale delle seguenti è necessariamente vera?

A Nessuna segretaria è solerte e indiscreta
B Se Sandra è discreta e solerte, allora è una segretaria
C Sandra è una segretaria
D Tutte le persone discrete sono solerti
E Sandra è solerte

107 Completare correttamente la seguente successione numerica:

1, 1, 2, 3, 5, 8, 13, 21, ?

A 29
B 28
C 21
D 34
E 30

108 Quali tra i termini proposti completano correttamente la seguente proporzione?

Famigerato : X = Y : amorfo

A X = fannullone; Y = morfologico
B X = bandito; Y = artista
C X = affamato; Y = contorto
D X = famoso; Y = formale
E X = malfamato; Y = informe

Completare le seguenti successioni numeriche.

109 116, 107, 99, 92, ...?
- A 86
- B 84
- C 79
- D 81
- E 77

110 31, 23, 19, 17, ...?
- A 18
- B 16
- C 9
- D 12
- E 13

111 6, 14, 26, 54, ...?, 214
- A 110
- B 108
- C 106
- D 86
- E 94

112 7, 21, 11, 26, 15, 31, 19, ...?
- A 36
- B 23
- C 38
- D 45
- E 42

113 6, 10, 18, 34, 66, ...?
- A 150
- B 33
- C 134
- D 130
- E 96

114 5, 10, 7, 8, 16, 13, 14, 28, 25, ...?
- A 50
- B 26
- C 22
- D 15
- E 24

115 "Tutti i baristi bevono vino. Chi beve vino è allegro. Chi è allegro non è noioso". Se le precedenti informazioni sono vere, quale delle seguenti affermazioni è necessariamente falsa?
- A Chi beve vino potrebbe essere un barista
- B Tutti i baristi sono allegri
- C Chi non è allegro potrebbe non essere noioso
- D Chi è allegro può essere astemio
- E Alcuni baristi sono noiosi

116 C'è una casa con almeno due porte; si consideri l'affermazione:
"Esiste una chiave che apre tutte le porte di casa, ma non la porta della cantina."
Indicare quale tra le seguenti frasi costituisce la negazione dell'affermazione riportata sopra.
- A Per ogni chiave, o esiste una porta che non è quella della cantina che non viene aperta da quella chiave, oppure quella chiave apre la porta della cantina
- B Esiste una chiave che apre tutte le porte di casa, compresa quella della cantina
- C Esiste una chiave che non apre nessuna porta, se non quella della cantina
- D Nessuna chiave apre tutte le porte
- E Per ogni chiave, esiste una porta che non è quella della cantina che viene aperta da quella chiave

117 Completare correttamente la seguente successione numerica:
7; 16; 322; 4111; ?
- A 22210
- B 60000
- C 22211
- D 77777
- E 22311

118 "Se Luca è nato nel 1987, allora è maggiorenne". Da quale delle seguenti affermazioni può essere logicamente dedotta l'argomentazione precedente?
- A Tutti coloro che non si chiamano Luca sono maggiorenni
- B Tutti coloro che sono nati nel 1987 sono maggiorenni
- C Tutti i maggiorenni sono nati nel 1987
- D Tutti gli italiani sono maggiorenni
- E È in corso l'anno 2004

119 Il trattato che, per gli Stati firmatari rende impossibile importare merci dall'estero, da oggi non è più valido.
La precedente affermazione implica che:
- A è possibile che venga proibito ad alcuni Stati firmatari di importare merci dall'estero
- B tutti gli Stati firmatari possono importare merci dall'estero
- C nessun trattato può essere imposto alla sovranità nazionale
- D alcuni Stati firmatari possono importare merci dall'estero
- E ogni Stato firmatario deve importare merci dall'estero

120 Gianni ha trovato un vecchio giornale enigmistico che riportava uno schema triangolare in cui ogni numero, dalla seconda riga in giù, era uguale alla somma dei due numeri situati sopra al numero stesso, esattamente come succede nella seguente figura:

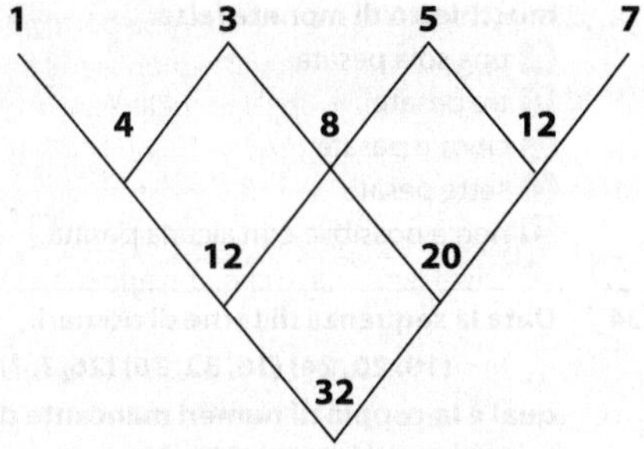

Lo schema di Gianni era in gran parte illeggibile, si sono potuti riconoscere solo i 4 numeri indicati in quest'altra figura:

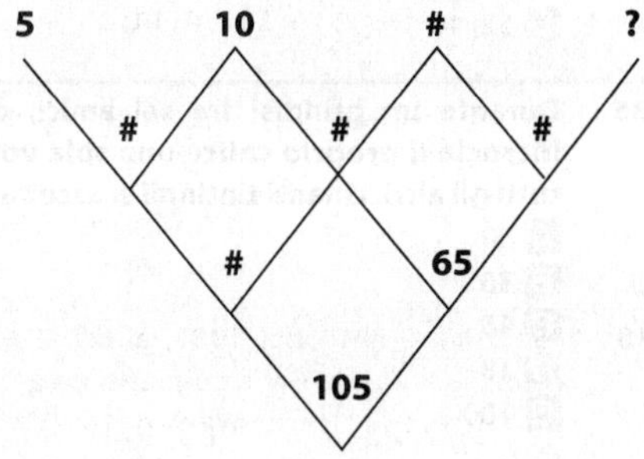

Sapreste aiutare Gianni a ricostruire lo schema originario? Indicate in particolare quale numero deve stare nella casella indicata con " ? ".

A 25
B 35
C 30
D 20
E 15

121 "Nessun computer può sostituire il cervello umano". Se la precedente affermazione è FALSA, allora si può essere certi che:

A il cervello umano è insostituibile
B non esistono computer che possono sostituire il cervello umano
C esistono diversi computer che possono sostituire il cervello umano
D esiste almeno un computer che può sostituire il cervello umanoi
E c'è solo un computer che può sostituire il cervello umano

122 In uno scaffale sono allineati 5 volumi di una enciclopedia. Ciascun volume è dedicato a un'arte:
Pittura, Scultura, Architettura, Letteratura e Musica. Si sa che: il volume di Pittura è a destra di quello di Letteratura ma non a fianco; il volume di Architettura è a un'estremità e a fianco di quello di Pittura; il volume di Scultura è a fianco di quello di Musica; tra il volume di Musica e quello di Architettura ci sono altri due volumi.
Si può concludere che il primo volume a partire da sinistra:

A è quello di Letteratura
B è quello di Musica
C è quello di Architettura
D è quello di Scultura
E non può essere individuato univocamente

123 Quali tra i termini proposti completano correttamente la seguente proporzione?
Rude : rozzo = X : Y

A X = sgarbato; Y = gentile
B X = aperto; Y = unico
C X = prolisso; Y = loquace
D X = amico; Y = nemica
E X = discreto; Y = lezioso

124 Un nano spaziale raddoppia la sua altezza ogni giorno. Al nono giorno comincia a ridurre la sua altezza con una velocità doppia. Dopo quanti giorni dall'inizio sarà ritornato alla sua altezza di prima:

A 15
B 12
C 10
D 13
E 14

125 Scrivi una parola che abbia lo stesso significato di ciascuna delle due parole:
Frugale … Bosco

A Limitato
B Parco
C Fragola
D Aggettivo
E Sostantivo

126 Individuare la parola da scartare.

A Faro
B Minareto
C Traforo
D Campanile
E Torre

127 Qual è il mese da scartare tra i seguenti? Agosto – Settembre – Ottobre – Novembre – Dicembre

A Agosto
B Settembre
C Ottobre
D Novembre
E Dicembre

128 Quale tra le seguenti parole è da scartare? giorno – soprano – carie – busto – auto

A giorno
B soprano
C carie
D busto
E auto

129 Sei pasticcieri sfornano centoventi torte in venti giorni. Quanti giorni occorrono a tre pasticcieri per sfornare sessanta torte dello stesso tipo:

A Dodici
B Venti
C Diciotto
D Trenta
E Dieci

130 Se A + B = C e C – D = A, allora:

A 2B = A
B C = B
C 3D = C
D C > D
E B = D

131 Un esploratore si sposta di un chilometro in direzione nord, un altro chilometro in direzione est e, infine, un altro chilometro in direzione sud. Alla fine del viaggio si ritrova allo stesso punto di partenza. Da dove è partito?

A da qualsiasi punto sul meridiano di Greenwich
B da qualsiasi punto collocato all'equatore
C dal polo Nord
D dal polo Sud
E da qualsiasi punto sulla linea del cambio di data

132 Quale tra i seguenti non è un famoso compositore?

A ZOTRAM
B SATSURS
C REDIV
D MALESO
E SIRSOIN

133 Ci sono dieci pile di dieci monete da 50 centesimi ciascuna. Uno dei mucchietti è fatto di tutte monete false, ma non sapete quale. E' noto però il peso di una moneta buona e si sa che una moneta falsa pesa un grammo in più del dovuto. Qual è il numero minimo di pesate necessarie a determinare qual è il mucchietto di monete false:

A una sola pesata
B tre pesate
C cinque pesate
D sette pesate
E non è possibile con alcuna pesata

134 Data la sequenza di terne di numeri:

(10, 20, 24) (16, 32, 36) (26, ?, ?)

qual è la coppia di numeri mancante da sostituire ai punti interrogativi?

A 40, 44
B 52, 56
C 52, 72
D 48, 52
E 52, 44

135 Durante un brindisi fra sei amici, ognuno incrocia il proprio calice una sola volta con tutti gli altri. Quanti tintinnii si ascoltano?

A 30
B 36
C 15
D 18
E 100

136 16, 3, 8, 6, 4, 12, 2, ...?

A 1
B 10
C 14
D 24
E 12

137 Completa i termini mancanti della proporzione:

x : Pasta = Pomodoro : y

A x = grano, y = salsa
B x = salsa, y = cipolla
C x = oliva, y = verdura
D x = riso, y = vino
E x = pesca, y = cucina

138 Individuare la parola da scartare.

A Ingegnere
B Geometra
C Notaio
D Architetto
E Avvocato

139 **Si individui, tra le soluzioni proposte, la frase equivalente all'espressione Se Einstein era un fisico, allora era uno scienziato.**

- **A** Se Einstein non era un fisico, allora non era uno scienziato
- **B** Se Einstein non era uno scienziato, allora non era un fisico
- **C** Solo se Einstein era un fisico, allora era uno scienziato
- **D** Se Einstein non era un fisico, allora era uno scienziato
- **E** Nessuna delle risposte precedenti è corretta

140 **Nel libero Stato di Burgundia tutti gli abitanti sono biondi oppure bruni. Inoltre NON È VERO che in ogni città di Burgundia c'è almeno una casa in cui tutti gli abitanti sono biondi. Allora necessariamente in Burgundia:**

- **A** in ogni città c'è almeno una casa in cui tutti gli abitanti sono bruni
- **B** c'è almeno una città dove c'è almeno un bruno in ogni casa
- **C** in ogni città c'è almeno un bruno in ogni casa
- **D** c'è almeno una città dove ci sono dei biondi in ogni casa
- **E** c'è almeno una città dove c'è almeno una casa in cui almeno un abitante è bruno

141 **Individuare la figura che completa correttamente la seguente serie.**

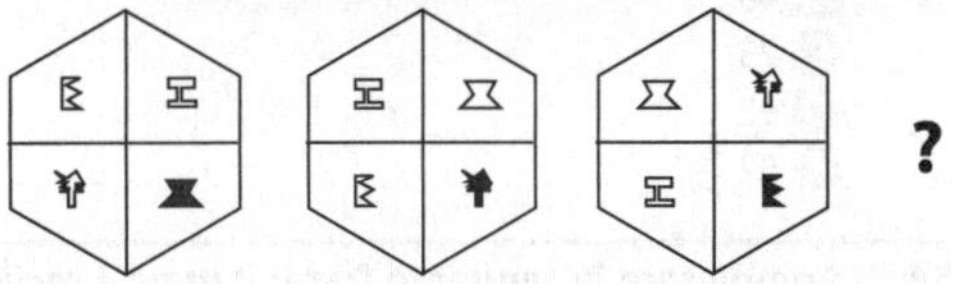

A 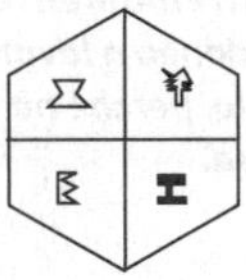
B 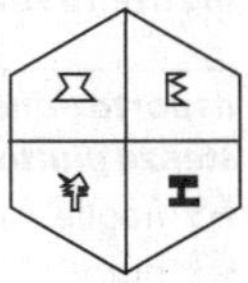
C 
D 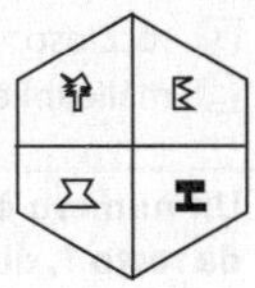
E 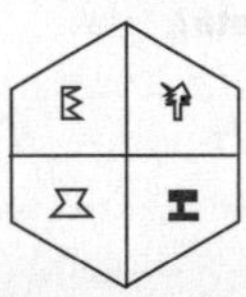

142 **Scartare una delle otto coppie di simboli.**

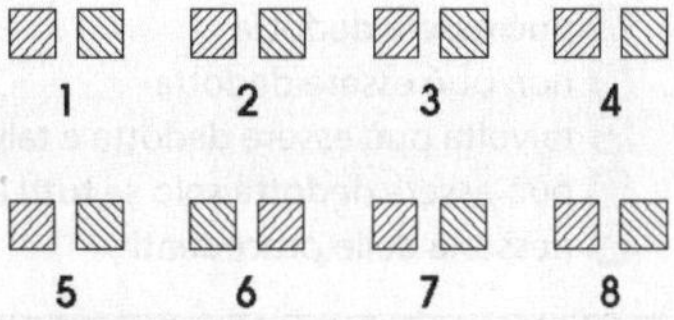

- **A** Coppia 1
- **B** Coppia 3
- **C** Coppia 7
- **D** Coppia 5
- **E** Coppia 6

143 **La proposizione "Solo se tutto non è sbagliato, tutto non è è sbagliato":**

- **A** non è logicamente vera
- **B** è logicamente falsa
- **C** è logicamente vera
- **D** può essere logicamente ambigua
- **E** nessuna delle precedenti

144 **Se si da per scontato che i fantasmi non esistono, la proposizione "Qualche fantasma è terrificante":**

- **A** è vera
- **B** è falsa
- **C** talvolta è vera e talvolta no
- **D** può essere falsa
- **E** nessuna delle precedenti

145 **Individuare la figura che completa correttamente la seguente serie.**

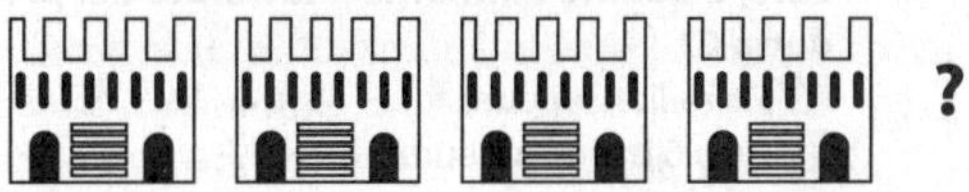

A 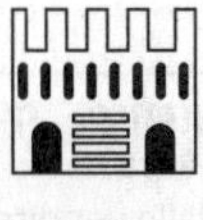
B 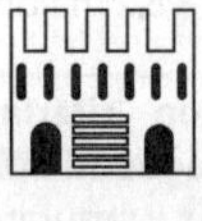
C 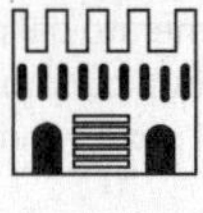
D 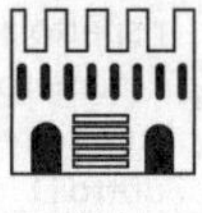
E 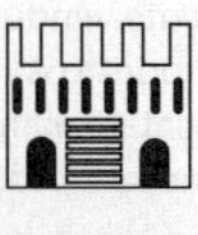

LOGICA E COMPRENSIONE VERBALE

146 Dalla sola premessa: "Tutti gli A sono B", la conclusione "Qualche A è B":

- A può essere dedotta
- B non può essere dedotta
- C talvolta può essere dedotta e talvolta no
- D può essere dedotta solo se tutti i B sono A
- E nessuna delle precedenti

Nel grafico seguente è riportata la ripartizione percentuale del fatturato generato da 5 prodotti dell'azienda Beta nell'ultimo anno.

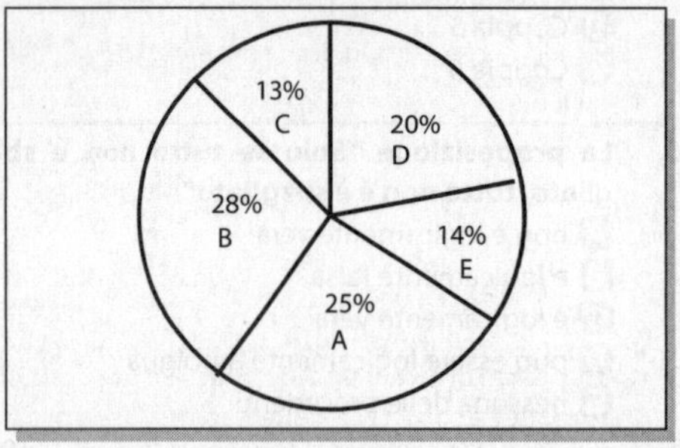

147 Con riferimento al grafico, qual è il prodotto che ha generato il fatturato maggiore nell'ultimo anno?

- A Prodotto A
- B Prodotto B
- C Prodotto C
- D Prodotto D
- E Prodotto E

148 Con riferimento al grafico, se nell'ultimo anno il prodotto A ha fatturato 10 milioni di euro, a quanto ammonta il fatturato del prodotto C?

- A 5,6 milioni di euro
- B circa 6 milioni di euro
- C 5,2 milioni di euro
- D meno di 5 milioni di euro
- E 6,2 milioni di euro

149 Con riferimento al grafico, quale delle seguenti affermazioni è vera?

- A Il fatturato derivante dalle vendite dei prodotti C ed E è complessivamente superiore rispetto al fatturato generato dal prodotto A
- B Il numero di pezzi venduti del prodotto B è superiore al numero di pezzi venduti del prodotto D
- C Il fatturato dell'azienda Beta è in crescita
- D Il prodotto maggiormente venduto dall'azienda Beta è il prodotto A
- E Il prodotto che ha aumentato maggiormente le vendite rispetto all'anno precedente è il prodotto B

150 Utilizzando l'alfabeto inglese, individuare le lettere mancanti:

a, b, c, c, b, a, b, c, d, d, c, b, c, d, e, ?,?

- A f, e
- B e, d
- C d, e
- D e, f
- E f, d

151 Utilizzando l'alfabeto inglese, individuare le lettere mancanti:

b, a, b, d, c, d, f, e, f, h, g, h, ?, ?

- A h, i
- B j, h
- C j, i
- D i, h
- E h, k

152 Individuare il numero mancante:

17 20 23 26 29 32 35 ?

- A 37
- B 38
- C 40
- D 41
- E 44

153 Individuare il numero mancante:

4 8 10 20 22 44 46 ?

- A 56
- B 48
- C 23
- D 92
- E 52

154 Completare la seguente frase: *il rame è facilmente lavorabile, estremamente duttile e ______ non è idoneo a lavorazioni con asportazione di truciolo, perché ha una consistenza piuttosto pastosa.*

- A fragile
- B duro
- C puro
- D roccioso
- E malleabile

155 Un numero è multiplo di 11, ma diviso per 2 dà resto 1, diviso per 3 dà resto 2, diviso per 4 dà resto 3. Qual è il più piccolo numero che gode di questa proprietà?

- A 143
- B 209
- C 130
- D 286
- E 88

156 **Utilizzando l'alfabeto inglese, individuare le lettere mancanti:**

f, a, b, g, a, b, h, a, b, i, a, b, ?, ?

A j, b
B k, a
C j, a
D j, k
E k, j

157 **Utilizzando l'alfabeto inglese, individuare le lettere mancanti:**

d, e, w, v, f, g, u, t, h, i, s, ?, ?

A t, j
B j, r
C r, l
D r, j
E k, r

158 **Individuare l'affermazione che è conseguenza logica della seguente affermazione: qualche studente ha 18 anni. Dunque:**

A nessuno degli studenti ha 18 anni
B la maggior parte degli studenti non ha 18 anni
C la maggior parte degli studenti ha più di 18 anni
D la maggior parte degli studenti ha meno di 18 anni
E tutti gli studenti hanno 18 anni

159 **In un gruppo di 100 signori riuniti a convegno, non tutti portano la cravatta. Però, comunque se ne scelgano due, uno almeno di essi la porta. In quanti hanno la cravatta?**

A 49
B 50
C 51
D 98
E 99

160 **Per organizzare una spedizione al Polo Sud è necessaria la presenza di geologi, metereologi, biologi e fisici. La prossima spedizione sarà composta da 60 persone. Se ognuno dei quattro gruppi prima elencati deve avere almeno 5 persone e nessun gruppo può avere la stessa numerosità di un altro, quanti biologi al massimo ci potranno essere sapendo che quello dei biologi è il secondo gruppo più numeroso?**

A 22
B 23
C 24
D 25
E 26

161 **Utilizzando l'alfabeto inglese, individuare le lettere mancanti:**

d, c, e, e, d, f, f, e, g, ?, ?

A g, f
B e, f
C g, h
D f, g
E g, f

162 **Utilizzando l'alfabeto inglese, individuare le lettere mancanti:**

c, e, w, v, g, i, u, t, k, m, s, ?, ?

A r, p
B n, p
C r, o
D n, o
E r, n

163 **Un pescatore va a una fiera di settore con 100 euro. Per acquistare delle esche si reca presso tre stand dove spende, rispettivamente, i 3/10, i 2/5 e 1/20 di tale somma. Con quanti euro rimarrà dopo tali acquisti?**

A 75
B 35
C 25
D 45
E 5

164 **Sei persone si inviano una mail. Ciascuno invia una mail a tutti gli altri. Quanti sono le mail inviate in totale?**

A 36
B 24
C 28
D 42
E 30

165 **Condizione necessaria e sufficiente affinché Francesco vada a vivere a Padova è che vinca il dottorato di ricerca.**
Se si individua con "B" la parte della frase "Francesco vada a vivere a Padova" e con "A" la parte della frase "vinca il dottorato di ricerca", quale delle seguenti relazioni esprime in modo esatto quanto detto dalla frase proposta?

A Solo se B, allora A
B Se B, allora A
C Solo se B, allora A e se A, allora B
D Se e solo se A, allora B
E Se A allora può accadere solo B

Nel grafico seguente è riportato l'andamento delle nuove assunzioni di personale presso l'ospedale S. Gaudenzio negli ultimi sei mesi.

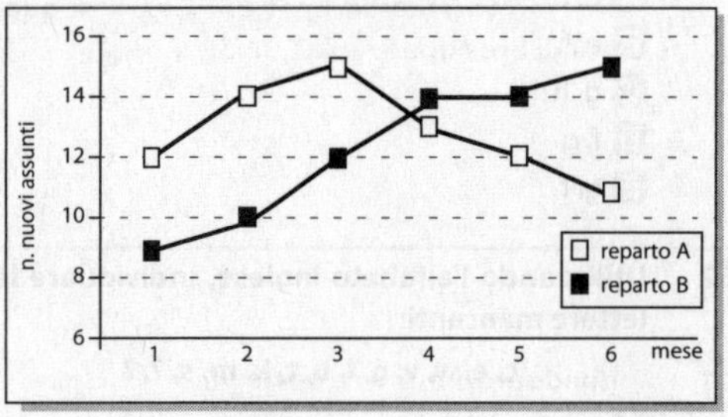

166 Con riferimento al grafico, quanti sono stati i nuovi assunti nel reparto B nell'ultimo semestre?

A 75
B 74
C 67
D 71
E 72

167 Con riferimento al grafico, quali sono i mesi nei quali vi è stato il maggior numero di assunti?

A Mesi 2 e 6
B Mesi 1 e 2
C Mesi 2 e 5
D Mesi 5 e 6
E Mesi 3 e 4

168 Con riferimento al grafico, in quale tra i seguenti mesi vi è stato il maggior numero di nuovi assunti nel reparto A?

A Mese 4
B Mese 6
C Mese 2
D Mese 1
E Mese 5

169 Con riferimento al grafico, quale delle seguenti affermazioni è vera?

A In ogni mese dell'ultimo semestre vi sono state più assunzioni nel reparto A rispetto al reparto B
B Nell'ultimo semestre le assunzioni all'ospedale S. Gaudenzio sono aumentate rispetto al passato
C Nel mese 4 vi sono state complessivamente più assunzioni rispetto al mese 3
D Il mese in cui vi sono state più assunzioni nel reparto B è il mese 6
E Nel mese 2 vi sono state 22 nuove assunzioni

170 Prese da un mazzo particolare 6 carte, ciascuna delle quali su un lato porta scritto una fra le lettere A, B, C e sull'altro porta scritto una fra le cifre 1, 2, 3, Leo dispone sul tavolo le carte nel modo seguente:

A	B	C	1	2	3

ed afferma:

Se una carta porta la lettera B su un lato, sull'altro lato porta la cifra 2.

Qual è il numero minimo di carte che Maria deve girare per essere sicura che Leo afferma il vero?

A 6
B 1
C 2
D 3
E 4

171 Quale tra le seguenti frazioni è la minore?

A 2/4
B 2/8
C 2/32
D 1/16
E 2/64

172 In tre anni 1.500 operai producono 450.000 pezzi. Quale sarebbe la produzione annua se gli operai fossero 600?

A 180.000
B 125.000
C 150.000
D 60.000
E 50.000

173 A quanto ammonta lo sconto se una cucina che costa 10.000 euro è scontata del 15%?

A € 1.200
B € 1.000
C € 1.500
D € 2.000
E € 750

174 Se Paolo è fratello di Gianni e Simone è figlio di Gianni e Teresa, quale delle seguenti affermazioni è sicuramente FALSA?

A Teresa è figlia unica
B Simone è figlio unico
C Teresa è cognata di Paolo
D Simone è cugino di Paolo
E Paolo è zio di Simone

175 Un leone è all'inseguimento di una gazzella. Se la gazzella, che viaggia a 40 km/h, ha un vantaggio di 75 metri sul leone. Tenendo conto che quest'ultimo ha una velocità di 70 km/h, dopo quanto tempo la gazzella verrà raggiunta?

A 3 minuti
B 6 secondi
C 9 secondi
D 2 minuti
E 18 secondi

176 Individuare il numero mancante.

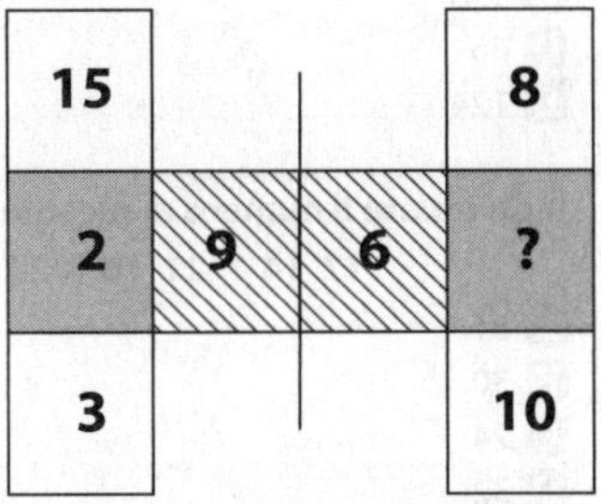

A 12
B 4
C 6
D 3
E 2

177 Quale delle seguenti proposizioni equivale a dire che "condizione necessaria affinché la proposizione A sia vera è che sia vera la proposizione B"?

A Solo se B è vera allora A è vera
B Se A è vera allora B è vera
C Se B è falsa allora A è vera
D Se B è vera allora A è vera
E A è vera se e solo se B è vera

178 Completare la seguente proporzione:

Mercoledì : X = Lunedì : Y

A X = Settimana, Y = Giorno
B X = Martedì, Y = Giovedì
C X = Venerdì, Y = Mercoledì
D X = Prima, Y = Dopo
E X = Gennaio, Y = Marzo

179 Nube di gas e particelle solide esistente nello spazio interstellare.

A Nebulosa
B Crasi
C Chiasmo
D Luminosa
E Frangiata

180 Lungo il perimetro di una palestra si prevede di disporre degli attrezzi a distanza di 3 metri l'uno dall'altro. Data una palestra quadrata, di perimetro pari a 90 m, quanti attrezzi in più saranno necessari per una palestra quadrata di area quadrupla?

A 90
B 60
C 30
D 120
E Il quadruplo

181 Individuare il numero mancante:

3 9 12 36 39 117 ?

A 120
B 351
C 234
D 119
E 133

182 Individuare il numero mancante:

25 23 20 18 15 13 10 ?

A 12
B 8
C 7
D 5
E 9

183 Un vestito costava 84 euro e con i saldi il suo prezzo è diminuito di 1/3. A quanto ammonta lo sconto applicato?

A 21 euro
B 33 euro
C 56 euro
D 30 euro
E 28 euro

184 Pierino (lo sbruffone) afferma: "Ogni volta che gioco a Tombola, vinco io!". Il suo amico Carletto ribatte che questo non è vero. Carletto ha ragione; dunque necessariamente:

A una volta ha giocato a tombola con Pierino e ha vinto Pierino
B ogni volta che ha giocato a tombola, Pierino ha perso
C qualche volta Carletto ha giocato a tombola con Pierino e altri amici, e non ha vinto Carletto
D ogni volta che non ha giocato a tombola con Pierino, ha vinto Carletto
E qualche volta Pierino ha giocato a tombola e non ha vinto

185 Non è impossibile che non esista una persona che non abbia negato di aver trovato il segreto per ottenere la vita eterna. Basandosi sulla precedente affermazione, individuare quale delle seguenti alternative è esatta:

A È impossibile che qualcuno abbia già affermato di aver trovato il segreto per ottenere la vita eterna
B Almeno una persona ha già trovato il segreto per ottenere la vita eterna
C È possibile che non esista una persona che abbia affermato di aver trovato il segreto per ottenere la vita eterna
D È escluso che esista una persona che abbia negato di aver trovato il segreto per ottenere la vita eterna
E Non si può affermare che chi non è stato condannato con sentenza passata in giudicato si possa considerare innocente.

186 I dipendenti dell'aeroporto di Tuku vengono suddivisi in tre categorie contrattuali: tecnici, impiegati e dirigenti. I tecnici sono i 2/7 del totale, gli impiegati sono i 3/5 del totale e i dirigenti sono 16. Quanti sono in totale i dipendenti dell'aeroporto?

A 130
B 4/35
C 31/35
D 140
E 210

187 Individuare la figura che completa correttamente la seguente serie.

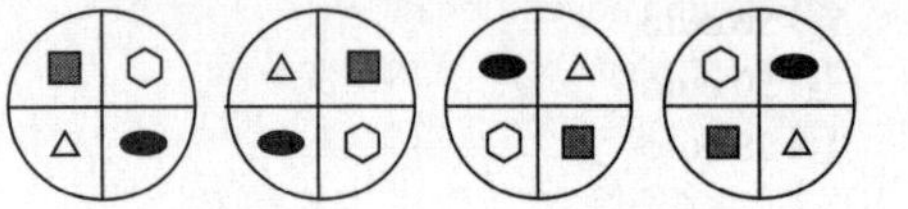
?

A 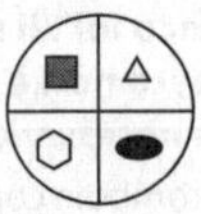
B 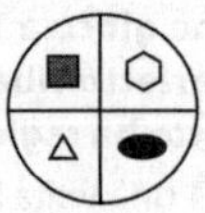
C 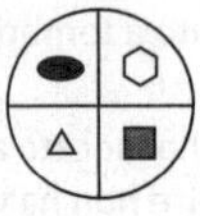
D 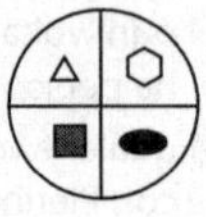
E 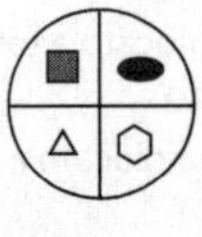

188 Individuare il numero mancante:
39 13 6 30 10 3 15 ?

A 45
B 9
C 5
D 10
E 7

189 Individuare il numero mancante:
16 14 42 45 43 129 132 ?

A 130
B 134
C 138
D 66
E 124

190 Individuare il numero mancante:
17 14 7 21 18 9 27 ?

A 81
B 30
C 24
D 32
E 48

191 Quale tra le alternative proposte è identica alla seguente figura?

A 
B 
C 
D 
E 

192 Quale di questi elementi è estraneo alla serie punk, rock, study, jazz, pop?

A study
B rock
C pop
D jazz
E nessuna delle precedenti

Leggere il brano e rispondere alle domande seguenti.

Cinque amici: Bruno, Mauro, Walter, Fabrizio e Giovanni acquistano ognuno un motorino: uno Yamaha, un Piaggio, un Honda, un Suzuky e un Gilera non necessariamente in quest'ordine. Ognuno di questi ha un colore diverso: bianco, blu, verde, nero e grigio, non necessariamente in questo ordine. Si sa inoltre che:

- Bruno ha acquistato il motorino di colore bianco;
- il motorino Honda è di colore blu;
- Fabrizio ha acquistato il motorino di colore verde;
- il motorino Yamaha, che non è nero, è stato acquistato da Giovanni;
- Walter non ha acquistato né il Piaggio, né il Suzuky, ma il motorino nero.

193 In base al brano è possibile dedurre con certezza che:

A Fabrizio ha acquistato il Suzuky
B Bruno non ha acquistato il Suzuky
C il motorino Piaggio non è grigio
D il motorino Piaggio è bianco
E il motorino Piaggio non è verde

194 In base al brano si può dedurre con certezza che:

A Fabrizio ha acquistato il motorino Suzuky
B Bruno non ha acquistato il motorino Suzuky
C Fabrizio non ha acquistato il motorino Piaggio
D Bruno non ha acquistato il motorino Piaggio
E Fabrizio ha acquistato il motorino Suzuky o il motorino Piaggio

195 Quale informazione aggiuntiva consentirebbe di dedurre con certezza che il motorino Piaggio è bianco?

A Bruno ha acquistato il motorino Suzuky o il motorino Piaggio
B Fabrizio ha acquistato il motorino Suzuky
C Fabrizio non ha acquistato il motorino Honda
D Bruno non ha acquistato il motorino Gilera
E Fabrizio ha acquistato motorino Piaggio

196 In una stanza buia ci sono 4 calzini bianchi e 4 calzini neri. Per essere sicuri di averne due dello stesso colore qual è il numero minimo di calzini che devo prendere?

A Tre
B Due
C Cinque
D Quattro
E Uno

197 Da un mazzo in cui ogni carta ha un numero da un lato ed una lettera dall'altro, vengono estratte 4 carte.

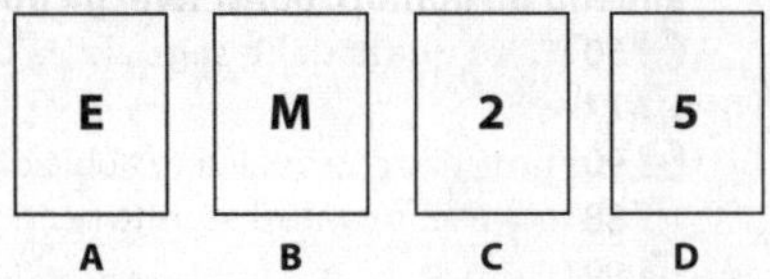

Quale o quali di queste bisogna girare per verificare se la regola "Se su un lato della carta c'è una consonante dall'altro c'è un numero pari" è vera?

A B+D
B A
C B
D B+C
E Nessuna delle precedenti

198 In una gara di quattro atleti si sa che C è arrivato immediatamente dopo B e che D è arrivato prima di A e dopo C. Qual è la sequenza che descrive l'ordine d'arrivo di tutti e quattro?

A B-A-C-D
B B-C-D-A
C A-B-C-D
D D-B-C-A
E A-B-D-C

199 In una classe di 24 studenti 10 seguono un corso di giapponese, 12 un corso di spagnolo e 5 non seguono alcun corso. Quale delle seguenti deduzioni è corretta?

A Nessuno studente segue due corsi
B Almeno nove studenti seguono due corsi
C Tre studenti seguono due corsi
D Al massimo due studenti seguono due corsi
E Un solo studente segue due corsi

200 Scartare una delle otto terne di simboli.

A Terna 1
B Terna 2
C Terna 4
D Terna 7
E Terna 8

201 A un ricevimento partecipano 100 persone. Fra di esse almeno una è donna. Se prendo a caso due persone, tra di esse vi sarà sempre almeno un uomo. Quanti sono gli uomini?

A 50
B 77
C 90
D 88
E 99

202 Individuare la figura che completa la serie:

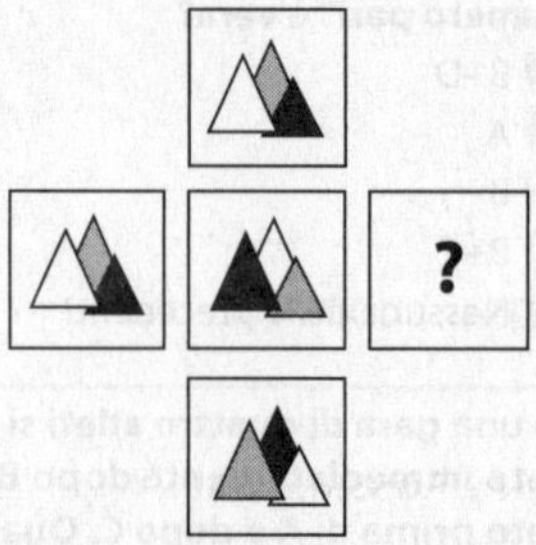

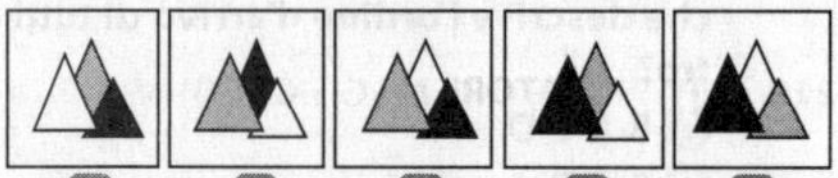

A B C D E

203 Tutti i medici sono precisi; Alessandra ama il mare; tutte le persone che amano il mare sono precise.
Se le affermazioni sopra riportate sono vere, quale delle seguenti è necessariamente vera?

A Alessandra è un medico
B Tutte le persone precise sono medici
C Tutti i medici amano il mare
D Alessandra è precisa
E Alessandra non è un medico

204 Se è falso che "tutti i figli di Fabio giocano sia a calcio che a tennis", allora si può dedurre con certezza che:

A almeno un figlio di Fabio non gioca a calcio o tennis
B solo un figlio di Fabio non gioca a tennis
C almeno un figlio di Fabio non gioca a calcio
D nessun figlio di Fabio gioca a calcio o tennis
E almeno un figlio di fabio non gioca né a calcio né a tennis

205 Ruota sta a 2 come bicicletta sta a X, dove:

A X = 2
B X = 12
C X = 6
D X = 4
E X = 8

206 Un segnapunti deve essere in grado di mostrare tutti i punteggi compresi tra 0 e 650. Il punteggio è mostrato attraverso un massimo di tre palette, ciascuna delle quali ha un numero (da 0 a 9) dipinto su una sola delle due facciate. Nell'esempio qui sotto sono mostrati i numero 221 e 84.

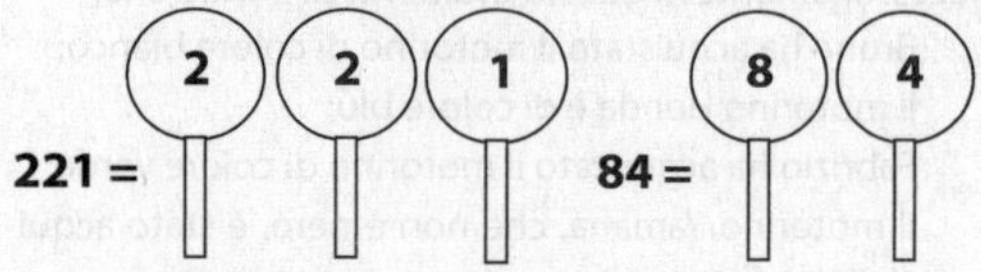

Quante palette sono necessarie per mostrare tutti i punteggi tra 0 e 650?

A 23
B 24
C 25
D 28
E 30

207 Quali, tra i termini proposti, completano correttamente la seguente proporzione?
Attore : X = pianista : Y

A X = tastierista; Y = contratto
B X = film; Y = pianoforte
C X = film; Y = concerto
D X = autografo; Y = metronomo
E X = Oscar; Y = teatro

208 Il signor Rossi, per ricordarsi il numero del suo bancomat, sperando che un eventuale ladro non sia bravo in matematica, ha scritto le seguenti informazioni:

- **La somma delle prime due cifre è 15**
- **L'ultima cifra è 2 o 4 o 6**
- **La somma della prima e dell'ultima è 10**
- **La somma delle cinque cifre è 22**
- **Tutte le cifre sono diverse e non c'è zero**
- **La quarta cifra è pari**

Qual è il numero del suo bancomat?

A 32589
B 45728
C 75329
D 81556
E 87142

209 Completa i termini mancanti della proporzione:
Insolito : x = y : lento

A x = solito, y = veloce
B x = leggero, y = veloce
C x = capace, y = solito
D x = indolente, y = leggero
E x = forte, y = corpo

210 Quale tra le seguenti frazioni è la maggiore?

A 12/4
B 20/6
C 32/8
D 12/6
E 20/4

211 Indicare la parola da scartare.

A Mandarino
B Limone
C Pompelmo
D Ciliegia
E Cedro

212 Delle tre figlie di Giacomo: Alma, Beatrice e Chiara almeno una è bionda. Sapendo che se Alma è bionda anche Beatrice lo è, che se Chiara è bionda lo è anche Alma, e che tra Beatrice e Chiara una non è bionda, si può dedurre con certezza che:

A Alma, Beatrice e Chiara sono bionde
B Beatrice non è bionda mentre Alma lo è
C Beatrice è bionda
D Chiara è bionda
E Beatrice e Alma non sono bionde

213 Se tre uomini possono mangiare tre polli in tre giorni, quanti polli mangiano 6 uomini in 6 giorni?

A 6
B 12
C 9
D 18
E 24

214 Se sono vere entrambe le affermazioni:

- **qualche studente della classe quinta A ha gli occhiali**
- **qualche studente della classe quinta A tifa Bologna**

allora:

A tutti gli studenti della quinta A tifano Bologna
B c'è almeno uno studente della quinta A che ha gli occhiali e tifa Bologna
C c'è almeno uno studente della quinta A che porta gli occhiali e non tifa Bologna
D c'è almeno uno studente della quinta A che non ha gli occhiali e non tifa Bologna
E non si può escludere che esista uno studente della quinta A che non ha gli occhiali e non tifa Bologna

215 Se *alto* = 1 e *dopo* = 4, allora *gufo* = ?

A 3 B 4 C 5 D 6 E 7

Per ciascuno degli esercizi seguenti, indicare la rappresentazione (A, B, C, D, E) che soddisfa la relazione insiemistica esistente tra i tre termini dati.

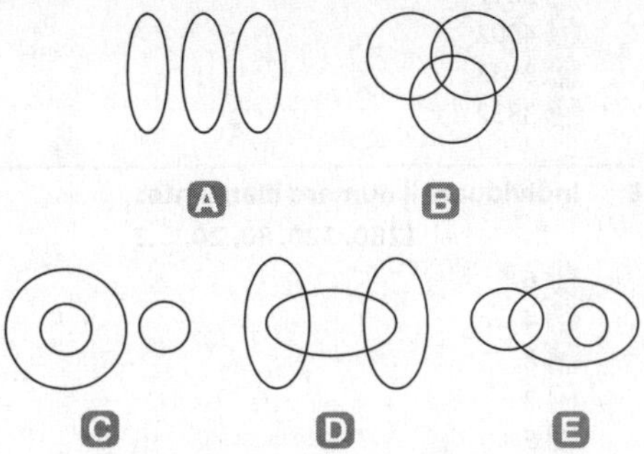

216 LEONI, SCOIATTOLI, FELINI

A B C D E

217 CINA, RUSSIA, URALI

A B C D E

218 PATTINATORI, MAGGIORENNI, FUMATORI

A B C D E

219 PIANISTI, LONDINESI, GIOVANI

A B C D E

220 ANALFABETI, OBESI, LAUREATI

A B C D E

221 SOLIDI, PIRAMIDI, PARALLELOGRAMMI

A B C D E

222 TAPPETI, PALAZZI, GIARDINI

A B C D E

223 PROFESSORI, LAUREATI IN LETTERE, TOSCANI

A B C D E

224 LAVORATORI, NEONATI, PERSONE MAGRE

A B C D E

225 ALBERI, BETULLE, MOBILI

A B C D E

226 Indicare il titolo da scartare.

A Il Resto del Carlino
B Il Mondo
C Il Secolo XIX
D La Nazione
E Il Mattino

227 **Individuare il numero mancante:**
2, 14, 98, 686, ...?

- **A** 2212
- **B** 3617
- **C** 4802
- **D** 3142
- **E** 3332

228 **Individuare il numero mancante:**
1280, 320, 80, 20, ...?

- **A** 6
- **B** 4
- **C** 8
- **D** 2
- **E** 5

229 **Individuare il numero mancante:**
27, 48, 18, 27, 48, ...?

- **A** 24
- **B** 28
- **C** 18
- **D** 44
- **E** 48

230 **Individuare il numero mancante:**
41, 33, 25, 17, ...?

- **A** 11
- **B** 9
- **C** 16
- **D** 25
- **E** 10

231 **Nella biblioteca scolastica ci sono varie pubblicazioni: il 45% sono libri di poesia, il 20% sono di storia, il 15% di letteratura, il 10% di avventura e, dei restanti, 5 sono di favole ed il 75% sono di arte. Quanti sono in totale i libri presenti nella biblioteca?**

- **A** 80
- **B** 280
- **C** 200
- **D** 180
- **E** 100

232 **Tre sorelle hanno un'età complessiva pari a 75 anni. La maggiore delle tre ha un'età pari ai tre mezzi dell'età della minore delle tre. La sorella di mezzo ha cinque anni in meno della sorella maggiore. Quanti anni ha la sorella maggiore?**

- **A** 25
- **B** 26 e 3 mesi
- **C** 32
- **D** 30
- **E** 20

233 **Fra le seguenti quattro figure:**

indicare quali sono le due figure che permettono di ricomporre la seguente figura formata da 13 quadratini.

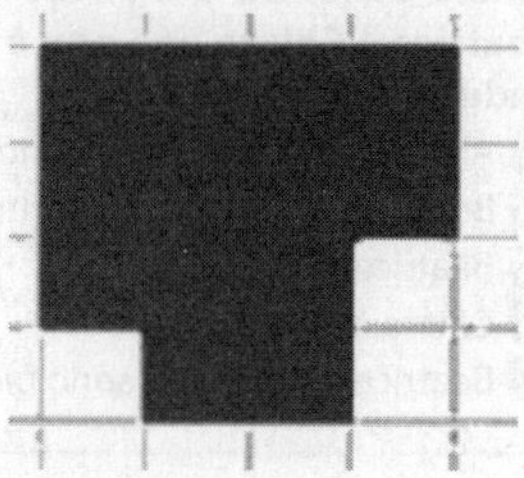

- **A** Le figure 1 e 2
- **B** Non è possibile
- **C** Le figure 3 e 4
- **D** Le figure 2 e 3
- **E** Le figure 1 e 4

234 **Individuare il numero mancante:**
67, 39, 13, ? , 39, 13, 67

- **A** 13
- **B** 67
- **C** 37
- **D** 39
- **E** 17

235 **Scartare una delle otto coppie di simboli.**

- **A** Coppia 1
- **B** Coppia 3
- **C** Coppia 4
- **D** Coppia 5
- **E** Coppia 8

236 Utilizzando l'alfabeto inglese, individuare le lettere mancanti:

f, g, f, g, d, e, h, i, h, i, d, e, j, k, j, ?, ?

A k, d
B d, j
C k, l
D k, e
E d, k

237 Utilizzando l'alfabeto inglese, individuare le lettere mancanti:

d, d, x, e, e, w, f, f, v, g, g, ?, ?

A h, u
B h, v
C u, h
D h, i
E h, k

238 Utilizzando l'alfabeto inglese, individuare le lettere mancanti:

b, e, g, j, l, o, q, t, ?, ?

A v, y
B u, w
C w, y
D u, v
E u, y

239 Individuare la versione in negativo della figura data.

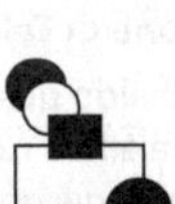

A 

B 

C 

D 

E 

240 Tutti i bimbi della classe amano i cartoni animati o le figurine o entrambi. Aldo è un bimbo della classe. Aldo ama le figurine. Se le precedenti affermazioni sono vere, quale delle seguenti affermazioni NON è certo che sia vera?

A Aldo potrebbe essere l'unico bimbo della classe che ama le figurine
B Chi ama le figurine potrebbe non appartenere alla classe
C Un bimbo che non appartiene alla classe può amare i cartoni animati
D Aldo ama i cartoni animati
E Se un bimbo della classe ama i cartoni animati potrebbe amare anche le figurine

241 Un'obbligazione nella giornata di martedì perde il 20% del proprio valore, ma nella giornata di mercoledì guadagna il 25%. All'inizio delle contrattazioni, giovedì mattina, l'obbligazione vale di più o di meno rispetto a martedì mattina?

A Di più
B Vale come martedì all'inizio contrattazioni
C Di meno
D Dipende dal prezzo dell'obbligazione martedì mattina
E I dati non permettono di rispondere al quesito

242 Quattro operai impiegano 60 giorni per asfaltare una strada. Se il lavoro fosse svolto solo da tre operai, in quanto tempo sarebbe portato a termine?

A 80 giorni
B 50 giorni
C 40 giorni
D 1 mese
E 3 mesi

243 Si lancia un dado e una moneta. Qual è la probabilità di ottenere "dado = 3" e "moneta = testa"?

A 1/12
B 1/36
C 1/6
D 1/72
E 1/24

244 Indicare l'elemento da scartare.

A A
B Cui
C Da
D Tra
E Su

245 **Utilizzando l'alfabeto inglese, individuare le lettere mancanti:**

e, v, f, u, g, t, h, s, ?, ?

A i, r
B i, s
C i, t
D h, r
E h, t

246 **Se Salvatore ha superato il test e Carmela ha superato il test, allora anche Benedetto ha superato il test. Però Salvatore non ha superato il test. Quindi:**

A Benedetto non ha superato il test
B Benedetto oppure Carmela non hanno superato il test
C Benedetto potrebbe avere superato il test
D Benedetto non ha superato il test e Carmela ha superato il test
E se neppure Carmela ha superato il test, Benedetto non ha superato il test

247 **Utilizzando l'alfabeto inglese, individuare le lettere mancanti:**

k, k, l, m, m, n, o, o, p, q, ?, ?

A q, p
B q, q
C r, s
D q, r
E s, r

248 **Vengono lanciati due dadi a sei facce numerate da 1 a 6. Qual è la probabilità che escano due numeri tali che l'uno NON sia multiplo dell'altro?**

A 1/4
B 4/9
C 1/3
D 1/6
E 7/18

249 **Abbiamo 60 contenitori uguali di forma cubica disposti in modo da formare un parallelepipedo le cui dimensioni misurano 5x4x3. Alla fine dell'inverno scopriamo che si sono rovinati i contenitori che avevano almeno una faccia verso l'esterno o sul fondo del parallelepipedo. Quanti sono i contenitori rimasti integri?**

A 6
B 30
C 24
D 12
E Nessuno

250 **Voglio costruire una piramide alta 4 livelli con pietre a forma di cubi, come indicato nella figura seguente:**

Al livello più alto c'è un solo cubo, al livello immediatamente inferiore ne abbiamo 3 e così via. Quanti cubi devo utilizzare in totale?

A 22
B 16
C 20
D 19
E 18

251 **Nel diario del giovane Telesforo è scritto:**

"Nonno Ubaldo dice che quando era giovane ha traversato l'oceano Atlantico a nuoto e che riusciva a battere in velocità le balene. Secondo me questa è una bugia."

Si dica cosa si può correttamente dedurre dalla convinzione di Telesforo.

A Se Nonno Ubaldo riusciva a battere in velocità le balene allora non ha traversato l'oceano Atlantico a nuoto
B A Nonno Ubaldo non piacciono le balene
C Nonno Ubaldo ha traversato l'oceano Atlantico a nuoto ma non riusciva a battere in velocità le balene
D Nonno Ubaldo non ha traversato l'oceano Atlantico a nuoto ma riusciva comunque a battere in velocità le balene
E Nonno Ubaldo non ha traversato l'oceano Atlantico a nuoto e non riusciva a battere in velocità le balene

252 **Individuare il numero mancante:**

32 8 12 48 12 16 64 16 ?

A 32
B 20
C 23
D 12
E 16

253 **Scartare una delle otto terne di simboli.**

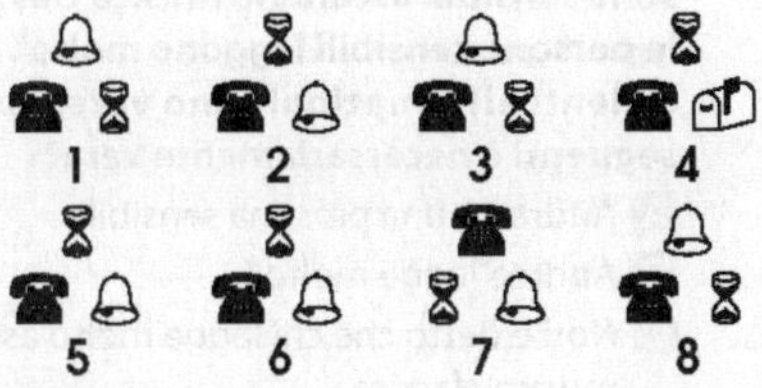

A Terna 1

B Terna 3

C Terna 4

D Terna 5

E Terna 8

254 **Tutti i gatti sono pelosi; certi gatti non sono sprovvisti di senso dell'umorismo; gli esseri pelosi sono sarcastici. Quale delle seguenti affermazioni contraddice quelle sopraindicate?**

A Certi esseri sarcastici sono privi di senso dell'umorismo

B Certi esseri sarcastici non sono sprovvisti di senso dell'umorismo

C Nessun animale peloso è sprovvisto di senso dell'umorismo

D Anche quando è sarcastico, nessun animale peloso ha il senso dell'umorismo

E Senza umorismo nessun animale sarcastico è peloso

255 **Lorella è alta 1,20 m. Sua sorellina Eva è alta la metà e ha quattro anni in meno. Di quanti centimetri all'anno mediamente deve crescere Eva se vuole essere alta come Lorella quando avrà la sua età?**

A 60 cm

B 10 cm

C 20 cm

D 15 cm

E 4 cm

256 **In una scuola di musica, 2/5 degli allievi studia pianoforte, 1/3 studia violino e i rimanenti 8 allievi studiano composizione musicale. Quanti sono gli allievi che studiano pianoforte?**

A 6

B 8

C 10

D 12

E 15

257 **Individuare gli elementi della figura incognita sapendo che i numeri in essa contenuti assumono valori da 1 a 15 (15 + 1 = 1 e non 16) e che possono essere presenti i seguenti simboli grafici: ■ ● ▼ ◆ ♣ ✚.**

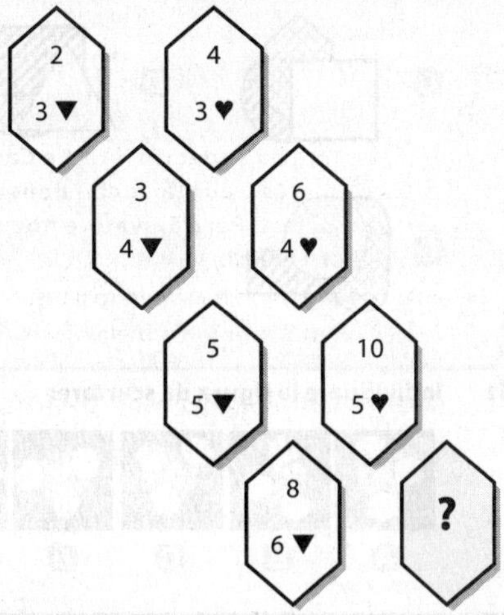

A 16, 6 ◆

B 1, 6 ♥

C 4, 3 ▼

D 1, 4 ♥

E 3, 4 ♣

258 **Quanti fra i seguenti 5 disegni possono essere tracciati senza staccare la penna dal foglio e senza passare due volte per lo stesso segmento?**

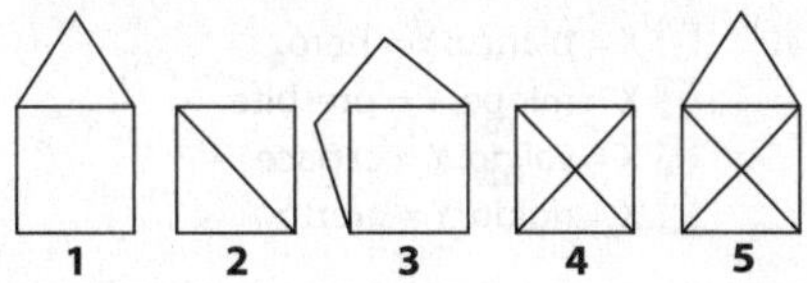

A 5

B 4

C 3

D 2

E 1

259 **Individuare la parola da scartare.**

A Grillo

B Cimice

C Colibrì

D Libellula

E Zanzara

260 **Individuare la figura da scartare.**

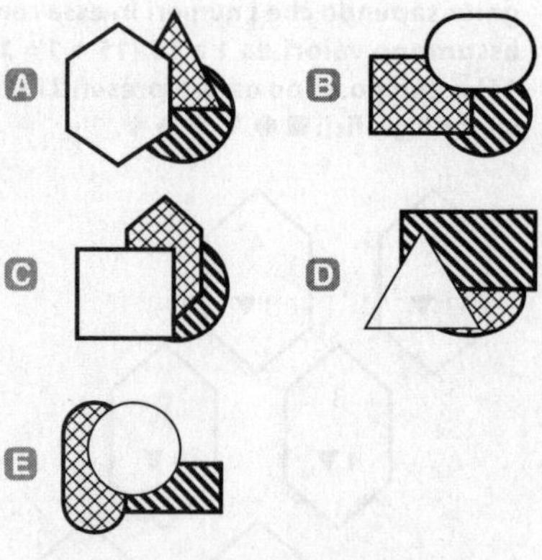

261 **Individuare la figura da scartare:**

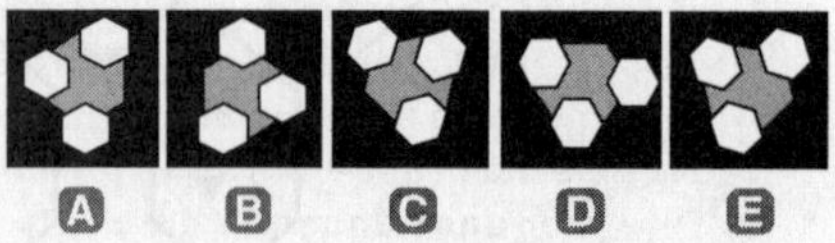

Individuare la coppia di termini che completa correttamente le proporzioni seguenti.

262 **Circondare : X = screditare : Y**

A X = assedio, Y = debito
B X = accerchiare, Y = denigrare
C X = assediare, Y = elogiare
D X = circocentro, Y = ereditare
E X = scappare, Y = accreditare

263 **Sfumato : nitido = X : Y**

A X = completo; Y = carente
B X = bianco; Y = nero
C X = miope; Y = presbite
D X = valido; Y = capace
E X = rigido; Y = eretto

264 **X : statua = architetto : Y**

A X = Modello; Y = progetto
B X = Quadro; Y = pittore
C X = Casa; Y = appartamento
D X = Scultore; Y = edificio
E X = Scalpello; Y = tecnigrafo

265 **Individuare il numero mancante:**

24 48 16 12 60 10 3 ?

A 12
B 24
C 28
D 27
E 33

266 **"Andrea ascolta musica classica; tutte le persone sensibili ascoltano musica classica; tutte le persone sensibili leggono molto". Se le precedenti affermazioni sono vere, quale delle seguenti è necessariamente vera?**

A Andrea è una persona sensibile
B Andrea legge molto
C Non è detto che chi legge molto ascolti la musica classica
D Chi ascolta la musica classica legge molto
E Chi legge molto e ascolta musica classica è una persona sensibile

267 **In una riunione i sei partecipanti A, B, C, D, E e F si dispongono attorno a un tavolo rotondo non necessariamente in questo ordine. Si sa che: tra A e B vi sono due persone; al fianco destro di F vi è A; E ha al suo fianco A e C. Si può concludere che D è seduto tra:**

A F e A
B E e A
C B e C
D F e B
E due persone che non possono essere determinate univocamente

268 **In una fattoria vi sono galline e mucche: in totale le teste sono 39 e le zampe 100. Quante sono le galline e quante le mucche?**

A 11 galline e 28 mucche
B 14 galline e 25 mucche
C 15 galline e 24 mucche
D 19 galline e 20 mucche
E 28 galline e 11 mucche

269 **Il signor Rossi e sua moglie hanno 6 figlie. Ciascuna figlia ha un fratello. Quanti sono i componenti della famiglia Rossi?**

A 9
B 10
C 17
D 13
E 15

270 **Leggete attentamente i seguenti dati: nessun bolognese è juventino; qualche bolognese è interista; non tutti i bolognesi sono tifosi. In base ai dati presentati quale delle seguenti affermazioni è vera?**

A I bolognesi sono tutti tifosi del Bologna
B Qualche bolognese è juventino
C I bolognesi sono tutti tifosi
D Alcuni bolognesi non sono tifosi
E Nessuna delle altre affermazioni è vera

271 Uno studente impiega solitamente 20 minuti per recarsi a scuola procedendo a una velocità media di 15 km/h. Una mattina, non avendo sentito la sveglia, parte da casa con 5 minuti di ritardo rispetto al solito. A che velocità deve andare per recuperare il ritardo e arrivare a scuola alla solita ora?

A 10 km/h
B 25 km/h
C 30 km/h
D 20 km/h
E 12 km/h

272 Individuare la tessera mancante.

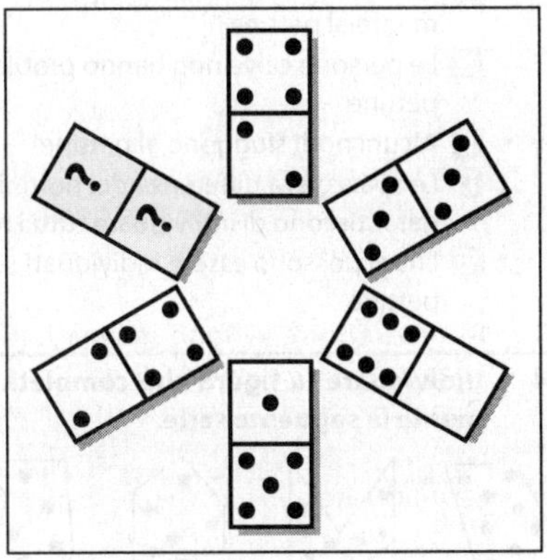

A 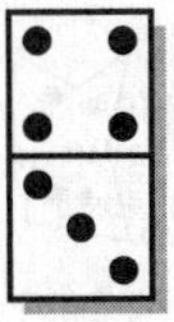

B 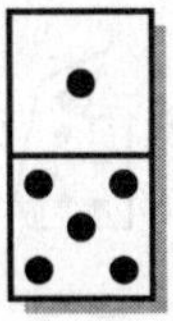

C 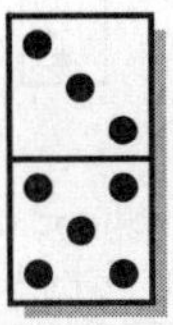

D 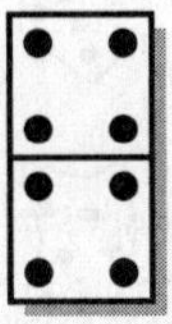

E 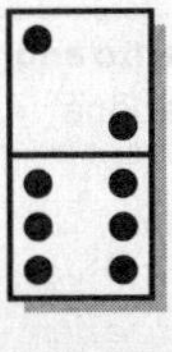

273 Individuare il numero mancante:

5 X 12 XXIV 26 LII 54 ?

A 6
B 52
C XXII
D CVIII
E 36

274 Individuare il numero mancante:

3 6 10 30 35 140 146 ?

A 152
B 151
C 292
D 730
E 242

275 Un aeroplano parte da Parigi diretto a Milano viaggiando alla velocità di 690 km/h. Dopo mezz'ora dalla partenza del primo aereo, da Milano decolla un aeroplano diretto a Parigi alla velocità di 810 km/h. Ipotizzando che gli aerei seguano la medesima rotta e che Milano disti da Parigi 1.000 km, a quale distanza da Parigi si incontreranno i due aerei?

A 345 km
B 301,3 km
C 646,3 km
D 698,7 km
E 460 km

276 Se la base di un triangolo diminuisce del 10% e l'altezza relativa alla base aumenta del 10%, allora l'area del nuovo triangolo rispetto all'area del triangolo iniziale risulta essere:

A diminuita dell'1%
B diminuita del 10%
C invariata
D aumentata del 10%
E aumentata del 100%

277 Se è vero che «alcune biciclette hanno gli ammortizzatori», allora è necessariamente vera anche una delle affermazioni seguenti. Quale?

A Se comperi una bicicletta, questa può non avere gli ammortizzatori
B Le biciclette con gli ammortizzatori sono le migliori
C Anche se oggi non è così, un giorno tutte le biciclette avranno gli ammortizzatori
D Le biciclette con gli ammortizzatori costano di più
E Non può esistere una bicicletta senza ammortizzatori

278 Individuare il numero mancante:

19 11 44 37 148 142 568 ?

A 142
B 114
C 563
D 562
E 354

279 Individuare la figura che completa correttamente la seguente serie.

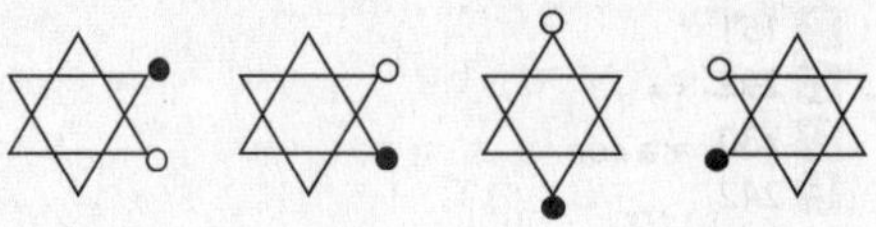

?

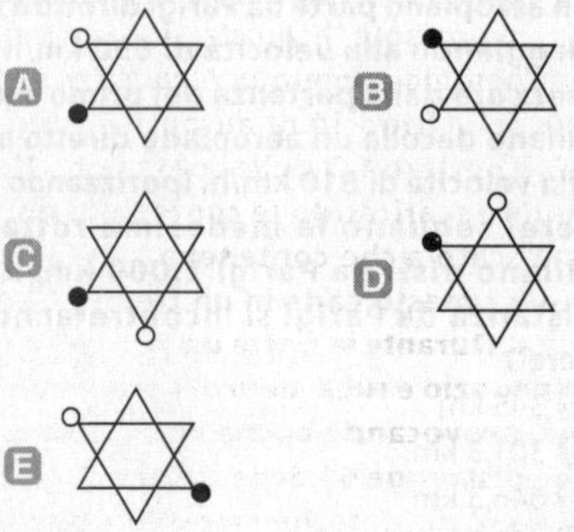

280 Dipingiamo le quattro facce di un tetraedro regolare con quattro colori diversi: rosso, bianco, giallo, azzurro. Quanti diversi tetraedri possiamo ottenere?

N.B.: si considerino uguali due tetraedri se coincidono in seguito a opportuni movimenti rigidi di rotazione e traslazione

A 1
B 2
C 6
D 16
E 24

281 Quale delle seguenti deduzioni logiche NON è corretta?

A Nessun maiale abbaia. Gruff è un maiale; quindi Gruff non abbaia
B I macachi sono scimmie. In Sud Africa ci sono scimmie; dunque in Sud Africa ci sono macachi
C Se Gruff è un maiale, allora non abbaia. Gruff abbaia; dunque Gruff non è un maiale
D Ogni cetaceo è un mammifero. Le balene sono cetacei; pertanto le balene sono mammiferi
E Nessun L è P. Ogni T è P. Allora nessun L è T

282 Alessio, Lidia e Marco organizzano un torneo di briscola. Ciascuno dei tre gioca sei partite con ciascuno degli altri due. Alessio vince quattro volte contro Lidia, ma perde cinque volte contro Marco, il quale vince tre volte contro Lidia. Sapendo che per ogni partita vinta vengono assegnati due punti e per ogni partita persa ne viene sottratto uno, chi ha vinto il torneo e con quanti punti?

A Alessio con 14 punti
B Lidia con 9 punti
C Alessio con 10 punti
D Barbara con 13 punti
E Marco con 12 punti

283 Se è vero che «tutti i nodi vengono al pettine», allora è necessariamente vera anche una delle affermazioni seguenti. Quale?

A Se esiste un nodo, questo verrà necessariamente al pettine
B Le persone calve non hanno problemi con il pettine
C Alcuni nodi sfuggono al pettine
D Le spazzole, a differenza dei pettini, non garantiscono di individuare tutti i nodi
E I nodi possono essere individuati solo da un pettine

284 Individuare la figura che completa correttamente la seguente serie.

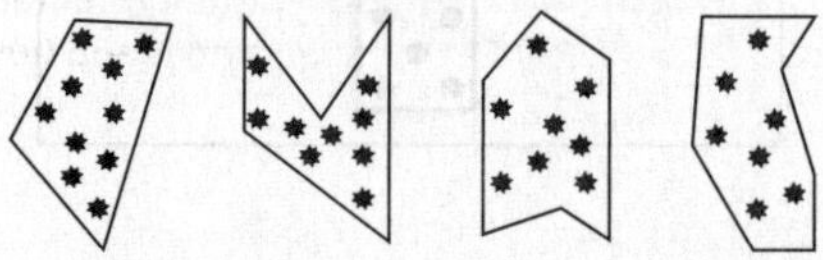

?

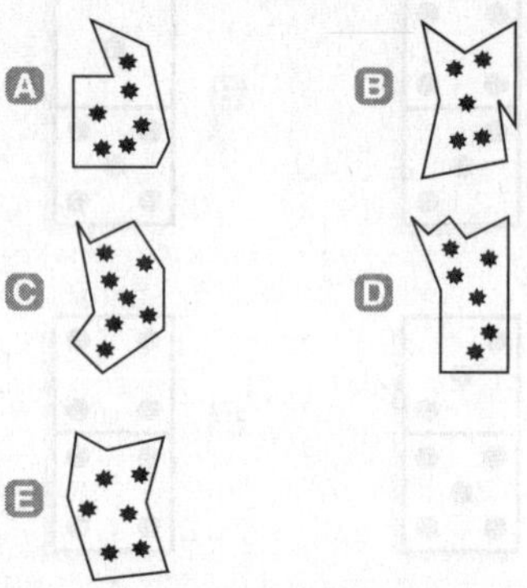

285 Individuare l'accoppiamento anomalo.

A Precisione - approssimazione
B Sostanza - accidente
C Reazionario - conservatore
D Innato - acquisito
E Ambiguo - univoco

286 **Se 5 infermieri preparano 15 sacche per terapia parenterale in 30 minuti, quanti infermieri sarebbero teoricamente necessari per prepararne 150 in 9000 secondi?**

A 30
B 15
C 5
D 10
E 20

287 **Scartare una delle otto coppie di simboli.**

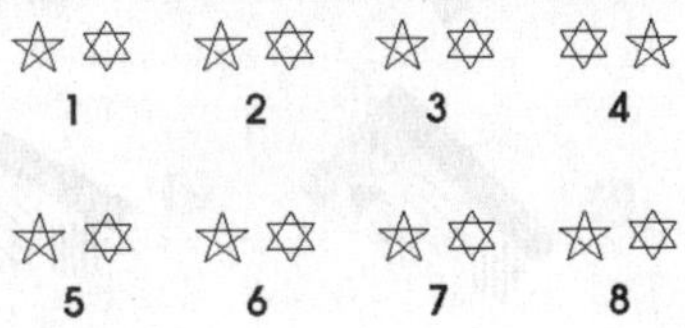

A Coppia 1
B Coppia 3
C Coppia 4
D Coppia 5
E Coppia 8

288 **La strega Beffarda ha fatto uno strano maleficio alla principessa Emergarda: ogni giorno la lunghezza dei suoi capelli raddoppia! Sapendo che il 1° maggio i capelli di Emergarda sono lunghi 120 cm, quanto erano lunghi il 29 aprile?**

A 60 cm
B 30 cm
C 15 cm
D 90 cm
E I dati non sono sufficienti per rispondere

289 **Se è vero che «si può resistere a tutto, tranne che alle tentazioni», allora è necessariamente vera anche una delle affermazioni seguenti. Quale?**

A Ognuno di noi ha dei bisogni fisiologici da dovere soddisfare
B Solo con la forza di volontà e con l'esercizio si può resistere alle tentazioni
C Le tentazioni portano prima al peccato e poi al vizio
D Non è possibile che si verifichi anche un solo caso in cui si riesce a resistere a una tentazione
E Chi segue precisi precetti morali, anche se a volte può cadere in tentazione, per lo più sa come perseguire la retta via

290 **Andrea, Barbara e Carlo organizzano un torneo di tennis tra loro. Ciascuno dei tre gioca sei partite con ciascuno degli altri due. Andrea vince quattro volte contro Barbara, ma perde cinque volte contro Carlo, il quale vince tre volte contro Barbara. Sapendo che per ogni partita vinta vengono assegnati due punti e per ogni partita persa ne viene sottratto uno, chi ha vinto il torneo e con quanti punti?**

A Andrea con 14 punti
B Barbara con 9 punti
C Andrea con 10 punti
D Barbara con 13 punti
E Carlo con 12 punti

291 **Un negoziante acquista 300 confezioni di prezzemolo surgelato. A causa di un guasto alla cella frigorifera durante il trasporto, si deve buttare 1/3 delle confezioni. Mentre si stanno scaricando le confezioni rimanenti, una scatola che conteneva 1/10 del prezzemolo rimasto cade in un tombino e va perduta. Durante la notte un ladro si introduce in negozio e ruba metà del prezzemolo rimasto, provocando anche un piccolo incendio che distrugge 60 delle confezioni residue. Il numero di confezioni messe in vendita dallo sfortunato commerciante che frazione è del numero di confezioni iniziali?**

A 30
B 1/8
C 1/5
D 1/10
E 1/2

292 **Due ragazzi posseggono due Stereo e tre CD, 2 di rock e 1 di jazz. Alberto, padrone del primo Stereo, ascolta solo jazz. Giovanni, padrone del secondo Stereo, ascolta entrambi i generi. Gli Stereo sono in due case diverse e non possono essere mossi, mentre i dischi possono essere scambiati. Quindi:**

A se Alberto non ascolta musica rock, Giovanni può ascoltare entrambi i generi
B se Giovanni ascolta jazz, Alberto non può sentire musica
C se Giovanni ascolta rock, Alberto non può ascoltare uno dei suoi dischi preferiti
D se Alberto ascolta jazz, Giovanni non può sentire musica
E nessuna delle precedenti risposte è deducibile dal testo

293 Quale tra le alternative proposte corrisponde alla seguente figura ruotata di 225° in senso antiorario?

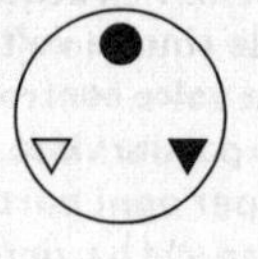

A 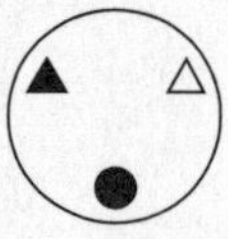

B 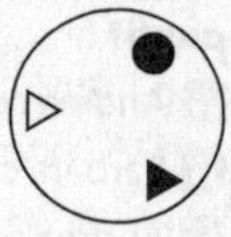

C 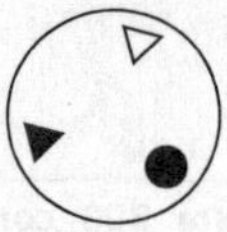

D 

E 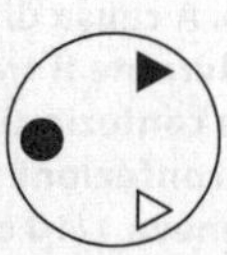

294 Per scavare una vasca nel terreno Sandro, Pino e Tino lavorando insieme impiegano 6 giorni. Sapendo che Sandro da solo ci metterebbe 12 giorni e Pino il doppio del tempo di Sandro, quanto tempo ci metterebbe Tino, da solo, a scavare la vasca?

A 48 giorni
B 20 giorni
C Come Pino
D Come Sandro
E 8 giorni

295 Completare con le corrette forme verbali.
Il Codice ... dunque la prima legge organica, e non semplicemente compilativa, in cui patrimonio e paesaggio ... inclusi in una cornice unica, peraltro in sintonia con la Costituzione.

A fu; saranno
B è; vengano
C sarà; vennero
D venne; furono
E fu; sarebbero

296 Individuare il numero mancante:
200 C 105 XXXV 40 X 15 ?

A 20
B 5
C 3
D III
E 7

297 Quale tra le alternative proposte corrisponde alla seguente figura ruotata di 210° in senso orario?

A 

B 

C 

D 

E 

298 Individuare il numero mancante:
LXXX 40 45 15 XX 5 10 ?

A II
B 2
C 50
D 5
E 7

299 Quale tra le seguenti frazioni è la maggiore?

A 9/5
B 12/6
C 8/3
D 9/6
E 13/8

300 La frazione 3/9, espressa in percentuale, è pari a circa:

A 0,33
B 33%
C 0,33%
D 30,100
E 30%

301 Ricordare con risentimento a qualcuno i benefici a lui fatti vuol dire:

A circuire
B ostentare
C rinfacciare
D commemorare
E rammentare

302 **Se la frase "*tutti gli allenatori di calcio sanno dribblare e tirare le punizioni*" fosse falsa, allora ne seguirebbe logicamente che:**

- A nessun allenatore di calcio sa dribblare e tirare le punizioni
- B c'è almeno un allenatore di calcio che non sa tirare le punizioni o dribblare
- C alcuni allenatori di calcio sono ex calciatori
- D tutti gli allenatori di calcio sanno tirare le punizioni
- E nessun allenatore di calcio sa tirare le punizioni

303 **In questo momento tre treni stanno attraversando la stazione di Belpaese. Sapendo che, nella stessa stazione, il primo treno passa ogni 12 ore, il secondo ogni 20 ore e il terzo ogni 15 ore, dopo quante ore i tre treni passeranno nuovamente insieme nella stazione di Belpaese?**

- A 60
- B 72
- C 47
- D 74
- E 50

304 **Quale delle seguenti frazioni indica la quantità maggiore?**

- A 47/64
- B 2/3
- C 3/4
- D 49/64
- E 1/2

305 **Quale tra le alternative proposte è identica alla seguente figura?**

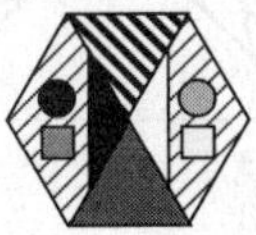

A 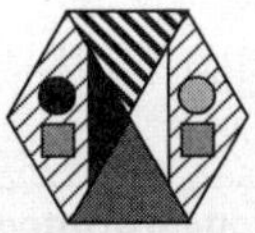

B 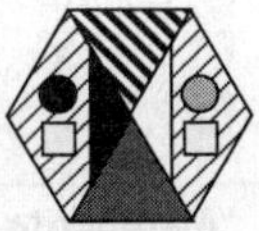

C 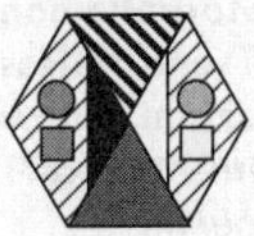

D 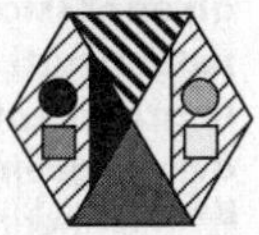

E 

306 **Due colleghi di lavoro intendono acquistare una barca e decidono di ripartire in parti uguali l'investimento. Scoprono che se si aggiungesse nell'acquisto un altro collega, in regime di equa ripartizione, per ciascuno di loro la quota si ridurrebbe di 35.000 euro. A quanto ammonta il costo totale della barca?**

- A 210.000 euro
- B 150.000 euro
- C 600.000 euro
- D 240.000 euro
- E 315.000 euro

307 **Scartare l'alternativa anomala.**

- A Arancie
- B Camicie
- C Ciliegie
- D Compagnie
- E Strisce

308 **Quale tra le seguenti frazioni è la maggiore?**

- A 18/3
- B 20/7
- C 32/9
- D 13/6
- E 17/4

309 **Uno sciatore percorre una pista da sci in 12 minuti. Il suo maestro di sci ci impiega la metà del tempo. Quante volte riesce a percorrere la pista in un'ora il maestro di sci (si trascurino i tempi di risalita)?**

- A 5
- B 6
- C 8
- D 9
- E 10

310 **Completare correttamente la frase seguente. Ho sempre ... che la genialità sia ... in contrasto con la realtà.**

- A voluto; creduto
- B creduto; frequentemente
- C pagato; quasi
- D ipotizzato; mai
- E saputo; quasi

311 **"Chi non ha credibilità, viene ignorato". In base alla precedente affermazione, è necessariamente vero che:**

- A chi viene ignorato non ha credibilità
- B chi ha credibilità non viene ignorato
- C coloro che non vengono ignorati sono tutti e soli quelli che hanno credibilità
- D chi non viene ignorato ha credibilità
- E è sufficiente essere credibile per non essere ignorato

Per ciascuno degli esercizi seguenti, indicare la rappresentazione (A, B, C, D, E) che soddisfa la relazione insiemistica esistente tra i tre termini dati.

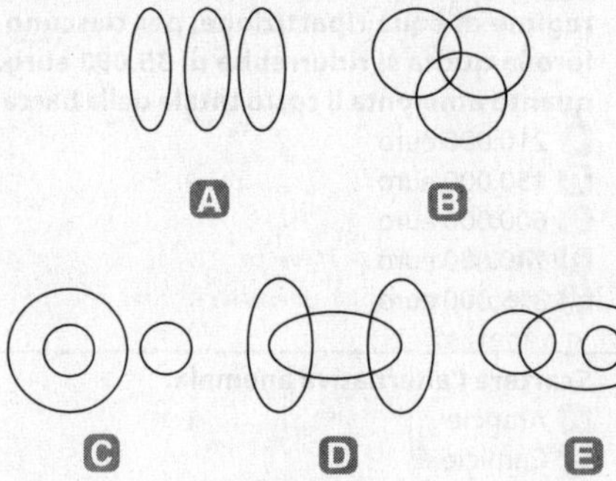

312 SPAGNA, CITTADINI, PASSAPORTI
A B C D E

313 PSICOLOGI, LAUREATI, UNIVERSITÀ
A B C D E

314 BUDDISTI, SCRITTORI, GIOVANI
A B C D E

315 BIONDI, DIPLOMATI, ANALFABETI
A B C D E

316 ASTRONOMIA, SCIENZE, BINOCOLI
A B C D E

317 GIOCATORI DI SCACCHI, BIONDI, MANCINI
A B C D E

318 QUADRILATERI, RETTANGOLI, CUBI
A B C D E

319 BALLERINE, PERSONE INTONATE, LIGURI
A B C D E

320 PROFESSORI, SICILIANI, PIEMONTESI
A B C D E

321 COMPUTER, TASTIERE, MONITOR
A B C D E

322 Individuare il numero mancante:

8 24 12 72 18 162 27 ?

A 270
B 9
C 324
D 81
E 27

323 Se:
@ · 2 = # + 9
@ = 17
Allora # è uguale a:

A 18
B 33
C 34
D 25
E 30

324 In un museo sono presenti soltanto quadri, sculture e mosaici. Sapendo che il numero di quadri sta a quello delle sculture come 3 sta a 4, che il numero di mosaici sta a quello dei quadri come 5 sta a 3 e che nel museo ci sono 36 sculture, qual è il numero totale di opere d'arte presente nel museo?

A 117
B 99
C 123
D 90
E 108

325 Indicare tra le seguenti figure le tre da scartare:

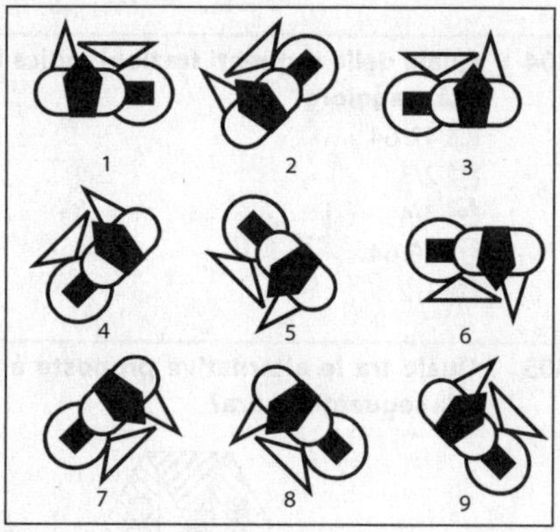

A 2, 7 e 3
B 3, 4 e 8
C 5, 4 e 9
D 1, 4 e 8
E 2, 3 e 5

326 "Margherita è appassionata di fotografia; tutti gli appassionati di fotografia non amano la natura; tutti i fotografi sono professionisti". Se le precedenti affermazioni sono vere, quale delle seguenti è sicuramente vera?

A Margherita è un fotografo
B Chi non ama la natura è sicuramente appassionato di fotografia
C Margherita non ama la natura
D Margherita è una professionista
E Nessuna delle precedenti

327 Quale tra le alternative proposte corrisponde alla seguente figura riflessa in uno specchio e in negativo?

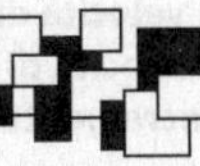

A 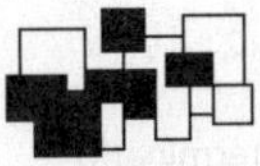

B 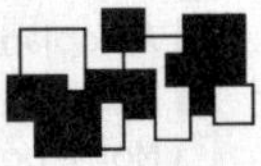

C 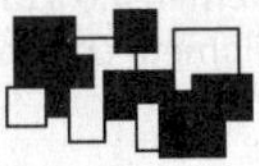

D 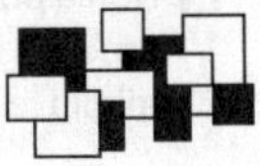

E 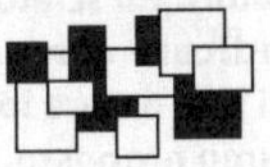

328 Quale tra le alternative proposte è identica alla seguente figura?

A 

B 

C 

D 

E 

329 Da un mazzo di 52 carte da gioco vengono estratte contemporaneamente due carte. Qual è la probabilità che siano entrambe di cuori?

- A 3/51
- B 1/4
- C 13/204
- D 1/16
- E 1/8

330 Individuare il numero mancante:

4, 5, 10, 7, 16, 9, 22, ...?

- A 35
- B 3
- C 42
- D 12
- E 11

331 Date le relazioni sotto riportate, individuare il valore di ○.

$$\square^3 = 27; \quad \square^3 + \ast - \clubsuit + \bigcirc = 90; \quad \ast - \clubsuit = 28$$

- A ○ = 5
- B ○ = 15
- C ○ = 35
- D ○ = 20
- E Nessuna delle precedenti

332 Quale tra le alternative proposte corrisponde alla seguente figura riflessa in uno specchio e in negativo?

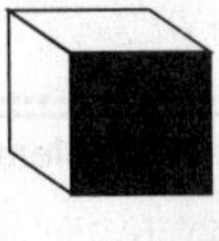

A 

B 

C 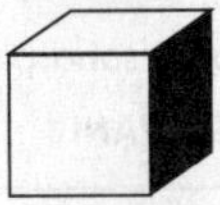

D 

E 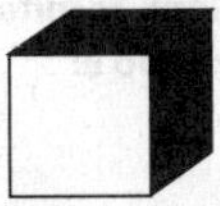

333 "Recenti scoperte hanno respinto l'infondatezza della tesi secondo la quale non è vera l'impossibilità che lo stress sia alla base di alcune gravi malattie mentali". Qual è il corretto significato della precedente affermazione?

- A Le malattie mentali sono causate da stress
- B Lo stress può essere causa di alcune malattie mentali
- C Non è possibile che lo stress sia la causa di alcune gravi malattie mentali
- D Lo stress porta inevitabilmente alla malattia mentale
- E Lo stress fa diventare matti

334 Otto falegnami, lavorando insieme e tutti allo stesso ritmo, costruiscono un armadio in 3 ore. Se però due di questi non partecipano al lavoro, quanto impiegheranno i sei falegnami rimasti per fare lo stesso armadio?

- A 5 ore
- B 240 minuti
- C 7 ore
- D 360 minuti
- E 115 minuti

335 A intervalli regolari una lampada emette una luce ogni ora, una volta gialla e una volta verde. Se "g" è il minuto in cui è emessa la luce gialla e "v" quello in cui è emessa la luce verde, quale tra le seguenti condizioni deve essere rispettata affinché mettendosi a osservare in un momento a caso la lampada si abbia una maggiore probabilità che la prima luce ad accendersi sia quella verde?

A (g – v) < 30 min.
B v > 30 min.
C 0 < (g – v) < 30 min.
D (g – v) > 30 min.
E 0 < (g – v)

Leggere il seguente problema e rispondere alle relative domande.

Di sei ciclisti (Carlo, Marco, Luca, Jacopo, Davide e Ugo) si sa che:

- tre di loro sono più lenti di Ugo;
- Carlo è più lento solo di Luca;
- quattro di loro, tra cui Jacopo, sono più veloci di Davide.

336 In base alle informazioni fornite dal problema il più lento del gruppo è:

A Davide
B Carlo
C Luca
D Marco
E Ugo

337 In base alle informazioni fornite dal problema quanti ciclisti sono più lenti di Carlo?

A 5
B 4
C 3
D 2
E 1

338 "Chi non frequenta tutte le lezioni viene bocciato all'esame". In base alla precedente affermazione, è necessariamente vero che:

A condizione necessaria per essere bocciato all'esame è quella di non frequentare tutte le lezioni
B chi non viene bocciato all'esame ha frequentato tutte le lezioni
C non è possibile che anche chi frequenta tutte le lezioni possa essere bocciato
D chi viene bocciato all'esame non ha frequentato tutte le lezioni
E chi frequenta tutte le lezioni verrà promosso

339 Nell'ultima ora la velocità di un aeroplano è passata da 800 a 1.000 km/h; la velocità di un razzo è passata da 10.000 a 12.000 miglia all'ora e la velocità di una bicicletta da 10 a 15 km/h. La velocità di quale mezzo ha subito il maggior incremento percentuale?

A Bicicletta
B Aeroplano
C Razzo
D Non è possibile determinarlo
E Non è possibile determinarlo a meno di non sapere a quanti chilometri equivale un miglio

340 "Gli italiani sono sciatori. Gli sciatori possono essere tennisti". Indicare con quale delle seguenti conclusioni può essere logicamente completato il sillogismo proposto.

A Il sillogismo non può essere completato
B Gli italiani sono tennisti
C Gli italiani possono essere tennisti
D Alcuni tennisti sono italiani
E Alcuni italiani sono tennisti

341 Una imbarcazione con un prezzo di listino pari a 40.000 euro viene venduta con uno sconto del 30%. A quanto è ammontato lo sconto?

A 13.333 euro
B 1.200 euro
C 12.000 euro
D 3.000 euro
E 28.000 euro

342 La recinzione di un vigneto prevede che si piantino alberi di vite a distanza di 6 metri l'uno dall'altro. Quanti alberi di vite in più sono necessari per recintare un vigneto quadrato di area quadrupla rispetto a un altro vigneto quadrato che ha il perimetro pari a 120 metri?

A 20
B 120
C 80
D 60
E 40

343 Se X e Y stanno tra loro come 5 sta a 6 e la loro somma vale 22, quanto vale X?

A 11
B Non è possibile determinarlo univocamente, con i dati a disposizione
C 9
D 10
E 12

344 La distanza tra la città A e la città B è di 200 km. Alle nove di mattina un treno parte da A diretto a B e, viceversa, un treno parte da B diretto ad A. Un'ora dopo, il primo treno ha percorso metà del tragitto. Sapendo che il secondo viaggia a 2/5 della velocità del primo, quanto sono distanti i due treni alle 10 del mattino?

- A Non è possibile determinarlo univocamente con i dati a disposizione
- B Alle 10 del mattino i due treni si sono già incontrati
- C 60 km
- D 100 km
- E 40 km

345 Del numero intero *n* sappiamo che è compreso tra 2 e 6 (precisamente $2 \leq n \leq 6$) e che rende vera una e una sola delle seguenti affermazioni:

- ***n* è divisibile per 4**
- ***n* è divisibile per 6**
- ***n* è divisibile per 2**
- ***n* è un divisore proprio di 6.**

Qual è il valore di *n*?

- A 3
- B 6
- C 5
- D 4
- E 2

346 Ci sono N persone (con N > 1) disposte in circolo, che sono o Menzogneri (dicono sempre il falso) o Veritieri (dicono sempre il vero). Ciascuno accusa la persona alla sua destra di essere un Menzognero. Ciò è possibile SOLO SE:

- A N è un numero primo
- B N = 3
- C N è un numero dispari
- D N = 2
- E N è un numero pari

347 In un torneo di calcio a quattro squadre con 3 punti per la vittoria, 1 punto per il pareggio e 0 punti per la sconfitta, la prima classificata, dopo tre incontri, ha totalizzato 7 punti perché:

- A non ha mai perso
- B ha subito una sola sconfitta
- C ha pareggiato 2 volte
- D ha sempre vinto
- E ha perso solo una volta

348 Marco ha quattro carte e le dispone sul tavolo una di fianco all'altra in questo modo:
il re è di fianco all'asso;
la carta di cuori è di fianco a quella di quadri ma non a quella di picche;
la dama di picche è la prima carta, la seconda è una carta rossa;
la carta di fiori è di fianco all'asso, ma non al fante.
Qual è la terza carta?

- A Il fante di fiori
- B Il re di quadri
- C L'asso di quadri
- D L'asso di cuori
- E Il fante di cuori

349 Marco è un atleta bravo quanto Mario. Mario è più bravo della media degli atleti. Questo significa che?

- A Mario è più bravo di Marco
- B Mario è sotto la media
- C Marco è più bravo di Mario
- D Marco è il migliore fra gli atleti
- E Marco non è inferiore alla media degli atleti

350 Se una scarpa pesa 200 grammi, un ombrello pesa come una pipa più una scarpa, cinque pipe pesano come un ombrello più una scarpa e un casco pesa come un ombrello più una pipa, quanto pesa il casco?

- A 100 grammi
- B 200 grammi
- C 300 grammi
- D 400 grammi
- E 500 grammi

351 Individuare il numero mancante:

III 10 XXIV 45 LXXIII 108 CL ?

- A 199
- B 185
- C 178
- D 142
- E 212

352 Cinque persone si inviano messaggi con il telefono cellulare. Ciascuno invia un messaggio a tutti gli altri. Quanti sono i messaggi inviati in totale?

- A 5
- B 25
- C 20
- D 10
- E 18

Risolvere i seguenti problemi.

353 Dire come si passa dalla parola TURPE alla parola RUPE, sapendo che sono date le seguenti operazioni:

1 = *inserire* una lettera all'inizio della successione (Es. A A ⇒ B A A)

2 = *eliminare* una lettera da un estremo della successione (A B A ⇒ A B)

3 = *raddoppiare* la lettera finale (A B A ⇒ A B A A)

4 = *invertire* la posizione di una coppia di lettere adiacenti (A B A ⇒ B A A)

A 2, 3
B 2, 2, 1
C 1, 4
D 2, 4
E 3, 4

354 Dire come si passa dalla successione ABBA alla successione BABA, sapendo che sono date le seguenti operazioni:

1 = *inserire* una lettera all'interno della successione (Es. A A ⇒ A B A)

2 = *eliminare* una lettera da un estremo della successione (A B A ⇒ A B)

3 = *raddoppiare* la lettera iniziale (A B A ⇒ A A B A)

4 = *invertire* la posizione di una coppia di lettere adiacenti (A B A ⇒ B A A)

A 4
B 1, 2, 3
C 2, 3
D 1, 3
E 1, 2, 1

355 Dire come si passa dalla successione CABBAC alla successione BABCA, sapendo che sono date le seguenti operazioni:

1 = *inserire* una lettera all'interno della successione (Es. A A ⇒ A B A)

2 = *eliminare* una lettera da un estremo della successione (A B A ⇒ A B)

3 = *raddoppiare* la lettera iniziale (A B A ⇒ A A B A)

4 = *invertire* la posizione di una coppia di lettere adiacenti (A B A ⇒ B A A)

A 2, 4, 4
B 4, 3, 4
C 4, 2, 1
D 2, 4
E 1, 3, 4

356 Dire come si passa dalla successione DBCV alla successione CBVD, sapendo che sono date le seguenti operazioni:

1 = *inserire* una lettera alla fine della successione (Es. A A ⇒ A A B)

2 = *eliminare* una lettera da un estremo della successione (A B A ⇒ A B)

3 = *raddoppiare* la lettera finale (A B A ⇒ A B A A)

4 = *invertire* la posizione di una coppia di lettere adiacenti (A B A ⇒ B A A)

A 2, 3
B 4, 2, 1
C 1, 4, 3
D 2, 3, 1
E 2, 1, 3

357 In quali dei seguenti casi l'affermazione: "Andrea ha al massimo 5 cappelli e almeno 16 giacche" è falsa?

A Andrea ha 4 cappelli e 23 giacche
B Andrea ha 5 cappelli e 16 giacche
C Andrea ha 16 cappelli e 5 giacche
D Andrea non ha nessun cappello, ma ha 100 giacche
E Andrea ha 5 cappelli e 50 giacche

358 Individuare la figura mancante.

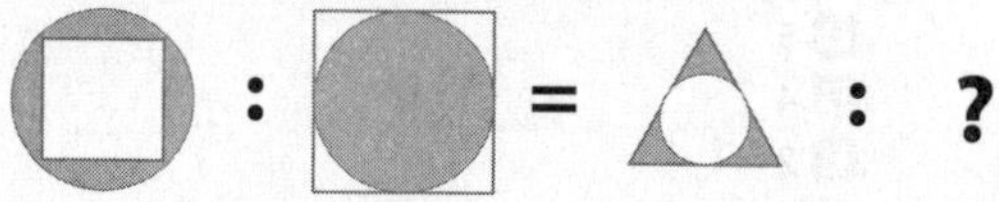

A

B
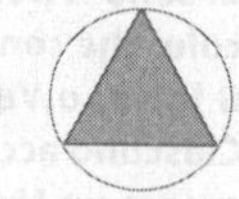

C

D

E

359 Un libro che costa 34 euro è scontato del 12%. A quanto ammonta lo sconto?

A € 32,80
B € 4,14
C € 29,92
D € 4,08
E € 0,48

360 **Individuare la figura mancante.**

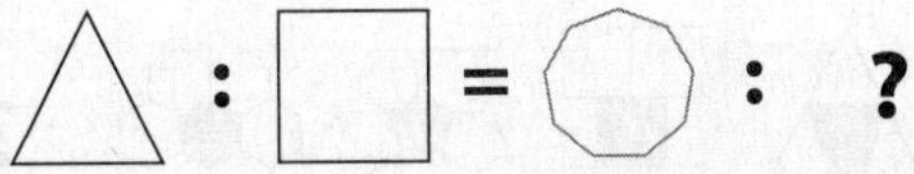

A 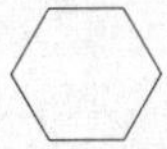

B 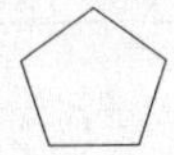

C 

D 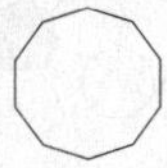

E 

361 **Individuare la figura mancante.**

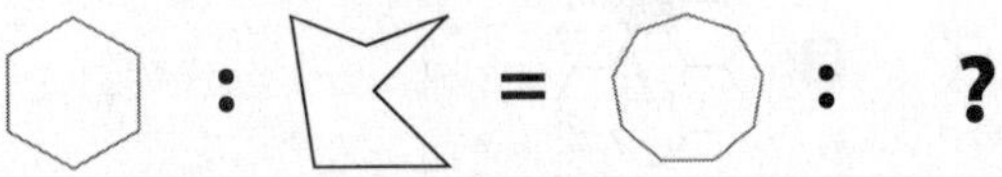

A 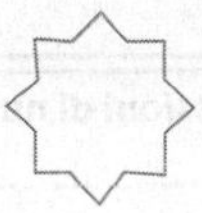

B 

C 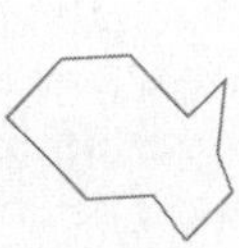

D 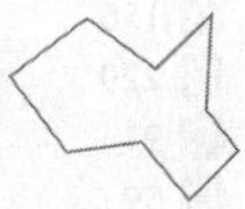

E 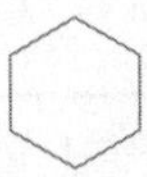

362 **Individuare la figura mancante.**

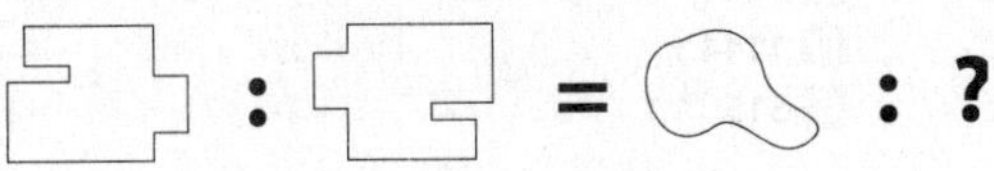

A 

B 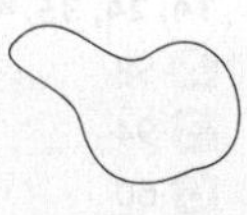

C 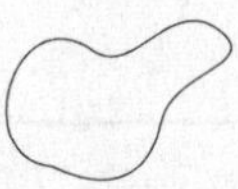

D 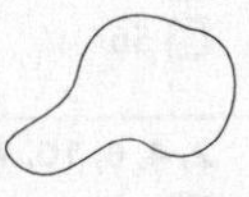

E 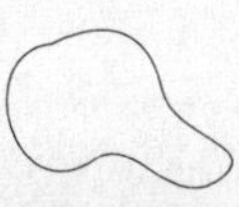

363 **Individuare la figura mancante.**

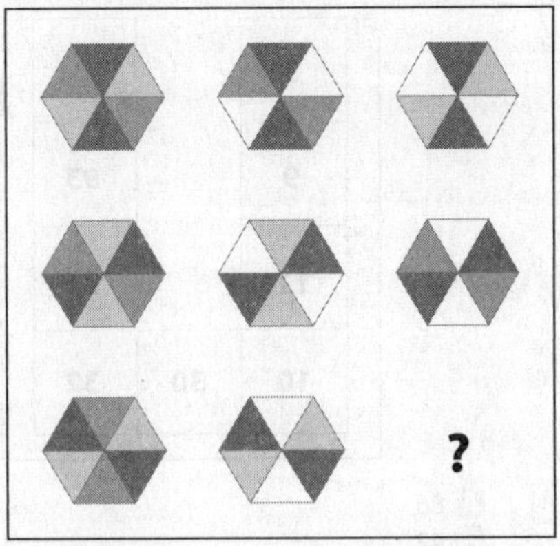

A 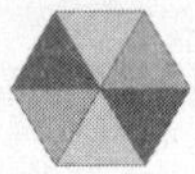

B 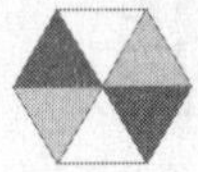

C 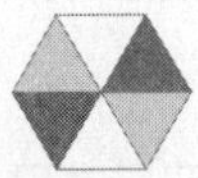

D 

E 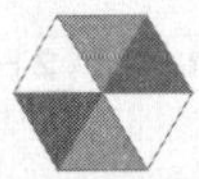

364 **Individuare il numero mancante.**

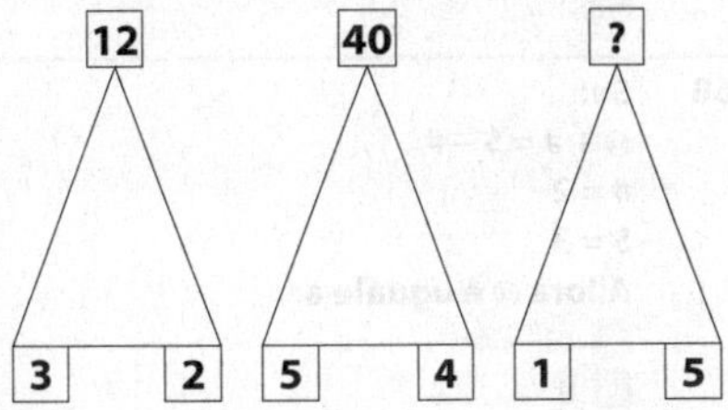

A 24
B 8
C 32
D 34
E 10

365 **Individuare, tra le alternative proposte, il sinonimo del termine *ponderato*.**

A Meditato
B Pontificato
C Improvvisato
D Affondato
E Avulso

366 **Individuare il numero mancante.**

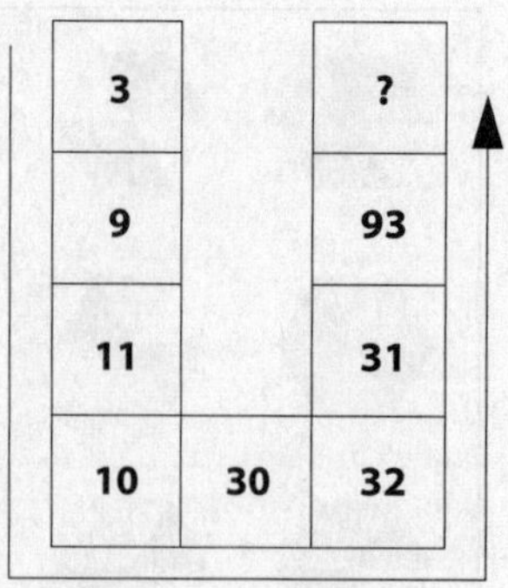

A 86
B 42
C 95
D 79
E 98

367 **Individuare il numero mancante.**

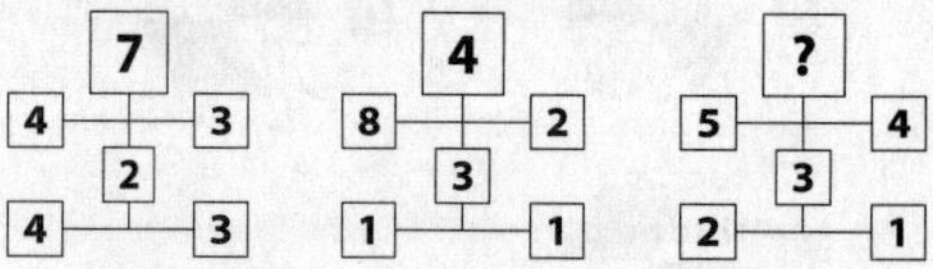

A 12
B 1
C 3
D 6
E 4

368 **Se:**
@ + # = $ – #
 # = 2
$ = 3
Allora @ è uguale a:

A –1
B 0
C –2
D 1
E 2

369 ***Morigerato* vuol dire:**

A moderato
B lussuoso
C moribondo
D corrotto
E mesto

370 **Utilizzando l'alfabeto inglese, individuare le lettere mancanti:**

g, h, g, h, e, f, i, j, i, j, g, h, k, l, k, ?, ?

A g, i B j, i C k, h D l, i E h, k

371 **Individuare la figura mancante.**

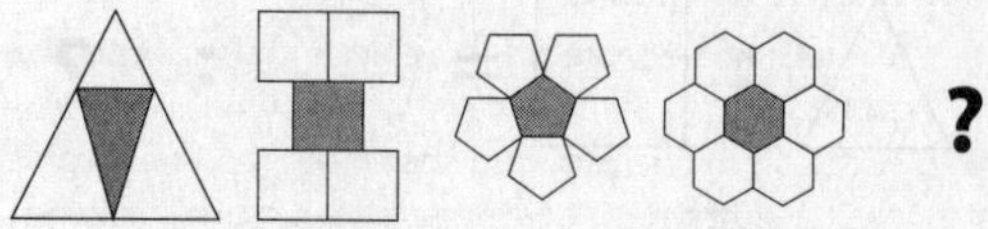

A 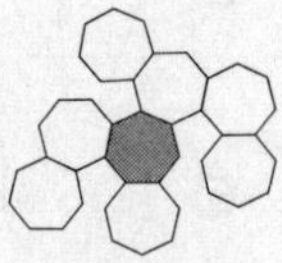

B 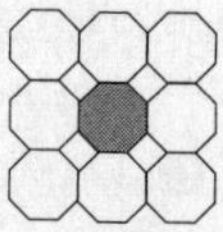

C 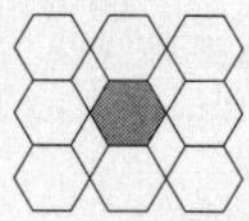

D 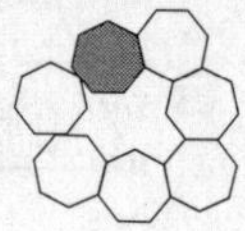

E 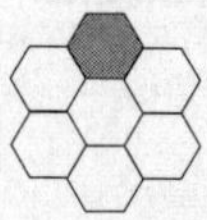

Completare le seguenti successioni di numeriche.

372 **175, 139, 94, 148, ...?**

A 156
B 229
C 91
D 59
E 64

373 **14, 42, 126, 378, ...?**

A 1134
B 978
C 766
D 1144
E 515

374 **14, 24, 35, 47, ...?**

A 58
B 94
C 60
D 64
E 56

375 **2, 4, 6, 10, 16, 26, ...?**

A 42
B 38
C 36
D 52
E 48

Leggere il testo del seguente problema e rispondere alle relative domande.

I) MariaGrazia è laureata in Scienze della Comunicazione
II) Tutti coloro che vogliono sostenere l'esame da giornalista si iscrivono a Scienze della Comunicazione
III) Chi si laurea in Scienze della Comunicazione trova impiego entro due anni

376 Se le tre affermazioni riportate sono vere, quale affermazione tra le seguenti può dirsi vera?

A MariaGrazia lavora
B MariaGrazia è giornalista
C Tutti i giornalisti si sono laureati in Scienze della Comunicazione
D Nessuna delle precedenti

377 Se le tre affermazioni sopra riportate sono vere, quale delle seguenti è certamente falsa?

A A tre anni dal conseguimento della laurea in Scienze della Comunicazione, MariaGrazia non ha ancora trovato un impiego
B A Scienze della Comunicazione si iscrivono tutti coloro che vogliono diventare giornalisti
C Chi ha conseguito la laurea in Scienze della Comunicazione da più di due anni ha trovato almeno un impiego
D È possibile che MariaGrazia non abbia ancora trovato un impiego

378 Quale delle seguenti affermazioni aggiuntive consente di concludere che MariaGrazia è giornalista?

I) Tutti i giornalisti sono laureati in Scienze della Comunicazione
II) Tutti coloro che si laureano in Scienze della Comunicazione sono giornalisti
III) MariaGrazia ama il giornalismo

A La I)
B La II)
C La I) e la II)
D La I), la II) e la III)

379 Se:
@ + # = # + $
$ = 3 + 5
Allora @ è uguale a:

A non ci sono elementi sufficienti per rispondere
B 5
C 7
D 3
E 8

380 Quale delle seguenti proposizioni equivale a dire che "condizione necessaria e sufficiente affinché la proposizione A sia vera è che sia vera la proposizione B"?

A Solo se B è vera allora A è vera
B Se A è vera allora B è vera
C Se B è falsa allora A è vera
D Se B è vera allora A è vera
E A è vera se e solo se B è vera

381 Quale conseguenza ebbe la decisione di Mussolini di non entrare subito in guerra a fianco della Germania?

A La Germania rinunciò ad attaccare la Polonia
B La Polonia riuscì ad opporre una resistenza inattesa
C La Germania non ebbe più neanche l'appoggio dell'Unione Sovietica
D Hitler anticipò di tre giorni l'invasione della Polonia
E Hitler rimandò di sei giorni l'inizio dell'invasione della Polonia

382 Una signora possiede 6 gatti e compra 15 kg di croccantini al mese. Dopo qualche tempo, i gatti sono diventati 8 e la signora preferisce fare la spesa due volte al mese. Quanti kg di croccantini deve comprare ogni volta?

A 8 kg
B 12 kg
C 15 kg
D 7 kg
E 10 kg

383 Individuare la coppia di termini che completa correttamente la seguente proporzione.

Litro : X = Y : petrolio

A X = chilometro, Y = trivella
B X = acqua, Y = barile
C X = peso, Y = ambiente
D X = litro, Y = giacimento
E X = vino, Y = guerra

384 "Tutti i condottieri sono coraggiosi – nessun coraggioso è dissimulatore – dunque ... è condottiero."
S'individui il corretto completamento del sillogismo:

A nessun dissimulatore
B ogni dissimulatore
C nessun coraggioso
D qualche condottiero
E qualche dissimulatore

385 **In un ufficio si usano solo penne nere e penne rosse. Per combinazione i portapenne con almeno due penne contengono sicuramente almeno una penna nera. Quindi:**

A se un portapenne contiene solo penne nere contiene solo una penna
B se un portapenne contiene una sola penna questa può essere rossa
C se un portapenne contiene due penne una deve essere rossa e una nera
D i portapenne con almeno tre penne contengono sicuramente almeno due penne nere
E nessun portapenne è vuoto

386 **In un piccolo paese il 40% della popolazione conosce il dialetto locale, il 25% conosce una lingua straniera e il 15% conosce entrambi. Quale delle seguenti affermazioni è certamente vera?**

A Più del 50% della popolazione conosce o il dialetto o una lingua straniera
B Nel paese in oggetto le lingue straniere sono molto conosciute
C Metà della popolazione non conosce né il dialetto né una lingua straniera
D Le persone che conoscono una lingua straniera, ma non il dialetto, sono in maggior numero rispetto a coloro che conoscono sia il dialetto sia una lingua straniera
E Il 65% della popolazione conosce sia il dialetto sia una lingua straniera

387 **Nella libera Repubblica di Maraviglia c'è un paese, detto Ernesti, in cui tutti gli abitanti sono biondi; nello stato di Maraviglia nessun biondo è disonesto. L'attuale Presidente di Maraviglia è alto 160 centimentri e ha folti capelli rossicci.**
Quale delle seguenti affermazioni è necessariamente errata?

A L'attuale presidente di Meraviglia è disonesto
B Nessun disonesto è un Ernestiano
C Non c'è alcuna persona onesta che non sia Ernestiana
D Nessun Ernestiano è disonesto
E Il presidente è un onesto Ernestiano

388 **Indicare in quale delle seguenti alternative la lettera P è presente il maggiore numero di volte.**

A PPQPPBPBPPPQPPPBP
B PPQPPBPBPPBQPPPBP
C PCPBPBBPPPQBPPQP
D PCPBPBPPPPBBPPQP
E PCPBPBPPPPPBPPQP

389 **Individuare la figura mancante.**

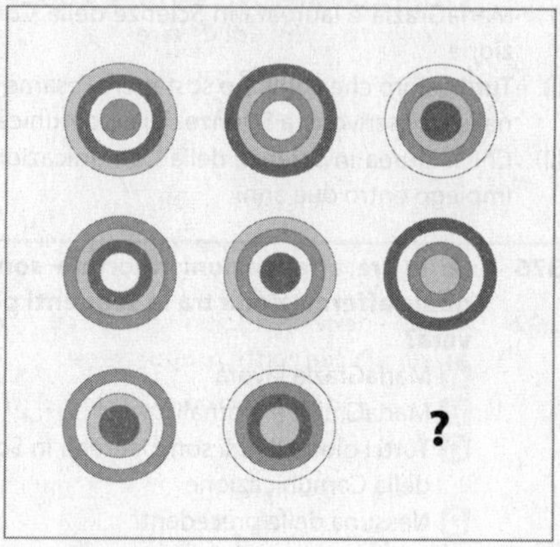

A 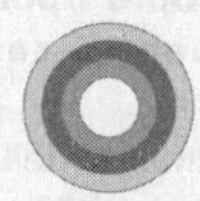

B 

C 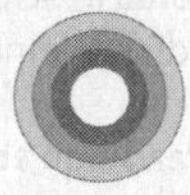

D 

E 

390 **L'azienda Beta produce 1/6 del prodotto chimico Lexor nello stabilimento di Vomero, 1/3 nello stabilimento di Calcinate e il rimanente nello stabilimento di Lentate. Sapendo che la produzione annuale di Lexor da parte dell'azienda Beta è pari a 240 tonnellate, determinare la produzione media mensile di Lexor nello stabilimento di Lentate.**

A 12 tonnellate
B 10 tonnellate
C 6 tonnellate
D 3 tonnellate
E 15 tonnellate

391 Se in una gara di staffetta 4x100 Luigi parte prima di Giuseppe, Marco parte prima di Giuseppe, Cesare parte prima di Giuseppe e Luigi parte prima di Cesare :

A Luigi è il primo a partire
B Giuseppe non parte per ultimo
C Marco è il secondo a partire
D Cesare è il terzo a partire
E Non si sa chi parte per primo

392 Quale delle soluzioni proposte completa meglio la seguente proporzione:

Ardente : infiammabile = X : Y

A X = spento; Y = incombustibile
B X = freddo; Y = arso
C X = caldo; Y = incombustibile
D X = arso; Y = refrattario
E X = freddo; Y = spento

393 Individuare gli elementi della figura incognita sapendo che i numeri in essa contenuti assumono valori da 1 a 15 (15 + 1 = 1 e non 16) e che possono essere presenti i seguenti simboli grafici: ● ❍ ❐ ■ ♠ ▼.

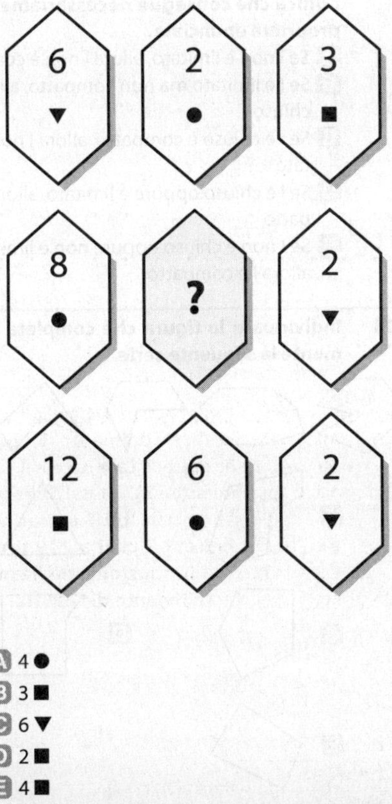

A 4●
B 3■
C 6▼
D 2■
E 4■

394 Quando esce di casa, la signora Pazzerelli porta con sé l'ombrello se splende il sole e gli occhiali da sole se nevica. Si può dedurre allora che:

A se la signora Pazzerelli non porta con sé gli occhiali da sole, non nevica
B se la signora Pazzerelli non porta con sé l'ombrello uscendo di casa, nevica
C se la signora Pazzerelli porta con sé l'ombrello uscendo di casa, allora splende il sole
D se non splende il sole, la signora Pazzerelli non porta con sé l'ombrello uscendo di casa
E se non splende il sole e non nevica, la signora Pazzerelli porta con sé ombrello ed occhiali da sole

395 Individuare il numero mancante:

7 XXI 18 IX 27 XXIV 12 ?

A XXXVI
B 24
C 29
D 30
E 33

396 Ho sette sfere che apparentemente sembrano tutte uguali ma in realtà una ha peso maggiore rispetto alle altre. Con una bilancia a due piatti, qual è il numero minimo di pesate necessario per individuare sicuramente la sfera più pesante?

A 2
B 3
C 1
D 4
E 5

397 Un muratore costruisce 5/7 di un muro utilizzando 350 mattoni. Quanti mattoni verranno utilizzati per completare allo stesso modo la restante parte di muro?

A 50
B 490
C 25
D 70
E 140

398 Indicare quale numero prosegue la sequenza:

7, 20, 46, 98, 202, 410, ...

A 826
B 820
C 612
D 814
E 938

399 In un negozio di frutta e verdura ci sono diverse cassette con sacchetti di patate e cipolle. Nelle cassette dove ci sono almeno due sacchetti ce n'è almeno uno di cipolle. Allora è vero che:

- A se in una cassetta c'è un solo sacchetto, questo è di cipolle
- B una cassetta che contiene tre sacchetti ne ha sempre due di patate
- C in una cassetta che contiene due sacchetti potrebbero non esserci sacchetti di patate
- D il numero dei sacchetti di patate in una cassetta è sempre inferiore o pari al numero di sacchetti di cipolle
- E le patate e le cipolle sono lontane dalle banane

400 Completare la seguente proporzione: Commercialista : Economia = X: Y

- A X = Magistrato, Y = Legge
- B X = Panettiere, Y = Pagnotta
- C X = Pilota, Y = Aeroplano
- D X = Laureato, Y = Facoltà
- E X = Professionista, Y = Professione

401 Ad un raduno di possessori di moto Benelli si incontrano solo motociclisti che hanno acquistato la loro moto nel gennaio del 2008. Nessuno dei centauri l'ha comprata nello stesso giorno. Quale deduzione possiamo fare?

- A Al raduno ci sono non meno di 31 motociclisti
- B Al raduno ci sono almeno 45 moto
- C Al raduno sono presenti esattamente 45 moto
- D Al raduno ci sono non più di 31 motociclisti
- E La Benelli è la marca preferita da chi compra le moto a gennaio

402 Completare la seguente proporzione:
Olio : X = Y : Bianco

- A X = Aceto, Y = Pepe
- B X = Unto, Y = Monte
- C X = Giallo, Y = Sale
- D X = Oliva, Y = Neve
- E X = Acqua, Y = Gelo

403 Completare la seguente proporzione:
Esterno : X = Y : Dentro

- A X = Casa, Y = Giardino
- B X = Freddo, Y = Riscaldamento
- C X = Fuori, Y = Interno
- D X = Esogeno, Y = Endogeno
- E X = Caldo, Y = Fuoco

404 Individuare la figura che completa correttamente la seguente serie.

?

A 
B 
C 
D 
E 

405 Imparerai che per un intervallo I di numeri reali vale la seguente proprietà: I è compatto se e solo se è chiuso e limitato. Senza che tu debba conoscere il significato dei termini in oggetto, scegli tra le seguenti affermazioni l'unica che consegue necessariamente dalla proprietà enunciata.

- A Se I non è limitato, allora I non è compatto
- B Se I è limitato ma non compatto, allora I è chiuso
- C Se I è chiuso e compatto, allora I non è limitato
- D Se I è chiuso oppure è limitato, allora I è compatto
- E Se I non è chiuso oppure non è limitato, allora I è compatto

406 Individuare la figura che completa correttamente la seguente serie.

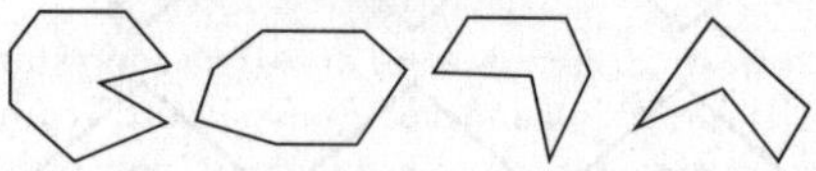
?

A 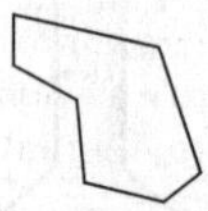
B 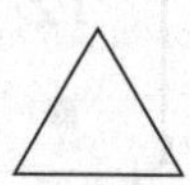
C 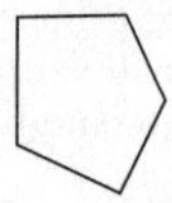
D 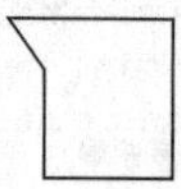
E 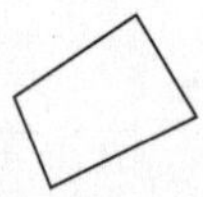

407 **Carletto ha alcune bottigliette di bibite, sui tappi delle quali all'esterno compaiono le scritte Kuka, oppure Finta, oppure Spruzz, mentre all'interno appare una scritta, che dice Hai vinto! oppure Non hai vinto. Carletto ne offre sei ad alcuni suoi amici, le stappa, guarda i tappi sui due lati, poi posa i sei tappi sul tavolo: tre di essi mostrano la scritta Kuka, Finta, Spruzz, mentre gli altri tre, capovolti rispetto ai primi, mostrano le scritte Hai vinto!, Hai vinto!, Non hai vinto. Carletto afferma che chi ha bevuto Kuka ha vinto.**
Qual è il minor numero di tappi che bisogna girare per verificare l'affermazione di Carletto?

A Due
B Quattro
C Cinque
D Tre
E Tutti e sei

408 **"Il momento migliore per potare un albero o travasare una pianta è sempre all'inizio della primavera, appena prima della fioritura". Quale delle seguenti affermazioni, se vera, indebolirebbe l'argomentazione precedente?**

A Non è mai consigliabile effettuare un travaso o una potatura quando si avvicina la stagione fredda e le piante perdono le foglie
B Dopo il "letargo" invernale le piante riacquistano energia grazie al progressivo allungamento delle giornate e sono quindi in grado di resistere ai lievi traumi causati da potature o travasi
C La fioritura normalmente avviene in aprile
D La potatura di un albero da frutta è in genere più complessa del travaso di una pianta
E Per molte piante tropicali la fioritura avviene alla fine dell'estate

409 **Alla festa di compleanno di Marika sono stati invitati tutti gli amici di infanzia, tutti i compagni di scuola e tutti i colleghi del conservatorio. Gli amici di infanzia sono la metà più uno dei compagni di scuola e il numero di colleghi del conservatorio è uguale a quello degli amici di infanzia meno tre. Sapendo che Marika ha fatto stampare 47 inviti e che non vi sono elementi comuni ai tre gruppi di persone, quanti sono i suoi compagni di scuola?**

A 13
B 24
C 20
D 26
E 10

410 **Individuare il numero che completa correttamente la seguente successione:**

12 - 23 - 35 - 48 - ?

A 58
B 62
C 72
D 64
E 60

411 **Individuare il numero che completa correttamente la seguente successione:**

172 - 158 - 144 - 130 - ?

A 122
B 114
C 106
D 116
E 161

412 **Individuare il numero che completa correttamente la seguente successione:**

15 - 26 - 19 - 31 - 23 - 36 - ?

A 27
B 41
C 32
D 31
E 47

413 **Individuare il numero che completa correttamente la seguente successione:**

96 - 48 - 56 - 28 - 36 - 18 - ?

A 36
B 26
C 24
D 9
E 32

414 **Marco ha tre dischi più di Flavio e la metà di Andrea; Flavio ne ha 10 meno di Guido, mentre i quattro amici insieme hanno 169 dischi. Quanti dischi possiede Guido?**

A 65
B 33
C 66
D 40
E 30

415 **L'affermazione "Se piove Giovanni prende l'ombrello" è contraddetta se:**

A piove e Giovanni non prende l'ombrello
B Giovanni prende l'ombrello
C non piove
D piove
E non piove e Giovanni non prende l'ombrello

416 Individuare il numero mancante.

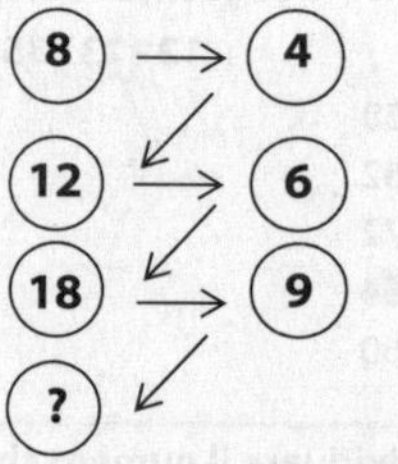

A 22

B 26

C 30

D 20

E 27

417 Un'urna contiene 14 palline rosse, 17 bianche e 15 nere. Qual è la probabilità di pescare una pallina nera alla seconda estrazione, sapendo che nella prima estrazione viene pescata una pallina bianca (che non viene reimmessa nell'urna) e che nella terza estrazione viene pescata un'altra pallina bianca?

A 0,32

B 88%

C 1,5

D 1/3

E 0,66

418 Individuare il termine mancante.

egli	?
voi	vi

A ti

B loro

C li

D mi

E si

419 Per riempire d'acqua un serbatoio ci sono tre rubinetti. Ogni rubinetto se aperto da solo impiegherebbe 2 ore a riempire il serbatoio. Se vengono aperti tutti e 3 contemporaneamente, quanto tempo impiegano a riempire il serbatoio?

A 33 minuti

B 80 minuti

C 40 minuti

D 60 minuti

E 120 minuti

420 Individuare la figura mancante.

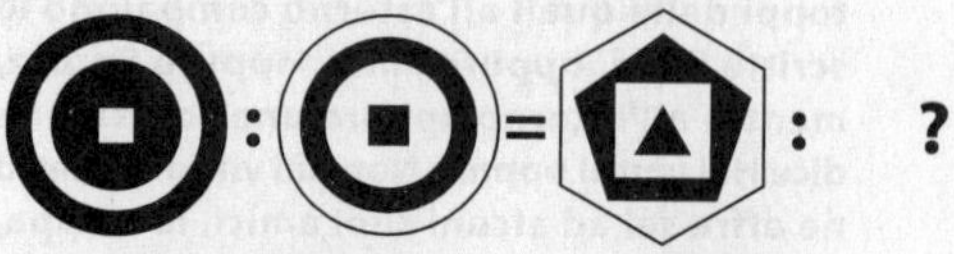

A 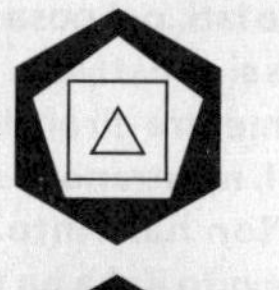

B 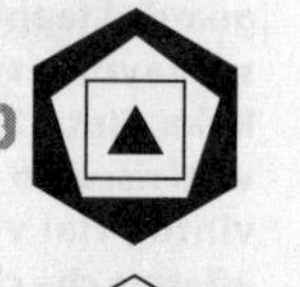

C 

D 

E 

421 Un vecchio disco di vinile a 33 giri è inciso nella zona compresa tra i diametri di 20 e 10 cm. Il suo ascolto dura 2 minuti primi e 30 secondi. Quanti è lungo il percorso compiuto dalla puntina del giradischi dall'inizio alla fine dell'ascolto?

A 20 cm

B 10 cm

C 8 cm

D 6 cm

E 5 cm

422 Individuare la versione in negativo della figura data.

A 

B 

C 

D 

E 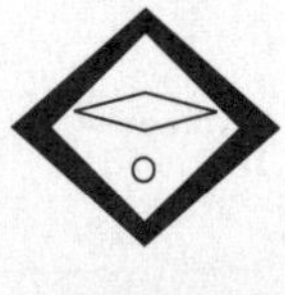

423 **Se è vero che «l'erba del vicino è sempre più verde», allora è necessariamente vera anche una delle affermazioni seguenti. Quale?**

- A Il vicino usa un fertilizzante migliore
- B Non esiste un vicino che non abbia l'erba più verde
- C Il vicino innaffia moltissimo il suo giardino
- D Deve esistere almeno un vicino che ha l'erba meno verde della mia
- E Nessun vicino ha l'erba alta in giardino

424 **32 operaie attaccano le etichette a 256 capi di vestiario in 20 minuti. Lavorando allo stesso ritmo, quante ore saranno necessarie affinché 4 operaie attacchino 128 etichette?**

- A 5 ore e 20 minuti
- B 1 ora e 40 minuti
- C 1 ora e mezza
- D 1 ora e 20 minuti
- E 1 ora e 10 minuti

425 **Ogni 12 pezzi prodotti da una fabbrica ce ne sono due difettosi. Quanti pezzi difettosi ci saranno producendo 384 pezzi?**

- A 48
- B 32
- C 64
- D 38
- E 76

426 **Individuare la versione in negativo della figura data.**

A 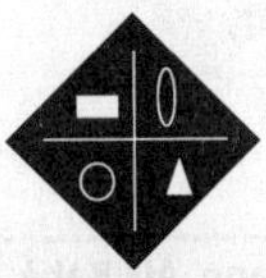

B 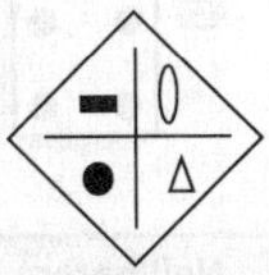

C 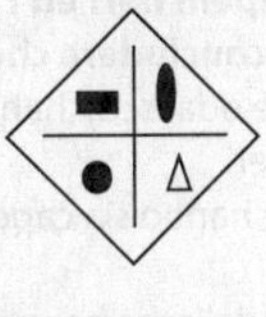

D 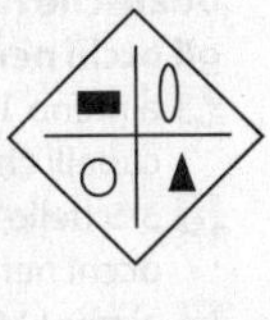

E 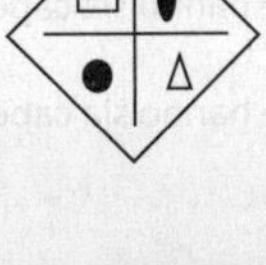

427 **Scartare una delle otto terne di simboli.**

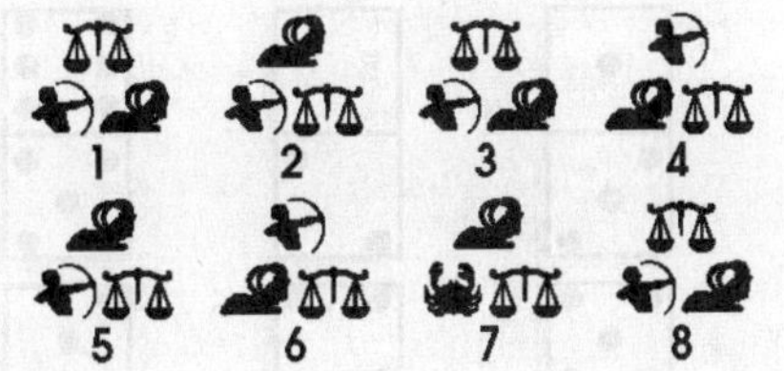

- A Terna 1
- B Terna 3
- C Terna 7
- D Terna 5
- E Terna 6

428 **Matteo e Luisa sono sposati da 30 anni, hanno 3 figli, Marta di 27 anni, Gigi di 25 anni e Marco di 18 anni. Marta è sposata con Antonio e hanno un bimbo di 12 mesi che si chiama Roberto, Gigi è fidanzato con Giorgia e Marco è ancora single. Se tu sei Antonio, chi sei per Marco?**

- A Il genero
- B Il cognato
- C Il nipote
- D Lo zio
- E Il nonno

429 **Date le seguenti affermazioni:**
"Tutti gli avvocati hanno intelligenza acuta.
Luca ama leggere libri gialli.
Tutte le persone che amano leggere libri gialli hanno intelligenza acuta".
Se tali affermazioni sono vere, quale tra le asserzioni sotto elencate è necessariamente vera?

- A Luca è un avvocato
- B Luca ha intelligenza acuta
- C Luca non ha intelligenza acuta
- D Tutte le persone con intelligenza acuta sono avvocati
- E Luca avrebbe voluto essere avvocato

430 **Se è vero che "tutti i fiori che ho comprato sono rose eccetto tre, tutti i fiori che ho comprato sono gladioli eccetto tre, tutti i fiori che ho comprato sono orchidee eccetto tre e che tutti i fiori che ho comprato sono primule eccetto tre", quanti fiori ho?**

- A Uno
- B Due
- C Tre
- D Quattro
- E Cinque

431 Individuare la tessera mancante.

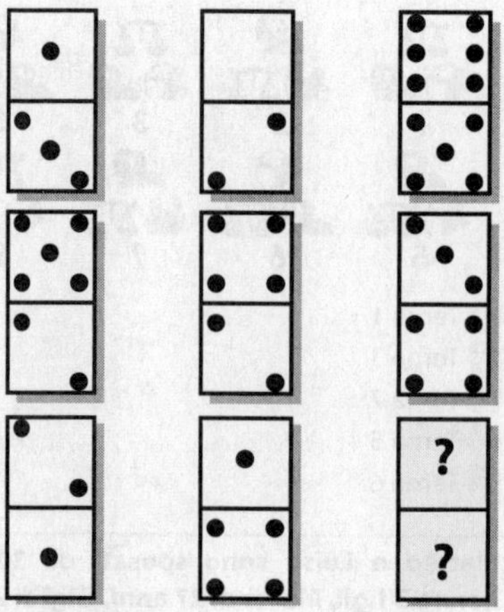

A 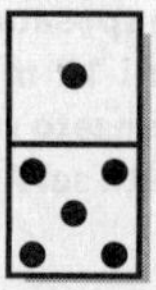

B 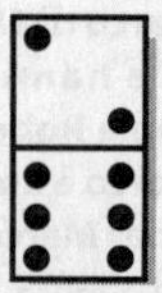

C 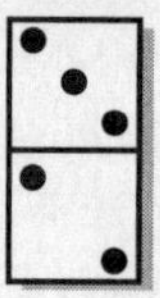

D 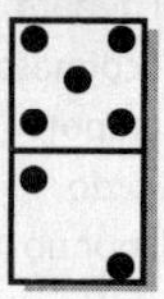

E 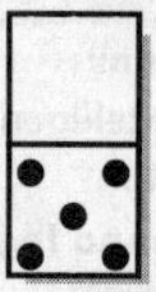

432 Individuare il termine mancante.

improbabile	**?**
avventato	**certo**

A incauto
B impavido
C prudente
D scapestrato
E sicuro

433 Un fiorista ha a disposizione 672 rose, 816 margherite e 624 garofani. Vuole confezionare mazzi tutti uguali in modo da esaurire tutti i fiori a disposizione e in modo che ciascun mazzo contenga Il massimo numero di fiori della stessa tipologia. Quanti fiori conterrà ciascun mazzo?

A 48
B 17
C 96
D 44
E 13

434 Individuare la tessera mancante.

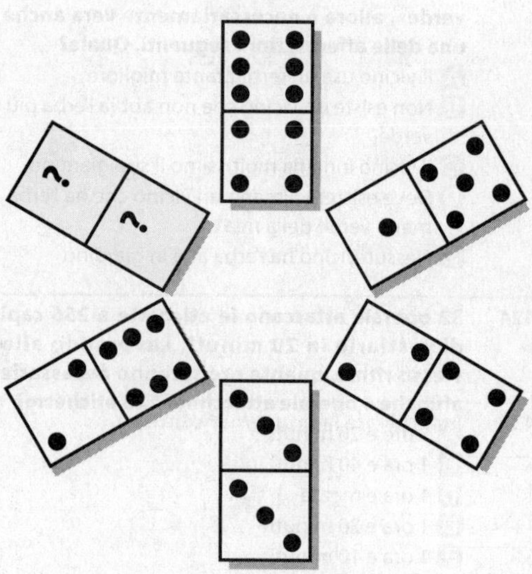

A 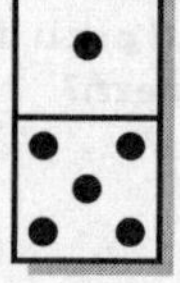

B 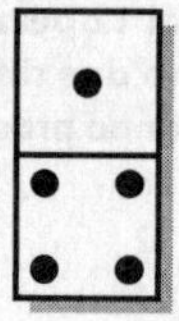

C 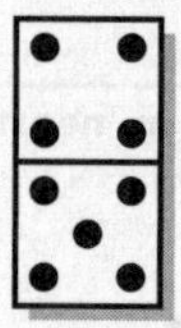

D 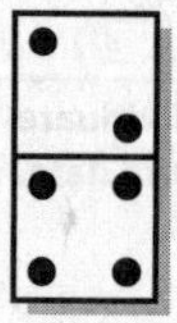

E 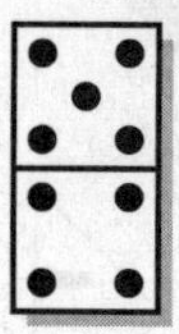

435 Nell'harem del sultano Alì Babà i 4/5 delle odalische hanno i capelli neri ed i 3/4 hanno gli occhi neri. Si può concludere che:

A almeno 11/20 delle odalische hanno sia capelli che occhi neri
B 3/5 delle odalische hanno sia capelli che occhi neri
C al più 11/20 delle odalische hanno sia capelli che occhi neri
D 4/5 delle odalische hanno sia capelli che occhi neri
E 3/4 delle odalische hanno sia capelli che occhi neri

436 Scartare una delle otto coppie di simboli.

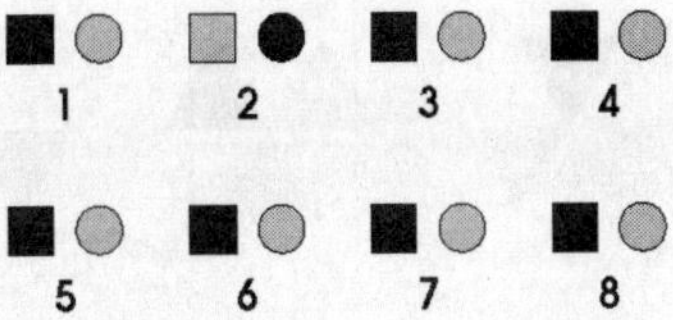

A) Coppia 1
B) Coppia 8
C) Coppia 6
D) Coppia 2
E) Coppia 5

437 Individuare la figura mancante.

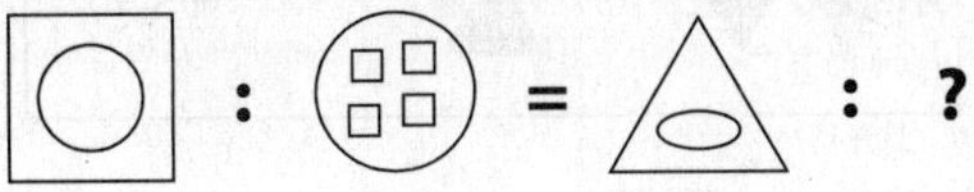

A 

B 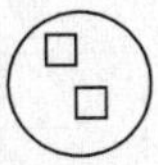

C 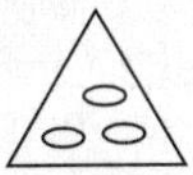

D 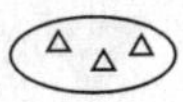

E 

438 Individuare la figura mancante.

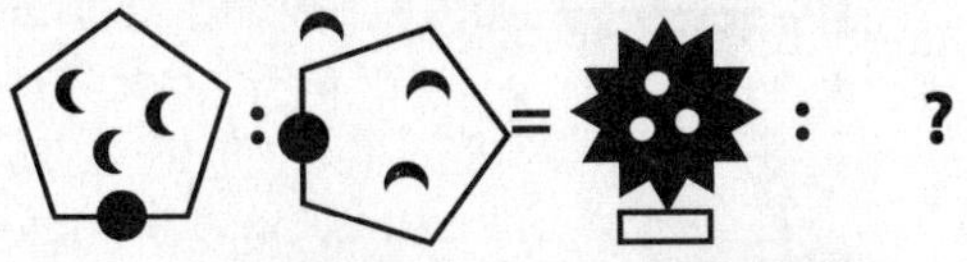

A 

B 

C 

D 

E 

439 Individuare, tra le alternative proposte, la versione in negativo della seguente figura.

A 

B 

C 

D 

E 

440 Individuare, tra le alternative proposte, la versione in negativo della seguente figura.

A 

B 

C 

D 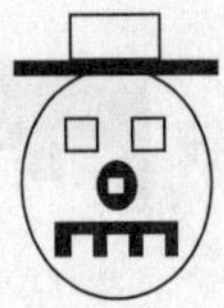

E 

441 Individuare il termine mancante.

tosto	remo
sotto	?

A pero
B serio
C cotto
D more
E posto

442 "I grandi magazzini generalmente sono costituiti da un numero di piani che va da 2 a 8. Se un magazzino ha più di tre piani ha l'ascensore per tutti i piani". Se le precedenti affermazioni sono vere, quali delle seguenti deve ugualmente essere vera?

A Solo i piani al di sopra del terzo sono serviti da ascensori
B Nei magazzini a due piani non ci sono ascensori
C Per andare al settimo piano si può sempre prendere un ascensore
D Per andare al terzo piano si può sempre usare l'ascensore
E Per andare al secondo piano non si può usare l'ascensore

443 Se la seguente figura venisse ruotata di 180° in senso orario e poi riflessa su uno specchio, quale sarebbe il suo riflesso?

A 
B 
C 
D 
E 

444 Individuare la figura mancante.

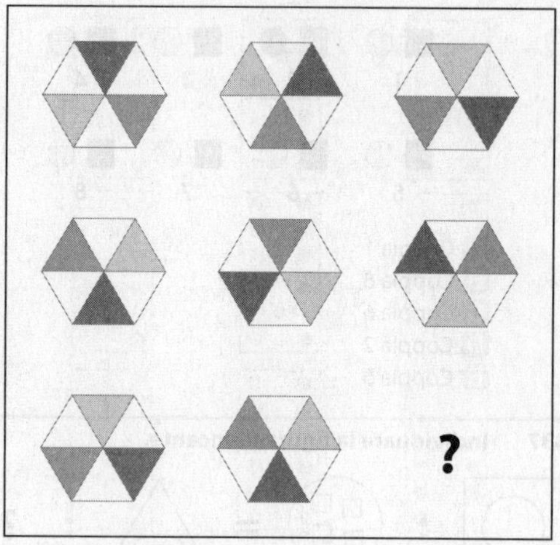

A 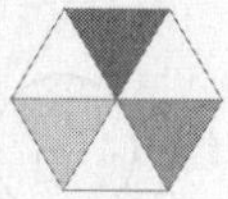
B 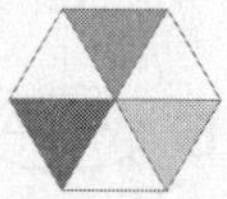
C 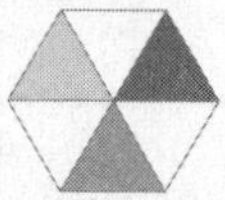
D 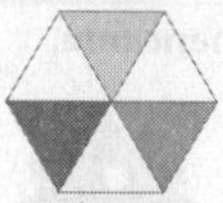
E 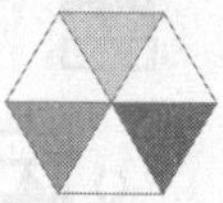

445 Delle seguenti 4 affermazioni, quale affermazione è vera se una sola delle 4 affermazioni è vera?
Affermazione A: L'affermazione B è vera;
Affermazione B: L'affermazione C è vera;
Affermazione C: L'affermazione A è vera;
Affermazione D: L'affermazione B è falsa.

A Affermazione A
B Affermazione B
C Affermazione C
D Affermazione D
E Nessuna delle quattro può essere vera

446 Individuare la tessera mancante.

A 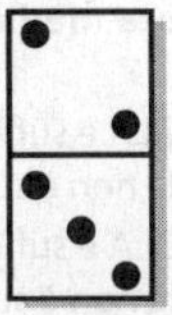

B 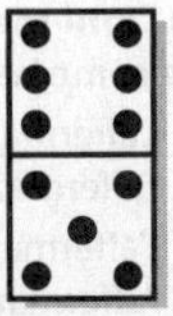

C 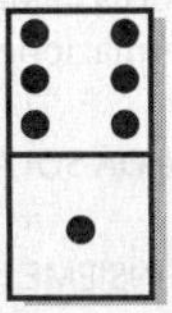

D 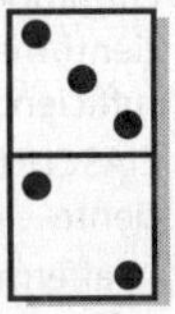

E 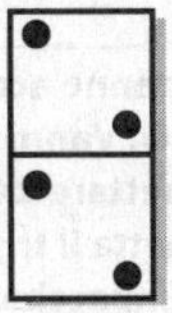

447 Individuare gli elementi della figura incognita sapendo che i numeri in essa contenuti assumono valori da 1 a 15 (15 + 1 = 1 e non 16) e che possono essere presenti i seguenti simboli grafici: ● ○ ❑ ■ ♠ ▼.

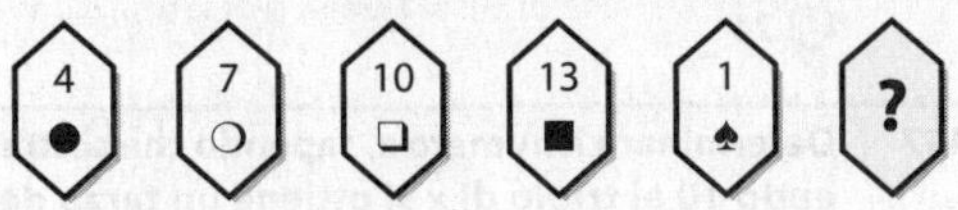

A 2 ▼
B 3 ○
C 4 ▼
D 11 ❑
E 4 ○

448 Individuare, tra le alternative proposte, la versione in negativo della seguente figura.

A 

B 

C 

D 

E 

449 Individuare il termine mancante.

epigono	epilogo
precursore	?

A chiusura
B prologo
C discendente
D erede
E proprio

450 Individuare il numero mancante.

A 16
B 20
C 22
D 28
E 32

451 **Individuare, tra le alternative proposte, la versione in negativo della seguente figura.**

A 

B 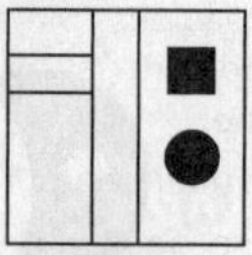

C 

D 

E 

452 **Individuare la figura da scartare.**

A 

B 

C 

D 

E 

453 **Per il proprio matrimonio Guglielmo vuole dividere i 72 invitati in tavoli da 8. Suddividendo le persone, Guglielmo si accorge che qualunque sia la disposzione c'è sempre almeno un tavolo di soli uomini. Se le informazioni precedenti sono vere, qual è il numero minimo di uomini invitati al matrimonio?**

- A 9
- B 63
- C 10
- D 64
- E 12

454 **Individuare il termine mancante.**

induttivo	**?**
bolso	**aprioristico**

- A spossato
- B energico
- C ragione
- D bolscevico
- E indotto

455 **Paola, studentessa di lettere, vuole mettere da parte 1000 euro per il suo viaggio estivo. Lavorando come baby sitter, riesce da gennaio a giugno a guadagnare tale cifra?**

(1) Paola guadagna 10 euro l'ora.

(2) Ogni mese Paola lavora mediamente 20 ore come baby sitter.

- A L'affermazione (1) DA SOLA è sufficiente, ma l'affermazione (2) da sola non è sufficiente
- B L'affermazione (2) DA SOLA è sufficiente, ma l'affermazione (1) da sola non è sufficiente
- C Entrambe le affermazioni INSIEME sono sufficienti, ma NESSUNA affermazione DA SOLA è sufficiente
- D CIASCUNA affermazione DA SOLA è sufficiente
- E Le affermazioni (1) e (2) INSIEME NON sono sufficienti

456 **Vanni, Gennaro e Mauro hanno acquistato 24 libri da regalare agli amici. Vanni e Gennaro sono in grado di impacchettare 24 libri in 40 minuti. Vanni ne impacchetta il triplo di Gennaro che, a sua volta, ne impacchetta la metà di Mauro. Quanti regali riuscirebbero a impacchettare i tre lavorando insieme per 1 ora?**

- A 15
- B 36
- C 54
- D 45
- E 24

457 **Determinare il numero *x*, sapendo che sottraendo 10 al triplo di *x* si ottiene un terzo del doppio di *x*.**

- A 1/2
- B 30/7
- C 3/4
- D 21/3
- E 18/5

Leggere il testo del seguente problema e rispondere alle domande successive.

I membri degli equipaggi di due aerei sperimentali devono essere scelti tra gli unici sei piloti esperti che vi sono a disposizione: Giugni, Holborn, Iannarone, Johnson, Katey e Lawrence.

Ogni equipaggio deve avere esattamente tre membri.

Si sa inoltre che:

- se Katey viene selezionato per un equipaggio, anche Lawrence deve essere selezionato per lo stesso equipaggio;
- per motivi di comunicazione, i due equipaggi devono avere almeno un membro in comune;
- Katey e Giugni si rifiutano di lavorare nel medesimo equipaggio.

458 Quali dei seguenti possono essere i membri degli equipaggi?

A Giugni, Johnson e Katey in un equipaggio, Iannarone, Giugni e Holborn nell'altro
B Lawrence, Giugni e Johnson in un equipaggio, Holborn, Iannarone e Katey nell'altro
C Giugni, Lawrence e Katey in un equipaggio, Johnson, Iannarone e Lawrence nell'altro
D Iannarone, Katey e Lawrence in un equipaggio, Lawrence, Giugni e Johnson nell'altro
E Giugni, Holborn e Iannarone in un equipaggio, Lawrence, Johnson e Katey nell'altro

459 Se Giugni, Holborn e Iannarone formano un equipaggio e Johnson, Lawrence e Holborn formano l'altro, quale membro di uno dei due equipaggi potrebbe essere sostituito da Katey senza violare le regole?

A Johnson
B Lawrence
C Holborn
D Iannarone
E Giugni

460 Se Katey e Iannarone sono due dei membri di un equipaggio e Holborn è un membro dell'altro equipaggio, quali dei seguenti potrebbero essere i restanti due membri dell'equipaggio di Holborn?

A Giugni e Johnson
B Katey e Iannarone
C Katey e Giugni
D Lawrence e Giugni
E Katey e Johnson

Leggere il testo del seguente problema e rispondere alle domande successive.

Al torneo di tennis femminile del circolo F&C si sono iscritte cinque ragazze: Alessandra, Anna, Lara, Manuela e Raffaella. Il regolamento del torneo prevede che tutte le giocatrici si incontrino tra di loro due volte. Per ogni vittoria viene assegnato un punteggio pari a 2, mentre in caso di sconfitta il punteggio è pari a 0 (nel tennis non è prevista la possibilità di pareggio dell'incontro). Quando ogni giocatrice si è incontrata una volta con tutte le altre si ha che:

- Manuela è a punteggio pieno;
- la seconda in classifica ha sei punti;
- Alessandra è quarta in classifica da sola;
- tutte le partecipanti al torneo hanno vinto almeno una partita tranne Lara;
- Raffaella ha battuto Anna.

461 A quanti punti è Raffaella?

A 4
B 2
C 6
D 8
E 0

462 Chi è la terza in classifica?

A Anna
B Lara
C Raffaella
D Manuela
E Alessandra

463 Quante partite ha vinto Anna?

A 0
B 2
C 3
D 1
E 4

464 "Se lasciassi cadere il vaso di porcellana, questo si romperebbe". Se l'argomentazione precedente è corretta, quale delle seguenti è certamente vera?

A Se il vaso di porcellana è intatto, ciò vuol dire che non l'ho lasciato cadere
B Se non lascerò cadere il vaso di porcellana, questo non si romperà
C Se il vaso di porcellana è rotto, questo indica che l'ho lasciato cadere
D Se il vaso di porcellana è intatto, non vuol dire che non l'ho fatto cadere
E Il vaso di porcellana si romperà

465 Tutti gli avvocati sono prolissi; Giorgio ama la montagna; tutte le persone che amano la montagna sono prolisse.
Se le affermazioni sopra riportate sono vere, quale delle seguenti è necessariamente vera?

- A Giorgio è un avvocato
- B Tutte le persone prolisse sono avvocati
- C Tutti gli avvocati amano la montagna
- D Giorgio è prolisso
- E Giorgio avrebbe voluto essere un avvocato

466 Maria Teresa è laureata in Ingegneria.
Tutti coloro che vogliono avere successo professionale sono laureati in Ingegneria.
Chi si laurea in Ingegneria trova impiego entro due anni dalla laurea.
Se le tre affermazioni sopra riportate sono vere, quale delle seguenti è vera?

- A Maria Teresa certamente lavora
- B Maria Teresa vuole avere successo professionale
- C Tutti i laureati in Ingegneria vogliono avere successo professionale
- D Chi ha trovato lavoro entro due anni dalla laurea è laureato in ingegneria
- E Se Maria Teresa non lavora allora troverà lavoro entro due anni

467 Se è vero che

- **tutti i filosofi sono saggi**
- **alcuni filosofi sono anche matematici**
- **Aristotele fu un importante filosofo greco se ne deduce necessariamente che:**

- A i saggi greci furono filosofi
- B tutte le persone sagge sono anche matematici
- C alcuni matematici sono saggi
- D Aristotele fu anche un matematico
- E esistono matematici che non sono saggi

468 Per passare l'esame è necessario ma non sufficiente avere o fortuna o una solida preparazione. Determinare quale delle seguenti situazioni è NON compatibile con questa affermazione.

- A Riccardo ha fortuna, ma non ha passato l'esame
- B Riccardo non ha fortuna, ma ha passato l'esame
- C Riccardo ha passato l'esame ma non ha una solida preparazione
- D Riccardo ha una solida preparazione e fortuna, ma non ha passato l'esame
- E Riccardo ha passato l'esame, ma non ha né fortuna né solida preparazione

469 Aldo è titolare di una officina meccanica, e può aggiustare l'auto del sindaco se e solo se ha a disposizione sia gli attrezzi che i ricambi. Determinare quale delle seguenti deduzioni è corretta.

- A Aldo oggi possiede gli attrezzi, quindi può aggiustare l'auto del sindaco
- B Aldo oggi non può aggiustare l'auto del sindaco, quindi non possiede i ricambi
- C Aldo oggi possiede gli attrezzi ma non può aggiustare l'auto del sindaco, quindi non possiede i ricambi
- D Aldo oggi non può aggiustare l'auto del sindaco, quindi non possiede né i ricambi ricambi né gli attrezzi
- E Aldo oggi non può aggiustare l'auto del sindaco, quindi non possiede gli attrezzi

470 Non vi è ragione di ritenere che in ufficio non vi sia nessuno. La precedente affermazione è logicamente equivalente a:

- A non vi è ragione di ritenere che in ufficio vi sia qualcuno
- B è il caso di pensare che in ufficio non vi sia nessuno
- C si può pensare che in ufficio vi sia qualcuno
- D si può pensare che in ufficio non vi sia nessuno
- E Certamente l'ufficio è vuoto

471 È sbagliato negare che è falso che il quadro non è stato dipinto da Cimabue.
Basandosi sulla precedente affermazione, individuare quale delle seguenti alternative è esatta:

- A il quadro è stato dipinto da Cimabue
- B il quadro non è stato dipinto da Cimabue
- C il quadro è stato dipinto da un pittore sconosciuto
- D non si può riconoscere quale pittore ha dipinto il quadro
- E Cimabue non fu pittore

472 Quando il mio capo fa le parole crociate vuol dire che è rilassato. Sulla base di questa sola affermazione, quale delle seguenti deduzioni è corretta?

- A Il mio capo non è rilassato, quindi non fa le parole crociate
- B Il mio capo non sta facendo le parole crociate, quindi non è rilassato
- C Il mio capo non sta facendo le parole crociate, quindi è rilassato
- D Il mio capo è rilassato, quindi sta facendo le parole crociate
- E Il mio capo non è rilassato, quindi sta facendo le parole crociate

473 Non tutti quelli che vanno bene in italiano vanno bene in matematica. Quindi si è certi che:

A tutti gli studenti vanno bene in italiano
B tutti gli studenti vanno bene in matematica
C almeno uno studente va bene in italiano e matematica
D almeno uno studente va bene in italiano e non va bene in matematica
E almeno uno studente va bene in matematica e non va bene in italiano

474 Il venusiano Vrxff afferma: *"Su Venere nessuno può avere più di una mgl"* Il suo amico marziano Mrkzz lo informa che su Marte questa norma non è in vigore. Dunque, necessariamente:

A i Marziani possono avere più di una mgl
B ogni Marziano ha più di una mgl
C almeno un Marziano ha più di una mgl
D tutti i Venusiani hanno una e una sola mgl
E se un Venusiano abita su Marte allora ha più di una mgl

475 Per quanto riguarda i luoghi artistici in Italia, l'Associazione Amici dell'Arte (AAA) ha censito nel 1990 circa 8.400 punti di interesse e poco meno di 400 musei, e nel 2000 circa 8.600 punti di interesse e poco più di 200 musei. Quale delle seguenti affermazioni è possibile dedurre da questa frase?

A Tra il 1990 e il 2000 i punti di interesse sono diminuiti
B Il turismo verso le città d'arte in Italia tra il 1990 e il 2000 è diminuito
C Il numero di punti di interesse censiti dall'AAA ha registrato una contrazione tra il 1990 e il 2000
D Nei dieci anni considerati, al contrario dei punti di interesse, il numero di musei è diminuito
E Il numero dei musei si è ridotto a un terzo tra il 1990 e il 2000

476 Una banda musicale marcia formando un quadrato di 6 x 6 elementi. Arrivata in piazza, di dispone su 3 file, formando un rettangolo, per suonare. Di quanti elementi è composta ciascuna fila?

A 6
B 9
C 12
D 16
E 24

477 C'è una scatola contenente gettoni da gioco. La metà di essi è quadrata e l'altra metà è rotonda. I gettoni per metà sono verdi e per metà sono blu. Si può dedurre necessariamente che:

A il numero di gettoni deve essere un multiplo di quattro
B il numero di gettoni rotondi verdi è uguale al numero di gettoni quadrati blu
C i quattro tipi di gettoni (quadrati blu, quadrati verdi, rotondi blu, rotondi verdi) sono in numero uguale
D il numero dei gettoni quadrati blu è uguale al numero dei gettoni rotondi blu
E il numero dei gettoni quadrati blu è uguale al numero dei gettoni quadrati verdi

478 Ci sono N persone (con N > 1) disposte in circolo, che sono o Menzogneri (dicono sempre il falso) o Veritieri (dicono sempre il vero). Ciascuno accusa la persona alla sua destra di essere un Menzognero.
Ciò è possibile SOLO SE:

A N è un numero pari
B N è un numero primo
C N = 3
D N è un numero dispari
E N = 2

479 Ad una gara podistica partecipano 100 persone. Fra di esse almeno una è donna. Se prendo a caso due persone, tra di esse vi sarà sempre almeno un uomo. Quanti sono gli uomini?

A 50
B 77
C 90
D 88
E 99

480 Ho 40 conigli bianchi e 31 conigli neri suddivisi in 10 gabbie. Quale delle seguenti affermazioni è sicuramente vera?

A Esiste almeno una gabbia in cui ci sono almeno 5 conigli bianchi
B Esiste almeno una gabbia in cui ci sono almeno 8 conigli
C Esiste almeno una gabbia in cui ci sono esattamente 4 conigli neri
D In ogni gabbia ci sono almeno 7 conigli
E In tutte le gabbie, il numero dei conigli bianchi è maggiore o uguale a quello dei conigli neri

481 **Sei artigiani, lavorando allo stesso ritmo, impiegano 24 giorni per realizzare un mosaico. Quanto impiegherebbe un solo artigiano a compiere lo stesso lavoro?**

A 36 giorni
B 6 giorni
C 124 giorni
D 144 giorni
E 48 giorni

482 **Se 5 persone, lavorando allo stesso ritmo, impiegano 1 ora a dipingere un appartamento, quanto impiegano 12 persone a effettuare lo stesso lavoro?**

A 25 min
B 2/5 h
C 12/5 h
D 1/5 h
E 20 min

483 **Il direttore di un progetto informatico sa che, per realizzare il lavoro di cui è responsabile, sono necessari 8 giorni utilizzando tutti i programmatori che ha attualmente a disposizione. Se potesse avere altri due programmatori, il lavoro verrebbe compiuto in 7 giorni. Tuttavia, la sua software house, anziché fornire altri due programmatori, sottrae tutte le risorse dal progetto, lasciando un solo programmatore. Quanti giorni impiegherà il programmatore rimasto a realizzare il progetto, nell'ipotesi che tutti abbiano lo stesso ritmo di lavoro?**

A 72
B 112
C 56
D 87
E 135

484 **Stefania, Piera e Maria lavorano in una biblioteca in cui, periodicamente, occorre spostare tutti i libri da una scaffalatura a un'altra. Per compiere questo lavoro Stefania da sola impiega 8 ore, Piera da sola impiega 24 ore e Maria da sola impiega 12 ore. Quanto tempo impiegherebbero le tre bibliotecarie a spostare i libri se lavorassero insieme?**

A 4 ore
B 2 ore
C 3 ore
D 6 ore
E 8 ore

485 **Lavorando insieme, Aldo, Giovanni e Giacomo fabbricano 10 tubi in 2 ore; Aldo da solo impiegherebbe 5 ore e Giovanni da solo ne impiegherebbe 10. Quanto impiegherebbe Giacomo da solo a fabbricare i 10 tubi?**

A 10 ore
B 5 ore
C 30 minuti
D 3 ore
E 15 ore

486 **Matteo e Paolo sono in grado di timbrare 12 fogli in 20 secondi. Matteo ne timbra il triplo di Paolo che, a sua volta, ne timbra la metà di Sergio. Quanti fogli riuscirebbero a timbrare i tre lavorando insieme per 1 minuto?**

A 15
B 36
C 54
D 45
E 24

487 **Sapendo che in un triangolo rettangolo un cateto è la metà dell'altro e che l'area del triangolo è pari a 64 m^2, determinare quale delle seguenti lunghezze approssima meglio la lunghezza dell'ipotenusa del triangolo.**

A 12 m
B 14 m
C 24 m
D 32 m
E 18 m

488 **Individuare la figura mancante.**

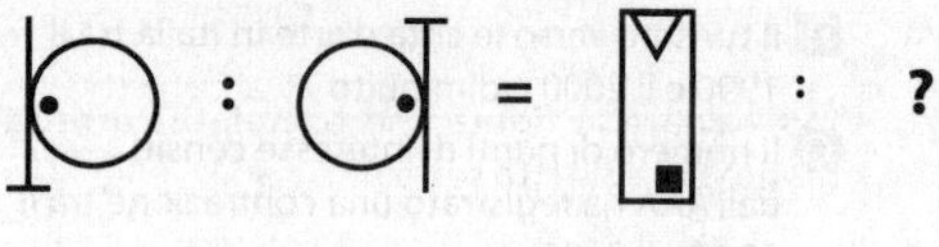

A 
B 
C 
D 
E 

489 In un museo sono presenti soltanto quadri, sculture e mosaici. Sapendo che il numero di quadri sta a quello delle sculture come 3 sta a 4, che il numero di mosaici sta a quello dei quadri come 5 sta a 3 e che nel museo ci sono 36 sculture, qual è il numero totale di opere d'arte presente nel museo?

A 117
B 99
C 123
D 90
E 108

490 Individuare la figura da scartare.

A 
B 
C 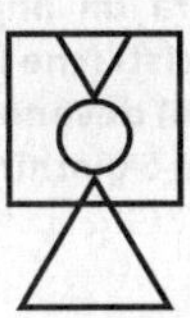
D 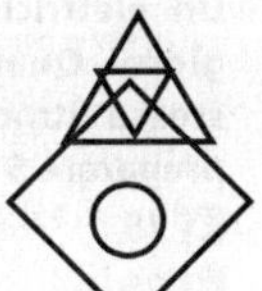
E 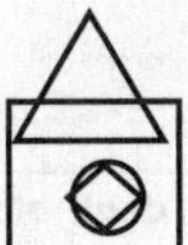

491 Individuare la figura che completa correttamente la seguente serie.

 ?

A 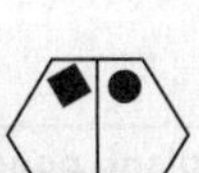
B 
C 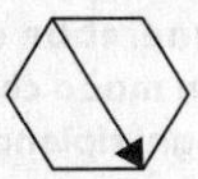
D 
E 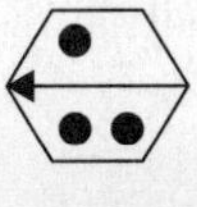

492 Individuare quale diagramma soddisfa la relazione insiemistica esistente fra i tre termini seguenti:

chitarre, musicisti, strumenti musicali.

A 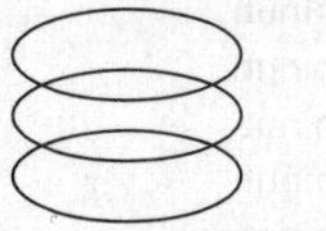
B 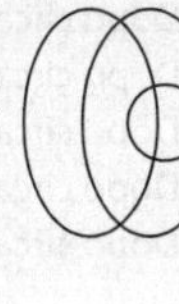
C 
D 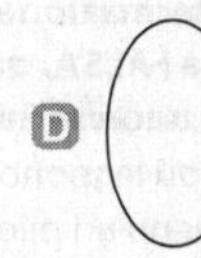
E 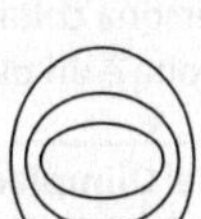

493 Individuare quale diagramma soddisfa la relazione insiemistica esistente fra i tre termini seguenti:

avvocati, francesi, biondi.

A 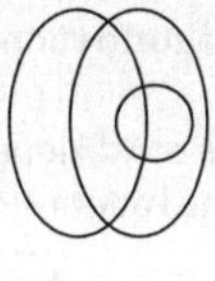
B 
C 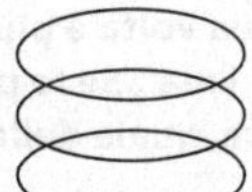
D 
E 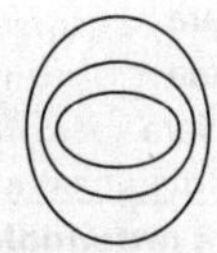

494 *Chiosare* significa:

A ridere
B annotare
C omettere
D pregare
E attendere

495 **Un orologio segna le ore 3. La lancetta dei minuti forma con quella dell'ora un angolo retto. Dopo circa quanti minuti le due lancette saranno sovrapposte, cioè formeranno un angolo nullo?**

A Dopo circa 12 minuti
B Dopo circa 17 minuti
C Dopo circa 15 minuti
D Dopo circa 14 minuti
E Dopo circa 16 minuti

496 **Se l'affermazione "tutti i piloti sono persone colte" è FALSA, quale delle seguenti proposizioni è necessariamente vera?**

A I piloti leggono poco
B Almeno un pilota è colto
C Almeno un pilota non è una persona colta
D Nessun pilota è una persona colta
E Almeno una persona colta è un pilota

497 **"Affinché l'atleta vinca le Olimpiadi, occorre che si alleni tutto l'anno". Se l'affermazione precedente è vera, quale delle seguenti deve essere vera?**

A Se l'atleta si allena tutto l'anno, allora vince le Olimpiadi
B È sufficiente che l'atleta si alleni tutto l'anno perché vinca le Olimpiadi
C Se l'atleta non ha vinto le Olimpiadi, allora non si è allenato tutto l'anno
D Se l'atleta non si allena tutto l'anno, non vince le Olimpiadi
E Allenarsi tutto l'anno è condizione necessaria e sufficiente affinché l'atleta vinca le Olimpiadi

498 **"Angela è più grassa di Maria ma più magra di Chiara, la quale a sua volta è più grassa di Sara ma più magra di Lina". Se le precedenti affermazioni sono vere, quale delle seguenti è certamente vera?**

A Lina è più grassa di Angela
B Sara è più grassa di Angela
C Maria è più grassa di Sara
D Sara è più grassa di Maria
E Angela è più grassa di Sara

499 **Se si riduce l'altezza di un rettangolo del 20% e si incrementa la base del 20%, allora l'area del nuovo rettangolo rispetto all'area del rettangolo iniziale risulta essere:**

A diminuita del 40%
B invariata
C diminuita del 4%
D aumentata del 20%
E aumentata del 10%

500 **Un fruttivendolo ha venduto 200 mele in settembre e 270 in ottobre. A quanto ammonta l'incremento percentuale delle vendite da un mese all'altro?**

A 55%
B 70%
C 40%
D 27%
E 35%

501 **In un momento di difficoltà economica l'utile X della ditta Delta diminuisce del 40%. Trascorso il periodo di difficoltà, la ditta Delta registra un aumento del proprio utile del 40%. Si può concludere che l'utile finale Y è:**

A in ogni caso pari a zero
B minore di X
C maggiore di X
D uguale a X
E nessuna delle altre alternative è corretta

502 **Un elettricista prepara un impianto in 15 giorni. Quanti elettricisti (che lavorano allo stesso ritmo del primo) devono lavorare per preparare 5 impianti in 5 giorni?**

A 15
B 25
C 20
D 5
E 10

503 **Arturo vuole piantare degli alberi attorno alla sua villa di campagna. Lasciando fra un albero e l'altro la distanza di 8 metri, sono necessari 50 alberi. Quanti ne occorrerebbero se la distanza tra 2 alberi consecutivi aumentasse di 2 metri?**

A 25
B 40
C 10
D 35
E 20

504 **In una libreria con 6 ripiani, ponendo su ciascuno di essi 21 libri, si occupano solo i primi 4 ripiani. Se si volesse occupare tutta la libreria, quanti libri bisognerebbe disporre su ogni ripiano facendo in modo che il numero di libri sia lo stesso in ogni ripiano?**

A 13
B 16
C 18
D 14
E 12

505 Indicare quale dei seguenti termini può essere considerato parte della serie IPERBOLICO, RIDONDANTE, RETORICO, ALTISONANTE, ...

A SOBRIO
B RIDOTTO
C PEDESTRE
D SANO
E TRONFIO

506 Una società che inizialmente fatturava 600 milioni di euro ha visto calare del 20% il fatturato nel primo anno, del 10% nel secondo e del 50% nel terzo. Qual è il suo fatturato alla fine del terzo anno?

A 164 milioni di euro
B 180 milioni di euro
C 120 milioni di euro
D 192 milioni di euro
E 216 milioni di euro

507 CSe:
£ + £ + © = # - ©
 # = 20
£ = 29
allora © è uguale a:

A 19
B 18
C -19
D -18
E 17

508 Uno studente universitario, dopo aver superato due esami, ha la media di 24. Nell'esame successivo lo studente prende 21. Qual è la sua media dopo il terzo esame?

A 23
B 23,5
C 22
D 22,5
E 24

509 Si consideri un numero di tre cifre dove la cifra delle decine è uguale alla somma di quella delle centinaia con quella delle unità. Se si somma il numero di tre cifre con quello ottenuto scambiando la cifra delle unità con quella delle centinaia e si divide il risultato per la somma delle cifre del numero dato, si ottiene un numero:

A maggiore di 50 ma minore di 100
B minore di 50
C che dipende dal numero di partenza
D uguale a 50
E maggiore di 100

510 Se 5 pasticcieri preparano 200 bignè in 50 minuti, in quanto tempo 10 pasticcieri prepareranno 1.000 bignè lavorando allo stesso ritmo?

A 250 minuti
B 100 minuti
C 125 minuti
D 500 minuti
E 90 minuti

511 Il ragionier Rossi arriva in ufficio sempre puntuale alle ore 9. Egli ogni giorno esce da casa alle 8.45 e si incammina verso il posto di lavoro mantenendo la velocità costante di 5 km/h. Oggi, purtroppo, a causa di un contrattempo, esce di casa alle 8.50; che velocità deve mantenere il ragionier Rossi per poter arrivare in ufficio alle 9?

A 25/3 km/h
B 7,5 km/h
C 6 km/h
D 12 km/h
E 20/3 km/h

512 Individuare il diagramma che soddisfa la relazione insiemistica esistente tra i termini dati: Schermi, Tastiere, Processori

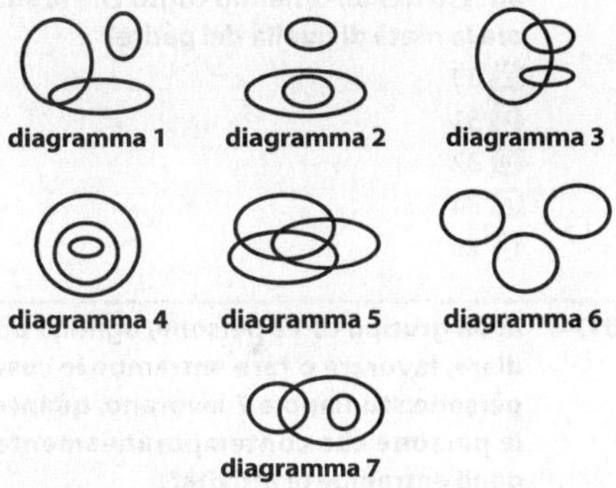

A Diagramma 2
B Diagramma 1
C Diagramma 6
D Diagramma 3
E Diagramma 4

513 Indicare in quale delle seguenti alternative viene rispettata la regola di alternanza "vocale-consonante".

A opapekatapekatppekat
B opapekatuqpekat
C poapekatapekatupekat
D opapekataupekat
E opapekatapekatupekat

514 **Una mamma ha comprato un sacchetto contenente 288 biglie e decide di dividerle tra i suoi tre figli, Davide, Andrea e Luca, in proporzione alla loro età. Sapendo che Andrea ha due anni in meno di Davide, che ha 8 anni, e Luca ha la metà degli anni di Davide, quante biglie toccheranno ad Andrea?**

- A 112 biglie
- B 128 biglie
- C 96 biglie
- D 64 biglie
- E 48 biglie

515 **Giacomo dice a Filippo: "Se mi dai 6 euro, avremo in tasca gli stessi soldi!". Filippo risponde: "Se tu dai a me 6 euro, io avrò il doppio dei tuoi soldi!". Quanti soldi hanno inizialmente in tasca, rispettivamente, Giacomo e Filippo?**

- A 36 e 30 euro
- B 30 e 42 euro
- C 22 e 30 euro
- D 24 e 36 euro
- E 22 e 42 euro

516 **Quando il Signor Bianchi aveva 49 anni, suo figlio Remo ne aveva 16. Quanti anni ha adesso Remo, tenendo conto che la sua età è ora la metà di quella del padre?**

- A 33
- B 31
- C 32
- D 34
- E 28

517 **In un gruppo di 12 persone, ognuna può studiare, lavorare o fare entrambe le cose. Se 9 persone studiano e 7 lavorano, quante sono le persone che contemporaneamente svolgono entrambe le attività?**

- A 2
- B 7
- C 4
- D 3
- E 5

518 **Individuare l'accoppiamento che ripropone la stessa logica del seguente:**

Subordinato – indipendente

- A Semplice – facile
- B Bagnato – asciutto
- C Caldo – estate
- D Dipendente – impiegato
- E Saldo – stabile

519 **Individuare tra le alternative proposte quella che contiene una differenza rispetto alle righe seguenti:**
47TR-1867-VWLK-5782
QASZ-34DF-D5TG-6YSW
4413-1857-BPDX-4291
1214-6789-HFGG-JJKN

- A 4413-1857-BPDX-4291
- B 47TR-1867-VWLK-5782
- C QASZ-34DF-D5TG-6YSW
- D 4413-1857-BPDY-4291
- E 1214-6789-HFGG-JJKN

520 **Individuare il diagramma che soddisfa la relazione insiemistica esistente tra i termini dati: Piante, Querce, Vegetali**

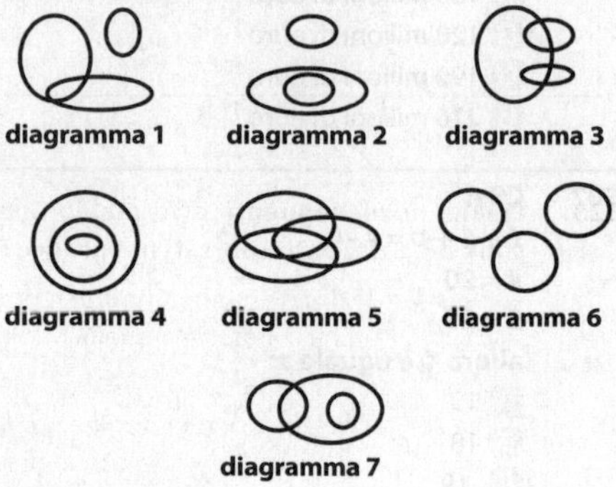

- A Diagramma 6
- B Diagramma 3
- C Diagramma 2
- D Diagramma 4
- E Diagramma 7

521 **AUna lega di ottone è costituita da 3 parti di rame e 2 parti di zinco. Qual è la quantità di rame contenuta in un blocco di ottone del peso di 75 kg?**

- A 45 kg
- B 50 kg
- C 40 kg
- D 48 kg
- E 52 kg

522 **Un uomo a cavallo parte alle 7 del mattino percorrendo in media 20 km/ora. Un motociclista parte dallo stesso punto alle 11 e raggiunge l'uomo a cavallo dopo 2 ore. Qual è la velocità del motociclista?**

- A 100 km/h
- B 60 km/h
- C 120 km/h
- D 90 km/h
- E 80 km/h

Leggere il testo del seguente esercizio e rispondere alle domande successive.

Il grafico riporta i valori medi (espressi in milligrammi per centimetro cubo di sangue) dell'ormone melatonina rilevati negli uomini e nelle donne nell'arco delle 24 ore.

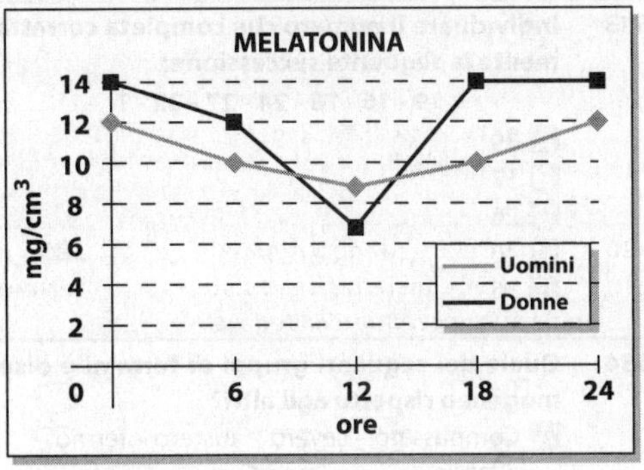

523 Quale delle seguenti affermazioni è falsa sulla base dei dati riportati nel grafico?

A Alla sera le donne hanno una concentrazione di melatonina superiore a quella degli uomini
B La concentrazione di melatonina negli uomini non cresce in modo costante nel corso delle 24 ore
C La concentrazione di melatonina negli uomini è inferiore a quella delle donne solo a mezzogiorno
D Durante la notte, le donne hanno una concentrazione di melatonina superiore a quella degli uomini
E A mezzogiorno sia gli uomini che le donne mostrano un calo nella presenza di melatonina nel sangue rispetto alle altre ore della giornata

524 Esiste una pillola che innalza il valore di ormone melatonina di un milligrammo e tale effetto dura per tutte le ore della giornata. Qual è il numero minimo di pillole che dovrebbe assumere una donna, con valori ormonali pari alla media femminile, per registrare valori di melatonina superiori alla media maschile in ogni ora della giornata?

A 2
B 3
C 4
D 8
E 1

525 Individuare la figura mancante.

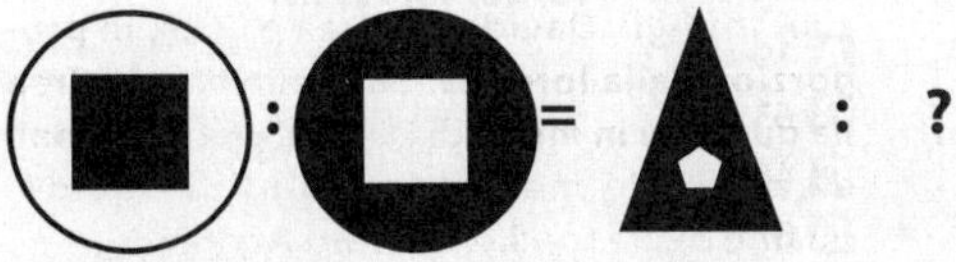

A 

B 

C 

D 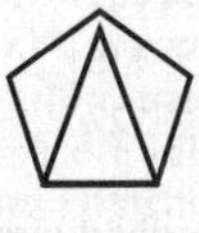

E 

526 Individuare la figura mancante.

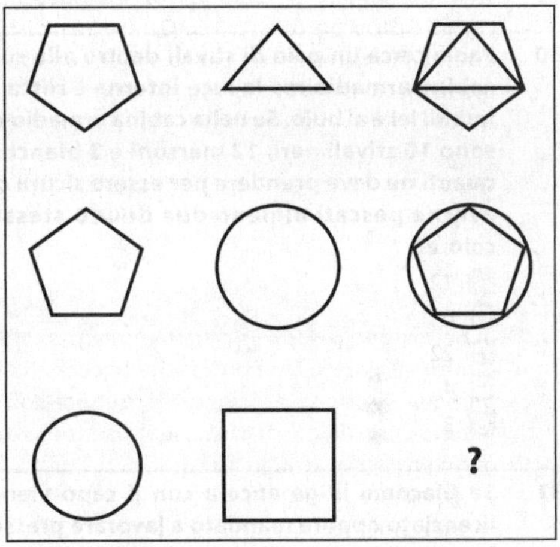

A 

B 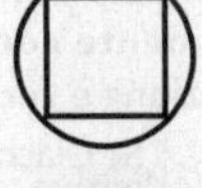

C 

D 

E 

527 **Individuare il numero mancante.**

18, 36, 45, 72, ...?

A 19
B 63
C 46
D 87
E 29

528 **Individuare il numero mancante.**

4, 11, 32, 95, ...?

A 116
B 284
C 141
D 1181
E 127

529 **Individuare il numero che completa correttamente la seguente successione:**

18 - 36 - 54 - 72 - ?

A 90
B 86
C 96
D 102
E 88

530 **Paola cerca un paio di stivali dentro alla sua cabina armadio ma la luce interna è rotta e quindi lei è al buio. Se nella cabina armadio ci sono 10 stivali neri, 12 marroni e 2 bianchi, quanti ne deve prendere per essere sicura di averne pescati almeno due di uno stesso colore?**

A 12
B 6
C 22
D 4
E 3

531 **Se Giacomo litiga ancora con il capo viene licenziato oppure mandato a lavorare presso la sede centrale.**
Quale delle seguenti affermazioni è certamente corretta se la precedente affermazione è vera?

A Se Giacomo viene licenziato allora ha litigato con il capo
B Se Giacomo lavora presso la sede centrale non è detto che abbia litigato con il capo
C Se Giacomo litiga con il capo allora viene licenziato
D Se Giacomo non litiga con il capo non viene licenziato
E Giacomo e il capo non vanno d'accordo

532 **Quale è un contrario di *trascendente*?**

A Lento
B Terreno
C Arrendevole
D Limitato
E Noioso

533 **Individuare il numero che completa correttamente la seguente successione:**

9 - 16 - 18 - 24 - 27 - 32 - ?

A 39
B 57
C 26
D 40
E 36

534 **Quale dei seguenti gruppi di termini è disomogeneo rispetto agli altri?**

A Compassato – severo – austero – fermo – affabile
B Controverso – conteso – indubbio – discusso – contrastato
C Dispensato – esentato – immune – preservato – soggetto
D Sconcertato – attonito – freddo – sbigottito – impassibile
E Inesperto – sapiente – erudito – istruito – colto

535 **Individuare la figura da scartare:**

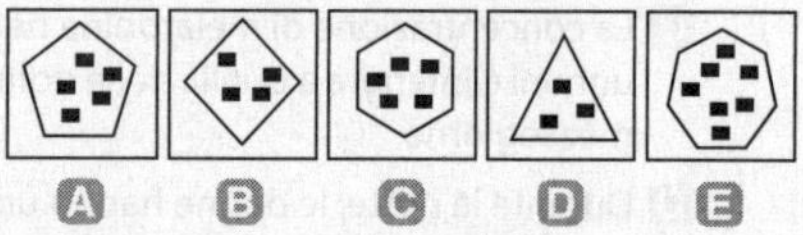

536 **Individuare la figura che completa correttamente la seguente serie.**

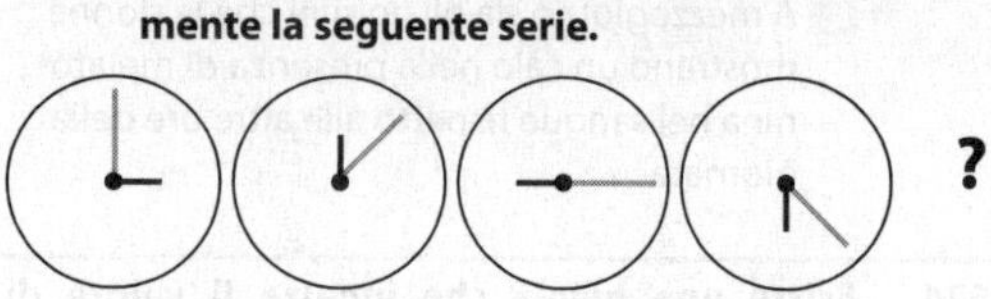

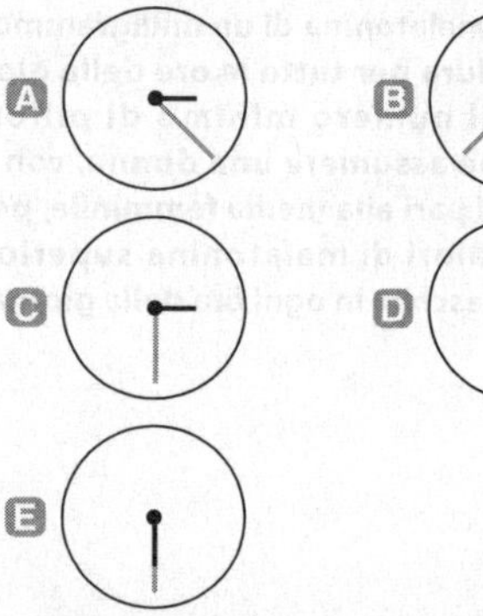

537 Individuare la figura mancante.

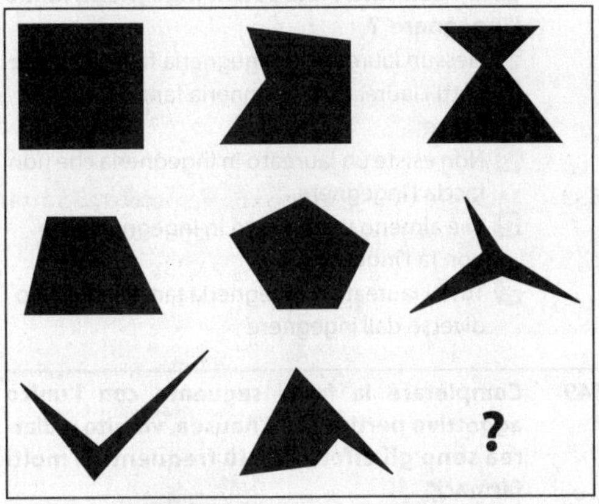

A 

B 

C 

D 

E 

538 Individuare quale diagramma soddisfa la relazione insiemistica esistente fra i tre termini seguenti: cani, mastini, allevatori.

A 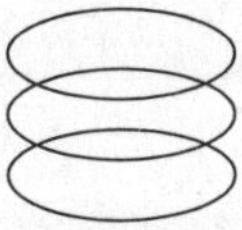

B 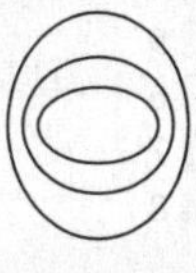

C 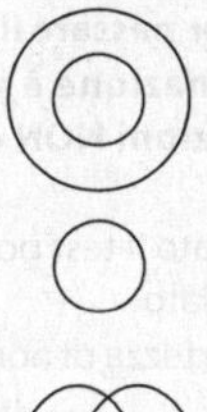

D 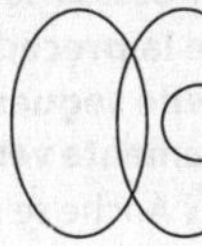

E 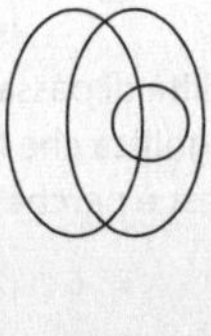

539 Individuare la tessera mancante.

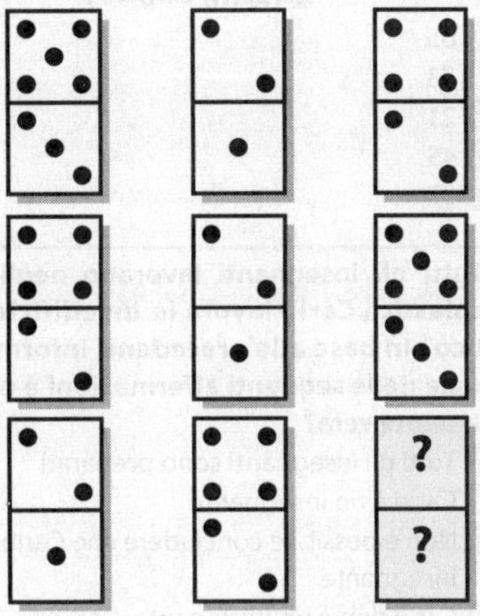

A 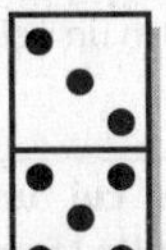

B 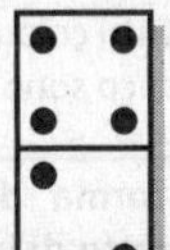

C 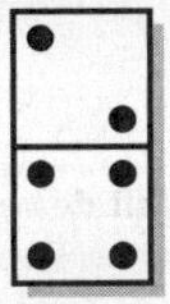

D 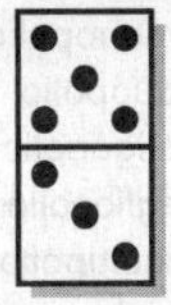

E 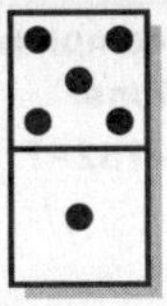

540 Tre fratelli hanno un'età complessiva pari a 150 anni. Il maggiore ha un'età pari a 3/2 dell'età del minore. Tenendo conto che il fratello di mezzo ha dieci anni in meno del maggiore, quanti anni ha quest'ultimo?

A 50
B 60
C 45
D 65
E 72

541 Quali termini completano correttamente la seguente proporzione verbale?

Tennista : racchetta = X : Y

A X = cantante; Y = microfono
B X = banda; Y = musicista
C X = erborista; Y = erboristeria
D X = trattore; Y = gru
E X = detective; Y = pneumatico

542 Individuare il numero mancante nella serie:

1, 12, ..., 144, 441

- A 65
- B 33
- C 21
- D 45
- E 37

543 "Tutti gli insegnanti lavorano negli edifici scolastici. Carlo lavora in un edificio scolastico". In base alle precedenti informazioni, quale delle seguenti affermazioni è necessariamente vera?

- A Tutti gli insegnanti sono preparati
- B Carlo è un insegnante
- C Non è possibile concludere che Carlo sia un insegnante
- D Carlo non è un insegnante
- E Tutti coloro che lavorano in un edificio scolastico sono insegnanti

544 La forma di mercato in cui un numero ristretto di imprese controlla la produzione di un dato bene o servizio si definisce:

- A monopolio
- B duopolio
- C oligopolio
- D aglioeolio
- E multipolio

545 Individuare il numero che completa correttamente la seguente successione:

125 - 133 - 142 - 152 - ?

- A 161
- B 162
- C 163
- D 172
- E 173

546 Completare la frase seguente con l'unico aggettivo pertinente: "i pazienti ... da ipertensione hanno maggior rischio di sviluppare alcune malattie cardiache".

- A immuni
- B cronici
- C afflitti
- D esenti
- E affetti

547 "Fiero" è un contrario di:

- A pesante
- B pusillanime
- C pervertito
- D povero
- E pomposo

548 Quale delle seguenti affermazioni equivale a dire: "Non tutti i laureati in Ingegneria fanno l'ingegnere"?

- A Nessun laureato in Ingegneria fa l'ingegnere
- B Tutti i laureati in Ingegneria fanno l'ingegnere
- C Non esiste un laureato in Ingegneria che non faccia l'ingegnere
- D Vi è almeno un laureato in Ingegneria che non fa l'ingegnere
- E Tutti i laureati in Ingegneria fanno un lavoro diverso dall'ingegnere

549 Completare la frase seguente con l'unico aggettivo pertinente: "nausea, vomito e diarrea sono gli effetti ... più frequenti di molti farmaci".

- A gastroenterici
- B sintomatici
- C secondari
- D combinati
- E collaterali

550 Individuare il numero che completa correttamente la seguente successione:

112 - 211 - 400 - 301 - ?

- A 202
- B 206
- C 300
- D 140
- E 200

551 7 imbianchini iniziano a pitturare un gruppo di appartamenti e prevedono di completare il lavoro in 16 giorni. Due giorni dopo l'inizio del lavoro, altri 7 imbianchini vengono ad aggiungersi agli altri. In quanti giorni sarà finito il lavoro?

- A 4
- B 9
- C 6
- D 7
- E 8

552 È necessario studiare per passare il test. Se la precedente affermazione è vera quale delle seguenti affermazioni NON è necessariamente vera?

- A Anche se non ho passato il test potrei comunque avere studiato
- B Se non studio ho la certezza di non passare il test
- C Se studio ho la possibilità di passare il test
- D Se ho passato il test significa che ho studiato
- E Se non ho passato il test è perché non ho studiato

553 **Se X è il numero mancante nella seguente sequenza**

1, 1; 9, 3; 25, 5; 49, 7; X, 9; . . .

dire quante tra le seguenti conclusioni sono corrette:

- **X > 9**
- **X > 98**
- **X < 100**
- **X < 50**

A 2
B 4
C 3
D 1
E 0

554 **Un tale compra un oggetto a 20 Euro e lo vende a 25 Euro; lo ricompra a 30 Euro e lo rivende a 35 Euro. Quanti Euro guadagna?**

A 0
B 5
C 10
D 15
E 20

555 **Una famiglia padre, madre, figlio e nonna va al negozio di elettrodomestici per comprare la nuova TV. I membri della famiglia rimangono a guardare una TV al plasma per 20 minuti. Il padre arriva per primo alla Tv e proprio mentre la nonna sta per arrivare davanti alla TV al plasma il padre deve allontanarsi. Il figlio arriva per ultimo e la nonna abbandona la Tv al plasma mentre il figlio è ancora presente. La madre arriva prima della nonna e scambia due parole con il figlio mentre guardano la TV. Quale tra queste conclusioni puoi dedurre dal racconto precedente?**

A Il padre e il figlio si incontrano per 20 minuti davanti alla TV
B La madre abbandona la TV prima del padre
C Due componenti della famiglia arrivano insieme alla TV
D Il padre e il figlio non si incontrano davanti alla TV
E Nessuno dei componenti della famiglia lascia la TV nello stesso momento di un altro

556 **Completare la serie: S10, Q13, O16, ...**

A N19
B N20
C L19
D M19
E P19

557 **Degli addetti di un supermercato si sa che: "almeno una cassiera non è nubile", che "tutti le macellaie sono nubili" e che è falso che "almeno una cassiera non è maggiorenne". Si può quindi dedurre che in quel supermercato:**

A almeno una nubile non è maggiorenne
B almeno una maggiorenne è coniugata
C tutte le nubili sono macellaie
D nessuna maggiorenne non è coniugata
E almeno una maggiorenne non è coniugata

558 **Giulia è più grassa di Simona, Simona è più grassa di Viviana, Viviana è più magra di Giulia e di Alessandra, Alessandra è più grassa di Simona e più magra di Giulia. Qual è l'ordine dalla più magra alla più grassa?**

A Simona, Viviana, Alessandra, Giulia
B Giulia, Simona, Alessandra, Viviana
C Giulia, Alessandra, Simona, Viviana
D Alessandra, Giulia, Viviana, Simona
E Viviana, Simona, Alessandra, Giulia

559 **"Se Davide dorme al pomeriggio, allora Erica va al cinema con le amiche". Se l'argomentazione precedente è vera, quale delle seguenti è certamente vera?**

A Se Davide non dorme al pomeriggio, allora Erica non va al cinema con le amiche
B È impossibile che al pomeriggio Davide ed Erica vadano al cinema insieme
C Se Erica va al cinema con le amiche significa che Davide dorme al pomeriggio
D Se Erica non va al cinema con le amiche vuol dire che Davide non dorme al pomeriggio
E Erica esce di casa nel pomeriggio solo se Davide dorme

560 **Un uomo ha l'età doppia di suo figlio, ed il prodotto delle loro età è 20 volte la somma delle loro età. Che età ha il padre?**

A 70 anni
B 50 anni
C 40 anni
D 60 anni
E 80 anni

561 **Mario compra 100 azioni a 1 euro l'una e le rivende a 1,15. Il suo guadagno è:**

A una rendita
B una plusvalenza
C un salario
D una provvista
E 115

562 Gigi ha nove volte gli anni di Carlo. Fra cinque anni ne avrà quattro volte. Quanti anni ha attualmente Gigi?

A 36
B 24
C 27
D 18
E 30

563 In una scuola elementare, composta da 215 alunni, sono stati attivati due corsi pomeridiani. Si sa che 134 alunni frequentano il corso di spagnolo, 121 il corso di nuoto, 22 nessuno dei due corsi. Quanti alunni frequentano entrambi i corsi?

A 59
B 72
C Non si può stabilire perché i dati sono insufficienti
D 62
E 193

564 Andrea possiede un mazzo di carte: su ogni carta sono segnati due numeri, uno su ogni faccia. Nel suo mazzo, dietro ogni numero pari c'è un multiplo di 3. Ne consegue che, nel mazzo di carte di Andrea:

A una carta può contenere 3 su un lato e 5 sull'altro
B nessuna carta può avere su un lato un numero doppio di quello che c'è sul lato opposto
C se su un lato c'è 15, sull'altro lato non ci può essere 7
D nessuna carta può avere lo stesso numero su entrambi i lati
E ci può essere una carta che contiene 11 su un lato e 18 sull'altro

565 Un chimico mescola l'argento con l'oro così che per 10 grammi di lega vi sono 90% d'oro puro e 10% di argento. Un giorno aggiunge altro argento fino ad ottenere una lega ancora meno pura. Se l'orefice era partito con 10 grammi di lega fatta per il 90% di oro puro e il 10% di argento, quanto argento ha dovuto aggiungere per arrivare ad una lega con il 50% di argento?

A 8 grammi
B 6 grammi
C 22 grammi
D 50 grammi
E 10 grammi

566 Utilizzando l'alfabeto inglese, individuare le lettere mancanti:

a, m, b, m, c, m, d, m, e, ?, ?

A m, g
B f, m
C f, g
D m, f
E f, g

567 "Bere acqua può favorire la circolazione. Lucia beve molta acqua. Sua cugina Tiziana ne beve pochissima". Se ne deduce che:

A Tiziana ha una pessima circolazione
B la circolazione di Tiziana è migliore di quella di Lucia
C Lucia ha sicuramente un'ottima circolazione
D Lucia ha più probabilità di Tiziana di avere una buona circolazione
E nessuna delle precedenti alternative è corretta

568 Individuare gli elementi della figura incognita sapendo che i numeri in essa contenuti assumono valori da 1 a 15 (15 + 1 = 1 e non 16) e che possono essere presenti i seguenti simboli grafici: ● ○ ❒ ■ ♠ ▼.

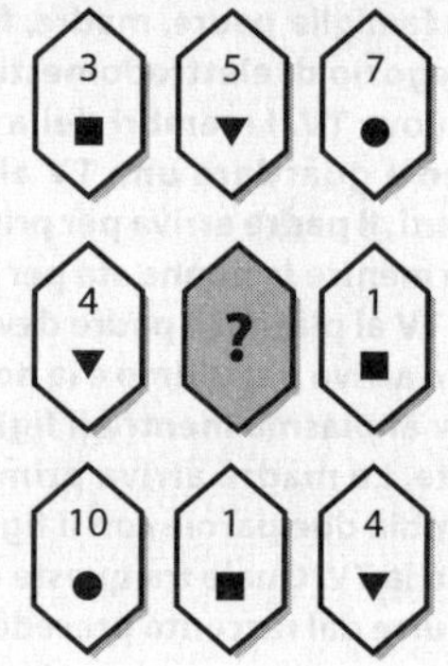

A 7 ●
B 10 ▼
C 10 ●
D 7 ▼
E Nessuna delle precedenti

569 Se il bar ha più clienti della pizzeria, la pizzeria ha più clienti dell'albergo, l'albergo ha più clienti del cinema e il locale di Fabrizio ha un numero di clienti uguali a quelli dell'albergo allora ...

A il locale di Fabrizio ha meno clienti del cinema
B la pizzeria ha più clienti del bar
C il bar ha meno clienti del cinema
D l'albergo ha meno clienti del bar
E nessuna delle precedenti

570 Individuare la figura mancante.

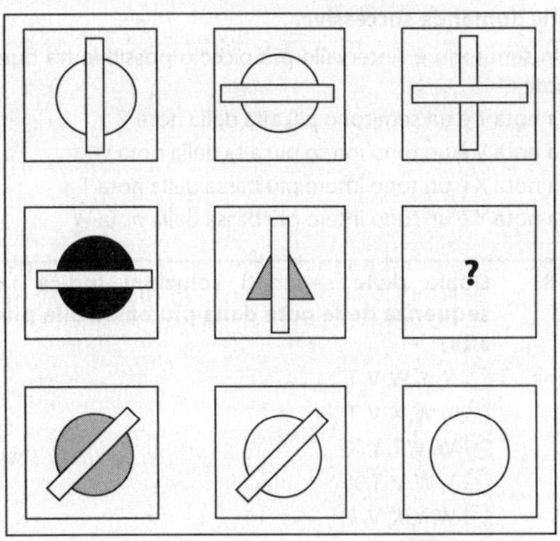

A 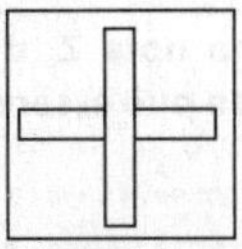

B 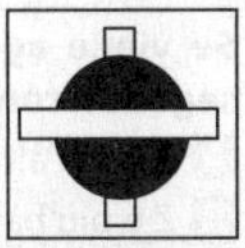

C 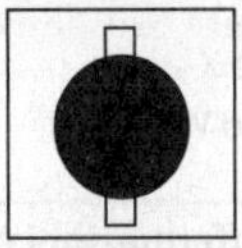

D 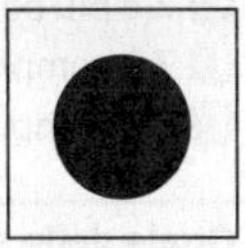

E 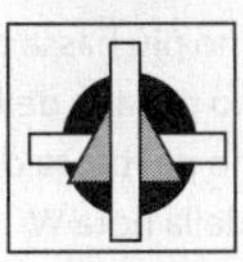

571 Sofia ha 14 anni, Chiara ha un anno meno di Davide e tre anni più di Simone il quale ha quattro anni più di Giacomo e un anno in più di Sofia, Francesco è il più piccolo e ha un anno meno di Giacomo. Quanti anni ha Davide?

A 17
B 19
C 29
D 18
E 16

572 In una gara ciclistica è presente un tratto di strada in discesa. Un ciclista raddoppia il tratto di strada percorso ogni secondo; in 20 secondi arriva a percorrere tutto il tratto. Quanti secondi impiega per percorrere la metà?

A 10
B 19
C 2
D 11
E Dipende dalla lunghezza del tratto in discesa

573 Aldo, Barbara, Carlo, Daniele, Elio, Federica e Giuliana sono sette bambini le cui età sono sette numeri interi e consecutivi compresi tra 1 e 10. Sapendo che:

1. **Daniele ha 3 anni meno di Aldo;**
2. **Barbara ha un'età tale per cui è la mezzana;**
3. **Aldo ha un'età di 2 anni superiore a quella di Barbara;**
4. **Federica è inferiore a Barbara dello stesso numero di anni di cui Carlo è maggiore di Daniele;**
5. **Giuliana è maggiore di Federica**

quanti anni ha Elio meno di Giuliana?

A 2
B 3
C 4
D 5
E 6

574 Completare la seguente serie di numeri:
10, 20, 22, 11, 9, ..., 20

A 15
B 18
C 22
D 3
E 40

575 Qual è la probabilità di estrarre una figura da un mazzo di 40 carte?

A 1/5
B 1/2
C 1/10
D 1/4
E 3/10

576 Il fatturato di un'azienda è passato da 40 a 60 milioni di euro. Calcolare l'incremento percentuale del fatturato.

A + 20
B 30%
C 40
D – 20%
E 50%

577 Massimiliano dice la verità solo in un giorno della settimana. Un giorno dice: "Sono bugiardo il venerdì e il martedì". Il giorno successivo dice: "Oggi è giovedì, oppure sabato oppure domenica". Il giorno ancora successivo dice: "Sono bugiardo il mercoledì e il venerdì". In quale giorno della settimana Massimiliano dice la verità?

A Lunedì
B Martedì
C Mercoledì
D Venerdì
E Domenica

578 **Un angolo che misura 90 gradi deve essere diviso in quattro angoli, in modo che ogni angolo risultante sia la metà di quello più grande. Quanto misura l'angolo più piccolo?**

A 6
B 8
C 4
D 11,25
E 10

579 **Completare correttamente la frase seguente. Tra gli studenti con cui ho lavorato ho ... differenti ... di sviluppo.**

A coibentato; attitudini
B apprezzato; scarsi
C constatato; livelli
D criticato; voti
E isolato; paragoni

580 **In un grande uovo di cioccolato ci sono tre uova più piccole e in ognuna di queste uova ce ne sono altre sei ancora più piccole e in queste ultime infine ancora due più piccole in ciascuna. Quante sono le uova in totale?**

A 58
B 63
C 71
D 55
E 62

581 **Barbara e Giosuè sono due amici. Giosuè mangia spaghetti, gioca in borsa e nel tempo libero fa atletica. Barbara non ama l'atletica ma gioca in borsa e ascolta musica. Ammesso che:**
- chi gioca in borsa è ricco;
- chi fa atletica mangia spaghetti;
- chi fa atletica o ascolta musica è giovane e simpatico
quale delle seguenti affermazioni è sicuramente vera?

A Barbara è giovane e mangia spaghetti
B Giosuè ascolta musica ed è simpatico
C Barbara e Giosuè ascoltano musica
D Barbara è ricca e simpatica
E Giosuè è ricco e ascolta musica

582 **"Non è vero che Maria non è bassa" ha lo stesso significato di:**

A Maria è bassa
B Maria è di altezza nella norma
C è falso che Maria è bassa
D Maria è alta
E Maria non è bassa

Leggere il testo del seguente problema e rispondere alle domande successive.

Un semitono è l'intervallo più piccolo possibile tra due note.
La nota T è un semitono più alta della nota V
La nota V è un tono intero più alta della nota W
La nota X è un tono intero più bassa della nota T
La nota Y è un tono intero più bassa della nota W

583 **Quale delle seguenti soluzioni indica la sequenza delle note dalla più bassa alla più alta?**

A X, Y, W, V, T
B Y, W, X, V, T
C W, V, T, Y, X
D Y, W, V, T, X
E W, Y, X, V, T

584 **Se viene aggiunta una nota Z, quale delle seguenti condizioni non può essere vera?**

A Z è più alta di T
B Z è più bassa di Y
C Z è più bassa di W
D Z è compresa tra W e X
E Z è compresa tra Y ed W

585 **Quale delle seguenti affermazioni è falsa?**

A La nota W è di un tono più bassa della nota V
B La nota T è di un tono più alta della nota X
C La nota Y è di un tono più bassa della nota X
D La nota X è più alta della nota W
E La nota più alta tra quelle date è la T

586 **Quale delle seguenti affermazioni sarebbe vera se la nota W fosse più alta di un tono?**

A La nota W sarebbe più alta della nota V
B La nota T sarebbe più bassa della nota W
C La nota W coinciderebbe con la nota V
D La nota X coinciderebbe con la nota W
E La nota Y sarebbe più alta della nota W

587 **Marco e Loredana sono sposati da 28 anni, hanno 3 figli Luisa di 26 anni, Giorgio di 24 anni e Francesca di 20 anni. Luisa è sposata con Massimo e hanno una bimba di 24 mesi che si chiama Federica, Giorgio è fidanzato con Caterina e Francesca è ancora single. Se tu sei Massimo, chi sei per Francesca?**

A Il cognato
B Il genero
C Il nipote
D Lo zio
E Il nonno

588 Non si può escludere che non sia stata la scarsa visibilità la causa dell'incidente.

Quale è il corretto significato della precedente affermazione?

- A Anche se non ci fosse stata scarsa visibilità l'incidente sarebbe accaduto ugualmente
- B La scarsa visibilità è la causa di molti incidenti
- C È impossibile che l'incidente non sia stato causato dalla scarsa visibilità
- D È stata probabilmente la nebbia la causa dell'incidente
- E È possibile che l'incidente non sia stato causato dalla scarsa visibilità

589 Un segnapunti deve essere in grado di mostrare tutti i punteggi compresi tra 0 e 540. Il punteggio è mostrato attraverso un massimo di tre palette, ciascuna delle quali ha un numero (da 0 a 9) dipinto su una sola delle due facciate. Nell'esempio qui sotto sono mostrati i numero 180 e 56.

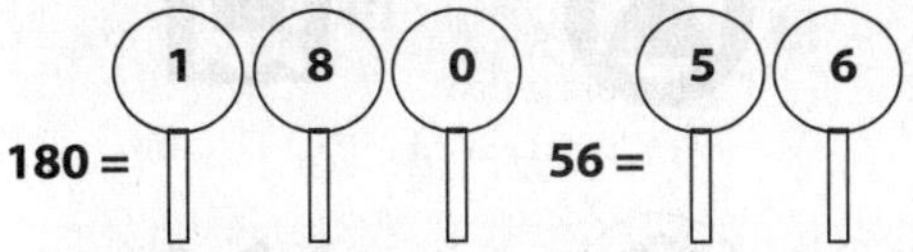

Quante palette sono necessarie per mostrare tutti i punteggi tra 0 e 540?

- A 22
- B 24
- C 20
- D 18
- E 14

590 Partecipi a una gara ciclistica. A un certo punto superi il secondo. In quale posizione ti trovi?

- A Primo
- B Secondo
- C Terzo
- D Penultimo
- E Dipende dal numero dei partecipanti

591 Sei operaie confezionano centoventi paia di guanti in venti giorni. Quanti giorni occorrono a tre operaie per confezionare trenta paia di guanti dello stesso tipo?

- A Dodici
- B Venti
- C Diciotto
- D Trenta
- E Dieci

Leggere il testo del seguente problema e rispondere alle relative domande.

Sergio deve scegliere alcuni dei suoi sei amici (M, N, O, P, Q, R) con cui affrontare una escursione. Sergio non può portarli tutti e sa inoltre che:

- se sceglie M deve portare anche O;
- se sceglie N deve portare anche P;
- se sceglie Q deve portare anche R;
- M e Q non verranno mai insieme;
- N e O hanno litigato e non vogliono più fare un'escursione insieme.

592 Se le precedenti affermazioni sono vere, quanti possibili gruppi di tre amici (escluso lui) in cui sia presente N, potrà formare come possibili compagni di escursione?

- A 1
- B 2
- C Nessuno
- D 3
- E 4

593 In base alle informazioni contenute nel testo, quale delle seguenti affermazioni è sicuramente vera?

- A Se Sergio sceglie N potrà sicuramente portare anche O
- B Se Sergio sceglie Q non potrà sicuramente portare anche O
- C Se Sergio sceglie P non potrà sicuramente portare anche R
- D Se Sergio sceglie M non potrà portare anche N
- E Se Sergio sceglie R deve portare anche Q

594 Davanti a uno sportello bancario si forma una coda composta da una casalinga, una maestra, una segretaria, un impiegato e un avvocato. La casalinga è davanti all'impiegato e alla maestra e quest'ultima è dietro alla segretaria e davanti all'avvocato. Quale dei seguenti potrebbe essere l'ordine corretto in cui si trovano in coda le cinque persone (dal più vicino allo sportello al più lontano)?

- A Casalinga - impiegato - segretaria - maestra - avvocato
- B Segretaria - maestra - casalinga - impiegato - avvocato
- C Segretaria - maestra - avvocato - impiegato - casalinga
- D Avvocato - impiegato - segretaria - maestra - casalinga
- E Avvocato - segretaria - impiegato - maestra - casalinga

595 Completare la seguente proporzione:

Secondo : X = Y : Tre

A X = Tempo, Y = Minuto
B X = Due, Y = Terzo
C X = Primo, Y = Due
D X = Due, Y = Primo
E X = Minuti, Y = Ore

596 Il prezzo del biglietto della partita Real Madrid - Lecce è X, ma acquistandolo su internet si trova al 20% in meno. Un biglietto aereo per Madrid costa 3X e il risparmio per l'acquisto su internet è del 15%. Se compro su internet entrambi i biglietti, quanto risparmio complessivamente?

A 24,20%
B 18,60%
C 22,50%
D 16,25%
E 18,35%

597 È impossibile dimostrare che il maggiordomo non ha commesso il delitto. Quale è il corretto significato della precedente affermazione?

A Il maggiordomo ha commesso il delitto, ma non è possibile dimostrare la sua colpevolezza
B Non è possibile dimostrare l'innocenza del maggiordomo
C Il maggiordomo ha commesso il delitto e si può dimostrare la sua colpevolezza
D Il maggiordomo non ha commesso il delitto ma le prove lo condannano comunque
E Il maggiordomo ha commesso il delitto, ma le prove lo scagionano comunque

598 In un viale lungo 600 metri c'è una panchina ogni 120 metri da un lato e una panchina ogni 100 metri dall'altro lato. Quante panchine ci sono in totale su entrambi i lati?

A 12
B 11
C 13
D 14
E 15

599 Utilizzando l'alfabeto inglese, individuare le lettere mancanti:

d, w, e, v, f, u, g, t, h, ?, ?

A i, s
B r, i
C s, i
D i, r
E r, s

600 Alessio è più alto di Donato, Enzo è più basso di Donato, Chiara è più bassa di Bruno ma è più alta di Alessio. Chi è la persona che occupa il posto intermedio in altezza?

A Donato
B Alessio
C Chiara
D Bruno
E Enzo

601 Qual è la probabilità che in una famiglia i primi 4 figli siano tutti maschi?

A 1/16
B 1/3
C 1/8
D 1/12
E Nessuna delle altre alternative è corretta

602 Scartare una delle cinque rappresentazioni grafiche.

A 

B 

C 

D 

E 

603 Il direttore di un progetto edilizio sa che, per realizzare il lavoro di cui è responsabile, se impiegherà tutti i muratori che ha attualmente a disposizione saranno necessari 8 mesi. Inoltre, se potesse avere altri due muratori, il lavoro verrebbe compiuto in 7 mesi. Nel frattempo la cooperativa vince l'appalto per un progetto edilizio più importante, lasciando al direttore del progetto un solo muratore. Quanti mesi impiegherà il muratore rimasto a realizzare il progetto, nell'ipotesi che tutti avessero lo stesso ritmo di lavoro?

A 72
B 112
C 56
D 87
E 135

604 7 muratori iniziano a ristrutturare un gruppo di appartamenti e prevedono di completare il lavoro in 16 giorni. Due giorni dopo l'inizio del lavoro, altri 7 muratori vengono ad aggiungersi agli altri. In quanti giorni sarà finito il lavoro?

A 3
B 10
C 5
D 7
E 9

605 Individuare il numero mancante.

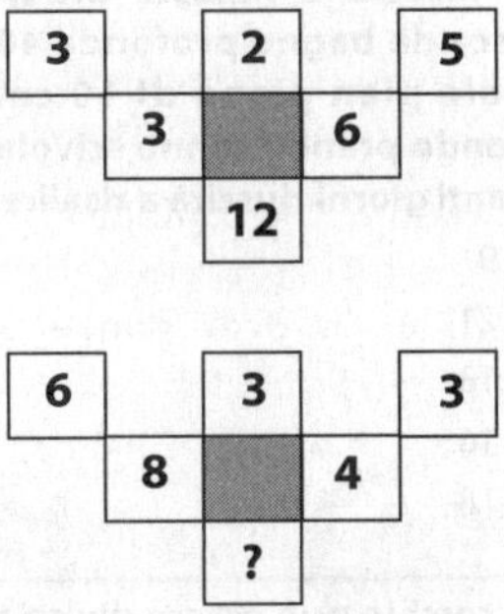

A 24
B 32
C 18
D 22
E 12

606 Individuare la versione in negativo della figura data.

A 

B 

C 

D 

E 

Nel grafico seguente è riportata la distribuzione dei dipendenti di un'azienda

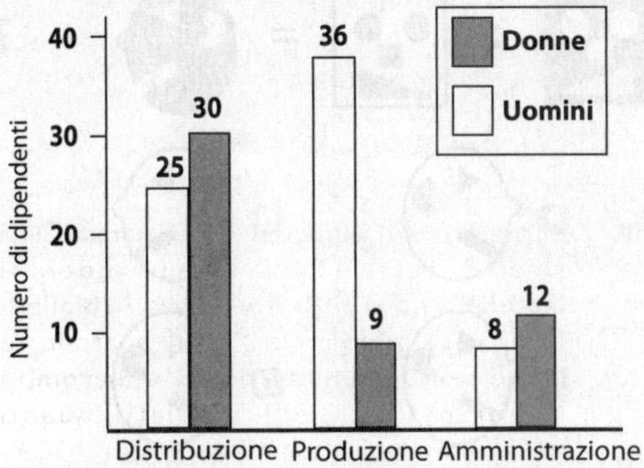

607 Con riferimento al grafico, le donne che lavorano in amministrazione, che percentuale sono del totale dei dipendenti dell'azienda?

A 12%
B 10%
C 8%
D 20%
E 24%

608 Con riferimento al grafico, gli uomini che lavorano in azienda sono:

A il 50% dei lavoratori totali dell'azienda
B poco meno del 50% dei lavoratori totali dell'azienda
C più del 50% dei lavoratori totali dell'azienda
D 51 unità
E circa l'80% dei lavoratori totali dell'azienda

609 Con riferimento al grafico, gli uomini che lavorano in produzione, che percentuale sono del totale dei dipendenti dell'azienda?

A 36%
B 9%
C 45%
D 30%
E 33%

610 Una pizza piccola del diametro di 8 cm costa € 3,99. Una pizza grande del diametro di 14 cm viene venduta in offerta a € 10,39. Di quanto è scontata in percentuale la pizza grande (arrotondare)?

A 10%
B 12%
C 15%
D 18%
E 20%

611 **Individuare la figura mancante.**

A 

B 

C 

D 

E 

612 **Se 60 militari su 70 hanno meno di trent'anni, in un gruppo di 350 costituito in modo analogo quanti militari hanno almeno trent'anni?**

A 225
B 175
C 70
D 350
E 50

613 **Individuare, tra le alternative proposte, la versione in negativo della seguente figura.**

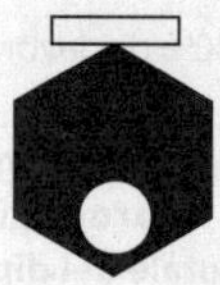

A 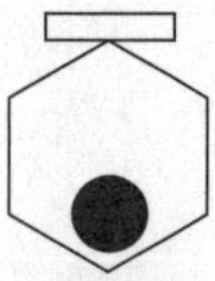

B 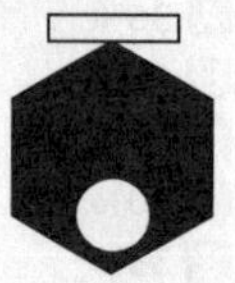

C 

D 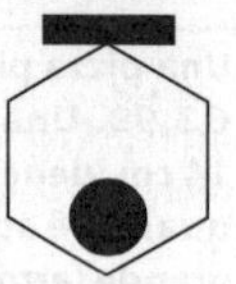

E 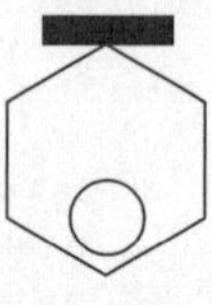

614 **Uno studente, per andare dalla propria abitazione all'università, percorre 1/5 del tragitto a piedi, 2/3 in autobus e i rimanenti 8 chilometri in bicicletta. Qual è la distanza, espressa in chilometri, tra l'abitazione dello studente e l'università?**

A 90
B 120
C 60
D 30
E 45

615 **Un insetto è rimasto intrappolato in una vasca da bagno profonda 40 cm. Di giorno risale pian piano di 10 cm, ma di notte quando prende sonno scivola giù di 8 cm. In quanti giorni riuscirà a risalire la vasca?**

A 9
B 21
C 13
D 16
E 18

616 **Un cerchio può essere diviso al massimo in 4 parti con due tagli. In quanti pezzi può essere diviso al massimo con tre tagli?**

A 5
B 6
C 7
D 8
E 21

617 **Un falegname deve fissare con chiodi una lastra a forma di ettagono regolare con lato di 25 cm. Per fissarla bene il carpentiere mette 26 chiodi per lato. Quanti chiodi sono necessari in tutto?**

A 189
B 180
C 170
D 175
E 182

618 **Una lumaca deve superare un muro alto 12 metri. Di giorno sale per 4 metri, ma di notte quando dorme scivola giù di 3 metri. Quanti giorni impiegherà il ragno ad arrivare in cima al muro?**

A 5
B 9
C 12
D 10
E 7

619 Individuare la figura che completa correttamente la seguente serie.

A 

B 

C 

D 

E 

620 Individuare gli elementi della figura incognita sapendo che i numeri in essa contenuti assumono valori da 1 a 15 (15 + 1 = 1 e non 16) e che possono essere presenti i seguenti simboli grafici: ● ❍ ❒ ■ ♠ ▼.

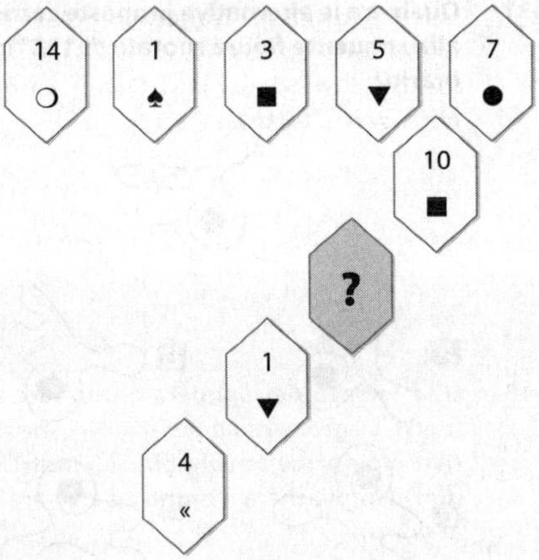

- A 7 ❒
- B 10 ❍
- C 11 ❒
- D 9 ❍
- E Nessuna delle precedenti

621 In un gruppo di 12 persone, ognuna può studiare, lavorare o fare entrambe le cose. Se 9 persone studiano e 7 lavorano, quante sono le persone che contemporaneamente svolgono entrambe le attività?

- A 12
- B 7
- C 3
- D 2
- E 4

622 Individuare la figura mancante.

A 

B 

C 

D 

E 

623 Individuare il numero che completa correttamente la seguente successione:

123 - 113 - 104 - 96 - ?

- A 98
- B 78
- C 69
- D 68
- E 89

624 **Negare che "ogni persona ha una ricchezza" equivale a dire che:**

- **A** nessuna persona ha una ricchezza
- **B** la ricchezza appartiene a pochi
- **C** molte persone sono povere
- **D** esistono persone senza ricchezza
- **E** ogni persona non ha una ricchezza

625 **Individuare il numero che completa correttamente la seguente successione:**

17 – 19 – 23 – 31 – 47 - ?

- **A** 78
- **B** 70
- **C** 79
- **D** 80
- **E** 64

626 **Individuare il numero che completa correttamente la seguente successione:**

18 - 21 - 27 - 39 - ?

- **A** 59
- **B** 63
- **C** 51
- **D** 73
- **E** 54

627 **Nell'esercizio seguente, individuare gli elementi delle figure incognite sapendo che i numeri in esse contenuti assumono valori da 1 a 15 (15 + 1 = 1 e non 16) e che possono essere presenti i seguenti simboli grafici: ● ○ ❑ ■ ♠ ▼.**

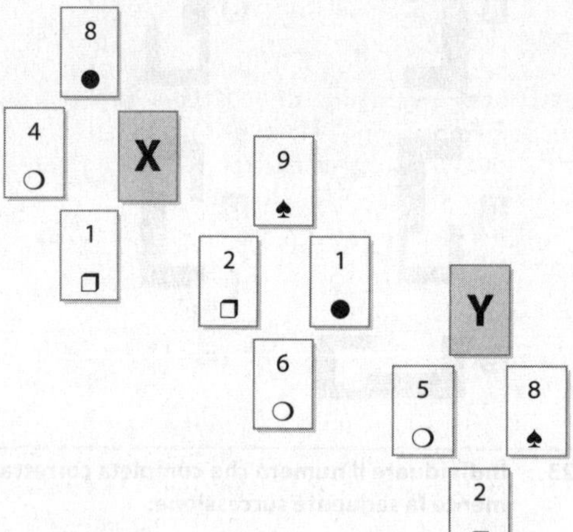

- **A** X = 2 ♠ ; Y = 8 ●
- **B** X = 5 ♠ ; Y = 8 ❑
- **C** X = 5 ○ ; Y = 4 ●
- **D** X = 3 ♠ ; Y = 15 ●
- **E** X = 3 ● ; Y = 12 ❑

628 **Nella classe di Asdrubale ci sono 37 allievi. Tutti si sono iscritti ad almeno una delle due attività extracurriculari (musica e pallavolo). Alla fine 15 fanno musica e 28 fanno pallavolo.**
Quanti allievi, frequentando entrambe le attività, hanno la necessità di programmare gli orari per evitare sovrapposizioni?

- **A** 13
- **B** 9
- **C** 16
- **D** 22
- **E** 6

629 **La superficie dell'orto di Saul supera di 33 metri quadri il triplo della superficie complessiva degli orti di Pasqualino e Gaspare. Se indichiamo con S, G e P le superfici in metri quadrati degli orti di Saul, Gaspare e Pasqualino, quale delle seguenti eguaglianze formalizza l'affermazione precedente?**

- **A** S + 33 = 2(G + P
- **B** S = 3(33 + G + P)
- **C** S + 66 = G + P
- **D** S = 33 + 3(G + P)
- **E** S = G + P + 33

630 **Completare la seguente proporzione:**

Stato : X = Y : Capoluogo

- **A** X = Presidente, Y = Sindaco
- **B** X = Unione, Y = Associazione
- **C** X = Francia, Y = Alsazia
- **D** X = Capitale, Y = Regione
- **E** X = Sovrano, Y = Dipendente

631 **Quale tra le alternative proposte corrisponde alla seguente figura ruotata di 135° in senso orario?**

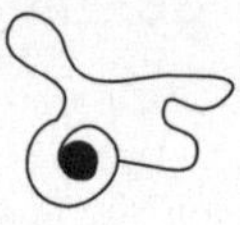

A 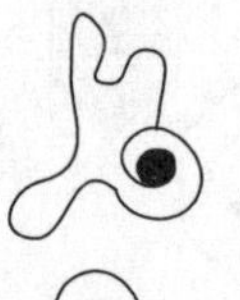

B 

C 

D 

E 

632 **Sei alberghi hanno ricevuto complessivamente 600 prenotazioni, distribuite come rappresentato nel grafico a torta sotto riportato. Quante sono le prenotazioni in più relative all'hotel Hilton rispetto a quelle dell'albergo Luxor?**

Prenotazioni alberghiere

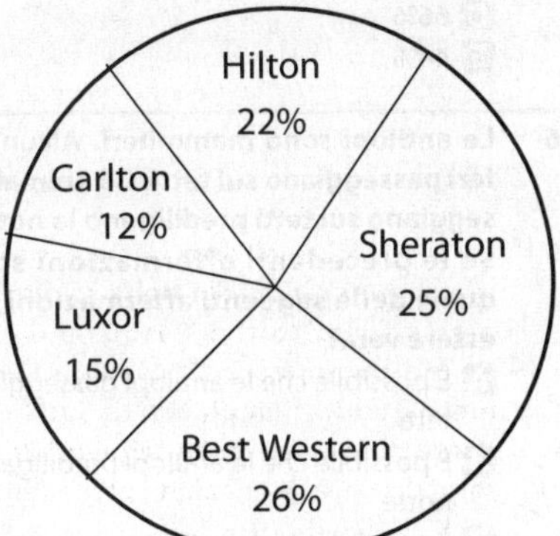

A 120
B 42
C 90
D 85
E 48

633 **Un viaggiatore intende recarsi dalla città A alle città B, C e D e fare ritorno ad A dopo essersi recato in ogni città una sola volta. In quanti modi diversi può organizzare il viaggio?**

A 6
B 4
C 3
D 12
E 5

634 **La frase "Non garantisco che sia insostenibile negare il contrario della veridicità delle mie affermazioni" significa:**

A io non so mentire
B io non conosco la verità
C io posso dire il vero
D io dico sempre il vero
E io mento

635 **Nel 2007 alcuni ricercatori sono riusciti a estrarre una proteina dal tessuto fossile di:**

A un fringuello
B una balena
C un mammut
D un Tyrannosaurus Rex
E un ominide

636 **Su ognuna delle quattro carte che ho in mano è disegnata una figura geometrica (poligoni o cerchi): 3 hanno lati e angoli, 2 hanno 4 angoli e sono disegnate in rosso. Se ne deduce che:**

A c'è un solo cerchio
B i 2 quadrati e l'altra figura non circolare possono essere neri o rossi
C ci sono sicuramente 2 quadrati rossi
D le figure non circolari sono 3, una nera e due rosse
E nessuna delle risposte precedenti è deducibile dal testo

637 **Se Carlo ha la stessa età di Luigi, Luigi è più piccolo di Giacomo e Diego è più grande di Giacomo, allora:**

A Carlo > Giacomo
B Carlo < Diego
C Luigi > Diego
D Giacomo < Carlo
E Diego < Carlo

638 **Due biciclette si muovono una verso l'altra con velocità media rispettivamente pari a 9 km/h e 11 km/h. Se la distanza iniziale è di 2 km, dopo quanti secondi i due mezzi si incontrano?**

A 6
B 30
C 25
D 360
E 200

639 **In una comunità di 5000 persone il 5% dei membri viene colpito da una malattia infettiva, che richiede il ricovero nel 50% dei casi; quanti ricoveri sono avvenuti?**

A 50
B 100
C 125
D 150
E 200

640 **A sia l'insieme dei cuochi di un ristorante, B l'insieme degli addetti alle pulizie. Il fatto che nessun addetto alle pulizie possa fare il cuoco comporta che:**

A A è incluso in B
B B è il complementare di A
C A intersezione B è vuoto
D A intersezione B non è vuoto
E A è subordinato a B

641 A un concorso 8 candidati furono ammessi alle prove orali, l'80% fu eliminato allo scritto. Quanti erano i candidati?

- A 20
- B 130
- C 40
- D 50
- E 80

642 Individuare gli elementi della figura incognita sapendo che i numeri in essa contenuti assumono valori da 1 a 15 (15 + 1 = 1 e non 16) e che possono essere presenti i seguenti simboli grafici: ● ○ ❒ ■ ♠ ▼.

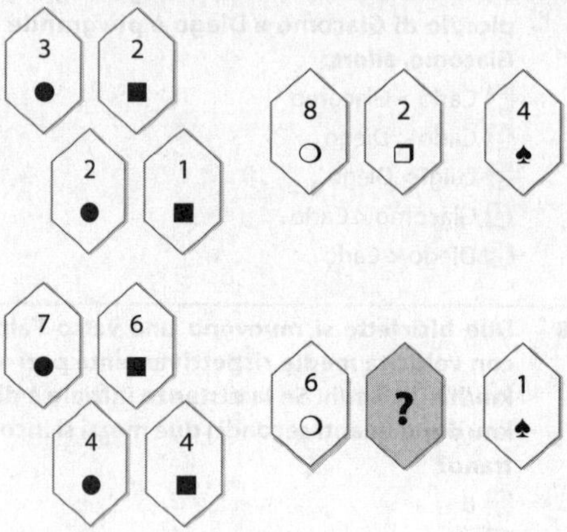

- A 7❒
- B 1○
- C 4❒
- D 6❒
- E 5■

643 Delle risposte date a un questionario, 12 sono sbagliate e il 60% sono esatte. Quante risposte sono state date?

- A 24
- B 42
- C 18
- D 30
- E 20

644 Se l'affermazione "Tutti gli atleti corrono velocemente" è falsa, allora necessariamente:

- A almeno un atleta corre velocemente
- B nessun atleta corre velocemente
- C tutti gli atleti corrono a passo lento
- D esiste almeno un atleta che non corre velocemente

645 Stefano compra da un amico un maglione scontato del 30%. L'amico gli fa un ulteriore sconto sul prezzo scontato del 20%. Di qale sconto totale sul prezzo iniziale ha beneficiato Stefano?

- A 50%
- B 72%
- C 36%
- D 66%
- E 44%

646 Le antilopi sono mammiferi. Alcuni mammiferi passeggiano sui tetti. Gli animali che passeggiano sui tetti prediligono la notte.
Se le precedenti affermazioni sono vere, quale delle seguenti affermazioni NON può essere vera?

- A È possibile che le antilopi passeggino sui tetti
- B È possibile che le antilopi prediligano la notte
- C È possibile che le antilopi non passeggino sui tetti
- D È possibile che le antilopi non prediligano la notte
- E Se un'antilope passeggia sui tetti allora odia la notte

647 Quando il processo di stampa è stato avviato la stampante si mette in moto.
Quale delle seguenti affermazioni deve essere vera se la precedente affermazione è vera?

- A Se il processo di stampa non è stato avviato la stampante non si mette in moto
- B Se la stampante non si è messa in moto il processo di stampa non è stato avviato
- C Se la stampante si è messa in moto il processo di stampa è stato avviato
- D La stampante si mette in moto solo se è stato avviato il processo di stampa
- E Senza stampante non ha senso avviare il processo di stampa

648 Umberto gioca ai cavalli. Tutti coloro che sono fortunati giocano ai cavalli. Tutti coloro che giocano ai cavalli sono in bolletta.
Se le precedenti affermazioni sono vere, quale delle seguenti affermazioni è certamente vera?

- A Chi è in bolletta gioca ai cavalli
- B Umberto è fortunato
- C Umberto è in bolletta
- D Umberto è sfortunato
- E Nessuna delle altre alternative è certamente vera

649 Completare la seguente proporzione:
Remoto : Vicino = X : Y

- **A** X = Grasso, Y = Largo
- **B** X = Glabro, Y = Peloso
- **C** X = Telecomando, Y = Pulsante
- **D** X = Ardito, Y = Coraggioso
- **E** X = Lontano, Y = Discosto

650 Tantro e Rollo: uno dice sempre la verità e l'altro sempre bugie. Tantro dice: "almeno uno tra me e Rollo dice sempre bugie". Quale dei due ragazzi dice sempre la verità e quale invece sempre bugie?

- **A** Entrambi dicono sempre bugie
- **B** Non è possibile verificarlo
- **C** Tantro dice sempre bugie e Rollo sempre la verità
- **D** La verità è una bugia
- **E** Tantro dice sempre la verità e Rollo sempre bugie

651 Alla cassa del supermercato si ritrovano Gino e Tino. Gino ha comprato 20 barattoli di cibo per cani mentre Tino una dozzina di uova. Considerando che sono in due file diverse che si muovono a 1 metro al minuto (quella di Gino) e a 1,5 metri ogni 40 sec (quella di Tino) e sapendo che non ci sono altre casse aperte se non quella veloce addirittura vuota, chi dei due arriverà a pagare alla cassa per primo?

- **A** Gino
- **B** Lino
- **C** Tino
- **D** Pino
- **E** Dino

652 Un sarto, in ritardo nella consegna di una giacca fantasia per un cliente, ha bisogno di una serie di quattro bottoni uguali. Dà incarico al figlio di recarsi in solaio e portargli quattro bottoni dello stesso colore scelti in un cassetto contenente 84 bottoni blu, 32 turchesi, 28 celesti e 4 verdi, tutti della stessa forma e grandezza. Poiché il figlio del sarto nella penombra non riesce a distinguere i colori, quanti bottoni dovrà prendere come minimo per averne sicuramente quattro dello stesso colore?

- **A** 8
- **B** 4
- **C** 13
- **D** 16
- **E** 12

653 Individuare gli elementi della figura incognita sapendo che i numeri in essa contenuti assumono valori da 1 a 15 (15 + 1 = 1 e non 16) e che possono essere presenti i seguenti simboli grafici: ● ○ ❒ ■ ♠ ▼.

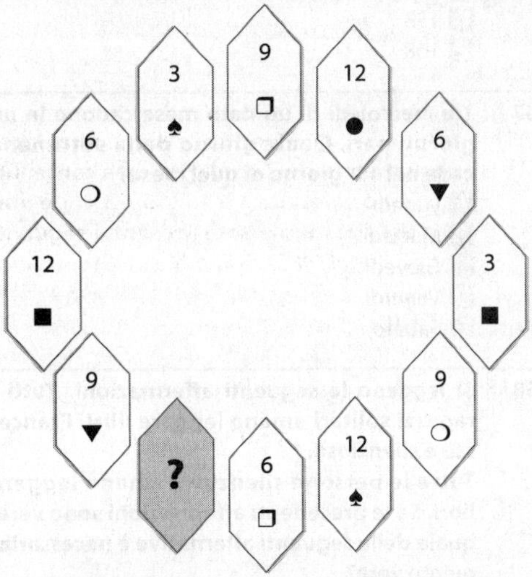

- **A** 9 ○
- **B** 3 ●
- **C** 12 ●
- **D** 6 ❒
- **E** 3 ❒

654 Giuseppe dipinge una parete in 6 ore; Francesco lavora con un ritmo doppio di Giuseppe; Dario dipinge la stessa parete in 12 ore. Lavorando insieme, quanti minuti impiegano a dipingere la parete?

- **A** 91
- **B** 103
- **C** 108
- **D** 112
- **E** 117

655 Tre architetti devono completare insieme un progetto. Sapendo che, lavorando singolarmente, ciascuno di loro impiegherebbe rispettivamente 10, 8 e 9 giorni per terminare il progetto, in quanto tempo lo porteranno a termine lavorando insieme?

- **A** Circa 2 giorni
- **B** Circa 1 giorno
- **C** Circa 4 giorni
- **D** Circa 8 giorni
- **E** Circa 3 giorni

656 Una maglia acquistata con il 20% di sconto è stata pagata 128 euro. Qual era il prezzo di listino della maglia?

A 169
B 148
C 160
D 153
E 108

657 Tre mercoledì di un dato mese cadono in un giorno pari. Quale giorno della settimana cade nel 18° giorno di quel mese?

A Lunedì
B Martedì
C Giovedì
D Venerdì
E Sabato

658 Si leggano le seguenti affermazioni. Tutti i ragazzi solitari amano leggere libri. Francesco è silenzioso.
Tutte le persone silenziose amano leggere libri. Se le precedenti affermazioni sono vere, quale delle seguenti alternative è necessariamente vera?

A Tutte le persone silenziose sono solitarie
B Francesco ama leggere libri
C Tutte le persone solitarie sono silenziose
D Francesco è un ragazzo solitario
E Tutte le persone che amano leggere libri sono solitarie

659 Leonardo e Tommaso si trovano distanti fra loro 55 km e decidono di incontrarsi. Leonardo corre ad 8 km/h verso Tommaso; Tommaso cammina a 3 km/h verso Leonardo. Se partono allo stesso momento, quanti km percorrerà Leonardo prima di incontrare Tommaso?

A 38
B 37
C 35
D 42
E 40

660 Data l'affermazione "l'ipotesi A è condizione necessaria e sufficiente perché una data conseguenza B si verifichi", quale delle seguenti affermazioni è vera?

A B si verifica solo quando risulta verificata l'ipotesi A
B B può non verificarsi anche se risulta verificata l'ipotesi A
C B può verificarsi anche se non risulta verificata l'ipotesi A
D B non si verifica se risulta verificata l'ipotesi A
E B non può verificarsi in alcun caso

661 Al *Festival di San Romolo* la canzone di *Malva* riceve più voti di quella dei *Dromedari*, che a sua volta riceve più voti di quella di *Tito Acciaio*. La canzone di *Fred Fedeli* riceve più voti sia di quella dei *Dromedari* che di quella dei *Cognati Simili*. Quale delle seguenti affermazioni è sicuramente corretta?

A La canzone di *Malva* riceve più voti di quella di *Fred Fedeli*
B La canzone dei *Dromedari* riceve più voti di quella dei *Cognati Simili*
C La canzone di *Malva* riceve più voti di quella dei *Cognati Simili*
D La canzone di *Fred Fedeli* riceve più voti di quella di *Tito Acciaio*
E La canzone dei *Cognati Simili* riceve più voti di quella dei *Dromedari*

662 In una lavanderia, quattro impiegati stirano 8 giacche in 16 minuti. Se due impiegati vanno in ferie, quanti minuti occorreranno agli impiegati rimasti per stirare quattro giacche?

A 16
B 13
C 32
D 36
E 64

663 Demetrio ha la passione delle moto. Chi abita in montagna ha la passione delle moto. Chi abita in montagna ha sempre freddo.
Se le precedenti affermazioni sono vere, quale delle seguenti affermazioni è certamente vera?

A Demetrio abita in montagna
B Chi ha sempre freddo abita in montagna
C Non si può escludere che Demetrio abbia sempre freddo
D Chi ha la passione delle moto ha sempre freddo
E Chi abita in montagna ha la passione delle moto oppure ha sempre freddo, ma non entrambi

664 Tre amici vanno a lezione di Logica dallo stesso insegnante. Non potendosi permettere lezioni individuali, essi prendono lezioni di gruppo da un'ora ciascuna, con due soli allievi per volta. Qual è il numero minimo di lezioni da predisporre, se ognuno dei tre amici vuole partecipare ad almeno due lezioni da un'ora ciascuna?

A Tre
B Due
C Quattro
D Cinque
E Sei

665 **Individuare la figura mancante.**

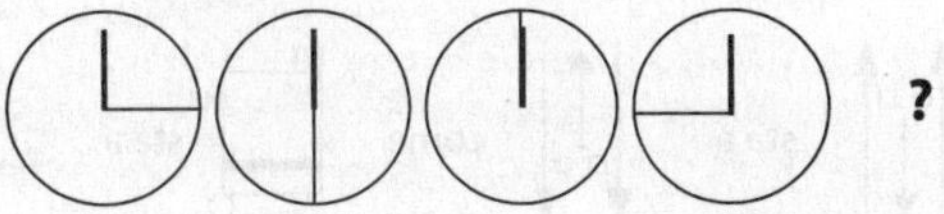

A 

B 

C 

D 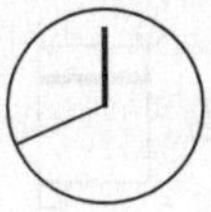

E 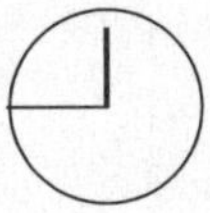

666 **Una indagine su un campione di 200 studenti ha rivelato che il 65% degli intervistati pratica attivamente uno sport nel tempo libero. Di questi il 40% preferisce il calcio. Quale è il numero di studenti intervistati che preferisce praticare uno sport diverso dal calcio?**

A 84
B 56
C 78
D 52
E 64

667 **Nel paese di Belpoggio tutti i ragazzi praticano qualche sport. Se**

- **chi gioca a calcio fa anche nuoto**
- **chi gioca a tennis non fa nuoto**
- **chi gioca a pallavolo gioca anche a calcio**

si può concludere che:

A chi fa nuoto gioca anche a calcio
B chi fa nuoto e gioca a pallavolo, gioca anche a tennis
C chi gioca a tennis gioca anche a calcio
D chi non gioca a calcio non fa nuoto
E chi gioca a pallavolo fa anche nuoto

668 **In una scuola milanese gli studenti studiano l'inglese e/o il francese. Il 70% studia l'inglese e il 60% studia il francese. Quale percentuale di studenti studia entrambe le lingue?**

A 65%
B 10%
C 30%
D 40%
E I dati del problema sono insufficienti per rispondere

669 **Quale delle cinque figure (A, B, C, D ed E) corrisponde alla composizione seguente vista allo specchio?**

A 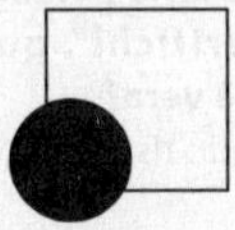

B 

C 

D 

E 

670 **Individuare il numero che completa correttamente la seguente successione:**

13 - 26 - 78 - 312 - ?

A 365
B 584
C 1168
D 1560
E 473

671 **Individuare il numero che completa correttamente la seguente successione:**

8 - 24 - 12 - 36 - 18 - 54 - 27 - ?

A 54
B 81
C 71
D 69
E 74

672 **Negare che "la montagna è bella solo per sciare" equivale a dire che:**

A molte persone in montagna amano fare passeggiate
B non è vero che si può sciare solo in montagna
C la montagna può essere bella anche per chi non scia
D la montagna è bella soprattutto d'estate
E il turismo in montagna è sviluppato soprattutto d'estate

673 **Individuare la figura da scartare.**

A B C D E

674 **Data l'affermazione "l'ipotesi A è condizione sufficiente e non necessaria perché una data conseguenza B si verifichi", quale delle seguenti affermazioni è vera?**

- A B si verifica solo quando risulta verificata l'ipotesi A
- B B può non verificarsi anche se risulta verificata l'ipotesi A
- C B può verificarsi anche se non risulta verificata l'ipotesi A
- D B non si verifica se risulta verificata l'ipotesi A
- E B non può verificarsi in alcun caso

675 **Se lo spazio di tempo tra adesso e le 20 è il triplo dello spazio di tempo tra adesso e il momento nel quale mancherà esattamente un'ora e mezzo all'ora che è esattamente a metà strada tra adesso e le 20, che ora è adesso?**

- A le 9
- B le 10
- C le 11
- D le 12
- E le 13

676 **Individuare gli elementi della figura incognita sapendo che i numeri in essa contenuti assumono valori da 1 a 15 (15 + 1 = 1 e non 16) e che possono essere presenti i seguenti simboli grafici: ● ○ □ ■ ♠ ▼.**

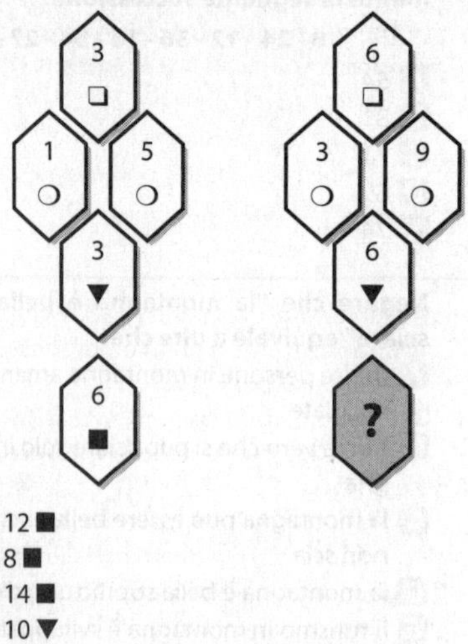

- A 12 ■
- B 8 ■
- C 14 ■
- D 10 ▼
- E 14 ▼

677 **Completare la seguente proporzione.**

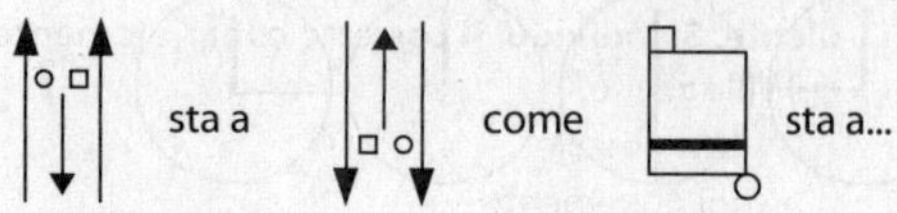

A 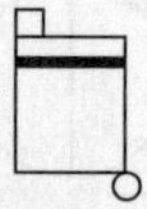

B 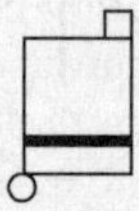

C 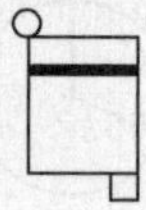

D 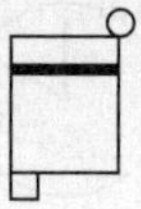

E 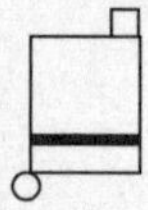

678 **Una cosa rara e particolarmente preziosa nel suo genere si può definire:**

- A ghiottoneria
- B ghimberga
- C rapsodia
- D guapperia
- E escissa

679 **Se è vero che:**

- **tutte le persone generose sono serene;**
- **Lisa è generosa;**
- **Sara è serena;**

si può dedurre che:

- A le persone non generose non sono serene
- B Sara non è generosa
- C Lisa è serena
- D Le persone serene sono generose
- E Sara è generosa

680 **Individuare il numero che completa correttamente la seguente successione:**

7 - 21 - 35 - 49 - ?

- A 56
- B 63
- C 70
- D 68
- E 61

681 **In quali nazioni esisteva una città di nome Tebe?**

- A Grecia, Turchia
- B Grecia, Italia
- C Egitto, Grecia
- D Gallia, Turchia
- E Egitto, Persia

682 **Nessun ribelle è obbediente – qualche cittadino è obbediente – dunque ... non è obbediente. Si individui il corretto completamento del sillogismo.**

A Nessun ribelle
B Ogni obbediente
C Qualche cittadino
D Ogni cittadino
E Ogni ribelle

683 **Individuare il numero che completa correttamente la seguente successione:**

8 - 13 - 21 - 34 - 55 - ?

A 71
B 75
C 110
D 78
E 89

684 **Una maglia acquistata con il 30% di sconto è stata pagata 63€. Quale era il prezzo di listino della maglia?**

A 89,50
B 90,00
C 87,50
D 83,00
E 92,50

685 **Un armadio costa 1100 euro IVA esclusa. Viene venduto con uno sconto del 10%. Qual è il prezzo di vendita IVA inclusa, sapendo che l'aliquota IVA è del 20%:**

A 1188 €
B 1210 €
C 1200 €
D 1120 €
E 1118 €

686 **Qual è un sinonimo di *foriero*?**

A Posteriore
B Successivo
C Nunzio
D Estero
E Lontano

687 **"Sandro è una persona atletica; le persone alte sono tutte atletiche; le persone alte sono magre".**
Se le precedenti affermazioni sono vere, quale delle seguenti è sicuramente vera?

A Sandro è una persona magra
B Sandro è una persona alta
C Tutte le persone atletiche sono alte
D Chi è alto è magro e atletico
E Le persone magre sono atletiche

688 **Un sinonimo di *contemplare* è:**

A gustare
B ammirare
C conoscere
D apprezzare
E elaborare

689 **Individuare, tra le alternative proposte, la lettera che completa correttamente la seguente successione:**

S, Z, D, H, N, ...?

A S
B R
C O
D P
E Q

690 **Delle tre società Alpha, Beta e Gamma almeno due sono lussemburghesi. Sapendo che se Alpha è lussemburghese anche Beta lo è, che se Gamma è lussemburghese lo è anche Alpha, e che tra Beta e Gamma almeno una è non lussemburghese, si può dedurre che:**

A Alpha, Gamma e Beta sono lussemburghesi
B Alpha non è lussemburghese e Beta è lussemburghese
C Gamma non è lussemburghese e Beta è lussemburghese
D Alpha e Gamma sono lussemburghesi
E Gamma è lussemburghese e Beta non è lussemburghese

691 **Alberto ha tre figlie, Katia, Elisabetta e Marina, due delle quali sono bionde e una mora. Se Katia è bionda, allora lo è anche Elisabetta; se Elisabetta è bionda allora lo è anche Marina.**
In base a queste informazioni, quale delle seguenti affermazioni è sicuramente vera?

A Elisabetta è mora e Katia è bionda
B Katia è mora e Marina è bionda
C Marina e Elisabetta sono more
D Katia è bionda e Marina è mora
E Katia e Elisabetta sono bionde

692 **"Interrogato dal magistrato, Francesco negò fermamente di non aver rifiutato di affermare il falso".**
Basandosi sulla precedente affermazione, individuare quale delle seguenti alternative è esatta.

A Francesco ha affermato il falso
B Francesco si è rifiutato di dire il falso
C Francesco ha detto la verità
D Francesco si è rifiutato di dire la verità
E Nessuna delle precedenti è corretta

693 **Un collezionista aveva raccolto molte monete d'oro, ma non voleva far sapere a nessuno quante erano. Così il giorno in cui un amico gli chiese: "So che hai molte monete d'oro, ma quante ne hai?", il collezionista gli rispose: "Se divido le monete in due mucchi di numero non uguale, allora moltiplicando per cinquantacinque volte la differenza fra i due numeri ottengo un numero uguale alla differenza fra i quadrati dei due numeri". L'amico non riuscì a risolvere il problema. Sei più bravo tu a scoprire quante erano le monete?**

A 42
B 48
C 52
D 55
E 65

694 **Uno tra Guido, Enrica e Pietro è una spia. Interrogati dalla polizia rilasciano rispettivamente le seguenti dichiarazioni: "Non sono io"; "La spia è Pietro"; "La spia è Guido". Se due di essi mentono e uno solo dice il vero, cosa si può dedurre con certezza?**

A Enrica è la spia
B Guido è la spia
C Pietro non è la spia
D Enrica non è la spia
E Guido non è la spia

695 **Rosini editore ha appena pubblicato un cofanetto contenente due volumi, revisionati uno da Doriana e l'altro da Ilaria. Il volume revisionato da Ilaria contiene 60 pagine in più rispetto a quello revisionato da Doriana. Se il totale delle pagine dei due volumi è complessivamente di 340, e se per ogni pagina revisionata il compenso è stato di 0,50 euro, quanti euro ha guadagnato Doriana?**

A 200
B 70
C 140
D 100
E 90

696 **Un ragno deve superare un muro alto 30 metri. Di giorno sale per 3 metri, ma di notte quando dorme scivola giù di 2 metri. Quanti giorni impiegherà il ragno ad arrivare in cima al muro?**

A 30
B 27
C 24
D 31
E 33

697 **Individuare la tessera mancante.**

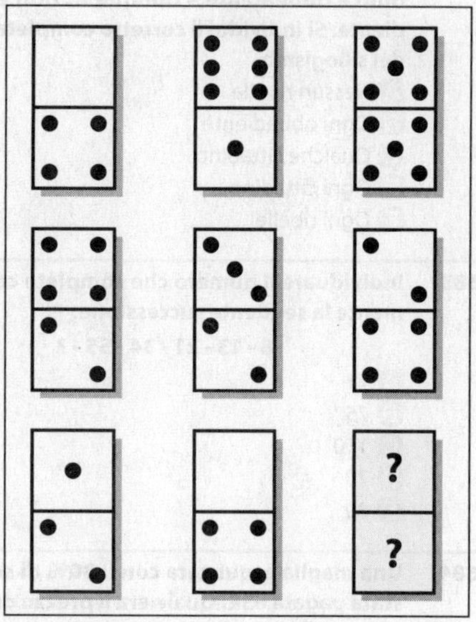

A 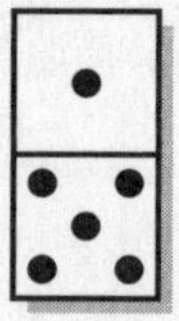

B 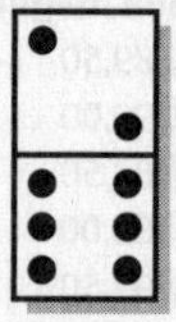

C 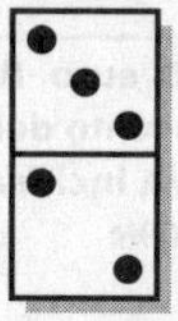

D 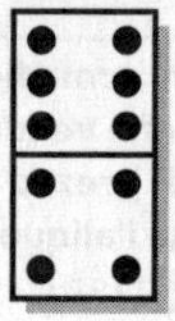

E 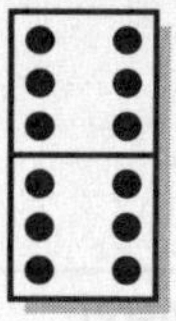

698 **Qual è il contrario di *requisizione*?**

A Inquisizione
B Perquisizione
C Concessione
D Liberalità
E Non esiste un contrario

699 **Fausto acquista un'auto con il 20% di sconto pagandola 2500 euro. Qual era il costo pieno dell'auto prima dello sconto?**

A 3125 euro
B 4000 euro
C 2000 euro
D 2750 euro
E 3550 euro

700 **Individuare la figura mancante.**

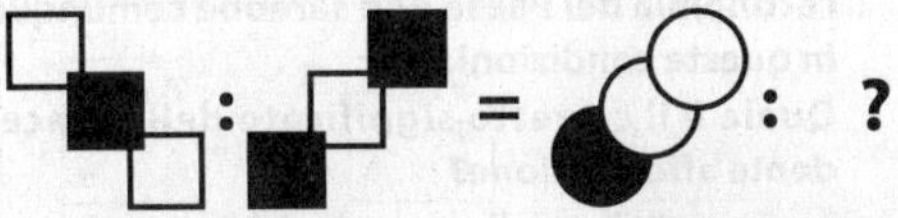

A 

B 

C 

D 

E 

701 **Se il 28 maggio capita di venerdì, l'anno successivo in che giorno certamente cadrà?**
(1) L'anno successivo non è bisestile.
(2) L'anno in corso non è bisestile.

- A L'affermazione (1) DA SOLA è sufficiente, ma l'affermazione (2) da sola non è sufficiente
- B L'affermazione (2) DA SOLA è sufficiente, ma l'affermazione (1) da sola non è sufficiente
- C Entrambe le affermazioni INSIEME sono sufficienti, ma NESSUNA affermazione DA SOLA è sufficiente
- D CIASCUNA affermazione DA SOLA è sufficiente
- E Le affermazioni (1) e (2) INSIEME NON sono sufficienti

702 **Indicare la parola da scartare.**

- A Saggio
- B Articolo
- C Romanzo
- D Biografia
- E Intervista

703 **Qual è un sinonimo di *estatico*?**

- A Fermo
- B Incantato
- C Estemporaneo
- D Lento
- E Bello

704 **Il contrario di *intridere* è:**

- A immollare
- B imbevere
- C seccare
- D considerare
- E aspettare

705 **Una classe di bambini si dispone a cerchio. Il 5° bambino si trova esattamente di fronte al 16°. Quanti sono i bambini della classe?**

- A 20
- B 21
- C 22
- D 23
- E 24

706 **Scegliere tra le cinque coppie di parole quella che esprime la relazione più simile a quella esistente tra le parole "ascetico" e "carnale".**

- A Acidulo - carnoso
- B Umano - bestiale
- C Nobile - volgare
- D Spirituale - fisico
- E Austero - suntuario

707 **Ad un ricevimento la contessa Viendalmare vuole sistemare i 40 invitati in tavoli da 4. Purtroppo la contessa si rende conto che comunque si dispongano gli invitati c'è sempre almeno un tavolo di sole donne. Quante sono almeno le donne invitate?**

- A 9
- B 10
- C 21
- D 31
- E 39

708 **Tre campane suonano ad intervalli di 8 minuti, 12 minuti e 9 minuti, rispettivamente. Se suonano insieme alle 8 di mattina, dopo quanto tempo suoneranno di nuovo insieme?**

- A 16 minuti
- B 24 minuti
- C 29 minuti
- D 36 minuti
- E 72 minuti

709 **Cane : X = Uomo : Y.**
La proporzione può essere completata da:

- A X = alluce; Y = mignolo
- B X = zampa; Y = artiglio
- C X = zampa; Y = arto
- D X = gamba; Y = mano
- E X = piede; Y = braccio

710 **Scartare una delle seguenti alternative.**

- A Acquistato
- B Acquisito
- C Accurato
- D Amputato
- E Approdato

LOGICA E COMPRENSIONE VERBALE

711 **Tutto ciò che possiede un allevatore sono 40 maiali. Il lunedì un incendio ne uccide la metà. Il martedì un sesto dei maiali fugge. Il mercoledì l'allevatore compra altri dieci maiali. Quante pecore possiede alla fine l'allevatore?**

A 40
B 22
C 26
D 0
E 50

712 **Un negozio di giocattoli ordina al fornitore una partita di cubetti, chiedendo che tre facce siano colorate di nero e tre di bianco. Il padrone del negozio immaginava, erroneamente, che questa indicazione fosse sufficiente ad avere cubetti identici. Il fornitore, invece, si presenta con tutti i diversi tipi di cubetti che soddisfano i requisiti del negoziante. Quanti sono i tipi diversi?**

A 20
B 6
C 3
D 2
E 12

713 **"Mirco ama il cioccolato; Il cioccolato è un dolce; Chi ama i dolci è un bravo sciatore". Allora è certo che:**

A Mirco non ama sciare
B Mirco ama tutti i dolci
C Mirco sa sciare
D Tutti coloro che sciano mangiano cioccolato
E Tutti i bravi sciatori amano i dolci

714 **Una scatola contiene 12 cioccolatini: 4 sono fondenti e 8 al latte. Tre cioccolatini vengono estratti a caso dalla scatola, uno dopo l'altro. Qual è la probabilità *P* che i tre cioccolatini estratti siano al latte?**

A 3/12
B 12/55
C 7/11
D 14/55
E 3/5

715 **Due treni, che si muovono l'uno verso l'altro, distano inizialmente 300 km. Il primo viaggia a 100 km/h e il secondo alla metà della velocità del primo. Dopo quanto tempo i due treni si incontreranno?**

A 300 minuti
B 3 ore
C 120 minuti
D 150 minuti
E 4 ore

716 **Non si può dimostrare che senza il terremoto l'economia del Paese non sarebbe comunque in queste condizioni.**
Quale è il corretto significato della precedente affermazione?

A È possibile che l'economia del Paese si troverebbe in queste condizioni anche se non ci fosse stato il terremoto
B La causa delle attuali condizioni dell'economia del Paese è certamente imputabile al terremoto
C Il terremoto ha contribuito in maniera determinante a compromettere le condizioni economiche del Paese
D Le attuali condizioni economiche del Paese dipendono dal terremoto e ciò è dimostrabile
E Per quanto il terremoto certamente inciso sulle attuali condizioni economiche del Paese non è possibile averne la dimostrazione

717 **Completare la seguente proporzione:**

Tranquillo : X = Y: Discreto

A X = Possibile, Y = Buono
B X = Irrequieto, Y = Invadente
C X = Agitato, Y = Passabile
D X = Tradito, Y = Descritto
E X = Lago, Y = Perbene

718 **In tre diverse occasioni, Clementina fa le seguenti affermazioni riguardanti i suoi tre amici Quirino, Rocco e Silvio:**

- **Silvio è più intelligente di Rocco, che è più ricco di Quirino**
- **Silvio è più ricco di Rocco, che è più intelligente di Quirino**
- **Quirino è più stupido di Silvio**

In base alle affermazioni di Clementina, ne deduciamo che:

A Quirino è il meno intelligente dei tre
B Rocco è il più intelligente dei tre
C Silvio è il più intelligente dei tre, ma non il più ricco
D Silvio è il più ricco dei tre, ma non il più intelligente
E Rocco è più intelligente ma meno ricco di Silvio

719 **Qual è un sinonimo di *glabro*?**

A Insufficiente
B Estremo
C Sottile
D Villoso
E Liscio

Leggere il testo del seguente esercizio e rispondere alle domande successive.

Nel biennio 2010-2011 è stato lanciato sul mercato mondiale un nuovo tipo di macchina fotografica digitale, chiamata Visor. Al termine del 2011 la casa produttrice ha deciso di verificare l'andamento delle vendite in alcuni dei principali Paesi. I risultati dello studio sono espressi nel grafico seguente.

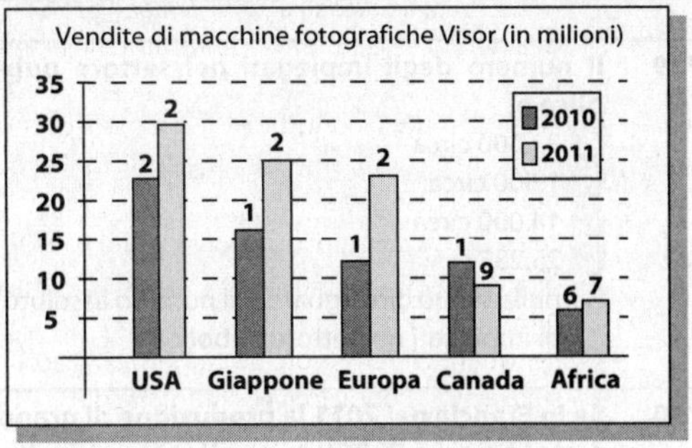

720 **Nel 2011, qual è stata la percentuale di Visor vendute negli USA, rispetto al totale dell'anno?**

- A Circa il 20%
- B Circa il 25%
- C Circa il 30%
- D Circa il 40%
- E Circa il 45%

721 **A quanto ammonta la variazione percentuale delle macchine fotografiche Visor vendute nel 2011 rispetto a quelle vendute nel 2010 considerando tutti i Paesi sopra esaminati?**

- A A circa il 20% in più
- B A circa il 26% in più
- C A circa il 35% in più
- D A circa il 2% in meno
- E A circa il 50% in più

722 **Dal grafico si possono trarre tutte le seguenti conclusioni tranne una. Quale?**

- A Tra il 2010 e il 2011, il maggior incremento percentuale nel numero di macchine fotografiche Visor si è avuto in Europa
- B Il numero di macchine fotografiche Visor vendute in Canada è diminuito dal 2010 al 2011
- C Nel biennio considerato, sono state vendute più macchine fotografiche Visor in Giappone che in Europa
- D Tra il 2010 e il 2011, il numero di fotografi è aumentato negli Usa più che negli altri Paesi
- E Il numero di macchine fotografiche Visor vendute in Giappone è aumentato dal 2010 al 2011

723 **Nel biennio considerato, quante Visor sono state vendute in Canada?**

- A 21
- B 2100
- C 21000
- D 2100000
- E 21000000

724 **Un sinonimo di *ipotesi* è:**

- A presunzione
- B pregiudizio
- C congettura
- D falsità
- E esempio

725 **Tutti i miei amici hanno la patente. Alcuni di essi non hanno la macchina. Questo significa che?**

- A I miei amici non hanno la macchina
- B Alcuni miei amici non hanno la patente ma hanno la macchina
- C Alcuni miei amici, pur essendo patentati, non hanno la machina
- D Alcuni miei amici non hanno la macchina e neppure la patente
- E Tutti i miei amici hanno la patente e la macchina

726 **Se quattro operaie confezionano 9 manufatti in 20 minuti, quante operaie sarebbero teoricamente necessarie per confezionarne 90 in 12000 secondi?**

- A 20
- B 9
- C 8
- D 4
- E 12

727 **"È assurdo non ritenere che è sbagliato non perdonare chi si è pentito di un errore". Il significato della frase precedente è che:**

- A è corretto che colui che perdona si penta
- B non è giusto che chi si pente di un errore venga perdonato
- C chi si pente di un errore commesso fa una cosa imperdonabile
- D è giusto che sia perdonato chi si pente di un errore commesso
- E è sbagliato perdonare chi ha commesso un errore

728 **Un sinonimo di *improvvido* è:**

- A previdente
- B imprevidente
- C preveggente
- D non cattolico
- E sprovvisto

QUESITI DI LOGICA

Sulla base delle tabelle e dei grafici sopra riportati si risponda alle seguenti domande.

Tabella 1: andamento delle esportazioni e delle importazioni della società *Forza e Coraggio*.

Anno	Esportazioni (in milioni di Euro)	Importazioni (in milioni di Euro)
2008	1	0,6
2009	1,2	0,6
2010	1,5	0,4
2011	1	0,6

Grafico 1: ripartizione della produzione di grano nel 2011 tra Francia, Germania e Italia

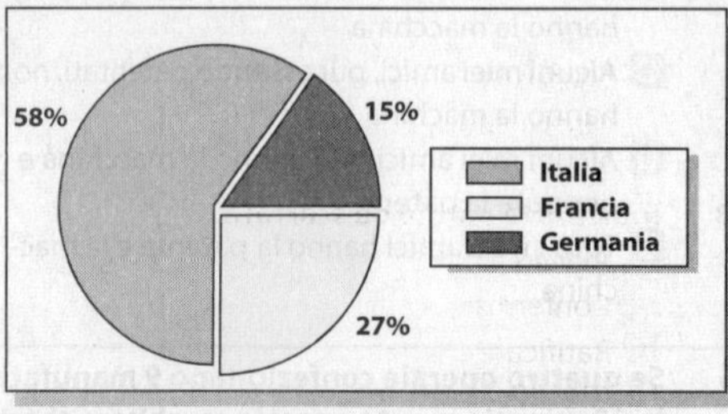

Tabella 2: laureati impiegati per tipologia di impiego

Tipologia di impiego: Lavoro indipendente	% di laureati impiegati
Imprenditore Libero professionista	28,9%
Lavoratore in proprio	1,2%
Altro	5,7%
Totale	35,9%

Tipologia di impiego: Lavoro dipendente	% di laureati impiegati
Dirigente	1,4%
Insegnante	14,0%
Funzionario	9,2%
Impiegato pubblico	31,1%
Altro	8,4%
Totale	64,1%

Tabella 3: aziende a confronto: *Pala* e *Manca*

Azienda	Fatturato (milioni di Euro)	n° impiegati	% esportazioni su fatturato 2011	% importazioni su fatturato 2011
Pala	6,5	24	10%	12%
Manca	10	52	15%	2%

729 **Il numero degli impiegati nel settore pubblico è:**

- A 31.000 circa
- B 1.500 circa
- C 14.000 circa
- D 25.237
- E nulla si può dire riguardo al numero assoluto di impiegati nel settore pubblico

730 **Se in Francia nel 2011 la produzione di grano è stata pari a 1.350 tonnellate, a quanto ammontava la produzione tedesca dello stesso prodotto nello stesso anno?**

- A 1.000 tonnellate
- B 750 tonnellate
- C 500 tonnellate
- D 600 tonnellate
- E 650 tonnellate

731 **In termini assoluti, nel 2011, le esportazioni della società *Forza e Coraggio* sono state:**

- A superiori a quella della società *Pala* e inferiori a quelle della società *Manca*
- B superiori a quella della società *Manca* e inferiori a quelle della società *Pala*
- C inferiori sia a quelle della società *Manca* che a quelle della società *Pala*
- D superiori sia a quelle della società *Manca* che a quelle della società *Pala*
- E non esistono elementi sufficienti per rispondere

732 **Andrea e Raffaello possiedono ciascuno un certo numero di palline da tennis. Andrea ne ha meno di Raffaello. Andrea dice che se Raffaello gliene dà otto delle sue, il numero diventa uguale. Raffaello dice che se invece è Andrea a dargliene otto, il numero delle sue palline quintuplica rispetto a quelle di Andrea. Quante palline ha Raffaello?**

- A 24
- B 32
- C 36
- D 38
- E 40

Leggere il testo del seguente esercizio e rispondere alle domande seguenti.

Per capire il mutamento delle abitudini degli italiani, la società Conses ha studiato l'andamento delle vendite di alcuni tra i più comuni mezzi di trasporto in Italia. I risultati dello studio sono rappresentati nella tabella seguente che riporta, espressi in migliaia, i dati delle vendite divise per tipologia di mezzo e per anno:

	Biciclette	Motorini	Motociclette	Automobili
2008	10	15	12	50
2009	8	20	16	60
2010	6	25	11	50
2011	8	50	18	90

733 La vendita di quale mezzo di trasporto ha rivelato la maggiore variazione percentuale tra il 2008 e il 2011?

A Biciclette
B Motorini
C Motociclette
D Automobili
E Motociclette e automobili a pari variazione percentuale

734 Nel 2010 si è verificata una flessione generalizzata delle vendite dei diversi mezzi di trasporto che non ha però riguardato i motorini. Qual è stata la variazione percentuale delle vendite di questi ultimi in quell'anno rispetto al precedente?

A 20%
B 25%
C 30%
D 50%
E 40%

735 Tra il 2008 e il 2009 quale mezzo di trasporto tra motorini e motociclette ha realizzato la maggiore variazione percentuale nelle vendite?

A Motorini
B Entrambe hanno realizzato un incremento delle vendite pari a circa il 25%
C Entrambe hanno realizzato un incremento delle vendite pari a circa il 33%
D Motociclette
E Entrambe hanno realizzato un incremento delle vendite pari a circa 5.000 unità

736 Tra il 2009 e il 2010 quale mezzo di trasporto tra motociclette e automobili ha realizzato la maggiore variazione percentuale negativa nelle vendite?

A Automobili
B Motociclette
C Entrambe hanno realizzato un decremento delle vendite pari al 10%
D Entrambe hanno realizzato un decremento
E Entrambe hanno realizzato un incremento delle vendite pari al 30%

737 Per il 2012 si prevede che verranno vendute 80000 automobili, 30000 motorini, 7000 biciclette e 20000 motociclette. Qual è la variazione percentuale delle vendite degli automezzi considerati tra il 2012 e il 2010?

A Circa il 43%
B Circa il 25%
C Circa il 17%
D Circa il 49%
E Circa il 38%

738 Indicare la parola da scartare.

A Avvalorare
B Confermare
C Ratificare
D Giustificare
E Convalidare

739 Nel cassetto dell'armadio del corridoio, Francesca ha 5 paia di calze nere, 4 paia di calze bianche e 6 paia di calze rosse. Trovandosi al buio e dovendo essere sicura di prenderne un paio dello stesso colore, quante calze dovrà estrarre dal cassetto?

A 3
B 4
C 5
D 7
E 10

740 Il contrario di *ilarità* è:

A depressione
B allegria
C solitudine
D mestizia
E gioia

741 L'ossimoro è:

A una pietra di origine vulcanica
B un processo chimico controllato
C una figura retorica
D un composto chimico ossigenato
E un esplosivo a base di carbone

QUESITI DI LOGICA

Leggere il testo del seguente esercizio e rispondere alle domande seguenti.

Nel 2011 nella città di New York si sono verificati incidenti stradali in misura maggiore rispetto all'anno precedente; il Comune di New York ha deciso di svolgere uno studio statistico per capire le ragioni del fenomeno in questione. I risultati dello studio sono espressi nel grafico seguente.

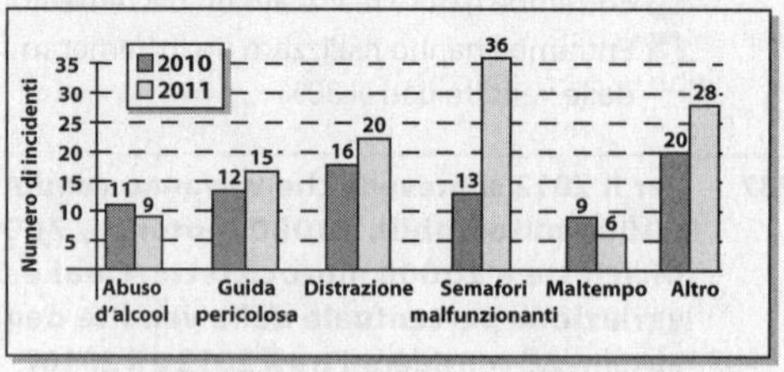

742 **Quale percentuale di incidenti può essere imputata alle cause rientranti nella categoria *Altro*, nel 2011?**

A Circa il 60%
B Circa il 45%
C Circa il 25%
D Il 39%
E Circa il 90%

743 **Dal 2010 al 2011 sono aumentati in percentuale maggiore gli incidenti per *Guida pericolosa* o per *Distrazione*?**

A Si sono verificati aumenti percentuali identici
B Sono aumentati entrambi del 25% circa
C Per guida pericolosa
D Per distrazione
E Non è possibile rispondere

744 **Dal grafico si possono trarre tutte le seguenti conclusioni tranne una. Quale?**

A L'incremento percentuale di incidenti più elevato è stato quello causato dai semafori mal funzionanti
B Il numero di incidenti causati da abuso d'alcool è diminuito dal 2010 al 2011
C Sia nel 2010 che nel 2011, la distrazione e il maltempo hanno causato complessivamente un numero di incidenti maggiore rispetto all'abuso d'alcool e alla guida pericolosa insieme
D L'aumento generale di incidenti può essere attribuito soprattutto a un peggiore funzionamento dei semafori
E Se il numero di incidenti causati dal maltempo è un buon indicatore delle condizioni meteorologiche, nel 2011 si è avuto tempo peggiore che nel 2010.

745 **Quattro amiche si conoscono dai tempi dell'università. I loro nomi sono Maria, Vera, Claudia e Ilaria. Se solo una delle quattro seguenti affermazioni è vera, chi è la più intelligente del gruppo?**

- **Ilaria, che è la più giovane delle quattro, afferma: "è Maria la più intelligente del nostro gruppo".**
- **Maria, che ora lavora nella formazione del personale, afferma: "è Vera la più intelligente del gruppo".**
- **Vera, la più anziana delle quattro, afferma: "non sono io la più intelligente del gruppo".**
- **Claudia, che dopo l'università ha proseguito nel campo dell'informatica, afferma: "non sono io la più intelligente delle quattro".**

A Non è possibile stabilirlo
B Vera
C Ilaria
D Claudia
E Maria

746 **Una scatola contiene 6 palline blu,12 palline verdi e 24 palline gialle. Si supponga di essere bendati in modo da non poter sbirciare nella scatola, quante palline dovreste prendere per essere sicuri di averne almeno una coppia dello stesso colore?**

A 6
B 4
C 3
D 2
E 5

747 **Quale delle seguenti coppie di termini presenta elementi di disomogeneità rispetto alle altre?**

A Lacunoso / manchevole
B Dissipato / morigerato
C Greve / leggero
D Glabro / villoso
E Nascosto / esibito

748 **Nel parco alcuni bambini stanno correndo in bicicletta. Altri, più piccoli, vanno sul triciclo. Se insieme vi sono 18 fra biciclette e tricicli e le ruote sono in tutto 46, quanti sono i tricicli?**

A 8
B 9
C 10
D 11
E 12

749 Un pensionato ha passato la sua vita per un quarto da ragazzo, per un ottavo da giovane, per metà al lavoro. Da 9 anni non lavora più. Quanti anni ha adesso?

- A 64
- B 66
- C 68
- D 72
- E 74

750 Siamo in presenza di 4 militari aventi 4 gradi diversi (generale, maggiore, caporale e soldato semplice), che provengono da 4 regioni italiane diverse (Calabria, Lombardia, Piemonte e Sardegna). Si sa che Antonio è un generale lombardo, Bruno è piemontese, Donato è un soldato semplice, che il maggiore non è calabrese e che Carlo non è un caporale. Si può stabilire chi è il sardo?

- A Carlo è il sardo
- B Non lo sono né Bruno né Carlo
- C Donato è il sardo
- D Non lo sono né Antonio né Carlo
- E I dati non sono sufficienti per stabilirlo

Leggere il testo del seguente problema e rispondere alle relative domande.

La società Mirtidinotte ha una squadra di pallavolo in cui giocano sei ragazzi: Carlo, Diego, Federico, Gabriele, Marco e Paolo. Ognuno ha un ruolo ben preciso nella squadra. Ci sono due schiacciatori, un opposto, due centrali e un alzatore. La peculiarità della squadra è che ogni ragazzo proviene da una città diversa: Roma, Milano, La Spezia, Pisa, Arezzo e Nuoro. Inoltre si sa che:

- l'alzatore è di Arezzo;
- uno degli schiacciatori è Marco;
- uno dei centrali è di Pisa;
- Paolo è sardo;
- né Carlo né Federico giocano nel ruolo di centrale;
- Diego è milanese;
- nel ruolo di opposto gioca il romano;
- un centrale è Paolo;
- Carlo non gioca nel ruolo di alzatore.

751 In quale ruolo gioca Federico?

- A Alzatore
- B Opposto
- C Non si può dedurre
- D Schiacciatore
- E Centrale

752 Come si chiama il pisano?

- A Carlo
- B Federico
- C Gabriele
- D Marco
- E Non si può dedurre

Leggere il testo del seguente problema e rispondere alle relative domande.

Dodici scout (A, B, C, D, E, F, G, H, I, L, M, N) partono per un'escursione di più giorni in montagna. La prima sera i ragazzi devono sistemarsi in quattro tende. Ogni tenda è occupata da tre ragazzi e deve avere un capo tenda.

I quattro ragazzi più anziani (A, B, C e F) sono i capi delle quattro tende e devono scegliere gli altri componenti della tenda. Per fare questo devono però tenere conto dei seguenti vincoli:

- H non vuole stare con A;
- B e N hanno litigato e non possono stare nella stessa tenda;
- E non vuole stare con F;
- G non vuole stare con C;
- N ha litigato con A e non può stare nella sua stessa tenda;
- G è il fratello di I e vuole stare in tenda con lui;
- H e N hanno litigato e non possono stare nella stessa tenda;
- E è amico inseparabile di D e vogliono stare nella stessa tenda;
- N e L non si parlano da giorni e non vogliono stare nella stessa tenda;
- G è diventato molto amico di F e vuole stare nella sua stessa tenda.

753 In base alle informazioni riportate nell'esercizio, quali dei seguenti gruppi di persone è nella tenda con B?

- A L, M
- B E, F
- C H, L
- D D, E
- E N, I

754 In base alle informazioni riportate nell'esercizio, quali dei seguenti gruppi di persone è nella tenda con I?

- A F, G
- B H, B
- C A, D
- D C, M
- E G, C

755 Se non fosse nota l'informazione fornita dall'ultima affermazione (G è diventato molto amico di F e vuole stare nella sua stessa tenda), cosa è possibile affermare con sicurezza?

- A A si deve trovare in tenda o con G o con E
- B B si deve trovare in tenda con L
- C F si deve trovare in tenda o con N o con L
- D C si deve trovare in tenda con H o con L
- E non è possibile sistemare gli scout in quattro tende

Leggere il testo del seguente problema e rispondere alla relative domanda.

A casa degli amici Gino e Pino, il signor Barbatrucco propone un gioco con 6 carte, nascoste sotto 6 fogli di carta numerati da 1 a 6. Le carte riportano i seguenti valori: Re, Regina, Fante, dieci, nove e otto, tutti di cuori.

Prima di invitare i due amici a indovinare il corretto abbinamento fra le sei carte e il numero riportato sul foglio che le copre, il signor Barbatrucco spiega le regole con cui nasconde le carte:

- il dieci di cuori sta sotto un foglio con un numero inferiore rispetto al foglio che copre il Fante;
- il nove e la Regina di cuori sono nascosti sotto fogli che riportano due numeri consecutivi;
- il re di cuori è nascosto sotto il foglio numero 5 (e ovviamente non si può scommettere su questa carta).

756 Gino e Pino accettano di giocare con l'amico; Gino scommette che il fante di cuori sta sotto il foglio numero 2 e vince. Ciò consente a Pino di affermare con assoluta certezza che:

A la sequenza delle carte nascoste è, dal foglio numero 1 al foglio numero 6: dieci, Fante, nove, Regina, Re, otto
B il nove e il re di cuori non sono adiacenti
C la sequenza delle carte nascoste è, dal foglio numero 1 al foglio numero 6: dieci, Fante, Regina, nove, Re, otto
D Il re e il fante di cuori sono adiacenti
E l'otto di cuori è nascosto sotto il foglio numero 6

Leggere il testo del seguente problema e rispondere alle relative domande.

Al torneo di Calcetto del Centro Sportivo Boito si sono iscritte quattro squadre: Allenati, Brocchi, Capaci e Dascartare. La formula del torneo prevede che ogni squadra incontri tutte le altre per due volte. In caso di vittoria, alla vincente vengono assegnati tre punti e zero alla perdente. In caso di pareggio ogni squadra ottiene un punto. Dopo un mese dall'inizio del torneo ogni squadra ha incontrato una volta tutte le proprie avversarie. Inoltre si sa che:

- la squadra dei Brocchi non ha mai perso
- la squadra dei Capaci ha pareggiato due volte
- la squadra in testa al torneo ha 7 punti e 2 punti di vantaggio sulla seconda
- la squadra degli Allenati è penultima da sola
- la squadra degli Allenati ha pareggiato con quella dei Dascartare

757 Quale squadra è ultima in classifica?

A Allenati
B Brocchi
C Dascartare
D Capaci

758 Quanti punti dividono la squadra dei Brocchi da quella degli Allenati?

A 7
B 2
C 5
D 6

759 Quale squadra è seconda in classifica?

A Brocchi
B Allenati
C Dascartare
D Capaci

760 I) Chi ama il mare è pigro
II) Chi ama il mare è sposato
III) Giulia è sposata
Se le tre affermazioni sono vere, quale delle seguenti è vera?

A Giulia è pigra
B Chi è sposato ama il mare
C Giulia ama il mare
D Giulia aspetta un bambino
E Nessuna delle precedenti

761 Paola non ha sorelle. Chi è la sorella del figlio del nonno materno della figlia di Paola?

A La mamma di Paola
B Una zia di Paola
C Non esiste tale persona
D Una cugina di Paola
E Paola stessa

762 Se la lettera N identifica una qualunque cifra (singola), la lettera P identifica una qualunque cifra (singola) pari e la lettera D identifica una qualunque cifra (singola) dispari, allora il prodotto tra i numeri NP e PD sarà certamente un numero:

A pari
B divisibile per tre
C composto da cinque cifre
D dispari di tre cifre
E dispari di cinque cifre

763 I) Paolo è goloso
II) Chi è grasso è goloso
III) Federico è grasso
Se le tre affermazioni sono vere, quale delle seguenti è vera?

A Paolo è grasso
B Federico è goloso
C Federico e Paolo sono amici
D Chi è goloso è grasso
E Nessuna delle precedenti

764 Marco: "Giorgio suona il sassofono meglio di tutti, è lui il campione del nostro gruppo"
Giorgio: "Alessandro suona il sassofono meglio di tutti, è lui il campione del nostro gruppo"
Alessandro: "Io non suono il sassofono meglio di tutti, non sono io il campione del gruppo"
Matteo: "Io non suono il sassofono meglio di tutti, non sono io il campione del gruppo"
Se solo una di queste affermazioni è vera, chi è il campione nel suonare il sassofono?

- A Non è possibile stabilirlo
- B Matteo
- C Alessandro
- D Giorgio
- E Marco

765 Negare l'affermazione: "chi ama la propria città la tiene pulita".

- A Chi pulisce la propria città la ama
- B C'è almeno un cittadino che pulisce la propria città ma non la ama
- C C'è almeno un cittadino che ama la propria città ma non la tiene pulita
- D Ci sono cittadini che amano la loro città e la puliscono
- E Non c'è alcun cittadino che ami e pulisca la sua città

766 Il signor Candido constata che (a) Giovanna ha fatto una rapidissima carriera come economista. Il signor Candido ne deduce che (b) Giovanna non è una persona onesta.
La ragione necessaria e sufficiente del passaggio logico che opera il signor Candido dalla constatazione del fatto (a) al giudizio (b) è una (e una soltanto) delle seguenti convinzioni:

- A solo alcune persone eccezionali fanno onestamente carriera come economisti
- B nessuna persona onesta fa carriera in campo economico
- C tutte le donne-economiste sono disoneste
- D le persone disoneste fanno rapida carriera solo in campo economico
- E nessuna economista onesta fa rapida carriera nel suo campo

767 Quale delle seguenti affermazioni è logicamente equivalente a: "I giovani non dimenticano mai nulla"?

- A Gli anziani dimenticano tutto
- B Gli anziani dimenticano sovente
- C Chi non dimentica nulla è giovane
- D I giovani ricordano sempre tutto
- E Gli anziani dovrebbero esercitare la memoria

768 Andrea afferma che tutte le città toscane sono affascinanti. Quale delle seguenti condizioni è <u>necessario</u> che si verifichi affinché l'affermazione di Andrea risulti falsa?

- A Deve esistere almeno una città toscana non affascinante
- B Deve esistere almeno una città ligure affascinante
- C Nessuna città toscana deve essere affascinante
- D Deve esistere almeno una città affascinante non toscana
- E Tutte le città non toscane devono essere affascinanti

769 Nella figura sottostante è riportata una pila di tre dadi uguali tra loro. Su ognuna delle facce (tutte diverse tra di loro) di ogni dado è disegnato uno dei seguenti simboli: asso di cuori, asso di fiori, asso di picche, asso di quadri, pallino, asterisco. Sapreste dire quale simbolo dovrebbe essere disegnato nella faccia contrassegnata dal punto interrogativo?

- A Asso di cuori oppure asso di quadri
- B Pallino
- C Asterisco oppure pallino
- D Asterisco
- E Asso di cuori

770 Non è impossibile che nell'universo non vi siano altre specie intelligenti oltre quella umana.
Quale è il corretto significato della precedente affermazione?

- A Di certo l'unica specie intelligente nell'universo è quella umana
- B La specie umana potrebbe essere l'unica intelligente nell'universo
- C È impossibile che la specie umana sia l'unica intelligente nell'universo
- D Nell'universo ci sono di sicuro altre specie intelligenti oltre quella umana
- E È probabile che nell'universo vi siano specie più intelligenti di quella umana

771 Quale delle seguenti affermazioni è logicamente equivalente a: "Le canzoni italiane non hanno sempre testi belli"?

A Le canzoni italiane hanno sempre brutti testi
B Almeno una canzone italiana non ha un bel testo
C Tutte le canzoni con un bel testo non sono italiane
D Tutte le canzoni con un bel testo sono straniere
E Almeno una canzone straniera è più bella di una canzone italiana

772 Si considerino i seguenti ragionamenti:

I) Enrico legge su una rivista scientifica che se si mangia il cioccolato si affatica il fegato. Mario ha il fegato affaticato. Questo significa che ha mangiato cioccolato.

II) Enrico legge su una rivista scientifica che i carciofi, se cucinati al vapore, diventano scuri. Enrico va in cucina e vede che i suoi carciofi non sono scuri. Ciò significa che nessuno li ha cucinati al vapore.

A Entrambi i ragionamenti sono validi
B I) è valido ma II) non lo è
C II) è valido ma I) non lo è
D Nessuno dei due ragionamenti è valido
E Nessuna delle precedenti

773 Ogni qual volta si verifica una contrazione dell'offerta di petrolio dalla regione del Golfo, si registra un immediato aumento del prezzo del petrolio proveniente da quella regione.
Se l'argomentazione sopra riportata è vera, quale delle seguenti affermazioni è vera?

A Se c'è un incremento del prezzo del petrolio proveniente dalla regione del Golfo, ciò significa che vi è stata una contrazione dell'offerta di petrolio da quella regione
B Se non vi è alcuna contrazione dell'offerta di petrolio dalla regione del Golfo, allora non vi è alcun incremento del prezzo del petrolio proveniente da quella regione
C Ogni qual volta vi è una contrazione dell'offerta di petrolio, si verifica un immediato aumento del prezzo dello stesso
D Ogni qual volta vi è instabilità politica nella regione del Golfo, si verifica un immediato incremento del prezzo del petrolio proveniente da quella regione
E Se non vi è alcun incremento nel prezzo del petrolio proveniente dalla regione del Golfo, ciò significa che non vi è stata alcuna contrazione dell'offerta del petrolio da quella regione

774 Laura dice a Danilo: "Se venerdì starò bene, giocherò la partita. Se starà bene anche Betty la porterò a giocare con me". È venerdì, Danilo va a vedere la partita e trova Laura in tribuna, spettatrice della partita. Allora sicuramente:

A Laura sta bene, ma Betty no
B Laura e Betty non stanno bene
C Laura sta bene, Betty non ha voluto giocare la partita con lei
D Betty non sta bene
E Laura non sta bene

775 Si consideri la proposizione: "Nessun cane ha tre zampe"; dire che tale proposizione è falsa significa che:

A almeno un cane ha tre zampe
B almeno un cane ha un numero di zampe diverso da tre
C tutti i cani hanno tre zampe
D tutti i cani hanno quattro zampe
E tutti i cani hanno un numero di zampe diverso da tre

776 Se Sara è andata al mare, allora Guido ha lavorato anche nel fine settimana.
Se è vera questa affermazione, allora è anche vero che:

A Se Sara non è andata al mare Guido non ha lavorato nel fine settimana
B Se Guido non ha lavorato nel fine settimana allora Sara non è andata al mare
C Se Sara non va al mare, Guido lavora tutta la settimana
D Se Guido ha lavorato fino a tardi allora non ha potuto raggiungere Sara al mare
E Se Guido ha lavorato nel fine settimana Sara è sicuramente andata al mare

777 A quale delle seguenti proposizioni risulta equivalente l'affermazione: "se la luce è spenta allora Marco non è a casa".

A Marco è a casa e la luce è spenta
B Se Marco è a casa non è detto che la luce sia spenta
C Se Marco è a casa non è detto che la luce sia accesa
D Se Marco è a casa allora la luce è accesa
E Se Marco è a casa allora la luce è spenta

778 Un contrario di *osteggiare* è:

A caldeggiare
B ubriacare
C posteggiare
D provare
E pervenire

Leggere il testo del seguente problema e rispondere alle relative domande.

Le lettere A, B, C, D, E, F e G, non necessariamente in questo ordine, rappresentano sette numeri interi consecutivi da 1 a 10. Si ha che:

- D è di 3 unità inferiore ad A;
- B rappresenta il numero di mezzo;
- A è di due unità superiore a B;
- F è inferiore a B dello stesso valore di cui C è maggiore di D;
- G è maggiore di F.

779 Il quinto numero in ordine crescente è:

A A
B C
C D
D E
E B

780 A è tanto maggiore di F quanto minore di G è:

A A
B B
C C
D D
E E

781 Se A = 7, la somma di E e G è pari a:

A 8
B 10
C 12
D 14
E 1

782 Quanto vale A – F?

A 1
B 2
C 3
D 4
E 5

783 Un numero intero T è tanto maggiore di C quanto C è maggiore di E. T può essere scritto come A + E. Che numero è D?

A 2
B 3
C 4
D 5

784 Il massimo valore possibile di C di quanto è maggiore del minor valore possibile di D?

A 2
B 3
C 4
D 5
E 6

785 Scartare una delle quattro rappresentazioni grafiche.

A 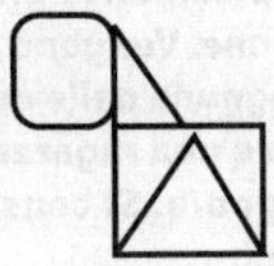

B 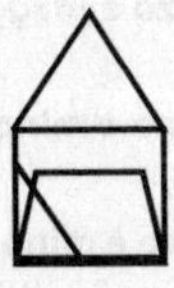

C 

D 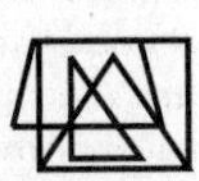

786 Scartare una delle cinque rappresentazioni grafiche.

A 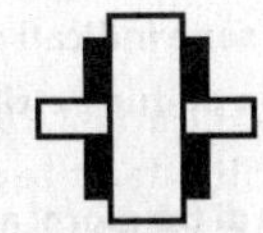

B 

C 

D 

E 

787 **Alla festa da ballo organizzata per festeggiare il diploma sono presenti tanti ragazzi quante ragazze; esattamente un terzo dei presenti è maggiorenne. Vengono formate le coppie per il ballo, ognuna delle quali è composta da un ragazzo e una ragazza; nessuno resta senza compagno/a. Si considerino le seguenti affermazioni:**

1. **in ogni coppia il ragazzo è maggiorenne e la ragazza minorenne**
2. **in ogni coppia il ragazzo è minorenne e la ragazza maggiorenne**
3. **in ogni coppia il ragazzo è minorenne**
4. **in ogni coppia la ragazza è minorenne**
5. **ci sono meno di 6 persone**

Indicando con (P) le affermazioni possibili e con (N) quelle non possibili, dire quale è la giusta sequenza di affermazioni possibili e non possibili:

A 1.N–2.N–3.P–4.P–5.N
B 1.N–2.N–3.N–4.P–5.N
C 1.N–2.N–3.P–4.N–5.N
D 1.N–2.P–3.P–4.N–5.N
E 1.N–2.P–3.N–4.P–5.P

788 **La Commissione del Turismo bandisce il Premio Traveller. I premi sono indicati di seguito.**

1° premio: un viaggio di due settimane alle isole Comore;

2° premio: un viaggio di tre giorni a Venezia;

3° premio: uno zaino.

A chi saprà effettuare una corretta previsione circa l'esito del concorso verrà consegnato, a scelta della giuria, o il primo o il secondo premio. Coloro che invece faranno una previsione errata riceveranno il terzo premio come consolazione. Ipotizzando che voi vogliate il primo premio, quale delle seguenti previsioni obbligherà la giuria a soddisfare il vostro desiderio?

A Non riceverò il terzo premio
B Riceverò il secondo premio
C Non riceverò il secondo premio
D Non riceverò il primo premio
E Non riceverò alcun premio

789 **Individuare il rapporto anomalo.**

A Grande/superbo
B Bello/stupendo
C Tiepido/caldo
D Ultimo/estremo
E Freddo/gelido

790 **Scartare una delle cinque rappresentazioni grafiche.**

A 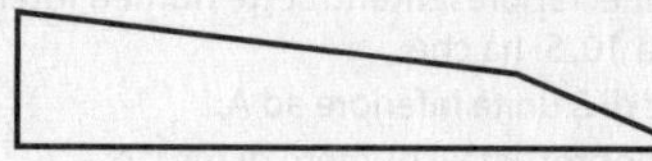

B 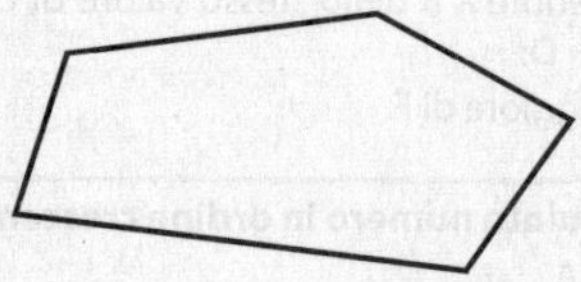

C 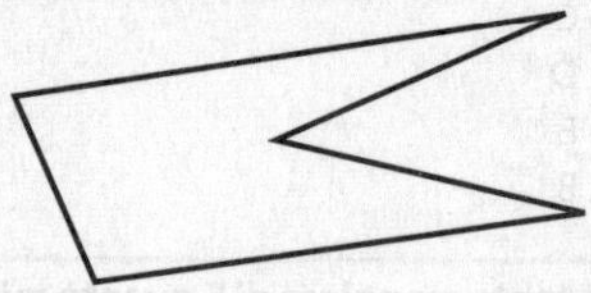

D 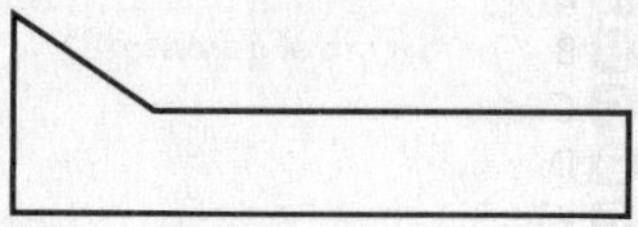

E 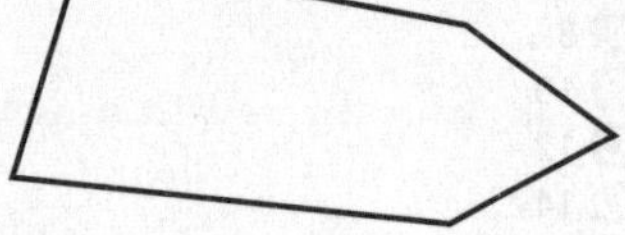

791 **Scartare una delle quattro rappresentazioni grafiche.**

A 

B 

C 

D 

E 

Leggere il testo del seguente problema e rispondere alle relative domande.

A bordo di un piccolo pullman che ha, oltre al sedile dell'autista, quattro file di posti, viaggiano quattro amici: Luca, Marco, Fabio e Giacomo.

Uno di essi è seduto al posto di guida, gli altri stanno ognuno in una fila. Una delle file rimane dunque vuota.

È inoltre noto che:

- Luca è due file più avanti di Marco;
- Fabio è tre file più indietro di Giacomo;
- Luca ha solo quindici anni (e il pullman è considerato un autoveicolo pesante).

792 Chi è il più lontano dal guidatore?

A Giacomo
B Luca
C Fabio
D Marco
E Luca e Fabio

793 Chi è il più vicino al guidatore?

A Marco
B Fabio
C Luca
D Giacomo
E Marco e Fabio

794 Chi sta immediatamente dietro a Luca?

A Marco
B Fabio
C Nessuno, poiché la fila è vuota
D Giacomo
E Marco e Giacomo

795 Inserire nel settore il numero mancante.

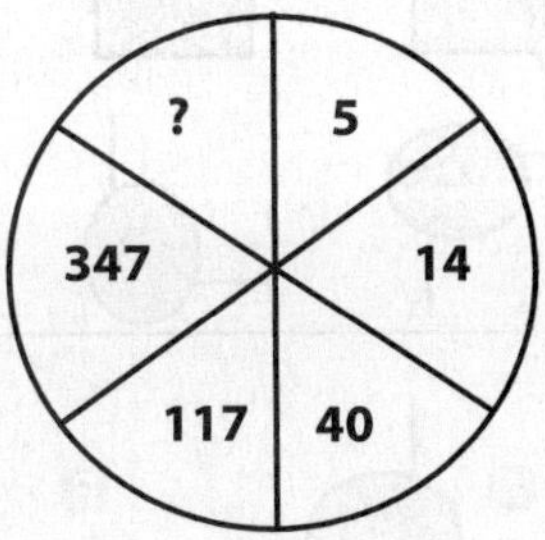

A 1036
B 1100
C 1041
D 1032
E 1028

796 Scartare una delle quattro rappresentazioni grafiche.

A 

B 

C 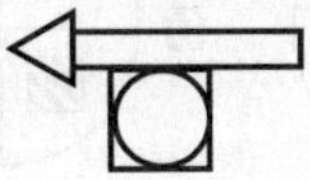

D 

797 Individuare la figura che completa correttamente la seguente serie.

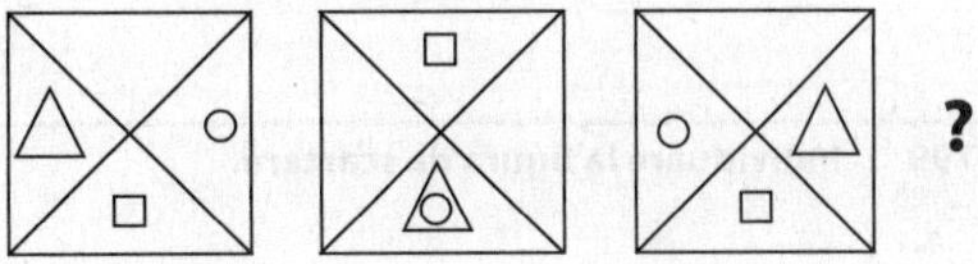

A 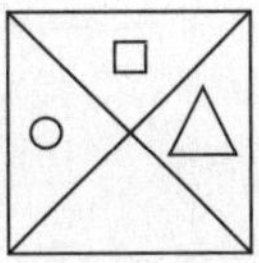

B 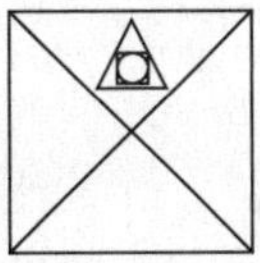

C 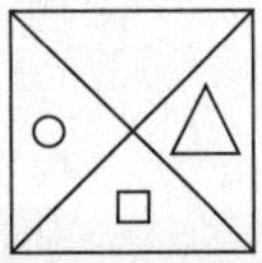

D 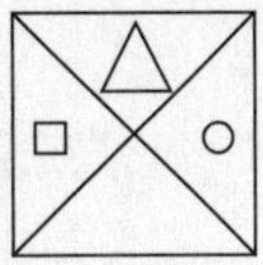

E 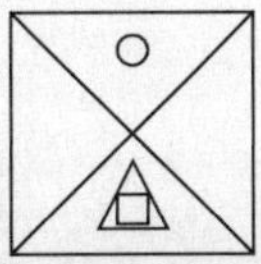

798 **Scartare una delle cinque rappresentazioni grafiche.**

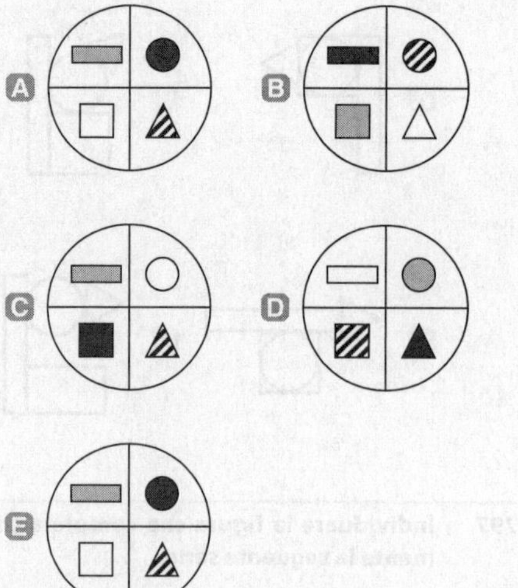

799 **Individuare la figura da scartare.**

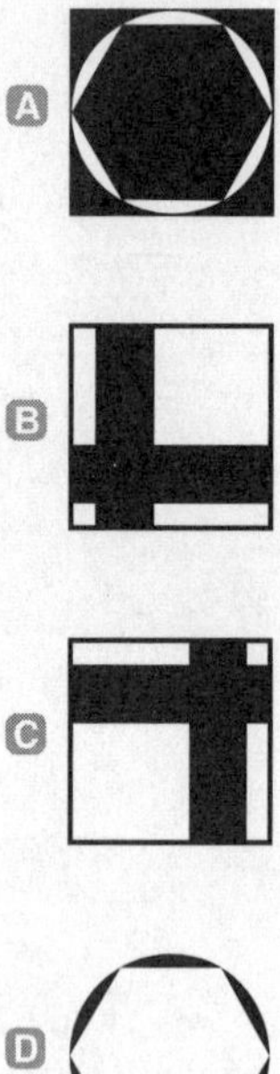

800 **Individuare la figura che completa correttamente la seguente proporzione.**

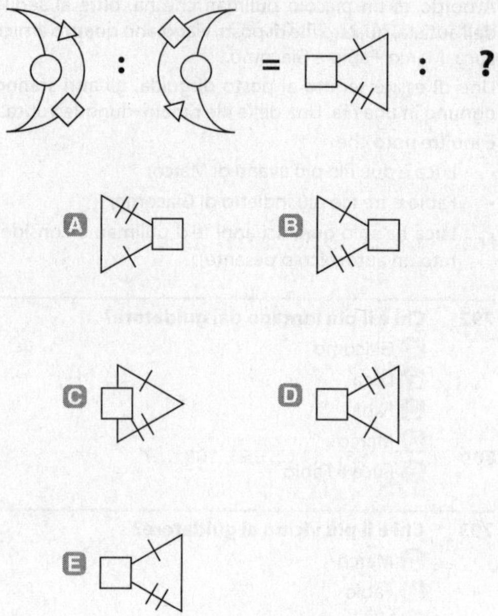

801 **Individuare la figura mancante.**

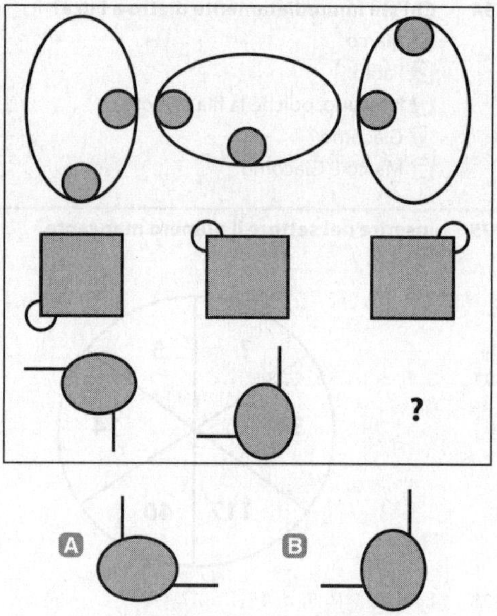

Nei seguenti esercizi completare la serie con il numero o la lettera mancante.

802 **12, 14, 17, 21, 26, ...?**
- A 32
- B 30
- C 33
- D 21
- E 35

803 **4, 8, 11, 10, 20, 23, 22, ...?**
- A 23
- B 44
- C 32
- D 40
- E 10

804 **7152, 867, 1413, 554, 109, ...?**
- A 19
- B 510
- C 6543
- D 999
- E 445

805 **A, 17, C, 14, E, 11, G, ...?**
- A 9
- B 18
- C 14
- D 22
- E 8

806 **D, J, K, Q, R, X, ...?**
- A Z
- B V
- C S
- D Y
- E E

807 **3, S, 6, M, 12, G, 24, ...?**
- A A
- B B
- C C
- D 48
- E 12

808 **L, 2, O, 6, R, 5, U, 15, X, ...?**
- A A
- B 14
- C Z
- D 10
- E 45

809 **Individuare l'elemento mancante.**

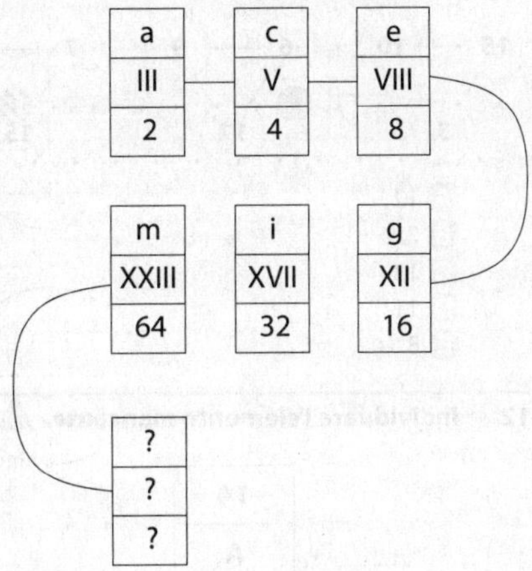

A 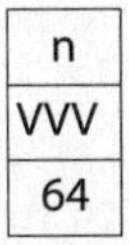

B 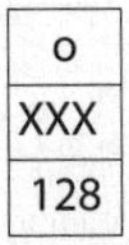

C 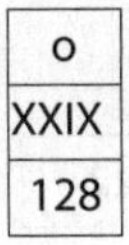

D 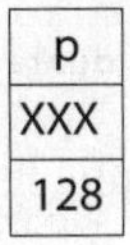

E 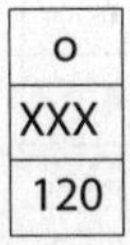

810 **Individuare l'elemento mancante.**

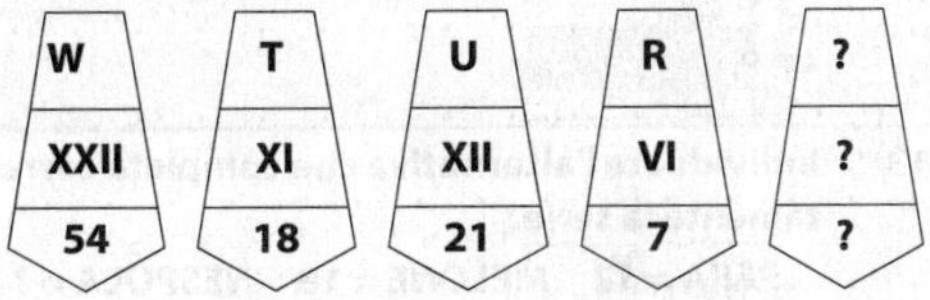

A 

B 

C 

D 

E 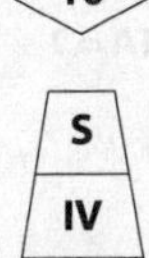

811 **Individuare il numero mancante.**

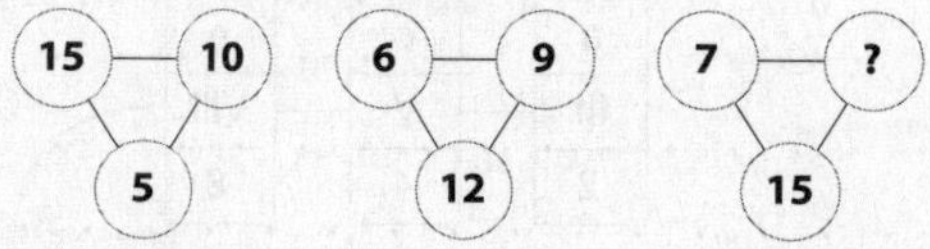

- **A** 12
- **B** 22
- **C** 13
- **D** 11
- **E** 8

812 **Individuare l'elemento mancante.**

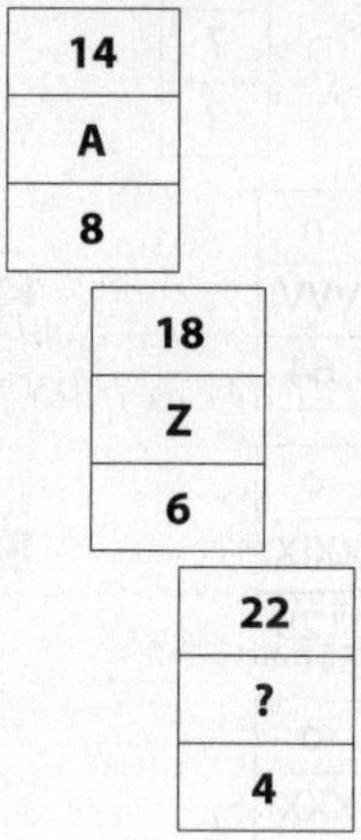

- **A** S
- **B** T
- **C** V
- **D** U
- **E** 6

813 **Individuare l'alternativa che completa correttamente la serie.**

PERA = 12 MELONE = 18 NESPOLA = ?

- **A** 21
- **B** 24
- **C** 30
- **D** 36
- **E** 12

814 **Individuare l'alternativa che completa correttamente la serie.**

COSMETICI = 18
RIMMEL = 15
FONDOTINTA = ?

- **A** 33
- **B** 12
- **C** 30
- **D** 19
- **E** 3

Risolvere le seguenti operazioni in codice.

815 **Date le seguenti operazioni, individuare come si passa dalla successione B A A alla successione A A B.**

1 = *inserire* una lettera all'interno della successione (Es. A A ⇒ A B A)
2 = *eliminare* una lettera da un estremo della successione (A B A ⇒ A B)
3 = *raddoppiare* la lettera iniziale (A B A ⇒ A A B A)
4 = *invertire* la posizione di una coppia di lettere adiacenti (A B A ⇒ B A A)

- **A** 4, 4
- **B** 2, 3, 4
- **C** 3, 4, 2
- **D** 4, 2, 4
- **E** Nessuna delle precedenti

816 **Date le seguenti operazioni, individuare come si passa dalla successione B B alla successione A A.**

1 = Inserire una lettera all'inizio della successione (es: A A ⇒ B A A);
2 = Eliminare una lettera da un estremo della successione (es: A B A ⇒ A B);
3 = Raddoppiare la lettera iniziale (es: A B A ⇒ A A B A);
4 = Invertire la posizione di una coppia di lettere adiacenti (es: A B A ⇒ B A A).

- **A** Non è possibile, con le operazioni disponibili, passare da B B a A A
- **B** 1, 3, 2, 2
- **C** 3, 1, 2
- **D** 2, 1, 3
- **E** 4, 1, 2, 2

817 **Utilizzando solo le lettere A e B, date le seguenti operazioni, individuare come si passa dalla successione B A B alla successione A B A.**

1 = Inserire una lettera all'interno della successione (es: A A ⇒ A B A);
2 = Eliminare una lettera da un estremo della successione (es: A B A ⇒ A B);
3 = Raddoppiare la lettera finale (es: A B A ⇒ A B A A);
4 = Invertire la posizione di una coppia di lettere adiacenti (es: A B A ⇒ B A A).

- **A** 4, 3, 4
- **B** 4, 3, 2, 2
- **C** 2, 3, 4
- **D** 2, 4, 3
- **E** Nessuna delle precedenti

Individuare l'alternativa che completa correttamente le seguenti proporzioni tra parole.

818 **Pediatra : bambini = X : Y**
- A X = gerarca, Y = anziani
- B X = casa di riposo, Y = nonni
- C X = geriatra, Y = anziani
- D X = ortopedico, Y = bambini
- E X = donne, Y = ginecologo

819 **Giusto : X = Y : avventato**
- A X = avvocato, Y = giudice
- B X = oligarchia, Y = repubblica
- C X = inesatto, Y = cauto
- D X = guerra, Y = pace
- E X = giustizia, Y = tranquillo

820 **Indicare la parola da scartare.**
- A Coltello
- B Pentola
- C Cucchiaio
- D Forchetta
- E Cucchiaino

821 **Indicare la parola da scartare.**
- A Giucedi
- B Rebe
- C Cirecu
- D Refa
- E Geleger

822 **Un ragazzo chiede una mela ad un contadino. "Potrai avere tutte quelle che ho nel cappello se risolvi l'indovinello: se le moltiplico per 3 e aggiungo 3 al prodotto e divido la somma per 3 e sottraggo 3 al quoziente il risultato è 5. Bimbo bello, quante mele ho nel cappello?":**
- A 5
- B 7
- C 9
- D 6
- E 8

823 **Un angolo che misura 120 gradi deve essere diviso in quattro angoli, in modo che ogni angolo risultante sia la metà di quello appena più grande. Quanto misura l'angolo più piccolo?**
- A 6°
- B 15°
- C 8°
- D 20°
- E 22°

824 **Quale delle seguenti alternative contiene una lettera ripetuta esattamente cinque volte?**
- A JVCCVVJJVCJC
- B PMNDDNMPNMPDPD
- C XXGAAXGAAXAAXG
- D JHZZHSZSSHHZ
- E Nessuna delle altre alternative è corretta

825 **Se:**
ç + ç + § = -5 · §
ç = 3
allora § è uguale a:
- A -1
- B 1
- C 2
- D -2
- E 0

826 **Indicare quale dei seguenti termini può essere considerato parte della serie GONFIO, ESAGERATO, MAGNILOQUENTE, ENFATICO, ...**
- A UMILE
- B CONCISO
- C STRINGATO
- D DIFETTOSO
- E DECLAMATORIO

827 **Individuare tre numeri sapendo che il terzo è doppio del secondo, che il secondo è triplo del primo e che la somma del primo e del terzo è uguale al secondo aumentato di 12.**
- A 5, 15 e 30
- B 3, 9 e 18
- C 7, 21 e 42
- D 1, 3, 6
- E 4, 12 e 24

828 **Scegliere tra le alternative proposte quella che completa correttamente la seguente frase: «Ti chiederei di uscire con me...».**
- A Anche se non sapessi che fossi fidanzato
- B Se non avrei saputo che sei già fidanzato
- C Se non saprei che sei già fidanzato
- D Se non sapevo che sei già fidanzato
- E Se non sapessi che sei già fidanzato

829 **Se:**
13¥ = 5@
¥ + @ = 54
allora ¥ e @ sono rispettivamente uguali a:
- A 39 e 15
- B 15 e 39
- C 12 e 42
- D 20 e 52
- E 14 e 40

830 **Se ALLERGIA sta a AVVERSIONE allora è corretto che FASCINO stia a....**

- A RIPUGNANZA
- B ATTRAZIONE
- C SINCRONISMO
- D IDIOSINCRASIA
- E REPULSIONE

831 **Posto che, secondo una regola nascosta, a PIPA corrisponde 16 e ad ARANCIA corrisponde 28, che numero corrisponde a LANCIA?**

- A 40
- B 36
- C 22
- D 24
- E 18

832 **Tra le alternative proposte, scegliere quella che completa correttamente la frase «nonostante Piero ..., non perde occasione per dimostrare la sua maturità».**

- A Avrebbe avuto solo quindici anni
- B Avrà avuto solo quindici anni
- C Avesse solo quindici anni
- D Abbia solo quindici anni
- E Avrebbe solo quindici anni

833 **Se LUC significa cifra (singola) divisibile per 6, LOC significa cifra (singola) divisibile per 4 e LAC significa cifra (singola) divisibile per 3, allora con quale scrittura può essere espresso il numero 98?**

- A LAC LOC
- B LUC LOC
- C LAC LAC
- D LOC LUC
- E LOC LOC

834 **Quale valore si ottiene dal prodotto fra i 2 risultati delle operazioni seguenti?**
680 / 340 e 690 / 230

- A 8
- B 1
- C 4
- D 9
- E 6

835 **Quale dei seguenti termini integra la serie: "malanimo - ostilità - rancore - ..."?**

- A Benevolenza
- B Sacrificio
- C Astio
- D Compiacenza
- E Indulgenza

836 **Indicare quale dei seguenti termini può essere considerato parte della serie LITIGARE, BISTICCIARE, CONTENDERE, CONTRASTARE, ...**

- A RICONCILIARSI
- B ACCORDARSI
- C PALESARE
- D DISPUTARE
- E FRATERNIZZARE

837 **Qual è la differenza tra i 2 risultati delle operazioni seguenti?**
5514 / 2 e 5512 / 2

- A 0,5
- B 2
- C 3
- D 1
- E 4

838 **Se AUMENTARE sta a RIDURRE allora è corretto che ACCRESCERE stia a....**

- A AUMENTARE
- B CONTENDERE
- C SOSTENERE
- D PREVEDERE
- E LIMITARE

839 **Tra le alternative proposte, scegliere quella che completa correttamente la frase «il signor Gino, bibliotecario del paese, ci aveva assicurato ...».**

- A Che la biblioteca avrebbe stata aperta alle 14
- B Che la biblioteca sarebbe stata aperta alle 14
- C Che la biblioteca fosse stata aperta alle 14
- D Che la biblioteca fosse aperta alle 14
- E Che la biblioteca sarà stata aperta alle 14

840 **Qual è la differenza tra i 2 risultati delle operazioni seguenti?**
5614 / 2 e 5612 / 2

- A 0,5
- B 2
- C 4
- D 1
- E 2,5

841 ***Coartante* significa:**

- A che costringe
- B vecchio, senile
- C carezzevole
- D gancio di traino
- E delirante

842 **In un museo sono presenti soltanto quadri, sculture e mosaici. Sapendo che il numero di quadri sta a quello delle sculture come 3 sta a 4, che il numero di mosaici sta a quello dei quadri come 5 sta a 3 e che nel museo ci sono 36 sculture, qual è il numero totale di opere d'arte presenti nel museo?**

A 117
B 123
C 108
D 99
E 84

843 **Individuare il diagramma che soddisfa la relazione insiemistica esistente tra i termini dati: Numeri maggiori di quattro, Numeri maggiori di due, Numeri**

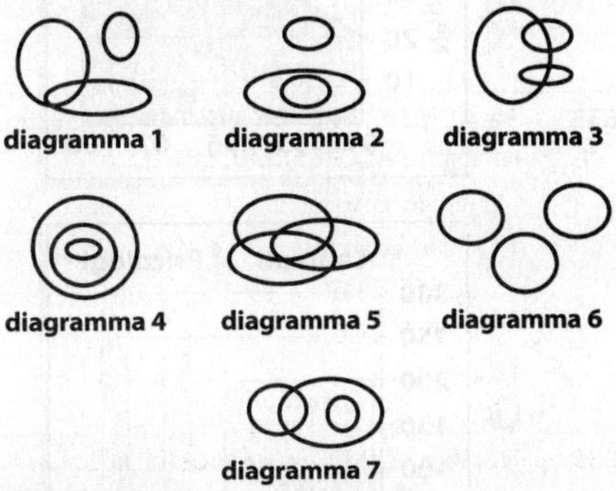

A Diagramma 3
B Diagramma 5
C Diagramma 1
D Diagramma 6
E Diagramma 4

844 **Quale dei seguenti termini integra la serie: "millanteria - vanagloria - tracotanza - ..."?**

A Mitezza
B Modestia
C Angustia
D Iattanza
E Obesità

845 **Se TUP significa cifra (singolA) divisibile per 5, TAP significa cifra (singolA) divisibile per 2 e TIP significa cifra (singolA) divisibile per 7, allora con quale scrittura può essere espresso il numero 74?**

A TUP TAP
B TIP TAP
C TAP TAP
D TIP TUP
E TAP TUP

846 **Individuare la figura mancante.**

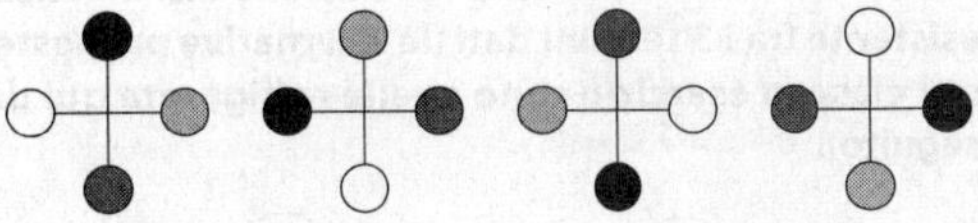

A 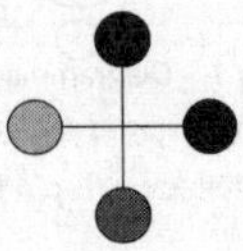
B 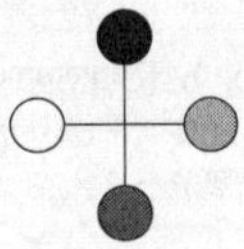
C 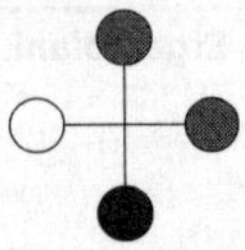
D 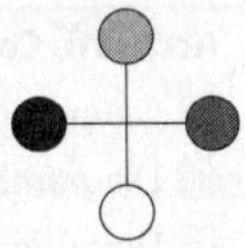
E 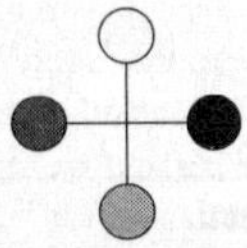

847 **Individuare gli elementi della figura incognita sapendo che i numeri in essa contenuti assumono valori da 1 a 15 (15 + 1 = 1 e non 16) e che possono essere presenti i seguenti simboli grafici: ● ○ ❐ ■ ♠ ▼.**

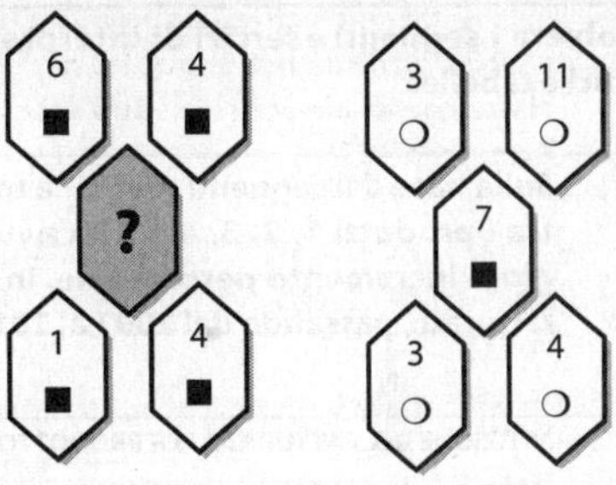

A 5○
B 8○
C 12○
D 16○
E Nessuna delle precedenti

848 **Un'urna contiene 50 gettoni, bianchi e neri. Sapendo che la probabilità di estrarre un gettone bianco è il 40%, il numero di gettoni neri contenuti nell'urna è**

A 10
B 30
C 20
D 15
E 25

Per ciascuno degli esercizi seguenti, indicare la rappresentazione che soddisfa la relazione insiemistica esistente tra i 3 termini dati (le alternative proposte per ciascun esercizio sono quelle raffigurate qui di seguito).

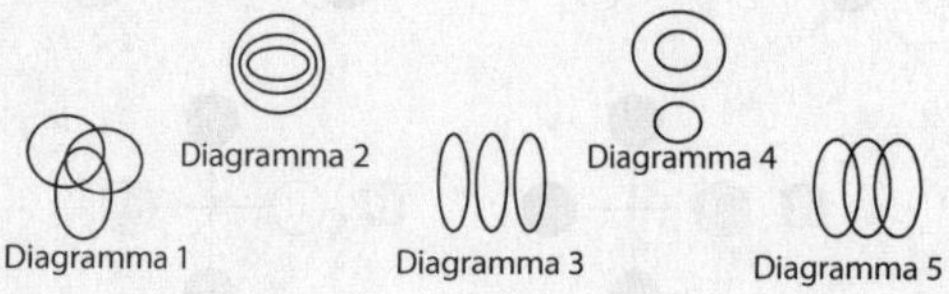

849 **Accusati, Condannati, Ergastolani.**

- A Diagramma 1
- B Diagramma 2
- C Diagramma 3
- D Diagramma 4
- E Diagramma 5

850 **Camerieri, Cucine, Piatti.**

- A Diagramma 1
- B Diagramma 2
- C Diagramma 3
- D Diagramma 4
- E Diagramma 5

Risolvere i seguenti esercizi di interpretazione di grafici e tabelle.

851 **Sulla base dei seguenti grafici "a torta", quale tra i prodotti 1, 2, 3, 4 e 5 ha avuto il maggiore incremento percentuale, in termini di fatturato, passando dal 2007 al 2011?**

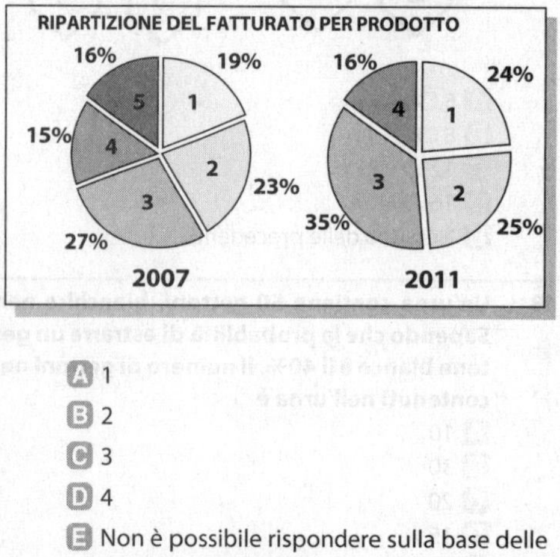

- A 1
- B 2
- C 3
- D 4
- E Non è possibile rispondere sulla base delle informazioni fornite

852 **Il numero di psicologi aumenta ogni anno del 10% circa. Quale dei seguenti grafici rappresenta in modo corretto tale informazione?**

A
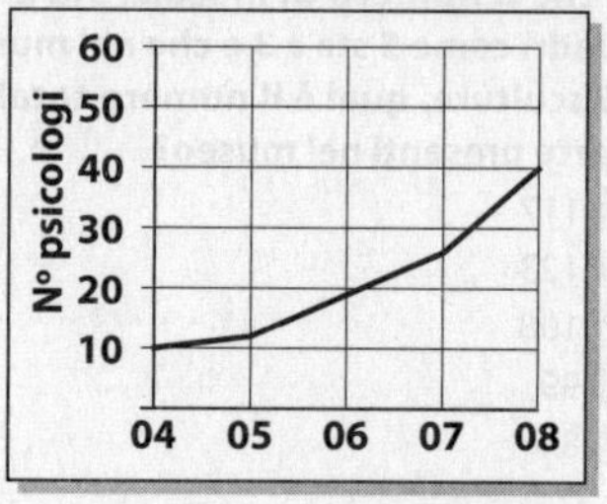

B
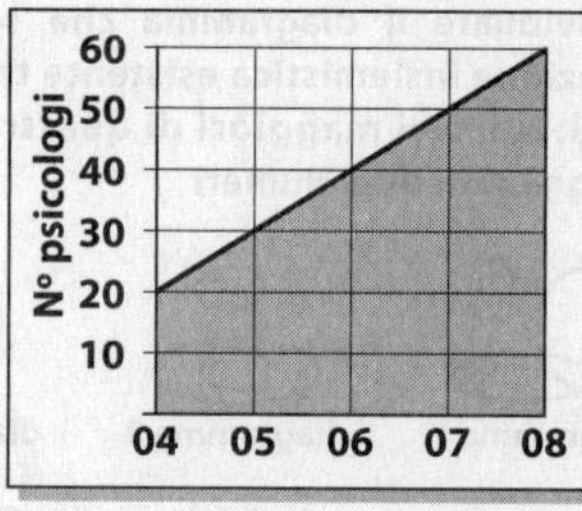

C
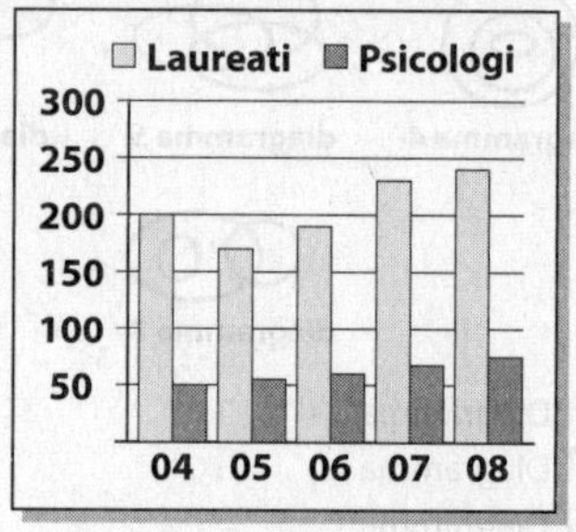

D
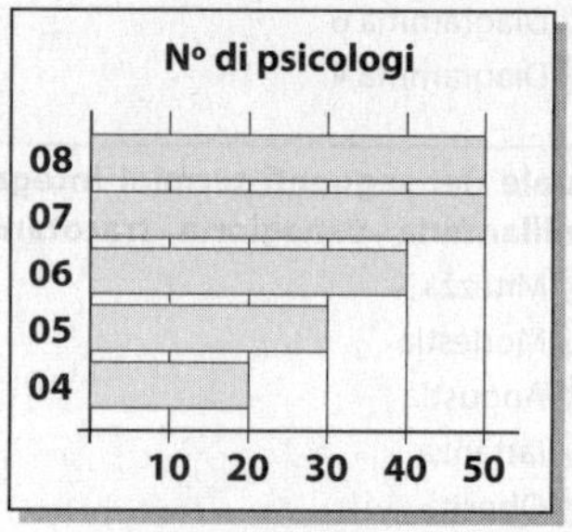

E
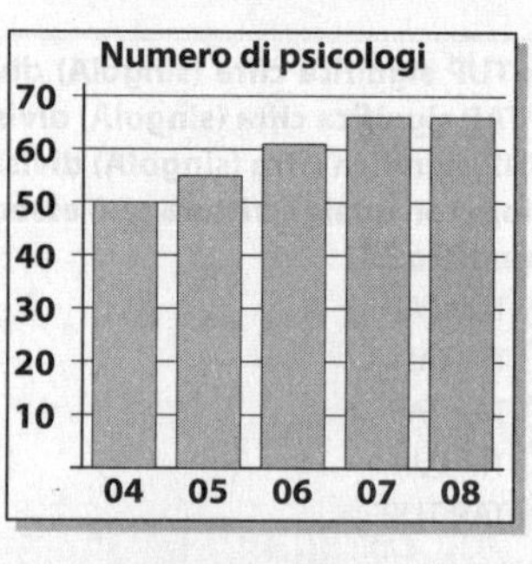

La società di ricerche "Guess" ha effettuato uno studio sul numero di persone che praticano sport, mettendo a confronto i dati del 2011 con quelli previsti per il 2016, e ha prodotto il seguente grafico comparativo:

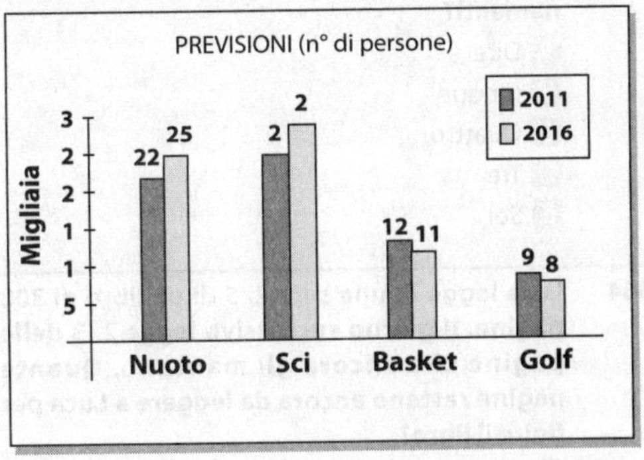

853 **Se la spesa annua sostenuta da ogni praticante è mediamente quella rappresentata nella seguente tabella, quale sport ha prodotto il maggior "giro d'affari" (spese) nel 2011?**

Sport	Spese (in Euro)
Nuoto	370
Sci	610
Basket	150
Golf	2400

A Nuoto
B Basket
C Sci
D Golf
E Non è possibile rispondere

Il grafico seguente rappresenta il fatturato ottenuto nel 2011 da alcune aziende di moda italiane, suddiviso per segmento di mercato. Leggere attentamente il grafico e rispondere alle domande seguenti.

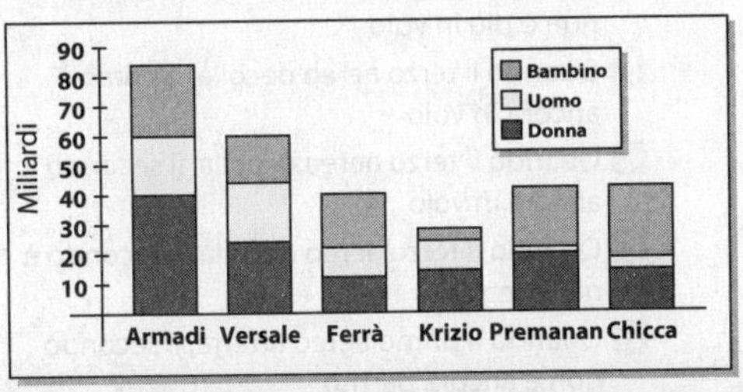

854 **Quale azienda ha ottenuto il maggior fatturato?**

A Versale
B Ferrà
C Armadi
D Premanan
E Chicca

855 **Quale azienda ha ottenuto il minor fatturato dal segmento uomo?**

A Armadi
B Ferrà
C Premanan
D Chicca
E Krizio

856 **Quale azienda ha ottenuto il maggior fatturato dal segmento donna?**

A Krizio
B Armadi
C Versale
D Ferrà
E Chicca

857 **Se non esistesse il segmento bambino, quale sarebbe l'azienda con il minor fatturato?**

A Versale
B Chicca
C Armadi
D Ferrà
E Premanan

858 **Giorgio impiega 4 giorni per costruire una barca. Mario ne impiega 6 e Alfredo 12. Quanto tempo impiegano i tre insieme per costruire la stessa barca?**

A 2 giorni
B 3 giorni
C 36 ore
D 4 giorni
E 6 giorni

859 **Tre muratori, lavorando allo stesso ritmo, impiegano 40 minuti per demolire una parete. Quanto impiegherebbe uno solo di essi a demolire la stessa parete?**

A 110 min.
B 2 ore
C 100 min.
D 25 min.
E circa 13 min.

860 **Individuare la figura mancante.**

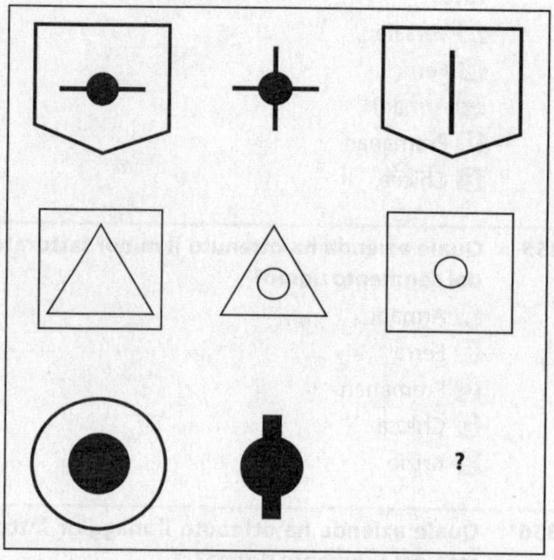

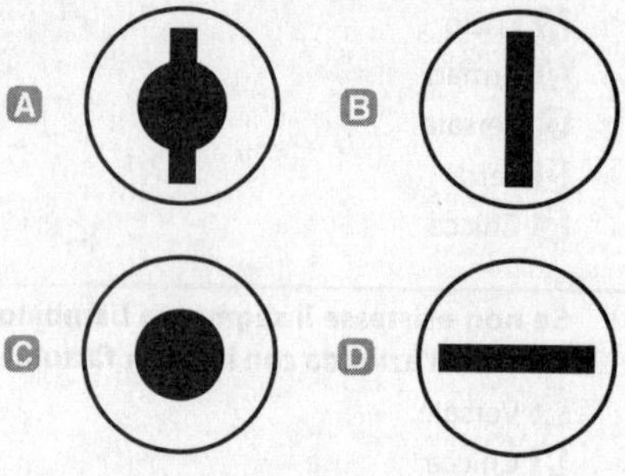

861 **Tre imbianchini, lavorando insieme, impiegano 5 ore per dipingere una stanza di 200 metri quadrati. Per compiere lo stesso lavoro, lavorando da solo, il primo imbianchino impiegherebbe 20 ore, mentre il secondo imbianchino impiegherebbe 10 ore. Quanto tempo impiegherebbe il terzo imbianchino a dipingere da solo la stanza?**

- A 30 ore
- B 16 ore
- C Come il 1º
- D Come il 2º
- E 10 ore

862 **Piero ha due libri più di Matteo, che ne possiede la metà di Luca, mentre Enrico ne ha il quadruplo di Luca. Se i quattro amici posseggono complessivamente 122 libri, quanti di questi sono di proprietà di Matteo?**

- A 17
- B 10
- C 12
- D 23
- E 22

863 **Tre fratelli possiedono una canoa a due posti e vogliono allenarsi per una gara. Potendosi allenare solo due per ogni allenamento, qual è il numero minimo di allenamenti da predisporre in una settimana, se ognuno dei tre fratelli vuole partecipare ad almeno due allenamenti?**

- A Due
- B Cinque
- C Quattro
- D Tre
- E Sei

864 **Luca legge in una sera 2/5 di un libro di 300 pagine. Il giorno successivo legge 2/3 delle pagine che ancora gli mancano. Quante pagine restano ancora da leggere a Luca per finire il libro?**

- A 40
- B 60
- C 120
- D 180
- E 300

865 **Luigi e Nicola sono in grado di bere 24 bottiglie di birra in 100 minuti. Luigi ne beve il triplo di Nicola, il quale a sua volta ne beve la metà di Andrea. Quante bottiglie di birra bevono Andrea, Luigi e Nicola insieme in 50 minuti?**

- A 24
- B 18
- C 30
- D 36
- E 12

866 **Tre aerei militari americani si alzano in volo dalla portaerei "Eisehnower" rispettivamente alle ore 10.00, 11.00 e 13.00. Dopo avere fatto il loro giro di ricognizione lungo 300 km alla velocità rispettivamente di 200 km/h, 100km/h e 300 km/h, riatterrano sulla portaerei. Quale delle seguenti affermazioni è corretta?**

- A Quando il secondo aereo decolla, il primo non è più in volo
- B Quando il terzo aereo decolla, il primo è ancora in volo
- C Quando il terzo aereo decolla, il secondo è ancora in volo
- D Quando il terzo aereo decolla, il secondo è già atterrato
- E Quando il primo aereo atterra, il secondo non è ancora partito

867 **Una sarta confeziona un abito ogni 2 settimane. Quante sarte occorrono per confezionare 3 abiti ogni settimana?**

A 6
B 3
C 2
D 20
E 12

868 **Scartare una delle quattro rappresentazioni grafiche.**

A 
B 
C 
D 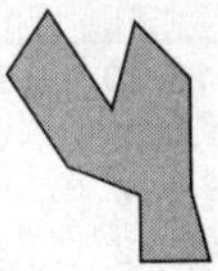
E 

869 **Individuare la lettera mancante.**

C, F, I, N, Q, …?

A T
B O
C R
D Z
E S

870 **Scartare una delle quattro rappresentazioni grafiche.**

A 
B 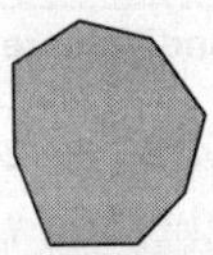
C 
D 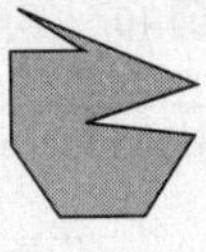
E 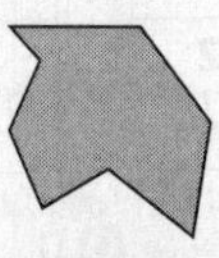

871 **Individuare la figura mancante.**

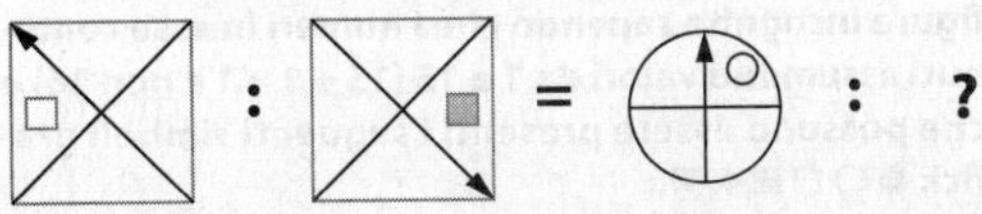

A 
B 
C 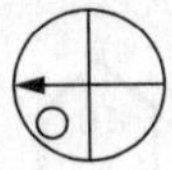
D 
E 

872 **Un camion, andando in salita, copre una distanza di 55 km a 35 km/h. Nel ritornare, in discesa, copre la stessa distanza a 63 km/h. Qual è la velocità media complessiva in km/h (andata e ritorno)?**

A 41
B 43
C 45
D 47
E 49

873 **Individuare l'elemento mancante.**

15	18	17	20	19	22	21	?
b	e	g	l	n	q	s	?

A

15
b

B

27
f

C

24
v

D

u
12

874 **Indicare la parola da scartare.**

A Mosso
B Rossore
C Addosso
D Cipresso
E Fosso

875 **Qual è un sinonimo di *flebile*?**

A Febbricitante
B Fioco
C Flessibile
D Forte
E Allegro

Negli esercizi seguenti individuare gli elementi delle figure incognite sapendo che i numeri in esse contenuti assumono valori da 1 a 15 (15 + 1 = 1 e non 16) e che possono essere presenti i seguenti simboli grafici: ● ○ □ ■ ♠ ▼.

876 Individuare la figura mancante.

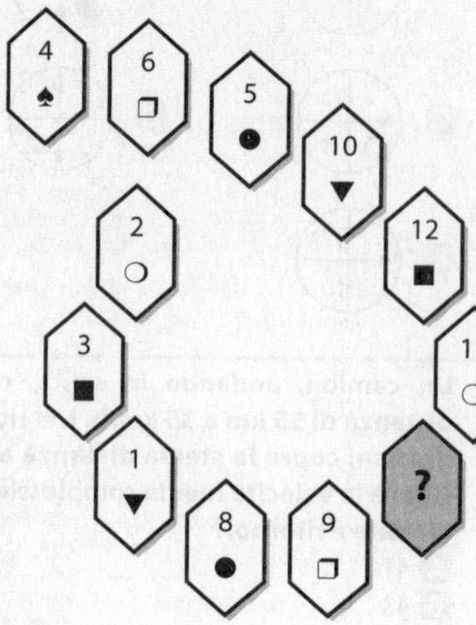

A 14 ♠
B 12 ■
C 7 ●
D 12 ●
E 7 ♠

877 Individuare la figura mancante.

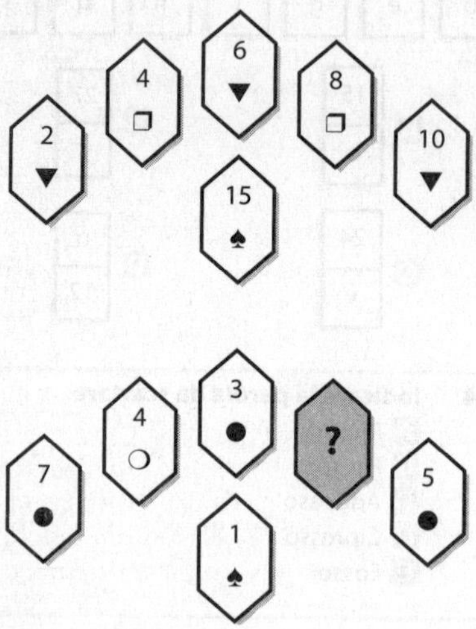

A 12 ○
B 5 ○
C 15 ●
D 3 ○
E 7 ●

Completare le seguenti successioni di numeri e lettere.

878 72, 59, 46, 33, ...?

A 11
B 21
C 20
D 29
E 34

879 6, 9, 9, 13, 12, 17, 15, ...?

A 18
B 21
C 19
D 20
E 17

880 18, 20, 24, 32, ...?

A 50
B 38
C 42
D 45
E 48

881 3, 7, 10, 17, 27, 44, ...?

A 47
B 71
C 57
D 60
E 70

882 D, F, H, J, L, ...?

A N
B K
C W
D M
E O

883 Individuare il numero mancante.

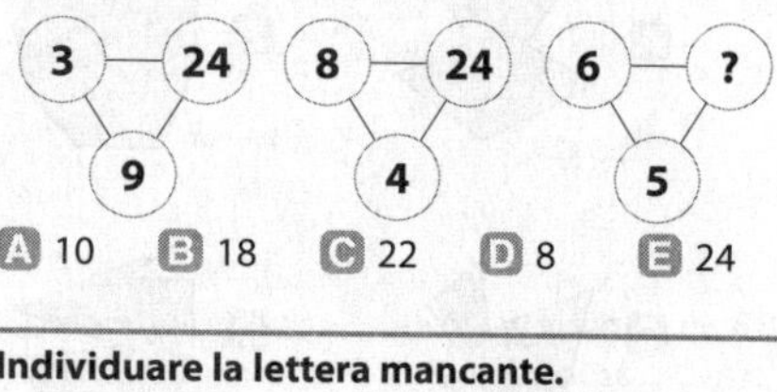

A 10 B 18 C 22 D 8 E 24

884 Individuare la lettera mancante.

14	18	22
A	Z	?
8	6	4

A V B S C T D U E 6

885 **Convertire 80% in frazione:**
A 4/5 B 80/1 C 8/12 D 4/10 E 8/16

Leggere il testo del seguente problema e rispondere alle relative domande.

È il lunedì mattina del 10 ottobre; Luisa, Marcella, Giulia e Riccardo devono sostenere l'esame finale di lingua inglese il giorno venerdì 14 ottobre e desiderano ripassare insieme almeno per una volta, solamente al pomeriggio o alla sera, prima dell'esame. Si risponda ai quesiti che seguono sapendo che:

1) Luisa può studiare soltanto lunedì sera, martedì sera, mercoledì sera e giovedì pomeriggio e sera.
2) Marcella può studiare soltanto lunedì sera, mercoledì sera, giovedì sera e martedì pomeriggio e sera.
3) Giulia può studiare soltanto mercoledì sera e giovedì sera, martedì pomeriggio e lunedì pomeriggio e sera.
4) Riccardo può studiare i pomeriggi e le sere del martedì e del giovedì, il pomeriggio del lunedì e la sera del mercoledì.

886 **Se Luisa decidesse di studiare tutte le sere:**
A avrebbe almeno due compagni di studio per sera
B l'incontro con gli altri tre studenti potrebbe avvenire soltanto lunedì o martedì
C dovrebbe studiare da sola il lunedì sera
D non riuscirebbe mai a incontrare Riccardo
E nessuna delle precedenti risposte è corretta

887 **Se l'esame venisse anticipato a giovedì mattina, quale delle seguenti affermazioni sarebbe esatta?**
I) I quattro studenti non riuscirebbero mai a studiare tutti insieme
II) Luisa non potrebbe mai studiare al pomeriggio
III) Giulia e Marcella potrebbero studiare insieme tre volte
A Soltanto la II) e la III)
B Soltanto la I) e la II)
C Soltanto la I) e la III)
D Soltanto la I)
E La I), la II) e la III)

888 **Daniele vorrebbe aggiungersi al gruppo di studio. Qualora il gruppo accettasse di studiare tutti insieme, Daniele dovrebbe essere disponibile:**
A giovedì pomeriggio
B martedì pomeriggio
C mercoledì sera o giovedì sera
D lunedì sera
E mercoledì pomeriggio

Rispondere al seguente quesito di deduzione logica.

889 **"Nel 1994, secondo i dati dell'ISTAT, la percentuale di maschi occupati nel settore industriale rispetto al totale dei maschi occupati in Italia era pari al 38,3%. Tale percentuale, se calcolata con riferimento esclusivo all'Italia centro-settentrionale, sale al 42,3%, mentre scende al 29,7% se invece si considerano i maschi occupati nell'Italia meridionale."**
Dal testo sopra riportato si può dedurre con certezza che:
A in Italia sono più numerosi i maschi occupati nel settore industriale nel Centro-Nord rispetto a quelli occupati nello stesso settore economico nel Centro-Sud
B la maggior parte dei maschi occupati risiede nell'Italia centro-settentrionale
C nell'Italia meridionale i settori economici non industriali, relativamente all'occupazione maschile, sono più importanti che al Centro-Nord
D nell'Italia meridionale il settore industriale produce poca occupazione
E la disoccupazione maschile è più elevata nell'Italia meridionale

Inserire nelle frasi seguenti la parola o i gruppi di parole opportuni.

890 **Un ________ è un'apertura della superficie terrestre da cui fuoriesce materiale proveniente dall'interno della Terra. A seconda del tipo di manifestazione si parla di attività ________ o ________.**
A vulcano/longitudinale/trasversale
B terremoto/tellurica/vulcanica
C vulcano/effusiva/esplosiva
D bradisismo/di sprofondamento/di sollevamento
E geyser/sussultorio/oscillatorio

891 **Una conoscenza rudimentale della ________ guidava l'antico contadino; osservando la posizione del Sole e delle stelle egli riusciva ad anticipare le variazioni di stagione.**
A astronomia
B astrologia
C botanica
D agricoltura
E meteorologia

Risolvere il seguente problema.

In Polinesia ci sono quattro minuscoli isolotti (si consideri irrilevante la loro dimensione) uguali per forma, allineati ed equidistanti: da sinistra a destra i loro nomi sono rispettivamente A, B, C, D. Rispondere alle domande che seguono sapendo che:

1) in uno di essi è sepolto un tesoro e in un altro c'è un naufrago;
2) la distanza tra un isolotto e quello successivo è di 1 km;
3) su due degli isolotti c'è una palma, ma in essi non c'è il naufrago né vi è sepolto il tesoro;
4) il tesoro è nel secondo isolotto a destra rispetto a quello del naufrago, e adiacente all'isolotto del tesoro ce n'è uno solo con la palma;
5) il tesoro fu accuratamente nascosto dal capitano Flint a una profondità di un metro sotto la sabbia.

892 In quale isolotto è nascosto il tesoro?

A A
B B
C C
D D
E Non è possibile rispondere

893 Individuare il numero mancante:

7, 20, 46, 98, 202, 410, ?

A 826
B 820
C 612
D 814
E 938

894 Individuare il numero mancante.

10	18	22
20	40	?
6	10	13

A 72
B 22
C 24
D 32
E 45

895 Individuare gli elementi mancanti.

Z, 2, U, 4, S, 16, Q, 256 …, …?

A O, 65536
B Q, 272
C 23, O
D S, 4096
E V, 128

896 Indicare la parola da scartare.

A Nerone
B Sindaco
C Grosso
D Viola
E Regime

897 Giulio ha promesso a Giuseppe: "Se quest'anno vado in barca, prometto che non ti chiedo la moto in prestito". In agosto Giulio non è andato in barca. Se Giulio è una persona che mantiene sempre le sue promesse, possiamo concludere che:

A Giulio ha chiesto la moto in prestito a Giuseppe
B Giulio non ha chiesto la moto in prestito a Giuseppe
C Giuseppe non ha dato la sua moto in prestito a Giulio
D non possiamo trarre nessuna delle tre precedenti conclusioni
E Giuseppe ha dato la sua moto in prestito a Giulio

898 L'ispettore Poirot afferma: "Se il ladro non ha usato i guanti, allora o l'ispettore trova le impronte sul tavolo o è un incapace; inoltre tutti, anche i ladri che usano i guanti, lasciano qualche impronta con le scarpe." L'ispettore trova solo impronte di scarpe per terra. Se l'affermazione di Poirot è vera, una sola delle seguenti conclusioni è assolutamente certa. Quale?

A Non è detto che le impronte di scarpe siano del ladro
B Il ladro usava i guanti
C L'ispettore è un incapace
D Non è vero che l'ispettore non sia un incapace
E Nessuna delle precedenti

899 Individuare il numero mancante.

5, 10, 8, 12, 11, 14, 14, …?

A 24
B 11
C 14
D 12
E 16

900 Indicare la parola da scartare.

A Balena
B Serpente
C Pipistrello
D Gnu
E Coniglio

901 **Soltanto se la mia automobile ha benzina può funzionare.**
Se quanto affermato sopra è vero, allora quale delle seguenti affermazioni è vera?

I) Se la mia automobile ha la benzina, allora può funzionare
II) Se la mia automobile non funziona, allora non ha benzina
III) Se la mia automobile funziona, allora ha benzina

A I)
B II)
C III)
D I) e II)
E II) e III)

902 **Individuare la figura mancante.**

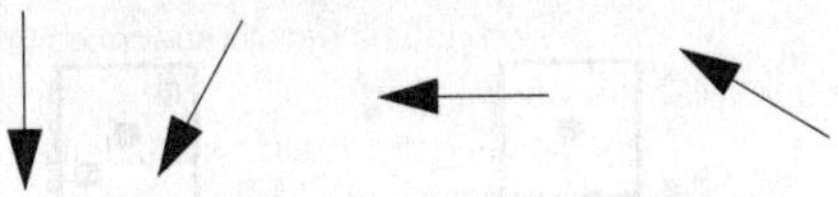

A 

B 

C

D 

903 **Individuare il numero mancante.**

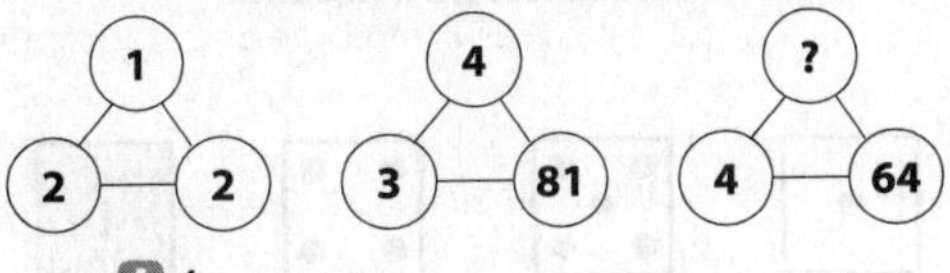

A 4
B 7
C 9
D 32
E 3

904 **Individuare il numero mancante.**

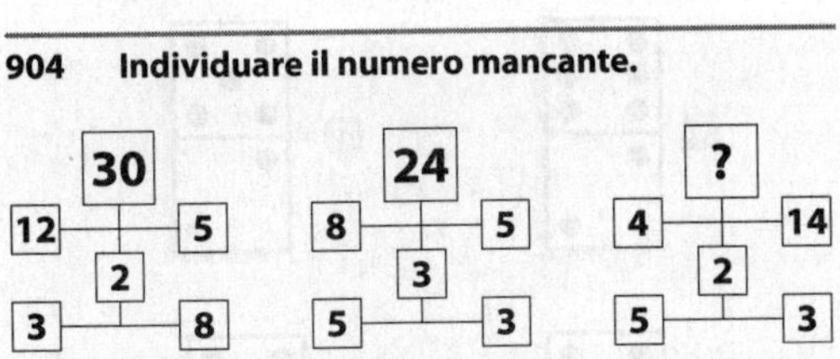

A 12
B 7
C 30
D 24
E 28

905 **Individuare il numero mancante:**
4, 16, 64, …, 1024

A 244
B 256
C 128
D 164
E 225

906 **Individuare il numero mancante:**
16, 81, …, 625

A 169
B 225
C 144
D 256
E 400

907 **Individuare il numero mancante:**
12, 13, 11, 14, 10, …

A 15
B 9
C 11
D 16
E 12

908 **Individuare la tessera mancante.**

A 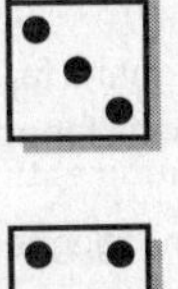

B 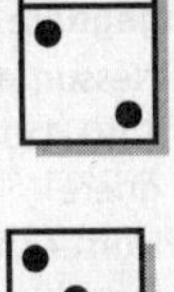

C 

D 

909 **Se l'affermazione "i voti scolastici di Giulio sono sempre stati più che sufficienti" è vera, allora necessariamente:**

A è possibile che Giulio abbia preso almeno un voto insufficiente
B è impossibile negare che Giulio abbia preso voti insufficienti
C Giulio non ha mai preso voti insufficienti
D Giulio è più bravo a scuola dei suoi compagni
E Giulio andrà bene all'università

910 **Enrico è permaloso: se qualcuno lo prende in giro, si offende. Ma se nessuno prende in giro Enrico, Pietro si annoia. Ieri Enrico non si è offeso. Quale delle seguenti conclusioni non può essere ricavata con certezza?**

A Enrico è permaloso e Pietro si è annoiato
B O Pietro è permaloso oppure non è permaloso
C Enrico si è annoiato
D Se Pietro prendesse in giro Enrico, Enrico si offenderebbe
E Pietro potrebbe annoiarsi anche in altre circostanze

911 **Massimo giura che andrà a tagliarsi i capelli se e solo se troverà un lavoro. Se Massimo è una persona di parola, quale delle seguenti affermazioni sul suo conto è certamente vera?**

A Massimo si innamora di una ragazza a cui piacciono gli uomini con i capelli rasati a zero e corre subito dal barbiere a tagliarseli
B Massimo continua a non trovare lavoro e, per la disperazione, prende le forbici e si taglia i capelli con le sue stesse mani
C Massimo, dopo mesi di ricerca, trova finalmente un lavoro e si reca dal barbiere a tagliarsi i capelli
D Massimo trova un lavoro e si fa il codino per essere più ordinato e presentabile
E Massimo dovrebbe pensare più al lavoro e meno ai suoi capelli

912 **Quale delle seguenti affermazioni equivale a dire: "Non tutti i laureati in Ingegneria fanno l'ingegnere**

A Nessun laureato in Ingegneria fa l'ingegnere
B Tutti i laureati in Ingegneria fanno l'ingegnere
C Non esiste un laureato in Ingegneria che non faccia l'ingegnere
D Vi è almeno un laureato in Ingegneria che non fa l'ingegnere
E Tutti i laureati in Ingegneria fanno un lavoro diverso dall'ingegnere

913 **Individuare la tessera mancante.**

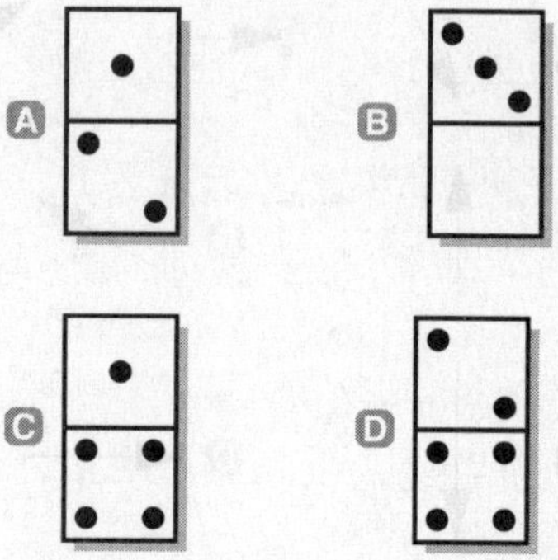

914 **Individuare la tessera mancante.**

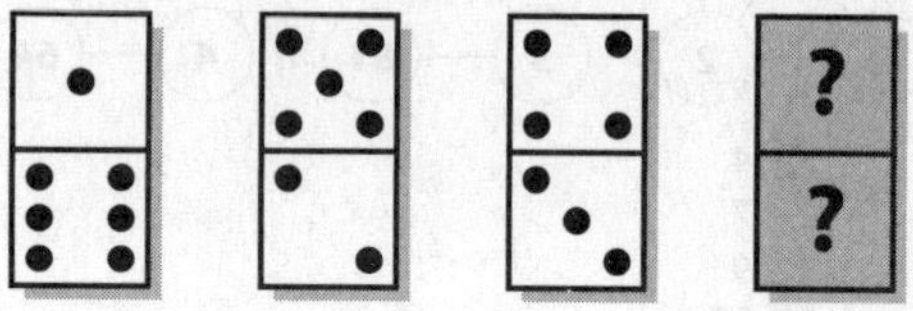

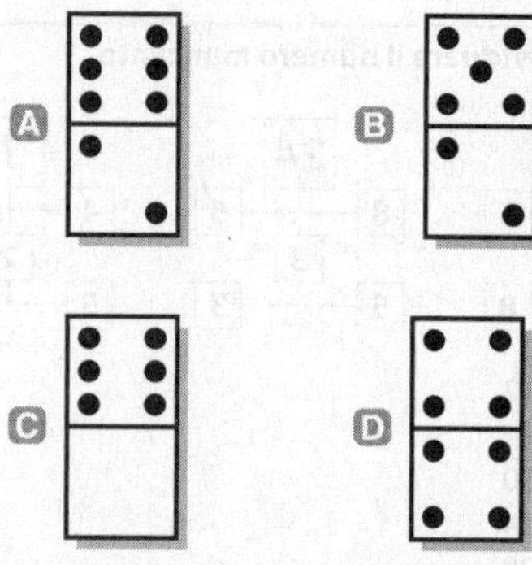

915 Individuare la tessera mancante.

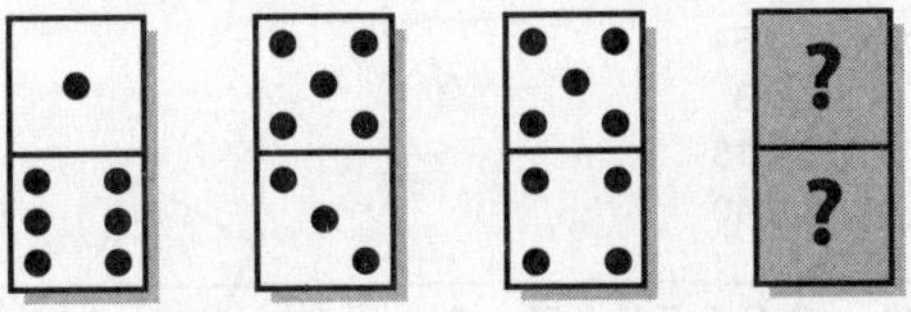

A 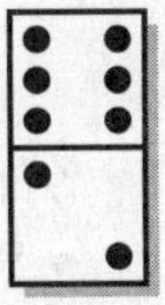

B 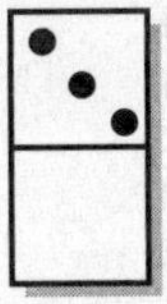

C 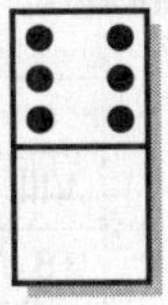

D 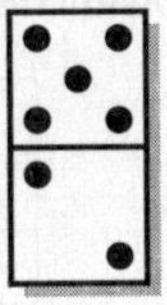

916 Individuare la figura mancante.

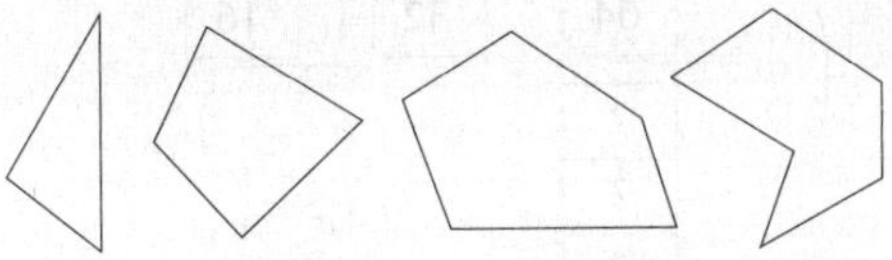

A 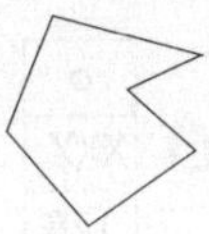

B 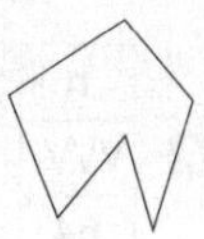

C 

D 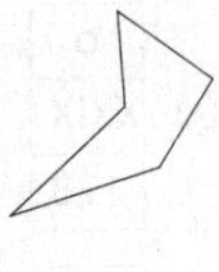

917 Individuare il numero mancante.

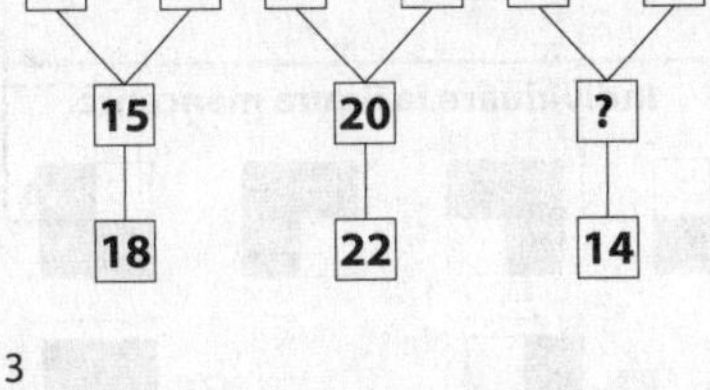

- A 3
- B 4
- C 26
- D 7
- E 9

918 Individuare il numero mancante.

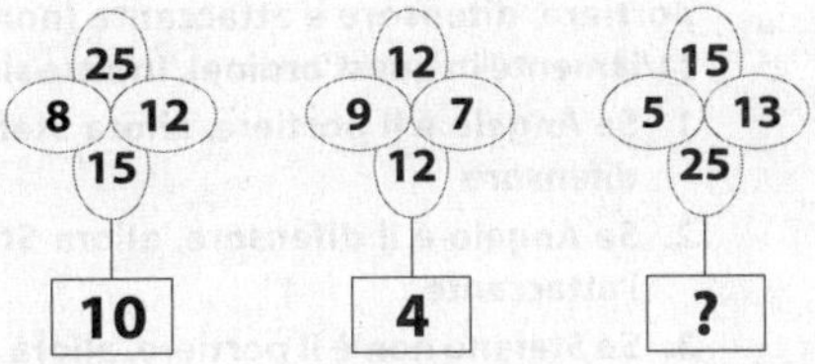

- A 22
- B 8
- C 11
- D 6
- E 5

919 Individuare il numero mancante.

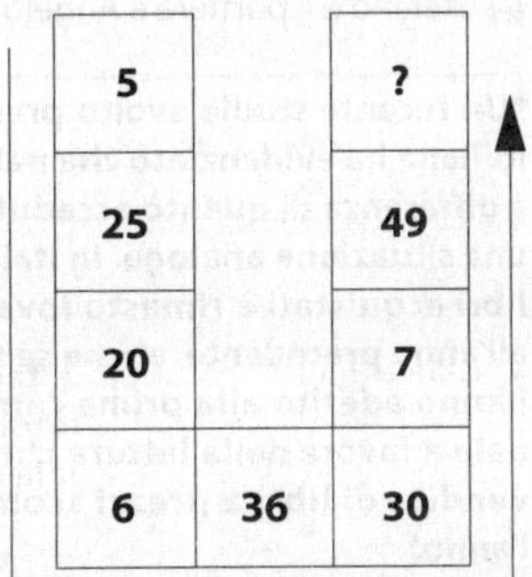

- A 46
- B 42
- C 12
- D 8
- E 54

920 Un promotore finanziario riceve una commissione del 5% per ogni polizza assicurativa venduta, quale è il valore della polizza venduta lo scorso 5 marzo?
(1) La commissione ricevuta ammonta a 150 euro.
(2) La polizza venduta vale il 200% di quella base del valore di 1.500 euro.

- A L'affermazione (1) DA SOLA è sufficiente, ma l'affermazione (2) da sola non è sufficiente
- B L'affermazione (2) DA SOLA è sufficiente, ma l'affermazione (1) da sola non è sufficiente
- C Entrambe le affermazioni INSIEME sono sufficienti, ma NESSUNA affermazione DA SOLA è sufficiente
- D CIASCUNA affermazione DA SOLA è sufficiente
- E Le affermazioni (1) e (2) INSIEME NON sono sufficienti

921 **Nella squadra di calcio "Atletico Goleada" giocano Angelo, Stefano e Alberto nei ruoli di portiere, difensore e attaccante (non necessariamente in quest'ordine). Inoltre si sa che:**

1. **Se Angelo è il portiere, allora Stefano è il difensore**
2. **Se Angelo è il difensore, allora Stefano è l'attaccante**
3. **Se Stefano non è il portiere, allora Alberto è il difensore**
4. **Se Alberto è l'attaccante, allora Angelo è il difensore**

Dunque, è possibile dedurre che:

A Angelo è il portiere e Stefano il difensore
B Angelo è il difensore e Stefano l'attaccante
C Alberto è l'attaccante e Angelo il difensore
D Angelo è l'attaccante e Alberto il difensore
E Stefano è il portiere e Angelo è il difensore

922 **"Un recente studio svolto presso le famiglie italiane ha evidenziato che nell'ultimo anno, a differenza di quanto accaduto in Austria in una situazione analoga, in Italia il numero di libri acquistati è rimasto invariato rispetto all'anno precedente, anche se tutti gli editori hanno aderito alla prima campagna nazionale a favore della lettura che prevedeva la vendita di libri a prezzi scontati per tutto l'anno."**
Quale delle seguenti conclusioni può essere dedotta dalla precedente affermazione?

A Lo sconto praticato durante la prima campagna nazionale a favore del libro era troppo alto
B In Italia, non è stato sufficiente vendere i libri a un prezzo scontato per aumentare le vendite
C Nell'ultimo anno alcuni editori hanno dovuto cambiare attività
D In Austria si vendono più libri che in Italia
E Nell'ultimo anno in Austria il numero di libri acquistati è aumentato

923 **Inserire nella frase seguente le parole opportune.**
Quando si lavora con apparecchiature ________ è consigliabile utilizzare strumenti fatti di materiale ________ come la gomma o la porcellana per evitare eventuali ________.

A elettroniche/conduttore/cali di tensione
B elettriche/isolante/scariche
C magnetiche/inerte/polarizzazioni
D elettriche/semiconduttore/cortocircuiti
E isolante/elettrico/scosse

924 **9, 3, 11, 9, 13, 27, ...?**

A 81
B 54
C 3
D 15
E 40

925 **B, C, E, F, H, I, M, ...?**

A N
B P
C O
D T
E L

926 **Individuare l'elemento mancante.**

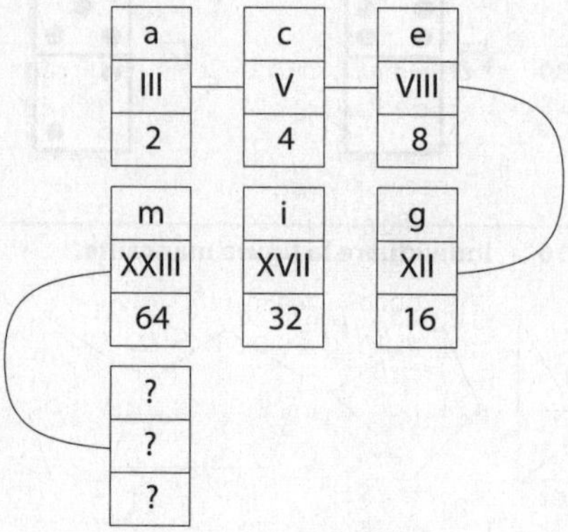

A 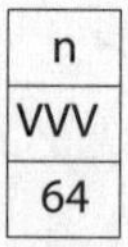

B 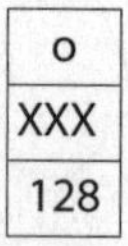

C 

D 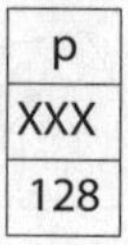

E 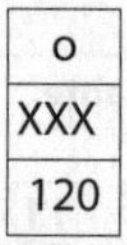

927 **Individuare la figura mancante.**

A 

B 

C 

D 

928 **Completare la seguente proporzione tra parole:**

Circonferenza : X = Y : cubo

A X = cilindro, Y = rombo
B X = cono, Y = prisma
C X = sfera, Y = quadrato
D X = cerchio, Y = rettangolo
E X = ellisse, Y = quadrilatero

929 **Individuare il numero mancante.**

11, 17, 23, 29, 35, ...?

A 45
B 41
C 48
D 49
E 52

930 **L'affermazione: "L'evento X accade solo se accade l'evento Y" significa che Y è condizione:**

A necessaria per X
B sufficiente per X
C necessaria e sufficiente per X
D probabile, ma insufficiente per X
E nessuna delle precedenti

931 **Individuare la figura mancante.**

A 

B 

C 

D 

932 **Individuare il numero mancante.**

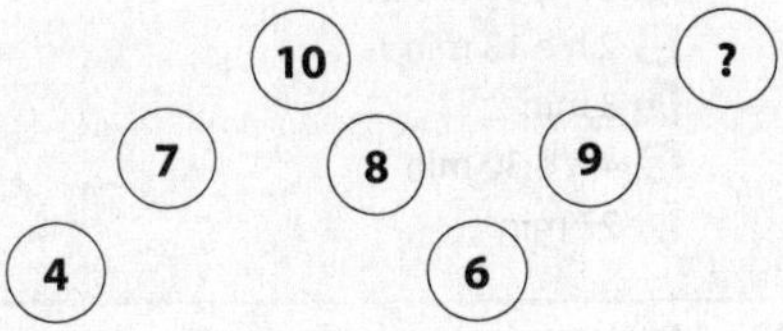

A 14
B 6
C 8
D 12
E 15

Negli esercizi seguenti individuare gli elementi delle figure incognite sapendo che i numeri in esse contenuti assumono valori da 1 a 15 (15 + 1 = 1 e non 16) e che possono essere presenti i seguenti simboli grafici: ● ○ ❐ ■ ♠ ▼.

933 **Individuare la figura mancante.**

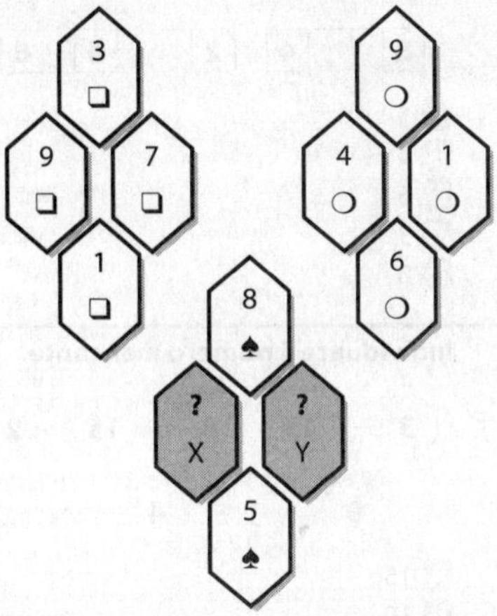

A X = 2 ♠ ; Y = 2 ♠
B X = 5 ♠ ; Y = 8 ❐
C X = 5 ♠ ; Y = 2 «
D X = 2 ♠ ; Y = 2 ❐
E Nessuna delle precedenti

934 **Individuare la figura mancante.**

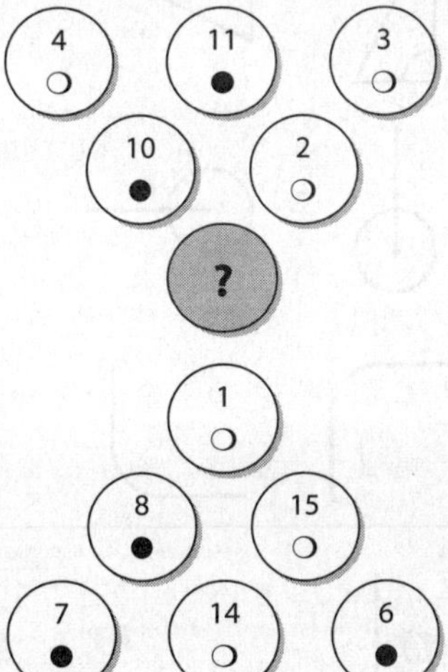

A 9 ○
B 6 ●
C 9 ●
D 6 ○
E Nessuna delle precedenti

935 **Individuare il numero mancante.**

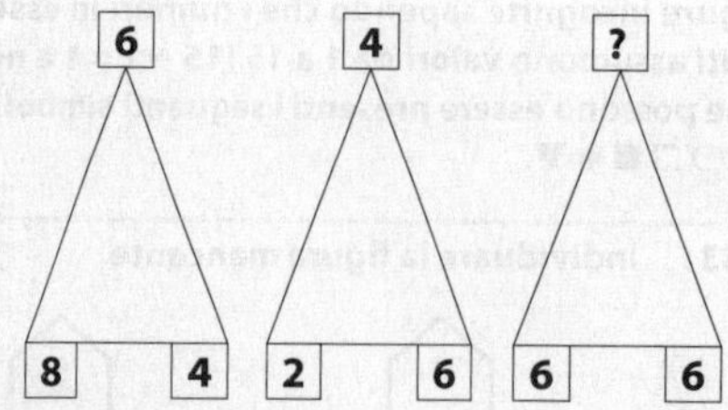

A 5
B 4
C 6
D 3
E 8

936 **Individuare il numero mancante.**

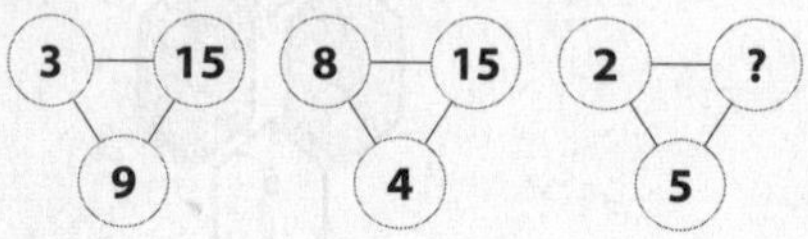

A 15
B 10
C 13
D 8
E 15

937 **Individuare la figura mancante.**

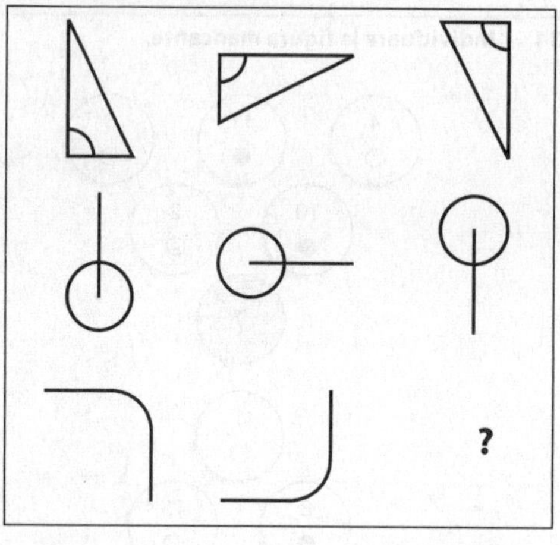

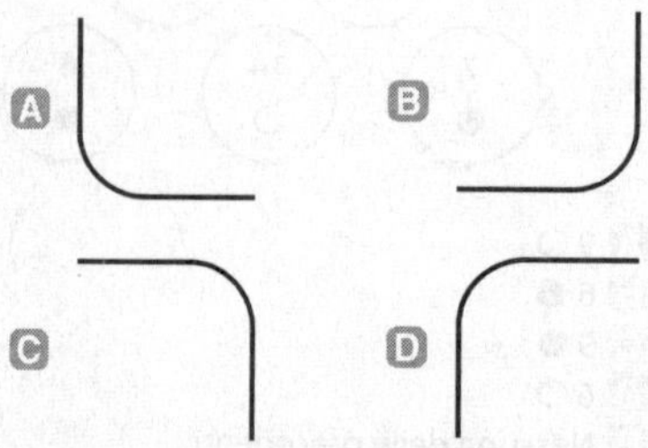

938 **Non è sbagliato evitare di rinunciare a non violare la legge pur non avendo dubbi sull'impossibilità di essere colti in flagrante. Qual è il corretto significato della precedente affermazione?**

A Non si deve violare la legge, in ogni caso
B Non si deve violare la legge perché si è sicuri di essere colti in flagrante
C Si può violare la legge, in quanto si è sicuri di non essere colti in flagrante
D Si può scegliere se violare o meno la legge, a seconda della probabilità di essere colti in flagrante
E Nessuna delle precedenti

939 **Completare la seguente proporzione:**

Goniometro : angolo = X : Y

A X = cronometro, Y = metro
B X = termometro, Y = gradi
C X = pantografo, Y = colore
D X = barometro, Y = pressione
E X = odometro, Y = velocità

940 **Nel condominio di Gianluca si verifica una strana situazione: in nessun appartamento ci sono lo stesso numero di libri. Inoltre:**

- **in nessun appartamento ci sono 11 libri;**
- **in ogni appartamento il numero di libri contenuto è inferiore rispetto al numero di appartamenti del condominio.**

Quanti sono al massimo gli appartamenti?

A 12
B 10
C 11
D Più del numero di libri contenuto nell'intero condominio
E Non è possibile stabilirlo con certezza

941 **Una clessidra in un'ora lascia cadere 1 hg di sabbia. Quanto tempo è passato se sono caduti 45 g di sabbia?**

A Un giorno e 21 h
B 2 h e 13 min
C 3 min
D 4 h e 30 min
E 27 min

942 **Indicare la parola da scartare.**

A Gli
B Le
C Voi
D Lui
E I

943 Individuare il numero mancante.

11, 15, 19, ...?

A 21
B 25
C 22
D 23
E 34

944 Individuare il numero mancante.

5, 25, 125, ...?

A 525
B 555
C 575
D 625
E 275

945 Individuare il numero mancante.

9, 3, 7, 5, 5, 7, ...?

A 9
B 3
C 5
D 7
E 11

946 Individuare il numero mancante.

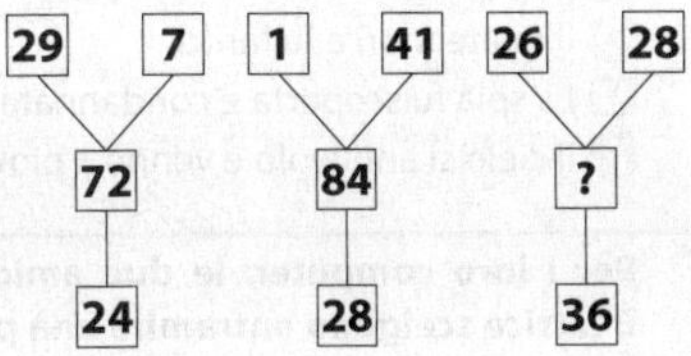

A 105
B 90
C 144
D 108
E 96

947 Individuare il numero mancante.

A 8
B 7
C 6
D 5
E 4

948 Individuare la figura mancante.

?

A 

B 

C 

D 

949 Individuare il numero mancante.

2	4	12
3	5	?
1	1	4

A 16
B 22
C 5
D 17
E 14

950 Individuare il numero mancante.

5, 10, 15, 25, 40, 65, ...?

A 105
B 75
C 100
D 145
E 95

951 Individuare il numero mancante.

4, 7, 5, 20, 23, 21, ...?

A 27
B 146
C 84
D 81
E 35

952 Individuare l'accoppiamento che ripropone la stessa logica del seguente:

Lento – veloce

A bianco – colorato
B errato – corretto
C miope – presbite
D esilarante – divertente
E saldo – stabile

953 Completare la seguente proporzione tra parole:

Isola : oceano = X : Y

A X = oasi, Y = deserto
B X = albero, Y = campo
C X = foresta, Y = valle
D X = foresta, Y = bosco
E X = piantagione, Y = cotone

954 Individuare l'alternativa che completa correttamente la serie.

Tela = 20 Quadro = 30 Pittore = ?

A 40
B 600
C 35
D 50
E 500

955 La frase "Non c'è un giorno senza discussione" è equivalente a:

A i giorni non sono tutti i tranquilli
B ogni giorno c'è almeno una discussione
C ogni giorno si fanno molte discussioni
D qualche giorno si riesce a stare tranquilli senza discutere
E l'amore non è bello se non è litigarello

956 Sono 33 i partecipanti a una gita in Svezia, 15 dei quali possiedono un passaporto inglese, 20 possiedono un passaporto italiano e 3 non hanno passaporto né italiano né inglese. In base alle informazioni contenute nel brano, si può essere certi che i partecipanti che hanno passaporto sia inglese sia italiano siano in:

A 2
B 3
C 4
D 5
E 6

957 Individuare la lettera mancante.

S, Z, E, M, ...?

A U
B S
C T
D R
E V

958 Individuare il numero mancante.

5, 20, 80, ...?

A 160
B 240
C 320
D 100
E 140

959 Un venditore riesce a vendere 60 pezzi in un'ora. Un giorno si fa aiutare da un collega neoassunto e insieme vendono 60 pezzi in 40 minuti. Quanto tempo impiegherebbe da solo il neoassunto a vendere 120 pezzi?

A 75 minuti
B 1 ora
C 3 ore
D 90 minuti
E 4 ore

960 Se ogni pagliaccio è divertente e non c'è comico che non sia pagliaccio, allora:

A ogni comico è divertente
B ogni pagliaccio è comico
C esiste almeno un comico che non è pagliaccio
D non è possibile che esista un pagliaccio che non è comico
E se una persona è divertente allora è anche comico

961 Quale espressione NON descrive gli eventi in modo sequenziale?

A Cadde da eroe e fu sepolto nel sacrario
B Nacque a Recanati e morì presso Napoli
C Il milite morì e fu ferito
D La spia fu scoperta e condannata
E Il cielo si annuvolò e venne a piovere

962 Per i loro computer, le due amiche Anna e Beatrice scelgono entrambe una password di 8 cifre; decidono di utilizzare tutte le cifre da 1 a 8, disposte in modo che due cifre di posto consecutivo non differiscano né di 1 né di 2 unità. La password 36184725 soddisfa, per esempio, le richieste. Anna sceglie la password che forma il numero di 8 cifre più grande possibile, mentre Beatrice sceglie quello più piccolo possibile. Qual è la differenza tra i due numeri scelti?

A 72364555
B 70548327
C 64729081
D 71152712
E Non si può determinare

963 Individuare il numero mancante.

2, 4, 7, 6, 12, 15, 14, 28, 31, ...?

A 29
B 30
C 27
D 62
E 34

964 **48, 50, 51, 53, 54, ...?**

- A 57
- B 56
- C 59
- D 58
- E 60

965 **Individuare il numero mancante.**

3, 9, 81, ...?

- A 729
- B 2187
- C 90
- D 272
- E 6561

966 **Individuare la figura mancante.**

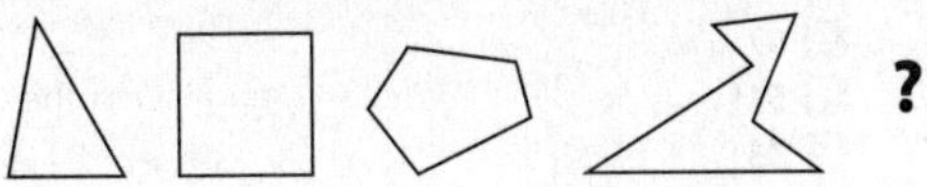

A 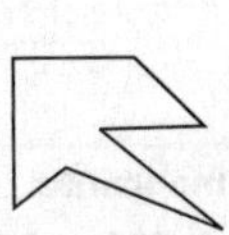

B 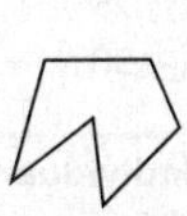

C 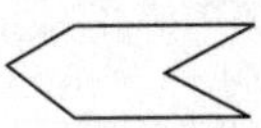

D 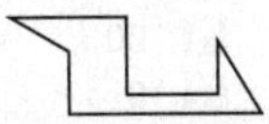

967 **Individuare il numero mancante.**

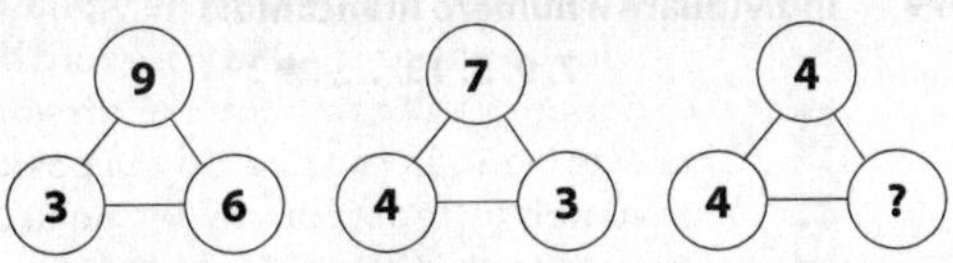

- A 0
- B 3
- C 4
- D 2
- E 5

968 **Individuare il numero mancante.**

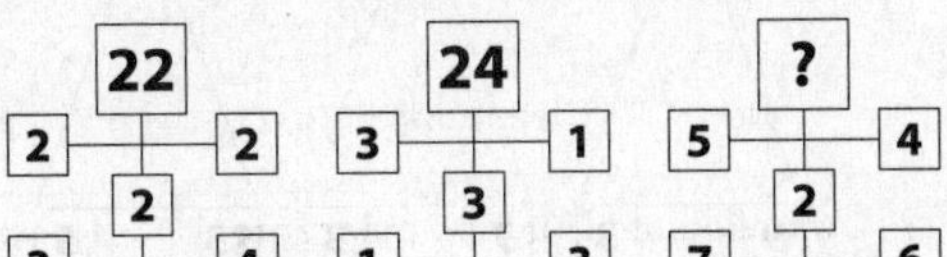

- A 26
- B 32
- C 44
- D 87
- E 15

969 **Individuare il numero mancante.**

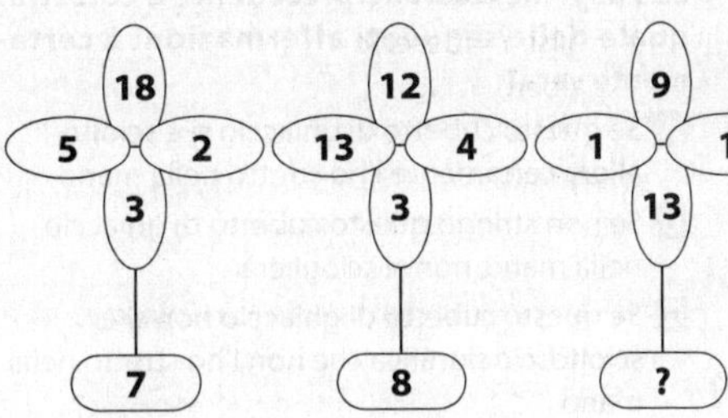

- A 9
- B 12
- C 6
- D 5
- E 10

970 **Scartare una delle otto terne di simboli.**

- A Terna 1
- B Terna 3
- C Terna 7
- D Terna 5
- E Terna 6

971 **Individuare l'elemento mancante.**

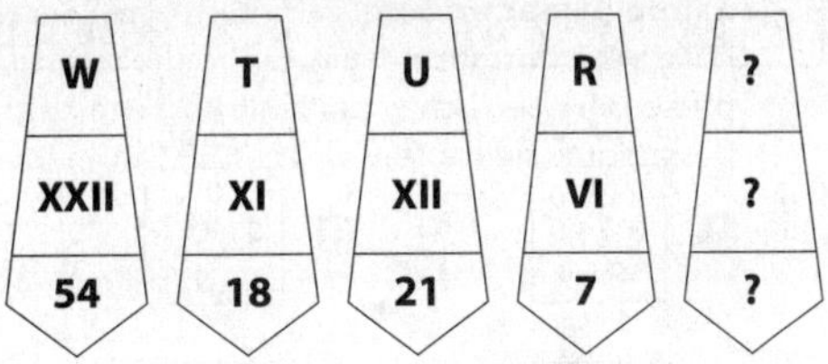

A 

B 

C 

D 

E 

972 **"Questo cubetto di ghiaccio si scioglierebbe se lo stringessi nella mano"**
Se l'argomentazione precedente è corretta, quale delle seguenti affermazioni è certamente vera?

- A Se questo cubetto di ghiaccio si è sciolto, allora certamente l'ho stretto nella mano
- B Se non stringo questo cubetto di ghiaccio nella mano, non si scioglierà
- C Se questo cubetto di ghiaccio non si è sciolto, ciò significa che non l'ho stretto nella mano
- D Se stringessi nella mano un grosso cubo di ghiaccio, questo non si scioglierebbe
- E Questo cubetto di ghiaccio si sarebbe sciolto anche se non l'avessi stretto nella mano

973 **Individuare il numero mancante:**
7, 9, 12, 16, ...?

- A 1
- B 18
- C 21
- D 25
- E 38

974 **Individuare la figura mancante.**

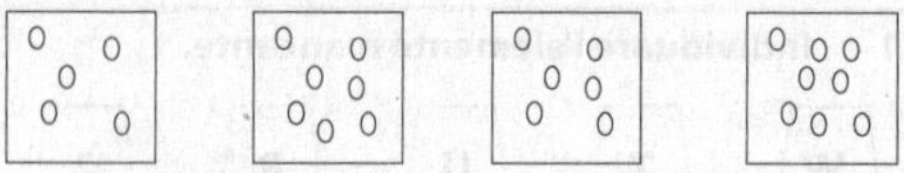

A 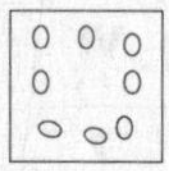 B 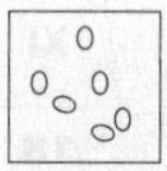

C 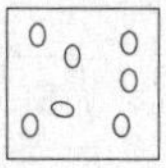 D 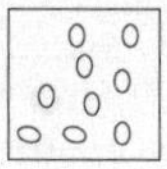

975 **Individuare il numero mancante.**

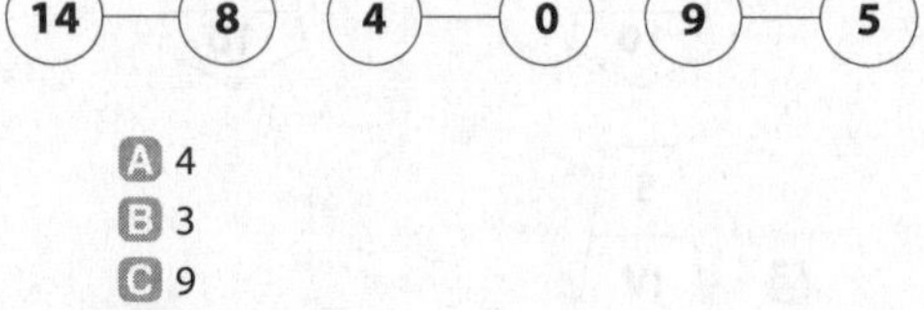

- A 4
- B 3
- C 9
- D 17
- E 2

976 **Individuare il numero mancante.**

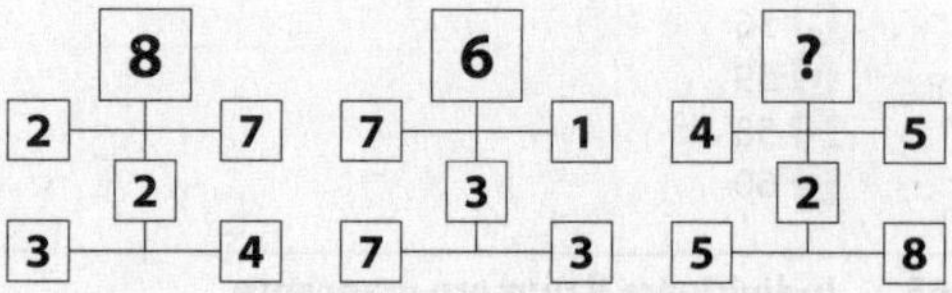

- A 11
- B 1
- C 3
- D 15
- E 4

977 **Individuare il numero mancante.**
3, 4, 7, 11, 18, 29, ...?

- A 47
- B 51
- C 33
- D 75
- E 38

978 **Individuare il numero mancante.**
2, 5, 4, 50, 6, 500, ...?

- A 506
- B 100
- C 10
- D 5000
- E 8

979 **Individuare il numero mancante:**
7, 9, 5, 13, ..., 29 ?

- A 1
- B 3
- C 4
- D 10
- E –3

980 **Individuare il numero mancante.**

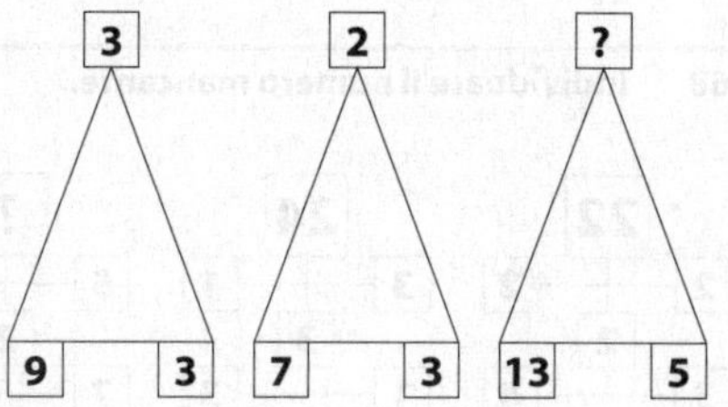

- A 1
- B 4
- C 7
- D 8
- E 9

Individuare la coppia di termini che completa correttamente le proporzioni seguenti.

981 Barrire : nitrire = X : Y

A X = elefante, Y = cavallo
B X = asino, Y = passero
C X = puledro, Y = elefante
D X = topo, Y = guaire
E X = barriera, Y = nitrito

982 Unire : X = costruire : Y

A X = pezzi, Y = mattone
B X = separare, Y = demolire
C X = incollare, Y = rammendare
D X = tagliare, Y = edificio
E X = sposare, Y = abbattere

Leggere il testo e rispondere alle domande seguenti.

L'aereo diretto a Praga parte due ore dopo l'aereo diretto a Bruxelles che parte mezz'ora prima dell'aereo destinato a Parigi e un'ora dopo l'aereo che alle 12,00 parte per Lisbona. Il viaggio verso Praga dura un'ora e 30 minuti, quello per Bruxelles un'ora, quello per Parigi 45 minuti e infine quello per Lisbona due ore.

983 In base alle informazioni precedenti, l'aereo per:

A Parigi parte alle 14,30
B Praga parte alle 15,00
C Bruxelles parte alle 14,00
D Lisbona è l'ultimo a partire
E Parigi parte dopo quello per Praga

984 In base alle informazioni precedenti, alle 14,00:

A parte l'aereo per Praga
B l'aereo per Lisbona si trova in volo a un'ora dalla propria destinazione
C arriva a destinazione l'aereo per Parigi
D arrivano a destinazione sia l'aereo per Lisbona sia quello per Bruxelles
E nessuno degli aerei partiti arriva a destinazione

985 Individuare il numero mancante.

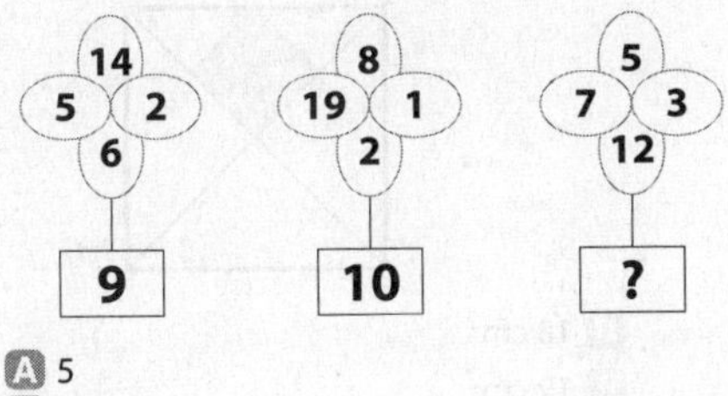

A 5
B 6
C 7
D 8
E 9

986 Completare la seguente proporzione:
Tiepido sta a caldo come X sta a Y

A X = estasi, Y = gioia
B X = bello, Y = stupendo
C X = bollente, Y = freddo
D X = estate, Y = sole
E X = gelido, Y = freddo

987 Individuare il numero mancante:
1, 2, 3, 3, 7, 6, 13, ..., 21, 18 ?

A 10
B 9
C 13
D 8
E 11

988 Individuare l'elemento mancante.

B	C	E	H	?
3	9	15	21	?

A 23 / L

B 27 / X

C N / 27

D K / 21

E 19 / Y

989 Individuare la parola da scartare.

A Divario
B Dividendo
C Discrepanza
D Discordanza
E Differenza

990 Un pittore dispone di sei colori e vuole colorare un suo disegno in tanti modi quanti sono possibili combinando due colori, senza mai ripetere le combinazioni: quanti disegni colorerà?

A 15
B 21
C 14
D 12
E 20

Leggere il seguente problema e rispondere alle relative domande.

In una scuola elementare, al termine dell'anno scolastico, si premiano otto bambini che si sono distinti per le loro capacità artistiche. I bambini vengono indicati con le prime otto lettere dell'alfabeto: A, B, C, D, E, F, G e H.
I bambini B, E e F verranno premiati anche per le loro abilità musicali così come i bambini A e H verranno premiati anche per le poesie che hanno composto.
La direttrice della scuola decide di mettere alcuni dei bambini premiati in una speciale fila di sedie vicina al palco della sala in cui si tiene la cerimonia e, per evitare che i bambini litighino tra loro, ritiene opportuno non far sedere vicino i bambini che vengono premiati due volte.

991 Quanti sono, al massimo, i bambini che si possono far sedere nella fila vicina al palco?

A 6
B 5
C 8
D 7
E 4

992 Quale delle seguenti successioni ordinate di bambini rispetta le condizioni poste dalla direttrice?

A A, B, E, F, H
B B, D, G, H, E
C A, H, D, G
D A, C, G, B
E E, H, F, B, A

993 Se si rispettano le condizioni, fra quale delle seguenti coppie di bambini può sedersi F?

A D e C
B B e G
C A e H
D E e C
E B ed E

994 Quale dei seguenti non si può sedere vicino a B?

A C
B D
C G
D E
E H

995 B ha un posto vuoto alla sua sinistra e uno alla sua destra; quale delle seguenti coppie di bambini può occupare questi posti?

A G e F
B D e C
C H e E
D A e C
E G e C

996 Individuare la figura da scartare.

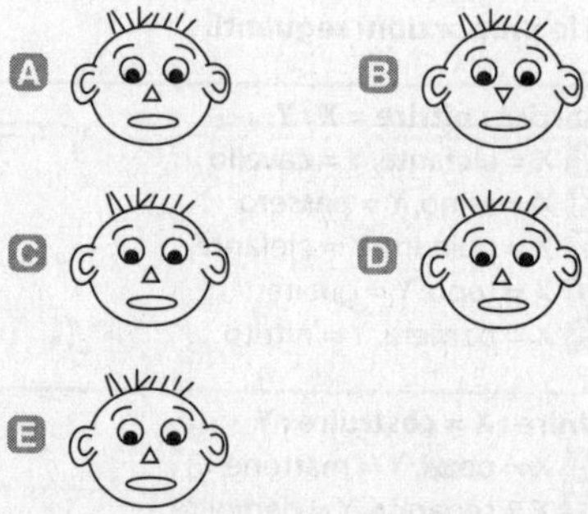

Nell'esercizio seguente individuare gli elementi delle figure incognite sapendo che i numeri in esse contenuti assumono valori da 1 a 15 (15 + 1 = 1 e non 16) e che possono essere presenti i seguenti simboli grafici: ● ○ ❒ ■ ♠ ▼.

997 Individuare la figura mancante.

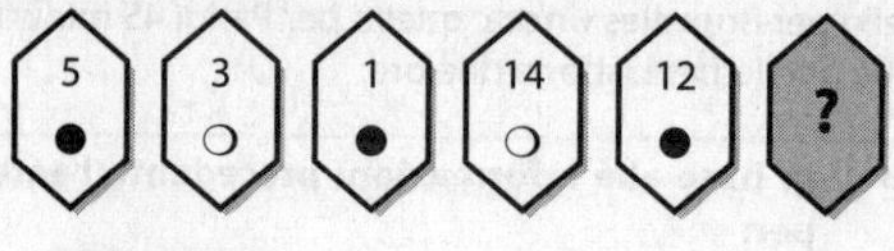

A 2 ●
B 10 ○
C 1 ○
D 11 ●
E 17 ○

998 Individuare il numero mancante:

5, 9, 27, 25, 25, 29, ..., 85, 85, 89 ?

A 87
B 32
C 58
D 33
E 47

999 Se l'area del quadratino scuro è 2 cm^2, quanto vale l'area del quadrato più grande?

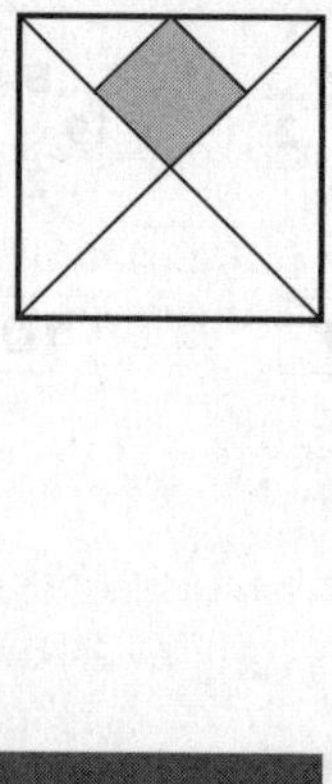

A 18 cm^2
B 12 cm^2
C 16 cm^2
D $8\sqrt{2}$ cm^2
E 8 cm^2

1000 Dividendo 30 per 1/2 e aggiungendo 10 si ottiene:

A 30 B 45 C 50 D 70 E 60

Leggere il testo e rispondere alle domande seguenti.

Otto giocatori di scacchi (Antonio, Carlo, Francesco, Guido, Lorenzo, Maurizio, Nicola e Pierdavid) si incontrano in un torneo a eliminazione diretta.

Le prime sfide avvengono su 4 tavoli contrassegnati dai numeri: 1, 2, 3 e 4. I quattro vincitori delle prime sfide si incontrano tra loro nel seguente modo: il vincitore del tavolo 1 incontra il vincitore del tavolo 4, mentre i vincitori dei tavoli 2 e 3 si incontreranno tra loro.

L'incontro tra i vincitori di queste due partite determina il campione del torneo.

Si sa, inoltre che:

- Maurizio vince la prima partita al tavolo 4;
- Francesco batte Carlo al tavolo 2 ma perde la gara successiva con Nicola;
- Antonio e Pierdavid vengono eliminati alla prima partita ma nessuno dei due ha giocato contro Lorenzo, vincitore anche lui del primo incontro;
- il giocatore che vince contro Guido nella prima partita arriva in finale ma perde.

1001 In base alle informazioni precedenti, chi ha vinto il torneo di scacchi?

A Nicola
B Lorenzo
C Guido
D Francesco
E Maurizio

1002 Quale affermazione aggiuntiva consentirebbe di determinare con certezza il primo avversario di Maurizio?

A Carlo non ha giocato contro il vincitore del torneo
B Guido non ha giocato contro il vincitore del torneo
C Francesco è più forte di Maurizio
D Pierdavid non ha giocato contro il vincitore del torneo
E Lorenzo ha perso la finale

1003 "Giuseppe è sardo; tutte le persone con i capelli neri sono italiane; tutti i sardi sono italiani."
Se le precedenti informazioni sono vere, quale delle seguenti è necessariamente vera?

A Tutte le persone con i capelli neri sono sardi
B Giuseppe è italiano
C Tutte le persone che si chiamano Giuseppe sono sarde
D Tutti i sardi hanno i capelli neri
E Giuseppe ha i capelli neri

1004 Individuare, tra le alternative proposte, la lettera che completa correttamente la seguente successione: A, A, B, C, C, E, D, G, ...?

A I B H C G D D E E

1005 A quale dei seguenti sostantivi o aggettivi corrisponde la definizione *diretto all'individuazione delle cause*?

A Epigrammatico
B Eziologico
C Esiziale
D Ragguardevole
E Lugubre

1006 Quando piove Raffaella rinuncia alla corsa nel parco. Oggi Raffaella non ha corso nel parco.
Quale delle seguenti affermazioni NON può essere vera se le precedenti affermazioni sono vere?

A Oggi ha piovuto
B Oggi non ha piovuto
C Due settimane fa, Raffaella non ha corso nel parco perché pioveva
D La scorsa settimana non ha mai piovuto e Raffaella ha corso nel parco tutti i giorni
E Ieri Raffaella ha corso nel parco anche se pioveva

1007 Egista conosce l'inglese. Tutti coloro che conoscono l'inglese sono simpatici. Tutti i cuochi sono simpatici.
Se le precedenti affermazioni sono vere, quale delle seguenti affermazioni NON può essere vera?

A Egista è antipatica
B Egista è una cuoca
C Un cuoco potrebbe conoscere l'inglese
D Alcuni cuochi conoscono il francese
E Nessun cuoco si chiama Egista

1008 Solo se la stagista si ferma in ufficio il caporedattore può tornare a casa per cena.
Quale delle seguenti affermazioni deve essere vera se la precedente affermazione è vera?

A Se la stagista si ferma in ufficio, allora il caporedattore torna a casa per cena
B Se il caporedattore non è tornato a casa per cena è perché la stagista non si è fermata in ufficio
C Se la stagista non si ferma mai in ufficio potrebbe essere licenziata dal caporedattore
D Se il caporedattore è tornato a casa per cena, allora la stagista si è fermata in ufficio
E Il caporedattore è tornato a casa per cena insieme alla stagista

1009 Individuare il numero mancante.

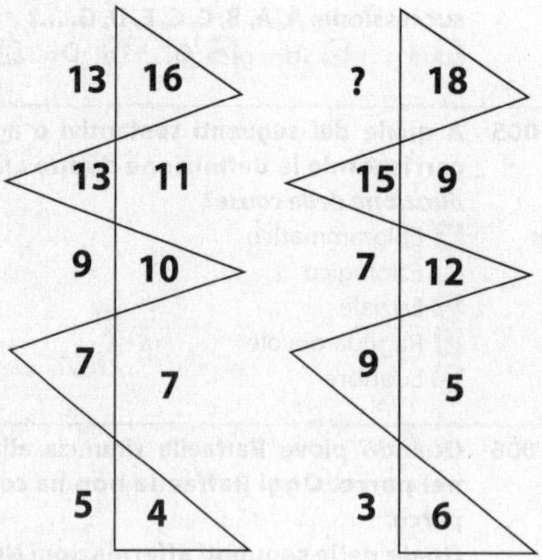

- A 17
- B 15
- C 13
- D 9
- E 11

1010 A quanto ammonta l'incremento percentuale del prezzo di un deodorante da uomo che passa da 5 Euro al flacone a 72 Euro la dozzina di flaconi?

- A 10%
- B 20%
- C 5%
- D 15%
- E 25%

1011 L'attrezzatura di 3 carabinieri sommozzatori costa 21.000 Euro, di 5 carabinieri paracadutisti costa 25.000 Euro e di 6 carabinieri scelti costa 18.000 Euro. Quanto costa fornire l'attrezzatura a un Gruppo antiterroristico formato da 10 sommozzatori, 25 paracadutisti e 50 carabinieri scelti?

- A 345.000 Euro
- B 450.000 Euro
- C 255.000 Euro
- D 155.000 Euro
- E 500.000 Euro

1012 Se 4 dattilografe scrivono 24 pagine in 10 minuti, quante dattilografe sarebbero teoricamente necessarie per scrivere 240 pagine in 6000 secondi?

- A 24
- B 12
- C 8
- D 6
- E 4

1013 In una scatola ci sono tre carte. Una è rossa da entrambi i lati, una è bianca da entrambi i lati e la terza è rossa da un lato e bianca dall'altro. Dalla scatola viene estratta una carta e messa sul tavolo. La faccia che compare è rossa. Qual è la probabilità che anche la faccia nascosta sia rossa?

- A 1/3
- B 2/3
- C 1/6
- D 1/12
- E 2/8

Negli esercizi seguenti individuare il numero che completa correttamente la sequenza data.

1014 3, 9, 15, 21, ...?

- A 27
- B 23
- C 34
- D 31
- E 35

1015 14, 11, 17, 8, 20, ...?

- A 5
- B 25
- C 16
- D 22
- E 12

1016 Non è assolutamente impossibile astenersi dall'evitare di copiare dal vicino di banco. Qual è il corretto significato della precedente affermazione?

- A È assolutamente vietato copiare dal vicino di banco
- B Si può copiare dal vicino di banco
- C Non si dovrebbe copiare dal vicino di banco
- D Nessuno può copiare dal vicino di banco
- E Si deve necessariamente copiare dal vicino di banco

1017 Se l'affermazione "tutti i ristoranti di Milano sono cari" è vera, allora necessariamente:

- A almeno un ristorante di Milano non è caro
- B a Milano non esiste un ristorante economico
- C Milano è la città con i ristoranti più cari
- D non può esistere un ristorante di Roma più caro di un ristorante di Milano
- E a Milano i ristoranti cinesi sono meno cari degli altri

1018 L'opposto del doppio dell'opposto dell'inverso della metà di 4 è uguale a:

A – 1 B 4 C 1 D 2 E 4

1019 **Completare la seguente proporzione:**

Gatto : X = Pecora : Y

A X = Miagolare, Y = Muggire
B X = Brutto, Y = Piccolo
C X = Peloso, Y = Lanoso
D X = Randagio, Y = Soriano
E X = Felino, Y = Ovino

1020 **Quale tra le seguenti parole NON è un sinonimo di *logorroico*?**

A Verboso
B Lapidario
C Ciarliero
D Prolisso
E Loquace

1021 **Beatrice ha i capelli lunghi. Chi ha i cappelli lunghi è bello. Chi ha gli occhi verdi è bello. Se le precedenti affermazioni sono vere, quale delle seguenti affermazioni è certamente vera?**

A Solo chi ha gli occhi verdi è bello
B Beatrice è bella
C Beatrice ha gli occhi verdi
D Solo chi ha i cappelli lunghi è bello
E Se una persona ha i cappelli corti e gli occhi castani non può essere bello

1022 **Pino e Franco si sfidano a duello. Riccardo conterà fino a dieci e poi si volteranno l'un l'altro per sparare. Sapendo che Pino cammina a 5 km/h e Franco invece a 7 km/h, che Pino è più veloce a sparare di Franco ma che oltre i 50 metri di distanza sbaglia sempre; chi verrà colpito sapendo che Riccardo impiega 18 secondi per contare fino a dieci?**

A Franco
B Pino
C Sparano nello stesso momento
D Non è possibile calcolarlo con gli elementi dati
E Riccardo

1023 **È errato negare che è falso che il libro non è stato rubato da un ladro.**
Basandosi sulla precedente affermazione, individuare quale delle seguenti alternative è esatta.

A Il libro non è stato rubato da un ladro
B Il libro non è scomparso
C Il libro è stato rubato da un ladro
D Non si conosce la causa della scomparsa del libro
E Non è possibile che il libro sia stato rubato da un ladro

1024 **Se sono necessarie quattro persone e un giorno per trovare un ago in un pagliaio, quanti giorni sarebbero necessari a otto persone per trovare gli aghi di sei pagliai?**

A 2
B 3
C 3,5
D 1,5
E 4

1025 **Consideriamo i seguenti dati:**

- **Alessandra è una ragazza italiana che vive a New York;**
- **Mauro vive a Milano;**
- **il miglior amico di Alessandra attualmente vive a Milano;**
- **tutti quelli che vivono a New York conoscono bene la lingua inglese.**

Consideriamo ora le seguenti affermazioni:

1. **Mauro e Alessandra sono amici;**
2. **Alessandra non conosce bene la lingua inglese;**
3. **non si sa se Mauro conosca o meno la lingua inglese;**
4. **il miglior amico di Alessandra è italiano.**

Sulla base dei dati esposti, quale delle precedenti affermazioni è sicuramente vera?

A Sia la n.1 che la n. 3
B Soltanto la n. 1
C Soltanto la n. 2
D Sia la n. 3 che la n. 4
E Soltanto la n. 3

1026 **Solo se è stata messa benzina nel serbatoio (affermazione A) la motosega si avvia (affermazione B).**
Rispetto alla affermazione B, l'affermazione A rappresenta una condizione:

A sufficiente
B necessaria
C necessaria e sufficiente
D sufficiente ma non necessaria
E di probabilità

1027 **Il fatturato dell'azienda Tomax passa da 16 a 17,6 milioni di euro dal 2012 al 2013. Quale è stato l'incremento percentuale del fatturato nell'anno?**

A 5%
B 10%
C 16%
D 20%
E 25%

1028 Quale delle seguenti frasi non contiene uno o più errori?

A Non sempre la verità è quella che appare a prima vista
B Lo so che ha sbagliato. Ma un'errore di questo tipo è comprensibile
C Non puoi immaginare di essere sempre a ragione
D Aperse la portiera dell'auto senza guardare e colpii la bicicletta che sopraggiungeva
E Se smettera di piovere, potremo riprendere il lavoro interrotto

1029 Pescando da un vaso che contiene 100 palline di cui 60 nere e 40 bianche, qual è la probabilità di pescare due volte di fila una pallina nera, nel caso in cui la pallina della prima estrazione venga reinserita nel vaso?

A 1/2
B 3/5
C 3/25
D 9/25
E 60/125

1030 Quale è un sinonimo di *clonare*?

A Copiare
B Rubare
C Suonare il clacson
D Chiudere a chiave
E Abbracciare

1031 Cinque stati sono tra loro confinanti. A confina solo con B, B confina con C e con D, inoltre D confina anche con E. Qual è il numero minimo di stati da attraversare per una persona che voglia recarsi da A ad E?

A 4
B 2
C 3
D 1
E 5

1032 Cecilia, Dario ed Eleonora partecipano a una corsa campestre lunga un chilometro. In tre minuti Cecilia completa la sua fatica, Dario vi impiega un terzo di Cecilia, mentre a Eleonora occorre un tempo pari alla differenza tra quello di Cecilia e quello di Dario. Quanti secondi impiegano a tagliare il traguardo tutti e tre?

A 360
B 100
C 180
D 6
E 300

1033 Indicare la parola da scartare.

A Polimero
B Polimetro
C Polimorfo
D Poliomelite
E Polipo

1034 Due colleghi sono stati assunti nello stesso giorno: uno aveva il doppio dell'età dell'altro. Anni dopo la Ditta fallisce: in quel momento il maggiore ha 20 anni più del minore. A quale età è stato assunto il minore?

A 35 anni
B 20 anni
C 30 anni
D 25 anni
E 15 anni

Negli esercizi seguenti individuare il numero o la lettera che completa correttamente la sequenza data.

1035 Individuare la lettera mancante:
M, O, Q, S, ...?

A U
B V
C S
D T
E Z

1036 Individuare il numero mancante:
1, 2, 3, 3, 7, 6, 13, ..., 21, 18?

A 10
B 9
C 13
D 8
E 11

1037 Individuare il numero mancante:
5, 9, 27, 25, 25, 29, ..., 85, 85, 89?

A 87
B 32
C 58
D 33
E 47

1038 Tre studenti si preparano per sostenere lo stesso esame. Se le probabilità di superarlo per ciascuno di essi sono pari a 0,6, 0,8 e 0,5, qual è la probabilità che tutti e tre riescano a superare l'esame?

A 0,48
B 0,24
C 0,30
D 0,20
E 0,40

Leggere il testo e rispondere alle domande seguenti.

Ognuna delle cinque case di produzione cinematografiche (Boss, Weather, Spoon, River e Eye) produce uno dei seguenti film: thriller, sentimentale, giallo, comico e drammatico (non necessariamente in quest'ordine) ciascuno con una durata diversa: 2 ore, 1 ora e 45 minuti, 1 ora e 30 minuti, 1 ora e 15 minuti e 1 ora (non necessariamente in quest'ordine).

Si sa inoltre che:

- la casa cinematografica Spoon ha prodotto il film drammatico;
- il film comico è quello che dura di più;
- il film prodotto dalla casa cinematografica River dura di più solo del thriller;
- il film sentimentale prodotto dalla casa cinematografica Boss dura 1 ora e 30 minuti.

1039 In base alle precedenti informazioni, il film giallo:

A. dura 1 ora e 45 minuti
B. è stato prodotto dalla casa cinematografica Eye
C. dura 1 ora e 15 minuti
D. è stato prodotto dalla casa cinematografica Weather
E. dura 1 ora

1040 In base alle informazioni del testo, quale delle seguenti affermazioni è certamente falsa?

A. Il film drammatico dura 1 ora e 45 minuti
B. Il film comico potrebbe essere stato prodotto dalla casa cinematografica Eye
C. Il giallo è stato prodotto dalla casa cinematografica River
D. Il thriller dura più del film sentimentale
E. Una sola delle altre affermazioni è falsa

1041 In base alle informazioni del testo, quale affermazione aggiuntiva consentirebbe di dedurre con certezza la casa cinematografica che ha prodotto il thriller?

A. La Eye non ha prodotto il film che dura di più
B. Non servono affermazioni aggiuntive, quelle proposte dal testo sono sufficienti per individuare con certezza la casa produttrice
C. Il thriller non dura 1 ora e 45 minuti
D. La Weather non ha prodotto il film che dura 1 ora e 45 minuti
E. La Spoon ha prodotto il film più lungo

1042 Se su un biliardo ci sono due biglie davanti a due biglie e due biglie dietro a due biglie, qual è il numero minimo di biglie presenti?

A. 2 B. 6 C. 8 D. 5 E. 4

1043 Tancredi sostiene che non è vero che le macchine diesel consumano meno di quelle a benzina. Quindi Tancredi afferma che:

A. le macchine a benzina consumano meno di quelle diesel
B. esiste una macchina diesel che non consuma meno di qualsiasi macchina a benzina
C. esistono due macchine, una diesel e una a benzina, tali che quella diesel non consuma meno di quella a benzina
D. esiste una macchina diesel che consuma più di qualsiasi macchina a benzina
E. esiste una macchina a benzina che non consuma più di ogni macchina diesel

1044 Non è vero che "Almeno due studenti in quest'aula sono milanisti". Ciò equivale a dire che:

A. Nessuno è milanista
B. In quest'aula non ci sono due studenti milanisti
C. In quest'aula, se uno studente è milanista anche un altro lo è
D. Più di due studenti di quest'aula sono milanisti
E. Al più due studenti di quest'aula sono milanisti

1045 Individuare il numero mancante.

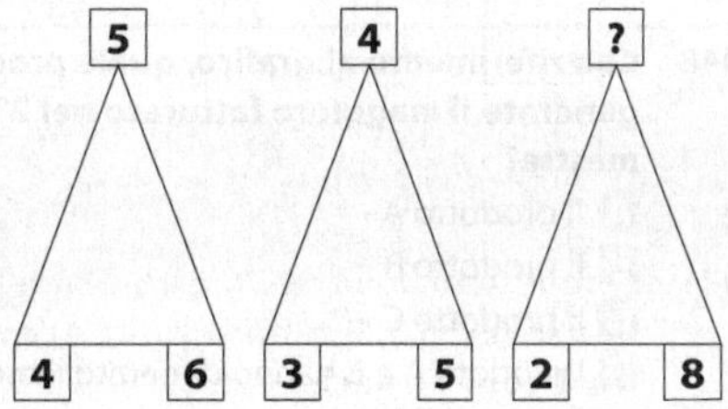

A. 3
B. 6
C. 8
D. 5
E. 12

1046 Giulio è appassionato di modellismo. Tutti coloro che sono precisi amano il modellismo. Tutti coloro che sono precisi hanno un lavoro appassionante.

Quale informazione aggiuntiva tra le seguenti permetterebbe di concludere che Giulio ha un lavoro appassionante?

A. Tutti coloro che sono appassionati di modellismo conoscono Giulio
B. Giulio non è preciso
C. Tutti coloro che sono appassionati di modellismo sono precisi
D. Tutti coloro che hanno un lavoro appassionante sono precisi
E. Non occorre nessuna informazione aggiuntiva

Nel grafico è riportato il quantitativo di pezzi venduti dell'azienda Grossi durante lo scorso anno. I dati vengono distinti per prodotto (A, B e C) e per quadrimestre.

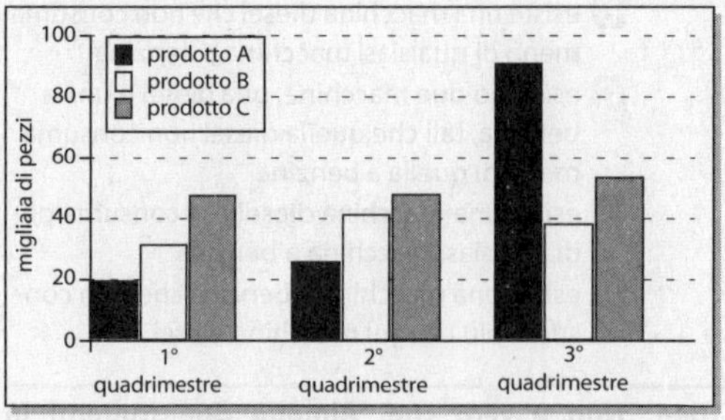

1047 Con riferimento al grafico, quale prodotto ha aumentato maggiormente le vendite tra il 1° e il 3° quadrimestre?

- A Il prodotto B
- B Il prodotto C
- C I prodotti B e C hanno avuto la medesima crescita
- D Il prodotto A
- E Non è possibile rispondere

1048 Con riferimento al grafico, quale prodotto ha generato il maggiore fatturato nel 2° quadrimestre?

- A Il prodotto A
- B Il prodotto B
- C Il prodotto C
- D I prodotti A e B hanno generato il medesimo fatturato
- E Non è possibile rispondere

1049 Con riferimento al grafico, di quale prodotto e in quale periodo dell'anno sono stati venduti meno pezzi?

- A Il prodotto B nel 3° quadrimestre
- B Il prodotto A nel 1° quadrimestre
- C Il prodotto C nel 2° quadrimestre
- D Il prodotto B nel 1° quadrimestre
- E Il prodotto A nel 2° quadrimestre

1050 Con riferimento al grafico, qual è stata la variazione percentuale nel numero di pezzi venduti del prodotto B passando dal 1° al 2° quadrimestre?

- A Circa il 35%
- B 0
- C Circa il 10%
- D Circa il 90%
- E Circa il 65%

1051 Con riferimento al grafico, quale prodotto e in quale periodo dell'anno ha venduto il maggior numero di pezzi tra i seguenti?

- A Il prodotto B nel 2° quadrimestre
- B Il prodotto A nel 2° quadrimestre
- C Il prodotto C nel 3° quadrimestre
- D Il prodotto C nel 1° quadrimestre
- E Il prodotto B nel 3° quadrimestre

1052 Con riferimento al grafico, quale delle seguenti affermazioni è vera?

- A Lo scorso anno l'azienda Grossi ha venduto più pezzi del prodotto A rispetto al prodotto B
- B Nel primo quadrimestre le vendite del prodotto C sono state inferiori rispetto a quelle del prodotto A
- C Il quadrimestre durante il quale l'azienda Grossi ha venduto meno pezzi è il secondo
- D Lo scorso anno l'azienda Grossi ha venduto complessivamente più pezzi dell'anno precedente
- E Nel terzo quadrimestre l'azienda Grossi ha venduto più di 40 mila pezzi del prodotto B

Individuare la coppia di termini che completa correttamente le proporzioni seguenti.

1053 Orrido : X = Y : abbiente

- A X = bello, Y = brutto
- B X = burrone, Y = ricco
- C X = ricco, Y = povero
- D X = ambiente, Y = ossido
- E X = torrone, Y = brutto

1054 Pungente : X = graffiante : Y

- A X = dormiente, Y = montante
- B X = acuto, Y = ottuso
- C X = arguto, Y = ordinario
- D X = irritante, Y = spinoso
- E X = aculeo, Y = unghia

1055 Indicare la parola da scartare.

- A Telegrafo
- B Walkie-talkie
- C Telefono
- D Fotocopiatrice
- E Fax

1056 Il valore di un'azione è sceso da 3 a 2,4. Calcolare la variazione percentuale.

- A 20%
- B – 20%
- C 6
- D – 6
- E 25%

1057 Una clessidra in un'ora lascia cadere 1 hg di sabbia. Quanto tempo è passato se sono caduti 45 gr di sabbia?

A Un giorno e 21 h
B 2 h e 13 min
C 3 min
D 4 h e 30 min
E 27 min

1058 Individuare la figura da scartare.

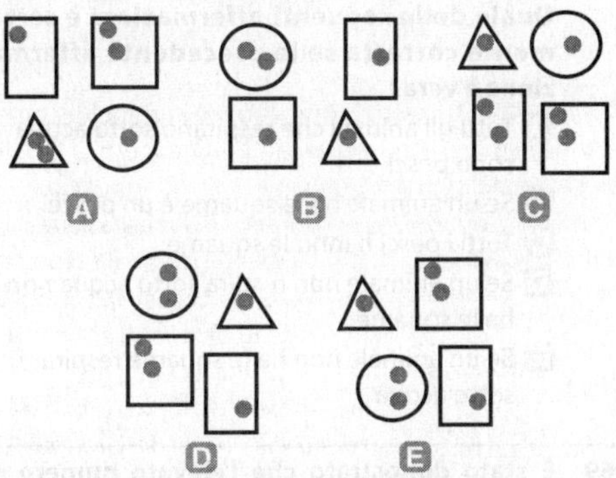

1059 Individuare la figura mancante.

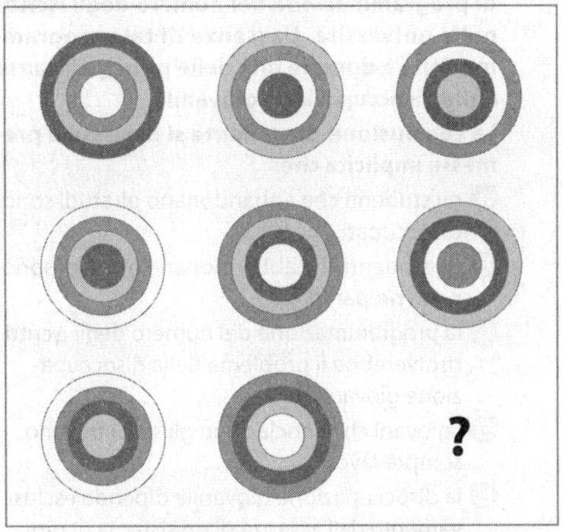

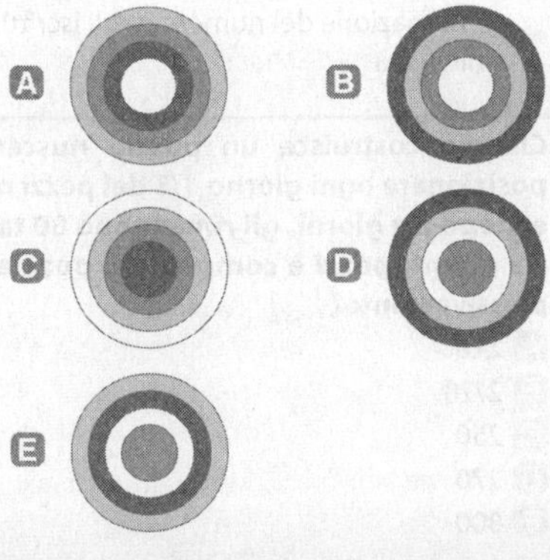

1060 Individuare gli elementi della figura incognita sapendo che i numeri in essa contenuti assumono valori da 1 a 15 (15 + 1 = 1 e non 16) e che possono essere presenti i seguenti simboli grafici: ● ○ ❐ ■ ♠ ▼.

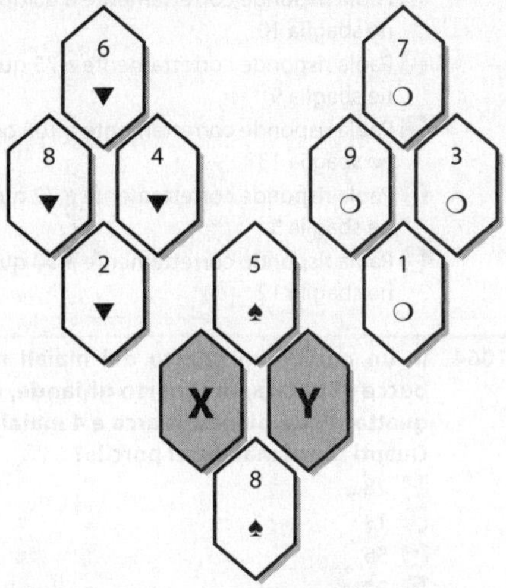

A X = 5 ♠ ; Y = 5 ♠
B X = 2 ♠ ; Y = 8 ❐
C X = 2 ♠ ; Y = 5 ♠
D X = 5 ♠ ; Y = 2 ♠
E Nessuna delle precedenti

1061 Nel pollaio di Antonio ci sono il doppio di galline rispetto ai galli. Il numero totale degli animali è 51. Quando alcune galline vengono fatte uscire nel prato, il numero dei galli diventa appena poco più del doppio delle galline. Quante galline sono uscite?

A 32
B 28
C 30
D 23
E 26

1062 In una scuola gli studenti sono stati divisi in tre gruppi di studio rispettivamente composti di 11, 14 e 25 studenti. 15 studenti fanno parte di uno solo dei tre gruppi, 10 studenti fanno parte contemporaneamente di due gruppi. Quanti studenti fanno parte di tutti e tre i gruppi?

A 3
B 5
C 4
D 6
E 8

1063 Per passare un esame Paola deve rispondere correttamente ad almeno il 60% dei quesiti della prova e non sbagliarne più del 10%. La prova è composta da 120 quesiti. In quale dei seguenti casi Paola non passa l'esame?

A Paola risponde correttamente a 80 quesiti e ne sbaglia 10
B Paola risponde correttamente a 75 quesiti e ne sbaglia 9
C Paola risponde correttamente a 105 quesiti e ne sbaglia 13
D Paola risponde correttamente a 72 quesiti e ne sbaglia 5
E Paola risponde correttamente a 90 quesiti e ne sbaglia 12

1064 In un porcile un quarto dei maiali mangia bucce di patata, un quarto ghiande, cinque quattordicesimi mele marce e 4 maiali nulla. Quanti sono i maiali nel porcile?

A 28
B 13
C 55
D 22
E 37

1065 All'aeroporto della città di Lonza nel 2011 sono atterrati 1.200 aerei che hanno sbarcato complessivamente 23.000 passeggeri. Nel 2010 gli aerei atterrati erano stati 1.000 e i passeggeri sbarcati 15.000. Nell'arco dell'anno sono aumentati percentualmente in quantità maggiore gli aerei atterrati o i passeggeri sbarcati?

A I dati non permettono di rispondere in quanto non viene fornito il numero di passeggeri sbarcati da ciascun aereo
B I dati non permettono di rispondere in quanto non è possibile confrontare numericamente "aerei" e "passeggeri"
C Sono aumentati entrambi del 20%
D Gli aerei atterrati
E I passeggeri sbarcati

1066 Il 5% delle spedizioni delle Poste Congolesi non viene consegnato al destinatario. Il 10% delle spedizioni non consegnate viene rispedito al mittente. Nel 2010 le spedizioni delle Poste Congolesi sono state in tutto 250.000. Quante di queste sono state rispedite al mittente?

A 25.000
B 1.250
C 12.500
D 2.500
E Meno di 1.000

1067 Se ora è sabato e sono le 15.15, quale giorno e ora saranno tra 198 ore e 55 minuti?

A Mercoledì 19.30
B Lunedì 17.15
C Sabato 13.40
D Domenica 22.10
E Venerdì 17.15

1068 Tutti i pesci respirano sotto acqua. Se un animale respira sotto acqua ha le squame. Quale delle seguenti affermazioni è certamente corretta se la precedente affermazione è vera?

A Tutti gli animali che respirano sotto acqua sono pesci
B Se un animale ha le squame è un pesce
C Tutti i pesci hanno le squame
D Se un animale non respira sotto acqua non ha le squame
E Se un animale non ha le squame respira sotto acqua

1069 È stato dimostrato che l'elevato numero di studenti che abbandonano gli studi è in parte determinato dall'assenza di un sistema di programmazione del numero degli iscritti nelle università. L'assenza di tale programmazione è dunque una delle principali cause della disoccupazione giovanile. La conclusione precedente si basa sulla premessa implicita che:

A gli studenti che abbandonano gli studi sono disoccupati
B gli studenti che abbandonano gli studi sono poco preparati
C la programmazione del numero degli iscritti risolverebbe il problema della disoccupazione giovanile
D i giovani che concludono gli studi trovano sempre lavoro
E la disoccupazione giovanile dipende esclusivamente dall'assenza di un sistema di programmazione del numero degli iscritti nelle università

1070 Claudio costruisce un puzzle riuscendo a posizionare ogni giorno 1/3 dei pezzi rimasti e, dopo tre giorni, gli rimangono 80 tasselli. Da quanti pezzi è composto il puzzle complessivamente?

A 2160
B 27/8
C 250
D 270
E 800

1071 Individuare gli elementi della figura incognita sapendo che i numeri in essa contenuti assumono valori da 1 a 15 (15 + 1 = 1 e non 16) e che possono essere presenti i seguenti simboli grafici: ● ○ ❐ ■ ♠ ▼.

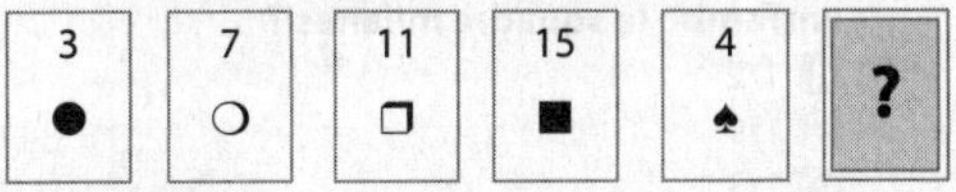

A 7 ▼
B 7 ○
C 8 ▼
D 13 ❐
E 9 ▼

1072 Un partito politico ha una percentuale di votanti, omogenea su scala nazionale, pari al 25%. Quanti elettori di quel partito vi sono in una città di 1.500.000 abitanti?

A 375.000
B 37.000
C 381.250
D 250.000
E 300.000

1073 Individuare la figura mancante.

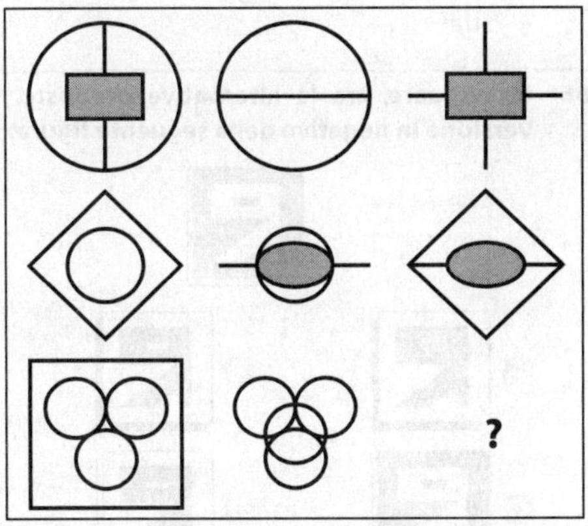

A 

B 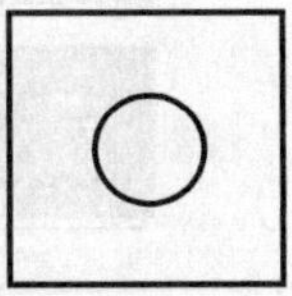

C 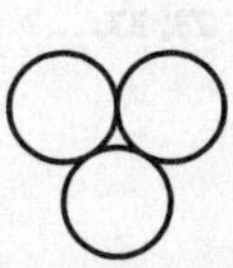

D 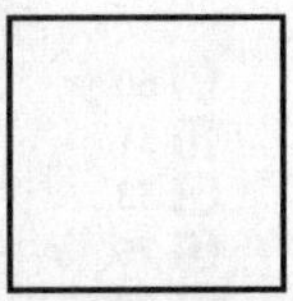

1074 *Stadera* significa:

A bilancia
B graffatrice
C vivace
D irriverente
E questa parola non esiste

1075 Cosa indica il termine simonia?

A La pratica di vendere e comprare cariche ecclesiastiche
B Nelle prime comunità cristiane, il periodo di preparazione al battesimo
C Nell'antica Atene, gruppo di contribuenti cui spettava la cura di servizi pubblici
D L'operazione che permette di selezionare un solo segnale radio desiderato
E Una figura retorica intermedia tra la metafora e la metonimia

1076 Indicare la definizione corrispondente per significato alla parola *matricolato*.

A Chi possiede un'abilità quasi professionale, ai danni del prossimo o della morale
B Ordinato
C Responsabile delle immatricolazioni
D Dai caratteri somatici preoccupanti o inquietanti
E Religioso che ha preso i voti

1077 In una pasticceria, due pasticceri farciscono 12 bignè in un minuto. Raddoppiando il personale, quanti minuti occorreranno per farcire 48 bignè?

A 1
B 2
C 4
D 6
E Non abbiamo sufficienti dati per stabilirlo

1078 In una piscina di 25 metri, Alessandra è impegnata in tre serie di 10 vasche a stile libero. A causa dello scarso allenamento, il tempo impiegato nella seconda serie risulta superiore del 25%. Sapendo che la differenza tra la prima e la seconda serie è di 50 secondi, a quale velocità media Alessandra affronta l'ultima serie che, rispetto alla precedente, registra un'ulteriore diminuzione della velocità pari al 50%?

A 2,4 km/h
B 6'40"
C 1,25 m/sec
D 50 cm/sec
E 3,6 km/h

1079 Un gioielliere acquista da un fornitore una collana di oro e diamanti al prezzo di 2.400 euro. Successivamente mette in vendita la collana a 3.000 euro. Quale è la percentuale di ricarico che il gioielliere applica sulla vendita della collana?

- A 20%
- B 25%
- C 15%
- D 10%
- E 30%

1080 Chi ama i gioielli vive nel lusso.
Quale delle seguenti affermazioni è certamente corretta se la precedente affermazione è vera?

- A Se Francesca non ama i gioielli allora non vive nel lusso
- B Se Roberto vive nel lusso allora ama i gioielli
- C Se Lorenza non vive nel lusso allora non ama i gioielli
- D Se Antonio ama i gioielli allora non vive nel lusso
- E Se Tristana vive nel lusso allora non ama i gioielli

1081 Quale è un significato di *probo*?

- A Possibile
- B Diritto
- C Malvagio
- D Onesto
- E Divertente

1082 Sostenere la mancata veridicità della frase: "*nessun ratto ha una sola coda*" equivale ad affermare:

- A Alcuni ratti sono senza coda
- B Esiste almeno un ratto che ha una sola coda
- C Esiste un ratto con tre code
- D Tutti i ratti hanno una sola coda
- E Almeno un ratto ha due code

1083 Eleonora compie gli anni in estate. Tutti coloro che compiono gli anni in inverno amano lo sci. Chi ama lo sci non ama il tennis. Se le precedenti affermazioni sono vere, quale delle seguenti affermazioni è certamente vera?

- A Eleonora ama il tennis o lo sci, ma non entrambi
- B Eleonora ama il tennis
- C Eleonora non ama lo sci
- D È impossibile che Eleonora ami il tennis
- E È possibile che Eleonora ami lo sci

1084 Uno scommettitore valuta che le probabilità che nel prossimo turno di campionato l'Inter e il Milan vincano le rispettive partite siano rispettivamente pari a 2/3 e 1/2. Secondo tale previsione quale è la probabilità che nel prossimo turno di campionato vincano entrambe le squadre milanesi?

- A 1/2
- B 1/9
- C 1/3
- D 2/3
- E 2/9

1085 Solo chi si impegna può raggiungere il livello di Maestro.
Se la precedente affermazione è vera quale delle seguenti affermazioni NON può essere vera?

- A Orietta, malgrado si sia impegnata moltissimo, non ha raggiunto il livello di Maestra
- B Alberto ha raggiunto il livello di Maestro e ciò significa che si è impegnato
- C Gianni è stato raccomandato ed ha raggiunto il livello di Maestro senza impegnarsi
- D Lampredo non si è mai impegnato e infatti non ha raggiunto il grado di Maestro
- E Adalgisa e Tina si sono impegnate: ciononostante solo Tina ha raggiunto il livello di Maestra

1086 Individuare, tra le alternative proposte, la versione in negativo della seguente figura.

A 

B 

C 

D 

E 

1087 Individuare il numero mancante.

4, 5, 9, 14, 23, 37, ...?

- A 60
- B 51
- C 53
- D 75
- E 27

1088 Individuare il numero che completa correttamente la seguente successione:

7 - 11 - 19 - 35 - ?

A 69
B 99
C 55
D 67
E 105

1089 "Se i candidati si sono preparati supereranno l'esame". Se quanto affermato è vero, quale delle seguenti affermazioni è sicuramente vera?

A I candidati che hanno superato l'esame si erano preparati
B Se un candidato non si è preparato, non supererà l'esame
C Un candidato può superare l'esame anche se non si è preparato
D Se un candidato ha superato l'esame significa che si era preparato
E Supereranno l'esame solo i candidati che si sono preparati

1090 Individuare il numero che completa correttamente la seguente successione:

16 - 14 - 42 - 43 - 41 - 123 - 124 - ?

A 122
B 372
C 125
D 228
E 258

1091 Individuare il numero che completa correttamente la seguente successione:

7 - 14 - 42 - 168 - ?

A 210
B 310
C 672
D 840
E 182

1092 *Maestranza* significa:

A dominio
B insieme di operai
C insegnamento
D abilità
E lamentela

1093 Indicare la parola da scartare.

A Mozzarella
B Yogurt
C Olio
D Panna
E Ricotta

1094 Se K è nero allora V è giallo e H blu. Solo se H è blu allora C è arancione e S grigio. Se S non è grigio allora è certamente vero che:

A K può essere nero
B K non è nero
C V non è giallo
D C è arancione
E H deve essere blu

1095 Stefano ha a sua disposizione due combinazioni di mezzi pubblici per raggiungere il posto di lavoro. Può prendere il tram che va a 15 km/h per i 5/6 del tragitto e poi l'autobus che va a 25 km/h, oppure può prendere il tram per 1/3 del tragitto, la metropolitana che va a 60 km/h per metà percorso e poi l'autobus. Supponendo (per assurdo) che non vi siano tempi d'attesa per i vari cambi di mezzo e sapendo che, con la seconda alternativa, Stefano può partire un quarto d'ora dopo, quanto dista la sua casa dal lavoro?

A 15 km
B 1.000 m
C 12 km
D 49 min
E 10 km

1096 Quale delle cinque figure (A, B, C, D ed E) corrisponde alla figura seguente vista allo specchio?

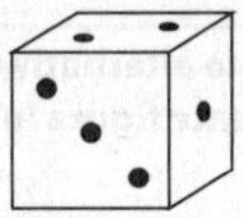

A 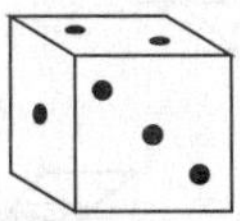

B 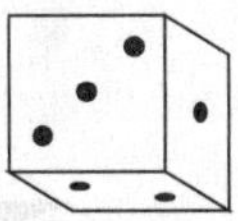

C 

D 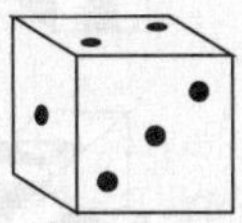

E 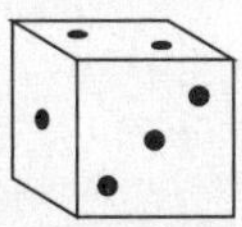

1097 Luciana e Ruggero costruiscono insieme una casa in tre anni. Paola e Ruggero riescono a costruirla in due mesi. Quante case costruirebbero i tre insieme in un anno?

A 6
B 4
C 2
D Non ci sono dati sufficienti per rispondere al quesito
E 3

1098 Quale è la probabilità che in una famiglia nascano 5 figli tutti maschi?

A 1/32
B 1/2
C 1/16
D 1/8
E Nessuna delle precedenti

1099 Due auto ripartono dallo stesso casello autostradale in direzioni opposte nello stesso momento. Se una viaggia a 90 km/h e l'altra a 110 km/h quanto tempo deve trascorrere prima che le due auto si trovino distanti 150 km l'una dall'altra?

A 35 minuti
B 55 minuti
C 1 ora e 15 minuti
D 1 ora
E 45 minuti

1100 Quale tra le alternative proposte corrisponde alla seguente figura in negativo?

A

B

C

D

E

Per ciascuno degli esercizi seguenti, indicare la rappresentazione (1, 2, 3, 4) che soddisfa la relazione insiemistica esistente tra i 3 termini dati (le alternative proposte per ciascun esercizio sono quelle raffigurate qui di seguito).

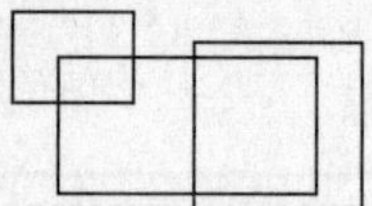

Diagramma 1

Diagramma 2

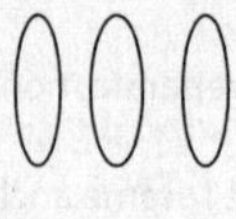

Diagramma 3

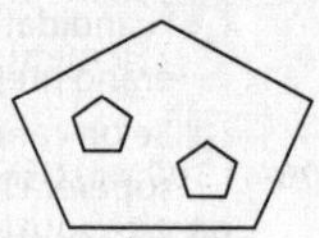

Diagramma 4

1101 Sedie, oggetti di legno, acqua

A Diagramma 1
B Diagramma 2
C Diagramma 3
D Diagramma 4
E Nessuna delle precedenti

1102 Persone con gli occhi verdi, donne australiane, uomini tedeschi

A Diagramma 1
B Diagramma 2
C Diagramma 3
D Diagramma 4
E Nessuna delle precedenti

1103 Triangoli, quadrilateri, figure geometriche

A Diagramma 1
B Diagramma 2
C Diagramma 3
D Diagramma 4
E Nessuna delle precedenti

1104 Le prime cento fotocopie di un poster costano *x* centesimi di euro ciascuna; ogni copia successiva costa *x*/4 centesimi di euro. Quanto costa fare 300 copie del poster?

A 100 *x*
B 150 *x*
C 200 *x*
D 300 *x*
E 400 *x*

1105 In una gara di moto, la moto che è in testa viaggia a una velocità media di 120 km/h, mentre l'ultima viaggia alla velocità media di 60 km/h. La moto che è in testa si ferma ai box per un rifornimento e quando riparte è affiancata all'ultima. Dopo 1 minuto quale distanza separa le due moto qualora le due moto continuino a viaggiare alle rispettive velocità medie?

A 10 km
B 100 metri
C 1 km
D 500 metri
E 750 metri

1106 I 300 posti in un parlamento sono divisi tra i 5 partiti politici presenti. Non ci sono due partiti con lo stesso numero di posti e ciascun partito ha almeno 10 posti. Quale è il numero massimo di posti che può avere il terzo più grande partito?

A 95
B 94
C 93
D 92
E 99

1107 Un terzo delle specie animali che vivono in Africa è a rischio estinzione. Di questi, due terzi rischiano l'estinzione a causa dell'Uomo. Quale parte del totale delle specie animali che vivono in Africa rischia l'estinzione, ma non a causa dell'uomo?

A 1/27
B 2/3
C 2/9
D 1/3
E 1/9

1108 Luana ama giocare a bocce. Tutti coloro che amano giocare a bocce sono maniaci dell'ordine. Tutti i medici sono maniaci dell'ordine.

Se le precedenti affermazioni sono vere, quale delle seguenti affermazioni è certamente vera?

A Luana è un medico
B Tutti i medici amano giocare a bocce
C Luana è maniaca dell'ordine
D Luana non può essere un medico
E Non è detto che Luana sia maniaca dell'ordine

1109 Stai partecipando ad una gara di go-kart, all'ultima curva superi la macchina che si trovava al quarto posto. In quale posizione ti trovi sotto la bandiera a scacchi?

A Terzo
B Secondo
C Ultimo
D Quarto
E Primo

1110 Se qualcuno ha freddo è perché o è vestito leggero o ha problemi di circolazione. Alcuni, ma non tutti, di quelli che hanno freddo poiché sono vestiti leggeri hanno anche problemi di circolazione. Alcuni, ma non tutti, di quelli che hanno freddo poiché hanno problemi di circolazione, sono anche vestiti in modo leggero.
Date le seguenti affermazioni:
1 alcuni hanno freddo perché sono vestiti leggeri;
2 alcuni hanno freddo perché sono vestiti leggeri e hanno problemi di circolazione;
3 alcuni hanno freddo perché sono vestiti leggeri o hanno problemi di circolazione;
quale alternativa le ordina dalla meno probabile alla più probabile?

A 1, 2, 3
B 3, 2, 1
C 2, 3, 1
D 2, 1, 3
E 3, 1, 2

1111 Francesca è alta. Le bionde sono tutte carine. Le persone alte sono agili.
Se le precedenti informazioni sono corrette, quale delle seguenti informazioni addizionali non consentirebbe di concludere che Francesca è carina?

A Francesca è agile
B Francesca è bionda
C Le persone alte sono bionde
D Le persone agili sono bionde
E Nessuna delle altre alternative proposte

1112 Uno stadio con capienza 25000 posti viene diviso in tre settori. La curva A ha 10000 posti, mentre nella curva B ci sono 2500 posti in più che nella tribuna centrale che è il terzo settore. Quanti posti ha la curva B?

A 8750
B 6700
C 9150
D 7750
E 8300

QUESITI DI LOGICA

1113 Se e solo se si avvia la procedura si arriva alla fine del processo.
Se la precedente affermazione è vera quale delle seguenti affermazioni NON può essere vera?

- A La fine del processo può arrivare anche senza l'avvio della procedura
- B Se è arrivata la fine del processo allora certamente è stata avviata la procedura
- C Se la procedura è stata avviata allora certamente si arriva alla fine del processo
- D Se non si è arrivato alla fine del processo allora certamente non si è avviata la procedura
- E Se non si è avviata la procedura non si arriva alla fine del processo

1114 La statua di un putto in una fontana zampilla acqua riempiendo la vasca sottostante della portata di un cubo che ha un lato lungo un metro, in un giorno. Quanti mesi impiegherebbe per riempire una fontana della portata di un cubo di quattro metri di lato?

- A Uno e mezzo
- B Poco più di due
- C Tre
- D Quasi quattro
- E Poco meno di due

1115 Quale lettera va messa per continuare la serie:

Z, S, P, N, ...

- A M
- B G
- C L
- D E
- E H

1116 Alessio, Beatrice, Claudio, Davide ed Enrica decidono di organizzare una gita fuori porta e, a tal fine, di comunicare tra loro utilizzando le mail in modo che ognuno invii una mail a due persone diverse (mai a se stessa) e ognuno ne riceva due da due persone diverse.
Beatrice la invia a Claudio e a Davide, a cui arriva una mail anche da Enrica. A Claudio arriva una mail da Alessio, che ne invia anche una a una delle due persone a cui l'ha inviata Davide. Claudio invia una mail ad Alessio e una a una delle due persone a cui la invia anche Enrica. A chi invia le due mail Davide?

- A Beatrice ed Enrica
- B Enrica e Alessio
- C Alessio e Beatrice
- D Enrica e Claudio
- E Beatrice e Claudio

1117 Vascello sta a 3 come commodoro sta a X, dove:

- A X = 4
- B X = 12
- C X = 6
- D X = 2
- E X = 8

1118 Tre cani e due gatti pesano 33 kg. Quattro cani e tre gatti pesano 45 kg. Ciascun cane pesa uguale e ciascun gatto pesa uguale. Quanti kg pesano 4 gatti e due cani?

- A 32
- B 34
- C 30
- D 35
- E 38

1119 Quale tra queste è un sinonimo di *ottenebrare*?

- A Snebbiare
- B Stordire
- C Stazzonare
- D Secernere
- E Sezionare

1120 Completare la seguente serie di numeri:

10, 2, 8, 4, ...

- A 12
- B 6
- C 4
- D 8
- E 16

1121 Quale delle seguenti frasi contiene un errore?

- A Senza timore di errore non si può porre la giusta attenzione
- B Sbagli se pensi che il suo comportamento è frutto della sua codardia
- C Se si capisse di più questa commedia non sarebbe male
- D Ma quale tirocinio? A me sembra che non ti paghino per il lavoro che svolgi
- E Uno sbaglio può capitare a tutti. L'importante è che non si ripeta più volte

1122 Qual è la percentuale di sconto applicata a un articolo che viene venduto a 20.090,00 Euro a fronte di un prezzo originario di 24.500,00 Euro?

- A 20%
- B – 4.410,00
- C 18%
- D 41/50
- E 4,41%

1123 Individuare la carta mancante.

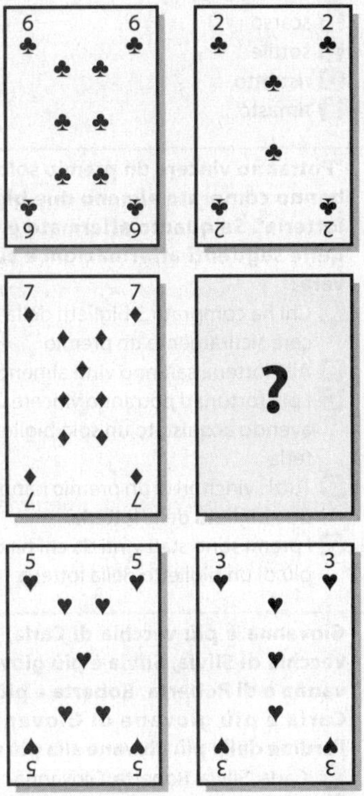

A 

B 

C 

D 

E 

1124 Nel Paese Alpha i 22 ragazzi che vanno a scuola possiedono almeno un mezzo di locomozione (bicicletta, motorino o pattini). Di questi 22 ragazzi, 8 possiedono la bicicletta, 12 il motorino e 9 i pattini. Sapendo che 3 ragazzi hanno sia la bicicletta sia il motorino e che in nessun caso c'è chi ha sia i pattini sia il motorino, in quanti hanno solo la bicicletta?

- A 1
- B 6
- C 8
- D 0
- E 3

1125 Indicare il contrario di *disadorno*.

- A Decorato
- B Deciso
- C Dinamico
- D Dedito
- E Spartano

1126 *Prendere in castagna* è sinonimo di:

- A cogliere in flagrante
- B prendere in giro
- C cogliere la palla al balzo
- D capirsi al volo
- E cogliere di sorpresa

1127 Per andare a prendere il treno, Carlo esce di casa e si è incamminato di buona lena, procedendo a 5 km/h verso la stazione, che dista 1 km. Quando si trova esattamente a metà strada, sua moglie Francesca si rende conto che Carlo ha lasciato le chiavi a casa e esce di corsa per raggiungerlo. Se Francesca percorre la stessa strada del marito a 10 km/h, in quanto tempo raggiungerà Carlo?

- A 6 minuti
- B 5 minuti
- C Non farà in tempo
- D 10 minuti
- E 30 minuti

1128 Quale delle seguenti frazioni è maggiore?

- A 769/800
- B 799/800
- C 799/899
- D 79/80
- E 789/899

1129 Indicare la parola da scartare.

- A Appropriato
- B Omogeneo
- C Adatto
- D Idoneo
- E Consono

1130 Un contrario di *oculatamente* è:
A sconsideratamente
B lascivamente
C avvedutamente
D parsimoniosamente
E violentemente

1131 Individuare il numero che completa correttamente la seguente successione:
17 - 26 - 35 - 44 - ?
A 33
B 53
C 55
D 56
E 83

1132 In un liceo composto da 300 studenti, 150 praticano la pallavolo e 180 il basket. Se tutti gli studenti praticano almeno uno di questi due sport, quale percentuale pratica la pallavolo ma non il basket?
A 30%
B 40%
C 50%
D 20%
E 60%

1133 Individuare il numero che completa correttamente la seguente successione:
8 - 19 - 41 - 85 - ?
A 126
B 173
C 94
D 104
E 193

1134 Solo la spiegazione di uno dei seguenti modi di dire è corretta:
A *lacrime di coccodrillo*: chi finge di essere pentito
B *con le pive nel sacco*: essere orgogliosi di quanto fatto
C *prendere un granchio*: mostrare capacità divinatorie
D *essere al verde*: avere buone disponibilità economiche
E *a piede libero*: calciatore libero da contratto

1135 Mauro compra un computer a 200 euro, lo vende a 210 euro, lo ricompra a 220 euro, e infine lo rivende a 230 euro. Quanto ha guadagnato?
A 0 euro
B 10 euro
C 20 euro
D 30 euro
E 15 euro

1136 Un sinonimo di *residuato* è:
A insufficiente
B scarso
C sottile
D ristretto
E rimasto

1137 "Potranno vincere un premio solo coloro che hanno comprato almeno due biglietti della lotteria". Se quanto affermato è vero, quale delle seguenti affermazioni è sicuramente vera?
A Chi ha comprato 3 biglietti della lotteria vincerà sicuramente un premio
B Alla lotteria saranno vinti almeno 20 premi
C I più fortunati potranno vincere un premio avendo acquistato un solo biglietto della lotteria
D Tutti i vincitori di un premio hanno comprato due biglietti della lotteria
E I premi sono stati vinti da chi ha comprato più di un biglietto della lotteria

1138 Giovanna è più vecchia di Carla, Carla è più vecchia di Silvia, Silvia è più giovane di Giovanna e di Roberta, Roberta è più vecchia di Carla e più giovane di Giovanna. Qual è l'ordine dalla più giovane alla più vecchia?
A Carla, Silvia, Roberta, Giovanna
B Silvia, Roberta, Giovanna, Carla
C Roberta, Carla, Silvia, Giovanna
D Carla, Giovanna, Roberta, Silvia
E Silvia, Carla, Roberta, Giovanna

1139 Il numero 8 che parte è di 24?
A 3/4
B 2/8
C 2/6
D 1/4
E 3/6

1140 Una persona che ha o che mostra grande forza di volontà si può definire:
A apatico
B abulico
C volitivo
D costante
E indolente

1141 La disoccupazione è cresciuta del 3,5% nel corso dell'anno passato.
L'affermazione sopra riportata rappresenta:
A un'informazione previsiva
B un'informazione attuale
C un'argomentazione di tipo induttivo
D un'argomentazione di tipo deduttivo
E un'informazione consuntiva

1142 Individuare il numero che completa correttamente la seguente successione:

16 - 72 - 32 - 36 - 64 - ?

- A 18
- B 128
- C 14
- D 68
- E 44

1143 Prima di decidere di andare a Milano, Nicoletta deve trovare un alloggio.
Se l'affermazione precedente è vera, quale delle seguenti deve essere vera?

- A Se Nicoletta trova un alloggio, allora andrà a Milano
- B Se Nicoletta va a Milano, allora ha trovato un alloggio
- C Se Nicoletta non va a Milano, allora non ha trovato un alloggio
- D Se Nicoletta va a Milano, allora non ha trovato un alloggio
- E Se Nicoletta va a Milano, è bene che si informi presso un'agenzia turistica

1144 Antonella è onesta. Tutti gli impiegati sono onesti. Tutte le persone oneste sono ordinate.
Se le precedenti affermazioni sono vere, quale delle seguenti è necessariamente vera?

- A Antonella è un'impiegata
- B Antonella è ordinata
- C Antonella è disonesta
- D Solo alcuni impiegati sono ordinati
- E Tutte le persone ordinate sono oneste

1145 Quale delle seguenti frasi è logicamente equivalente a: "il riso abbonda sulla bocca degli sciocchi"?

- A I furbi non ridono mai
- B Gli sciocchi ridono sempre
- C Gli sciocchi ridono spesso
- D I furbi sono spesso tristi
- E Nessuna delle altre alternative proposte

1146 Quale delle seguenti frasi è logicamente equivalente a: "cane che abbaia, non morde"?

- A Se un cane non abbaia, allora morde
- B Se un cane non morde, allora abbaia
- C Se un cane abbaia, allora non morde
- D Attenti al cane!
- E Un cane che morde fa meglio la guardia di uno che abbaia

1147 Individuare la versione in negativo della figura data.

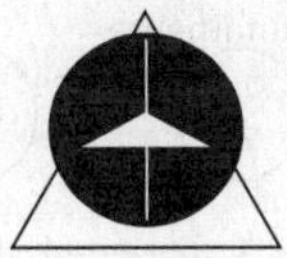

A 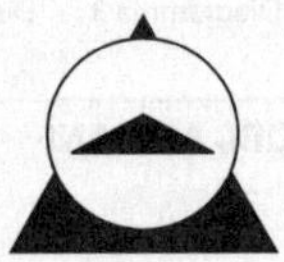

B 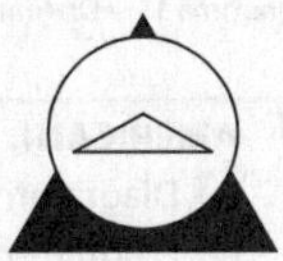

C 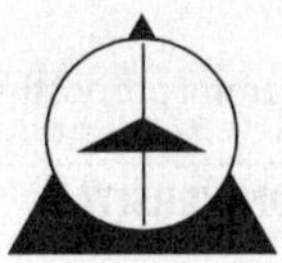

D 

E 

Leggere il testo del problema e rispondere alle domande seguenti.

Marco ha quattro fratelli: Andrea, Cesare, Davide e Biagio. Ognuno è sposato con una delle quattro sorelle di Elena, la moglie di Marco, e che sono Nausica, Lucia, Alma e Maria. Si sa inoltre che:

- Marco è più grande di Biagio;
- Cesare è più piccolo solo di Andrea;
- Davide, il più piccolo dei cinque fratelli, ha sposato Nausica;
- Alma ha sposato il fratello immediatamente precedente al più giovane dei cinque.

1148 Quale delle seguenti affermazioni è certamente vera?

- A Maria è la moglie di Andrea
- B Alma non è la moglie di Cesare
- C Andrea è il marito di Lucia
- D Cesare è il marito di Maria
- E Maria e Biagio sono sposati tra loro

1149 Quale delle seguenti affermazioni è falsa?

- A Biagio non è il più piccolo dei cinque fratelli
- B Cesare è sposato con Maria o con Lucia
- C Andrea e Elena non sono marito e moglie
- D Andrea ha sposato o Alma o Nausica
- E Marco è il terzo fratello in ordine di età

Nei 2 esercizi seguenti, indicare il diagramma che soddisfa la relazione insiemistica esistente tra i 3 termini dati.

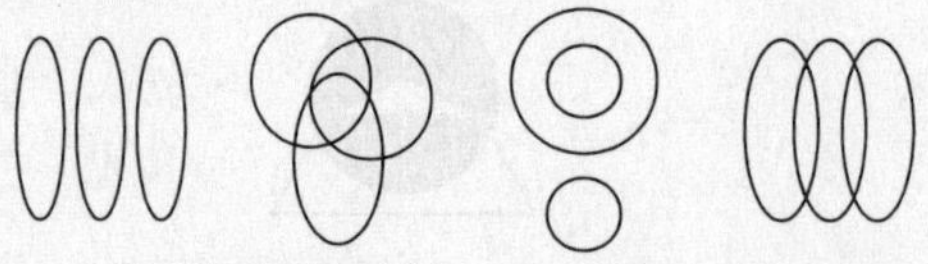

Diagramma 1 Diagramma 2 Diagramma 3 Diagramma 4

1150 AMERICANI, SCRITTORI, ANZIANI

- A Diagramma 1
- B Diagramma 2
- C Diagramma 3
- D Diagramma 4
- E Nessuno dei diagrammi proposti

1151 MEDICI, LAUREATI, UNIVERSITÀ

- A Diagramma 1
- B Diagramma 2
- C Diagramma 3
- D Diagramma 4
- E Nessuno dei diagrammi proposti

1152 Individuare la parola da scartare.

- A Punire
- B Pungolare
- C Castigare
- D Condannare
- E Sanzionare

1153 Pierpaolo, dopo tre interrogazioni in matematica, latino e fisica ha la media del 7. Nell'interrogazione successiva prende però un sonoro 2. Qual è la sua media dopo la quarta interrogazione?

- A Tra il 5 e il 6
- B Poco più di 4
- C Poco più di 6
- D Appena sotto il 4
- E Tra il 4 e il 5

1154 Lorenzo è alto. Tutti coloro che sono nati a Pesaro sono alti. Tutti coloro che sono nati a Pesaro amano la natura
Quale informazione aggiuntiva tra le seguenti permetterebbe di concludere che Lorenzo ama la natura?

- A Non occorre nessuna informazione aggiuntiva
- B Lorenzo non è nato a Pesaro
- C Tutti coloro che amano la natura sono nati a Pesaro
- D Tutti coloro che sono alti sono nati a Pesaro
- E Tutti coloro che amano la natura sono alti

1155 Completare la seguente proporzione:
Diamanti : X = Y : Metalli

- A X = Lucenti, Y = Opachi
- B X = Resistente, Y = Malleabile
- C X = Pietre preziose, Y = Oro
- D X = Gioielliere, Y = Orafo
- E X = Eterno, Y = Transitorio

1156 Nella tundra di Katin piove in media 60 giorni all'anno. Quando piove, una volta su tre il ponte ferroviario che collega Ghiosch a Tridsch, le due principali città della tundra, si allaga e non è percorribile. Giovedì prossimo il professore Tamburri atterrerà all'aeroporto di Ghiosch e dovrà raggiungere in treno Tridsch. Qual è la probabilità che a causa della pioggia il professore non riesca a raggiungere la meta?

- A Circa 1/2
- B Circa 1/100
- C Circa 1/80
- D Circa 1/18
- E Circa 1/1.000

1157 Individuare il diagramma che soddisfa la relazione insiemistica esistente tra i termini:
Liberi professionisti, Sposati, Laureati

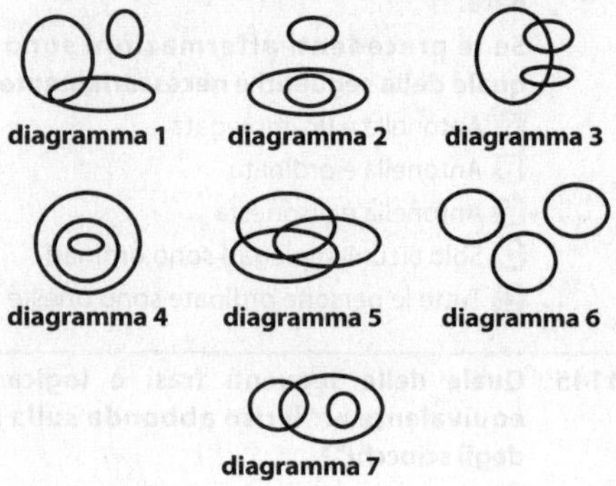

- A Diagramma 1
- B Diagramma 4
- C Diagramma 2
- D Diagramma 3
- E Diagramma 5

1158 Con il termine *pedologia* si intende:

- A la scienza che studia la natura dei suoli
- B lo studio dei transiti pedonali nelle correnti di traffico
- C lo studio delle variazioni del clima nella ionosfera
- D una specializzazione medica per le malattie degli arti
- E la scienza che studia l'apprendimento

1159 Indicare la definizione corrispondente per significato alla parola *editare*.

A Digitare
B Pubblicare
C Scrivere editoriali
D Indicare
E Affermare

1160 Un sinonimo di *inane* è:

A precoce
B vuoto
C inetto
D esanime
E ingenito

1161 Individuare il numero che completa correttamente la seguente successione:

3 - 15 - 60 - 180 - ?

A 180
B 270
C 360
D 195
E 215

1162 Negare che "non si può proibire il fumo nei locali pubblici" equivale a dire che:

A Nei locali pubblici non si può fumare
B È possibile fumare solo nei locali pubblici
C Anche il fumo passivo fa male alla salute
D Nei locali pubblici chi vuole può liberamente fumare
E Il fumo nei locali pubblici può essere proibito

1163 Ho a disposizione tanti cubi quanti ne voglio e dipingo ogni loro faccia con i colori rosso o verde. Quanti cubi diversi posso ottenere?

A 10
B 6
C 64
D 36
E 24

1164 Individuare la figura da scartare.

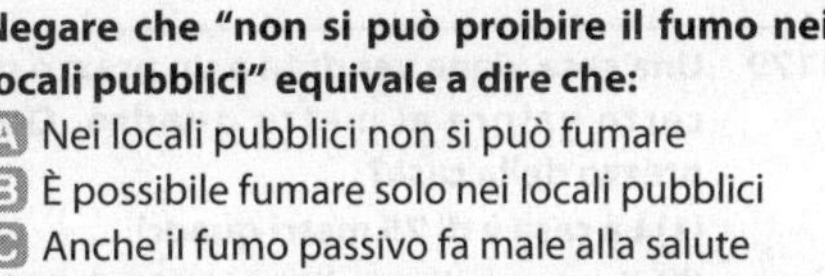

1165 Quale delle seguenti è una definizione corretta del verbo *avallare*?

A Volgere a terra
B Presentare una depressione
C Umiliare
D Giovarsi
E Mettere la firma come garanzia

1166 Quale dei seguenti non è un significato di *caustico*?

A Corrosivo
B Di modi rudi
C Perentorio
D Mordace
E Sarcastico

1167 Cos'è il *matricidio*?

A L'insieme dei diritti dotali ed ereditari della madre
B Lo scioglimento del matrimonio
C La tassa sul macinato
D L'uccisione della madre
E Una norma per la quale i figli prendono il cognome della madre

1168 Completare la seguente frase: *il fosforo non si trova in natura allo stato __________, ma sotto forma di fosfato, è abbondante in alcune rocce e nelle cellule degli esseri viventi, del cui metabolismo è un componente essenziale.*

A base
B esistenziale
C alimentare
D naturale
E elementare

1169 *"Non dire gatto se non ce l'hai nel sacco"* è come dire:

A non commettere atti impuri
B tanto va la gatta al largo che ci lascia lo zampino
C non fare ad altri quello che non vorresti fosse fatto a te
D non vendere la pelle dell'orso prima di averlo preso
E donne e buoi dei paesi tuoi

1170 Individuare la figura da scartare.

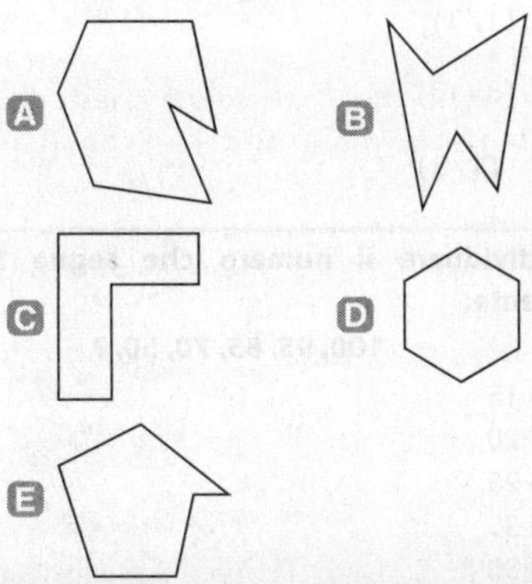

QUESTI DI LOGICA

1171 Un'amaca costa 100 Euro se acquistata a prezzo intero e viene scontata del 10% se acquistata insieme a una tenda che costa tre volte il prezzo dell'amaca (non scontato). Quanto spende chi, approfittando dell'offerta, acquista sia la tenda sia l'amaca?

A 390 Euro
B 400 Euro
C 360 Euro
D 440 Euro
E 500 Euro

1172 Se in una classe composta da 30 ragazzi sono 10 i ragazzi interessati a un seminario sull'orientamento, quanti sono in media gli studenti interessati in un liceo composto da 15 classi, ciascuna formata da 25 ragazzi?

A 375
B 300
C 250
D 125
E 180

1173 Nicola e Tommaso pelano 27 patate in dieci minuti. Sapendo che Tommaso pela un quinto in meno di patate rispetto a Nicola e che quest'ultimo ne pela 12 in più di Simona in un'ora, quante patate riuscirebbero a sbucciare i tre lavorando insieme per due ore?

A 40
B 240
C 480
D 520
E 460

1174 Giocando tre distinte colonne al Totocalcio (in cui lo scopo è indovinare la giusta sequenza di 13 segni scelti tra 1, X e 2), qual è la probabilità di fare 13?

A 1/169
B $(1/3)^{13}$
C $(1/3)^{12}$
D $(3/13)^{3}$
E $(1/3)^{6}$

1175 Individuare il numero che segue logicamente:

100, 95, 85, 70, 50, ?

A 15
B 20
C 25
D 35
E 30

Individuare la coppia di termini che completa correttamente le proporzioni seguenti.

1176 Vocabolario sta a traduttore come X sta a Y

A X = elefanti; Y = Annibale
B X = appetito; Y = ristorante
C X = francobollo; Y = lettera
D X = chiave inglese; Y = idraulico
E X = giornali; Y = edicolante

1177 X : Argentina = portoghese : Y

A X = spagnolo; Y = Uruguay
B X = sudamericano; Y = europeo
C X = spagnolo; Y = Brasile
D X = Cile; Y = spagnolo
E X = Patagonia; Y = Azzorre

1178 Spiga : grano = X : Y

A X = albero, Y = bosco
B X = farina, Y = pane
C X = chicco, Y = cereale
D X = bacca, Y = frumento
E X = pannocchia, Y = mais

1179 Una casa viene venduta a un prezzo pari a un certo valore al metro quadro. Quale è il prezzo della casa?
(1) La casa è di 75 metri quadri.
(2) Il prezzo di vendita è pari a 2.500 euro al metro quadro.

A L'affermazione (1) DA SOLA è sufficiente, ma l'affermazione (2) da sola non è sufficiente
B L'affermazione (2) DA SOLA è sufficiente, ma l'affermazione (1) da sola non è sufficiente
C Entrambe le affermazioni INSIEME sono sufficienti, ma NESSUNA affermazione DA SOLA è sufficiente
D CIASCUNA affermazione DA SOLA è sufficiente
E Le affermazioni (1) e (2) INSIEME NON sono sufficienti

1180 "Se il tempo domenica sarà bello andremo al mare". Se quanto affermato è vero, quale delle seguenti affermazioni è sicuramente vera?

A Domenica andremo al mare solo se il tempo sarà bello
B Se domenica andiamo al mare non è detto che il tempo sia bello
C Se il tempo domenica non sarà bello non andremo al mare
D Se domenica andiamo in campagna è perché il tempo non è bello
E Se domenica piove, staremo in città

Nel grafico è riportato il numero di confezioni di antibiotici vendute lo scorso anno da una multinazionale farmaceutica nel mondo.

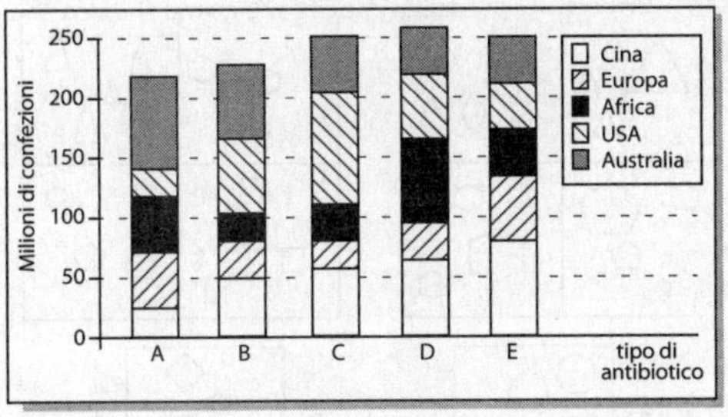

1181 Con riferimento al grafico, quale antibiotico ha venduto il maggior numero di confezioni in Africa?

A Antibiotico A
B Antibiotico B
C Antibiotico C
D Antibiotico D
E Antibiotico E

1182 Con riferimento al grafico, in quale area geografica la multinazionale farmaceutica ha venduto il maggior numero di confezioni dell'antibiotico A?

A Africa
B Australia
C Cina
D USA
E Europa

1183 Con riferimento al grafico, quale delle seguenti affermazioni è falsa?

A Il maggior numero di confezioni vendute nel mondo è quello relativo all'antibiotico D
B In Europa sono state vendute più confezioni dell'antibiotico A rispetto all'antibiotico C
C Il numero totale di confezioni vendute in USA e Africa dell'antibiotico A è superiore a quelle dell'antibiotico B vendute nelle medesime aree geografiche
D Sono state vendute più confezioni dell'antibiotico E in Cina che negli USA
E La multinazionale farmaceutica in Cina ha venduto più di 200 milioni di confezioni di antibiotici

1184 Con riferimento al grafico, quante confezioni di antibiotico C sono state vendute negli USA?

A Circa 100 mila
B Circa 1 milione
C Circa 1.000 migliaia
D Circa 10 milioni
E Circa 100 milioni

1185 Individuare la figura mancante.

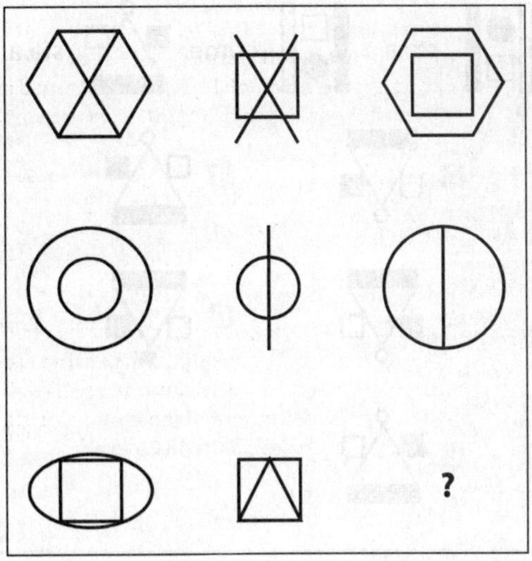

A 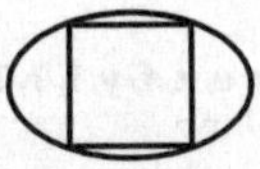
B 
C 
D 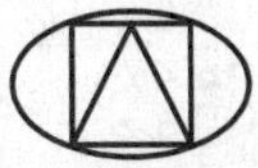
E 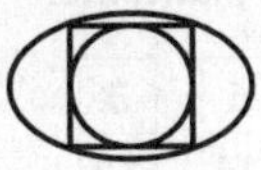

1186 Se Antonio pesa 70 kg e Giuseppe pesa 65 kg:

A Antonio è più alto di Giuseppe
B è molto probabile che Antonio e Giuseppe abbiano la stessa altezza
C Antonio e Giuseppe hanno certamente altezze diverse
D le altezze dei due sono proporzionali al loro peso
E tutte le risposte precedenti sono errate

1187 Qual è il numero da inserire nella terza riga al posto di x?

... 16 8 4 2 1 2 ...
... 24 12 6 3 6 3 ...
... 112 56 28 14 7 x ...

A $x = 4$
B $x = 7$
C $x = 14$
D $x = 3$
E $x = 2$

1188 Individuare la figura mancante.

 sta a  come  sta a...

A 

B 

C 

D 

E 

1189 Utilizzando l'alfabeto inglese, individuare le lettere mancanti:

d, y, d, z, e, y, e, z, f, y, f, ?, ?

- A y, g
- B z, g
- C g, y
- D z, y
- E g, z

1190 Individuare il numero mancante.

9	**6**	**3**
9	**24**	**12**
2	**5**	**?**

- A 6
- B 2
- C 5
- D 9
- E 12

1191 Individuare la figura da scartare.

A 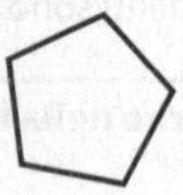

B 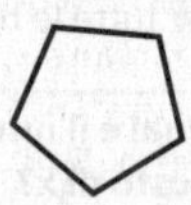

C 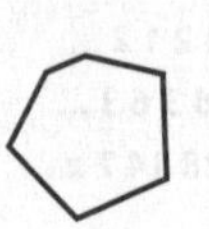

D 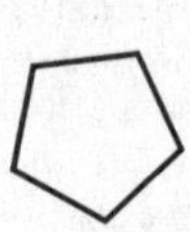

E 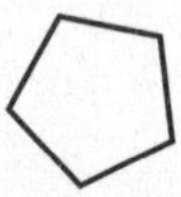

1192 Osservando le figure sotto riportate, quale delle seguenti affermazioni è falsa?

X 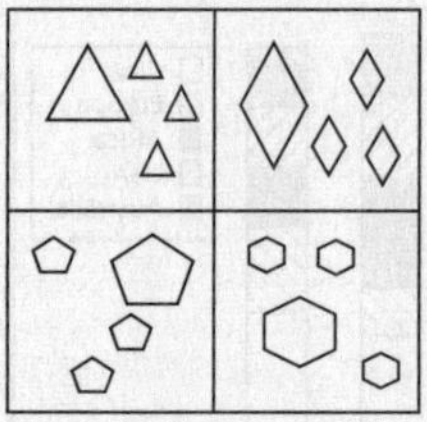

Y 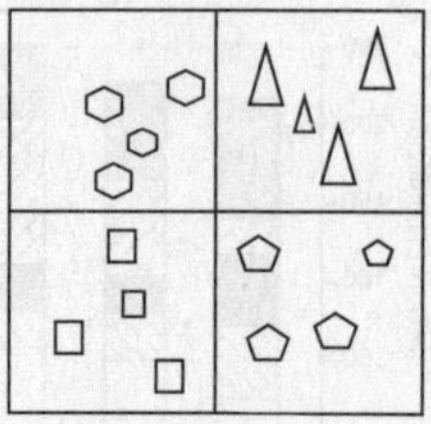

1) 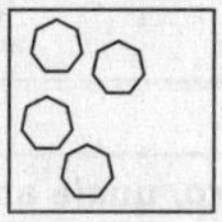

2) 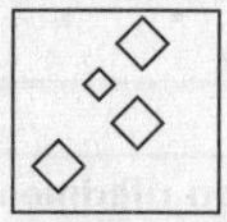

3) 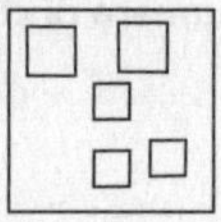

4) 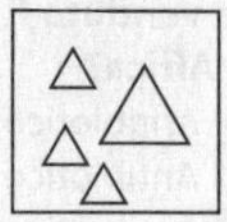

5) 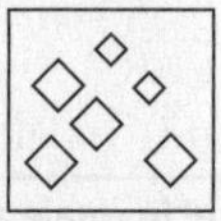

- A La figura 1) non appartiene all'insieme X
- B La figura 2) appartiene all'insieme Y
- C La figura 4) appartiene all'insieme X e la figura 3) non appartiene all'insieme Y
- D La figura 5) appartiene all'insieme Y e la figura 4) all'insieme X
- E La figura 4) appartiene all'insieme X e la figura 2) all'insieme Y

1193 Individuare quale diagramma soddisfa la relazione insiemistica esistente fra i tre termini seguenti: armi, armi da fuoco, pistole.

A 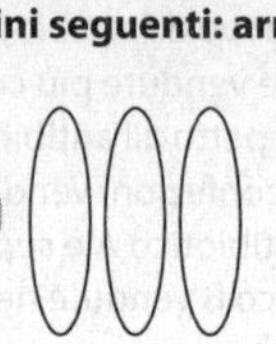

B 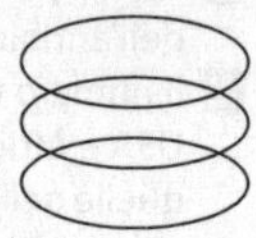

C 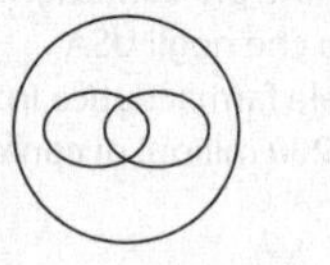

D 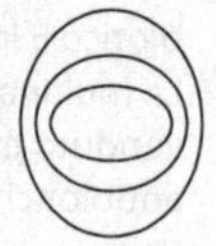

E 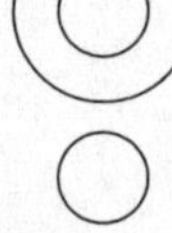

1194 La frase "alcuni giornalisti sono bene informati" è logicamente equivalente a:

A non tutti i giornalisti sono male informati
B alcuni giornalisti dovrebbero informarsi meglio
C non bisognerebbe mai fidarsi dei giornalisti
D chi è bene informato è giornalista
E i giornalisti bene informati sono pochi

1195 Una mondina raccoglie 2 chili di riso ogni 30 minuti. Quante mondine ci vogliono per raccogliere 12 chili di riso in un'ora?

A 2 B 3 C 6 D 20 E 5

1196 Per un furto in una caveau sono stati arrestati tre sospettati: Francesco, Diego ed Enzo. L'inquirente sa che due di essi dicono la verità e uno solo mente. Francesco dice che è stato Diego a commettere il furto, Enzo si dichiara innocente, così come Diego. In base alle precedenti informazioni si può essere sicuri che il colpevole:

A è Enzo
B è Diego
C non è certamente Enzo
D non è certamente Diego
E non è certamente Francesco

1197 Quattro persone: Anna, Beniamino, Carlo e Doriana hanno riservato un posto ciascuno in uno scompartimento da 4 posti (con 2 posti di fronte agli altri 2) su un treno per Monaco. Carlo arriva per primo e si siede al posto di Doriana. Subito dopo arriva Beniamino e si siede nel posto diagonalmente opposto a quello di Carlo. Doriana, appena arriva, insiste per sedersi al suo posto poiché deve viaggiare rivolta nella stessa direzione di marcia del treno e così Carlo si alza e le si siede davanti. Anna, quando arriva, si siede nel quarto posto rimanente.
Quale dei seguenti schemi può rappresentare correttamente come i 4 passeggeri sono seduti al momento della partenza (la freccia indica il verso di marcia del treno e il quadratino nero la porta dello scompartimento)?

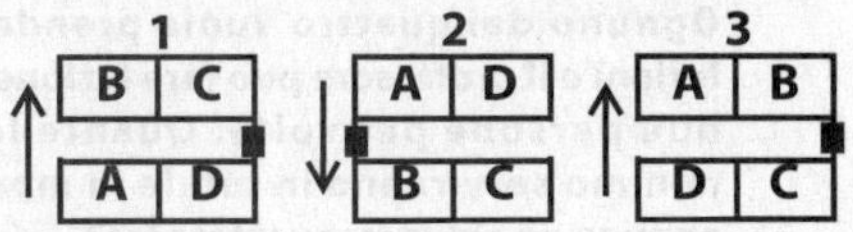

A Solo la 1
B Solo la 2
C Solo la 3
D La 1 e la 2
E La 2 e la 3

1198 In 12 giorni di lavoro cinque muratori costruiscono il muro perimetrale di una casa. Quanti giorni impiegherebbe un solo muratore a svolgere lo stesso lavoro?

A 80
B 120
C 30
D 60
E 90

1199 La prossima settimana Irene ha un appuntamento con: Lucrezia, Rita, Maria, Patrizia, Carlo e Stefania e ha a disposizione solo le sere di lunedì, martedì e mercoledì. Irene decide quindi di incontrare due amici ogni sera. Per organizzare gli appuntamenti si deve, però, ricordare che: I) Rita e Stefania non vogliono incontrarsi tra di loro; II) Patrizia non può uscire il lunedì sera; III) Carlo può solo il mercoledì sera; IV) Maria e Lucrezia escono solo insieme. In base alle precedenti affermazioni, per poter incontrare tutti e sei gli amici, quale delle seguenti persone incontrerà sicuramente il martedì?

A Stefania
B Patrizia
C Rita
D Lucrezia
E Maria

1200 Mauro è tornato da un lungo viaggio di lavoro. Oggi è giovedì. Mauro è arrivato quattro giorni prima del giorno dopo del giorno prima di domani. Quando è tornato Mauro?

A Sabato
B Domenica
C Lunedì
D Mercoledì
E Martedì

1201 L'ispettore Poirot afferma: "Se il ladro non ha usato i guanti, allora o l'ispettore trova le impronte sul tavolo o è un incapace; inoltre tutti, anche i ladri che usano i guanti, lasciano qualche impronta con le scarpe." L'ispettore trova solo impronte di scarpe per terra. Se l'affermazione di Poirot è vera, una sola delle seguenti conclusioni è assolutamente certa. Quale?

A Non è detto che le impronte di scarpe siano del ladro
B Il ladro usava i guanti
C L'ispettore è un incapace
D Non è vero che l'ispettore non sia un incapace
E Nessuna delle precedenti

Per ciascuno degli esercizi seguenti, indicare il diagramma che soddisfa la relazione insiemistica esistente tra i 3 termini dati.

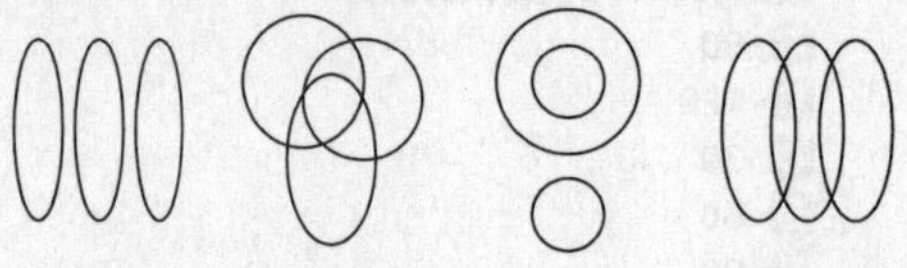

Diagramma 1 Diagramma 2 Diagramma 3 Diagramma 4

1202 Cani, gatti, felini

A) Diagramma 1
B) Diagramma 2
C) Diagramma 3
D) Diagramma 4
E) Nessuno dei diagrammi proposti

1203 Europa, America, Pechino

A) Diagramma 1
B) Diagramma 2
C) Diagramma 3
D) Diagramma 4
E) Nessuno dei diagrammi proposti

1204 Non esiste alcun elemento probatorio che consenta di eliminare la possibilità che l'imputato sia estraneo al fatto.
Dalla precedente affermazione si deduce che:

A) è possibile che l'imputato sia estraneo al fatto
B) è impossibile che l'imputato sia estraneo al fatto
C) l'imputato è estraneo al fatto
D) l'imputato non è estraneo al fatto
E) nessuna delle precedenti

1205 Luca si affida sempre al destino. Dovendo sposarsi sceglie a caso anche la data della cerimonia. In quale dei mesi seguenti è meno probabile che si celebri il matrimonio?

A) Gennaio
B) Febbraio
C) Marzo
D) Novembre
E) Dicembre

1206 Quale giorno precede immediatamente il giorno che viene cinque giorni prima del giorno che viene sei giorni dopo sabato?

A) Mercoledì
B) Domenica
C) Lunedì
D) Sabato
E) Giovedì

1207 Tutte le seguenti lettere possono essere prima capovolte, poi osservate di riflesso su uno specchio e apparire uguali a come sono, eccetto una. Quale?

A) B
B) C
C) D
D) U
E) O

1208 Quale delle seguenti frasi contiene un errore lessicale?

A) È da quando ho sedici anni e mezzo che conosco la differenza tra rimpianti e rimorsi e, da allora, provo ad evitarli
B) Gli antichi dicevano che nel vino si nascondeva la verità. Vale anche per i cocktail?
C) Nonostante le rassicurazioni ricevute, preferì non riaffrontare l'argomento
D) Malgrado le voci sul suo conto, quando la vidi la prima volta non lessi cattività nei suoi occhi
E) Da allora ne è passato di tempo e sciamo scivolati verso la vacua quotidianità che ammorba le nostre giornate

1209 Nella città Beta vi sono due discoteche. Sapendo che la probabilità che una discoteca sia aperta è uguale a 1/2, calcolare la probabilità che:
a) entrambe siano aperte;
b) una sia chiusa e una sia aperta;
c) siano entrambe chiuse.
Dire inoltre qual è la somma di tali probabilità.

A) $\frac{1}{4}; \frac{1}{4}; \frac{1}{4}; \frac{3}{4}$
B) $\frac{1}{4}; \frac{1}{4}; \frac{1}{2}; 1$
C) $\frac{1}{4}; \frac{1}{2}; \frac{1}{4}; 1$
D) $\frac{1}{2}; \frac{1}{4}; \frac{1}{4}; 1$

1210 Quattro amici vogliono prendere delle ripetizioni di inglese dallo stesso professore. Ognuno dei quattro vuole prendere tre lezioni e il professore può fare lezione solo a due persone per volta. Quante lezioni minimo serviranno in totale in modo che ognuno ne abbia frequentate tre?

A) 8
B) 4
C) 5
D) 6
E) 7

1211 Si prenda un foglio di carta, lo si ripieghi a metà tre volte, e infine lo si fori al centro con la punta di una matita. Riaperto il foglio quanti fori ci saranno?

A 8
B 1
C 4
D 9
E 3

1212 Paola lavora nell'azienda Alpha ma ha ricevuto una nuova offerta di lavoro dall'azienda beta. Attualmente per l'azienda Alpha guadagna 1.250 euro al mese netti per 13 mensilità. Nella nuova azienda Beta percepirebbe 1.400 euro lordi per 14 mensilità più un premio di produzione di 900 euro netti all'anno. Sapendo che sullo stipendio lordo Paola deve pagare una tassa pari al 20% dello stipendio stesso, quale tra le seguenti affermazioni è vera?

A Economicamente per Paola è più conveniente l'offerta dell'azienda Alpha
B Economicamente per Paola è più conveniente l'offerta dell'azienda Beta
C Le due retribuzioni nette sono perfettamente equivalenti
D In base ai dati non è possibile calcolare le due retribuzioni nette
E La retribuzione netta offerta da Beta è più conveniente di quella offerta da Alpha anche se non si calcola il premio di produzione

1213 Date le relazioni sotto riportate, individuare il valore di ✖.

✖ + ✖ = ✙; ☆ + ❒ = ✙; ☆ + ❒ = 6

A 6
B 3
C 9
D 12
E 4

1214 Se si lanciano due dadi, qual è la probabilità che la somma dei risultati sia uguale a 6?

A 1/2
B 1/3
C 5/36
D 1/6
E 6/36

1215 Scartare una delle seguenti alternative.

A Ciliegia
B Fragola
C Pomodoro
D Rapanello
E Verza

1216 Se sono corrette le seguenti affermazioni: tutti gli scrittori sono lettori; tutti i poeti sono lettori; tutti i poeti amano la natura" quale delle seguenti ulteriori affermazioni potrebbe far concludere che tutti gli scrittori amano la natura?

A Tutti gli scrittori amano la poesia
B Molti italiani amano scrivere ma non amano leggere
C Alcuni lettori amano la natura
D Coloro che amano la natura sono scrittori
E Tutti gli scrittori sono anche poeti

1217 Completare la seguente proporzione:

X : nave = decollare : Y

A X = navigare, Y = aeroplano
B X = capitano, Y = pilota
C X = aeroplano, Y = approdare
D X = ormeggiare, Y = aeroplano
E X = salpare, Y = aeroplano

1218 Gli spettatori della finale di coppa dei campioni 2059 Lecce – Manchester United sono 100.000 Ciascun spettatore tifa per il Lecce o per il Manchester United, nessuno tifa per entrambe. Abbiamo le seguenti ulteriori informazioni: (1) almeno uno degli spettatori presenti alla partita tifa per il Lecce; (2) presi a caso due spettatori, uno almeno tifa per il Manchester United. Date queste informazioni, puoi dire quanti sono i tifosi del Lecce?

A 50.000
B 99.000
C 33.000
D 1
E Non ho dati sufficienti per poterlo calcolare

1219 A quale affermazione risulta equivalente l'affermazione "se piove, allora non vado al cinema"?

A Se vado al cinema può darsi che piova
B Piove o non vado al cinema
C Se vado al cinema allora non piove
D Se vado al cinema non è detto che piova
E Vado al cinema e non piove

1220 Individuare, tra le alternative proposte, la lettera che completa correttamente la seguente successione:

X, U, R, O, L, …?

A I
B G
C F
D J
E K

1221 Un sinonimo di *ragguardevole* è:
A rispettoso
B considerevole
C conveniente
D ossequioso
E impertinente

1222 Il 30% di 120 è:
A 1
B 60
C 36
D 84
E 44

Leggere il testo del seguente esercizio e rispondere alle relative domande.

Cinque città (A, B, C, D, E) sono tra loro collegate da alcune autostrade. Tali autostrade collegano direttamente:
- la città A con la città B;
- la città B con la città C;
- la città B con la città D;
- la città D con la città C;
- la città D con la città E.

1223 Quante possibili vie vi sono per viaggiare dalla città A alla città E senza mai passare due volte dalla stessa città?
A Una
B Due
C Tre
D Quattro
E Nove

1224 Quale dei seguenti tragitti comporta la minore distanza?
A Dalla città A alla città C
B Dalla città A alla città E
C Dalla città B alla città E
D Dalla città C alla città D
E Non è possibile rispondere sulla base delle informazioni fornite

1225 Quale dei seguenti tragitti necessita di percorrere più di una autostrada?
A Dalla città D alla città C
B Dalla città E alla città C
C Dalla città C alla città B
D Dalla città E alla città D
E Dalla città E alla città A

1226 Individuare la parola da scartare
A Panchina
B Trono
C Bracciolo
D Scranno
E Seggio

1227 Se l'autostrada che collega le città A e B è lunga 80 chilometri e tutte le altre autostrade indicate sono lunghe 125 chilometri, allora per spostarsi dalla città A alla città E occorrerà percorrere almeno:
A 330 chilometri
B 375 chilometri
C 455 chilometri
D 355 chilometri
E 275 chilometri

1228 Se venisse aperta una nuova autostrada dalla città B alla città E, quante possibili vie vi sarebbero per viaggiare dalla città A alla città D senza mai passare due volte dalla stessa città?
A Una
B Due
C Tre
D Quattro
E Non è possibile rispondere sulla base delle informazioni fornite

1229 Individuare fra le cinque alternative proposte quella che completa il quadro:

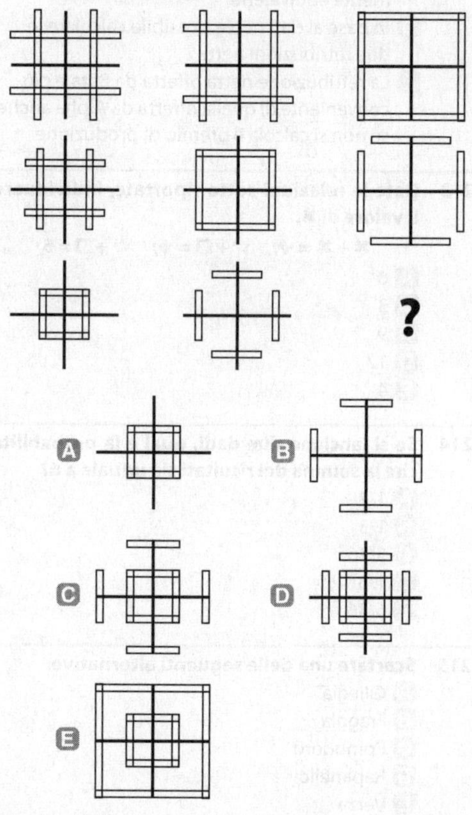

1230 Se l'affermazione "Nessun animale è più intelligente dell'uomo" è falsa, quale delle seguenti è necessariamente vera?

A Molti animali sono più intelligenti dell'uomo
B Tutti gli animali sono più intelligenti dell'uomo
C Diversi animali sono più intelligenti di alcuni uomini
D Almeno un animale è più intelligente dell'uomo
E Esistono animali molto intelligenti

1231 Alessandro è il fratello di Laura che è la mamma di Stefano. Michele, figlio di Paolo, ha sposato Loredana e ha avuto come figlia Claudia. Alessandro e Michele hanno gli stessi genitori. Dalle precedenti relazioni si può dedurre che:

A Laura è la zia di Claudia
B Paolo è lo zio di Claudia
C Michele è il cugino di Laura
D Stefano è il cugino di Alessandro
E Alessandro è lo zio di Paolo

1232 Leggete attentamente i seguenti dati: Francesco è un poliziotto; Fausto, il fratello di Francesco, è un poliziotto; tutti i poliziotti indossano la divisa blu e rossa. In base ai dati presentati, quale delle seguenti affermazioni è certamente vera?

A Francesco indossa la divisa blu e rossa
B Il padre di Fausto è un poliziotto
C Andrea, che indossa una divisa blu e rossa, è un poliziotto
D Francesco e suo fratello indossano divise diverse
E Nessuna delle altre affermazioni è vera

1233 Se i lavoratori applicano puntigliosamente alla lettera i regolamenti con l'intento di rallentare il lavoro fino alla paralisi, si dice che stanno mettendo in atto uno sciopero:

A generale
B a singhiozzo
C bianco
D rosso
E a scacchiera

1234 Quale delle seguenti proposizioni equivale a dire che "condizione sufficiente affinché la proposizione A sia vera è che sia vera la proposizione B"?

A Se B è vera allora A è vera
B Se A è vera allora B è vera
C Se B è falsa allora A è vera
D Solo se B è vera allora A è vera
E A è vera se B è falsa

1235 Si consideri come non vera la seguente affermazione: "nessuna auto ha tre sole ruote". Da ciò segue logicamente che:

A esiste un'auto senza ruote
B tutte le auto hanno tre ruote
C esiste un'auto con due ruote sgonfie su tre
D esiste almeno un'auto con tre sole ruote
E esistono diversi modelli di auto

1236 Tutti i giovani amano lo sport – alcuni uomini non amano lo sport – dunque ... non sono giovani. Si individui il CORRETTO COMPLETAMENTO del sillogismo:

A Alcuni uomini
B Gli sportivi
C Alcuni giovani
D Alcuni sport
E Tutti gli uomini

1237 Il termine *apocrifo* significa:

A non autentico
B non antico
C originale
D apodittico
E apologeta

1238 Il giardino di Villa Bella è decorato da tre tipi di fiori: gelsomini, gardenie e viole. Sapendo che il numero di gelsomini sta a quello delle gardenie come 3 sta a 4, che il numero di viole sta a quello dei gelsomini come 5 sta a 3 e che nel giardino ci sono in tutto 36 gardenie, qual è il numero totale di fiori a Villa Bella?

A 100
B 123
C 117
D 82
E 108

1239 Quale è un contrario di *rinomato*?

A Celebre
B Sconosciuto
C Apprezzato
D Periferico
E Anarchico

1240 In 1 giorno di lavoro otto imbianchini tinteggiano un ufficio. Quanti giorni impiegherebbero dodici imbianchini a svolgere lo stesso lavoro?

A 1 giorno e 12 ore
B 16 ore
C 2 giorni
D 20 ore
E 12 ore

1241 Negare che "ogni città ha un parco" equivale a dire che:

A Alcune città hanno diversi parchi
B Alcuni parchi sono in città
C Esiste almeno una città senza parchi
D Tutte le città sono senza parchi
E Nessuna città ha molti parchi

1242 Un mazzo di carte è composto da 52 carte totali, 13 per ognuno dei quattro semi: cuori, quadri, fiori e picche. Le carte di ogni seme vanno dall'asso al 10 a cui si aggiungono il jack, la donna e il kappa. Che probabilità si ha di estrarre da un tale mazzo un kappa oppure una carta di picche?

A 4/26
B 8/13
C 17/52
D 4/13
E 6/35

1243 Tutti coloro che hanno un computer possono utilizzare la posta elettronica; Alessandra è una giornalista; tutti i giornalisti hanno un computer.
Se le precedenti informazioni sono corrette, quale delle seguenti affermazioni non rappresenta una conclusione corretta?

A Alessandra può utilizzare la posta elettronica
B Coloro che possono usare la posta elettronica sono giornalisti
C Non esiste nemmeno un giornalista senza computer
D Alessandra ha un computer
E Tutti i giornalisti possono usare la posta elettronica

1244 Cinquanta famosi matematici sono riuniti a congresso. Non tutti sono distratti. Però, presi a caso due matematici, almeno uno dei due è distratto. Dunque necessariamente i congressisti distratti sono:

A almeno 2, ma possono essere meno di 25
B più di 25, ma non si può dire quanti
C 50
D 49
E 25

1245 Completare la seguente proporzione:
Attraccare : X = Y : Aeroplano

A X = Attaccare, Y = Deltaplano
B X = Barca, Y = Atterrare
C X = Marina, Y = Aviazione
D X = Automobile, Y = Posteggiare
E X = Elicottero, Y = Decollare

Nel grafico seguente è riportato il numero di pazienti visitati privatamente dai dottori Rossi, Bianchi e Green nell'ultimo anno.

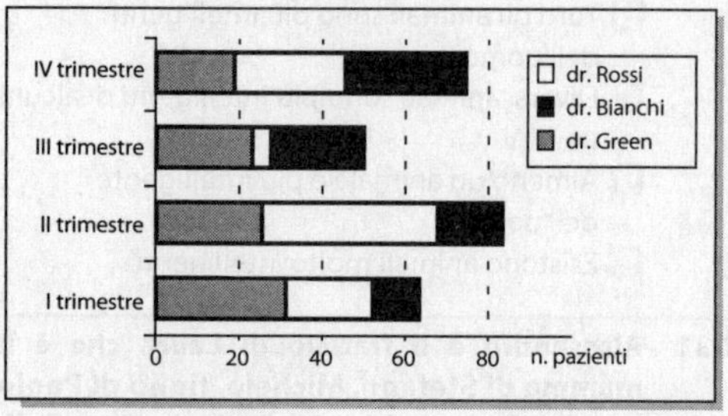

1246 Con riferimento al grafico, a quanto ammonta il numero complessivo di pazienti visitati dai tre medici nell'anno?

A Circa 400
B Circa 200
C Circa 270
D Circa 150
E Circa 340

1247 Con riferimento al grafico, in quale trimestre il dr. Green ha visitato il minor numero di pazienti?

A Nel I trimestre
B Nel II trimestre
C Nel III trimestre
D Nel IV trimestre
E I dati forniti sono insufficienti per rispondere

1248 Con riferimento al grafico, in quale trimestre il dr. Rossi ha visitato il maggior numero di pazienti?

A Nel I trimestre
B Nel II trimestre
C Nel III trimestre
D Nel IV trimestre
E I dati forniti sono insufficienti per rispondere

1249 Con riferimento al grafico, quale delle seguenti affermazioni è falsa?

A Nell'ultimo anno il dr. Bianchi ha aumentato ogni trimestre il numero di pazienti visitati
B Il dr. Rossi ha visitato più pazienti nel primo trimestre rispetto al terzo trimestre
C I pazienti visitati da Bianchi nel quarto trimestre sono stati meno di 40
D Nell'ultimo anno il numero di pazienti visitati dal dr. Green è diminuito ogni trimestre
E Il numero di pazienti visitati dal dr. Green nel secondo trimestre è minore del numero di pazienti visitati dal dr. Rossi nel terzo trimestre

1250 Se 12 donne su 100 sono bionde, quante donne su 300 non sono bionde?

A 36
B 34
C 240
D 264
E 224

1251 Se Giovanna sta leggendo, allora Matteo è fuori casa.
Se la precedente affermazione è vera, allora è anche vero che:

A se Matteo è fuori casa, allora Giovanna sta leggendo
B se Matteo è in casa, allora Giovanna non sta leggendo
C Matteo e Giovanna amano leggere insieme
D Matteo è fuori casa solo quando Giovanna legge
E Giovanna non sta leggendo e Matteo non è fuori casa

1252 Per costruire un armadio Antonio impiega dodici giorni, Luca ne impiega quattro e Gianni sei. Quanto tempo impiegano i tre insieme a costruire l'armadio?

A 2 giorni
B 3 giorni
C 36 ore
D 4 giorni
E 5 giorni

1253 L'auto del sig. Rossi, viaggiando ai tre quinti della sua velocità massima, raggiunge la velocità di novanta chilometri all'ora. Qual è la velocità massima dell'auto?

A 1 km/h
B 54 km/h
C 120 km/h
D 150 km/h
E 15 km/h

1254 Se Anna guarda la televisione, allora fuori piove.
Se la precedente affermazione è vera, allora è anche vero che:

A se Anna non guarda la televisione allora vuol dire che fuori non piove
B se fuori c'è il sole, allora Anna ha la televisione spenta
C se fuori piove allora Anna sta guardando la televisione
D la televisione è accesa mentre fuori c'è il sole
E se fuori non piove allora Anna guarda la televisione

1255 Se l'affermazione "In campagna nessuna casa è senza giardino" è falsa, quale delle seguenti è necessariamente vera?

A In campagna tutte le case hanno un giardino
B In campagna spesso le famiglie stanno in giardino
C Molte case di campagna hanno il giardino
D In città nessuna casa ha il giardino
E In campagna almeno una casa ha il giardino

1256 Individuare il numero che completa correttamente la seguente successione:

25 - 51 - 103 - 207 - ?

A 413
B 310
C 514
D 415
E 258

1257 Si inserisca la parola che completa la prima sillaba e sia l'inizio della seconda:
mar [...] stra

A osi
B asma
C ciare
D iolo
E gine

1258 Quali, tra i termini proposti, completano correttamente la seguente proporzione verbale?

Metano : X = Y: Oleodotto

A X = Gasdotto; Y = Gas naturale
B X = Metanodotto; Y= Petrolio
C X = Metanizzato; Y = Petroliera
D X = Metanizzare; Y = Combustione
E X = Petrolio; Y = Pozzo

1259 Alberto si ricorda che il suo codice bancomat è composto da 5 cifre, è senza lo 0 e il 3 e che contiene sicuramente un 9, un 7 e un 1. Quanti tentativi dovrà fare per riuscire a ritirare i soldi?

A Circa 300
B Meno di 100
C Più di 1.000
D 5
E Non è possibile calcolarlo

1260 Individuare il numero mancante

9, 4, 13, 17, 30, ...?

A 47
B 33
C 37
D 13
E 23

1261 Individuare il numero che completa correttamente la seguente successione:

17 - 126 - 235 - 344 - ?

A 453
B 363
C 426
D 415
E 688

1262 "Monica legge e gioca;
Ilaria gioca e va in bicicletta;
chi gioca è simpatico;
chi va in bicicletta o legge è sensibile;
chi legge è riflessivo;
chi è simpatico ha molti amici".
Se le precedenti affermazioni sono vere, allora è vero che:

A Ilaria è riflessiva
B Monica va in bicicletta
C tutte le persone sensibili leggono
D Monica e Ilaria hanno molti amici

1263 Individuare il numero mancante:

6, 9, 8, 16, ...?, 18, 36, 39

A 78
B 38
C 19
D 47
E 20

1264 Individuare il numero mancante.

3, 9, 81, ...?

A 729
B 2187
C 90
D 272
E 6561

Individuare la coppia di termini che completa correttamente le proporzioni seguenti.

1265 Anello : X = Y : pasto

A X = catena, Y = portata
B X = cena, Y = brillante
C X = collana, Y = pranzo
D X = spaghetti, Y = gioia
E X = pane, Y = oro

1266 Sciame : ape = X : Y

A X = lupo, Y = branco
B X = poco, Y = molto
C X = marmellata, Y = miele
D X = folla, Y = individuo
E X = pagina, Y = libro

1267 Qual è il contrario di *onta*?

A Calma
B Vicina
C Lode
D Certa
E Sana

1268 La criminalità nelle strade ha ormai raggiunto livelli preoccupanti. Gran parte della responsabilità di questa situazione è da attribuire ai giudici, che hanno severamente limitato l'azione della nostra polizia. La criminalità non sarà eliminata fino a quando alla polizia sarà impedito di intraprendere le azioni che quest'ultima ritiene necessarie per individuare i colpevoli dei reati.
Se le affermazioni sopra riportate sono vere, ne segue che:
a) la criminalità sarà eliminata quando saranno rimossi i limiti imposti alla polizia
b) i giudici non hanno alcun diritto di limitare le azioni della polizia
c) i giudici non si preoccupano del diritto dei cittadini di essere difesi dalla criminalità

A a)
B b)
C a) e b)
D b) e c)
E Né a), né b), né c

1269 Quando in un sistema economico registriamo un processo di costante e generalizzato rialzo dei prezzi, che determina una diminuzione del potere d'acquisto della moneta siamo di fronte a un fenomeno chiamato:

A deflusso
B deflazione
C riflusso
D inflazione
E detassazione

1270 Quale delle seguenti condizioni aggiuntive NON consente di affermare che Ilaria è riflessiva?

A Chi è sensibile è riflessivo
B Chi è simpatico è sensibile
C Chi va in bicicletta è simpatico
D Chi gioca legge

1271 *Previo* significa:

A breve
B divaricato
C precedente
D unico
E sviato

1272 Recenti ricerche hanno mostrato che le università che hanno introdotto il numero programmato sono riuscite a conseguire una significativa riduzione del numero di studenti che abbandonano gli studi prima della laurea. È dunque opportuno che tutte le università introducano il numero programmato. L'argomentazione sopra riportata presuppone che:

A vi è una percentuale elevata di studenti che abbandonano gli studi prima della laurea
B le università che hanno introdotto il numero programmato sono ancora poche
C la riduzione del numero di studenti che abbandonano gli studi prima della laurea è una ragione sufficiente per l'introduzione del numero programmato
D il numero programmato consente di migliorare la didattica
E nessuna delle precedenti

1273 Paola possiede due fili d'oro, lunghi rispettivamente 75 e 87 centimetri. Da ciascuno dei due fili Paola taglia pezzi tutti uguali, i più lunghi possibili in modo che alla fine le rimangono 3 centimetri di filo in avanzo dal primo e 6 dal secondo. Quanti pezzi di pari lunghezza ha tagliato Paola?

A 9
B 13
C 17
D 15
E 21

1274 Renato arriva alla stazione dei treni di Milano e osserva che:

1. **il treno proveniente da Monaco è partito alle 6,00 e dopo cinque ore è giunto in stazione a Milano da dove ripartirà per Roma dopo mezz'ora di sosta;**
2. **il treno per Lione parte da Milano 50 minuti dopo la partenza per Roma del treno proveniente da Monaco;**
3. **dopo aver sostato in stazione per 20 minuti, il treno proveniente da Vienna riparte per Bologna 10 minuti dopo la partenza del treno per Lione.**

In base alle informazioni precedenti, a che ora rispettivamente arriva a Milano e riparte per Bologna il treno proveniente da Vienna?

A 12,00; 12; 20
B 12,10; 12,30
C 12,10; 12,20
D 11,00; 11,20
E 11,10; 11,30

1275 Luca ha acquistato una partita di 15 orologi apparentemente identici, uno dei quali però pesa di meno per la mancanza di un ingranaggio. Avendo a disposizione una bilancia a due piatti, qual è il numero minimo di pesate sufficienti a Luca per individuare quello difettato?

A 15
B 20
C 8
D 3
E 1

1276 Leggete attentamente i seguenti dati: Guido è più alto di Tiziano; Tiziano è più basso di Paolo; Paolo è il più alto dei tre. In base ai dati presentati, quale delle seguenti affermazioni è certamente vera?

A Tiziano non è il più basso dei tre
B Guido è il più basso dei tre
C Paolo è più alto di Guido
D Tiziano è il più alto dei tre
E Nessuna delle altre affermazioni è vera

1277 La società WWW, per fornire un incentivo ai propri tre dipendenti, decide di conferire a ognuno di loro un premio pari all'1% del fatturato per la quota compresa tra 20 e 25 miliardi e uno pari al 2% per l'eventuale quota eccedente i 25 miliardi. Quale sarà l'esborso complessivo della società WWW per i premi ai dipendenti se il fatturato risulterà di 27 miliardi?

A 40.000.000.000
B 270 milioni
C 1,62 miliardi
D 420.000.000
E 0,9 miliardi

1278 Individuare il numero mancante.

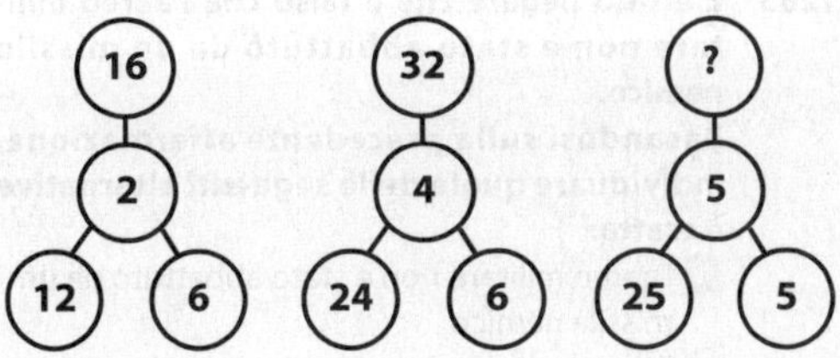

A 20
B 34
C 40
D 5
E 12

1279 Inserire l'unica congiunzione pertinente nella seguente frase: "... ami molto leggere, porterò con me pochi libri in vacanza".

A dal momento che
B se
C sebbene
D anche se
E giacché

1280 "Giulia ama i biscotti"
"I biscotti sono un dolce"
"Chi ama i biscotti adora la montagna"
Sulla base di queste considerazioni, individuate quale tra seguenti conclusioni è vera.

A Giulia ama tutti i dolci
B Giulia ama tutti i dolci che mangia in montagna
C Chi ama i biscotti ama tutti i dolci
D Giulia ama la montagna
E Giulia adora la montagna solo quando mangia biscotti

1281 La polizia italiana ha arrestato un cittadino rumeno perché coinvolto in un traffico di stupefacenti. Da quanto esposto, una sola delle seguenti deduzioni è indiscutibile, quale?

A Il cittadino rumeno era drogato
B Molti rumeni commettono reati in Italia
C La persona arrestata aveva dei complici
D Il traffico di droga serviva al cittadino rumeno per sopravvivere
E Dopo l'arresto, il cittadino rumeno si è pentito del reato commesso

1282 Una richiesta che non si può accogliere si può definire:

A indecente
B proponibile
C inammissibile
D inadatta
E infelice

1283 È errato negare che è falso che l'aereo militare non è stato abbattuto da un missile nemico.
Basandosi sulla precedente affermazione, individuare quale delle seguenti alternative è esatta:

A l'aereo militare non è stato abbattuto da un missile nemico
B l'aereo militare è stato abbattuto da un missile nemico
C l'aereo militare è stato abbattuto da un missile amico
D non si conosce la causa dell'abbattimento dell'aereo militare
E l'aereo militare non è stato abbattuto

1284 Individuare fra le cinque alternative proposte quella che completa il quadro.

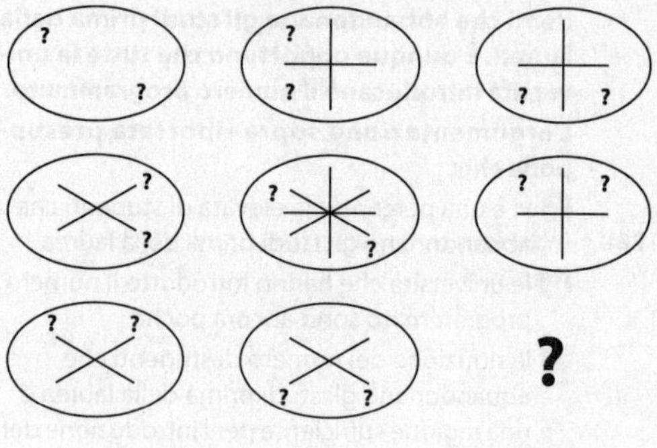

A 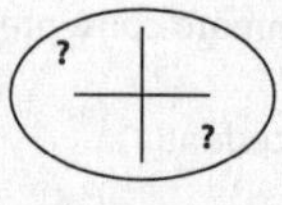
B 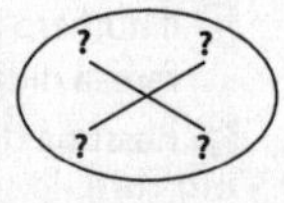
C 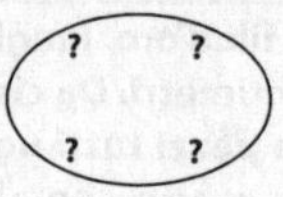
D 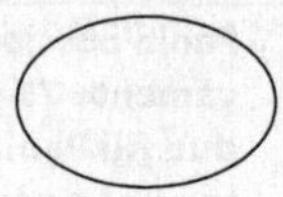
E 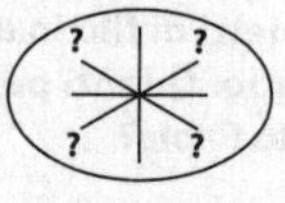

1285 Alcune recenti ricerche hanno respinto l'impossibilità della non veridicità della tesi secondo la quale non esiste una correlazione negativa tra età media delle persone e quantità media di sigarette che tali persone hanno fumato.
Se quanto sopra riportato è vero, quale delle seguenti affermazioni è vera?

A Il fumo accorcia la vita media delle persone
B Non vi è correlazione negativa tra quantità di sigarette fumate e vita media delle persone
C Il fumo allunga la vita media delle persone
D È impossibile che vi sia una correlazione negativa tra quantità di sigarette fumate e vita media delle persone
E È possibile che vi sia una correlazione negativa tra quantità di sigarette fumate e vita media delle persone.

1286 Indicare la definizione corrispondente per significato alla parola *sentina*.

A Componente di una radio
B Frase sussurrata
C Luogo più profondo di una nave
D Postazione di una sentinella
E Tipo di armadio

1287 Inserire l'unica congiunzione pertinente nella seguente frase: "Andrò ugualmente all'appuntamento ... non stia bene".

A purché
B affinché
C giacché
D qualora
E benché

1288 Individuare il numero che completa correttamente la seguente successione:

28 - 56 - 112 - ?

A 140
B 224
C 214
D 178
E 128

1289 Indicare la definizione corrispondente per significato alla parola *nemesi*.

A Vendetta
B Sporcizia
C Ilarità
D Bruttezza
E Miseria

1290 Ogni qualvolta si verifica una contrazione dell'offerta di petrolio dalla regione del Golfo, si registra un immediato aumento del prezzo del petrolio proveniente da quella regione.

Se l'argomentazione sopra riportata è vera, quale delle seguenti affermazioni è vera?

A Se c'è un incremento del prezzo del petrolio proveniente dalla regione del Golfo, ciò significa che vi è stata una contrazione dell'offerta di petrolio da quella regione
B Se non vi è alcuna contrazione dell'offerta di petrolio dalla regione del Golfo, allora non vi è alcun incremento del prezzo del petrolio proveniente da quella regione
C Ogniqualvolta vi è una contrazione dell'offerta di petrolio, si verifica un immediato aumento del prezzo dello stesso
D Ogniqualvolta vi è instabilità politica nella regione del Golfo, si verifica un immediato incremento del prezzo del petrolio proveniente da quella regione
E Se non vi è alcun incremento nel prezzo del petrolio proveniente dalla regione del golfo, ciò significa che non vi è stata alcuna contrazione dell'offerta del petrolio da quella regione

1291 "In base alle statistiche dell'ospedale, i medici hanno appurato che non è falsa la tesi secondo cui quella malattia non è mortale". Basandosi sulla precedente affermazione, quale delle seguenti alternative è vera?

A I dati delle statistiche dell'ospedale sono poco significativi
B I medici non hanno potuto appurare il livello di mortalità di quella malattia
C Quella malattia non è mortale, in base alle statistiche dell'ospedale
D I medici non possono affermare la falsità della tesi secondo la quale quella malattia è mortale
E Quella malattia è mortale, in base alle statistiche dell'ospedale

1292 Quale termine è l'opposto di probità?

A Animosità
B Fedeltà
C Dignità
D Falsità
E Integrità

Individuare l'alternativa che completa correttamente le seguenti proporzioni tra parole.

1293 Riga : Lettonia = X : Y

A X: Lituania; Y = Vilnius
B X: Vilnius; Y = Estonia
C X: Tallin; Y = Lituania
D X: Tallin; Y = Estonia

1294 Adesso: X = vicino : Y

A X = ora; Y = lontano
B X = dopo; Y = presso
C X = avverbio; Y = aggettivo
D X = aggettivo; Y = avverbio

1295 Piano : Centro Pompidou di Parig i= X : Y

A X = Piermarini; Y = Villa reale di Monza
B X = Borromini; Y = Villa reale di Versailles
C X = Wright; Y = Rossi
D X = Alberti; Y = Santa Maria del Fiore di Firenze

1296 Padri e figli : X = Y : Hugo = Z : Verga

A X = Turgenev; Y = *I Miserabili*; Z = *Storia di una Capinera*
B X = Stendhal; Y = *Notre Dame de Paris*; Z = *I Malavoglia*
C X = Balzac; Y = *Il Rosso e il Nero*; Z = *I Malavoglia*
D X = Turgenev; Y = *La certosa di Parma*; Z = *Storia della colonna infame*
E X = Balzac; Y = *I fratelli Karamazov*; Z = *Storia di una Capinera*

QUESITI DI LOGICA

Leggere il testo del seguente problema e rispondere alle relative domande.

- Alberto è più anziano di Renato e più alto di Stefano;
- Giovanni è più basso di Stefano e più alto di Massimiliano, ma è più giovane di Fausto;
- Renato, il più alto di tutti, è più anziano di Massimiliano che è più alto di Fausto;
- Stefano è più giovane di Massimiliano, ma più anziano di Fausto.

1297 Sulla base dei dati forniti dal problema, Alberto è:

A più basso di Fausto e più anziano di Giovanni
B più alto di Giovanni e più giovane di Massimiliano
C più basso di Renato e più giovane di Fausto
D più alto di Massimiliano e più anziano di Stefano
E nessua delle altre affermazioni è vera

1298 Sulla base dei dati forniti dal problema, il più basso di tutti è:

A Alberto
B Fausto
C Giovanni
D Stefano
E Massimiliano

1299 Per ... si intende, in diritto, la condizione di chi, pur avendo l'onere di costituirsi dinanzi al Foro che esamina un procedimento che lo vede coinvolto, omette di farlo". Tra quelli che seguono, qual è il termine da inserire nello spazio vuoto?

A Estradizione
B Contumacia
C Contumelia
D Compartecipazione di presenza
E Abdicazione

1300 Scartare una delle seguenti alternative.

A Treno
B Autobus
C Camper
D Pullman
E Camion

Quesiti di comprensione verbale

Leggere il brano seguente e rispondere alle successive domande.

La svalutazione della sterlina nel 1931 e del dollaro nel 1934, dopo il crac del '29, comportò una brusca diminuzione del contenuto aureo di queste valute e quindi un aumento significativo del prezzo del metallo. Quando la maggioranza dei settori economici soffriva per la crisi e contraeva la produzione, le compagnie aurifere tendevano invece a ingrandirsi e ad aumentare la produzione, sfruttando il fatto che i costi per l'estrazione calavano. Nel 1940 la produzione d'oro nel mondo capitalistico raggiunse l'apice con 1.138 tonnellate, il 40% delle quali ricavate dai giacimenti sudafricani, mentre al secondo e terzo posto vi erano rispettivamente Canada e Usa. Viceversa, negli anni successivi, con una industria mobilitata prevalentemente per scopi bellici, l'estrazione calò drasticamente (nel 1945 era di 654 tonnellate), tanto che nel 1942 gli USA decretarono di fermare temporaneamente il lavoro nelle miniere, che tra l'altro era diventato sempre più costoso, diversamente da quello sudafricano, svolto in sostanza da neri in condizione di semi-schiavitù. Nel 1945 quasi i 2/3 delle riserve auree dei paesi capitalisti (riserve che in tutto ammontavano a circa 30.000 tonnellate) erano nelle mani del governo Usa. La concentrazione dell'oro negli Usa, alla fine del 1949, raggiunse il punto di massima: il 70% delle riserve mondiali, cioè circa 22.000 tonnellate.

L'apice pre-bellico dell'estrazione aurifera mondiale venne tuttavia superato solo nel 1962 e per tutta la seconda metà degli anni '60 si stabilizzò sulle 1.250-1.300 tonnellate annue, di cui i 3/4 appartenenti al Sudafrica.

Nonostante l'inflazione, tipica dei periodi di guerra, il prezzo ufficiale dell'oro in dollari, fissato nel 1934, rimase invariato sino al 1971: questo prezzo era di 35 dollari per oncia (quindi circa 1,1 dollari per grammo), corrispondente al contenuto aureo della moneta USA. Sulla sua base gli organi finanziari esteri e le banche centrali potevano acquistare oro, ossia scambiare dollari contro oro, presso il Tesoro americano. Modesto era il divario fra il prezzo ufficiale e quello libero di mercato (per esempio l'oro acquistato dagli orefici, dalle ditte elettroniche ecc.).

1301 Nel brano è riportata una sola delle seguenti osservazioni. Quale?

- A Dopo il crack del '29 il prezzo e la quantità estratta dell'oro aumentarono
- B Dopo il crack del '29 il prezzo e la quantità estratta dell'oro diminuirono
- C Dopo il crack del '29 il prezzo dell'oro aumentò, mentre la quantità estratta diminuì
- D Dopo il crack del '29 il prezzo dell'oro diminuì, mentre la quantità estratta aumentò
- E Il crack del '29 non ebbe riflessi significativi su prezzo e quantità estratta dell'oro, ma solo sul contenuto aureo di dollaro e sterlina

1302 Nel 1940 la produzione di oro:

- A in Sud Africa è stata superiore a 500 tonnellate
- B negli Stati Uniti è stata superiore rispetto a quella canadese
- C nel mondo era inferiore a quella del 1945
- D in Sud Africa era inferiore a quella che lo stesso Paese ottenne mediamente nella seconda metà degli anni '60
- E negli Stati Uniti era più costosa di quanto sarebbe stata due anni dopo

1303 Quale delle seguenti informazioni è in contrasto con i contenuti del brano?

- A Negli anni '50 e '60 gli orefici hanno potuto acquistare l'oro approssimativamente allo stesso prezzo a cui l'acquistavano negli anni '40
- B Alla fine del 1949 le riserve auree mondiali erano superiori alle 30.000 tonnellate
- C Un'oncia pesa meno di 35 grammi
- D Nel 1945 le riserve auree degli Stati Uniti erano inferiori (seppure di poco) alle 20.000 tonnellate
- E Nello stesso anno in cui la sterlina ha subito una forte svalutazione è stato fissato il prezzo ufficiale dell'oro in dollari

Leggere il brano seguente e rispondere alle relative domande.

Spesso si divide la ricerca in due categorie: pura e applicata. La ricerca pura è solitamente definita come quella che produce nuove conoscenze, la ricerca applicata come quella che produce nuove tecnologie. Una descrizione semplice ma non sufficiente a caratterizzare come la scienza produca nuove tecnologie. Farò quindi un'ulteriore suddivisione della ricerca pura e applicata in due categorie che chiamerò ricerca fondamentale e ricerca strategica.

Le categorie "pura" e "applicata" connotano ciò che gli scienziati fanno: esplorare l'ignoto e risolvere dei problemi. Le categorie "fondamentale" e "strategica" connotano gli orizzonti temporali e le basi per sostenere vari programmi di ricerca.

Per quanto riguarda le nuove tecnologie, nella ricerca fondamentale si capisce poco o nulla delle eventuali applicazioni potenziali al momento in cui il lavoro viene svolto, mentre la ricerca strategica si aspetta delle applicazioni potenziali anche se prima di arrivarci rimangono parecchie incognite da esplorare e da capire.

Qui, un esempio potrebbe essere utile. Le fibre ottiche stanno rivoluzionando le comunicazioni. Questi fili di vetro sottili come un capello possono stendersi per migliaia di miglia sotto gli oceani per collegare i continenti e trasportare le comunicazioni via telefono, televisione e computer nel modo più efficace e meno costoso che l'uomo conosca. I puntelli forniti dalla ricerca "pura fondamentale" vengono dalla meccanica quantistica elaborata tra gli anni Venti e Quaranta, in particolare dagli studi di Einstein sulla stimolazione dell'emissione e dell'assorbimento (i cosiddetti coefficienti "A" e "B"). Il lavoro "fondamentale applicato" è consistito nello sviluppare il laser. La teoria che dimostrava la non impossibilità del laser era nota, ma non si sapeva se si sarebbero riusciti a creare le condizioni necessarie alla sua costruzione. Questa ricerca "pura strategica" ha richiesto molto lavoro sull'interazione della luce con i materiali. La comunicazione a fibre ottiche deriva dalla combinazione dei laser a stato solido avanzati con dei materiali avanzati.

Un altro esempio tratto dal mio campo, la fisica subnucleare, riguarda lo sviluppo di acceleratori compatti di elettroni usati nelle terapie antitumorali con fasci densi di raggi x. Negli ospedali di tutto il mondo ci sono migliaia di questi acceleratori da 10-12 milioni di volt, usati per trattare centinaia di migliaia di pazienti. La produzione di queste macchine e degli impianti a esse collegati rappresenta un affare da mezzo miliardo di dollari all'anno. Lo studio fondamentale puro non c'entrava affatto con questo prodotto, bensì con la fisica subnucleare. Lo studio fondamentale applicato aveva a che fare con la costruzione di acceleratori migliori. La ricerca pura strategica spaziava entro un ampio spettro di studi sugli effetti della radiazione sui tessuti biologici. Tutto ciò è confluito negli acceleratori usati nella pratica terapeutica.

Entrambi questi esempi hanno caratteristiche comuni. Sono radicati nella scienza fondamentale che porta a nuove conoscenze, che a loro volta producono ulteriore ricerca pura di natura strategica e/o ricerca fondamentale applicata che sviluppa nuove tecnologie. È un quadro che si potrebbe giudicare semplicistico, privo com'è di una sorta di terza dimensione che mostri come i risultati provenienti da più settori della scienza e della tecnologia confluiscano nell'elaborare nuove tecnologie e nuovi prodotti.

1304 Quale dei seguenti titoli meglio esprime il contenuto del brano?

- A Terapie antitumorali e scienza
- B Nuovi sistemi di comunicazione
- C Einstein e le nuove tecnologie
- D Ricerca e sviluppo di nuove tecnologie
- E Fili di vetro sotto i nostri mari

1305 L'autore del brano lavora nel campo:

- A della comunicazione
- B della filosofia della scienza
- C della fisica subnucleare
- D dei computer
- E dell'information technology

1306 Secondo il brano, nello sviluppo di nuove tecnologie, la ricerca pura fondamentale:

- A ha sempre attinenza con la fisica subnucleare
- B viene svolta in relazione a una applicazione ben precisa
- C coincide con la ricerca pura strategica
- D prevede ogni possibile applicazione
- E precede la ricerca strategica applicata

1307 Confrontando i due esempi citati nel brano, quale delle seguenti proporzioni è corretta?

- A L'interazione tra materiali e luce sta al laser come la fisica subnucleare sta agli acceleratori di elettroni
- B La meccanica quantistica sta alle fibre ottiche come la fisica subnucleare sta agli acceleratori per le terapie antitumorali
- C Il laser sta alle fibre ottiche come la fisica subnucleare sta agli acceleratori di elettroni
- D I coefficienti A e B stanno alla televisione come gli acceleratori di elettroni stanno ai tumori
- E L'idea del laser sta alla sua costruzione come la ricerca strategica sta alla ricerca applicata

Leggere il brano e rispondere alla relativa domanda.

Con una conferenza stampa tenuta alle ore 11 sulla costa del Pacifico (alle 20 ora italiana), la NASA ha annunciato che la sonda *Opportunity* ha trovato significative prove che una volta sul pianeta Marte c'era acqua in abbondanza. Le prove sarebbero di tipo minerale, ovvero le rocce scrutate dagli strumenti di *Opportunity* dimostrerebbero che vi sono prodotti inequivocabilmente dovuti alla presenza di acqua abbondante.

L'annuncio della NASA conferma una serie di ricerche univoche nel descriverci un «pianeta rosso» piuttosto umido e caldo nel passato. Pochi studiosi di Marte, ormai, avevano dubbi in proposito. Anche perché nelle settimane scorse una sonda europea, *Mars Express*, ha trovato evidenze di acqua presente tuttora al polo sud marziano. Tuttavia la conferma diretta, «in situ», dell'esistenza di acqua abbondante in passato, ha certamente un rilievo notevole.

Resta da capire se la presenza di questo ambiente favorevole (molta acqua e caldo sufficiente) abbia consentito, milioni di anni fa, l'origine di una «vita marziana». La sonda *Opportunity* questo non ce lo dice. Cosicché la ricerca della eventuale vita su Marte continua.

1308 Delle alternative di seguito proposte, solo una NON è conseguente al brano. Quale?

- **A** Le conferme annunciate dalla NASA sul fatto che un tempo Marte fosse un pianeta caldo e umido non portano ancora a dimostrare che sul pianeta rosso ci sia stata vita
- **B** La forza delle prove trovate dalla sonda *Mars Express* dipende soprattutto dal fatto che sono di tipo minerale
- **C** Un conto è fotografare il pianeta da una sua orbita e un conto è raccogliere campioni di terreno per studiarne la composizione
- **D** L'ora registrata in un dato momento sulla costa americana del Pacifico può differire di nove ore rispetto a quella registrata in Italia nello stesso momento
- **E** Il lavoro congiunto di *Opportunity* e di *Mars Express* potrà fornirci informazioni sempre più complete e dettagliate su Marte

---

In base alle informazioni contenute nel brano seguente, rispondere alle successive domande.

«Un passo avanti molto importante della teoria della personalità negli ultimi venticinque anni è stato, secondo me, la progressiva consapevolezza che nessuno può essere compreso adeguatamente se isolato dal suo contesto sociale. L'esperienza e il comportamento di ognuno, sia egli considerato sano o pazzo, sono comprensibili, almeno in parte, come risposte al comportamento passato o presente di altri verso di lui e intorno a lui.

Ciò nonostante, il linguaggio e le etichette usati dagli psichiatri sono ancora orientati verso la definizione di individui malati o devianti. La nosologia psichiatrica classifica i pazienti degli psichiatri come disturbati, ma non possiede categorie per etichettare le situazioni interpersonali che possono disturbarli. Abbiamo bisogno di linguaggi appropriati, di schemi e di modelli con cui pensare agli effetti causati sulle persone dal contesto sociale - famiglie, scuole, chiese, fabbriche e circoli - e alle relazioni fra piccoli gruppi microsociali e relativo contesto macrosociale: la Società nel suo insieme.

La psicoanalisi presuppone, almeno in teoria, che il senso di persecuzione di una persona sia in parte o totalmente causato da fantasie determinate dall'istinto o filogeneticamente. Certo molti psicanalisti sanno che le storie di persecuzione infantile raccontate dai loro pazienti sono vere. Ma questo, sebbene valido, non è soddisfacente, se essi non hanno una teoria con cui spiegare come la persecuzione avvenuta nel passato possa in seguito dare origine a certe strane esperienze.

Si consideri un individuo che ritenga certi eventi verificatisi nella sua mente (pensieri, sentimenti, percezioni, ricordi ecc.) come cattivi, pazzi, osceni, impuri, sporchi o pericolosi. Se egli desidera considerarsi buono, sano, decente, puro, pulito e sicuro, ha bisogno di adottare certe tattiche mediante le quali affrontare quegli eventi, quando gli appaiono alla coscienza o prima del loro apparire. Si possono sfuggire i pericoli o gli elementi "cattivi" del mondo che ci circonda; basta allontanarsene. Ma in questo caso la fuga non è attuabile, non si può ritirare la nostra mente da se stessa.

C'è una scappatoia possibile e spesso usata: fingere che certi eventi non si verifichino nella nostra mente, cioè escluderli dal campo della coscienza. Ma fuori dalla coscienza non significa fuori dalla mente; è solo un'apparenza. Come gli oggetti del mondo esterno non scompaiono quando voltiamo loro la schiena, così gli eventi della nostra mente non cessano di verificarsi per il fatto che ci distogliamo da loro. E, anche fuori dalla consapevolezza, essi sono spesso sottoposti a mutamenti.

Freud usava parecchi termini per indicare le operazioni con cui allontaniamo o manteniamo lontani dalla consapevolezza determinati eventi, per esempio rimuovere (***verdrangen***), rinnegare (***verleugnen***) e rifiutare (***verwerfen***); e alcuni per indicare una inconsapevolezza parziale, per esempio condannare (***verurteilen***) e negare (***verneinen***). René Laforgue, psicanalista francese, usò un termine tradotto in italiano con scotomizzare, cioè rendere qualcuno cieco a qualcosa; molti psicanalisti parlano di ripudio o negazione di eventi. Tutti questi termini rappresentano dei mezzi mediante i quali ci si priva di alcune possibilità della nostra mente. Uso questi termini in modo intercambiabile, dal momento che trovo difficile distinguere in pratica le singole operazioni a cui si riferiscono. Qui, per comodità, mi riferisco a uno di questi, alla rimozione. Attraverso lo strumento della rimozione la mente cerca di espropriare da se stessa degli elementi che ritiene inappropriati; cambia cioè il "me-cattivo" nel "non-me".»

1309 Qual è, secondo l'autore, il limite principale della psicoanalisi?

- A L'incapacità di riconoscere il legame tra personalità di un individuo e ambiente in cui quest'ultimo è cresciuto
- B L'incapacità di associare ai diversi eventi interpersonali che caratterizzano la vita di un individuo gli effetti da essi prodotti sulla personalità dello stesso individuo
- C Il rifiuto che certi eventi di tipo interpersonale si siano verificati
- D La mancanza di una teoria che spieghi in modo sistematico come determinati eventi interpersonali del passato possano dare origine a esperienze successive nel campo della personalità
- E Non è in grado di spiegare il senso di persecuzione

1310 Quale delle seguenti affermazioni è contenuta nel brano?

- A I termini "rimozione" e "scotomizzazione" hanno esattamente lo stesso significato
- B Secondo tutti gli psicanalisti molte storie di persecuzione infantile non sono vere
- C Gli individui definiti "sani" hanno subito minore influenza dal contesto sociale rispetto ai "pazzi"
- D Scotomizzare significa cambiare il "me-cattivo" in "non-me"
- E Coscienza e mente non sono sinonimi

1311 Il termine "*verurteilen*":

- A indica una inconsapevolezza parziale di determinati event
- B è sinonimo di *verdrangen*
- C è un termine della psichiatria degli ultimi 25 anni
- D significa negare
- E era usato da Jung

1312 L'intento dell'autore di questo brano è:

- A mostrare le connessioni fra eventi che si verificano nell'intimo di una persona e fatti che avvengono nelle relazioni fra persone
- B chiarire il significato di alcuni termini utilizzati dalla nosografia psichiatrica
- C analizzare l'influenza del contesto sociale sulla personalità di un individuo
- D affermare che non tutti gli individui definiti "malati" o "devianti" dalla psicoanalisi sono effettivamente tali
- E mostrare che non è possibile allontanare dalla mente di un individuo determinati eventi prescindendo dalle influenze sociali che li hanno determinati

1313 Il carattere del brano è:

- A critico
- B pessimistico
- C descrittivo
- D narrativo
- E giornalistico

In base alle informazioni contenute nel brano seguente, rispondere alle successive domande.

La criminalità prima della mafia

Tra le cause di povertà c'erano l'elevata criminalità e la dispersione di tanti talenti e di tanta energia nelle attività della malavita che paralizzavano la vita economica. In questo campo i Borboni erano altrettanto impotenti quanto lo erano stati tutti i precedenti regimi. A Bentinck era sembrato che a Palermo si commettessero tanti assassinii quanti se ne commettevano in tutto il resto dell'Europa insieme, e il segretario di Bentinck aveva messo in luce le difficoltà particolari offerte da un ambiente sociale in cui la vendetta personale era considerata un piacere e un dovere. Come al solito, uno dei reati più comuni era il contrabbando di cibo che veniva introdotto in città frodando i funzionari del dazio. Meno comune, ma ancora grave, era il controllo illecito dei rifornimenti idrici, e sappiamo da rapporti ufficiali che l'inaridirsi della superficie freatica a sud di Palermo aveva reso questa pratica molto lucrativa intorno al 1840. Al primo posto per la frequenza era l'abigeato o furto di animali, che era reso facile dal sistema seminomade di allevamento nelle zone dell'interno prive di strade. La minaccia di rubare il bestiame o di appiccare il fuoco allo zolfo nelle miniere era un mezzo comunemente usato per estorcere denaro ai proprietari terrieri in cambio di protezione; e i latifondisti venivano poi sottoposti a forti pressioni perché assumessero dei criminali come guardiani sui loro terreni. Queste antiche forme di organizzazione clandestina per imporre la protezione furono largamente responsabili dell'influenza dominante assunta dalle bande nell'interno. Il sequestro di persona era frequente e anche qui i preti, che non erano analfabeti ed erano in grado di scrivere le lettere per il riscatto, erano talvolta usati come intermediari. Sappiamo che una volta, per qualche controversia locale, un intero villaggio si mosse con fucili e falci all'attacco di un villaggio vicino. Tutti gli ingredienti della mafia erano già presenti, tranne la parola. All'inizio del secolo le truppe britanniche si erano trovate di fronte delle associazioni segrete che godevano fama di coraggio, di senso dell'onore, di crudeltà e di completa irriverenza verso la legge. Circolavano molte voci di proprietari terrieri che davano asilo a gruppi di banditi, di altri che talvolta li guidavano, ma più spesso essi si limitavano ad assumerli come guardie del corpo. Esistevano anche altri gruppi del genere, composti, sembra, da contadini che si difendevano contro le usurpazioni feudali, e sappiamo di uno che era comandato dall'arciprete locale. Non tutte le loro attività erano illegali. A volte svolgevano un'attività politica o in favore dei Borboni o contro di loro. In un modo o nell'altro, i gruppi che avevano maggior successo si procuravano i mezzi per corrompere i testimoni e i funzionari o, in caso di necessità, per ottenere la condanna di vittime innocenti.

Un tema dominante nelle campagne erano gli sforzi di una banda per eliminare le altre e stabilire il dominio di un notabile su una certa zona, ma talvolta molte lavoravano insieme cosicché un gregge di pecore poteva scomparire ed essere subito venduto in una città lontana. Esistevano dei mediatori che potevano ottenere la restituzione dei beni rubati in cambio di una somma, e i visitatori stranieri imparavano presto a chi dovevano rivolgersi per comprarsi la protezione. L'unica cosa che mancava a questo complicato e illegale mondo clandestino era un nome, e questo fu coniato dopo il 1860. Era impossibile controllare una criminalità di questa natura su così larga scala. Venticinque compagnie d'armi pattugliavano la campagna, ma in totale c'erano generalmente meno di 350 poliziotti per tutta l'isola. Due o tre volte all'anno una compagnia di armati arrivava in ogni villaggio e circondava un piccolo gruppo di malfattori, ma a questo facevano seguito altri mesi di completa impunità. I poliziotti onesti ed efficienti suscitavano l'odio universale. L'avversione per la polizia, infatti, fu uno degli elementi più importanti nello sviluppo di un'opposizione al regime borbonico. Le compagnie d'armi erano gruppi reclutati privatamente che stipulavano un contratto col governo in base al quale ricevevano un salario e potevano essere costretti a rispondere dei furti: talvolta erano dipendenti feudali di un proprietario e continuavano ad agire nel suo interesse; a volte estorcevano denaro in cambio di protezione a somiglianza di quanto facevano le altre bande e agivano in collusione con i criminali in modo da poter scoprire i beni rubati e restituirli in cambio di denaro. Nella peggiore delle ipotesi, le compagnie di polizia erano bande di briganti vere e proprie. Non stupisce, dunque, che in questo mondo di omertà vi fossero proporzionalmente meno arresti e ancora meno condanne che a Napoli, e il problema era piuttosto come convivere con la malavita che come dominarla. Il re promise il perdono a ogni brigante che ne denunciasse un altro, e se uno riusciva ad uccidere il capo di una banda otteneva anche una ricompensa in denaro; ma gli altri rimedi erano in genere una pia illusione. Il governo una volta fece delle trattative con il Portogallo per deportate alcuni banditi siciliani nell'Africa meridionale, ma non se ne fece nulla.

1314 L'imposizione di taglie:

- A era tipica di governi forti
- B costituiva uno strumento di repressione di poca efficacia
- C esprimeva un decisa volontà di controllo
- D segnalava il primato della giustizia e delle legge
- E servì a pacificare le campagne siciliane

1315 Il limite tra legalità ed illegalità:

- A era delimitato dalle norme e dalla giurisdizione
- B era stabilito dagli usi e dalla tradizione
- C era stabile nel tempo
- D appariva confuso ed incerto
- E era lo stesso per i signori e per le classi inferiori

1316 Il ricorso alla giustizia privata:

- A non prevedeva l'uso della vendetta personale
- B coesisteva con una giustizia pubblica efficiente
- C consentiva agli strati sociali inferiori di ottener giustizia nei confronti dei potenti
- D era più frequente nei periodi di stabilità economica e politica
- E aveva origine dall'inefficienza e dalla frammentazione delle Istituzioni

1317 Per "protezione", si intendeva:

- A la sicurezza pagata col denaro o con altri benefici
- B il perpetuarsi dell'omertà
- C l'intervento delle forze di polizia
- D la certezza dell'impunità
- E la certezza dell'intervento della giustizia

1318 Le diverse realtà criminali:

- A miravano ad assumere l'egemonia sui rispettivi territori
- B non entravano in conflittualità tra di loro
- C erano sempre in lotta l'una con l'altra
- D cercavano la legittimazione da parte delle Istituzioni
- E difendevano gli interessi di tutti

1319 Gli studenti delle scuole statunitensi hanno proposto di poter scegliere da soli il proprio curriculum di studi. Consentire ciò sarebbe tanto disastroso quanto permettere ai bambini di tre anni di decidere da soli la propria dieta. Gli studenti in questione non hanno né la maturità né l'esperienza per poter sostituire i professionisti che attualmente svolgono questa funzione.
Quale delle seguenti affermazioni rafforzerebbe l'argomentazione sopra riportata?

- A Gli studenti statunitensi hanno un livello di istruzione inferiore a quello dei professionisti che attualmente delineano i curricula
- B I bambini di tre anni non sono in grado di scegliere da soli diete sane ed equilibrate
- C Gli studenti statunitensi sono meno intelligenti della media dei loro coetanei di altri Paesi
- D La capacità di scegliere in modo appropriato un buon curriculum di studi si sviluppa solo dopo anni di esperienza nelle istituzioni scolastiche e dopo essere diventati adulti.
- E I curricula individuali sono meglio di quelli standardizzati

1320 È sbagliato negare che è falso che la statua non sia stata scolpita da Canova. Basandosi sulla precedente affermazione, quale delle seguenti asserzioni è esatta?

A La statua non è stata scolpita da Canova
B Non è certo che la statua sia stata scolpita da Canova
C Non si può conoscere chi abbia scolpito la statua
D La statua è stata scolpita da Canova
E Nessuna delle risposte precedenti è esatta

1321 Quale accoppiata di termini completa la seguente frase: *"Per vedere i sorci _____ non è sempre detto che debba succedere chissà che, basta solo abitare nelle fogne e avere della _____ color prato".* (A. Bergonzoni)

A Piccoli / sabbia
B Grandi / televisione
C Anziani / Fantasia
D Verdi / vernice
E Amputati / puzza

Leggere il brano seguente e rispondere alle successive domande.

L'architettura romana, nata durante la fase dei più intensi contatti con il mondo greco, porta il segno dell'attiva penetrazione e del rinnovamento impressole da quella grande tradizione artistica. Gli Etruschi, destinati a fondere la loro civiltà in quella della nuova patria italica, non potevano, infatti, offrire grandi invenzioni architettoniche, e i Romani presto si distaccarono dalle loro tecniche costruttive massicce ed elementari. Se si tolgono le mura dalle città, le porte di Perugia e di Volterra e forse i primi tratti della Cloaca Massima, poche sono le opere romane che mostrino un rapporto più che casuale con i precursori dell'Italia centrale. Al contrario, le prime costruzioni architettate si riallacciano alla suggestiva visione greca.

Nel campo delle strutture murarie, i Romani mutarono però quasi totalmente i mezzi dalla tradizione greca, e sarà quindi necessario elencare i vari aspetti della tecnica edilizia romana, dai primi secoli fino all'epoca matura.

Dagli Etruschi, i Romani ereditarono la struttura muraria a blocchi poligonali, che fu detta "ciclopica", per la sua immane pesantezza. Il materiale fu dapprima selce, da cui il nome di *opus siliceum* e poi il tufo o il travertino. In tale tecnica si fecero le mura della città, i primi archi, le prime porte urbiche, e ne rimangono pochi esempi (secoli VI-V a.C.).

In seguito, dalle forme più irregolari dei blocchi di pietra posti in opera senza malta, si giunse via via a una squadratura simmetrica, tutta di eguale misura. Abbiamo allora l'*opus quadratum* (V-IV secolo), che caratterizza, a Roma, la cinta delle mura repubblicane, impropriamente attribuite al re Servio Tullio.

La grande invenzione tecnica dei Romani è però l'*opus caementicium*, che si ottiene mescolando pietre di piccole dimensioni irregolari o frammenti laterizi, con una malta formata di calce e sabbia. Ne risulta qualcosa di simile al moderno calcestruzzo, che permette una completa indipendenza di soluzioni tecniche e formali. Quando, al posto della sabbia inerte, si usò sabbia finissima di origine eruttiva, scavata principalmente a Pozzuoli, (detta appunto "pozzolana"), la durezza e la compattezza del getto divennero eccezionali.

Si sentì in seguito la necessità di abbellire le facce esterne con paramenti, ottenuti collocando dei filari sovrapposti di blocchi di tufo, o travertino mentre il getto faceva presa, o addirittura in precedenza, creando le pareti di contenimento.

Nel secolo III tali paramenti hanno la forma a *"opus incertum"*, cioè irregolare. Poi, tra il secolo II e il secolo I, assumono forme più regolari, con l'*opus reticulatum* (fatto di blocchetti a cuneo, disposti a rete), e con l'*opus testaceum*, dove il paramento è ottenuto con una cortina di mattoni triangolari equilateri, collocati di punta nelle malte.

1322 Secondo l'autore del brano, l'influenza della cultura etrusca nell'architettura romana è:

A irrintracciabile
B significativa
C casuale
D rara

1323 Secondo quanto affermato dal brano, la tecnica dell'*opus incertum* è:

A precedente a quella dell'*opus quadratum*
B relativa al 300 avanti Cristo
C caratterizzata da forme esagonali molto nette e precise
D successiva a quella dell'*opus caementicium*

1324 In cosa, secondo il brano, l'arte romana si differenziò da quella greca?

A Nelle colonne
B Nei templi
C Nelle strutture murarie
D Nell'oggettistica

1325 Il brano è di natura:

A architettonica
B artistica
C divulgativa
D scientifica

1326 Con quale finalità l'autore menziona la Cloaca Massima?

A Come esempio di opera romana che risente chiaramente dell'influenza greca
B Come opera romana che risente, seppure in misura limitata, dell'influenza etrusca
C Come opera che l'autore giudica un pessimo esempio di architettura romana
D In quanto l'autore la giudica una delle opere romane dove è più evidente l'utilizzo dell'*opus siliceum*

In base alle informazioni contenute nel brano seguente, rispondere alle successive domande.

Gordon Allport di Harvard ha collaborato a uno studio sulle "voci che corrono": come nascono, crescono e si diffondono. Ha intitolato il libro "The Psychology of Rumor". Ancor più di quello della pubblicità e della propaganda, lo studio delle "voci che corrono" riguarda la patologia della comunicazione. Le "voci che corrono" sono in genere fatti distorti in modo grossolano o privi di qualsiasi base di fatto. Si diffondono spesso con velocità incredibile: bastano poche parole sussurrate e "lo sa tutta la città", il che fa pensare a una curva esponenziale.

Allport cita il classico caso delle campane di Anversa avvenuto durante la prima guerra mondiale:

Fase 1) La «Kölnische Zeitung» dà questa notizia: "Quando si seppe della caduta di Anversa, si suonarono le campane delle chiese".

Fase 2) «Le Matin» di Parigi riprende la notizia: "Secondo quanto scrive la «Kölnische Zeitung», quando la fortezza fu espugnata il clero di Anversa fu costretto a far suonare le campane delle chiese".

Fase 3) Ed ecco il «Times» di Londra: "Secondo notizie che «Le Matin» ha avuto da Colonia, i preti belgi che rifiutarono di suonare le campane delle chiese alla caduta di Anversa urono cacciati via".

Fase 4) La notizia si ritrova nel «Corriere della Sera»: "Secondo notizie che il «Times» ha avuto da Colonia, via Parigi, gli sfortunati preti che si rifiutarono di far suonare le campane delle chiese alla caduta di Anversa furono condannati ai lavori forzati".

Fase 5) Si torna a «Le Matin»: "Secondo informazioni che il «Corriere della Sera» ha ricevuto da Colonia via Londra, si conferma (sic) che i barbari conquistatori di Anversa punirono gli sfortunati preti belgi, per il loro eroico rifiuto di far suonare le campane delle chiese, appendendoli alle campane stesse con la testa in giù, come batacchi viventi".

Così, una storia incominciata dal semplice fatto che dopo la conquista di una città si suonarono le campane nel Paese natale dei vincitori, giunse sino alla fantastica favola dei batacchi viventi, in cui, come in altre famose storie di atrocità della prima guerra mondiale, credettero fermamente milioni di persone. Alle voci infondate, nella loro qualità di comunicazione negativa, si può porre rimedio intensificando la comunicazione positiva. Qualsiasi agente pubblicitario lo sa e, se appena gli è possibile, preferisce dire la verità. La storia delle campane di Anversa illustra non solo il modo in cui si propagano le voci infondate, ma anche una teoria che io sostengo appassionatamente, anche se forse non scientificamente, che cioè bloccare deliberatamente le linee di comunicazione è forse il peggior delitto che si possa commettere. È come avvelenare l'acqua dei pozzi nei deserti. Noi mortali siamo così inclini a credere a tutto ciò che udiamo o vediamo scritto a grandi caratteri che a tutti quelli di noi che lavorano con le parole s'impone l'obbligo solenne di renderle il più possibile chiare e sincere.

1327 Dal brano si deduce che l'autore è presumibilmente:

A un professionista che lavora nel mondo della comunicazione
B un giornalista del quotidiano «The Times» di Londra
C una persona che ha partecipato come testimone ai fatti di Anversa
D uno dei fondatori della teoria denominata "The Psychology of Rumor"
E uno studioso di Harvard

1328 Gordon Allport è:

A l'autore del brano
B il pioniere degli studi sulla patologia della comunicazione
C uno studioso di tecniche pubblicitarie
D uno studioso di Harvard che ha partecipato a uno studio sulle "voci che corrono"
E il giornalista della «Kölnische Zeitung» che ha denunciato la distorsione della notizia pubblicata dal suo giornale

1329 Quale delle seguenti affermazioni NON è contenuta nel brano?

A L'unico rimedio alle voci infondate è il blocco delle linee di comunicazione
B Lo studio delle "voci che corrono" riguarda la patologia della comunicazione
C Gli uomini sono inclini a credere a tutto ciò che vedono scritto a grandi caratteri
D Bloccare volutamente le linee di comunicazione è come avvelenare l'acqua dei pozzi nei deserti
E Le "voci che corrono" si diffondono spesso con velocità incredibile

1330 Scopo del brano è:

A far conoscere ai contemporanei un fatto accaduto durante la prima guerra mondiale
B analizzare una delle teorie più in voga a Harvard nel primo dopoguerra
C confrontare la serietà di alcuni tra i principali quotidiani europei
D denunciare la pubblicità ingannevole
E mettere in guardia l'utente contro l'uso talvolta improprio della comunicazione

Leggere il brano seguente e rispondere alle relative domande.

Gli uomini tendono a interpretare l'amore e il matrimonio in termini di possesso, come confermano gli studi su cerimonie nuziali, negoziati prematrimoniali, leggi sull'adulterio e canzoni d'amore. La violazione del diritto di proprietà degli uomini sulle "loro" donne può provocare gesti violenti. La grande maggioranza degli uxoricidi è dovuta al sospetto d'infedeltà o alla volontà della moglie di chiudere il rapporto: il rischio che una donna sia uccisa è più alto dopo l'abbandono di un partner violento che durante la convivenza. «Se non posso averla io, non l'avrà nessuno», pensano gli uxoricidi. Il rovesciamento dei ruoli non è molto frequente. E quando le donne uccidono i partner di solito è per reazione al dominio violento dell'uomo. Forse la possessività maschile è dovuta al fatto che gli uomini sono in forte competizione tra loro per la riproduzione e possono essere ingannati riguardo alla paternità. Tuttavia, gli uomini non aggrediscono le partner allo stesso modo in tutto il mondo. Ci sono grandi differenze culturali. In Papua Nuova Guinea un etnografo ha rivelato che nella tribù dei Lusi-kaliai quasi tutte le donne subiscono prima o poi percosse dal marito, mentre in quella dei Wape le violenze sono molto rare. Anche nelle nazioni sviluppate ci sono situazioni molto diverse: secondo l'OMS, il numero delle mogli aggredite dal marito oscilla dal 10 a più del 50 per cento. Ogni anno più di cento britannici uccidono le partner o le ex partner. [...] Negli Stati Uniti sono circa mille le donne uccise dai partner o dagli ex partner ogni anno. La cifra è inferiore ai 1.400 omicidi all'anno dei primi anni Ottanta, ma in rapporto alla popolazione è pur sempre il doppio rispetto alla Gran Bretagna. Il dato sorprende perché contemporaneamente sono aumentati l'impegno femminile nel mondo del lavoro e i divorzi richiesti dalle donne, entrambi fenomeni sgraditi agli uomini possessivi. La riduzione degli uxoricidi potrebbe essere dovuta alla maggiore protezione sociale garantita alle donne maltrattate. La riduzione del numero di uomini uccisi dalla moglie è stata ancora più netta. Evidentemente i programmi per la tutela femminile hanno salvato la vita più agli uomini che alle donne: se le donne hanno la possibilità di sfuggire a uomini violenti e dominanti, sono meno inclini a uccidere.

1331 Secondo il brano, una donna con un partner violento rischia di venire uccisa con:

- A minore probabilità dopo l'abbandono del partner
- B maggiore probabilità durante la convivenza
- C minore probabilità durante i negoziati prematrimoniali
- D la medesima probabilità sia durante sia dopo la convivenza
- E maggiore probabilità dopo l'abbandono del partner

1332 Secondo il brano, le donne uccidono il partner:

- A frequentemente, per l'infedeltà del marito
- B raramente, quando non riescono a ottenere la separazione
- C raramente, in genere per reazione alla violenza dell'uomo
- D più frequentemente in Gran Bretagna che negli Stati Uniti
- E quando riescono a raggiungere una certa stabilità economica

1333 Dal brano, si può dedurre che:

- A in Papua Nuova Guinea è più probabile per una donna subire violenza se appartiene alla tribù dei Lusi-kaliai
- B in Papua Nuova Guinea è più probabile per una donna subire violenza se appartiene alla tribù dei Wape
- C nei Paesi sviluppati le donne non sono mai oggetto di violenza
- D i Paesi sviluppati sono culturalmente omogenei per quanto riguarda la violenza sulle donne
- E negli Stati Uniti il numero di donne aggredite dai mariti raggiunge picchi del 50%

1334 Secondo il brano, rispetto agli anni Ottanta:

- A la percentuale di donne maltrattate negli Stati Uniti si è dimezzata rispetto alla Gran Bretagna
- B le donne maltrattate sono diminuite negli Stati Uniti
- C in Gran Bretagna vengono maltrattate più donne che negli Stati Uniti
- D la percentuale di donne maltrattate in Gran Bretagna è divenuta doppia rispetto agli Stati Uniti
- E la percentuale di divorzi è diminuita in Gran Bretagna

1335 I programmi di protezione femminile fanno diminuire:

- A il numero dei divorzi
- B più il numero di donne uccise da uomini che il numero di uomini uccisi da donne
- C il numero degli uomini possessivi e violenti
- D più il numero di uomini uccisi dalle donne che il numero di donne uccise da uomini
- E il numero di famiglie sotto la soglia di povertà

Leggere il brano seguente e rispondere alle relative domande.

La rivoluzione della new economy

L'era industriale si caratterizzava come un mondo di forza bruta, corpi e sudore; un'epoca in cui l'uomo pensava e costruiva macchine gigantesche per scoprire, estrarre e trasformare la materia, e farne bei materiali; un'epoca in cui i risultati dell'attività umana venivano misurati in altezza, peso e densità, nella convinzione che "grande" fosse anche "bello". Nell'era industriale, l'uomo ha colato cemento su ogni spazio disponibile della crosta terrestre, per creare un gigantesco pavimento fra se stesso e il mondo naturale; ha tracciato autostrade nei grandi spazi; ha costruito fino all'altezza delle nuvole e oltre la linea dell'orizzonte, trasformando intere aree naturali in proprietà lottizzate. L'odore pungente della combustione dei materiali fossili, le nubi degli scarichi industriali che oscurano il cielo e il suono inarrestabile delle macchine che sibilano, martellano e ronzano incessantemente sono i simboli del gigantesco esperimento faustiano con cui l'uomo ha creduto di poter trasformare il mondo a propria immagine e somiglianza. Egli ha poi ricostruito un simulacro di natura attraverso la giustapposizione di minuscoli frammenti di proprietà privata, trasformando ogni individuo in un dio minore, padre e padrone del proprio Eden in formato tascabile, stipato all'inverosimile di totem e simulacri della creazione primigenia. In un'era di proprietà e di mercati intrisi di valori materiali, essere onnipresenti era ciò che rendeva l'uomo simile a Dio; ed essere in grado di espandere la propria presenza fisica, impadronendosi quanto più possibile dell'esistenza materiale, era ciò a cui tutti tendevano. Si trattava davvero, come cantava Madonna, di un "mondo materiale". La nuova era, al contrario, è più immateriale e cerebrale; è un mondo di forme platoniche, di idee, immagini, archetipi, concetti e finzioni. Se l'individuo, nell'epoca industriale, si preoccupava di possedere la materia per manipolarla, il rappresentante tipico della prima generazione dell'era dell'accesso è assai più interessato alla manipolazione delle menti. Nell'epoca dell'accesso e delle reti, in cui le idee sono il fondamento dei commerci, essere onnisciente è ciò che rende l'uomo simile a Dio; ed essere universalmente connesso, in modo da poter dare forma alla stessa coscienza umana, è quello che muove l'attività economica in ogni settore. L'uomo si nutre di idee e di pensiero come di pane e di vino. Se l'era industriale ha nutrito il nostro essere corporeo, l'era dell'accesso alimenta il nostro essere mentale, emotivo e spirituale. Mentre l'era che sta volgendo al termine si caratterizzava per il controllo dello scambio di beni, la nuova era si caratterizza per il controllo dello scambio di concetti. Nel ventunesimo secolo, le imprese saranno sempre più coinvolte nello scambio di idee e, a loro volta, gli individui saranno sempre più propensi ad acquistare l'accesso a tali idee ed all'involucro materiale in cui saranno contenute. La capacità di controllare e vendere pensiero diventerà la forma più sofisticata di abilità commerciale. I bilanci sociali raccontano la storia. La proprietà di beni materiali sta diventando meno importante e contribuisce sempre meno alla creazione di valore; la proprietà intellettuale, invece, è la nuova ricchezza. Nella nuova era, la mente domina la materia. Prodotti più leggeri, miniaturizzazione, contrazione degli spazi di lavoro, scorte just-in-time, leasing e outsourcing sono le prove della svalutazione di una visione materiale del mondo che ha posto l'accento sulla fisicità. Questo, però, non deve creare l'illusione che egoismo, avidità e sfruttamento stiano per scomparire: anzi, l'età dell'accesso rischia più che mai di nascere sotto il segno dello sfruttamento. Nel mondo di oggi, controllare le idee dà più potere del controllo sullo spazio e sul capitale fisico: la disponibilità della comunità finanziaria ad investire nel capitale intellettuale nella sua forma più pura, a colpi di centinaia di miliardi di dollari, testimonia il cambiamento delle priorità del sistema capitalistico, la cui identità troppo a lungo è stata vincolata al capitale fisico.

1336 Con la new economy il sistema capitalistico:

- **A** ha ridotto il proprio controllo sulla società
- **B** è ancora vincolato al capitale fisico
- **C** si è dissolto nella globalizzazione
- **D** ha soltanto cambiato le sue priorità
- **E** potrà rimuovere avidità e sfruttamento

1337 Un paradiso in formato tascabile è:

- **A** un piccolo spazio privato, artificiosamente naturale
- **B** un rifugio dallo stress della vita cittadina
- **C** un parco naturale lontano dalle grandi città
- **D** un frammento della proprietà pubblica
- **E** un luogo dove abbondano le merci

1338 L'equivalenza "grande" uguale "bello":

- **A** è un paradigma estetico della new economy
- **B** è un giudizio condiviso da tutte le epoche
- **C** è un aforisma che caratterizza l'era industriale
- **D** rispecchia la mentalità dell'era dell'accesso
- **E** è tipica di una mentalità ingenua o infantile

1339 Nell'era dell'accesso la ricchezza:

- **A** nasce dal controllo delle merci
- **B** si fonda sulla proprietà intellettuale
- **C** è strettamente legata all'industria
- **D** dipende sempre dalla buona fortuna
- **E** è basata sul possesso dei beni materiali

1340 L'era industriale è chiamata faustiana perché in essa, come Faust, gli uomini hanno:

- **A** intrapreso grandi opere per il bene della comunità
- **B** cercato di ottenere successo e potere ad ogni costo
- **C** stretto patti infernali per oltrepassare i limiti naturali
- **D** cercato di trarre piacere da esperienze sempre nuove
- **E** voluto dominare la natura trasformando il mondo

In base alle informazioni contenute nel brano seguente, rispondere alle successive domande.

Esaminiamo in dettaglio il sistema di trasmissione delle biciclette munite di cambio e deragliatore.

Il sistema è composto da una serie di 2 o 3 corone direttamente collegate tramite le pedivelle ai pedali; un pacchetto di pignoni solidali con la ruota posteriore; la catena che trasmette il moto dagli ingranaggi anteriori a quelli posteriori; il deragliatore anteriore che consente lo spostamento della catena da una corona all'altra; il cambio posteriore che permette di spostare la catena da un pignone all'altro. Grazie a questo sistema, il ciclista è in grado di utilizzare al meglio la propria forza in relazione alla pendenza del terreno e al tipo di andatura che intende tenere: corona grande con pignoni piccoli, corona piccola con pignoni grandi. Quindi in condizioni normali useremo la corona media (centrale) abbinandola ad uno qualsiasi dei pignoni posteriori. Così facendo assicureremo alla catena un buon allineamento tra corone e pignoni. Useremo la corona piccola (più interna) abbinata ad uno dei pignoni più grandi (interni) per le salite più ripide e la corona grande (più esterna) abbinata ad uno dei pignoni più piccoli (esterni) per le discese veloci.

1341 Secondo il brano, che ruolo svolge la catena?

- A Trasmette il moto dagli ingranaggi posteriori a quelli anteriori
- B Trasmette il moto dagli ingranaggi anteriori a quelli posteriori
- C Collega le pedivelle ai pedali
- D Collega i pignoni alla ruota posteriore
- E Nessuna delle precedenti

1342 Secondo il brano, che cosa permette lo spostamento della catena da un pignone ad un altro?

- A La corona grande
- B Il deragliatore anteriore
- C La corona piccola
- D Il cambio posteriore
- E Nessuna delle precedenti

Leggere il brano seguente e rispondere alla relativa domanda.

La morte verrà dal computer. Sarà lui a decidere se il paziente deve morire. Non è fantascienza, ma la controversa idea del Primario del reparto di Terapia Intensiva – nel quale si praticano cure molto complesse, tecnologicamente avanzate, ma molto costose e nel quale la mortalità è ancora elevata – di un ospedale londinese. Il medico in questione – secondo l'inviato a Londra della «Stampa» (25/8/94) – avrebbe deciso che in futuro la diagnosi definitiva, con una valutazione delle probabilità di sopravvivenza del paziente, dovrebbe essere elettronica: chiunque poi risultasse avere meno di tre mesi di vita davanti a sé, dovrebbe essere subito abbandonato al suo destino. Per ottenere una valutazione di questo genere basta fornire alla macchina una lunga lista di dati sui precedenti del paziente e sulle sue attuali condizioni, più una serie di parametri fissi (dai dati fisici all'età) e in pochi attimi il computer valuterà le possibilità statistiche della sua salvezza. Dalle prove eseguite risulterebbe che il computer azzecca le valutazioni nel 95/96% dei casi. Il programma per il computer esiste già ed è stato messo a punto negli Stati Uniti, ma per aiutare i medici nel loro lavoro, fornendo un supporto statistico al trattamento che essi intraprendono, e per non condannare i casi più gravi. È un coro di proteste – prosegue l'articolo – quello che si è levato dai medici dello stesso ospedale dove è stata fatta la proposta, della British Medical Association e soprattutto dai pazienti che un giorno potrebbero finire in terapia intensiva. Secondo il quotidiano, gli argomenti adotti a sua difesa dall'autore di questa controversa proposta sono innanzitutto di ordine finanziario: le economie che gli sono state imposte lo costringerebbero a scegliere tra la riduzione del numero di pazienti e la limitazione della lunghezza delle cure. Alla domanda "e quel rimanente 4 o 5% dei casi con previsione sbagliata, quei condannati che potrebbero invece salvarsi?", la risposta sarebbe stata: "è uno scarto minimo, decisamente inferiore al possibile errore dei medici". Al direttore finanziario dell'ospedale, che tagliando corto, aveva affermato "le economie si possono fare in un altro modo", il primario avrebbe ribattuto: "Fino a quanto denaro pubblico allora posso spendere, sapendo che il paziente è destinato a morire?".

1343 Ipotizzando che la discussa proposta riportata nel testo debba essere considerata NON come operativa, ma soltanto come una provocazione polemica, identificare tra quelle sotto elencate l'UNICA motivazione inappropriata ed incongruente con questa interpretazione della proposta stessa.

- A Cercare di ottenere un finanziamento maggiore, dimostrando a quali conseguenze possa portare una situazione economica troppo precaria
- B Dimostrare le conseguenze alle quali può portare, in campo sanitario, l'applicazione rigida di un criterio puramente economico
- C Denunciare i misfatti che inevitabilmente conseguono all'impiego dell'informatica in campo sanitario
- D Coinvolgere l'opinione pubblica, spesso restia ad accettare oneri consistenti per la sanità, mostrando cosa può comportare l'economia mal intesa in questo campo
- E Dimostrare come il progresso tecnologico significhi spesso una rapida espansione della spesa sanitaria, senza che ne conseguano risultati immediatamente consistenti

Leggere il brano seguente e rispondere alle relative domande.

Abbiamo incontrato scienziati che amano abbastanza la propria disciplina da non volerla privare dell'intelligenza delle donne. Ancora troppo pochi. Era il Natale del 2000, in Italia si discuteva dell'esito della Commissione Dulbecco che doveva suggerire se e come autorizzare la ricerca sulle cellule staminali. Per una donna il dibattito aveva una comicità surreale: ventiquattro signori, alcuni votati al celibato, litigavano sull'eventuale uso di embrioni senza consultare chi normalmente li fa, li partorisce, li accudisce e li trasforma in persone umane. Basta dare un'occhiata alle ricerche sulle carriere femminili nei centri di ricerca statali, per vedere che le donne non contano. Anche nelle discipline in cui sono più numerose degli uomini, non fanno "massa critica", smentendo così la teoria che sta dietro alle pari opportunità. Rimangono bassa manovalanza, quasi mai raggiungono posti di responsabilità. Rispetto al mondo della letteratura e delle arti, dove l'autorevolezza intellettuale e la creatività delle donne non sono più messe in discussione, il mondo scientifico è piuttosto conservatore. Dalla pubblicazione nel 1997 su «Nature» dell'articolo di Christine Wennerås e Agnes Wold, biologhe dell'università di Göteborg, si sa che gli esperti chiamati dal Consiglio svedese per la ricerca medica ad approvare i progetti finanziati con fondi pubblici applicano alle candidate un fattore di discriminazione di 2,6. Nel senso che le ricerche proposte da donne ricevono finanziamenti soltanto se ottengono un punteggio di 2,6 volte superiore a quelle proposte da uomini. L'effetto di questa prassi, diffusa ovunque e non solo nella Svezia delle pari opportunità, è stato da un lato la discriminazione, dall'altro il perpetuarsi fino a pochi anni fa di una ricerca medica scriteriata, proprio nel senso di priva di criteri oggettivi, per cui il corpo-standard era quello maschile. I genetisti hanno propagandato questa visione. Dopo la pubblicazione nel febbraio scorso della mappa del genoma, sono diventati più cauti. Era ora. Il libro The Century of the Gene elenca i vicoli ciechi imboccati storicamente dai genetisti. È emblematico James Bonner che nel 1965 pubblica un trattato sull'embriogenesi. A proposito dello sviluppo dell'embrione, Bonner ne colloca il programma genetico nel nucleo dello spermatozoo. Nella sostanza, questa posizione non rappresenta una novità: dopo duemila e passa anni, Bonner prende ancora per buona la tesi che Eschilo, nelle Eumenidi, attribuisce ad Apollo: "Non è colei che ha partorito, la madre del bambino che si dice sia stato da lei stessa generato: ella ha solo nutrito il seme che le è stato insediato. Vero creatore è colui che ha cosparso il seme".

1344 L'argomento centrale del brano è:

- **A** l'atteggiamento maschilista diffuso nel mondo della ricerca scientifica
- **B** il confronto tra la situazione femminile nel campo delle arti e nel campo economico/scientifico
- **C** le rivendicazioni femminili circa la gestione del potere nel mondo della ricerca scientifica
- **D** la ricerca scientifica nei centri di ricerca statali
- **E** la differenza fra i centri di ricerca svedesi e quelli italiani

1345 Quale delle seguenti affermazioni NON è concorde con quanto affermato nel brano?

- **A** La commissione Dulbecco aveva come oggetto la ricerca sulle cellule staminali
- **B** Nell'università di Göteborg le ricerche proposte da uomini sono più facilmente finanziate con fondi pubblici rispetto a quelle proposte da donne
- **C** L'esito della ricerca di James Bonner sull'embriogenesi ha radici culturali molto lontane nel tempo
- **D** Rispetto al mondo letterario e artistico quello scientifico è piuttosto conservatore
- **E** La pubblicazione della mappa del genoma non ha per nulla modificato la visione maschilista vigente in ambito scientifico

1346 In base al contenuto del brano, si può affermare con certezza che chi lo ha scritto:

- **A** ha studiato all'università di Göteborg
- **B** considera le ricercatrici scientifiche meno potenti dei loro colleghi maschi
- **C** detesta la letteratura greca
- **D** è un genetista
- **E** ha fatto parte della Commissione Dulbecco

Leggere il brano e rispondere alle relative domande.

[...] I bambini non (ri)conoscono e dunque non vogliono il costume da Pulcinella o Arlecchino, ma preferiscono e s'impuntano su quelli di Dragonball, Eminem o i personaggi del piccolo schermo. Cambia insomma il Carnevale dei bambini, che sempre più spesso chiedono la divisa da Carabiniere, come nell'omonima fiction, o i vestiti da rapper come nella pubblicità con Linus.

La triste scoperta arriva da uno studio realizzato da Eta Meta Research, condotto su quattro focus group composti da bambini (tra i 7 e i 13 anni) e su 110 responsabili di negozi di giocattoli e centri commerciali che vendono costumi, per individuare i nuovi personaggi di riferimento per il Carnevale.

Dunque in soffitta anche i robot e Goldrake, di gran moda solo qualche anno fa. I modelli sono cambiati ancora, ma comunque a dettarli è sempre la tv. Il 67% dei bambini, secondo lo studio, non sa nemmeno bene quali sono e da dove vengono le maschere tradizionali del carnevale. Su alcuni personaggi, poi, le risposte non sono certo confortanti: in media solo il 9% sa chi era Arlecchino e che si tratta di una maschera italiana. Non sono pochi i bambini che lo hanno identificato con un nemico dei Power Ranger (21%) o un vecchio personaggio dei cartoni animati (17%). Non è certo andata meglio a Pulcinella: per il 39% è addirittura un fantasma, mentre il 5% lo identifica con il personaggio di uno spot per una mozzarella. Personaggi più "moderni" come Zorro e Sandokan non se la sono cavata molto meglio: il primo, infatti, è soprattutto il personaggio di un film con Banderas, o l'eroe di un cartone animato, per il 55%, mentre Sandokan è «il personaggio di un vecchio telefilm che ogni tanto si rivede in Tv» per il 62%.

Quali sono insomma le maschere da mandare in pensione? Quelle che piacciono a mamma e papà. I costumi che proprio non sembrano più interessare i bambini, secondo i responsabili dei negozi che vendono costumi di carnevale, sono quelli delle tradizionali maschere italiane. Arlecchino e Pulcinella, insomma, sono assolutamente "out" (con un calo di richieste del 40% rispetto ai due anni precedenti). Basta anche con gli animali e gli insetti come gatti e coccinelle (calati del 30-35% rispetto ai due anni precedenti). Non va meglio per i personaggi delle fiabe, a partire da Biancaneve, ma senza dimenticare la Fata Turchina (decremento del 30% circa), o per quelli della letteratura d'avventura, come i Tre Moschettieri o i pirati (decremento del 25%). A salvarsi, o meglio, a contenere le perdite, sono alcune categorie, come i super eroi (che presentano un calo del 10% circa); salgono, invece i personaggi delle fiction.

Dunque tra i costumi più richiesti, la divisa da Carabiniere, come nella fiction di Canale 5, corredata di tutto, dalla pistola alle manette (come conferma il 47%). Anche nel Carnevale per eccellenza, quello di Rio in Brasile, sono sempre in numero maggiore le maschere legate alla fiction. [...]

tratto da *Pulcinella fermato dai "Carabinieri"*, www.panorama.it, 23 febbraio 2004

1347 In base a quanto affermato nel brano, le maschere "da mandare in pensione":

A non sono legate a personaggi televisivi

B vengono a volte confuse dai bambini con personaggi della pubblicità

C evidenziano un fenomeno tipicamente italiano

D sono soprattutto quelle dei supereroi

E hanno origine da vecchi telefilm che ogni tanto vengono riproposti in televisione

1348 Quale delle seguenti conclusioni è deducibile dal testo?

A Oggi la televisione ha preso definitivamente il posto dei fumetti

B I cartoni animati hanno più presa sui bambini degli spot pubblicitari

C In alcuni casi anche un personaggio musicale può diventare un modello per una maschera

D Anche al Carnevale di Rio, in Brasile, la fiction dei "Carabinieri" ha ispirato i costumi di molti

E Difficilmente le ricerche di mercato sono attendibili

Leggere il brano seguente e rispondere alle relative domande.

"Supponiamo che un individuo possa ricostruire elettronicamente un'immagine animata del suo oggetto del desiderio, che nella vita reale non può manipolare come meglio crede, magari semplicemente perché non suscita nell'altro un analogo stimolo. Ammettiamo che attraverso pratiche sessuali elettroniche quell'individuo possa piegare alla sua volontà quell'immagine. Se ciò accadesse nella vita reale sarebbe un'aggressione violenta, uno stupro e quell'individuo finirebbe in cella (si spera). Nel ciberspazio tutto è permesso, anche la proliferazione di patologie violente e crudeli, se pur virtuali. Questa sarebbe liberazione? Forse liberazione degli istinti più bassi. Se ciò può accadere è perché viviamo in una società che produce numerose frustrazioni tenute a freno da regole sociali e morali, ma che vengono liberate in ambienti virtuali (...) ma come agirebbe sul terreno reale un individuo abituato a realizzare le proprie aggressioni violente, a dettare ordini, a piegare alla propria volontà immagini virtuali di altre persone reali?

"Il potere teme la libertà dell'immaginazione (...) Non dimentichiamo che sia Stalin sia Hitler sono noti per aver bandito la pubblicazione dei racconti di fate" (Stenger, 1991). Forse sarebbe meglio capovolgere questa osservazione e constatare invece che il "potere" cerca di fornire proprio strumenti di evasione. In fin dei conti è più facile accettare di essere schiavi su questa terra se poi nel ciberspazio tutto è lecito. Il ciberspazio, dove il corpo è assente, potrebbe diventare un illusorio conforto per il corpo martoriato dallo stress e dallo sfruttamento che subisce nel mondo reale. Hitler e Stalin sarebbero stati ben contenti se avessero avuto a disposizione anche questa possibilità, oltre ai loro campi di sterminio di massa. Nella visione di Orwell i media entravano nel mondo reale per condizionare la vita concreta degli individui, con il ciberspazio il mondo reale può seguire tranquillamente il suo corso, purché l'individuo si riconosca nelle vaste possibilità e personificazioni del ciberspazio. Il ciberspazio rischia di essere veicolato come la "droga" più micidiale che sia mai stata inventata".

Da Alberto Pian, Computer, scuola e formazione, Centro scientifico editore, 1996, Torino

1349 Tra le definizioni sotto elencate una è scorretta, in quanto non coglie il significato che il termine ha assunto nel testo in cui queste parole compaiono sottolineate, individuatela.

A Manipolare: modificare, rielaborare

B Analogo: identico, uguale

C Stupro: atto di violenza carnale

D Frustrazioni: insoddisfazioni, delusioni

E Micidiale: che ha effetti mortali

1350 È rigorosamente deducibile una sola delle seguenti affermazioni dal testo di Alberto Pian, quale?

A Le pratiche sessuali elettroniche neutralizzano le pulsioni violente degli individui aggressivi

B La libertà dell'immaginazione è sicuramente un pericolo per il potere

C Le regole sociali e morali possono produrre, ma anche frenare, le frustrazioni degli individui

D La visione di Orwell è una conturbante ma precisa profezia dell'uso dei media nelle società del nostro tempo

E Un individuo aggressivo nel ciberspazio non potrebbe non essere aggressivo anche nel mondo reale

1351 Delle seguenti affermazioni una non è coerente con le informazioni che si possono ricavare dal testo, quale?

A Che Hitler e Stalin abbiano messo al bando le fiabe non implica che non avrebbero favorito la diffusione delle pratiche di evasione nel ciberspazio

B L'abitudine ad evadere in un'altra dimensione, sia pur virtuale, rende l'individuo meno facilmente manipolabile dal potere

C L'abitudine ad evadere in un'altra dimensione, sia pur virtuale, può rendere l'individuo più docile e meno reattivo nel mondo reale

D Il ciberspazio non offre all'individuo, sfruttato e avvilito nella realtà, un conforto autentico e valido

E Oggi tiranni quali Hitler e Stalin potrebbero avvalersi di nuovi efficaci strumenti di potere, oltre ai campi di sterminio di massa

Leggere il brano seguente e rispondere alle relative domande.

Diversi studi hanno sottolineato la dimensione emotiva dei processi di apprendimento e di lavoro. In particolare, secondo lo psicoanalista Bion, ogni percorso di conoscenza è in primo luogo un'impresa emotiva: le emozioni, la confusione e il caos legati all'incontro con l'ignoto devono poter essere tollerati e tenuti nella mente perché i dati sensoriali, grezzi e concreti, dell'esperienza possano essere trasformati in elementi mentali, cioè visualizzati, pensati e messi in connessione fra loro. Non si apprende automaticamente un'esperienza: da un'esperienza si "può" imparare. Gli input esperienziali, i dati sensoriali non sono di per sé utilizzabili per il pensiero e la conoscenza, come precisa Bion, ma devono poter essere legati insieme dall'attività mentale del soggetto affinché diventino significati mentalizzabili e, quindi, pensabili. Un input esterno, per quanto sia ben strutturato e chiaro, non è conoscibile se all'interno della mente non si struttura una rappresentazione psichica, un simbolo, un'immagine interna che può dare significato al dato sensoriale. Diversi studi hanno ormai dimostrato che il processo psichico di costruzione di una rappresentazione psichica (un'immagine, un concetto ecc.) che codifichi la conoscenza di un oggetto mobilita, in modi squisitamente soggettivi, emozioni e sentimenti che non sono solo di curiosità, entusiasmo e piacere. Questo vuol dire che, comunque, il soggetto, per poter apprendere, deve confrontarsi con i sentimenti, anche quelli difficili e dolorosi, di confusione, inadeguatezza e rabbia che si attivano nell'incontro con l'oggetto di conoscenza, in qualche misura separato e con una sua struttura indipendente. Se emozioni e vissuti di dubbio o incertezza, inadeguatezza o frettolosa e superficiale onnipotenza sono tollerati e tenuti nella mente, i dati sensoriali possono diventare immagini, idee e concetti in grado di articolarsi insieme in un nuovo sapere. Il problema, infatti, è che la mente umana non è naturalmente attrezzata per la conoscenza, in quanto non è costituzionalmente in grado, per così dire, di tollerare l'ansia del non sapere e del non capire, ansia sempre presente nei processi di interazione e di conoscenza. Quando l'individuo incontra aree di ignoranza e di dubbio, è portato a difendersi ricorrendo a operazioni mentali e a fantasie molto primitive e irrealistiche che scindono, cioè allontanano da sé il dubbio, l'inadeguatezza, il disagio o negandoli attraverso una superficiale sicurezza, o trasformandoli nella persecutorietà di una realtà, che viene percepita come inconoscibile e intrasformabile, e perciò nemica. Il soggetto è spinto, inconsciamente, a liberarsi da vissuti e sentimenti difficili e inquietanti, scindendoli e proiettandoli all'esterno, vivendoli, cioè, come qualcosa di cattivo esterno a sé, che non promana dalla propria mente.

1352 Nel brano si afferma che:

A la vera causa dell'ansia umana risiede nel processo di interazione e di conoscenza

B la conoscenza è sempre provocata dall'ansia

C uno stato ansioso è sempre insito nei processi di apprendimento

D il senso di inadeguatezza e di rabbia di fronte ai processi conoscitivi è naturale in soggetti poco propensi alla relazione

E nessuna delle precedenti

1353 Facendo riferimento al brano, tutte le seguenti affermazioni sono corrette tranne una. Quale?

A Non sempre si può apprendere da un'esperienza
B Un input esterno, se ben strutturato e chiaro, è sempre conoscibile
C Il processo di apprendimento comporta anche sentimenti di inadeguatezza
D Aree di ignoranza o dubbio possono spingere il soggetto a difendersi tramite una deformazione in senso persecutorio della realtà
E Nessuna delle precedenti

1354 Nel brano sono presenti tutti i seguenti avverbi tranne uno. Quale?

A Costituzionalmente
B Particolarmente
C Squisitamente
D Inconsciamente
E Naturalmente

1355 In base a quanto scritto nel brano, in che modo reagisce l'individuo quando sperimenta l'inadeguatezza e il disagio prodotti dall'incontro con l'ignoto?

A Assorbendo mentalmente anche le emozioni più difficili e inquietanti
B Manifestando una condotta sempre aggressiva e disturbante
C Con la scissione e la proiezione all'esterno dei vissuti e dei sentimenti negativi
D Con una regressione a dinamiche mentali infantili
E Nessuna delle precedenti

1356 Quale dei seguenti potrebbe essere un titolo adeguato del brano?

A Processo cognitivo ed emozioni
B La gestione educativa
C Apprendere dall'esperienza
D I processi psichici della relazione
E Nessuno delle precedenti

Leggere il brano seguente e rispondere alle relative domande.

L'architetto nella società industriale

Abbiamo ancora presente alla memoria quell'unità dell'ambiente e dello spirito che vigeva ai tempi del cavallo e del landò. Sentiamo che la nostra epoca l'ha perduta, che la morbosità del nostro caotico ambiente attuale, la sua bruttezza spesso pietosa e il suo disordine sono nati dalla nostra incapacità a porre le fondamentali esigenze umane al di sopra di quelle industriali ed economiche. Sopraffatti dai miracolosi poteri della macchina, i desideri umani hanno naturalmente interferito col ciclo biologico della socialità umana, che è la salute stessa della comunità. Ai più bassi livelli sociali, l'essere umano è stato degradato, perché è stato usato come un utensile produttivo.

È questa la causa reale della lotta tra capitale e lavoro e del deteriorarsi delle relazioni comunitarie. Dobbiamo oggi fronteggiare il difficile compito di riequilibrare la vita della comunità e di rendere umano l'impulso della macchina.

Comincia ad essere chiaro ai nostri occhi che le componenti sociali hanno un peso maggiore di tutti i relativi problemi tecnici, economici ed estetici. La chiave per ricostruire con successo il nostro ambiente - che è il grande compito dell'architetto - sarà la nostra determinazione a fare dell'elemento umano il fattore predominante.

Tuttavia, malgrado lo sforzo di alcuni pochi tra noi, è evidente che non abbiamo ancora trovato il vincolo spirituale che ci unisca nello sforzo concertato di stabilire un denominatore culturale stabile almeno quanto basti a sopire i nostri timori e ad assurgere a un livello espressivo comune. Gli artisti tra noi devono essere ormai impazienti di giungere a questa sintesi, che renderebbe unitario quanto ancor oggi è infelicemente disintegrato e sconnesso.

Non può negarsi che l'arte e l'architettura erano divenute fini a se stesse, sul puro piano estetico, perchè avevano perduto il contatto con la comunità e col popolo durante la rivoluzione industriale. Gli ornamenti esterni di un edificio erano disegnati principalmente per emulare e superare quelli dell'edificio vicino, anziché per evolversi come tipo ed essere continuativamente ed unitariamente usati entro un'organica struttura comunitaria. Il rilievo dato alla diversità anziché alla ricerca di un denominatore comune, ha caratterizzato l'ultima generazione di architetti, che paventavano l'influenza antiumana della macchina. La teoria dell'architettura moderna riconosce la priorità delle esigenze sociali e umane e accetta la macchina come il moderno vincolo formale per soddisfare appunto queste esigenze.

Se ci guardiamo indietro scopriamo nel passato un fatto curioso: veniva realizzata una combinazione di ambedue gli elementi, un denominatore comune di espressione formale e di verità individuale. Il desiderio di produrre una forma tipica soddisfacente sembra essere una funzione della società, e ciò è stato vero assai prima dell'impulso dato dall'industrializzazione. Il termine "standard" in quanto tale non ha nulla a che vedere con i mezzi di produzione - l'utensile manuale o la macchina. Le nostre future case non saranno necessariamente uguali, irreggimentate, a causa della standardizzazione e della prefabbricazione: la naturale concorrenza sul libero mercato s'incaricherà di assicurare la varietà differenziata delle parti componenti gli edifici, allo stesso modo in cui oggi rinveniamo sul mercato una ricca varietà di tipi di oggetti fatti a macchina, di uso quotidiano. Gli uomini non hanno esitato ad accettare forme standard, forme "tipo", largamente riprodotte, nei periodi anteriori alla civiltà industriale. Queste forme unitarie derivavano dai loro mezzi di produzione e dalla loro maniera di vivere. Rappresentavano una combinazione dei migliori contributi che molti individui avevano portato alla soluzione di un problema. Le forme architettoniche tipo del passato esprimono un felice connubio di tecnica e di fantasia, anzi una completa fusione di ambedue. Dovrebbe essere resuscitato quello spirito - ma niente affatto le sue determinate forme espressive - col nostro nuovo mezzo di produzione, la macchina.

1357 Il carattere caotico del nostro ambiente deriva:
- A da un malinteso senso della monumentalità
- B dalla lotta fra capitale e lavoro
- C dal contrasto fra l'ambiente ed il ciclo biologico della socialità umana
- D da un'infausta contingenza economica e industriale
- E dalla prevalenza di istanze economiche e industriali su quelle umane

1358 Il difetto dell'architettura consiste:
- A nella passiva imitazione degli ornamenti del passato
- B nell'eccessiva standardizzazione
- C nella ricerca della diversità ad ogni costo
- D nell'arretratezza tecnologica
- E nella mancanza di funzionalità

1359 Per combattere il degrado dell'ambiente occorre:
- A riaffermare l'autonomia degli artisti
- B migliorare una educazione puramente artistica
- C condividere un riferimento culturale comune
- D accettare la macchina come vincolo formale
- E lasciare libertà ai singoli

1360 La standardizzazione:
- A non esclude soluzioni differenziate
- B sottende fedeltà alla tradizione artigianale
- C nasce dall'omologazione culturale
- D ha caratterizzato l'ultima generazione di architetti
- E rappresenta un ritorno al passato

1361 La ricerca di forme tipiche:
- A dimostra la prevalenza della fantasia
- B è la soluzione del problema
- C deriva dal processo di accettazione sociale
- D esprime una costante esigenza della società
- E è caratteristica solo dell'età moderna

Leggere il brano seguente e rispondere alle successive domande.

Venerdì a Marrakech, i rappresentanti di 118 governi firmeranno l'accordo raggiunto al termine del più complesso e ambizioso ciclo di negoziati commerciali multilaterali e nello stesso tempo formalizzeranno l'impegno alla creazione della World Trade Organization (WTO). In un mondo dominato da tante contraddizioni e conflitti, la positiva conclusione dell'Uruguay round è in primo luogo un atto di grande saggezza politica al quale hanno partecipato non solo i Paesi industrializzati, ma anche i Paesi in via di sviluppo.

Si chiuderà in questo modo un'importante fase della storia del sistema commerciale mondiale, iniziata a Ginevra nell'ottobre del 1947 con la conclusione del primo round commerciale multilaterale e con la nascita del GATT. Limitando l'attenzione al solo disarmo tariffario, a seguito di otto cicli di negoziati, dal 1947 a Ginevra al 1994 a Marrakech, le tariffe dei Paesi industrializzati sono state ridotte da una media del 40% a una media del 3% circa. Nei due ultimi decenni, secondo le statistiche del GATT, il commercio mondiale è aumentato del 67% in volume nel corso degli anni Settanta e del 49% negli anni Ottanta, mentre la produzione mondiale è cresciuta del 48% e del 34% rispettivamente.

Il sistema di soluzione delle controversie è stato decisamente rafforzato e con la creazione della WTO verrà unificato rendendo così superata ogni forma di unilateralismo. L'area dei servizi, il polo più dinamico del sistema commerciale che rappresenta oggi il 20% del commercio mondiale, così come gli aspetti commerciali della proprietà intellettuale e degli investimenti esteri diretti rientrano oggi nella sfera del sistema multilaterale.

Ma, come è stato sottolineato da Peter Sutherland in un suo recente discorso pronunciato a Davos, uno dei maggiori successi conseguiti, in particolare dall'Uruguay round, è il cambiamento di atteggiamento di molti Paesi in via di sviluppo. Oggi molti di questi Paesi sono diventati grandi sostenitori del multilateralismo e, sia pure in misura diversa, hanno dato nell'ultimo negoziato un sostanziale contributo alla liberalizzazione degli scambi. Mi sembra attualmente significativo che dopo quasi cinquant'anni e in un mondo tanto diverso, noi oggi ci accingiamo, con la nascita della WTO, a completare il disegno istituzionale di Bretton Woods. Ciò significa che, se il mondo cambia, i principi che sono stati alla base della ricostruzione e dello sviluppo dopo la seconda guerra mondiale rimangono sempre validi.

Ecco perché, ritornando con la mente agli ideali e agli obiettivi che hanno caratterizzato il dibattito sulla creazione delle grandi istituzioni economiche internazionali del dopoguerra, noi dobbiamo celebrare la creazione della WTO come un evento politico e istituzionale maggiore. Dobbiamo altresì conferire alla nuova Istituzione il carattere di universalità previsto all'origine dai padri fondatori, attraverso la rapida inclusione fra i suoi membri della Cina, della Russia e di altri Paesi che appartenevano all'impero sovietico e che si stanno aprendo con mille difficoltà all'economia di mercato. Vi sono oggi venti nuove domande di *membership* del GATT. È ragionevole applicare ai nuovi candidati le stesse condizioni che abbiamo applicato agli attuali 118 membri del GATT.

La nuova Istituzione dovrà anche facilitare il necessario coordinamento, su una base di parità, fra tutte le grandi istituzioni economiche internazionali, in primo luogo quelle di Bretton Woods. È necessario pervenire a un più equilibrato rapporto fra le politiche economiche a livello mondiale riconoscendo alla politica di liberalizzazione commerciale il grande ruolo che le appartiene nella strategia di crescita economica e quindi di creazione di posti di lavoro. Oggi, è bene ricordarlo, gli scambi di beni contribuiscono al 30% del PIL mondiale contro il 16% nel 1960 e, se si includono anche i servizi, al 40% del PIL mondiale contro il 20% nel 1960.

In un mercato sempre più libero e globalizzato, lo stretto coordinamento fra le politiche economiche, monetarie e commerciali diventa un presupposto necessario per salvaguardare il buon funzionamento dello stesso mercato. L'esperienza della costruzione europea, al di là della logica economica, lo dimostra.

1362 In base a quanto riportato nel testo, è possibile dedurre che:

- A nel corso degli anni Settanta e Ottanta, il commercio mondiale è cresciuto meno che proporzionalmente rispetto alla crescita della produzione mondiale
- B nel corso degli anni Settanta il tasso di crescita del commercio mondiale è stato superiore a quello registrato nel corso degli Sessanta
- C nel corso degli anni Settanta il tasso di crescita della produzione mondiale è stato inferiore a quello del commercio mondiale
- D nel corso degli anni Ottanta la produzione mondiale è cresciuta del 48%
- E nel corso degli anni Ottanta la produzione mondiale è cresciuta del 67%

1363 Quale delle alternative seguenti meglio si presta a fungere da titolo del brano?

- A Il GATT verso l'estensione ai Paesi dell'ex-impero sovietico
- B La liberalizzazione del commercio internazionale verso una nuova istituzione: la World Trade Organization
- C Quale ruolo per il GATT negli anni 2000?
- D Il ruolo di Marrakech nel commercio internazionale
- E Multilateralismo soluzione di tutti i mali

1364 Secondo l'autore la WTO deve:

- A considerarsi il naturale completamento di un percorso istituzionale già disegnato in occasione della conferenza di Bretton Woods
- B essere sottoposta al controllo delle altre istituzioni internazionali originariamente costituite alla conferenza di Bretton Woods
- C svolgere un ruolo di promozione del commercio con i Paesi dell'ex-impero sovietico, senza tuttavia che questi ultimi partecipino direttamente all'Istituzione
- D aprirsi anche a Cuba e alla Corea del Nord
- E precludere l'ingresso della Cina

1365 Il brano è verosimilmente estratto da un:

- A libro di storia
- B articolo di un giornale economico
- C romanzo
- D comizio di un esponente politico
- E saggio statistico

1366 Peter Sutherland viene menzionato dall'autore in quanto:

- A oppositore del processo di integrazione internazionale originato dalla conferenza di Bretton Woods
- B fautore principale del successo dell'Uruguay round del GATT
- C sostenitore del ruolo attivo svolto dai Paesi in via di sviluppo nell'Uruguay round
- D oppositore del multilateralismo
- E oppositore della WTO

Leggere il brano seguente e rispondere alle relative domande.

Con la legge bancaria del 10 agosto 1893 venne creata la Banca d'Italia, sul ceppo della preesistente Banca Nazionale del Regno d'Italia, con cui vennero fuse le due banche d'emissione toscane. Alla nuova banca, che entrò in funzione il 1° gennaio 1894, venne affidata la liquidazione di un'altra banca di emissione, la Banca Romana, mentre restavano ancora in vita altre due banche di emissione, il Banco di Napoli e il Banco di Sicilia. Si chiudeva così una travagliata stagione bancaria e il nuovo istituto, pur non essendo ancora una vera e propria Banca Centrale, assunse ben presto preminenza e autorità. Oltre alle manovre sul tasso di sconto e agli interventi sui mercati dei cambi per mantenere la stabilità della lira, a partire dall'età giolittiana, la Banca d'Italia prestò molta attenzione alla solidità del sistema bancario italiano.

Un primo intervento di salvataggio venne operato nel 1907 e poi nel 1911, per alleviare le sofferenze della Società bancaria italiana, una banca mista troppo esposta con industrie che subirono i contraccolpi della crisi internazionale del 1907. Quindi nel 1914 la Banca d'Italia creò un istituto speciale di credito industriale, il Consorzio sovvenzioni su valori industriali (Csvi) che dispiegò prima una serie di interventi di salvataggio negli anni Venti, soprattutto in relazione al Banco di Roma, e poi un'intensa attività di finanziamento della spesa pubblica, soprattutto bellica, nella seconda metà degli anni Trenta e nei primi anni Quaranta.

Intanto, con la legge bancaria del 1926 la Banca d'Italia diventò l'unica banca di emissione e con la legge bancaria del 1936 le venne conferito lo status di vera e propria Banca centrale, cessando ogni rapporto con la clientela privata.

Nel secondo dopoguerra, sotto il governo di Einaudi prima e di Menichella poi, la Banca d'Italia fu in prima linea nel realizzare una politica di stabilità monetaria durante gli anni di grande espansione economica, ma nei travagliati anni Settanta non riuscì a sottrarsi alle pressioni inflazionistiche che venivano soprattutto dalla politica di spesa pubblica dello Stato.

1367 In base a quanto esposto nel brano, si può affermare con certezza che:

- A la crisi internazionale del 1907 non causò contraccolpi all'economia italiana
- B la crisi internazionale del 1907 causò gravi "sofferenze" alla Società bancaria italiana
- C nel 1911 si verificò una grave crisi internazionale
- D la crisi internazionale del 1907 causò gravi "sofferenze" alla Banca d'Italia

1368 In base a quanto esposto nel brano, quale delle seguenti alternative non può essere affermata con certezza?

- A Il Csvi era un istituto speciale di credito industriale
- B L'inizio della guerra del 1914-1918 favorì la nascita del Csvi
- C Negli anni Trenta il Csvi finanziò la spesa pubblica
- D Negli anni Venti il Csvi salvò il Banco di Roma

1369 In base a quanto esposto nel brano, nel secondo dopoguerra:

- A Einaudi prima e Menichella poi furono ministri del Tesoro
- B la Banca d'Italia si impegnò per realizzare una politica di stabilità monetaria
- C la Banca d'Italia riuscì sempre a sottrarsi alle pressioni inflazionistiche
- D la Banca d'Italia si impegnò per realizzare una politica di stabilità finanziaria

1370 Quale delle seguenti affermazioni è logicamente deducibile dal brano?

- A Fino al 1926 la Banca d'Italia non ebbe rapporti con la clientela privata
- B Fin dalla nascita la Banca d'Italia operò come banca centrale
- C Fino al 1936 la Banca d'Italia ebbe rapporti con la clientela privata
- D Solo durante il fascismo la Banca d'Italia finanziò la spesa pubblica

Leggere il brano seguente e rispondere alle relative domande.

Amerigo Ormea uscì di casa alle cinque e mezzo del mattino. La giornata si annunciava piovosa. Per raggiungere il seggio elettorale dov'era scrutatore, Amerigo seguiva un percorso di vie strette e arcuate, ricoperte ancora di vecchi selciati, lungo muri di case povere, certo fittamente abitate ma prive, in quell'alba domenicale, di qualsiasi segno di vita. Amerigo, non pratico del quartiere, decifrava i nomi delle vie sulle piastre annerite – nomi forse di dimenticati benefattori – inclinando di lato l'ombrello e alzando il viso allo sgrondare della pioggia. C'era l'abitudine tra i sostenitori dell'opposizione (Amerigo Ormea era iscritto a un partito di sinistra) di considerare la pioggia il giorno delle elezioni come un buon segno. Era un modo di pensare che continuava dalle prime votazioni del dopoguerra, quando ancora si credeva che col cattivo tempo, molti elettori dei democristiani [...] non avrebbero messo il naso fuori di casa. Ma Amerigo non si faceva di queste illusioni; era ormai il 1953, e con tante elezioni che c'erano state s'era visto che, pioggia o sole, l'organizzazione per far votare tutti funzionava sempre. Figuriamoci stavolta, che si trattava per i partiti del governo di far valere una nuova legge elettorale (la «legge truffa» l'avevano battezzata gli altri) per cui la coalizione che avesse preso il 50% +1 dei voti avrebbe avuto i due terzi dei seggi... Amerigo, lui, aveva imparato che in politica i cambiamenti avvengono per vie lunghe e complicate, e non c'è da aspettarseli da un giorno all'altro, come per un giro di fortuna; anche per lui, come per tanti, farsi un'esperienza aveva voluto dire diventare un poco pessimista."

1371 In base a quanto esposto nel brano, la nuova legge elettorale del 1953 era stata battezzata "legge truffa":

- A dalla Democrazia Cristiana
- B dai partiti di governo
- C dal movimento eurocomunista
- D dai partiti dell'opposizione
- E dalle persone poco interessate alla politica

1372 Quale delle seguenti affermazioni è deducibile dal brano?

- A Secondo Ormea, in politica i cambiamenti non avvengono da un giorno all'altro
- B Il seggio elettorale di Ormea si trovava nel centro storico
- C L'organizzazione per far votare tutti nel 1953 era fortemente deficitaria
- D Secondo Ormea, i giri di fortuna non esistono
- E Il pessimismo di Ormea deriva dalle bocciature della sua candidatura

1373 Quale delle seguenti affermazioni NON è contenuta nel brano?

A Amerigo Ormea aveva un ombrello mentre si recava al seggio elettorale
B All'alba di domenica, la giornata si annunciava piovosa
C Amerigo Ormea, grazie alle precedenti esperienze, era diventato più ottimista
D Amerigo Ormea era iscritto a un partito di sinistra
E Amerigo Ormea era scrutatore alle elezioni del 1953

1374 In base a quanto esposto nel brano, dalle prime elezioni del dopoguerra:

A la pioggia il giorno delle elezioni causava una percentuale di astensionismo al voto superiore al 50%
B molti politici non avevano smesso di credere che solo la pioggia il giorno delle elezioni avrebbe garantito loro la vittoria
C gli elettori democristiani più anziani erano soliti ammalarsi e quindi non uscire di casa in caso di pioggia
D gli elettori delle opposizioni continuavano a diminuire
E i sostenitori dell'opposizione consideravano la pioggia il giorno delle elezioni come un buon segno

Leggere il brano e rispondere alle relative domande.

Allo stesso modo in cui contrattazione, baratto e acquisto sono i mezzi attraverso cui ci procuriamo gli uni dagli altri la maggior parte dei <u>buoni uffici</u> di cui abbiamo bisogno, è questa stessa disposizione a trafficare che dà origine alla divisione del lavoro. In una tribù di cacciatori o di pescatori, un individuo fa per esempio archi e frecce con più rapidità e destrezza degli altri e li dà spesso ai suoi compagni in cambio di selvaggina o bestiame. Alla fine si accorgerà che in questo modo può avere più bestiame e selvaggina di quanto ne avrebbe se fosse andato a caccia di persona, sicché in base al semplice interesse egoistico la fabbricazione di armi e frecce si trasformerà nella sua occupazione principale ed egli diventerà una specie di armaiolo. Un altro è il migliore nel fabbricare le strutture e le coperture delle loro piccole capanne o abitazioni mobili; si abitua a rendersi utile in questo modo ai suoi vicini, che dal canto loro lo ricambiano con bestiame e selvaggina; sicché alla fine trova il suo interesse nel dedicarsi completamente a questa occupazione, ed eccolo diventato una specie di carpentiere edile. Un terzo diventa allo stesso modo fabbro o calderaio, un quarto conciatore di cuoi o pelli, elemento principale dell'abbigliamento dei selvaggi. Così la certezza di avere la possibilità di scambiare tutto il sovrappiù del prodotto del proprio lavoro, che supera il consumo, col sovrappiù del prodotto del lavoro degli altri uomini di cui si ha bisogno, incoraggia ogni uomo a dedicarsi a una occupazione particolare, coltivando e portando alla perfezione il talento o l'inclinazione che si trova ad avere per un tipo particolare di attività. La differenza tra i talenti naturali degli uomini è in effetti molto minore di quel che si pensa; e, in molti casi, le diversissime inclinazioni che sembrano distinguere in età matura uomini di diverse professioni sono piuttosto effetto che causa della divisione del lavoro. Ma senza la disposizione a trafficare, barattare e scambiare, ogni uomo avrebbe dovuto procurarsi da solo tutte le cose necessarie e comode della vita di cui ha bisogno.

1375 Quale delle seguenti alternative potrebbe sostituire l'espressione "buoni uffici", sottolineata nel brano?

A Benevolenza
B Beni e servizi
C Favori
D Alimenti
E Umana Simpatia

1376 Lo scopo del brano è:

A illustrare la genesi della divisione del lavoro
B illustrare i vantaggi della divisione del lavoro
C affermare l'uguaglianza tra gli uomini, negando la diversità dei talenti naturali
D affermare la superiorità degli europei sui selvaggi
E illustrare un aspetto della storia umana

1377 L'autore di questo brano è Adam Smith. Con quale dei seguenti personaggi egli avrebbe potuto discutere di questi temi?

A Voltaire
B Mussolini
C Marx
D Mazzini
E Gandhi

Leggere il brano seguente e rispondere alle successive domande.

Il nostro lettore ha certamente imparato a conoscere, sui banchi di scuola, il superbo edificio della geometria di Euclide, e ricorderà – più con riverenza che con amore, forse – quella grandiosa costruzione, di cui ha passo passo salito la maestosa scalinata, pungolato per innumerevoli ore da coscienziosi insegnanti. Sulla base di tale esperienza passata, egli condannerebbe certamente con disdegno chiunque dichiarasse non vera anche la più marginale proposizione di tale scienza. Forse però questa sensazione di orgogliosa sicurezza lo abbandonerebbe, se qualcuno gli chiedesse: "Che cosa s'intende dunque asserendo che queste proposizioni sono vere?". Soffermiamoci a considerare brevemente questa domanda.
La geometria prende l'avvio da alcuni concetti fondamentali, come "piano", "punto", "retta", ai quali siamo in grado di associare delle rappresentazioni più o meno precise, e da alcune proposizioni semplici (assiomi) che,

in virtù di queste rappresentazioni, siamo inclini ad accettare come "vere". In base a un procedimento logico di cui ci sentiamo costretti ad ammettere la legittimità, tutte le rimanenti proposizioni vengono poi ricondotte a questi assiomi, cioè esse vengono dimostrate. Una proposizione risulterà dunque corretta ("vera") quando è stata derivata dagli assiomi nella maniera ammessa come legittima. Il problema della "verità" delle singole proposizioni geometriche viene così ricondotto al problema della "verità" degli assiomi. Orbene, è da tempo noto che a quest'ultimo problema non soltanto non si può dare una risposta con i metodi della geometria, ma che esso è in sé assolutamente privo di significato. Non possiamo chiedere se sia vero che per due punti passa soltanto un'unica retta. Possiamo solamente dire che la geometria euclidea tratta di oggetti da essa chiamati "rette", attribuendo a ciascuna di queste rette la proprietà di essere univocamente determinata da due suoi punti. Il concetto di "vero" non si addice alle asserzioni della geometria pura, perché con la parola "vero" noi abbiamo in definitiva l'abitudine di designare sempre la corrispondenza con un oggetto "reale"; la geometria, invece, non si occupa della relazione tra i concetti da essa presi in esame e gli oggetti dell'esperienza, ma soltanto della connessione logica di tali concetti l'uno con l'altro.

Non è difficile comprendere perché, ciò malgrado, ci sentiamo costretti a chiamare "vere" le proposizioni della geometria. Ai concetti geometrici corrispondono, più o meno esattamente, degli oggetti in natura, e questi ultimi costituiscono senza dubbio la causa esclusiva della genesi di quei concetti. La geometria può prescindere da ciò, al fine di dare al proprio edificio la maggiore unità logica possibile; ma la consuetudine, per esempio, di vedere in un "intervallo" due posizioni segnate sopra un corpo praticamente rigido, è qualcosa di profondamente radicato nel nostro modo di pensare. Siamo inoltre abituati a considerare tre punti come situati su una retta, se, osservandoli con un solo occhio, possiamo far coincidere le loro posizioni apparenti, previa un'adeguata scelta del nostro posto di osservazione.

Se, proseguendo nel modo abituale di pensare, noi aggiungiamo ora alle proposizioni della geometria euclidea l'unica proposizione che a due punti su un corpo praticamente rigido corrisponde sempre la stessa distanza (intervallo), indipendentemente dai mutamenti di posizione che possiamo imprimere al corpo, allora dalle proposizioni della geometria euclidea traggono origine proposizioni sulla posizione relativa possibile di corpi praticamente rigidi. La geometria a cui sia stata fatta quest'aggiunta deve quindi venir trattata come un ramo della fisica. Possiamo ora legittimamente porre la domanda circa la "verità" delle proposizioni geometriche così interpretate, poiché siamo giustificati a credere che queste proposizioni siano soddisfatte per quegli oggetti reali che abbiamo associato ai concetti geometrici. In termini meno esatti possiamo anche dire che per "verità" di una proposizione geometrica intendiamo la sua validità per una costruzione con riga e compasso. Naturalmente, la convinzione circa la "verità" delle proposizioni geometriche in questo senso, si fonda esclusivamente su esperienze alquanto incomplete. Per il momento ammetteremo tale "verità" delle proposizioni geometriche; più avanti vedremo che questa "verità" è limitata, ed esamineremo fino a che punto giunge tale limitazione.

In base all'interpretazione fisica testé indicata di distanza, siamo altresì in grado di stabilire, per mezzo di misurazioni, la distanza fra due punti situati su un corpo rigido. Ci occorre a questo scopo un "intervallo" (regolo S) di cui ci si dovrà sempre servire, che viene adoperato come campione unitario. Se ora A e B sono due punti su un corpo rigido, possiamo costruire secondo le regole della geometria il segmento di retta che li congiunge; poi, partendo da A, possiamo riportare su tale segmento l'intervallo S una volta dopo l'altra fino a raggiungere B. Il numero di tali operazioni sarà la misura numerica della distanza AB. Questo costituisce la base di tutte le misure di lunghezza.

Ogni descrizione spaziale del luogo di un evento o di quello di un oggetto viene compiuta specificando su un corpo rigido (corpo di riferimento) il punto con il quale coincide quel dato evento od oggetto. Ciò si applica non solo alla descrizione scientifica, ma anche alla vita quotidiana. Se analizzo la specificazione di luogo: "Piazza Potsdamer, Berlino", giungo al seguente risultato. La Terra è il corpo rigido al quale si riferisce tale specificazione; "Piazza Potsdamer, Berlino" è un punto ben definito cui è stato assegnato un nome, e con il quale l'evento coincide spazialmente.

Questo metodo primitivo di specificare un luogo considera soltanto luoghi posti sulla superficie di corpi rigidi, e dipende dall'esistenza su questa superficie di punti che siano distinguibili l'uno dall'altro. Possiamo però liberarci da entrambe queste limitazioni senza alterare la natura della nostra specificazione di luogo. Se, per esempio, una nuvola ozia su Piazza Potsdamer, potremo determinarne la posizione relativa alla superficie della Terra innalzando una pertica, perpendicolarmente alla piazza, fino a raggiungere la nuvola. La lunghezza della pertica misurata col regolo-campione, quando sia inoltre specificata la posizione della base della pertica, ci fornisce una completa specificazione di luogo. In base a quest'esempio, possiamo vedere in che maniera si sia sviluppato un perfezionamento del concetto di luogo.

Immaginiamo che al corpo rigido, a cui si riferisce la specificazione di luogo, si aggiunga qualcosa in modo che l'oggetto di cui ci interessa la posizione venga raggiunto dal corpo rigido così completato.

Nel caratterizzare la posizione dell'oggetto, facciamo uso di un numero anziché dei punti di riferimento designati (nel caso illustrato tale numero sarà la lunghezza della pertica misurata col regolo-campione).

Parliamo dell'altezza della nuvola anche quando non è stata innalzata la pertica che la raggiunge. Nel nostro caso, determiniamo la lunghezza della pertica che sarebbe stata necessaria a raggiungere la nuvola, per mezzo di osservazioni ottiche della nuvola stessa, compiute da diverse posizioni sul terreno, e tenendo in considerazione le proprietà di propagazione della luce.

Da queste considerazioni vediamo che sarebbe vantaggioso se, nella descrizione della posizione, fosse possibile renderci indipendenti, per mezzo di misure numeriche, dall'esistenza, sul corpo rigido di riferimento, di punti segnati (provvisti di nome). Nella fisica delle misurazioni questo viene raggiunto applicando il sistema delle coordinate cartesiane. Questo sistema consta di tre superfici piane rigide, perpendicolari l'una all'altra e collegate a un corpo rigido. Riferito a tale sistema di coordinate, il luogo di un evento qualsiasi sarà determinato (essenzialmente) dalla specificazione delle lunghezze delle tre perpendicolari o coordinate (x, y, z) che possono venir abbassate dal luogo dell'evento su queste tre superfici piane. Le lunghezze di queste tre coordinate possono venir determinate mediante regoli-campione con una serie di manipolazioni compiute secondo le leggi e i metodi prescritti dalla geometria euclidea.

Nelle applicazioni non si dispone generalmente delle anzidette superfici rigide che costituiscono il sistema delle coordinate; neanche le coordinate vengono effettivamente ottenute mediante costruzioni con regoli rigidi, bensì servendosi di mezzi indiretti. Se i risultati della fisica e dell'astronomia debbono conservare la loro chiarezza, il significato fisico delle specificazioni di luogo deve però venir sempre cercato in accordo con le precedenti considerazioni.

Otteniamo così il seguente risultato: ogni descrizione spaziale di eventi comporta l'uso di un corpo rigido al quale debbono venir riferiti tali eventi. Tale relazione presuppone che le leggi della geometria euclidea valgano per gli "intervalli", dove l'"intervallo" viene rappresentato per mezzo di due segni su un corpo rigido.

1378 Dal brano si deduce che l'autore giudica la geometria euclidea:

- A una costruzione intellettuale artificiale priva di corrispondenza con il mondo reale
- B una teoria basata su alcuni assiomi di partenza, non necessariamente veri, da cui vengono logicamente dedotte in modo rigoroso altre proposizioni
- C un superbo edificio teorico alla cui base sono però posti alcuni assiomi la cui non veridicità rende false tutte le proposizioni da essi derivate
- D un insieme di proposizioni astratte, tra loro logicamente connesse, volte a spiegare la relazione fra i concetti della geometria e gli oggetti dell'esperienza

1379 Nell'utilizzare l'esempio di "Piazza Potsdamer, Berlino", l'autore intende:

- A mostrare al lettore come la geometria euclidea non possa essere applicata a casi concreti
- B mostrare al lettore come la geometria euclidea misuri la posizione relativa di corpi rigidi
- C suggerire al lettore interessato l'indirizzo di un ristorante in Germania
- D mostrare al lettore in che modo, così come nella vita quotidiana, in fisica si effettua la descrizione spaziale del luogo di un evento o di un oggetto

1380 Dal brano è possibile dedurre che l'autore è probabilmente:

- A uno scienziato americano
- B un geometra
- C un fisico tedesco
- D un architetto

1381 Il carattere del brano è:

- A tecnico-scientifico
- B celebrativo
- C divulgativo
- D polemico
- E ironico

1382 Secondo quanto riportato nel brano, il sistema delle coordinate cartesiane:

- A consente di descrivere il luogo di un evento o la posizione di un punto non necessariamente segnato sul corpo rigido di riferimento
- B è composto da tre superfici piane rigide, perpendicolari l'una all'altra, ognuna situata su un corpo rigido
- C è uno strumento utilizzato dalla geometria euclidea per la descrizione della posizione di un punto su un corpo rigido
- D consente all'osservatore di rendersi indipendente dall'utilizzo di misure numeriche per la descrizione della posizione di un punto nello spazio

In base alle informazioni contenute nel brano seguente, rispondere alle successive domande.

La prima reazione di Napoleone fu di mandare avanti Bessières con la cavalleria della Guardia imperiale. I primi due squadroni furono respinti dalla Guardia russa ma la seconda ondata del contrattacco formata da tre squadroni di granatieri a cavallo sostenuti da batterie di artiglieria ippotrainata ebbe miglior successo. Giunse a questo punto il generale Drouet che Benadotte aveva inviato di sua iniziativa quando aveva visto quanto fosse critica la situazione al centro. L'arrivo di questi rinforzi riequilibrò la situazione e, subito dopo Napoleone mandò il suo aiutante di campo più anziano, generale Rapp, a dare il colpo di grazia con due squadroni di cacciatori della Guardia ed uno di mamelucchi. I russi, ormai stanchi, non riuscirono a sostenere il peso di questo nuovo attacco e, dopo dieci minuti, ben 500 granatieri erano stati uccisi e 200 membri della nobile Guardia dei cavalieri, la scorta personale dello zar, con il loro comandante, il principe Repnin, erano stati catturati. Questi prigionieri furono condotti come trionfo dall'imperatore il quale commentò: "Molte nobili signore di Pietroburgo si lamenteranno di questo giorno". Nel frattempo i superstiti della Guardia imperiale russa si ritiravano barcollanti verso Krzenowitz, inseguiti tenacemente dalle forze di Benadotte. Il centro alleato, dopo questo scacco, cessò di esistere. Poco dopo le due del pomeriggio era venuto il momento di sfruttare tutti i vantaggi ottenuti, anche se gli eventi non avevano seguito esattamente il corso previsto da Napoleone.

L'imperatore emise rapidamente nuovi ordini. L'occupazione dell'altopiano di Pratzen fu affidata a Benadotte; la Guardia, i granatieri di Oudinot e le stanche divisioni di Soult dovevano ruotare verso sud, accerchiando Buxhowden da nord e da est, mentre Davout attaccava da ovest. Verso le due e mezzo Buxhowden si trovò in una situazione molto critica. I suoi reparti, che costituivano l'ala sinistra russa, erano ormai completamente isolati dalle altre forze e nessun ordine era pervenuto né da Kutuzov né dallo zar. Dopo brevissimo tempo, Vandamme aveva occupato Augezd, e le divisioni di Davout passarono dalla difensiva all'offensiva spingendosi ancora una volta contro i villaggi di Sokolnitz e Telnitz. Troppo tardi, il maresciallo russo ordinò a metà delle sue forze di ripiegare verso est, prima che i francesi bloccassero la strada, mentre i rimanenti reparti avrebbero dovuto aprirsi un passaggio verso nord lungo la riva occidentale del Goldbach. Vandamme raggiunse le colonne che si dirigevano verso est, immobilizzandole: le forze in marcia verso nord, furono presto arrestate dall'azione concertata di St. Hilaire e del maresciallo Davout. Dopo una lunga giornata di combattimenti e di gravi perdite la sola unità del caporale Blaise aveva perduto 4 capitani, 2 tenenti e 70 uomini mentre un'altra dozzina di ufficiali era stata ferita, ed il colonnello aveva avuto 3 cavalli uccisi sotto di lui - lo stato d'animo delle truppe francesi era comprensibilmente eccitato. Il generale Thiebault della divisione di St. Hilaire ricorda: "Fino all'ultima ora della battaglia, non facemmo alcun prigioniero, non potevamo correre alcun rischio o avere scrupoli e pertanto non rimase nemmeno un nemico vivo alle nostre spalle". L'ordine rivolto da Davout ai suoi uomini fu semplicemente: "Non lasciatene scappare neppure uno".

Verso le tre i russi erano ormai in rotta a sud, in direzione dei laghi e delle paludi ghiacciate. La divisione di Przbysewski depose le armi e metà della divisone di Langeron si lasciò pure prender prigioniera. La colonna di Buxhowden, che stava ripiegando verso est fu tagliata a metà da Vandamme, che veniva da Augezd e i soli che riuscirono a scappare verso Austerlitz, furono il maresciallo e gli uomini in testa alla colonna. Il generale Doctorov, ormai completamente isolato e con le spalle ai laghi ordinò un si salvi chi può e i suoi 5.000 uomini si sparpagliarono ognuno nel tentativo di salvarsi. Molti cercarono di attraversare gli stagni ghiacciati, ma Napoleone fece venire 25 cannoni a bombardare il ghiaccio; l'effetto delle palle di cannone aggiunto al peso delle pariglie dei cavalli dell'artiglieria che galoppavano all'impazzata, fecero incrinare e spezzare la superficie ghiacciata, in modo che diverse migliaia di sfortunati soldati caddero nell'acqua gelata. Più tardi, i bollettini francesi dissero che ben 20.000 uomini erano morti in questa maniera, ma tale cifra è senza dubbio molto esagerata, perché solo 5.000 uomini dell'armata alleata si trovavano in quel momento vicino agli stagni, ed è probabile che 2.000 di questi siano affogati (alcuni esperti dicono si trattasse di appena 200 uomini). In ogni modo è certo che 38 cannoni e 130 carcasse di cavalli furono estratti dalle acque dello stagno di Satschan, dopo la battaglia.

Mentre al centro e sulla sinistra la disfatta diventava sempre più disastrosa, Bagration decise che era venuto il momento di disimpegnare le sue forze che erano rimaste relativamente intatte. La battaglia a nord era stata aspra durante la prima parte del pomeriggio e, ad un certo momento, i russi avevano quasi sopraffatto le reclute di Suchet sull'estrema sinistra francese, prima che Lannes potesse rimediare alla situazione attaccando il centro e la sinistra delle forze di Bagration, con quello che gli era rimasto del suo corpo d'armata; ma, verso le tre, Bagration era già in ritirata, e alle quattro e mezzo non si sparava più nel settore settentrionale. I francesi erano troppo stanchi per inseguire Bagration, con l'impegno necessario e, nelle quaranta ore successive, il maresciallo russo riuscì a porre ben 60 chilometri di strada tra sé e il campo di battaglia.

Verso le cinque del pomeriggio sul campo di battaglia fu suonato il cessate il fuoco. Era giunto il momento di fare il tragico bilancio delle perdite subite. Sembra probabile che giacessero sul campo 11.000 russi e 4.000 austriaci, e che altri 12.000 soldati alleati fossero stati catturati, insieme a 180 cannoni e 50 bandiere e stendardi. In questo modo, l'armata austro-russa aveva perso circa 27.000 uomini, corrispondenti ad un terzo della sua effettiva forza originale. I francesi, per contro, ne uscirono relativamente bene, pare con 1.305 morti, 6.940 feriti e 573 prigionieri.

Napoleone aveva finalmente ottenuto la sua vittoria decisiva, portando trionfalmente a termine la sua campagna. La terza coalizione era sull'orlo della disfatta. Il giorno dopo la battaglia, l'imperatore austriaco avrebbe chiesto un armistizio, mentre lo zar ed i suoi russi ripiegavano verso l'Ungheria e la Polonia. La notizia della grande vittoria in Moravia avrebbe affrettato la morte del desolato William Pitt, il nemico più inveterato della Francia. Ma tutto questo doveva ancora accadere quando, giubilante ed esausto, Napoleone scrisse un breve messaggio a sua moglie, l'imperatrice Giuseppina: "Ho battuto l'armata austro-russa, comandata da due imperatori. Sono un po' stanco. Mi sono accampato all'aperto per otto giorni ed altrettante fredde notti. Domani potrò riposarmi nel castello del principe Kaunitz, e dovrei poter dormire due o tre ore. L'esercito russo non è soltanto battuto, ma è anche distrutto. Ti abbraccio, Napoleone".

1383 Quanti erano gli imperatori presenti alla battaglia descritta nel brano?

- A 1
- B 2
- C 3
- D 4
- E Nessuno

1384 Le forze di Bagration costituivano:

- A il centro dello schieramento austro-russo
- B la destra dello schieramento austro-russo
- C la sinistra dello schieramento austro-russo
- D la riserva dello schieramento austro-russo
- E la Guardia dei cavalieri dello zar

1385 Goldbach era:

A un generale russo
B un maresciallo russo
C un altopiano
D un fiume
E un generale francese

1386 Tutte le seguenti affermazioni riflettono un giudizio dell'autore, meno una. Quale?

A Napoleone si trovò a fronteggiare una situazione che non aveva del tutto previsto
B Molte nobili signore di Pietroburgo rimpiansero il giorno della battaglia
C La stanchezza impedì ai russi di fermare la carica di cavalleria al centro
D Più di 1.500 uomini annegarono negli stagni
E William Pitt avrebbe preferito che fossero stati gli austriaci a vincere

1387 Quale delle seguenti non fu una conseguenza, anche indiretta, dell'arrivo delle forze del generale Drouet al centro?

A L'avanzata di Bessières contro i russi
B L'annientamento del centro russo
C La cattura del principe Repnin
D Il ripiegamento dei russi su Krzenowitz
E La carica di Rapp

In base alle informazioni contenute nel brano seguente, rispondere alle successive domande.

Il Diciannovesimo secolo segna un energico risveglio dell'interesse per il trattamento umanitario dei deficienti mentali e dei matti. Prima di allora, l'abbandono, il ridicolo, e persino la tortura erano la sorte normale che toccava a questi disgraziati. Parallelamente alla crescente preoccupazione di fornire cure adeguate agli anormali, ci si rese conto della necessità di stabilire criteri uniformi per la loro individuazione e classificazione. Sia in Europa che in America, la fondazione di varie istituzioni specializzate per la cura dei ritardati mentali fece sentire con particolare urgenza la necessità di definire norme di ammissione e, di conseguenza, di un sistema obiettivo di classificazione. In primo luogo, era necessario differenziare tra pazzi e ritardati mentali: i primi manifestavano disturbi emotivi che potevano essere accompagnati o meno da deterioramento mentale, pur partendo da uno stadio iniziale del tutto normale; gli altri si distinguevano per un'insufficienza mentale, già presente fin dalla nascita o dalla prima infanzia. Probabilmente la prima esposizione chiara e precisa di questa distinzione si può trovare in un'opera in due volumi del 1838 del medico francese Esquirol, nella quale un centinaio di pagine sono dedicate al ritardo mentale. Esquirol, inoltre, pose in rilievo l'esistenza di molti gradi di ritardo mentale, che vanno, lungo un *continuum*, dalla normalità fino al cretinismo estremo. Nel tentativo di elaborare un qualche sistema per la classificazione dei diversi gradi e delle svariate forme di ritardo mentale, Esquirol sperimentò parecchi procedimenti, per giungere alla conclusione che il criterio più sicuro per determinare il livello mentale di una persona è dato dalla sua attività verbale.

1388 Per quale motivo l'autore menziona il medico francese Esquirol?

A Perché giudica la sua opera un punto di svolta nella psicologia moderna
B Perché per primo ha chiarito la distinzione fra pazzi e malati mentali
C Perché ne condivide la conclusione di basarsi sull'attività verbale per determinare il livello mentale di un individuo
D Perché fondò un istituto per cura delle malattie mentali
E Perché l'autore è un allievo di Esquirol

1389 Il brano è di carattere:

A apologetico
B scientifico
C descrittivo
D polemico
E filosofico

1390 Secondo l'autore del brano:

A un ritardato mentale è tale dalla nascita o dalla prima infanzia
B un pazzo è un individuo che ha subito un deterioramento mentale
C un individuo può divenire ritardato mentale a seguito di un forte trauma adolescenziale
D un individuo può divenire ritardato mentale col passare degli anni
E un pazzo può non mostrare alcun disturbo emotivo

1391 Quale fra le seguenti meglio sintetizza l'atteggiamento degli europei nei confronti dei ritardati mentali nella fine del settecento?

A Desiderio di giungere a criteri uniformi per la loro identificazione
B Scarsa considerazione
C Rifiuto e ostilità
D Desiderio di identificare le corrette terapie per la loro cura
E Indifferenza

1392 **Quale sarà l'argomento trattato nel proseguo del brano?**
- A L'evoluzione nei criteri per l'identificazione del livello mentale di un individuo
- B Le opere di Esquirol successive a quelle già descritte
- C Il trattamento dei pazzi in America nel ventesimo secolo
- D L'opinione dell'autore circa il modo con cui identificare i ritardati mentali
- E Il brano non può proseguire

In base alle informazioni contenute nel brano seguente, rispondere alle successive domande.

... L'invasione della Polonia da parte della Germania rappresentò la prima dimostrazione pratica di un nuovo modo di combattere, denominato Blitzkrieg, guerra-lampo. Le sue origini si possono far risalire agli studi effettuati in Gran Bretagna da alcuni teorici militari, fra cui Liddell Hart, per evitare il tragico e inutile logoramento delle forze nella statica guerra di trincea, come era avvenuto nel 1914-1918, e cercare di assicurarsi la vittoria con maggior rapidità attraverso la guerra di movimento. Anche i tedeschi affrontarono lo stesso problema, ma si trovarono avvantaggiati potendo operare senza vincoli rispetto al passato, perché le dure clausole del trattato di Versailles in materia di armamenti e soldati li costrinsero a partire da zero. La Blitzkrieg si basava essenzialmente su veloci attacchi in profondità effettuati da reparti di forze corazzate (carri armati, artiglieria semovente, fanteria motorizzata ecc.) appoggiati dall'aviazione. Inoltre il soldato tedesco era meglio addestrato e soprattutto più motivato, in seguito anche ad abili campagne di propaganda attuate dai responsabili del partito nazista fra le forze armate. Va tuttavia sottolineato che la carenza di materie prime non permise all'esercito tedesco di avere a disposizione la quantità di mezzi corazzati necessari per condurre sempre offensive basate su grande mobilità, potenza di fuoco e rapidità d'esecuzione. Nel 1939, ma anche negli anni successivi, il nucleo più consistente delle forze di terra della Germania era formato da soldati di fanteria che marciavano a piedi, mentre la maggior parte dei rifornimenti era trasportata su carri trainati da cavalli.

Hitler, messa a punto la nuova macchina bellica, aveva stabilito l'inizio dell'invasione per il 26 agosto 1939, poi rimandata al primo settembre anche per la decisione di Mussolini di non entrare subito in guerra a fianco della Germania. Il patto di non aggressione firmato con Stalin gli assicurò l'appoggio dell'Unione Sovietica nell'eliminazione della Polonia. Le forze tedesche, suddivise nel gruppo d'armate nord, schierato in Pomerania e Prussia Orientale, e sud, dislocato in Slesia e Slovacchia, assommavano a 55 divisioni, con 1250 aerei, mentre l'esercito polacco aveva 30 divisioni di fanteria, 11 brigate di cavalleria e 1 brigata carri con circa 400 aerei, in gran parte di tipo antiquato.

Le avanguardie tedesche raggiunsero già il 9 settembre i sobborghi di Varsavia. Circondata e sottoposta a pesanti bombardamenti aerei e d'artiglieria, la capitale si arrese il 27 settembre. Dieci giorni prima, l'Armata Rossa aveva attaccato improvvisamente da est, travolgendo le deboli forze polacche schierate a presidio del fronte orientale. Anche se gli ultimi reparti si arresero il 6 ottobre, già alla fine di settembre la Polonia cessava di esistere e il suo territorio fu diviso tra Germania e Unione Sovietica dalla linea del fiume Bug ...

1393 **Quando l'Armata Rossa attaccò da est le forze polacche?**
- A Il 17 settembre
- B Il 9 settembre
- C Il 6 ottobre
- D Il 27 settembre
- E Il 27 ottobre

1394 **La Blitzkrieg:**
- A è stata sperimentata nel periodo 1914-1918
- B si basava su attacchi veloci
- C nasce da studi effettuati in Unione Sovietica
- D è una tecnica di guerra statica, basata sul logoramento delle forze avversarie
- E si basa su studi effettuati in Francia

1395 **Nel 1939, il nucleo più consistente delle forze di terra della Germania era formato da:**
- A artiglieria semovente
- B carri armati
- C soldati di fanteria
- D soldati a cavallo
- E nessuna delle precedenti alternative è esatta

1396 **Il brano è di natura:**
- A scientifica
- B letteraria
- C filosofica
- D medica
- E storica

In base alle informazioni contenute nel brano seguente, rispondere alle successive domande.

Il compito della scienza è, come è noto, quello di scoprire dei fatti; ma una casuale collezione di fatti non si può dire costituisca scienza. Senza dubbio, alcuni aspetti della scienza possono anche fermarsi su questo o quel fatto particolare. A un geografo, per esempio, può interessare descrivere l'esatta configurazione di una particolare costa, o a un geologo può interessare la precisa natura degli strati rocciosi in una particolare località. Ma nella scienza più avanzata, la semplice conoscenza descrittiva di questo o quel particolare ha ben poca importanza. Lo scienziato desidera scoprire verità sempre più generali, delle quali i fatti che avvengono sono soltanto casi particolari ed esempi di conferma. I casi particolari possono essere volta per volta conosciuti, in un certo senso, mediante osservazione diretta. Che un particolare oggetto cada se non trattenuto, che questa palla si muova più lentamente su un piano inclinato piuttosto che quando cade direttamente a terra, che le maree crescano e calino: queste sono tutte questioni di fatto che si prestano a un esame diretto.

Ma lo scienziato cerca qualcosa di più che una semplice registrazione dei fenomeni: si sforza di *comprenderli*. A tal fine, cerca di formulare delle leggi generali che stabiliscano uno schema degli avvenimenti simili e un contesto sistematico delle relazioni sussistenti tra essi. Lo scienziato è impegnato in una ricerca delle leggi naturali secondo le quali accadono gli eventi particolari e dei principi fondamentali che sono alla base delle leggi stesse.

Questa esposizione preliminare degli scopi teoretici della scienza può forse essere chiarita da un esempio. Quel grande fisico e astronomo che fu Galileo Galilei (1564-1642) riuscì, mediante un'accurata osservazione e l'applicazione del ragionamento geometrico ai dati così raccolti, a formulare le leggi della caduta dei gravi, le quali forniscono una descrizione generale del comportamento dei corpi in prossimità della superficie terrestre. Quasi contemporaneamente, il grande astronomo tedesco Kepler (1571-1630), fondandosi principalmente sui dati astronomici raccolti da Tycho Brahe (1546-1601), formulò le leggi del movimento dei pianeti, le quali forniscono un'accurata descrizione delle orbite ellittiche percorse dai pianeti intorno al Sole. Questi due grandi scienziati riuscirono a unificare i vari fenomeni rientranti nel loro campo di ricerca stabilendo le interrelazioni sussistenti fra essi: Kepler nella meccanica celeste, Galileo nella meccanica terrestre.

1397 Il brano è di carattere:

- A polemico
- B giornalistico
- C filosofico
- D divulgativo
- E storico

1398 Con quale finalità l'autore menziona l'astronomo tedesco Kepler?

- A Per mostrare come il lavoro di Kepler e quello di Galilei fossero strettamente legati
- B Per evidenziare la rilevanza della scoperta delle leggi che regolano il movimento dei pianeti
- C Per evidenziare l'importanza del legame fra Brahe e Kepler
- D Per evidenziare come uno scienziato sia interessato a rilevare i fenomeni più che a comprenderli
- E Per evidenziare come uno scienziato sia interessato a comprendere i fenomeni più che a rilevarli

1399 Quale delle seguenti meglio rappresenta l'opinione dell'autore relativa allo scopo della scienza?

- A Contribuire allo sviluppo del benessere umano
- B Descrivere in modo adeguato e chiaro i fenomeni naturali
- C Comprendere i fenomeni naturali e formulare leggi e principi generali
- D Interpretare le leggi che regolano i fenomeni naturali e divulgare tali leggi
- E Fornire una semplice conoscenza descrittiva

1400 Dal brano è possibile dedurre che, secondo l'autore, il fatto che un sasso cada più velocemente di un foglio di carta:

- A non è rilevante per la scienza
- B è un fatto particolare che aiuta a comprendere il generale
- C non è in alcun modo dimostrabile
- D può essere indirettamente dedotto dall'osservazione empirica
- E non rientra nell'ambito della scienza

1401 Quale dei seguenti meglio rappresenta la finalità dell'autore del brano?

- A Illustrare il fine ultimo della ricerca scientifica
- B Illustrare le fasi dell'attività di ricerca scientifica
- C Dimostrare la rilevanza del progresso scientifico
- D Contrastare il progresso scientifico
- E Polemizzare con coloro che vedono nella scienza una minaccia per l'etica

In base alle informazioni contenute nel brano seguente, rispondere alle successive domande.

Sull'origine della vita dal mondo inorganico si è discusso interminabilmente, e tuttora si discute. Ma gli argomenti e i dati sperimentali di cui dispone la biologia moderna sono di tale natura da far ritenere che la soluzione di questo problema appaia oggi meno vaga e lontana di quanto non lo fosse una cinquantina di anni or sono. Anticamente si riteneva possibile che da sostanze inorganiche o da sostanze organiche in decomposizione si originassero animali anche di elevata organizzazione, come mosche, anguille, rane, topi ecc. È ben nota la strana ricetta data da Virgilio nelle *Georgiche* per procurarsi api: uccidere un giovane torello e attendere che dal suo cadavere in putrefazione nascano le api. J. B. Van Helmont, nel secolo XVII, affermava che basta lasciare alcuni stracci vecchi e sudici in una soffitta, perché da questi nascano topi. La generazione spontanea era pacificamente ammessa da filosofi e naturalisti ed era contemplata nei diversi sistemi filosofici, senza difficoltà. Il primo a porsi il problema in termini scientifici fu il celebre medico e poeta aretino Francesco Redi, che si propose di risolvere la questione mediante l'esperimento. Prese carni di diverse specie, le lasciò andare in putrefazione, e vide che dopo un certo tempo da esse nascevano mosche di varie specie. Immaginò allora l'esperimento di porre le carni entro vasi di vetro la cui apertura fosse chiusa con carta o garza strettamente aderente, e constatò che in questi vasi non s'ingenerano mai mosche. Ripetute "infinite volte" le esperienze in diversi tempi e in diverse condizioni, il Redi, nella sua celebre opera: *Esperienze intorno alla generazione degli insetti* (Firenze, 1668) potè concludere che le mosche nascono dalla carne putrefatta soltanto quando altre mosche vi abbiano precedentemente deposto le uova. I sostenitori della generazione spontanea opposero argomentazioni ed esperimenti: tutti fallaci. Il padre gesuita Athanasius Kircher, per esempio, diede la seguente ricetta per far nascere le rane: prendi la polvere della melma di quelle paludi e di quei fossi, dove le rane avevano fatto i "nidi", impastala con acqua piovana, e nelle mattine di estate mettila ad un tiepido calore di Sole in un vaso di terra, innaffiala con acqua piovana e vedrai formarsi certe bolle che si trasformeranno in ranuzze bianche. Il Redi dichiarò di non aver mai *"avuto l'onore"* di veder riuscire questi esperimenti, ancorché l'avesse reiteratamente provati. Le osservazioni e le conclusioni negative del Redi furono poi confermate ed estese da altri naturalisti e specialmente da A. Vallisnieri. Verso la metà del Settecento quasi tutti i naturalisti erano ormai convinti della inesistenza della generazione spontanea delle rane, dei vermi, degli insetti. Ma di recente erano stati scoperti altri organismi minutissimi, visibili soltanto al microscopio, che si sviluppano prodigiosamente nelle infusioni di sostanze organiche in acqua. Per questa ragione furono chiamati *infusori*, nome che è loro rimasto: oggi sono classificati fra gli esseri unicellulari, o *protozoi*. Si pensò che questi organismi microscopici si originassero per spontanea aggregazione delle particelle organiche che si distaccano dalle erbe, o altre sostanze messe in infusione. Questa ipotesi fu sostenuta in base a osservazioni ed esperimenti – sbagliati – dall'inglese J. T. Needham e il Buffon vi costruì sopra una teoria. Il grande biologo Lazzaro Spallanzani, poco persuaso della verità dei fatti asseriti dal Needham, istituì esperimenti accurati, li eseguì in modo ineccepibile, li ripetè mille volte in diverse condizioni, e giunse alla conclusione che se si portano a temperatura elevata le infusioni, i recipienti che le contengono e l'aria che giunge a contatto del liquido, esse non danno origine ad alcun infusorio. Questi "animalicoli" nascono soltanto da microscopici germi preesistenti: se questi vengono distrutti col calore, le infusioni rimangono sterili. Queste ricerche, pubblicate nel celebre *Saggio sui sistemi della generazione dei Signori di Needham e Bullon* (Modena, 1761) furono oggetto – come già un secolo prima quelle del Redi – di vivace polemica: ma le conclusioni erano giuste, e infine tutti furono costretti ad accettarle. La disputa rinacque ancora una volta a distanza di un secolo, a proposito dei batteri e di altri microrganismi di dimensioni più piccole dei protozoi. L. Pasteur, con lo stesso metodo usato da Spallanzani, dimostrò che anche i batteri si originano da germi piccolissimi, presenti nel pulviscolo atmosferico, e che, a loro volta, provengono da altri batteri. Essi possono venire uccisi col calore o con altri mezzi, e allora il brodo di cultura rimane sterile. Il contraddittore di Pasteur, F. A. Pouchet, dovette ripiegare di fronte all'eccellenza degli esperimenti e delle argomentazioni del Pasteur. La dimostrazione dell'inesistenza della generazione spontanea nei batteri fu ricca di conseguenze di incalcolabile importanza pratica: su di essa si basano le pratiche dell'*asepsi* e dell'*antisepsi* (disinfezione) senza di cui la medicina non avrebbe potuto compiere quei progressi che oggi ammiriamo, specialmente nella chirurgia, nella medicina preventiva e nell'igiene sociale, nella lotta contro le malattie infettive.

1402 Dal brano si deduce che il problema dell'origine della vita:

- A non fu affrontato in termini scientifici prima del XVII secolo
- B è stato parzialmente chiarito negli ultimi 50 anni
- C fu affrontato da persone di diversa nazionalità
- D fu fonte di vivace polemica
- E tutte le precedenti risposte sono esatte

1403 Il brano è di natura:

- A letteraria
- B storico-scientifica
- C filosofica
- D medica
- E scientifico-tecnologica

1404 Il titolo del brano potrebbe essere:

- A esperienze scientifiche dal XVII secolo a oggi
- B l'ontogenesi della vita e i progressi della medicina
- C teorie sull'origine della vita
- D esperienze e prove della nascita spontanea della vita
- E la biologia nel XIX secolo

1405 Nel brano si afferma che:

- A è dimostrata la generazione spontanea dei batteri
- B Pasteur sosteneva che gli animali originano dal nulla
- C gli esperimenti condotti da Spallanzani sono di discutibile attendibilità
- D gli esperimenti condotti da Pasteur sono di discutibile attendibilità
- E nessuna delle precedenti

1406 Chi tra i seguenti si oppose alla teoria della generazione spontanea della vita?

A Kircher
B Needham
C Pouchet
D Kircher e Needham
E Nessuno dei precedenti

Leggere il brano seguente e rispondere alle successive domande.

Tra il 1874 e il 1876 apparvero sulla «Zeitschrift für bildende Kunst» una serie di articoli sulla pittura italiana. Essi erano firmati da un ignoto studioso russo, Ivan Lermolieff; a tradurli in tedesco era stato un altrettanto ignoto Johannes Schwarze. Gli articoli proponevano un nuovo metodo per l'attribuzione dei quadri antichi, che suscitò tra gli storici dell'arte reazioni contrastanti e vivaci discussioni. Solo alcuni anni dopo l'autore gettò la duplice maschera dietro a cui si era nascosto. Si trattava infatti dell'italiano Giovanni Morelli (cognome di cui Schwarze è il calco e Lermolieff l'anagramma, o quasi). E di «metodo morelliano» gli storici dell'arte parlano correntemente ancora oggi. Vediamo brevemente in che cosa consisteva questo metodo. I musei, diceva Morelli, sono pieni di quadri attribuiti in maniera inesatta. Ma restituire ogni quadro al suo vero autore è difficile: molto spesso ci si trova di fronte a opere non firmate, magari ridipinte o in cattivo stato di conservazione. In questa situazione è indispensabile poter distinguere gli originali dalle copie. Per far questo, però (diceva Morelli) non bisogna basarsi, come si fa di solito, sui caratteri più appariscenti, e perciò più facilmente imitabili, dei quadri: gli occhi alzati al cielo dei personaggi di Perugino, il sorriso di quelli di Leonardo, e così via. Bisogna invece esaminare i particolari più trascurabili, e meno influenzati dalle caratteristiche della scuola a cui il pittore apparteneva: i lobi delle orecchie, le unghie, la forma delle dita delle mani e dei piedi. In tal modo Morelli scoperse, e scrupolosamente catalogò, la forma di orecchio propria di Botticelli, quella di Cosmé Tura e così via: tratti presenti negli originali ma non nelle copie. Con questo metodo propose decine e decine di nuove attribuzioni in alcuni dei principali musei d'Europa. Spesso si trattava di attribuzioni sensazionali: in una Venere sdraiata conservata nella galleria di Dresda, che passava per una copia di mano del Sassoferrato di un dipinto perduto di Tiziano, Morelli identificò una delle pochissime opere sicuramente autografe di Giorgione. Nonostante questi risultati, il metodo di Morelli fu molto criticato, forse anche per la sicurezza quasi arrogante con cui veniva proposto. Successivamente fu giudicato meccanico, grossolanamente positivistico, e cadde in discredito. (È possibile, d'altra parte, che molti studiosi che ne parlavano con sufficienza continuassero a servirsene tacitamente per le loro attribuzioni). Il rinnovato interesse per i lavori di Morelli è merito del Wind, che ha visto in essi un esempio tipico dell'atteggiamento moderno nei confronti dell'opera d'arte – atteggiamento che porta a gustare i particolari anziché l'opera complessiva. In Morelli ci sarebbe, secondo Wind, un'esasperazione del culto per l'immediatezza del genio, da lui assimilato in gioventù, a contatto con i circoli romantici berlinesi. È un'interpretazione poco convincente, dato che Morelli non si poneva problemi di ordine estetico (ciò che gli venne poi rimproverato) ma problemi preliminari, di ordine filologico. In realtà, le implicazioni del metodo proposto da Morelli erano diverse, e molto più ricche. «I libri di Morelli, – scrive Wind, – hanno un aspetto piuttosto insolito se paragonati a quelli degli altri storici dell'arte. Essi sono cosparsi di illustrazioni di dita e di orecchie, accurati registri di quelle caratteristiche minuzie che tradiscono la presenza di un dato artista, come un criminale viene tradito dalle sue impronte digitali..., qualsiasi museo d'arte studiato da Morelli acquista subito l'aspetto di un museo criminale...». Questo paragone è stato brillantemente sviluppato da Castelnuovo, che ha accostato il metodo indiziario di Morelli a quello che quasi negli stessi anni veniva attribuito a Sherlock Holmes dal suo creatore, Arthur Conan Doyle. Il conoscitore d'arte è paragonabile al detective che scopre l'autore del delitto (del quadro) sulla base di indizi impercettibili ai più. Gli esempi della sagacia di Holmes nell'interpretare orme nella fanghiglia, ceneri di sigaretta e così via sono, com'è noto, innumerevoli. Vedremo tra poco le implicazioni di questo parallelismo. Prima però sarà bene riprendere un'altra preziosa intuizione di Wind: «Ad alcuni tra i critici di Morelli sembrava strano il dettame che "la personalità va cercata là dove lo sforzo personale è meno intenso". Ma su questo punto la psicologia moderna sarebbe certamente dalla parte di Morelli: i nostri piccoli gesti inconsapevoli rivelano il nostro carattere più di qualunque atteggiamento formale, da noi accuratamente preparato». "I nostri piccoli gesti inconsapevoli...": alla generica espressione "psicologia moderna" possiamo sostituire senz'altro il nome di Freud. Le pagine di Wind su Morelli hanno infatti attirato l'attenzione degli studiosi su un passo, rimasto a lungo trascurato, del famoso saggio di Freud *Il Mosè di Michelangelo* (1914). Ridurre quest'influsso, come è stato fatto, al solo saggio sul *Mosè* di Michelangelo, o in genere ai saggi su argomenti legati alla storia dell'arte significa limitare indebitamente la portata delle parole di Freud: «Io credo che il suo metodo [di Morelli] sia strettamente apparentato con la tecnica della psicoanalisi medica». Ma che cosa poté rappresentare per Freud – per il giovane Freud, ancora lontanissimo dalla psicoanalisi – la lettura dei saggi di Morelli? È Freud stesso a indicarlo; la proposta di un metodo interpretativo imperniato sugli scarti, sui dati marginali, considerati come rivelatori. In tal modo, particolari considerati di solito senza importanza, o addirittura triviali, «bassi», fornivano la chiave per accedere ai prodotti più elevati dello spirito umano; «i miei avversari» scriveva ironicamente Morelli (un'ironia fatta apposta per piacere a Freud) «si compiacciono di qualificarmi per uno il quale non sa vedere il senso spirituale di un'opera d'arte e per questo dà una particolare importanza a mezzi esteriori, quali le forme della mano, dell'orecchio, e persino, *horribile dictu*, di così antipatico oggetto qual è quello delle unghie». Inoltre, questi dati marginali erano, per Morelli, rivelatori, perché costituivano i momenti in cui il controllo dell'artista, legato alla tradizione culturale, si allentava per cedere il posto a tratti puramente individuali, «che gli sfuggono senza che egli se ne accorga». Ancor più dell'accenno, in quel periodo non eccezionale, a un'attività inconscia, colpisce l'identificazione del nucleo intimo dell'individualità artistica con gli elementi sottratti al controllo della coscienza.

1407 Perché, secondo Morelli, i mezzi esteriori sono i più importanti per l'attribuzione delle opere?

- A Perché sono quelli che dimostrano maggiormente i tratti più individuali di un artista
- B Perché sono quelli a cui un artista dà meno importanza
- C Perché sono quelli a cui nessuno guarda con attenzione
- D Perché sono quelli più facilmente imitabili
- E Perché sono quelli su cui agiscono di più i tratti tipici della scuola di appartenenza

1408 Il metodo morelliano:

- A fu accettato dagli storici dell'arte, perché permetteva di risolvere tutti i problemi di attribuzione
- B fu accettato da tutti gli storici dell'arte, solo dopo aspre violente critiche
- C fu considerato troppo meccanicistico e positivistico
- D non fu mai criticato in maniera convincente
- E fu rifiutato perché troppo psicoanalitico, ma fu rivalutato dopo i libri di Freud

1409 Il metodo morelliano per l'attribuzione delle opere d'arte si basa:

- A sul riscontro della presenza degli elementi più imitati di un artista
- B sul riscontro della presenza degli elementi noti di un artista
- C sul riscontro degli elementi più trascurabili, che sono quelli più influenzati dagli stilemi di scuola
- D sul riscontro dei dettagli secondari, meno influenzati dagli stilemi di una scuola o di un artista
- E sul riscontro degli elementi dove maggiore è l'attenzione dell'artista e che meglio dimostrano il suo stile

1410 Il metodo morelliano dimostra un atteggiamento davanti all'opera d'arte:

- A di tipo romantico
- B coerente con le moderne sensibilità
- C basato solo sulla psicologia dell'artista
- D di tipo estetico
- E considerata come entità autonoma che non ha relazioni con le restanti opere di un'artista

1411 Qual è la caratteristica più evidente dei libri di Morelli?

- A Sono cataloghi dei particolari più facilmente imitabili di un artista
- B Sono cataloghi dei particolari più appariscenti dello stile di un artista
- C Sono cataloghi di particolari utili agli scrittori di romanzi gialli
- D Sono libri di psicanalisi medica più che di storia dell'arte
- E Sono cataloghi dei particolari più trascurabili di un artista

Leggere il brano seguente e rispondere alle successive domande.

«Questa fonte, le cui origini si possono far risalire all'epoca di Agrippa (19 a.C.) rischiò di essere soppressa quando papa Innocenzo fece deviare l'Acqua Vergine nella nuova fontana dei Fiumi di Piazza Navona.

Essa aveva costituito per secoli, comunque, la "mostra" terminale dell'Acqua che le aveva dato anche il nome, provenendo da Trebium, località a 13 chilometri da Roma. Nel Quattrocento era stata restaurata dall'Alberti e dal Rossellino, in forma di semplice fonte a tre sorgenti, con una liscia e breve facciata. Molti progetti si erano poi fatti per mutarne aspetto e posizione nella piazza, fino a che il Bernini, sotto Urbano VIII, cominciò a demolirla per riedificarla a fianco, ma fu interrotto per sopravvenute difficoltà economiche. Furono fatti allora vari progetti e uno di questi, certamente ispirato dal Bernini, mostra una monumentale facciata a cinque fornici, in bugnato, con fastigio decorato di statue. La fontana vera e propria è costituita da gruppi scultorei addossati alla facciata, con una vasca antistante: l'idea dell'attuale fontana era quindi già nata.

A questo primo progetto, ne seguì un altro sotto Innocenzo X, nel 1647 (documentato da un disegno recentemente ritrovato), in cui si vede come il Bernini avesse inserito l'idea della fontana entro la monumentale facciata del palazzo, che era stato proprio allora acquistato dalla potentissima donna Olimpia Pamphili. Le sculture si venivano raggruppando, dietro la grande vasca, su una specie di montagnola rocciosa, assai simile a quella che sosteneva i Fiumi in Piazza Navona. Il suo antecedente sembra vada cercato nel Parnaso di una fontana di Villa Aldobrandini a Frascati, del Della Porta. Neppure questo secondo progetto del Bernini trovò esecuzione e il problema della fontana di Trevi si trascinò in tentativi falliti e concorsi inutili fino a papa Clemente XII, che nel primo Settecento riprese l'opera. Scartato un progetto del Vanvitelli, l'incarico di edificare la nuova fontana passò a un architetto romano, Nicola Salvi, nel 1732. Ed ecco che costui, evidentemente conoscendo il secondo progetto berniniano, lo rielaborò abbastanza fedelmente, sostituendo al Parnaso l'Oceano e mantenendo la quinta architettonica. Morendo nel 1751, il Salvi fu sostituito da Giuseppe Pannini che, nel 1762, terminò l'opera, riavvicinandosi ancor più al modello berniniano, nella sostituzione delle due statue nelle nicchie laterali (un Agrippa e una Vergine) con le due figure profane della Abbondanza e Salubrità, scolpite dal Della Valle. L'Oceano al centro è invece opera del Bracci.»

1412 Quale potrebbe essere il titolo del brano?

- A Il progetto di Bernini della fontana di Trevi
- B Storia della fontana di Trevi dal XVIII secolo a oggi
- C Le statue della fontana di Trevi
- D La fontana di Trevi
- E Bernini, Vanvitelli e papa Clemente XII

1413 Il carattere del brano è:

- A didascalico
- B poetico
- C polemico
- D comico
- E ironico

1414 Sotto Innocenzo X:

- A Bernini realizzò il primo progetto della fontana di Trevi
- B Bernini cominciò a demolire la fontana precedente
- C Della Porta progettò una fontana di Villa Aldobrandini
- D nasceva l'idea dell'attuale fontana di Trevi
- E fu realizzato da Bernini un secondo progetto della fontana di Trevi

1415 Nel raccontare la storia della fontana di Trevi, l'autore sottolinea in particolare:

- A la spesa economica per la realizzazione della fontana
- B l'alternarsi di numerosi progetti
- C l'influenza della figura del Papa sui progetti architettonici
- D le sorgenti d'acqua della fontana
- E l'intervento di Olimpia Pamphili

1416 Quale tra i seguenti artisti non ha mai realizzato alcun intervento sulla fontana di Trevi?

- A Pannini
- B Alberti
- C Rossellino
- D Vanvitelli
- E Tutti i precedenti artisti restaurarono in momenti diversi la fontana di Trevi

Leggere il brano seguente e rispondere alle relative domande.

L'unità politica e culturale

Tra questa varia opera pratica e culturale, e dei singoli non meno dello stato, si veniva svolgendo un processo di somma importanza, sebbene non avvertito, la formazione di una comune vita italiana, cioè il superamento delle vite regionali, chiuse ciascuna nel suo circolo e, tra loro, se non ostili, estranee e indifferenti. Si suol dire che l'Italia già esisteva prima che pervenisse a unità statale; e, certo, esistevano una lingua e letteratura italiana, talune comuni sebbene remote e in parte immaginarie origini storiche, e, assai recenti, alcune aspirazioni politiche simili o analoghe, che cercavano di appoggiarsi le une alle altre e prender forza dall'unione. Ma una vita sociale e culturale comune non è veramente effettiva senza la base dell'unità statale, con comuni interessi politici, comuni fortune e sfortune, con la collaborazione delle varie parti agli stessi fini; la quale unità statale non ha interesse ad ostacolare, ma anzi a promuovere la comunione in tutto il rimanente. Non è meraviglia che il processo unitario italiano facesse udire, al suo principio, qualche stridore di contrasti; e meraviglioso è piuttosto che quello stridore fosse così lieve e così presto svanisse, contro le attese e le speranze, all'interno, di coloro che avevano di mal grado subito l'unità e tenevano impossibile che i piemontesi e napoletani e toscani e siciliani se ne sarebbero stati in pace e in accordo, e di parecchi stranieri, che, innamorati della pittoresca varietà delle popolazioni italiane, e inferendo da essa radicali e insuperabili differenze, facevano non diverso prognostico. Quegli stessi piccoli contrasti vennero segnatamente da uomini che, per aver trascorso una parte dei loro anni migliori nei vecchi stati italiani, erano ricordevoli del passato, delicati nell'amor proprio regionale, corrivi a veder dappertutto offese di legittimi interessi e di cari e rispettabili sentimenti, e a giudicare superflui e dannosi, e fatti per cervellotica smania di uniformità, i mutamenti di leggi e di istituti; ma si dileguarono con quegli uomini o col rasserenarsi dei loro animi. Pure, anche quando il malessere economico del Mezzogiorno proruppe, non prese forma di rivolta o protesta regionale, ma di disfavore a un partito governante e di favore a un altro, che prometteva miglior governo e grandi benefici a tutti gli italiani; e le cattive condizioni di quelle provincie furono svelate e proposte alla discussione prima da italiani di altre parti d'Italia che da quelli del Mezzogiorno, e questi stessi trovarono ascolto e consenso più nella grande vita italiana che nelle loro particolari regioni. Il vero è che gli uffici esercitati dalle medesime persone nelle più varie parti d'Italia, gli agevoli e frequenti viaggi, l'amministrazione, il parlamento, la capitale, il commercio e i viaggiatori di commercio, i giornali, la letteratura rendevano di giorno in giorno più familiari gli affetti, le costumanze, la psicologia, le favelle di tutte le parti d'Italia a tutte le parti; e il servizio militare, come si è detto, non regionale, produceva simili effetti tra i popolani e i contadini. Riprese a fiorire la letteratura dialettale d'arte, che è, per l'appunto, un moto centripeto e non, come talvolta stortamente fu interpretato, centrifugo; e le commedie piemontesi del Bersezio, e quelle veneziane del Gallina e del Selvatico, e quelle milanesi del Ferravilla, e altre di altri dialetti, fecero ridere o lagrimare tutti i pubblici d'Italia, e le canzoni del Di Giacomo e degli altri canzonettisti napoletani furono cantate dappertutto, e i versi romaneschi del Belli e del Passarella dappertutto ripetuti e citati come motti e proverbi. La quale più stretta conoscenza reciproca non diminuì ma accrebbe le virtù e le attitudini di ciascuno, e la Toscana fu maestra di temperanza e di garbo, la Lombardia di operosità industriale e commerciale, l'Italia meridionale di un modo più robusto e filosofico d'intendere i problemi della teoria e della pratica, e via discorrendo. Non si disciolsero gli antichi centri di cultura, perché la capitale politica non era in grado di attirare a sé la vita spirituale della nazione, né tutta né nella sua maggiore e miglior parte: Milano (per la quale sorse allora la denominazione di "capitale morale" d'Italia), Torino, Bologna, Firenze, Napoli e le altre grandi città mantennero un loro proprio ufficio variamente specificato, che è di gran vantaggio per la più ricca vita culturale della nazione e che la troppo accentrata Francia soffre di non possedere; ma il loro chiuso carattere regionale venne grandemente scemando. Chi nacque ancora in tempo da vedere quelle città tra il vecchio e il nuovo, e conobbe quella generazione che era stata già suddita del re di Sardegna, del reale imperiale governo, del granduca di Toscana, del Papa e dei Borboni delle Due Sicilie, e godé gli ultimi strascichi di certe costumanze popolari, e ammirò la magnificenza dei palagi signorili e lo sfoggio dei cavalli e dei cocchi, e ricevette le parole dei vecchi dotti e letterati e magistrati e militari, i loro giudizi e i loro racconti, che recavano ancora le aure dei tempi napoleonici e delle restaurazioni e del ventuno, e perfino talvolta le più lontane e quasi leggendarie del '99, sente la dolcezza e insieme la malinconia del ricordo, ma prova nient'altro che quello che sempre si prova allo spettacolo dei tramonti, e, fuori di questa nostalgia del sentimento, deve giudicare che al passato che tramontava succedeva un presente più civile, più intelligente, più serio, e che al perduto fascino della vecchia Torino e della vecchia Napoli era buon compenso il largo respiro della vita italiana. Più attuali, e assai dolci, erano le conoscenze che si legavano con uomini di tutte le parti d'Italia, e nelle argute conversazioni il reciproco comunicarsi di notizie, e di quel che faceva il Carducci a Bologna, il Boito e il Giacosa a Milano, e il De Sanctis e il Morelli a Napoli, e il Verga in Sicilia, e simili, e di quel che si preparava dagli uni e dagli altri, e i disegni di opere comuni.

1417 L'unità politica:

- A fu preceduta da manifestazioni di unità sul piano culturale
- B trovò la società impreparata
- C ebbe solo un carattere dinastico-militare
- D rispecchiò gli interessi delle classi meno abbienti
- E ebbe il suo centro nel Regno delle due Sicilie

1418 Il centralismo:

- A fu analogo a quello francese
- B fece sparire le culture locali
- C non eliminò le funzioni dei centri regionali
- D inasprì la pressione fiscale
- E non fu sostenuto dai ceti borghesi

1419 Le difficoltà di ordine economico sofferte dal Mezzogiorno italiano:

- A generarono reazioni violente fra la popolazione
- B furono l'effetto di speculazioni finanziarie
- C si esaurirono rapidamente
- D produssero una reazione diretta contro un certo fronte politico
- E penalizzarono soprattutto il proletariato industriale

1420 Il processo di unificazione:

- A fu contrastato da un'ampia base sociale
- B non ebbe risvolti di carattere religioso
- C nacque da interessi particolari
- D si giovò di un compatto appoggio internazionale
- E fu accompagnato da sentimenti nostalgici

1421 Le letterature regionali:

- A praticamente scomparvero
- B trovarono un pubblico più vasto
- C restarono un fenomeno chiuso
- D dettero voce a forme di opposizione
- E non subirono nessuna influenza

In base alle informazioni contenute nel brano seguente, rispondere alle successive domande.

Tradizionalmente il mercato editoriale viene segmentato per genere (gialli, saggistica, scolastica, romanzi rosa, narrativa ecc.) e per canale di vendita (libreria, edicola, *direct mailing*, porta a porta, *on line* ecc.).
La segmentazione per genere, seppur funzionale in termini di comunicazione, non tiene conto delle caratteristiche dei sistemi di creazione del valore, portando a distinguere generi (si pensi, per esempio, ai gialli e ai romanzi rosa) che, sebbene molto diversi dal punto di vista del contenuto e dei potenziali destinatari, presentano esigenze di gestione del tutto analoghe. In altri casi vengono accorpati nello stesso segmento prodotti che richiederebbero modalità di gestione differenziate (nella saggistica, per esempio, troviamo sia prodotti divulgativi, sia prodotti di saggistica specializzata).
Più adatta, per distinguere prodotti con sistemi di creazione di valore diversi, è la segmentazione per canale di vendita. Anche questo tipo di segmentazione, tuttavia, presenta dei limiti in quanto considera unicamente una parte della filiera (la distribuzione) e riflette le scelte distributive già compiute dagli operatori del settore. Si tratta, in altri termini, di una segmentazione che, descrivendo le scelte distributive del passato, non rappresenta

la base migliore per rimettere in discussione il modo tradizionale di fare business.

Per valutare senza pregiudizi le opportunità di innovazione aperte dalle nuove tecnologie è necessario segmentare il mercato in modo nuovo, distinguendo modi diversi di fruizione dei prodotti editoriali. Questo consente di distinguere segmenti per i quali possono essere concepite modalità diverse di creazione del valore e per i quali, di conseguenza, ci si può aspettare un impiego diverso delle nuove tecnologie. Il mercato dei libri può così essere segmentato in funzione di due variabili: l'ampiezza/dispersione del mercato finale – per le importanti implicazioni di logistica distributiva, di marketing e di promozione – e la modalità di accesso all'informazione contenuta nei libri, per la possibilità che i contenuti siano offerti al lettore "in blocco" oppure in parti.

In relazione alla sua ampiezza il mercato di un prodotto editoriale può essere: ampio (per esempio *best seller* e romanzi in genere o saggistica divulgativa); ristretto e concentrato su segmenti di clientela facilmente localizzabili (per esempio i prodotti di editoria professionale e universitaria); ristretto e frammentato dal punto di vista della distribuzione della clientela (si pensi alla cosiddetta "editoria di cultura" o alla saggistica con contenuti molto specialistici). Il sistema tradizionale di creazione del valore riesce a fornire una risposta adeguata soprattutto ai segmenti ristretti concentrati, dove la minore eterogeneità del mercato non fa emergere l'inefficienza della logistica distributiva.

Tuttavia, sebbene rilevante per i suoi influssi sulla modalità di distribuzione, la segmentazione per ampiezza del mercato non consente di cogliere le esigenze concrete dei consumatori. A questo fine può essere invece utile segmentare per modalità di accesso all'informazione distinguendo tra: lettura sequenziale totale (tipica di un romanzo) in cui il consumatore desidera leggere tutta l'opera, in genere nella sequenza stabilita dall'autore; lettura sequenziale parziale (tipica dei manuali e dei prodotti di editoria professionale e universitaria) in cui il lettore tende a leggere in modo sequenziale solo una parte del libro; consultazione puntuale (tipica dei dizionari e delle enciclopedie) in cui il consumatore non desidera "leggere", ma consultare l'opera identificando rapidamente le informazioni che lo interessano; consumo interattivo, una modalità tipica dei nuovi *media* elettronici, ma non del tutto assente nel consumo librario (si pensi ai libri colorabili per bambini o agli eserciziari dei quaderni per le vacanze).

È opportuno sottolineare come la modalità di accesso non dipenda solo dal prodotto, ma anche dal bisogno di lettura soddisfatto. Un romanzo classico, per esempio, può essere letto in modo sequenziale e totale da un consumatore, mentre uno studioso può volerne leggere solo un capitolo o consultare in modo puntuale solo alcune parti.

1422 L'argomento centrale del brano è:

- **A** l'impatto delle nuove tecnologie sulla produzione di libri
- **B** la collocazione dei *best seller* tra i diversi segmenti di mercato
- **C** la segmentazione del mercato editoriale
- **D** le ragioni dell'inefficienza del sistema distributivo italiano

1423 In base a quanto sostenuto nel brano, la segmentazione per modalità di accesso all'informazione:

- **A** consente di evidenziare quali bisogni di lettura sono soddisfatti
- **B** distingue i libri in base al contenuto
- **C** distingue i libri in base al loro mercato
- **D** distingue i libri in base al canale di vendita

Leggere il brano seguente e rispondere alle successive domande.

Si può quanto meno tentare di descrivere vari atteggiamenti possibili. Il primo e il più diffuso sarebbe quello di attenersi alla descrizione che ho appena dato, e dire che la teoria quantistica consiste in questo, e che non c'è nient'altro da cercare. Essa fa descrizioni probabilistiche, le quali d'altronde corrispondono meravigliosamente alle misure sperimentali: è una teoria che raggiunge, oserei dire anche nel caso, una precisione considerevole; e il caso è in essa un elemento costitutivo, essendoci previsioni che possono essere formulate solo in termini di probabilità. La teoria quantistica sarebbe quindi probabilistica per il fatto che il Mondo alla scala microscopica sarebbe aleatorio per natura. Questa è la visione più diffusa: essa è perfettamente coerente se la teoria non si imbatte in ostacoli o in contraddizioni, e non ne ha incontrati da più di tre quarti di secolo, ossia da quando esiste. Altri fisici – un gruppo minoritario – non sono soddisfatti di questa situazione, a cominciare del resto da uno dei fondatori della teoria quantistica stessa, Louis de Broglie. Essi hanno sempre obiettato che è contrario alle ambizioni stesse di una teoria scientifica degna di questo nome accontentarsi di una situazione del genere, e che non esiste scienza in assenza di un determinismo assoluto. Per queste persone l'obiettivo era quello di trovare un modo per eliminare il caso e per tornare a una sottostante teoria deterministica. È la cosiddetta "teoria delle variabili nascoste": questa espressione significa che l'elettrone – per riprendere questo esempio – avrebbe, nella sua costituzione interna, un certo numero di proprietà che ignoriamo, ma che sarebbero governate da leggi assolutamente deterministiche. Sarebbe semplicemente la nostra ignoranza di queste proprietà e del loro comportamento a condurci a descrivere in modo statistico e aleatorio il comportamento dell'elettrone. In altri termini, quando alcuni elettroni vanno a colpire punti diversi dello schermo, è perché fra loro c'erano differenze iniziali. Al loro interno ci sarebbero alcune rotelline, piccoli meccanismi o chissà che altro che, se ne fossimo stati a conoscenza, ci avrebbe permesso di constatare che essi non erano nello stesso stato. Non sarebbe quindi sorprendente che essi abbiano un'evoluzione diversa e che vadano a colpire punti diversi dello schermo. Se conoscessimo meglio la struttura sottostante della materia, potremmo eliminare il caso, e ci ritroveremmo immediatamente in una situazione molto prossima a quella della fisica statistica classica, la quale utilizza le probabilità per descrivere il comportamento delle molecole solo perché non può interessarsi ai loro comportamenti individuali, alle loro singole traiettorie (cosa che, del resto, per lo più neanche vuole). Una tale visione è possibile per il fatto che, come ho detto all'inizio, il nucleo duro di una teoria, il suo formalismo, le sue equazioni non impongono un modo unico di concettualizzazione, di comprensione. È possibile costruire teorie con variabili nascoste. Ma perché esse abbiano un senso e un interesse occorre che permettano di recuperare integralmente tutte le predizioni verificate della teoria quantistica. Ci si rende conto allora – questo è stato in fondo il grande progresso degli ultimi vent'anni – che, se si vuol recuperare il determinismo, si è costretti a rinunciare a qualcos'altro, che è almeno altrettanto importante fisicamente, come il carattere locale di una teoria, ossia l'idea che le interazioni fra i sistemi non possano trasmettersi in modo istantaneo a qualsiasi distanza. Ciò significa che effettivamente è possibile costruire alla base della teoria quantistica delle teorie deterministiche, e persino in modi multipli, proprio perché nell'esperienza non c'è nulla che ci imponga una scelta precisa (in un certo senso, ci sono troppe possibilità). Queste teorie presenteranno però aspetti forse ancora più bizzarri di quelli della teoria quantistica convenzionale, non al livello della questione del determinismo e del caso, ma al livello di altri aspetti fondamentali. Si dovranno accettare allora comportamenti molto più strani di quelli che si sono voluti eliminare. Ecco perché, attualmente, queste teorie deterministiche che dovrebbero spiegare e sottendere la teoria quantistica hanno perso gran parte del favore di cui godevano, ivi compreso anche quello della minoranza che le difendeva.

1424 Il brano è di natura:

- A statorica
- B scientifica
- C filosofica
- D giornalistica
- E polemica

1425 Il titolo del brano potrebbe essere:

- A statistica e probabilità nella teoria quantistica
- B caso e determinismo nella teoria quantistica
- C i punti oscuri della teoria quantistica
- D la teoria delle variabili nascoste nell'interpretazione della teoria quantistica

---

1426 La teoria quantistica probabilistica:

- A è accettata da un gruppo minoritario di fisici
- B corrisponde alla teoria delle variabili nascoste
- C esiste da più di 50 anni
- D è estranea al concetto di caso

1427 Secondo l'autore, negli ultimi 20 anni:

- A la teoria quantistica probabilistica ha visto calare il numero dei suoi sostenitori
- B facendo rinunce, si riuscirebbe a recuperare la teoria probabilistica
- C non ha senso parlare di scienza ove non sia possibile eliminare la casualità
- D nessuna delle precedenti

1428 Louis de Broglie:

- A ritiene insoddisfacente la stessa teoria quantistica che ha contribuito a fondare
- B è un matematico belga
- C ritiene che se si conoscessero meglio le proprietà dell'elettrone non sarebbe necessario ricorrere alle teorie deterministiche
- D è estraneo alla teoria delle variabili nascoste

In base alle informazioni contenute nel brano seguente, rispondere alle relative domande.

Schema di amministrazione societaria di derivazione tedesca, il sistema dualistico prevede la coesistenza di un organo di controllo (il *consiglio di sorveglianza*), nominato dall'assemblea, e di un organo di amministrazione (il *consiglio di gestione*), nominato e controllato dal consiglio di sorveglianza. A tali organi si affianca sempre un revisore contabile, sia esso persona fisica o società di revisione.

In questa tipologia organizzativa sono stati ulteriormente ristretti i compiti dell'assemblea ordinaria. Tra questa e l'organo amministrativo è stato interposto un consiglio di sorveglianza, al quale spettano competenze in materia di controllo sulla gestione sociale, di approvazione del bilancio, di nomina e revoca dei consiglieri di gestione, nonché di deliberazione e di esercizio dell'azione di responsabilità nei loro confronti. All'assemblea spetta, invece:

- nominare e revocare i consiglieri di sorveglianza;
- determinare il compenso agli stessi spettante, qualora non sia previsto nello statuto;
- deliberare sulla responsabilità dei consiglieri di sorveglianza;
- deliberare sulla distribuzione degli utili;
- nominare il revisore.

L'assemblea straordinaria ha gli stessi compiti visti per il modello tradizionale.

Al *consiglio di gestione* spetta, in via esclusiva, la funzione di amministrazione e quindi la gestione dell'impresa sociale. Al consiglio spetta il compimento di tutte le operazioni necessarie per l'attuazione dell'oggetto sociale ed è quindi l'organo amministrativo della società a cui sono applicate, in linea generale, le stesse disposizioni previste per il consiglio di amministrazione nel sistema tradizionale.

Nel sistema dualistico, l'organo di amministrazione può essere esclusivamente collegiale, essendo preclusa la possibilità, prevista invece per il sistema tradizionale, di un organo unipersonale. L'art. 2409 *novies* del codice civile prevede infatti che il consiglio di gestione sia costituito da un numero di componenti, anche non soci, non inferiore a due. Non è, quindi, indispensabile che esso sia composto da un numero dispari di componenti, anche se una tale scelta può evitare un eventuale stallo nella gestione.

Al *consiglio di sorveglianza*, invece, oltre alle funzioni di controllo, spettano alcune competenze tradizionalmente assegnate all'assemblea ordinaria dei soci. Più precisamente, l'articolo 2409 *terdecies* introdotto dalla riforma societaria, prevede che spettino in via esclusiva al consiglio di sorveglianza la nomina e la revoca dei componenti del consiglio di gestione e la determinazione del relativo compenso, salvo che la competenza non sia attribuita dallo statuto all'assemblea, nonché l'approvazione del bilancio d'esercizio e del bilancio consolidato, nei casi in cui quest'ultimo sia previsto.

1429 In base a al brano:

- A nel sistema dualistico il consiglio di gestione deve essere composto esclusivamente da soci
- B l'approvazione del bilancio d'esercizio nel sistema tradizionale è di competenza esclusiva del consiglio di sorveglianza
- C nel sistema dualistico la revoca dei consiglieri di gestione non è di competenza dell'assemblea
- D nel sistema dualistico la nomina dei consiglieri di sorveglianza non è di competenza dell'assemblea
- E il revisore è nominato dal consiglio di sorveglianza

1430 Nel sistema dualistico (una sola è FALSA):

- A l'assemblea delibera sulla distribuzione degli utili
- B il consiglio di gestione è l'organo amministrativo
- C il consiglio di gestione può essere esclusivamente collegiale
- D il consiglio di gestione è nominato dall'assemblea
- E Solo una delle altre alternative è falsa

Leggere il brano e rispondere alle seguenti domande.

Il nuovo metodo per ridurre l'inquinamento si chiama fotocatalisi, la reazione chimica che trasforma le sostanze inquinanti responsabili dello smog in componenti inerti. La trasformazione dei gas nocivi avviene sulle pareti degli edifici, sulla vernice che riveste i muri e persino sul manto stradale adeguatamente trattato. Il meccanismo, per essere attivato, necessita di un ingrediente essenziale come la luce del sole, che irradia il biossido di titanio (una sostanza aggiunta al cemento, alle vernici, o ad altri materiali edili utilizzati come rivestimento degli edifici). Il biossido di titanio, una volta attivato, cattura le sostanze nocive presenti nell'aria e le rende innocue trasformandone alcune in acqua e anidride carbonica e altre in sali minerali (minuscoli sassolini). Secondo alcune ditte produttrici basterebbe rivestire il 15% delle superfici urbane con i nuovi materiali per dimezzare l'inquinamento. La stima è forse un po' troppo ottimistica, visto che la riduzione degli inquinanti in aree test oscilla dal 20% al 70%. Bisogna, infatti, considerare la presenza dei fenomeni atmosferici poiché la rimozione degli inquinanti presenti in una via cittadina è sempre controbilanciata dall'arrivo di nuove sostanze convogliate dal vento e lo spostamento continuo dei flussi d'aria impedisce il completo disinquinamento delle zone dove esistono edifici trattati con materiali fotocatalitici. All'aperto, quindi, la fotocatalisi funziona a pieno ritmo solo nelle situazioni in cui la concentrazione di inquinanti è elevata e c'è stagnazione di aria ricca di sostanze nocive mentre nei locali chiusi la sua efficacia aumenta: un esperimento condotto in due scuole milanesi ha mostrato come il livello degli inquinanti fosse molto più basso nelle classi trattate con vernici fotocatalitiche rispetto alle classi trattate con vernici tradizionali. Secondo gli esperti, il metodo non può essere considerato risolutivo, ma va affiancato ad altre attività di prevenzione finalizzate alla riduzione dello smog.

Riduzione dell'articolo di Roberto La Pira tratto dal «Sole 24 ore» del 30 marzo 2006

1431 Dal brano è possibile dedurre che:

- A la fotocatalisi in futuro potrà affermarsi come unico rimedio all'inquinamento atmosferico
- B a causa della sua efficacia limitata, in alcune condizioni la fotocatalisi dovrà essere affiancata da altri metodi di riduzione dello smog
- C la fotocatalisi è ancora troppo dipendente dai fenomeni atmosferici per essere più utile della prevenzione tradizionale
- D sarà impossibile ridurre l'inquinamento atmosferico
- E a causa dei costi elevati che la fotocatalisi comporta per il rivestimento delle superfici urbane, questa reazione chimica dovrà essere ulteriormente perfezionata

---

1432 Nella reazione chimica descritta nel brano, l'agente che permette alle vernici composte da biossido di titanio di trasformare le sostanze inquinanti presenti nello smog è:

- A l'alcool
- B il vento
- C l'acqua
- D l'anidride carbonica
- E la luce del sole

1433 Secondo quanto riportato nel brano, quale tra questi elementi NON è un prodotto della fotocatalisi?

A L'anidride carbonica
B L'aria
C L'acqua
D I sali minerali
E Nessuna delle altre alternative è corretta

1434 Secondo l'opinione delle ditte produttici di vernici riportata nel brano, per dimezzare l'inquinamento sarebbe necessario rivestire con il materiale fotocatalitico il:

A 100% delle superfici urbane
B 70% delle superfici urbane
C 20% delle superfici urbane
D 35% delle superfici urbane
E 15% delle superfici urbane

1435 L'effetto disinquinante della reazione chimica descritta nel brano è:

A maggiore in luoghi aperti dove l'aria circola alimentata dal vento e gli inquinanti sono elevati
B uguale in edifici chiusi e luoghi aperti purché ventosi
C maggiore in edifici chiusi e in luoghi aperti dove l'aria è immobile e gli inquinanti sono minimi
D maggiore in luoghi aperti dove l'aria circola alimentata dal vento e gli inquinanti sono minimi
E maggiore in edifici chiusi e in luoghi aperti dove l'aria è immobile e gli inquinanti elevati

In base alle informazioni contenute nel brano seguente, rispondere alle successive domande.

«Nessuno negherebbe che in questa *"epoca della scienza"* in cui la società vive dipendendo dalla propria tecnologia (e perciò in definitiva dalla scienza stessa) tanto, o forse di più, di quanto un "junkie" dipende dalla sua droga preferita, lo scienziato non debba sostenere una pesante responsabilità. Prima anche di cercare di chiarire la natura e l'entità di questa responsabilità e delle obbligazioni che ne scaturiscono, forse è bene considerare brevemente alcuni aspetti preliminari relativi allo *"stato"* della scienza, cioè della *conoscenza oggettiva* in relazione all'etica. Responsabilità, doveri, obbligazioni possono essere razionalmente definiti e discussi solo in rapporto a un dato sistema di valori. È abbastanza vero che ci sono molti problemi, o alternative, che permettono una scelta o la formulazione di un giudizio senza chiamare in causa i fondamenti del nostro sistema di valori. Siamo tutti d'accordo che l'inquinamento è un male e pertanto le tecniche, gli sforzi, le petizioni, le proteste, i moniti contro di esso sono una buona cosa. Così pure siamo tutti d'accordo che i difetti genetici sono un male. Ma come sappiamo fin troppo bene vi sono larghe divergenze di opinione su quali siano i metodi tecnicamente validi che possono essere moralmente accettabili in vista di uno sforzo per prevenire il graduale deterioramento genetico della specie umana. Molti ancora sono contrari all'aborto terapeutico. Altri che sono favorevoli all'aborto terapeutico, si oppongono tenacemente a ogni specie di legislazione eugenetica. Il novanta per cento della comunità scientifica internazionale è d'accordo che la guerra è indiscutibilmente un male. Perciò una larga percentuale di questo novanta per cento rifiuterà sistematicamente di adoperarsi, in quanto scienziati, allo sviluppo di nuove armi e ordigni nel proprio Paese. Ma ci si può domandare: che cosa farebbero essi se si trovassero oggi di fronte allo stesso dilemma che fu affrontato e risolto da Szilard, Fermi e Einstein, nel 1940, con l'assumersi l'impegno di persuadere Roosevelt a dare avvio a quello che più tardi fu noto come il "Progetto Manhattan"? Io credo, tuttavia, che la maggior parte di questi scienziati bene intenzionati (compreso lo stesso Linus Pauling), in circostanze analoghe, agirebbero esattamente come Einstein. Ovviamente scegliere l'uno o l'altro atteggiamento di fronte a tali alternative implica non un atto conoscitivo, ma un giudizio di valore. La conoscenza oggettiva definisce le alternative; di per sé non aiuta in alcun modo a risolvere gli angosciosi problemi che la scienza soltanto propone. È appena necessario sottolineare che la decisione di astenersi e di non intervenire in tali problemi, è già operare una scelta. Certamente non la più onorevole. La scienza si basa su un approccio strettamente *obiettivo* all'analisi e all'interpretazione dell'Universo, compreso l'uomo e le società umane. La scienza ignora e deve ignorare i giudizi di valore, la conoscenza continua ad aprire e inevitabilmente a suggerire nuove possibilità di azione. Ma decidere di un atteggiamento è sconfinare dal terreno dell'oggettività per addentrarsi in quello dei valori, che per loro natura sono non-oggettivi e perciò non possono derivare da una conoscenza oggettiva. Non c'è nessun modo rigoroso di provare oggettivamente che è male fare la guerra, o uccidere un uomo, o derubarlo, o giacere con la propria madre. Può sembrare pertanto che uno scienziato, il quale per definizione è professionalmente dedicato all'esclusivo perseguimento della conoscenza oggettiva, non debba assumere alcuna responsabilità speciale verso la società o il benessere degli uomini. In verità non è evidente come egli in virtù della sua preparazione dovrebbe essere più idoneo di un teologo, di un giurista, di un poliziotto o di un politico, a raccomandare o suggerire la scelta di una particolare presa di posizione. Si potrebbe suggerire che il solo obbligo inerente alla sua posizione sia almeno quello di informare la società dello stato effettivo delle ricerche in cui è impegnato e delle probabili conseguenze delle varie decisioni che si possono prendere. Anche tale obbligo tuttavia è dubbio. Supponete, come scienziati, di aver scoperto un semplice, efficace, ed economico modo di uccidere una qualsiasi frazione dell'umanità in grado di nuocere alle altre. È vostro dovere rivelare al Mondo intero le vostre scoperte? O soltanto al vostro governo? O al segretario generale del vostro partito? O come probabilmente vorrebbe la maggior parte degli scienziati soltanto alla comunità scientifica, in termini così tecnici che solo gli scienziati possano comprendere le implicazioni delle vostre scoperte? Quest'ultimo atteggiamento garantirebbe la vostra fama nella comunità scientifica, ma anche la certezza che la vostra scoperta diventerà un domani inevitabilmente, prima o poi, di dominio pubblico e con ciò una minaccia per l'umanità.»

1436 Nella prima parte del brano si afferma che:

A un *junkie* dipende dalla sua droga almeno quanto la società dipende dalla propria tecnologia
B lo scienziato non ha alcuna responsabilità nei confronti della società
C il peso della droga è almeno pari a quello della scienza
D etica e scienza sono due ambiti nettamente separati
E nessuna delle precedenti

1437 Il brano è di natura:

A storico-filosofica
B psicologica
C filosofica
D etico-scientifica
E epistemologica

1438 Scopo dell'autore è:

A chiarire il ruolo e la responsabilità dello scienziato rispetto alla società in cui vive
B chiarire la responsabilità degli scienziati in relazione al *Progetto Manhattan*
C analizzare il pensiero di alcuni scienziati della seconda guerra mondiale
D spiegare la differenza tra conoscenza oggettiva e sistema di valori
E sottolineare la superiorità morale di Einstein rispetto a Fermi

1439 Secondo l'autore:

A uccidere un uomo è oggettivamente un male
B la comunità scientifica è unanime nell'affermare che la guerra è un male
C lo scienziato deve informare la società dello stato delle ricerche
D lo scienziato la cui invenzione diventerà una minaccia per l'umanità è un assassino
E nessuna delle precedenti

1440 Come si pone l'autore rispetto a Fermi e Einstein?

A Li condanna con fermezza
B Li assolve come scienziati, ma li condanna come uomini
C Ritiene che la loro scelta non sia stata la più onorevole
D Ritiene che la loro scelta sia sconfinata dal terreno della scienza
E Nessuna delle precedenti

In base alle informazioni contenute nel brano seguente, rispondere alle successive domande.

Si dice che ancor oggi per gettare nell'imbarazzo i signori del premio Nobel basti menzionare i cavalli poliploidi. Vero o no, verso la fine degli Anni Ottanta il dottor P.U. Posif, il grande genetista erewhoniano, ricevette il premio per le sue manipolazioni del DNA del comune cavallo da tiro (Equus caballus). Si disse che egli aveva apportato un grande contributo all'ancor giovane scienza della trasportologia. In ogni caso vinse il premio per aver creato (nessun'altra parola potrebbe render giustizia a un'operazione di scienza applicata che quasi usurpava l'attività divina), creato, dico, un cavallo di dimensioni esattamente doppie di quelle del comune Clydesdale. Era lungo il doppio, alto e largo il doppio: era un poliploide, con un numero di cromosomi quadruplo del normale. Posif sostenne sempre che c'era stato un tempo in cui questo animale straordinario, quando era ancora un puledro, poteva reggersi sulle quattro zampe. Dovette certo essere uno spettacolo fantastico! Fatto sta che quando fu esposto al pubblico e ripreso e immortalato da tutti gli strumenti di comunicazione della civiltà moderna, il cavallo non si reggeva affatto in piedi. Per farla breve, era troppo pesante. Pesava, naturalmente, otto volte un normale Clydesdale. Per le sue comparse in pubblico o alla televisione, il dotto Posif faceva sempre chiudere gli idranti, che erano altrimenti costantemente necessari per mantenere l'animale alla normale temperatura di un mammifero; ma c'era sempre il timore che le parti più interne cominciassero a cuocere. Dopo tutto, la pelle e il pannicolo adiposo della povera bestia erano spessi il doppio del normale, mentre la sua superficie era solo quattro volte quella di un cavallo comune, sicché esso non si raffreddava adeguatamente. Ogni mattina il cavallo doveva essere sollevato sulle zampe con una piccola gru e infilato in una sorta di scatola a ruote dove poggiava su una serie di molle, calibrate per alleggerirlo di metà del suo peso. Il dotto Posif sosteneva che l'animale era straordinariamente intelligente. Aveva, naturalmente, otto volte più cervello (in peso) di qualsiasi altro cavallo, ma io non ebbi mai l'impressione che si occupasse di problemi più complessi di quelli che interessano gli altri cavalli. Aveva pochissimo tempo libero, tutto preso com'era sempre a sbuffare in parte per raffreddarsi, in parte per ossigenare il suo corpo ottuplo. Dopo tutto la sua trachea aveva una sezione soltanto quadrupla di quella normale. Poi c'era l'alimentazione. Ogni giorno doveva ingerire in qualche modo una quantità pari a otto volte quella sufficiente a un comune cavallo, e doveva far scendere tutto quel cibo lungo un esofago che aveva un calibro solo quadruplo del normale. Anche i vasi sanguigni avevano dimensioni relativamente ridotte, e ciò rendeva più difficile la circolazione e imponeva al cuore un lavoro supplementare. Una bestia infelice! Questo apologo mostra ciò che inevitabilmente accade quando interagiscono due o più variabili le cui curve siano discrepanti. Questo è ciò che produce l'interazione tra cambiamento e tolleranza. Ad esempio, la crescita graduale di una popolazione (di automobili o di persone) non ha effetti manifesti su un sistema di trasporto finché improvvisamente la soglia di tolleranza viene superata e il traffico s'ingorga. Il cambiamento di una delle variabili rivela un valore critico dell'altra. Nel caso del cavallo immaginario, lunghezza, superficie e volume (o massa) sono in discrepanza perché le loro curve di crescita hanno caratteristiche mutuamente non lineari. La superficie varia come quadrato della lunghezza e il volume come cubo della lunghezza, sicché la superficie varia come volume elevato alla potenza di 2/3. Per il cavallo (e per tutte le creature reali) la faccenda si fa più seria, poiché per rimanere in vita devono essere assicurate molte dinamiche interne. C'è una logistica interna del sangue, del cibo, dell'ossigeno e delle scorie, e una logistica dell'informazione, sotto forma di messaggi neurali e ormonali. Nelle cose viventi il fenomeno della crescita aggiunge un ulteriore ordine di complessità ai problemi della grandezza. La crescita altererà le proporzioni dell'organismo? I problemi relativi ai limiti della crescita sono risolti in modi assai diversi dalle diverse creature. Un caso semplice è quello delle palme, che non modificano la circonferenza per compensare l'altezza. Una quercia, che tra il legno e la corteccia ha un tessuto che cresce (il cambio), si sviluppa in altezza e in larghezza durante tutta la sua esistenza. Una palma del cocco, invece, dove il tessuto soggetto a crescita si trova solo all'apice del fusto (è la cosiddetta insalata dei miliardari, e ottenerla significa uccidere la palma), presenta solo uno sviluppo in altezza accompagnato da un lento ingrossamento alla base del tronco. Per quest'organismo la limitazione dell'altezza è semplicemente un normale aspetto dell'adattamento a una nicchia. È la pura e semplice instabilità meccanica provocata da un'altezza eccessiva non compensata da una circonferenza adeguata che normalmente la conduce alla morte.

1441 L'Autore del testo si propone di mostrare che:

- A quando, in un qualsiasi fenomeno, vi sono parametri legati da leggi non lineari, uno di questi non può variare a piacere, senza rendere impossibile la sussistenza del fenomeno stesso
- B i parametri che legano tra loro i diversi aspetti di un fenomeno fisico sono sempre tra loro indipendenti
- C le difficoltà di ossigenazione e di smaltimento del calore corporeo del cavallo poliploide derivavano da diverse natura e conformazione degli organi interni
- D i processi di crescita di vegetali ed animali trovano un limite esclusivamente nel tempo di invecchiamento delle cellule
- E il cavallo poliploide non riusciva a reggersi sulle proprie zampe perché il suo corpo aveva dimensioni eccessive rispetto a quelle delle zampe

1442 Il cavallo poliploide pesava otto volte un cavallo normale, e non riusciva a reggersi sulle zampe, perché:

- A la quantità di cibo necessaria a nutrire un corpo così grande era tale da appesantirlo eccessivamente
- B il cavallo si debilitava per l'insufficiente smaltimento del calore corporeo
- C il peso è proporzionale al volume, ed il volume è proporzionale al cubo della lunghezza
- D il cavallo era troppo alto, e le zampe si flettevano per carico di punta
- E le zampe del cavallo non avevano articolazioni adeguate

1443 Il cavallo poliploide, quando era ancora un puledro, riusciva a reggersi in piedi sulle proprie zampe, poiché:

- A aveva dimensioni adeguate a sopportare il peso corporeo
- B aveva meno calorie da smaltire
- C faceva meno fatica a respirare
- D essendo giovane, aveva più energia
- E da giovane, aveva una muscolatura più resistente

1444 Secondo quanto è affermato nel testo, a cosa si deve il limite della vita di una palma?

- A Al fatto che la chioma non si sviluppa a sufficienza per mantenerla in vita
- B Al fatto che l'apparato radicale non si sviluppa adeguatamente
- C Al deperimento organico delle funzioni vegetative
- D All'indebolimento progressivo del legno
- E Al fatto che la palma cresce più in altezza che in diametro del tronco

1445 Quale tra le seguenti cause concorre a determinare l'infelicità del cavallo?

- A Aveva dimensioni e peso simili a quelle di un cavallo normale
- B Aveva sempre freddo
- C Faticava ad ingoiare il cibo
- D Non poteva riprodursi
- E Non era amato dal suo padrone

In base alle informazioni contenute nel brano seguente, rispondere alle successive domande.

Nel giro di pochi anni, forse addirittura di pochi mesi, il fenomeno Internet ha avuto uno sviluppo talmente "esplosivo" e inaspettato da indurre a considerare la "rete" non più come semplice sistema per la distribuzione dei dati e delle informazioni, bensì come un potente mezzo di comunicazione, che fa leva sulle peculiarità di una macchina "intelligente" – il computer – e sulle potenzialità delle reti di telecomunicazione interconnesse. In questa prospettiva, l'universo telematico ha inevitabilmente finito per sedurre anche i media più tradizionali, con conseguenze importanti per il sistema della comunicazione nel suo complesso, da tempo in cerca di strumenti che consentano di assecondare un'esigenza diffusa di un utilizzo nuovo e differenziato dell'informazione. Il desiderio di moltiplicazione delle fonti informative, dei formati e dei supporti, percepibile nelle nuove generazioni di consumatori, sta portando infatti molti editori alla definizione di nuovi servizi e prodotti.

La televisione non è estranea a questo processo. In un precedente contributo apparso su "Problemi dell'informazione" del settembre scorso erano state illustrate alcune iniziative di emittenti televisive (in gran parte americane) in cerca di uno spazio e di un ruolo all'interno dell'universo cibernetico. A pochi mesi di distanza è già possibile rilevare una significativa trasformazione dello scenario: quelle che fino a pochi mesi fa erano considerate iniziative pionieristiche sono diventate oggi un passaggio pressoché obbligato per quasi tutte le emittenti televisive.

Al di là di motivazioni dettate dal fattore moda o da esigenze di immagine, quel che spinge molti operatori televisivi verso un connubio più stretto con la "rete" sembra essere il desiderio di mettere al proprio servizio alcuni tratti distintivi del nuovo mezzo, per poter estendere e amplificare il legame con il pubblico e prolungare l'esperienza di intrattenimento offerta, pur senza rinunciare alla connotazione precipua della TV come mezzo di comunicazione monodirezionale e quindi sostanzialmente passivo. Una delle caratteristiche principali dei "nuovi media" è invece la possibilità di instaurare tra utente e mezzo una comunicazione interattiva, solitamente non consentita dai media tradizionali.

1446 L'autore considera la televisione:

A un "nuovo media"
B un mezzo di comunicazione tradizionale
C un mezzo di comunicazione destinato a scomparire
D un mezzo di comunicazione interattivo
E un mezzo di comunicazione bidirezionale

1447 In base al contenuto del brano, è logico concludere che l'autore è:

A un anchorman
B un docente universitario
C un appassionato di videogiochi
D un esperto di computer
E un esperto di comunicazione e media

1448 Quale dei seguenti non è, secondo l'autore, uno degli obiettivi che spingono le emittenti TV a stabilire rapporti sempre più stretti con la "rete"?

A Rafforzare l'immagine dell'emittente
B Stare al passo con la moda
C Consolidare il legame con il pubblico
D Prolungare l'esperienza di intrattenimento
E Consentire all'utente di scegliere personalmente i programmi che desidera

1449 Il brano è di carattere:

A divulgativo
B polemico
C poetico
D politico
E critico

In base alle informazioni contenute nel brano seguente, rispondere alle successive domande.

Plank ha dimostrato che per stabilire una legge sull'irradiamento termico concordante con l'esperienza, bisogna utilizzare un metodo di calcolo la cui incompatibilità con i principi della meccanica classica diventa sempre più evidente. Grazie a questo metodo, Plank ha introdotto nella fisica l'ipotesi dei quanti che, in seguito, è stata oggetto di verifiche brillanti. Con questa ipotesi dei quanti, egli ha capovolto la meccanica classica, nel caso in cui masse sufficientemente piccole si spostano con velocità che toccano valori assai piccoli e accelerazioni sufficientemente grandi. Di modo che oggi non possiamo più considerare valide le leggi del movimento di Galileo e Newton se non come leggi-limite. Tuttavia, nonostante gli sforzi più tenaci dei teorici, non si è potuto fino ad oggi pervenire a sostituire i principi della meccanica con altri che corrispondano alla legge dell'irradiamento termico di Plank, o all'ipotesi dei quanti. Benché non esista più alcun dubbio che abbiamo ricondotto il calore ad un movimento molecolare, nondimeno dobbiamo confessare che noi ci troviamo oggi, davanti alle leggi fondamentali di questo movimento, nella stessa situazione degli astronomi prima di Newton davanti ai movimenti dei pianeti.

Ho fatto allusione a un insieme di fatti nello studio teorico dei quali i principi vengono meno. Si può egualmente presentare il caso in cui principi nettamente formulati conducano a conseguenze che escono totalmente o quasi totalmente dai limiti del dominio dei fatti attualmente accessibili alla nostra esperienza. Può darsi che, in questo caso, un lavoro di ricerche empiriche di lunghi anni sia necessario per sapere se i principi corrispondono alla teoria della realtà. La teoria della relatività ce ne offre un esempio.

L'analisi delle idee fondamentali di tempo e di spazio ci ha mostrato che il teorema della costanza della velocità della luce nel vuoto, che si deduce dall'ottica dei corpi in movimento, non ci costringe affatto ad accettare la teoria generale che tiene conto della circostanza che, nelle esperienze eseguite sulla terra, non notiamo mai nulla del movimento di traslazione terrestre. Si fa uso, in questo caso, del principio di relatività che dice: le leggi naturali non cambiano di forma, quando si passa dal sistema iniziale di coordinate (riconosciuto corretto) ad un nuovo sistema concepito come animato da un movimento di traslazione uniforme in rapporto a se stesso. Questa teoria ha già ricevuto dall'esperienza verifiche notevoli e ha condotto, in unione con il complesso dei dati raccolti, ad una semplificazione della rappresentazione teorica.

Ma, d'altra parte, dal punto di vista teorico, questa teoria non dà intera soddisfazione, perché il principio della relatività sopra enunciato dà la preferenza al movimento uniforme. Se è vero che partendo dal punto di vista fisico non si può attribuire un senso assoluto al movimento uniforme, la questione di sapere se questa affermazione deve estendersi egualmente ai movimenti non uniformi, sorge spontanea. È stato provato che se si prende come base il principio di relatività esteso in questo senso, si ottiene una estensione molto caratterizzata della teoria di relatività e si è condotti così a una teoria generale della gravitazione, comprendente la dinamica.

Abbiamo stabilito che la fisica induttiva pone delle questioni alla fisica deduttiva e viceversa e che la risposta a queste questioni esige la tensione di tutti gli sforzi.

1450 Cosa ha reso possibile l'introduzione dell'ipotesi dei quanti da parte di Plank?

- **A** L'incompatibilità della meccanica classica con i principi dell'irradiamento termico
- **B** La sua dimostrazione che per le leggi sull'irradiamento occorre usare metodi di calcolo in contrasto con i principi della meccanica classica
- **C** La scoperta dell'irradiamento termico
- **D** La scoperta dei quanti
- **E** La conoscenza dei modelli di Newton

1451 Newton si trovava di fronte ai movimenti dei pianeti come i fisici moderni si trovano di fronte alle leggi:

- **A** della meccanica classica
- **B** dell'irradiamento termico
- **C** fondamentali della fisica
- **D** fondamentali del movimento molecolare
- **E** della fisica quantistica

1452 Secondo l'autore, il teorema della costanza della velocità della luce nel vuoto:

- **A** si deduce dalle circostanze generali
- **B** non ci costringe ad accettare una teoria generale
- **C** ci costringe ad accettare che non si nota mai il movimento della terra
- **D** deriva dal teorema della relatività
- **E** è immediatamente evidente

1453 Il principio della relatività dà preferenza:

- **A** al moto uniformemente accelerato
- **B** al punto di vista teorico
- **C** al punto di vista fisico
- **D** ad un concetto esteso di movimento
- **E** al moto uniforme

1454 Il carattere del brano è:

- **A** storico
- **B** fisico
- **C** descrittivo
- **D** ottimista
- **E** polemico

In base alle informazioni contenute nel brano seguente, rispondere alle successive domande.

Lavorando alla maniera dell'esperto nel laboratorio, ho evitato i casi specifici, trascurando tutti i particolari accidentali, per concedermi un terreno ideale. Lo scopo non era di superare uno stato di fatto preesistente, bensì di arrivare a formulare i principi base per un'urbanistica moderna, organizzandoli in un'edificio teorico di estremo rigore.

Questi principi possono costituire l'ossatura dell'intero sistema dell'urbanistica contemporanea: costituiranno la regola del gioco. Affrontare in seguito il caso specifico, un caso qualsiasi - Parigi, Londra, Berlino, New York, ovvero una piccola borgata anonima - significa essere in grado, partendo da presupposti sicuri, di imporre un particolare svolgimento alla battaglia che si vuol sostenere. Poiché una vera e propria battaglia dovremo scatenare, se intendiamo dare una struttura urbanistica a una grande città contemporanea. Ora, sareste in grado di scatenare una grande battaglia senza aver chiara conoscenza degli obiettivi da perseguire? Siamo esattamente in questa situazione. Le autorità, messe alle strette tentano le ultime carte: i vigili dal bastone bianco, i gendarmi a cavallo, segnalazioni acustiche e luminose, passaggi sopraelevati, sottopassaggi con scala mobile, città-giardino, soppressione delle linee-tramviarie, ecc. Di tutto si tenta, un disperato intervento dopo l'altro, per tener testa alla bestia. Ma la BESTIA, la grande Città, è sempre la più forte; è in pieno risveglio...

Occorre una linea di condotta.

Occorrono i principi base per un'urbanistica moderna.

1455 I problemi delle grandi città moderne, secondo l'autore, si risolvono:

- **A** con la costruzione di città-giardino
- **B** con misure di regolazione del traffico
- **C** con la costruzione di case più comode
- **D** con la formulazione di nuove regole dell'urbanistica
- **E** con l'osservanza rigorosa delle leggi da parte dei cittadini

1456 Il testo è di carattere:

- A storiografico
- B apologetico
- C giornalistico
- D letterario
- E teorico

1457 Le grandi città moderne, secondo l'autore:

- A devono proseguire nella via tracciata dal loro passato
- B sono in grave crisi demografica
- C presentano una forte vitalità, fonte di problemi da tenere sotto controllo
- D sono fonte di ingiustizie sociali
- E sono oggetto di godimento estetico

1458 I principi dell'urbanistica, secondo l'autore:

- A sono determinati dai caratteri particolari di ogni città
- B sono il prodotto di una intuizione artistica
- C sono decisi democraticamente dai cittadini
- D sono il prodotto della indagine rigorosa di un esperto
- E si ricavano per contrapposizione con la situazione attuale

1459 La instaurazione dell'urbanistica moderna, secondo l'autore:

- A sarà il prodotto della inevitabile evoluzione delle città
- B è assiduamente promossa dalle autorità
- C sarà il prodotto dell'educazione generale del pubblico
- D richiede una dura battaglia teorica e politica
- E è promossa dall'esempio di alcune grandi città

In base alle informazioni contenute nel brano seguente, rispondere alle successive domande.

La discesa dell'Euro ieri ha subito un'accelerazione che ha precipitato la valuta unica al minimo storico, ponendo la Banca Centrale Europea e le altre banche nazionali di fronte a una sfida assai rilevante. L'Euro, adesso, si trova tre centesimi di dollaro al di sotto del livello al quale la BCE e gli altri istituti bancari dei paesi del G7, il mese scorso, erano intervenuti a sostegno della valuta. Ciò nonostante, si è diffuso un certo scetticismo, tra gli analisti e i gestori dei fondi d'investimento, sulla possibilità che le banche centrali decidano di imbarcarsi in un nuovo intervento concertato – nonché sulla possibilità che tale intervento sia in grado di arrestare il declino dell'Euro.

A metà giornata, ieri, a New York l'Euro ha toccato quota 82,73 cents, rispetto agli 83,72 della chiusura di martedì. Se il calo prosegue, la BCE e le banche centrali del G7 saranno messe alla prova, dicono gli analisti. "Per convincere i mercati, sarebbe necessario un nuovo intervento," è l'opinione di Joe Prendergast, analista dei mercati valutari. "La seconda volta rischia di essere più dura della prima. Non c'è più il fattore sorpresa." Secondo gli analisti, sono due i fattori intervenuti nel mese scorso che riducono le possibilità di un nuovo intervento delle banche centrali.

In primo luogo, l'ondata di panico che si era abbattuta sui mercati finanziari a settembre, e che aveva chiaramente indotto le banche centrali a intervenire, appare ampiamente esaurita. I prezzi del petrolio si sono stabilizzati appena oltre il tetto dei 33 dollari al barile, circa 3 dollari sotto il picco registrato a settembre. I principali mercati finanziari nella scorsa settimana hanno recuperato, anche se gli indici guida statunitensi rimangono al di sotto dei livelli di un mese fa. E il calo dell'Euro è stato tutto tranne che un'azione speculativa. "Ci sono più segnali di stabilità oggi rispetto al momento dell'intervento del mese scorso," spiega Russell Jones, analista dei mercati valutari. "Il prezzo si mantiene abbastanza calmo. È stata una corsa a ostacoli graduale" per l'Euro, ha aggiunto.

Un altro elemento a conferma dell'improbabilità di una nuova azione concertata del G7 è rappresentato dall'evidente assenza di sintonia nel giudizio espresso dai politici europei sulle dichiarazioni del presidente della BCE, il quale la scorsa settimana aveva esposto alcuni fattori che sconsigliano l'intervento.

Nel frattempo, i fattori fondamentali che indirizzano e influiscono sui mercati valutari continuano a favorire il dollaro a spese dell'Euro, spiegano gli analisti.

Nei giorni passati sull'Euro ha pesato la nuova consapevolezza del rallentamento dell'economia europea, più marcato rispetto a quella statunitense. I dati diffusi ieri in Francia indicano che l'aumento dei consumi nella seconda economia della zona Euro ha subito un rallentamento significativo nel terzo trimestre, mentre l'ultima inchiesta sull'economia tedesca, diffusa martedì, mostra un calo ragguardevole.

Gli investitori stanno anche prendendo in seria considerazione l'eventualità di un mutamento di rotta nella politica economica americana, qualora George W. Bush dovesse vincere le elezioni presidenziali. Le proposte di riduzione del peso fiscale avanzate da Bush hanno spinto alcuni analisti a considerare la possibilità di una riedizione del binomio reaganista "politica fiscale morbida, politica monetaria rigida", che spinse il dollaro ai massimi livelli nella metà degli anni 80. "In questo caso, lo scenario politico si orienterebbe verso un dollaro forte," sostiene Prendergast.

1460 Qual è la natura del brano e le considerazioni in esso contenute?

- A La possibilità che la Banca Centrale Europea intervenga una seconda volta a sostegno dell'Euro
- B L'attuale stabilizzazione del prezzo del petrolio
- C L'attuale stabilizzazione della quotazione dell'euro rispetto al dollaro
- D La probabilità di una vittoria di George W. Bush alle elezioni presidenziali americane
- E L'accelerazione della discesa dell'Euro avvenuta il giorno prima

1461 Secondo l'autore, la possibilità che la BCE intervenga a sostegno dell'Euro:

A è da escludere categoricamente

B è piuttosto improbabile, almeno nell'opinione degli analisti

C è praticamente certa

D si rende necessaria viste le recenti azioni speculative

E non è mai stata presa in considerazione finora nella storia della moneta unica

1462 Secondo l'autore del brano il fatto che il prezzo del petrolio si sia stabilizzato:

A non avrà ricadute positive sulla ripresa dell'Euro

B scoraggerà la BCE dall'intervenire a sostegno dell'Euro

C favorirà il dollaro a spese dell'Euro

D indica che il prezzo di 33 dollari al barile è invalicabile

E potrebbe convincere i mercati a sostenere l'Euro

1463 Secondo quanto riportato nel brano, qual è il giudizio degli analisti in merito all'attuale momento economico?

A Non hanno un giudizio unanime sulle ultime dichiarazioni del presidente della BCE

B Guardano con attenzione all'evolversi della politica statunitense

C Riconoscono una maggiore stabilità rispetto al mese precedente

D Segnalano una minore stabilità rispetto al mese scorso

E Nessuna delle alternative precedenti è corretta

In base alle informazioni contenute nel brano seguente, rispondere alle successive domande.

Per quanto riguarda le conoscenze positive e i metodi, solo due artisti teorici del Rinascimento italiano compirono passi decisivi nello sviluppo della teoria delle proporzioni al di là degli schemi medioevali: Leon Battista Alberti, il profeta del "nuovo grande stile" nell'arte, e Leonardo da Vinci, il vero iniziatore di esso.

Entrambi ebbero in comune il proposito di sollevare la teoria delle proporzioni al livello di una scienza empirica. Insoddisfatti dei dati insufficienti di Vitruvio e dei loro predecessori italiani, essi trascurarono la tradizione per rivolgersi invece a un'esperienza appoggiata a un'osservazione accurata della natura.

(...) Il loro intento era di scoprire l'ideale di un tentativo di definire il normale, e invece di limitarsi a determinare le dimensioni in forma sommaria e solo nella misura in cui erano visibili sul piano, tentarono di avvicinarsi a un'ideale di antropometria puramente scientifica precisando le misure con grande esattezza e con costante attenzione alla struttura naturale del corpo, non solo nel senso dell'altezza ma anche della larghezza e della profondità.

L'Alberti e Leonardo venivano così ad integrare una pratica artistica, affrancata dalle restrizioni medioevali, con una teoria delle proporzioni che forniva all'artista più che uno schema planimetrico di disegno: una teoria che, basandosi sull'osservazione empirica, era in grado di definire la normale figura umana nella sua articolazione organica e nella sua piena tridimensionalità.

1464 Il brano ha un carattere:

A politico

B filosofico

C letterario

D critico

E giornalistico

1465 In che modo Alberti e Leonardo si propongono di innalzare il livello della teoria delle proporzioni?

A affidandosi ai predecessori italiani

B affidandosi alla tradizione di Vitruvio

C ispirandosi direttamente alla natura

D scartando le osservazioni empiriche

E basandosi sulla definizione di normalità

1466 In che modo tentarono di scoprire l'ideale antropometrico?

A determinando le dimensioni in forma sommaria

B attenendosi alle dimensioni visibili sul piano

C basandosi sulla larghezza e la profondità

D attenendosi alle reali dimensioni

E non attenendosi alle reali dimensioni

1467 Alberti e Leonardo nella loro pratica artistica:

A si attenevano alle restrizioni medievali

B si attenevano al canone antico

C si attenevano al canone rinascimentale

D restauravano la teoria delle proporzioni

E arricchivano la loro pratica artistica con la teoria delle proporzioni

1468 La teoria delle proporzioni:

A definisce la figura umana in maniera schematica

B definisce la figura umana in maniera problematica

C definisce la figura umana in maniera realistica

D definisce la figura umana in maniera poetica

E elimina la tridimensionalità della figura umana

In base alle informazioni contenute nel brano seguente, rispondere alle successive domande.

Il sistema immunitario è il meccanismo con cui il nostro organismo si difende dalle malattie. Ma a volte sarebbe meglio che facesse cilecca. Per esempio, in alcuni tipi di tumori o nelle malattie infiammatorie in cui una reazione immunitaria esasperata crea o agevola la malattia invece di guarirla. Il problema è come "disattivare" il sistema immunitario quando serve. Alberto Mantovani, docente di Patologia generale all'Università di Brescia e coordinatore del Laboratorio di immunologia dell'Istituto Mario Negri di Milano, c'è riuscito studiando le "citochine". La prima scoperta della sua *équipe* è di otto anni fa: il sistema immunitario è dotato di recettori "falsi", che catturano le molecole preposte all'attivazione delle difese immunitarie e ne inibiscono l'azione. Ora il ricercatore italiano ritorna alla carica con un nuovo studio, apparso in questi giorni su «Nature Immunology», dove presenta altri componenti della stessa famiglia: le "chemochine" e l'"interleuchina 10".

Le citochine, catturate da appositi recettori, attivano la risposta immunitaria del nostro organismo. Ma ci sono situazioni in cui un eccesso di tali molecole provoca una risposta spropositata e, di conseguenza, l'insorgere di ulteriori malattie. È il caso appunto di alcune forme di tumore, dell'artrite reumatoide, della sclerosi multipla o delle malattie infiammatorie. In questi casi, allora, sarebbe più opportuno che il sistema immunitario si disattivasse. Ed è quello che accade all'interleuchina 1, la prima citochina studiata anni fa dall'*équipe* di Mantovani. "Abbiamo notato la presenza di alcuni recettori che catturavano l'interleuchina", spiega Mantovani, "ma che non davano seguito al processo immunitario. Toglievano semplicemente dalla circolazione la molecola, per evitare che svolgesse il suo compito". Insomma: in un organismo sano i "falsi" recettori impediscono che l'interleuchina 1 sovraecciti il sistema immunitario. Ma in qualche caso i "falsi" recettori vanno sostituiti con i farmaci.

Oggi i risultati di quella prima ricerca, pubblicata nel 1993 su "Science", hanno aperto la strada alla sperimentazione di un nuovo farmaco costituito dai falsi recettori – altrimenti detti "decoy" – che blocca la risposta immunitaria dell'organismo. La novità dell'ultimo studio è l'interleuchina 10 che impedisce che le chemochine, pur legandosi a un "vero" recettore del sistema immunitario, attivino la cellula. "È come se staccasse i fili della comunicazione tra la cellula e il suo recettore", spiega Mantovani. Così ancora una volta la reazione immunitaria che potrebbe risultare dannosa viene bloccata. La nuova molecola sarà anch'essa testata al fine di produrre un farmaco ancora più efficace contro le malattie autoimmuni, ma anche contro alcuni tipi di tumori che utilizzano le citochine come combustibile. "La nostra autentica speranza", precisa Mantovani, "sarebbe di potenziare a nostro favore la capacità che questa molecola ha di guidare il transito dei globuli bianchi, in modo da far sì che aggrediscano il tumore invece che esserne fagocitati".

L'attenzione e le aspettative dei ricercatori sono dunque concentrate tutte su questa nuova molecola, perché – conclude Mantovani – "avere un nuovo bersaglio, un nuovo modo per bloccare i recettori del sistema immunitario, significa aprirsi a ipotesi del tutto inaspettate e cariche di nuove speranze". Questi studi che devono ancora passare il vaglio della sperimentazione, potrebbero portare a un nuovo farmaco nell'arco di cinque-dieci anni.

1469 Secondo quanto riportato nel brano, le citochine:

- A agiscono sempre a beneficio dell'organismo
- B svolgono la funzione di falsi recettori
- C possono agevolare il decorso delle malattie
- D sono state scoperte per la prima volta da Mario Negri
- E sono state scoperte per la prima volta da Alberto Mantovani

1470 Secondo quanto riportato nel brano:

- A l'interleuchina 10 non è una citochina
- B i recettori inibiscono sempre l'attivazione del sistema immunitario
- C l'azione dei falsi recettori è sempre dannosa per l'organismo
- D l'interleuchina 1 è una citochina
- E l'interleuchina 10 attiva il sistema immunitario

1471 In base a quanto sostenuto nel brano una delle strade percorse dalla ricerca medica nelle cure dei tumori è oggi quella orientata:

- A alla messa a punto di un farmaco che si basi sui falsi recettori
- B a individuare il sistema più semplice per imitare sinteticamente l'azione dei falsi recettori
- C verso la ricerca di un vaccino in grado di disattivare, quando necessario, il sistema immunitario umano
- D verso il perfezionamento della chirurgia applicata alla cura dei tumori
- E a evitare l'uso delle citochine

1472 La disciplina medica a cui questo brano fa riferimento è:

- A la genetica
- B la cardiologia
- C l'angiologia
- D la pediatria
- E l'immunologia

In base alle informazioni contenute nel brano seguente, rispondere alle successive domande.

Il tema del disavanzo pubblico è ormai quasi quotidianamente al centro del dibattito. Le cifre sull'andamento corrente e le previsioni sul fabbisogno complessivo dell'anno si accavallano in continuazione e vengono utilizzate come indicatore prevalente (unico?) dello stato dell'economia italiana. In realtà, la denunzia dello stato di crisi in cui versa la finanza pubblica in Italia risale a un noto articolo di Reviglio del 1975, che ha messo in rilievo l'esistenza di un disavanzo sommerso e ha contribuito alla definizione di un quadro contabile preciso per il settore pubblico allargato. Dall'analisi delle cause si passa anche all'individuazione della terapia: "Si deve affrontare con chiarezza – conclude Reviglio – la crisi delle entrate tributarie, che si sono mostrate incapaci di adeguarsi al livello della spesa pubblica, soprattutto a causa dell'evasione e in parte minore degli effetti contingenti della riforma tributaria. Si deve porre termine allo sviluppo esplosivo della spesa corrente, che si è potuto realizzare per la resa dello Stato ai privilegi corporativi che hanno saputo imporsi all'interesse collettivo, anche grazie al mancato controllo sull'efficienza delle maggiori spese decise dal Parlamento, imputabile alla facilità con cui si è potuto finanziare i disavanzi apparentemente senza costi per alcuno, almeno sino al 1973".

In un lavoro successivo viene stabilita una connessione fra l'esplosione della spesa pubblica e la stagnazione dell'economia, aderendo così alla corrente di pensiero che attribuisce validità esplicativa alla teoria degli effetti di spiazzamento. Ma anche questa tesi viene poi qualificata, in quanto Reviglio rileva che "la stagnazione sarebbe stata assai più grave se fosse mancato il sostegno operato dalla politica di bilancio, perché senza l'aumento del livello della spesa pubblica e il crescente disavanzo nel periodo 1970-1975 si sarebbe realizzato un livello di reddito più basso e, quindi, un tasso di sviluppo probabilmente nullo o negativo". Ma, gradualmente, man mano che il dibattito esce dalla cerchia degli studiosi, queste cautele scompaiono e al disavanzo pubblico viene assegnato il ruolo di variabile esplicativa di tutti i mali che affliggono l'economia italiana, per lungo tempo attribuito in precedenza al costo del lavoro. Allo squilibrio fra entrate e spesa pubblica viene così imputata la responsabilità insieme della stagnazione e dell'inflazione, sia pure attraverso canali non bene identificati o comunque diversi a seconda dei diversi punti di vista, del disavanzo della bilancia dei pagamenti e di una inefficiente allocazione delle risorse. All'analisi si tende a sostituire sempre più frequentemente l'anatema e la prescrizione di politica economica si riassume nell'obiettivo di conseguire, costi quel che costi, una riduzione del disavanzo cui dovrebbe miracolosamente seguire la catarsi del sistema produttivo.

1473 Chi è verosimilmente l'autore del brano?

- A Un giornalista
- B Uno storico dell'economia
- C Un docente universitario di economia
- D Un politico
- E Un dirigente del Ministero delle Finanze

1474 Dalla lettura del brano si intuisce che l'enfasi generale sul disavanzo pubblico come causa di stagnazione e inflazione è considerata dall'autore:

- A insufficiente se si considera la continua crescita del debito pubblico che il disavanzo determina
- B adeguata se si considera che una parte rilevante della popolazione non è sufficientemente informata
- C eccessiva e poco documentata
- D inesistente
- E l'autore afferma di non aver sufficienti elementi per valutare

1475 Secondo Reviglio la crescita del disavanzo pubblico:

- A è stata determinata da una crescita della spesa non accompagnata da un'analoga crescita delle entrate tributarie
- B è stata determinata da una caduta delle entrate tributarie non accompagnata da una parallela caduta della spesa pubblica
- C ha contribuito ad aggravare la fase recessiva degli anni settanta
- D dovrebbe essere ancora più marcata
- E ha favorito lo sviluppo degli interessi corporativi

1476 Dal brano è possibile dedurre che nei primi anni Settanta:

- A l'economia italiana ha subito un tasso di crescita negativo
- B il Parlamento si è opposto tenacemente all'aumento della spesa pubblica deciso dal Governo
- C Reviglio era Ministro delle Finanze
- D non c'era evasione fiscale
- E il disavanzo pubblico dello Stato italiano è cresciuto

1477 Secondo l'autore del brano la supposta connessione tra il disavanzo pubblico e la stagnazione dell'economia:

- A dipende dagli effetti di spiazzamento
- B non viene dimostrata univocamente
- C dipende da un'inefficiente allocazione delle risorse economiche
- D dovrebbe indurre a conseguire, costi quel che costi, una riduzione del disavanzo stesso
- E non esiste

In base alle informazioni contenute nel brano seguente, rispondere alle successive domande.

Il destino dei libri a volte è strano come quello degli uomini. Herman Melville conobbe il suo primo insuccesso di critica e di pubblico nel 1851, quando diede alle stampe il suo capolavoro *Moby Dick*. Troppo ampio il divario fra i romanzi d'avventure esotiche e marinare che gli avevano regalato una certa notorietà e la tragedia senza tempo del capitano mutilato che insegue la balena (il caos?) che lo ossessiona, vicenda troppo cupa e apocalittica per poter essere subito accettata, compresa e apprezzata. Lo scrittore di New York sarebbe sopravvissuto quarant'anni al suo romanzo sulla balena bianca, non abbastanza per vedergli riconosciuti quei meriti stilistici ed epici che ne hanno fatto uno dei capisaldi di quel formidabile battaglione letterario che è il romanzo ottocentesco.

Già nell'*Etimologia* che apre il romanzo, e che Melville attribuisce a "uno smunto assistente ginnasiale ormai morto", c'è un assaggio di quel che attende il lettore, del viaggio cui si sta apprestando. Prima di presentare le varie forme linguistiche con cui sono designati i cetacei, lo scrittore americano descrive così l'assistente ginnasiale che le ha raccolte: "Amava spolverare le sue vecchie grammatiche; quel gesto, in qualche modo, gli ricordava con dolcezza la sua condizione di mortale". E insieme alla mortalità, l'abisso, il male, il dolore dell'uomo e il caos che lo circonda sono i temi di *Moby Dick*. Argomenti con cui Melville aveva familiarità fin da quando, dodicenne, era rimasto orfano e aveva dovuto abbandonare gli studi per mettersi a lavorare, finendo per abbracciare la vita marinara, imbarcandosi su mercantili e baleniere. Temi tragici e universali con cui aveva familiarità anche Cesare Pavese, insuperato traduttore italiano di *Moby Dick*, maestro di Fernanda Pivano - la più importante americanista italiana del secondo Novecento - e poeta di un verso immortale: *Verrà la morte e avrà i tuoi occhi*. Niente ci impedisce di immaginare che siano gli occhi acquosi della balena bianca che dal libro di Giobbe a quello di Melville ha navigato e turbato l'oceano dei sogni di generazioni di lettori.

1478 Dal brano si deduce che Herman Melville morì nel:

- A 1881
- B 1891
- C 1851
- D 1871
- E 1819

1479 Nel brano si dice che *Moby Dick*:

- A fu tradotto subito in italiano
- B fu censurato per la sua crudezza
- C fu subito considerato come un capolavoro
- D inizialmente fu un insuccesso di critica e pubblico
- E inizialmente registrò un grande successo di pubblico ma non di critica

1480 L'assistente ginnasiale cui si accenna nel brano è:

- A l'autore dell'intero romanzo di Melville
- B l'autore dell'*Etimologia* che apre il romanzo
- C la persona alla quale Melville attribuisce l'*Etimologia* che apre il romanzo
- D l'autore degli *Estratti* che aprono il romanzo
- E il narratore del romanzo

1481 Nel brano c'è una citazione in cui qualcuno "ricordava con dolcezza la sua condizione di mortale". Di chi si tratta?

- A Dell'assistente ginnasiale
- B Del capitano Achab
- C Di Cesare Pavese
- D Di Giobbe
- E Del sottoassistente di biblioteca

1482 Secondo l'autore del brano, il romanzo ottocentesco è:

- A uno dei capisaldi della cultura occidentale
- B soprattutto d'avventure esotiche e marinare
- C esemplificato da *Moby Dick*
- D in grado di turbare l'oceano dei sogni di generazioni di lettori
- E un formidabile battaglione letterario

In base alle informazioni contenute nel brano seguente, rispondere alle successive domande.

Quando si tratta di spiegare i meccanismi che regolano la socializzazione della persona, ci rivolgiamo naturalmente agli psicologi delle diverse scuole. Non si tratta tuttavia di ricostruire qui tutto il processo di sviluppo e di strutturazione della personalità; alla sociologia è sufficiente attingere ai lavori degli psicologi ciò che riguarda più particolarmente la formazione di quella che si potrebbe chiamare "personalità sociale" o più esattamente lo sviluppo dell'attitudine all'azione sociale e l'acquisizione dei suoi requisiti: norme, valori, simboli ecc. È questa una distinzione che non piace a tutti gli psicologi. Costoro ci diranno, non senza ragione, che la personalità è globale e che non si presta a una tale chirurgia. Noi siamo costretti a mantenere ugualmente questa distinzione analitica, per comodità di esposizione.

Il problema che bisogna risolvere si pone in termini di motivazione e si può formulare nel modo seguente: in che modo una persona umana – in particolare il bambino, ma anche l'adulto – è portata a orientare la propria azione secondo i motivi, le aspirazioni, gli scopi che le sono proposti da una cultura, e che sono dominanti in una data collettività, in modo che, vista dall'esterno, la sua condotta sembra subire la costrizione di una pressione e dà l'immagine della conformità o della standardizzazione? Più brevemente, ci si può chiedere: in che modo una persona sviluppa la motivazione necessaria per un'azione normativamente orientata? Se una persona, agendo in conformità alle norme e ai valori di una collettività o di una cultura, segue in ciò la propria coscienza morale e risponde a un bisogno che considera "normale" o "naturale", è perché è positivamente motivata ad agire così. Ora, si sa che una tale motivazione non è inscritta nella natura biologica dell'uomo e che non fa neppure parte della "essenza della natura umana", poiché oggetti differenti, svariati modi di fare possono soddisfarla. Un cucciolo che succhia il latte per la prima volta sembra obbedire a un impulso interno, a un istinto, perché potrà farlo prima ancora di avere aperto gli occhi e di avere visto la madre che glielo indica. È l'ordine *naturale* che lo governa. Ma l'occidentale che preferisce mangiare con il coltello e la forchetta, e nel maneggiarli sa distinguere le "buone" dalle "cattive" maniere, non ha ereditato né questa preferenza né questo giudizio insieme al bisogno biologico che ha di mangiare e di bere. È l'ordine della *cultura* che lo governa. In che modo l'ordine della cultura s'impone all'uomo?

In un modo più generale, è il problema che è stato posto da Hobbes nel *Leviatano*. Hobbes ha infatti efficacemente dimostrato che occorreva spiegare come mai la società esista e permanga senza diventare una "guerra di tutti contro tutti". In altri termini, si è chiesto Hobbes, che cosa fa sì che gli uomini non ricorrano tutti alla frode e alla violenza nel conseguimento dei loro scopi personali? Come avviene che essi possano mantenere relativamente stabile una società invece di massacrarsi e di uccidersi a vicenda? Come spiegare che l'uomo sia generalmente motivato interiormente a seguire le norme sociali, ad aderire ai valori del suo ambiente, a identificarsi con dei "Noi"?

La risposta, o almeno parte della risposta, risiede nei meccanismi psichici della socializzazione umana. Senza troppo addentrarsi nei dettagli, e semplificando le cose in maniera accettabile, si può dire che esistono due meccanismi principali della socializzazione, che sono: l'apprendimento e l'interiorizzazione dell'altro.

L'apprendimento consiste nell'acquisizione di riflessi, abitudini, atteggiamenti, che si inscrivono nell'organismo e nella psiche della persona guidando la sua condotta. L'imitazione, l'applicazione di ricompense o di punizioni, le prove e gli errori sono i quattro procedimenti principali attraverso i quali si realizza l'apprendimento.

Per quanto riguarda l'interiorizzazione, essa completa il precedente meccanismo: infatti, specchiandosi nello sguardo degli altri, una persona costruisce il proprio Sé attraverso l'immagine che crede di aver loro offerto e attraverso i giudizi che attribuisce loro nei propri confronti. La coscienza esistenziale, la coscienza di esistere e di essere se stessi è dunque il prodotto, nello stesso tempo, dell'intuizione delle percezioni del Sé attraverso l'altro e della comunicazione con gli altri.

1483 Qual è lo scopo principale del brano?

A Evidenziare i meccanismi fondamentali della socializzazione umana
B Spiegare la teoria sociologica di Hobbes
C Svalutare il lavoro degli psicologi che si occupano di problemi sociali
D Creare una gerarchia fra la provenienza naturale e quella culturale dei valori umani
E Spiegare la provenienza delle "buone maniere" nella società

1484 Questo brano può verosimilmente essere parte di:

A un volume di etologia comparata
B un inserto di un mensile specializzato in psicologia
C un volume di introduzione alla sociologia
D un testo introduttivo allo studio della cultura orientale
E un volume di analisi comportamentale comparata

1485 Quale potrebbe essere il titolo del brano?

A Ereditarietà o ambiente sociale?
B La teoria dell'apprendimento
C La sociologia di Hobbes
D I rapporti tra psicologia e sociologia
E I meccanismi della socializzazione

1486 Per quale motivo, presumibilmente, l'autore del brano cita Hobbes e il *Leviatano*?

A Perché, in seguito, intende esporre dettagliatamente le teorie politiche di Hobbes
B Perché serve per introdurre un discorso più generale ai meccanismi della socializzazione
C Perché Hobbes spiega la genesi della società civile
D Per confutarne le tesi
E Per avvalorarne le analisi sociologiche

1487 Da quanto scritto nel brano, si può desumere che l'autore:

A è convinto che l'apprendimento sia da ricondurre all'influenza dell'ambiente esterno
B riconosce nell'attività combinata di ambiente esterno e ereditarietà il risultato dell'apprendimento
C ritiene che l'apprendimento sia da ricondurre all'ereditarietà
D riconosce l'importanza di ereditarietà e ambiente esterno e integra entrambe ricorrendo al *significato* che ciascuno dà a entrambi gli stimoli
E non prende alcuna posizione ma si limita a riportare le due opzioni

In base alle informazioni contenute nel brano, rispondere alle successive domande.

Nel linguaggio comune la domanda di assistenza sanitaria si articola in tre fasi: prevenzione, cura e riabilitazione. Ogni atto medico conosciuto o previsto si deve quindi riportare a una di queste categorie. Nel linguaggio specialistico ogni intervento di medicina preventiva è da ascriversi o alla forma primaria o secondaria o terziaria. Restando fermi al linguaggio, queste forme di intervento medico preventivo parrebbero tutte e tre da attribuirsi al campo della prevenzione (la prima delle tre categorie del linguaggio comune). In realtà solo la prevenzione primaria si configura come prevenzione, la prevenzione secondaria si può in effetti considerare come una modalità più corretta di cura e la terziaria come una modalità più corretta di riabilitazione. È infatti necessario chiarire che qualunque intervento medico efficace deve contenere elementi preventivi. Quando si considera, dal punto di vista medico, un soggetto, per controllare il suo stato di salute, i giudizi di sintesi, le conclusioni (della visita, degli esami, della storia del soggetto e della sua famiglia) devono sempre rispondere a due domande: esiste una malattia in atto? Esistono delle probabilità più concrete di quelle dovute al caso che il soggetto si ammali? In caso di risposta positiva alla seconda domanda ci veniamo a trovare nelle condizioni di chiederci che cosa è necessario fare per diminuire quanto più è possibile le probabilità di comparsa di malattia e quindi a instaurare una prevenzione primaria. In caso di risposta positiva alla prima domanda ci troviamo nelle condizioni di instaurare una cura per guarire (se è possibile) la malattia, ma nel contempo dobbiamo prevedere che cosa è necessario fare per impedire complicazioni o la ricomparsa della malattia e quindi ci poniamo un problema di prevenzione secondaria. Nel caso non sia possibile, curando la malattia, ripristinare le condizioni di salute completa, ci troviamo di fronte a una malattia cronica e/o a una infermità di cui dobbiamo correggere gli effetti ai fini della salvaguardia della vita del soggetto e quindi facciamo della riabilitazione; nel contempo dobbiamo porci il problema della previsione di complicazioni, sia a livello fisico che psichico, e quindi facciamo della prevenzione terziaria. Nel modello specialistico, la prevenzione primaria è in generale legata alla individuazione di due cause possibili di malattia, una causa ambientale e una genetica (tra di loro collegate nel senso della possibile influenza dell'ambiente sul patrimonio genetico). In altre parole, o si possono prevedere effetti dovuti alla combinazione di patrimoni ereditari alterati (perché portatori di malattie ereditarie) e quindi esiste un rischio di figli affetti da malattie ereditarie, o si può prevedere che cause ambientali, da lavoro (esempio, presenza di silice), da abitudini di vita (esempio, alimentazione insufficiente e/o non equilibrata, abuso di alcool e di tabacco), da condizioni di abitazione (città o quartieri privi di fognature, case malsane ecc.) possano provocare malattie o alterare il patrimonio genetico. Da questa previsione il modello specialistico può solo, nella realtà attuale, derivare dei consigli al singolo individuo; non ha possibilità reale di intervento e quindi la prevenzione primaria si riduce a quattro aspetti: modificare le abitudini alimentari, modificare l'uso di alcool e/o tabacco, modificare le abitudini relative all'attività fisica, extra–lavorativa, proporre delle terapie medicamentose. Le cause del rischio delle malattie da prevenire, quando anche vengano individuate, non trovano una possibilità di soluzione. La prevenzione primaria specialistica resta confinata nell'ambito delle possibilità che il singolo individuo ha di modificare il proprio ambiente di vita e di lavoro.

1488 Quale dei seguenti rappresenta meglio un titolo adeguato del brano?

- A I rischi di malattia
- B Considerazioni etiche in medicina preventiva
- C Limiti della medicina moderna
- D Le due fasi dell'assistenza sanitaria
- E Significato della medicina preventiva

1489 Dal brano si deduce che l'autore è un:

- A genetista
- B epidemiologo
- C medico
- D ricercatore
- E giornalista

1490 Secondo l'autore:

- A se un soggetto è a rischio di ammalarsi, la prevenzione da attuare è di tipo secondario
- B i fattori ambientali non possono influenzare il patrimonio genetico
- C pochissimi interventi medici devono contenere elementi preventivi
- D se un soggetto è malato, si pone un problema di prevenzione secondaria
- E nessuna delle precedenti

1491 Secondo il modello specialistico, la prevenzione primaria può essere attuata agendo su:

- A le abitudini alimentari
- B il patrimonio genetico
- C il patrimonio genetico e le abitudini alimentari
- D una corretta riabilitazione
- E nessuna delle precedenti

1492 Prevenzione terziaria significa:

- A prevenzione nel linguaggio comune
- B curare
- C prevedere complicazioni di una malattia cronica in atto
- D mantenere in vita un malato
- E nessuna delle precedenti

1493 **"Tolkien, da filologo conoscitore di antiche lingue e antiche epopee, ha trasfuso nella sua opera il senso profondo di esse, l'afflato, il respiro, colpendo quindi le corde più intime dell'animo del lettore [...] L'Altra Realtà proposta da Tolkien si oppone totalmente a quella in cui viviamo, ma in senso positivo e propositivo. La Terra di Mezzo in cui si svolgono le avventure degli hobbit, la lotta della Compagnia dell'Anello contro l'Oscuro Signore Sauron, è un mondo in cui vigono «valori» che questa società ha dimenticato o ripudiato, ma che evidentemente (considerato il successo delle sue opere) i lettori nel loro intimo desiderano ancora. Si entra nella lettura di questa immensa saga... quasi come in una vacanza dello spirito, per respirare aria pura, per prendere una boccata di ossigeno, e ritornare poi ritemprati alla vita di ogni giorno."**

Da G. De Turris, *Tolkien, il Signore della Terra di Mezzo*

Uno dei giudizi qui espressi è in contraddizione con l'interpretazione di Tolkien sopra riportata:

- A I modelli delle antiche epopee non hanno perso del tutto la loro capacità di toccare il lettore di oggi
- B I valori che la saga di Tolkien celebra sono assolutamente estranei allo spirito dei lettori odierni
- C Il Signore degli Anelli non è opera di pura e semplice evasione, ma lascia il lettore arricchito e ritemprato
- D La competenza storico-letteraria di Tolkien è fondamento e base della sua invenzione narrativa
- E Il successo di Tolkien testimonia la vitalità dei valori che vi si esprimono, anche se lontani dal mondo moderno

In base alle informazioni contenute nel brano seguente, rispondere alle successive domande.

Nella storia del gioco degli scacchi vi sono molti capi coronati di spine. Anche coloro che rimasero luminosi ebbero una fine oscura. Non si trattò sempre di pazzia, l'ultimo ponte verso l'aldilà per Morphy, Steinitz e Pillsbury, né di inedia, come per Schlechter e Breyer, e neppure di suicidio, come per Swiderski e Bardeleben, tuttavia persino un Lasker, così progredito in campi tanto lontani dagli scacchi, morì poveramente, ed è ben noto come Alekhine terminò tristemente la propria esistenza.

Paragonata alla loro sorte, la vita di Aaron Nimzowitsch si svolse in modo regolare. Non accumulò ricchezze, trascorse i suoi giorni semplicemente, si ammalò e morì in età media. Questa è, come direbbe un inglese, "the common cold", la solita fredda indifferenza della natura che pesa sulla pluralità degli esseri viventi, un destino che solo apparentemente non ha nulla di particolarmente originale. Solo fino a questo punto, dunque, il destino di Nimzowitsch assomiglia a quello dell'uomo medio.

Nel caso di Aaron Nimzowitsch un essere senza particolari caratteristiche ha ottenuto qualcosa di sostanziale e di straordinario grazie ad una "esistenza" degna di rilievo. Le ristrettezze della vita sono state colmate con il "tesoro dei poveri", con un'esistenza spiritualmente e intellettualmente agitata, con dolore e pena, con "donchisciotteria" e grandezza interiore. Qui Giacobbe ha lottato con l'angelo, si è spezzato le reni, ma non si è arreso. Qui qualcuno ha combattuto, spesso con mulini a vento o con greggi di pecore, ma ha combattuto, ha affermato se stesso e ha opposto fino all'ultimo respiro il "Mein System" alla crudeltà della vita, all'ostilità e all'ingratitudine degli uomini.

Egli ha portato in sé il grande segreto e ha lottato per essere capito. Come ogni innovatore, ha dovuto accorgersi che tutto ciò che c'è di nuovo comincia con il non essere compreso, che si devono subire scherno e derisione, che all'inizio si rimane soli e che occorrono molte rinunce e sacrifici se si vogliono sostenere le proprie tesi. La più grande rinuncia è però il segregarsi dalla comunità, l'isolamento, la solitudine. Essa costringe all'ostinazione, all'egotismo, all'ostentazione del proprio valore, e ciò separa più che mai il solitario dalla comunità, lo rende uno stravagante.

Questo fu il caso di Nimzowitsch. La sua vita è apparentemente una catena di amarezze; essa fu ispirata solo dall'intimo, ma brilla come un castello fiabesco. A colui che si è riferito solo a se stesso e che si è messo in disparte come Nimzowitsch, non può succedere altro che oltre alle ferite, per così dire organiche, della vita, gliene vengano arrecate altre, determinate in misura maggiore dal capriccio del caso.

1494 **Chi era Nimzowitsch?**

- A Uno scacchista
- B Un filosofo
- C Un letterato
- D Un poeta
- E Un musicista

1495 **Quale delle seguenti affermazioni può essere logicamente dedotta dal brano?**

- A Alekhine morì di fame
- B Nimzowitsch fu molto sensibile
- C Nimzowitsch divenne egoista
- D La vita di Nimzowitsch fu priva di grandi avvenimenti esteriori
- E Nimzowitsch morì giovane

1496 Il "common cold" consiste:

- A nell'isolamento dagli altri
- B nel tesoro dei poveri
- C in un tesoro spirituale
- D in una vita mediocre
- E in un'esistenza degna di rilievo

1497 L'autore del brano menziona Giacobbe e Don Chisciotte per dimostrare:

- A che Nimzowitsch era molto sicuro di sé
- B che la vita di Nimzowitsch è stata piena di amarezze
- C la grandezza interiore di Nimzowitsch
- D che Nimzowitsch aveva una profonda conoscenza della letteratura e delle Sacre Scritture
- E l'avidità di Nimzowitsch

1498 Secondo l'autore del brano:

- A è corretto paragonare Nimzowitsch a Don Chisciotte
- B sarebbe scorretto paragonare Nimzowitsch a Giacobbe
- C potrebbe essere corretto paragonare Nimzowitsch a Sansone
- D è giusto paragonare Nimzowitsch a Giacobbe e all'angelo
- E Nimzowitsch combatteva abitualmente con i mulini a vento

Leggere il brano e rispondere alle relative domande.

L'oggetto firmato, con firma visibile, è stato ideato per distinguere, ma attualmente esprime una sublime forma di <u>omologazione</u>. Il "dernier cri" si consuma precipitosamente e, nell'arco di due mesi, si sprofonda dall'eccellenza al consueto.

La mania della *griffe* assomiglia a tante altre stranezze patologiche che infestano l'umanità dell'acritico consumismo. Vi partecipano, con uguale colpa o indifferenza, uomini e donne di tutte le età. Nei pezzi ricchi della Terra qualcuno o qualcosa ci confonde. Specialmente quelli con poca <u>inventiva</u> e, sorprendentemente, gli adolescenti soffrono dei nuovi malanni della civiltà dell'ossessione.

La sconclusionatezza risiede nella mancanza di voglia di libertà più che nella mancanza di possibilità di libertà. Così, inaspettatamente, anche senza dittatore pochi riescono a non cedere al fascino della divisa e del distintivo. Epilogo tragico, già profetizzato trent'anni fa dal solito Pasolini: «Nessun <u>centralismo</u> fascista è riuscito a fare ciò che ha fatto il centralismo della civiltà dei consumi. Il fascismo proponeva un modello, reazionario e monumentale, che però restava lettera morta. Oggi l'adesione ai modelli imposti dal Centro è totale e incondizionata. La "tolleranza" della <u>ideologia</u> edonistica voluta dal nuovo potere è la peggiore delle repressioni della storia umana».

Senza sapere riconoscere la porta, l'autogol è inevitabile. Il risultato è spaventoso. Pashmine o kefiah, eskimi o loden, rosso Valentino o blue jeans, Armani o Versace, un tatuaggio o un piercing, teste pelate o treccine e altri distintivi, finiscono per essere gli elementi di identificazione e di riconoscibilità, visto che le parole e le idee si sputtanano nei «geroglifici» della comunicazione cellulare.

Ognuno degli irreggimentati "griffe victims" è convinto di scegliere e invece soccombe, non si cura della propria essenza perché troppo intento alla buona riuscita della propria <u>rappresentazione</u>. Ma almeno entrerà in un quadro dove, con la faccia del Che, con un seno rifatto da un grande chirurgo, con un paio di scarpe Nike o circa, con una borsa con firma vera o tarocca, troverà i suoi simili, identici o somiglianti e marcerà con loro.

Aveva sciaguratamente ragione Oscar Wilde: «Non c'è alternativa: o si è un'opera d'arte o si indossa un'opera d'arte».

Mina, *La fuga impossibile dei ragazzi in divisa*, www.lastampa.it, 21 febbraio 2004.

1499 Quale delle seguenti interpretazioni del pensiero di Mina è arbitraria?

- A Scegliere una "divisa" piuttosto che un'altra è già un evitare l'omologazione
- B Oggi noi tutti, più che la mancanza di possibilità di essere liberi, mostriamo la poca voglia di esserlo
- C L'ideologia edonistica si è dimostrata più forte di quella fascista
- D Sono le persone con poca inventiva quelle più sensibili alla griffe
- E Chi si dedica alla propria immagine invece che alla propria essenza si illude di scegliere liberamente

1500 Tra le seguenti note esplicative dei termini sottolineati nel testo sopra riportato, una NON è corretta. Quale?

- A Omologazione: adeguamento alla mentalità, alle opinioni, agli stili di vita prevalenti in una determinata società
- B Inventiva: capacità di immaginare, creatività
- C Centralismo: metodo di governo in cui le funzioni principali sono esercitate dagli organi del potere centrale
- D Ideologia: insieme delle concezioni culturali, politiche, religiose ecc. con cui una classe dominante giustifica i propri interessi
- E Rappresentazione: l'atto con il quale la coscienza riproduce in sé un oggetto esterno o uno stato d'animo

In base alle informazioni contenute nel brano seguente, rispondere alle successive domande.

Voglio ora tentare di rispondere al secondo quesito che vi ho posto: quale fondamentale differenza biologica esiste fra gli esseri umani e gli altri animali? Una risposta possibile, che cercherò di argomentare è la seguente: l'uomo è unico fra gli animali per il valore altissimo che la tradizione ricopre nella sua vita, e che gli ha permesso di perpetrare di generazione in generazione quelle proprietà a cui deve il proprio equilibrio di efficienza biologica. Tutti sanno che l'uomo è un animale che usa utensili o strumenti. Gli strumenti usati dall'uomo sono di due specie principali: chiamerò gli uni "strumenti motori" o d'azione – per esempio, martelli, strumenti da taglio, automobili, megafoni, cannoni e altri utensili che aumentano spesso in modo prodigioso il repertorio delle nostre attività motorie. Chiamerò "accessori sensoriali" il secondo gruppo di strumenti: occhiali, apparecchi acustici, apparecchi radio, termometri, apparecchi che portano al di là di limiti mai prima raggiunti le comuni capacità sensoriali. (Ma non tutti gli strumenti rientrano in queste due categorie: gli abiti per esempio, ne restano esclusi.) L'uomo non è proprio l'unico animale che faccia uso di strumenti: ma gli esempi di animali inferiori che usino strumenti sono così rari che fan spettacolo a sé e se ne parla e discute fin troppo ampiamente: il picchio Galapagos, una specie di fringuello, usa, per esempio, tenere nel becco una spina per grattar via gli insetti dalla corteccia degli alberi. Inoltre molti animali si fabbricano case e tane, ma questo tipo di strumento non rientra nella nostra storia. Propongo di usare i termini coniati da A. J. Lotka, celebre studioso di statistica attuariale, per distinguere gli organi con cui si nasce da quelli che vengono fabbricati: strumenti *endosomatici* sono gli occhi, le zampe, le ali, i denti, i reni ecc. e strumenti *esosomatici* sono i telescopi, gli stuzzicadenti, gli scalpelli, le bilance, i vestiti ecc. Per quanto la distinzione fra gli strumenti di questi due tipi sembri molto ovvia, lo è assai meno da un punto di vista biologico che secondo l'istintivo buon senso. I due tipi di strumenti, infatti, servono alle stesse funzioni biologiche e, fino a un certo punto, l'uno può dare la sua delega all'altro. L'uomo è un animale che vola anche in senso biologico molto stretto: può volare più velocemente, più in alto e più lontano degli uccelli anche se non ancora con la stessa grazia. È anche importante ricordare che gli strumenti esosomatici *funzionalmente* fanno parte del corpo anche se sono separati e distinti anatomicamente. Tutti gli apparecchi sensori, come occhiali, contatori Geiger e spettrofotometri si collegano attraverso un certo percorso ai comuni sensi endosomatici, e gli strumenti motori hanno una funzione e sono funzionalmente intellegibili solo al momento in cui vengono usati. Di per sé, gli occhiali non sono strumenti della vista: lo diventano solo quando sono portati e ci si vede attraverso; e il martello è un utensile solo quando la mano lo adopera. (Se ricordo bene, fu Wilfred Trotter a dire che un chirurgo, quando usa uno strumento semplice tipo sonda o altro per esplorare le parti interne del corpo, ossia un qualcosa che possa definirsi un prolungamento delle dita come i trampoli sono il prolungamento delle gambe, non fa che trasmettere il senso del tatto all'estremità dello strumento.) La distanza fra lo strumento e chi lo usa può essere molto remota, come nel caso di missili telecomandati o di macchinari atti a funzionare senza sorveglianza; tuttavia essi si comportano secondo uno schema che l'uomo vi ha costruito dentro, e l'interazione funzionale dello strumento con colui che l'adopera è in linea di principio, dello stesso genere. Proprio per questa ragione deploro l'abitudine di descrivere il cervello come una specie di macchina calcolatrice; in realtà è la macchina calcolatrice che è una specie di cervello esosomatico: esegue funzioni analoghe a quelle del cervello, proprio come le macchine fotografiche ne eseguono di simili all'occhio, e gli abiti di simili alla pelle, e le automobili svolgono funzioni che endosomaticamente vengono eseguite dalle gambe. È vero che possiamo imparare qualcosa sul funzionamento del cervello studiando le macchine calcolatrici, proprio come abbiamo imparato qualcosa sull'occhio studiando le lenti; tuttavia non è detto che questo si verifichi sempre: il motore a scoppio non ha nulla da insegnarci sul funzionamento dei muscoli.

1501 Secondo l'autore, la maggior parte degli strumenti usati dall'uomo rientrano nelle due seguenti categorie:

- A percettivi e sensoriali
- B motori e visivi
- C motori e sensoriali
- D percettivi e visivi
- E acustici e visivi

1502 Secondo Lotka:

- A le zampe sono strumenti esosomatici
- B i vestiti sono strumenti con cui si nasce
- C gli strumenti esosomatici fanno parte dell'anatomia del corpo umano
- D il telescopio è un esempio di strumento endosomatico
- E nessuna delle precedenti

1503 Secondo l'autore:

- A si può imparare qualcosa sugli strumenti endosomatici studiando quelli esosomatici
- B vi è sempre un rapporto anatomico stretto tra uomo e strumento esosomatico
- C i termini coniati da Lotka non devono essere usati
- D il cervello è una specie di macchina calcolatrice
- E l'uomo è l'unico animale che faccia uso di strumenti

1504 Il contenuto del brano è:

- A scientifico-filosofico
- B storico
- C medico
- D comico
- E psicologico

1505 Dal brano si deduce che il picchio Galapagos:

- A è uno dei tanti animali inferiori che usano strumenti
- B è in grado di fabbricarsi da solo la casa
- C ha una caratteristica comune all'uomo
- D è un animale che non usa strumenti
- E nessuna delle precedenti

In base alle informazioni contenute nel brano seguente, rispondere alle successive domande.

Prima di iniziare la stesura di un lavoro, il giovane scienziato deve decidere a quali interlocutori intende rivolgere le sue parole. La soluzione più facile è quella di indirizzarle soltanto ai propri colleghi, e tra questi solo a quanti lavorano in un settore affine al proprio. Questa soluzione però non è la più saggia. Lo scienziato, infatti, deve riflettere che molti dei suoi pari più intelligenti sono soliti leggere la letteratura scientifica; leggendo il suo lavoro, essi devono essere messi in grado di capire l'argomento del quale egli si sta occupando. Verrà inoltre il tempo in cui il giovane scienziato dovrà essere valutato in base ai suoi lavori e i suoi esaminatori avranno tutto il diritto di sentirsi infastiditi – come spesso avviene – se non riusciranno a capire di quale argomento essi trattino o comunque perché mai egli abbia intrapreso quel tipo di ricerca. Un lavoro formale deve quindi iniziare con un paragrafo introduttivo che descriva il problema in esame e le linee principali del metodo con cui l'autore ritiene di essere riuscito a contribuire alla sua soluzione. Anche il riassunto del lavoro deve essere preparato con cura, utilizzando per intero lo spazio assegnato dalla rivista per questo scopo (un quinto o un sesto della lunghezza del testo, a seconda dei casi). La sua stesura è la prova più severa a cui viene sottoposta l'abilità letteraria dell'autore, specialmente oggi che i "sunti" sono stati eliminati (o quasi) dai programmi scolastici perché, così si afferma, possono soffocare l'estro creativo degli studenti. La stesura del riassunto mette alla prova le capacità di concisione e il senso delle proporzioni dell'autore, la sensibilità per ciò che è veramente importante e ciò che può essere tralasciato. Un riassunto deve essere completo nell'ambito dei suoi limiti. Può iniziare con l'esposizione dell'ipotesi e terminare con la sua valutazione. È difficile immaginare una frase più imprecisa di: "È discussa la pertinenza di queste scoperte con l'etiologia del morbo di Bright." Se è discussa, allora deve essere riassunta anche la discussione. Altrimenti è preferibile non dire niente. La preparazione dei riassunti è un compito di utilità comune per il quale il giovane scienziato deve offrirsi di tanto in tanto, spontaneamente. Anche se il riassunto da lui preparato verrà riveduto prima della pubblicazione da un redattore esperto, esso costituirà tuttavia un buon esercizio di prosa scritta. I riferimenti bibliografici (che vanno preparati in scrupolosa osservanza delle norme redazionali della rivista) devono essere completi ma non pletorici: citare lavori comparsi in riviste tanto vecchie da essere state ormai riposte negli scaffali della letteratura fuori uso, può essere sintomo di concorrenza sleale. L'omaggio e il riconoscimento dovuti ai propri predecessori sono criteri da tenere presenti, anche se alcuni nomi sono tanto grandi e alcune idee tanto familiari che la loro omissione è un omaggio maggiore della loro citazione. È necessario però essere corretti e imparziali: l'omaggio rivolto a un uomo, può essere fonte di risentimento per un altro. Accade talvolta che, per varie ragioni, un buon lavoro sia respinto dalla rivista a cui era stato inviato. Gli editori di riviste scientifiche sono soliti affermare che la prolissità dei loro collaboratori è causa di danni economici; di conseguenza un lavoro troppo lungo in rapporto al contenuto è spesso suscettibile di rifiuto. Anche l'inclusione in bibliografia di lavori non menzionati nel testo, o viceversa la citazione nel testo di lavori non inclusi in bibliografia possono essere causa di rifiuto, che in questo caso è meritato. Tuttavia, quale che sia la ragione, il rifiuto di un lavoro ferisce sempre l'orgoglio dell'autore ed è comunque sempre meglio trovare un nuovo editore anziché lottare con i consulenti della rivista. Accade talvolta che questi siano ostili all'autore per ragioni personali e godano della sconfitta che ogni rifiuto porta con sé; ma un tentativo troppo energico per convincere il redattore di questa verità, può soltanto indurlo a credere che l'autore abbia tendenze paranoidi. Per quanto riguarda la struttura interna di un lavoro, ho ricordato soltanto che il primo paragrafo dovrebbe fungere da introduzione per il problema che sta a cuore all'autore. La stesura del testo ormai considerata convenzionale, è quella che perpetua l'illusione di una ricerca scientifica guidata da un processo induttivo. Al paragrafo d'apertura fa quindi seguito una sezione chiamata "Metodi" la quale descrive, con particolari talvolta inutili, le tecniche e i reagenti usati dall'autore nella sua ricerca.

1506 Il carattere del brano è:

- A storico
- B filosofico
- C didascalico
- D giornalistico
- E tecnico

1507 Il titolo del brano potrebbe essere:

- A Importanza del riassunto nella stesura di un articolo scientifico
- B Come scrivere un lavoro scientifico
- C La letteratura scientifica vista da un giovane scienziato
- D La divulgazione di un lavoro scientifico
- E Il metodo scientifico moderno

1508 Secondo l'autore, un lavoro scientifico:

A deve escludere dalla bibliografia lavori già citati nel testo
B se è rifiutato da una rivista, lo sarà anche dalle altre
C non deve più contenere il riassunto
D può contenere omaggi e riconoscimenti ai predecessori dell'autore
E deve citare tutti i riferimenti bibliografici, anche i più antichi

1509 Il riassunto di un lavoro scientifico:

A è l'inizio del lavoro
B soffoca, secondo l'autore, l'estro creativo
C richiede un'abilità letteraria che solo un redattore esperto può avere
D risulta generalmente di semplice stesura
E nessuna delle precedenti

1510 Indicare l'ordine corretto dei paragrafi nella stesura di un lavoro scientifico.

A 1) Introduzione, 2) Riassunto, 3) Metodi, 4) Bibliografia
B 1) Introduzione, 2) Metodi, 3) Bibliografia, 4) Riassunto
C 1) Riassunto, 2) Introduzione, 3) Metodi, 4) Bibliografia
D 1) Riassunto, 2) Bibliografia, 3) Introduzione, 4) Metodi
E Il brano non fornisce informazioni sufficienti per rispondere

In base alle informazioni contenute nel brano seguente, rispondere alle successive domande.

In fondo ci sono due grandi categorie di scrittori. Ci sono quelli che hanno bisogno di una preparazione molto forte e che, prima di cominciare a scrivere seriamente, devono dedicarsi a un lungo periodo di riflessione e di ricerche preliminari per informarsi, per documentarsi, elaborando al termine di questo periodo uno schema di programmazione della loro redazione: schema che servirà loro da guida durante tutto il lavoro di scrittura. Ci sono poi quelli che lavorano in modo più istintivo e meno programmato – con un minimo di schizzi e di abbozzi preparatori – ma che hanno bisogno soprattutto di una sorta di scatto iniziale, non nella forma di una programmazione nella quale sentirebbero una restrizione alla loro libertà, ma piuttosto nella forma di un nucleo embrionale. Uno scrittore come Jean Giono dichiara di non poter cominciare a scrivere un libro se non dopo aver trovato il titolo, che è spesso una formula enigmatica: per esempio *Deux cavaliers de l'orage*; il titolo deriverebbe direttamente dall'"ispirazione", come, per il poeta, quel primo verso "donato dagli dèi" di cui parlava Paul Valéry. Una volta trovato il titolo, tutto il lavoro consiste nel tentativo di giustificarlo restando allo stesso livello di qualità. Giono ha una bella immagine per evocare questo fenomeno: "*Se scrivo una storia prima di averne trovato il titolo, in generale essa mi abortisce. Mi occorre assolutamente un titolo, perché il titolo è quella sorta di bandiera verso cui ci si dirige; spiegare il titolo è la meta che si deve raggiungere*". Tutta la redazione dell'opera consisterà nel rendere significante questo titolo, nel risolverne l'enigma, nel conferire una necessità a questo dono del caso. Nello stesso spirito, ci sono altri scrittori, come Aragon, che non riescono a scrivere un'opera finché non hanno trovato l'*incipit*, la prima pagina. Una volta trovata la prima pagina, però – cosa che può richiedere un numero considerevole di stesure preliminari – è come se avesse cominciato a costruirsi una sorta di prima necessità: l'embrione è ormai formato, e si svilupperà spontaneamente. In effetti, a ben riflettervi, questi modi di procedere non sono affatto interpretabili in termini di padronanza, e complicano singolarmente questa famosa dialettica fra il caso e la necessità. Nel ritrovamento dell'*incipit* o del titolo c'è, beninteso, una parte di aleatorietà; nello stesso tempo, però, questo primo scatto dipende verosimilmente da una necessità interna, inconscia, fantasmatica; e, infine, tutto il resto del lavoro – la redazione propriamente detta – consisterà nel trasformare questa falsa *alea* del dono iniziale (che d'altronde non sempre viene donato) in una vera logica che sarà quella dell'opera, ma che perverrà a svilupparsi solo a partire da un principio in origine oscuro. Gli scrittori più numerosi sono comunque quelli che lavorano con documenti di programmazione. In questo caso si ha un vero lavoro da geometra, consistente nel definire il progetto di un senso che si deve costruire dal nulla: una sorta di scommessa, e di lotta formidabile dello spirito per costruire, contro il non-senso ambiente, una forma significante avente la sua logica e la sua necessità. Ma, una volta inventato lo schema e posta una sorta di assiomatica di partenza, il lavoro dello scrittore consisterà non solo nello sviluppare il modello (passando dal progetto alla sceneggiatura, dalla sceneggiatura a una prima stesura ecc.) ma anche nel problematizzarlo, reiniettando nel testo quel minimo di non–senso e di aleatorio senza il quale la struttura, logica e necessaria, resterebbe inerte. Si vede allora, paradossalmente, che la scrittura si sforza di conseguire un nuovo tipo di rapporto col caso: quel coefficiente d'incertezza senza il quale il certo diventa artificioso.

1511 Il titolo del brano potrebbe essere:

A Correnti letterarie al tempo di Giono e Valéry
B La scrittura di un libro: importanza del titolo e della prima pagina
C Diversi approcci e percorsi di scrittura
D Il titolo: l'ultimo passo della stesura di un libro
E Aleatorietà letteraria

1512 Il carattere del brano è:
- A polemico
- B divulgativo
- C apologetico
- D giornalistico
- E tecnico

1513 Dal brano si deduce che lo scrittore Jean Giono:
- A ha bisogno di una programmazione iniziale prima di cominciare a scrivere
- B appartiene a una categoria di scrittori diversa da quella di Aragon
- C amava Paul Valéry
- D scrive libri senza titolo
- E nessuna delle precedenti

1514 Secondo l'autore:
- A c'è una componente di aleatorietà nei lavori di entrambe le categorie di scrittori descritte
- B "*Deux cavaliers de l'orage*" è un verso di Valéry
- C scrittori come Aragon hanno bisogno di programmare interamente l'opera prima di iniziare a scrivere
- D gli scrittori che lavorano in base a una programmazione sono molto rari
- E nessuna delle precedenti

1515 Dal brano si deduce che:
- A Aragon e Giono sono contemporanei
- B l'autore è francese
- C l'autore è tedesco
- D l'autore è amante dell'embriologia
- E nessuna delle precedenti

In base alle informazioni contenute nel brano seguente, rispondere alle successive domande.

Nella vita reale lo scienziato di solito crede in un'ipotesi fino a quando non ha ragione di fare altrimenti. Questo, quindi, è il suo paradigma personale, rafforzato forse da un certo orgoglio di possesso quando esso rappresenta una sua idea. Come nelle rivoluzioni, le idee progrediscono continuamente. Lo scienziato non conserva inalterata l'impostazione della sua ricerca, perché la lettura, la riflessione e le discussioni con i colleghi lo inducono a modificare la valutazione di alcuni dati e, forse, a rivedere radicalmente il suo modo di pensare. Un laboratorio è sempre attraversato da movimenti di inquietudine. Qualcosa negli scritti di Kuhn mi fa pensare che egli veda la vita scientifica normale come quella di un'esistenza soddisfatta, timorata di Dio e borghese, nell'ambito di un ordine di cose ben definito. In realtà, essa è più simile a un microcosmo maoista in permanente rivoluzione: in un laboratorio in cui sia in corso un'indagine originale, è il movimento continuo la legge che governa e scandisce la sua vita. Diverse possono invece apparire le scienze sociali, le quali procedono con un ritmo più lento e nelle quali la valutazione di ogni tesi richiede un tempo molto più lungo. Troppe discussioni sulla metodologia. Abbiamo visto che è possibile dimostrare retrospettivamente il carattere ipotetico–deduttivo di una indagine scientifica; ma il giovane scienziato è autorizzato a chiedersi se sono proprio necessarie tante formalità. Egli può riflettere che la maggior parte degli scienziati non ha ricevuto alcuna educazione formale sul metodo scientifico e che quanti l'hanno invece ricevuta, non danno l'impressione di avere maggiore successo. Non è necessario che il giovane scienziato adotti una metodologia nel senso ampolloso della parola; tuttavia deve capire molto chiaramente che la raccolta di dati può divenire nel migliore dei casi soltanto un tipo di passatempo al coperto. Non esiste un formulario di pensiero o un sistema logico che possa rapidamente condurlo dalle osservazioni empiriche alla verità. Tra l'osservazione e la sua interpretazione si interpone sempre un atto mentale. Come ho spiegato, nella scienza l'atto generativo è un frutto dell'immaginazione. Il lavoro scientifico quotidiano comporta l'esercizio del buon senso, accompagnato da una salda capacità di giudizio. Non richiede una capacità di deduzione più sottile di quella necessaria per la vita di tutti i giorni, ma piuttosto la capacità di afferrare implicazioni e scorgere paralleli, nonché la determinazione a superare lo sconforto che può generare l'esecuzione approssimativa di un esperimento o l'infondatezza di un'ipotesi prediletta. I colpi di genio sono necessari solo raramente. Il "metodo scientifico", come viene talvolta chiamato, altro non è se non una forma potenziata del buon senso. Prima di incominciare a convincere gli altri della validità delle proprie osservazioni o delle proprie tesi, lo scienziato deve esserne convinto lui stesso. È auspicabile però che questo non avvenga con troppa facilità: meglio infatti essere considerati meticolosi e pedanti, che ingenui e superficiali. Se uno scienziato chiede a un collega una critica franca del proprio lavoro, deve aspettarsi ciò che ha chiesto. Non è un atto gentile, anzi potrebbe addirittura essere un segno di inimicizia rassicurare un collega sulla chiarezza e l'attendibilità del suo lavoro, o sulla coerenza delle sue tesi, quando gli esperimenti che dovrebbero costituirne la dimostrazione sono mal concepiti e mal eseguiti. In senso più generale, la critica va intesa come l'arma più potente di ogni metodologia scientifica, ed è comunque l'unica che permette allo scienziato di non perseverare nell'errore. La sperimentazione di per sé è una forma di critica. È difficile capire la ragione di un esperimento se questo non prevede la possibilità di indurre il suo autore a rivedere le proprie opinioni.

1516 L'immagine della vita scientifica dell'autore è:
- A un'immagine più quieta rispetto a quella che traspare dagli scritti di Kuhn
- B quella di una lenta e meditata verifica di ogni tesi
- C alquanto statica
- D diversa da come appaiono le scienze sociali
- E nessuna delle precedenti

1517 Secondo l'autore:

A un'educazione formale sul metodo scientifico è essenziale per il successo di un giovane scienziato

B il buon senso è estraneo al lavoro scientifico

C in molti casi le idee di uno scienziato rimangono a lungo inalterate

D dagli scritti di Kuhn emerge l'immagine di un'esistenza insoddisfatta

E nessuna delle precedenti

1518 Quale delle seguenti espressioni meglio qualifica l'idea dell'autore del "metodo scientifico"?

A Colpo di genio

B Rispetto delle regole formali

C Buon senso

D Fantasia e immaginazione

E Nessuna delle precedenti

1519 Criticare il lavoro scientifico di un collega è, secondo l'autore:

A un segno di inimicizia

B utile perché induce lo scienziato a mettere in discussione le proprie idee

C serve come rassicurazione

D un atto estraneo al progredire della conoscenza

E nessuna delle precedenti

1520 Dal brano si deduce che l'autore è verosimilmente:

A vincitore di un premio Nobel

B autore di numerose pubblicazioni scientifiche

C uno scienziato

D un critico letterario

E nessuna delle precedenti

Leggere il brano seguente e rispondere alle successive domande.

La crisi del debito che ha colpito numerosi Paesi in via di sviluppo ha tre cause principali: una cattiva politica macroeconomica da parte dei Paesi debitori; una politica poco prudente di finanziamento da parte delle banche; l'incremento dei tassi di interesse reali. L'aumento dei tassi di interesse reali fino a circa il 6% nel 1982 ha sestuplicato l'onere reale degli interessi per i Paesi indebitati, modificando completamente la natura del problema del debito. Un simile incremento per un periodo così protratto non si era mai visto in precedenza. Durante le crisi passate, quando i prestiti venivano concessi a un tasso di interesse fisso, i tassi di interesse reali diminuivano a causa della deflazione. Ma quando il livello dei prezzi si stabilizzava, l'onere reale degli interessi rimaneva più elevato solo in proporzione alla diminuzione dei prezzi. Ed era comunque possibile che l'inflazione riducesse tale onere. In questa crisi, invece, il tasso di interesse reale è aumentato in modo significativo ed è rimasto elevato per molti anni, mostrando scarsi segni di diminuzione. L'inflazione, ormai, non porta alcun sollievo ai Paesi debitori.

Il timore di un collasso finanziario negli Stati Uniti era una delle principali motivazioni alla base dell'approccio iniziale alla crisi del debito. I pagamenti di interessi dai Paesi debitori eccedettero i nuovi prestiti negli anni 1984, 1985 e 1986. Le banche statunitensi ridussero la propria esposizione nei confronti dell'America Latina nel 1985. Nel 1982, le nove principali banche commerciali statunitensi avevano un ammontare di prestiti nei confronti dei Paesi in via di sviluppo pari al 250% del proprio capitale; alla metà del 1986, le stesse banche avevano un grado di capitalizzazione sufficiente a sopportare anche la completa perdita dei prestiti nei confronti dell'America Latina. Anche se le banche hanno aumentato gli accantonamenti a riserva, esse continuano a riportare in bilancio i prestiti ai Paesi in via di sviluppo al valore nominale. Il mercato secondario attribuisce invece a tali prestiti un valore decisamente inferiore.

L'attuale strategia di approccio al problema del debito dei Paesi in via di sviluppo è basata sull'allungamento della scadenza effettiva del debito. Ogni metodo che consente di ridurre il flusso di fondi in uscita dai Paesi debitori aiuterà gli stessi Paesi a crescere economicamente nel breve periodo. Ma un ulteriore finanziamento non rappresenta la soluzione al problema del debito. Fino a quando i tassi di interesse reali resteranno intorno al 6%, i Paesi debitori avranno grandi difficoltà a uscire dal problema del debito. Vi sono due possibilità. O si continua con l'approccio corrente, o si ricorre a una qualche forma di cancellazione del debito. Per quattro anni i Paesi in via di sviluppo hanno pagato il prezzo del debito nella forma di un basso tasso di crescita del PIL e di diminuzioni sostanziali dei salari reali. Milioni di persone residenti in questi Paesi rimangono a livelli di reddito ridotti semplicemente per gli interessi degli azionisti delle banche creditrici. Mediante una cancellazione del debito, i singoli Paesi e le istituzioni multilaterali potrebbero cominciare a pensare alle necessarie politiche di sviluppo orientate alla crescita. Ciò sarebbe possibile senza aumentare l'onere fiscale per i residenti dei Paesi sviluppati.

1521 Il brano fornisce informazioni che consentono di rispondere a una o più delle seguenti domande. A quali precisamente?

I) Vi sono stati errori di politica economica da parte dei Paesi debitori che hanno contribuito a determinare il problema del debito?

II) Vi sono attualmente dei provvedimenti volti a estendere la scadenza effettiva del debito?

III) Il mercato secondario del debito dei Paesi in via di sviluppo attribuisce al debito lo stesso valore di quello attribuito dalle banche che lo detengono?

A Solo la II)

B La I) e la III)

C La II) e la III)

D La I), la II) e la III)

1522 Sulla base di quanto affermato nel testo, si può ricavare che per l'autore l'effetto più dannoso della crisi del debito è:

A il livello artificialmente basso dei salari reali percepiti dai residenti dei Paesi debitori
B i problemi connessi al rimborso del debito causati dall'elevato livello dei tassi di interesse
C la drastica diminuzione delle prospettive di crescita nel lungo periodo dei Paesi debitori
D la scarsa attenzione posta al problema dalle banche creditrici

1523 Quale delle seguenti definizioni rappresenta meglio, secondo l'autore, *l'approccio iniziale* alla crisi del debito?

A Una pressione crescente verso i Paesi debitori perché pagassero gli interessi sul debito
B Un aumento dei tassi di interesse per favorire le banche creditrici
C Una diminuzione dell'assicurazione contro le perdite per le nove principali banche statunitensi
D Un decremento dei nuovi prestiti e un aumento della capitalizzazione delle banche creditrici

1524 Se il brano dovesse continuare, quale sarebbe probabilmente l'argomento successivo affrontato dall'autore?

A Le varie forme possibili di cancellazione del debito
B Le alternative alla cancellazione del debito per la soluzione del problema
C La reazione delle banche creditrici all'idea della cancellazione del debito
D Le prospettive realistiche per i Paesi debitori se le attuali politiche continuassero

In base alle informazioni contenute nel brano seguente, rispondere alle successive domande.

«Durkheim considerava gli uomini creature dai desideri illimitati, per i quali, a differenza di altri animali, la soddisfazione dei bisogni biologici non era motivo di appagamento. "Più si ha e più si vorrebbe avere, e le soddisfazioni ottenute non fanno che stimolare anziché appagare i bisogni". La naturale insaziabilità dell'essere umano, comporta che i suoi desideri non possano essere contenuti se non tramite un'azione limitativa esterna, costituita appunto dal controllo sociale. La società impone dei limiti ai desideri umani, e costituisce "una potenza regolatrice [che ha] sui bisogni morali la funzione che l'organismo svolge su quelli fisici".

Nelle società ben regolate, il controllo sociale pone dei limiti alle inclinazioni individuali in modo tale che ognuno tende, nella sua sfera, a rendersi conto del punto estremo cui possono giungere le aspirazioni e non aspira a nulla che lo oltrepassi ... segnando così un termine e uno scopo alle passioni. Quando i vincoli sociali si indeboliscono, l'influenza esercitata dalla società per contenere le inclinazioni individuali viene meno e gli individui sono lasciati in balia delle loro passioni. Un tale stato di cose viene definito da Durkheim anomia, termine che si riferisce a quella condizione di relativa assenza di norme che può caratterizzare una società nel suo complesso o alcuni suoi gruppi componenti. L'anomia non si riferisce a uno stato mentale, ma a una proprietà della struttura sociale; è specifica di una condizione in cui i desideri individuali non trovano più una regolamentazione nelle norme comuni e dove, pertanto, gli individui sono lasciati senza una guida morale nel perseguimento dei loro obiettivi.

Sebbene una situazione di completa anomia, o di totale assenza di norme, sia empiricamente impossibile, le società possono essere caratterizzate da un grado maggiore o minore di regolamentazione normativa. Inoltre, all'interno di qualsiasi specifica società, i gruppi possono differire tra loro in relazione al grado di anomia che li contraddistingue. Il mutamento sociale può produrre anomia sia nell'intera società sia in alcune parti di essa. Le crisi economiche, per esempio, possono avere conseguenze più rilevanti su coloro che occupano gli strati più elevati della piramide sociale che sulla popolazione sottostante. Quando un disastro economico spinge bruscamente certi individui verso una situazione inferiore a quella occupata sino allora, quanti ne sono colpiti sperimentano nella loro esistenza una perdita di quei parametri normativi, di quelle certezze morali e di quelle aspettative abituali non più vivificate dal gruppo cui essi appartenevano. Analogamente, un improvviso accrescimento di potenza e di fortuna, comportando per taluni individui un subitaneo processo di mobilità ascensionale, li priva, nel loro nuovo stile di vita, del necessario sostegno sociale. Qualsiasi rapido mutamento nella struttura sociale, che sconvolga la precedente rete di rapporti di cui gli stili di vita sono intessuti, porta con sé una possibilità di anomia.

Durkheim sosteneva che il benessere economico, eccitando i desideri umani, reca con sé un pericolo di condizioni anomiche perché "ci dà l'illusione di far capo solamente a noi stessi", mentre "la povertà protegge dal suicidio [in quanto] è di per sé un freno". Poiché la soddisfazione dei desideri umani dipende dalle risorse di cui si dispone, i poveri, possedendo soltanto mezzi limitati, sono costretti ad autoregolarsi e sono quindi meno soggetti all'anomia. "Meno si possiede meno si è portati ad allargare senza limiti la cerchia dei bisogni".

Spiegando la diversa propensione dell'anomia in termini di processo sociale, cioè sulla base dei rapporti interindividuali piuttosto che delle inclinazioni dei singoli individui, Durkheim propose una teoria propriamente sociologica del comportamento deviante anche se non riuscì a indicare le implicazioni generali di tale decisiva intuizione. Robert K. Merton, che fu il primo a individuare le implicazioni generali del pensiero di Durkheim a tale riguardo e a svilupparle in modo metodico, precisò come "le strutture sociali esercitino una pressione ben definita su certi membri della società, tanto da indurli a una condotta non conformista anziché a una conformista".

Durkheim, in tutto il suo programma di studio, in tutta la sua opera, ebbe come problema dominante quello di ricercare le origini dell'ordine e del disordine sociale, alla costituzione di una salda normativa o al venir meno di essa. La sua opera sul suicidio, di cui una parte è dedicata alla discussione e all'analisi dell'anomia, deve essere letta in tale ottica. Dopo aver scoperto che certi tipi di suicidio possono essere spiegati con il ricorso al concetto di anomia, Durkheim fu in grado di utilizzare il suicidio anomico come indice del grado di integrazione sociale altrimenti non misurabile. Non si è trattato di un ragionamento circolare, come si potrebbe sostenere, ma di una ulteriore applicazione del suo metodo di analisi. Egli infatti ha così proceduto nel suo ragionamento: non esistono società in cui il suicidio non si verifichi; inoltre molte società mostrano, nel lungo periodo, tassi di suicidio sostanzialmente costanti. Ciò indica che i suicidi possono essere considerati un fatto "normale", cioè un evento non patologico. Tuttavia, improvvisi aumenti in taluni gruppi o in talune società globali, dei tassi di suicidio sono "anormali", e rivelano l'esistenza di taluni elementi perturbatori non presenti in precedenza. Da ciò deriva che percentuali di suicidi patologicamente elevate in gruppi o categorie sociali specifiche o in società globali, possono essere considerate come un indice dell'azione di forze disgreganti all'interno di una struttura sociale.

Durkheim sulla base del rapporto tra il suicida e la società, distinse vari tipi di suicidio. Quando gli uomini diventano "distaccati dalla società", quando essi sono abbandonati ai loro impulsi e liberati dai vincoli per mezzo dei quali precedentemente erano legati ai loro simili, tendono al suicidio egoistico o individualistico. Quando le regole sociali che guidano la condotta individuale si affievoliscono, non riuscendo così a reprimere e a condizionare le inclinazioni umane, si è esposti al suicidio anomico.»

1525 Qual è la differenza fondamentale fra suicidio anomico e suicidio egoistico?

- **A** Il primo è la conseguenza di regole sociali ammorbidite e il secondo è la conseguenza della rottura dei vincoli che tengono legati gli uomini fra loro
- **B** Il suicidio egoistico è determinata dalla mancanza di leggi ferree, mentre quello anomico è causato dalla mancanza di valori personali
- **C** Il suicidio anomico si può verificare solo in società in decadenza, mentre il suicidio egoistico è prodotto solo da momenti di crisi personali di ogni suicida
- **D** Sono la stessa cosa, varia solo il modo in cui vengono considerati in relazione ai parenti dei suicidi
- **E** Il suicidio egoistico riguarda gli individui che vivono da soli, quello anomico riguarda gli individui che non rispettano nessuna legge

1526 L'autore del brano riconosce quale nucleo principale del pensiero di Durkheim:

- **A** l'identificazione nella povertà dello stato di miglior sanità morale
- **B** la distinzione fra due differenti tipologie di suicidio: quello anomico e quello egoistico
- **C** l'identificazione nella ricchezza delle cause del suicidio
- **D** l'analisi sociologica che conduce alla formulazione del concetto di anomia
- **E** il riconoscimento del suicidio come stato non patologico della società

1527 Vi è qualche elemento nel brano che lascia trasparire la posizione dell'autore nei confronti dell'analisi sociologica di Durkheim?

- **A** Sì, può sembrare che l'autore condivida l'analisi sulle cause che generano il suicidio
- **B** Sì, in relazione alla condanna dell'esasperata ricerca di ricchezza come generatrice di continui bisogni e quindi di infelicità
- **C** No, il tono del brano è oggettivo e distaccato e si limita a riportare una teoria senza esprimere giudizi a tal proposito
- **D** No, perché il tono del brano è divulgativo e non si vuole influenzare i lettori che ignorano i fondamenti della sociologia
- **E** Sì, l'autore condivide la necessità che la società imponga rigide e invasive leggi per evitare fasi di decadenza

1528 Il brano potrebbe verosimilmente essere parte di:

- **A** un volume di storia del pensiero sociologico
- **B** un volume di storia politica
- **C** un'enciclopedia generale
- **D** un articolo di un settimanale
- **E** un articolo di fondo di un quotidiano

1529 Secondo l'autore del brano, il suicidio anomico è indice:

- **A** dell'incapacità di adattamento degli individui
- **B** del grado di disintegrazione civica
- **C** del grado di povertà di valori di una società
- **D** del grado di povertà economica di una società
- **E** del grado di integrazione sociale

In base alle informazioni contenute nel brano seguente, rispondere alle successive domande.

«I primi psicologi sperimentali del diciannovesimo secolo non si interessavano, generalmente, della misurazione delle differenze individuali. Il fine ultimo degli psicologi in questo periodo consisteva nella formulazione di descrizioni generali del comportamento umano. Erano le uniformità nel comportamento umano piuttosto che le differenze a richiamare la loro attenzione. Le differenze individuali venivano ignorate oppure accettate come un male necessario, che limitava però la possibilità di applicazione pratica delle leggi generali. Di modo che il fatto che una persona reagisse in modo diverso da un'altra in condizioni identiche veniva considerato come una specie di errore. La presenza di questo errore - e cioè della variabilità individuale - faceva sì che le generalizzazioni fossero approssimate piuttosto che esatte. Era questo l'atteggiamento prevalente nei confronti delle differenze individuali nei laboratori come quello fondato da Wundt a Lipsia nel 1879, nel quale si formarono i primi psicologi sperimentali. Nella scelta degli argomenti, come in molte altre fasi del lavoro, i fondatori della psicologia sperimentale rivelavano l'influenza che su di essi esercitava la loro preparazione in fisiologia e nelle scienze fisiche. I problemi studiati nei loro laboratori erano soprattutto connessi con la sensibilità agli stimoli visivi, uditivi e altri stimoli sensoriali e con il tempo di reazione semplice. Un tale rilievo dato ai fenomeni sensoriali si riflesse a sua volta sulla natura dei primi test psicologici.»

1530 Secondo quanto affermato nel brano, gli psicologi sperimentali consideravano le differenze individuali come:

- A una fonte di errore per le leggi generali
- B un problema al quale dedicare particolare attenzione
- C una fonte di imprecisione nella diagnosi delle malattie mentali
- D misurabili con il ricorso a strumenti propri delle scienze fisiche
- E nessuna delle altre alternative è corretta

1531 Con quale finalità l'autore menziona il gruppo guidato da Wundt?

- A Per evidenziare gli importanti risultati che il gruppo di ricercatori ha conseguito
- B Per dimostrare come la psicologia sia in realtà una scienza esatta
- C Per evidenziare come i primi psicologi sperimentali si concetrassero sull'analisi dei fenomeni sensoriali
- D Per fornire un esempio del metodo di lavoro dei primi psicologi sperimentali
- E nessuna delle altre alternative è corretta

1532 Secondo quanto affermato nel brano, la psicologia sperimentale è nata:

- A nei primi del novecento
- B in Germania
- C in Austria
- D nel diciottesimo secolo
- E nessuna delle altre alternative è corretta

1533 Dal brano si può dedurre che l'autore verosimilmente è:

- A un esperto di storia della psicologia
- B un giornalista
- C uno psicologo tedesco
- D uno storico
- E nessuna delle altre alternative propone un autore verosimile del brano

1534 Per quale motivo, secondo l'autore, gli psicologi sperimentali attribuivano particolare rilevanza all'analisi dei fenomeni sensoriali?

- A Perché si trattava degli unici fenomeni all'epoca analizzabili
- B Perché il loro interesse erano concentrato sulle uniformità dei comportamenti più che sulle differenze individuali
- C Perché erano influenzati dalla loro preparazione in fisiologia
- D Perché i fenomeni sensoriali sono più facili da analizzare dei fenomeni emotivi
- E Nessuna delle altre alternative è corretta

Leggere il brano seguente e rispondere alle successive domande.

Di solito, solo un fatto che esce dall'ordinario stimola la richiesta di una spiegazione. Ad esempio, un impiegato che giunge in ufficio in perfetto orario per mesi o per anni non desterà mai alcuna curiosità riguardo al suo comportamento. Qualora un giorno gli accadesse di ritardare un'ora, il direttore gli richiederebbe certamente una spiegazione. Ma cos'è che rende una spiegazione valida e accettabile? L'impiegato potrebbe rispondere che aveva preso l'autobus delle sette e mezzo, come sempre, ma che l'autobus era stato coinvolto in un incidente stradale e aveva quindi subito un notevole ritardo. Non avendo a disposizione nessun altro mezzo di trasporto, aveva dovuto attendere che l'autobus fosse riparato, cosa che aveva richiesto un'ora intera. Questa giustificazione sarebbe probabilmente ritenuta soddisfacente. E può esserlo perché il fatto da spiegare segue logicamente dalle proposizioni che costituiscono la spiegazione, tanto da non suscitare più alcuna perplessità. Una spiegazione è un gruppo di proposizioni o un racconto dal quale può essere logicamente inferito il fatto da spiegare e la cui accettazione elimina o diminuisce il carattere problematico o enigmatico del fatto stesso.

Naturalmente, l'inferenza del fatto come conclusione dalla spiegazione assunta come premessa può essere formalmente corretta ove le "sottintese" premesse addizionali siano delle leggi causali generalmente accettate, ovvero che la conclusione ne derivi con probabilità piuttosto che deduttivamente. È quindi evidente che la spiegazione e l'inferenza sono in stretta relazione reciproca. Esse sono, in effetti, lo stesso procedimento logico considerato da due opposti punti di vista. Date certe premesse, qualsiasi conclusione che possa essere logicamente inferita si può considerare spiegata da queste premesse. E, dato un fatto da spiegare, diciamo che ne abbiamo trovato la spiegazione quando abbiamo trovato delle premesse dalle quali il fatto stesso possa essere logicamente inferito.

Alcune spiegazioni proposte sono, naturalmente, migliori di altre. Il principale criterio per valutare le spiegazioni è la *rilevanza*. Se l'impiegato adducesse a giustificazione del suo ritardo il fatto che c'era una guerra in Cina o una carestia in India, la sua spiegazione sarebbe certamente considerata ben povera, o meglio non sarebbe considerata affatto una spiegazione. Un racconto di questo tipo non avrebbe "nulla a che fare con il fatto", sarebbe cioè *irrilevante*, perché il fatto da spiegare *non* può essere inferito da esso. La rilevanza di una spiegazione proposta è dunque esattamente proporzionale alla forza dell'argomento mediante il quale il fatto da spiegare è inferito dalla spiegazione proposta.

1535 Per quale motivo l'autore riporta l'esempio dell'impiegato?

- A Per chiarire l'intento di chi fornisce una spiegazione a un proprio comportamento
- B Per chiarire cosa si intenda con il concetto di spiegazione
- C Per evidenziare un comportamento poco corretto
- D Per fornire un esempio di spiegazione inconsistente
- E Per chiarire le motivazioni che spingono un individuo a chiedere una spiegazione

1536 Quale delle seguenti spiegazioni NON verrebbe ritenuta dall'autore del brano rilevante in relazione al fatto che Francesco non è andato a scuola?

- A Francesco è andato al cinema durante l'orario scolastico
- B Francesco ha subito un incidente mentre stava andando a scuola ed è stato trasportato all'ospedale
- C Francesco non ama la scuola
- D Francesco ha perso il treno che lo porta a scuola e il treno è l'unico mezzo di trasporto disponibile per recarsi a scuola da dove abita Francesco
- E Le altre spiegazioni sono tutte rilevanti

1537 Secondo l'autore una premessa spiega una conclusione se:

- A la premessa può essere logicamente dedotta dalla conclusione
- B la conclusione è condizione sufficiente affinché sia vera la premessa
- C la premessa può essere inferita sulla base della conclusione
- D la conclusione può essere logicamente inferita dalla premessa
- E la premessa conferma la conclusione

1538 Secondo l'autore la rilevanza di una spiegazione è:

- A ininfluente per poter valutare se una spiegazione sia o meno accettabile
- B direttamente proporzionale alla forza con cui è possibile dedurre logicamente la spiegazione dal fatto da spiegare
- C sufficiente a rendere la stessa spiegazione accettabile
- D necessaria a rendere la stessa spiegazione inaccettabile
- E direttamente proporzionale alla forza con cui è possibile inferire il fatto da spiegare dalla spiegazione

1539 Qual è il carattere del brano?

- A Scientifico
- B Tautologico
- C Divulgativo
- D Tecnico
- E Letterario

In base alle informazioni contenute nel brano seguente, rispondere alle successive domande.

«Il buddismo zen è una pratica e una visione della vita che non appartengono a nessuna categoria formale del moderno pensiero occidentale. Non è religione o filosofia; non è una psicologia o un tipo di scienza. È un esempio di ciò che è noto in India o in Cina come una "via di liberazione", ed è analogo sotto questo aspetto al taoismo, al vedanta e allo yoga. Come sarà presto evidente, una via di liberazione non può avere nessuna definizione positiva. Dev'essere suggerita dicendo ciò che essa non è, un po' come uno scultore rivela una figura rimuovendo le schegge da un blocco.

Storicamente, lo zen può considerarsi come il compimento di lunghe tradizioni di cultura indiane e cinesi, sebbene sia in realtà molto più cinese che indiano e, dal XII secolo, si sia profondamente radicato (e molto costruttivamente) nella cultura del Giappone. Come fruizione di queste grandi culture, e come esempio unico e particolarmente istruttivo di via di liberazione, lo zen è uno dei più preziosi doni dell'Asia al mondo.

Le origini dello zen sono sia taoiste che buddiste, e poiché il suo profumo è così tipicamente cinese, è forse meglio iniziare indagando sui suoi antecedenti cinesi, e illustrando al tempo stesso mediante l'esempio del taoismo ciò che si intende per via di liberazione.

Gran parte della difficoltà e delle mistificazioni che lo zen presenta allo studioso occidentale è il risultato della sua scarsa familiarità con i modi di pensiero cinesi; modi che differiscono sostanzialmente dai nostri e che sono, proprio per questa ragione, di particolare valore per noi nella ricerca di una prospettiva critica delle nostre idee. Il problema non è qui semplicemente di padroneggiare idee diverse, che differiscono dalle nostre come, diciamo, le idee di Kant differiscono da quelle di Descartes, o quelle dei calvinisti da quelle dei cattolici. Il problema è di tenere in dovuto conto le differenze nelle premesse fondamentali del pensiero e nei veri e propri metodi del pensare; differenze così facilmente trascurate, che le nostre interpretazioni della filosofia cinese tendono a essere una proiezione, nella terminologia cinese, di idee tipicamente occidentali. Questo è l'inevitabile svantaggio di chi studia la filosofia asiatica coi metodi puramente letterari della cultura occidentale, poiché le parole possono essere comunicative solo tra coloro che dividono esperienze analoghe.

Ciò non significa che una lingua così ricca e articolata come l'inglese sia semplicemente inetta a esprimere idee cinesi. Al contrario, essa è in condizione di esprimere assai più di quanto abbiano creduto possibile taluni studiosi cinesi e giapponesi dello zen e del taoismo, la cui dimestichezza con l'inglese lascia alquanto a desiderare. La difficoltà risiede non tanto nel linguaggio quanto nei modelli di pensiero che sono finora sembrati inseparabili dal modo accademico e scientifico di affrontare un argomento. L'inadeguatezza di questi modelli per argomenti come il taoismo e lo zen è largamente responsabile dell'impressione che lo "spirito orientale" sia misterioso, irrazionale e imperscrutabile. Inoltre, non bisogna credere che questi soggetti siano così tipicamente cinesi e giapponesi da mancare di qualsiasi punto di contatto con la nostra cultura. Mentre è vero che nessuna delle suddivisioni formali della scienza e del pensiero occidentali corrisponde a una via di liberazione, il mirabile studio di R. H. Blyth sullo zen ha mostrato molto chiaramente che le intuizioni essenziali dello zen sono universali. Le ragioni per cui a prima vista il taoismo e lo zen rappresentano un tale enigma per la mente occidentale sta nel fatto che noi abbiamo una visione ristretta del sapere umano. Per noi quasi tutto il sapere consiste in ciò che un taoista chiamerebbe conoscenza convenzionale, poiché noi non sentiamo di sapere veramente qualcosa se non possiamo rappresentarcelo con parole, o con qualche sistema di segni convenzionali come le notazioni della matematica e della musica. Tale conoscenza è detta convenzionale poiché è un fatto di convenzione sociale né più ne meno che i codici del linguaggio. Proprio come la medesima gente che parla il medesimo linguaggio ha taciti accordi riguardo le parole da usare per indicare determinate cose, così i membri di ogni società e di ogni cultura sono tenuti uniti da vincoli di comunicazione che poggiano su ogni specie di accordo riguardo la classificazione e la valutazione di azioni e di cose.»

1540 Secondo quanto riportato nel brano, il buddismo zen è:

- A una filosofia
- B una religione
- C una psicologia
- D analogo al taoismo
- E un'arte cinese

1541 Secondo quanto riportato nel brano, lo zen:

- A nacque in Cina
- B nacque in India
- C nacque in Giappone
- D si diffuse in Giappone
- E si diffuse in tutta l'Asia

1542 Lo studioso occidentale ha difficoltà ad avvicinarsi allo zen perché:

- A il pensiero occidentale è pervaso di razionalismo kantiano
- B non riesce a padroneggiare idee diverse dalle sue
- C non riesce a tenere conto delle differenze nelle premesse fondamentali del pensiero
- D non riesce a capire la terminologia cinese
- E le parole riescono a essere comunicative solo tra chi studia le stesse materie

1543 Lo "spirito orientale" rimane misterioso perché:

- A i modelli di pensiero occidentali non sono adeguati
- B è irrazionale e imperscrutabile
- C la lingua cinese è troppo diversa dalla lingua inglese
- D non ci sono punti di contatto tra la cultura occidentale e quella orientale
- E nessuna delle suddivisioni formali della scienza occidentale corrisponde a una via di liberazione

1544 La "conoscenza convenzionale" per un taoista è:

- A tutto quello che viene rappresentato con notazioni matematiche
- B tutto quello che gli occidentali chiamano sapere
- C lo studio dei simboli convenzionali
- D l'insieme delle convenzioni sociali
- E la classificazione e la valutazione di azioni o cose

Leggere il brano seguente e rispondere ai relativi quesiti.

Parto dal presupposto di una conoscenza generale dell'argomento: per esempio, che si sappia che la cattedrale di St Paul a Londra è un edificio classico, mentre l'abbazia di Westminster non lo è; che il British Museum è un edificio classico, mentre il Natural History Museum a South Kensington non lo è; che tutti gli edifici intorno a Trafalgar Square, cioè la National Gallery, la chiesa di St Martin-in-the-Fields, la Canada House e anche South Africa House sono classici; che tutti gli edifici pubblici nella Whitehall sono classici, ma che non lo è il palazzo del parlamento. Si tratta di distinzioni elementari, tanto che sulle prime mi si potrebbe accusare di perdere tempo in cose scontate. Quand'è che un edificio classico non è tale? E ciò ha davvero importanza? Le principali caratteristiche architettoniche non hanno forse un rilievo maggiore e non sono forse indipendenti da una simile terminologia stilistica? Certamente. Tuttavia non mi è possibile giungere a quanto intendo dire in queste conversazioni senza isolare subito da tutti gli altri quegli edifici che, *prima facie*, sono classici. Tratterò dell'architettura come linguaggio e mi limiterò per il momento a presumere che il mio pubblico riconoscerà il latino dell'architettura quando se lo troverà di fronte. Il latino dell'architettura: ecco ciò che mi induce a un altro presupposto di carattere generale. L'architettura classica affonda le sue radici nell'antichità, nel mondo greco e in quello romano, nell'architettura dei templi del mondo greco e nell'architettura religiosa, militare e civile dei romani. Ma questa serie di conversazioni non è destinata all'architettura greca e romana, non è destinata allo sviluppo e all'elaborazione del linguaggio classico dell'architettura, ma verte sulla natura e il suo uso: il suo uso come linguaggio architettonico comune, ereditato da Roma, da parte di quasi tutto il mondo civile nei cinque secoli che intercorrono fra il Rinascimento e l'epoca attuale. Dunque, d'ora in poi potremo essere più precisi. Consideriamo il termine "classico" applicato all'architettura. È un errore cercare di definire il classicismo. Esso assume ogni sorta di significati utili in contesti differenti e io propongo di considerarne soltanto due che saranno entrambi utili nel corso di queste conversazioni. Il primo significato è il più evidente. Un edificio classico è quello i cui elementi decorativi derivano direttamente o indirettamente dal vocabolario architettonico del mondo antico: il mondo "classico", come è spesso chiamato. Questi elementi sono facilmente identificabili: per esempio, le colonne di cinque tipi determinati, usate in determinati modi; modi determinati di trattare porte e finestre e le estremità del frontone, e determinati tipi di modanature applicabili a tutte queste cose. Benché spesso si prescinda da questi "elementi determinati", essi sono ancora riconoscibili come tali in ogni parte di tutti gli edifici che possono essere considerati classici in questo senso. Quanto precede costituisce, mi sembra, una schematizzazione esatta, benché superficiale, di ciò che è l'architettura classica; essa consente di riconoscere l'"uniforme" indossata da una certa categoria di edifici, la categoria che chiamiamo classica. Ma non dice nulla sugli elementi essenziali del classicismo in architettura. A questo punto, tuttavia, dobbiamo procedere piuttosto cautamente. Dire "elementi essenziali" è molto vago e, documentandosi, si scopre spesso che essi non esistono. Ciò nondimeno, la storia dell'architettura classica è costellata da una serie di giudizi sugli elementi essenziali dell'architettura, e tali giudizi sono concordi per un lungo periodo di tempo, al punto che possiamo affermare che lo scopo dell'architettura classica è stato sempre quello di ottenere un'armonia delle parti suscettibile di dimostrazione. Si è sempre ritenuto che questa armonia fosse propria degli edifici dell'antichità e fosse in gran parte "incorporata" negli elementi principali antichi, particolarmente nei cinque "ordini" di cui ora parleremo. Ma tale armonia è stata anche teorizzata da una serie di trattatisti, i quali hanno dimostrato che in una costruzione si raggiunge un'armonia analoga a quella musicale mediante la proporzione, garantendo cioè che i rapporti di un edificio abbiano soltanto funzioni aritmetiche e che i rapporti di tutte le sue parti siano quei rapporti stessi o si ricolleghino ad essi in modo diretto. Molte pretenziose inesattezze sono state scritte sulla proporzione e non intendo soffermarmici. Il concetto rinascimentale di proporzione è molto semplice. Scopo della proporzione è di ottenere l'armonia attraverso una struttura: un'armonia resa intelligibile mediante l'uso manifesto di uno o più ordini come componente dominante, oppure soltanto mediante l'uso di dimensioni che implicano la replica di semplici rapporti. Questo è sufficiente per consentirci di proseguire. Vi è tuttavia un punto, in questa teorizzazione di ciò che è classico, che costituisce un problema. È possibile, ci si può chiedere, che un edificio non presenti alcuna delle caratteristiche proprie dell'architettura classica, eppure si qualifichi come edificio "classico" soltanto in virtù della proporzione? Ritengo che la risposta debba essere negativa. Si può dire, descrivendo un edificio simile, che le sue proporzioni sono classiche, ma sostenere che è classico non farebbe che disorientare e costituirebbe un abuso di terminologia.

1545 Un edificio classico:

- **A** non si distingue esteriormente dagli altri
- **B** ha dimensioni contenute
- **C** è elementare
- **D** presenta caratteri ereditati dal contesto
- **E** è riconoscibile facilmente a prima vista

1546 Gli elementi decorativi dell'architettura classica:

- **A** non esistono
- **B** costituiscono la categoria dell'edificio
- **C** rappresentano lo scopo dell'edificio
- **D** non sono facilmente identificabili
- **E** è un errore cercare di definirli

1547 Il "latino" dell'architettura indica:

A la patina di antichità vera o presunta
B una particolare schematizzazione
C una struttura di difficile interpretazione
D un linguaggio ereditato dal mondo classico
E la destinazione ad un suo uso ufficiale e pubblico

1548 L'armonia di un edificio dipende da:

A i rapporti di proporzionalità tra le parti
B un aspetto esteriore piacevole
C la coerenza stilistica con l'ambiente
D la coerenza con la finalità di uso
E l'accordo tra struttura e decorazione

1549 La presenza della proporzione:

A è sufficiente per qualificare classico un edificio
B può esistere con un insieme disarmonico
C da sola non consente la qualifica di classico
D è importante solo se riguarda la struttura
E è suscettibile ai diversi ordini architettonici

In base alle informazioni contenute nel brano seguente, rispondere alle successive domande.

Era un giorno di maggio del 1986 nella fitta selva amazzonica, al tramonto. Il capo della tribù degli indios Secoyas disse a suo figlio: "Regala al nostro amico un poco di yagé". L'ospite era il californiano Loren Miller, presidente della società farmaceutica International Plant Medicine Corporation. Tornato negli Stati Uniti, Miller brevettò la pianta ricevuta in dono: numero 5.751. A suo dire, si trattava di una nuova varietà d'ayahuasca o yagé, un rampicante che cresce nella foresta amazzonica, considerato sacro e consumato da più di 400 tribù indigene in Perù, Ecuador, Colombia e Brasile.

Oggi, anche sull'onda della nuova moda che spinge i bogotani "bene" a consumare yagé sotto la guida di sciamani trasferitisi nella capitale, si riaccende la polemica sul "furto" statunitense della pianta sacra. Il brevetto ottenuto da Miller, infatti, è una patente di varietà che concede il monopolio sull'ayahuasca e sulle piante che saranno riprodotte asessuatamente da questa. Non è un brevetto su una formula o su una sostanza chimica estratta dalla pianta, bensì sulla pianta stessa che Miller sostiene di avere "scoperto". Negli Usa infatti chiunque può brevettare una pianta se dimostra che si tratta di una nuova varietà. In questo modo il governo nordamericano ricompensa gli agricoltori col diritto esclusivo alla produzione e vendita di nuovi alimenti. Tuttavia, secondo William Anderson, direttore dell'erbario dell'Università del Michigan, non c'è stata nessuna innovazione dato che gli indios Sionas e Secoyas coltivano e consumano l'ayahuasca da secoli. La questione riporta ancora una volta l'attenzione sulla difficoltà di adattare un sistema come quello dei brevetti al mondo delle nuove tecnologie, soprattutto delle biotecnologie. Negli Usa il sistema dei brevetti sulle piante nacque nel 1930 con il Plant Patent Act che tutela i diritti di chi inventa o scopre, e riproduce per via asessuata, una varietà vegetale distinta e sconosciuta. Se all'origine il sistema era pensato per incentivare l'introduzione di nuove varietà agricole più redditizie, oggi viene usato appunto per brevettare vegetali che, sebbene sconosciuti nei Paesi ricchi, sono parte di culture e tradizioni secolari degli indigeni.

Lo squilibrio nello sfruttamento di queste conoscenze, senza alcun beneficio per le comunità native, è eclatante: se il 90% del germoplasma, cioè la collezione delle varietà delle diverse specie vegetali utilizzata per i progetti di miglioramento genetico, è costituito da piante originarie del Terzo Mondo, solo l'1% dei brevetti è concesso a chi vive nei Paesi poveri. Gli indios non si oppongono di certo alla ricerca di nuove cure per l'umanità. Ma pretendono almeno il rispetto della propria diversità culturale, dei propri territori e delle proprie conoscenze. L'ayahuasca è il principale ingrediente di una bevanda con effetti allucinogeni usata dai popoli indigeni dell'Amazzonia durante i rituali religiosi. Gli sciamani la assumono quando devono risolvere un conflitto, rispondere alle richieste di un gruppo confinante, per scoprire le cause delle malattie, sapere se arrivano estranei o accertarsi della fedeltà della propria moglie. Per Antonio Jacanamijoy, presidente del Coica (Coordinamento delle organizzazioni indigene della regione amazzonica), "la commercializzazione di un elemento delle cerimonie religiose, rappresenta per gli indios amazzonici un grave affronto". Secondo la tradizione, infatti, solo gli sciamani possono preparare la bevanda rituale e nessun membro della comunità può berla senza la guida di uno di loro. L'ayahuasca è per gli indigeni dell'Amazzonia ciò che la coca è per i loro cugini andini: una pianta sacra, il cui uso è controllato dai saggi della tribù per il servizio della comunità, e senza alcun fine di lucro. Insomma, secondo gli indios è un po' come se qualcuno volesse brevettare la particola e il vino dell'Eucarestia.

Naturalmente, sullo sfondo di vicende come quella dell'ayahuasca vi sono gli interessi milionari delle industrie farmaceutiche che commercializzano i medicinali prodotti a partire dalle piante native. Eppure l'Articolo 29 della Carta dell'Onu sui Diritti dei popoli indigeni recita: "I popoli nativi hanno il diritto al riconoscimento della piena proprietà e controllo del proprio patrimonio culturale ed intellettuale. Hanno il diritto a misure speciali per lo sviluppo e la protezione delle loro scienze, tecnologie e manifestazioni culturali, includendo il patrimonio genetico umano e le proprie conoscenze sui benefici effetti di fauna e flora nella cura delle malattie".

1550 **In base a quanto riportato nel brano, che cosa brevettò Loren Miller?**

- A La tecnica di riproduzione asessuata dell'ayahuasca
- B Una pianta ricevuta in dono dal capo dei Secoyas
- C La formula di un farmaco tratto dall'ayahuasca
- D Una sostanza chimica estratta dall'ayahuasca
- E Una bevanda allucinogena a base di yagé già utilizzata dagli indios dell'Amazzonia

1551 **In base a quanto riportato nel brano, che cosa accadde nel 1930 negli USA?**

- A Si incominciarono a brevettare i farmaci a base di sostanze vegetali
- B Fu introdotta per la prima volta una sostanza a base di yagé
- C L'International Plant Medicine Corporation rubò alcune radici di yagé a una tribù india
- D Venne finalmente abolito il Plant Patent Act
- E Il Plant Patent Act stabilì la protezione dei diritti di chi riproduce per via asessuata una varietà vegetale fino ad allora sconosciuta

1552 **Secondo quanto sostenuto nel brano, che cosa rivendicano gli indios dell'Amazzonia?**

- A Una percentuale sui profitti che le industrie farmaceutiche traggono dall'uso delle loro piante sacre
- B Il rispetto della loro cultura
- C L'indicazione, sulle confezioni di farmaci, del luogo da cui provengono le sostanze vegetali in essi contenute
- D L'esclusiva sullo sfruttamento dell'ayahuasca
- E Il diritto dei loro sciamani a guidare coloro che consumano yagé fuori dai territori amazzonici

1553 **Che cosa intende l'autore del brano con il termine "germoplasma"?**

- A Il nome del brevetto numero 5.751 ottenuto da Loren Miller
- B L'insieme delle varietà delle diverse specie vegetali utilizzate nei progetti di miglioramento genetico
- C L'insieme delle radici sacre utilizzate dalle tribù amazzoniche
- D L'insieme delle specie vegetali conosciute
- E L'insieme di flora e fauna

1554 **In base a quanto riportato nel brano, chi è William Anderson?**

- A Un industriale statunitense
- B Il direttore di un erbario
- C Un difensore dei diritti degli indios
- D Il cugino di Loren Miller
- E Uno sciamano traferitosi negli Stati Uniti

In base alle informazioni contenute nel brano seguente, rispondere alle successive domande.

«Gli anni Settanta hanno visto fiorire innumerevoli programmi speciali per la diagnosi e la cura delle difficoltà di apprendimento. Gli educatori hanno acquisito una sempre maggiore consapevolezza dell'elevata incidenza di questo tipo di handicap tra i bambini in età scolare. Nella normativa emessa dal *Bureau of Education for the Handicapped,* questi bambini vengono definiti come portatori di un'alterazione riguardante uno o più processi psicologici fondamentali ai fini della comprensione e dell'uso della lingua, scritta o parlata, e tale da tradursi in un'imperfetta capacità di ascolto, pensiero, parola, lettura, scrittura, sillabazione o calcolo matematico. Rientrano in questo tipo di alterazione: gli handicap di natura percettiva, le lesioni cerebrali, le alterazioni mentali di minima entità, la dislessia e l'afasia. In questa definizione non vanno inclusi i bambini che abbiano problemi di apprendimento principalmente dovuti a difetti visivi, uditivi o motori, oppure a ritardo mentale, a turbe emotive, o a particolari condizioni sfavorevoli dell'ambiente in cui vivono. Da questa definizione consegue che il termine incapacità di apprendere non dovrebbe essere impiegato se non dopo aver escluso parecchie altre condizioni quali possibili cause delle difficoltà scolastiche o psicologiche del bambino. La varietà dei termini usati per indicare casi simili riflette sia il progressivo cambiamento nel tempo dell'approccio adottato, sia una convergenza dell'orientamento medico, didattico e psicologico. Fino a poco tempo fa, quelle che oggi sono definite difficoltà di apprendimento erano considerate indici di lesioni cerebrali o, perlomeno, di alterazioni funzionali cerebrali di lieve entità. Attualmente, invece, si ritiene che alla base dell'incapacità di apprendere ci possa essere una situazione neurologica patologica, di cui però non si può presumere la presenza in tutti i casi. Inoltre, gli esperti di questo tipo di difficoltà insistono in maniera caratteristica nell'affermare che essi non sono affatto interessati all'eziologia, ma hanno bisogno di puntualizzare il quadro specifico delle incapacità comportamentali di ciascun caso per poter predisporre un opportuno programma di rieducazione.»

1555 **Con riferimento alle difficoltà di apprendimento, l'autore è interessato a:**

- A identificarne le cause e le corrette terapie
- B identificarne i metodi di diagnosi
- C definirne con precisione i confini
- D evidenziarne la diffusione fra i bambini in età scolare
- E ribadire che si tratta di lesioni celebrali

1556 Secondo quanto affermato nel brano, quale dei seguenti non rappresenta un sintomo di difficoltà di apprendimento?

A L'incapacità di ascolto
B La scarsa creatività nell'affrontare problemi numerici
C La difficoltà a svolgere calcoli matematici
D L'incapacità di leggere
E L'imperfetta capacità di parlare

1557 Cosa affermano gli esperti circa le cause delle difficoltà di apprendimento?

A Che alla base di tali difficoltà vi sono sempre delle situazioni neurologiche patologiche
B Che alla base di tali difficoltà vi sono sempre delle lesioni cerebrali
C Gli esperti non sono interessati alle cause quanto ai programmi di rieducazione
D Che alla base di tali difficoltà vi sono spesso problemi di tipo familiare
E Nessuna delle altre alternative riporta quanto affermato dagli esperti circa le cause delle difficoltà di apprendimento

1558 Secondo l'autore del brano, un bambino che soffre di un difetto visivo:

A non deve considerarsi un soggetto con difficoltà di apprendimento
B deve essere considerato un soggetto portatore di handicap, seppure di lieve entità
C è un soggetto con potenziali difficoltà di apprendimento che occorre seguire con particolare cura
D non rappresenta un problema per la medicina
E deve essere considerato un soggetto portatore di handicap di grave entità

1559 Dal brano è possibile dedurre che, prima degli anni Settanta:

A si sottostimava la reale diffusione delle difficoltà di apprendimento fra i bambini in età scolare
B non era ancora stata chiarita la distinzione fra difficoltà di apprendimento e lesione cerebrale
C si riteneva che le difficoltà di apprendimento fossero legate prevalentemente a problemi di natura ambientale
D non si prestava sufficiente attenzione alla ricerca in tema di prevenzione delle difficoltà di apprendimento
E nessuna delle altre alternative è correttamente deducibile

In base alle informazioni contenute nel brano seguente, rispondere alle successive domande.

Per ogni essere umano, fin dalle prime ore di vita, i fatti linguistici sono legati profondamente agli affetti, alle esperienze quotidiane, alla maturazione delle capacità di socializzazione e di elaborazione conoscitiva. Pervadono il nostro privato in tutte le sue forme più concrete. Per il profano risulta quindi sempre faticoso capire che a questa concretezza grondante di materialità, affettività e quotidianità possa essere e sia vantaggioso guardare anche da un punto di vista molto astratto, non per negare la concretezza, ma per intenderne meglio la sottile trama, una trama logica, matematica, che la innerva.Alcuni grandi teorici del Novecento, anche se non consenzienti in tutto tra loro, hanno messo in luce questi vantaggi, da Saussure, all'inizio del secolo, fino a Chomsky, al termine.Guardare al linguaggio, alle lingue e all'esprimersi da questo punto di vista molto astratto vuol dire accostarsi (cercare di accostarsi) al modo in cui un matematico guarda a un calcolo o a una figura. Che usiate carta e penna, gesso e lavagna, tastiere e video, o la vostra voce e le parole della vostra o di un'altra lingua, e cifre arabe o romane o cinesi e sistemi di numerazione in base due, o dieci o dodici, o pietruzze e sabbia e bastoncini, tutto questo non ha alcun interesse. Il suo occhio coglie invarianti e relazioni tra invarianti, queste le cose interessanti.Lunghezze o spazi e quantità numeriche, così diverse nella concreta esperienza e così diversamente rappresentate, gli appaiono proiezioni di entità concettualmente identiche: saturazioni diverse di identiche relazioni astratte. Se si guarda al linguaggio in questo modo, parlare e scrivere appaiono solo saturazioni diverse del costruire segni valendosi delle unità e regole di una lingua. E del resto le lingue stesse, nella loro immensa varietà, appaiono proiezioni accidentalmente diverse, ma concettualmente equivalenti, di un'unica capacità di identificare, differenziare e associare ciò che vogliamo dire e ciò che ci permette di esprimerlo. Nell'atmosfera remota e rarefatta della pura teoria parlare e scrivere sono equivalenti. Ma se mettiamo le due attività in rapporto con le concrete capacità dei singoli, in un contesto storico e culturale determinato, le cose cambiano. (Cambia anche, e come, fare calcoli con pietruzze o con carta e penna, a memoria o su una calcolatrice...) Almeno oggi e per ora, ben poco di ciò che chiamiamo scrittura è davvero, in via di fatto, soltanto una diversa saturazione di un parlare e il parlato lo è di uno scrivere.La scrittura si avvicina a equivalere al parlare quando qualcosa viene scritto sotto dettatura. Sarà ancora meglio equivalente se e quando saranno assai più perfetti, cioè ben più aderenti a qualunque dettaglio di qualunque realizzazione parlata, i sistemi di dettatura automatica, cioè di registrazione e trascrizione automatica della voce parlante. Ma nel comune scrivere e anche nell'attuale dettatura automatica (che, per ora, è però un parlato orientato al suo dover essere scritto) le cose stanno assai diversamente. Una frase scritta equivale a una frase parlata e viceversa, solo in quanto vi è tra le due un buon grado di sinonimia, cioè una più o meno estesa comunanza di sensi attribuibili indifferentemente all'una e all'altra. Ma molte sono le differenze formalmente e sostanzialmente rilevanti. Il parlato non può sottrarsi mai del tutto all'integrazione con riferimenti evidenti a chi parla, allo stato in cui si trova, alle circostanze presenti nell'immediato e a gesti, toni, pause che accompagnano e colorano il dire e orientano chi ascolta nella comprensione del senso concreto, più vero, perfino contro la volontà, a volte, di chi sta parlando. Tutto ciò è forzatamente semplificato in ogni usuale sistema di scrittura. Ciò che scriviamo qui e ora verrà letto (forse) un giorno lontano altrove, da chi per afferrare il senso di ciò che vogliamo dire non ha altro indizio che la nuda forma delle nostre frasi o parole.Guai se queste fanno troppo affidamento sui toni o sulla mimica con cui le pronunceremmo parlando o sulle evidenze materiali che ci circondano mentre scriviamo. Di conseguenza la redazione di un testo scritto, per modesto che sia, obbliga chi scrive a una riflessione preliminare sulle forme linguistiche da impiegare perché il testo, privo di sussidi che accompagnano il parlato, risulti accessibile a destinatari lontani nello spazio e nel tempo e, forse, nella cultura e negli affetti. La scrittura è un'impietosa spoliazione di tutto ciò che informalmente ed estemporaneamente ci aiuta a esprimerci nel parlare. Ci aiuta e deve aiutarci.Un buon parlatore sa che, per quanto abbia progettato con cura e fissato in mente ciò che deve dire, il dire effettivo è mortifero se non tiene conto delle necessità o delle possibilità che un concreto interlocutore o un determinato pubblico e una specifica situazione presentano. D'altra parte, proprio per questa spoliazione, la scrittura deve rendere esplicito tutto ciò che nel parlare può e deve rimanere implicito. L'implicito del parlato va portato nella forma delle parole e delle frasi scritte, va formalizzato.

1560 La considerazione astratta del linguaggio riguarda:
- A l'evoluzione storica
- B il solo aspetto fonologico
- C il lessico preso per sé
- D il parlato effettivo
- E le sue strutture

1561 Per saturazione di una struttura si intende:
- A il completamento della sua evoluzione
- B l'atto esplicito del discorso
- C la sua realizzazione con un contenuto concreto
- D il passaggio dal dialetto alla lingua
- E la sua conformità con le regole morfo-sintattiche

1562 Tra saturazione orale e scritta di un messaggio:
- A cambiano sia la forma che il contenuto
- B la diversità è radicale
- C cambia la regolarità grammaticale
- D sono diversi i registri espressivi
- E non esistono equivalenze di significato

1563 Il senso di un messaggio orale è accompagnato da:
- A un inferiore controllo sintattico
- B un accentuato livello di spontaneità
- C fattori fonologici, gestuali e mimici
- D una esatta determinazione dei destinatari
- E una conoscibilità immediata della ricezione

1564 La saturazione scritta di un messaggio deve:
- A corrispondere esattamente alle sue finalità
- B riprodurre esattamente il contenuto del parlato
- C essere totalmente autonoma rispetto al parlato
- D prevedere le modalità di ricezione
- E rendere espliciti i fattori impliciti nell'orale

Scegliere la risposta che ritenete corretta in base soltanto a ciò che risulta esplicito o implicito nel brano, cioè solo in base a quanto si ricava dal brano e non in base a quanto eventualmente sapete già sull'argomento.

La realtà del Caravaggio

Della fondamentale motivazione stilistica della luce del Caravaggio si è largamente parlato, e se ne sono cercate le fonti nella cultura lombarda dove in parte si trovano; ma l'insorgenza del luminismo caravaggesco risulterebbe inspiegabile senza lo stimolo e l'urgenza di comunicare un contenuto simbolico. Intendo simbolico in senso intenzionale, programmatico. Da questo intento simbolico può essere infine considerata distinta ma comunicante la componente espressiva ed "emozionale": tutto ciò che il luminismo caravaggesco dice ed esprime anche al di là delle più immediate intenzioni. Non hanno dunque un messaggio univoco ma un coacervo di messaggi, nel quale certo hanno la loro parte gli stessi connotati psichici dell'intensità religiosa ed umana di Caravaggio, della sua passionalità, come e soprattutto, in stretta connessione di trauma, l'eco delle inquinanti novità del pensiero post-copernicano in una nuova immaginazione esistenziale e cosmica. Finché al centro anche topografico dell'universo restavano la terra e l'uomo, era naturale relazionare questo mondo-ombelico ad un Dio-testa che lo osservava dall'alto. Quando i mondi e i centri diventano plurimi e sfuggenti, o solo si insinua il sospetto che lo siano, anche il luogo di Dio fluttua nell'universo, e se Dio un luogo ha, non può essere che dentro di noi e dentro alle cose. Non è certo un caso che il Caravaggio, al chiaro e ordinato disegno dello spazio rinascimentale che ha un centro e un perimetro, e che è misurabile attraverso la prospettiva, sostituisca fondali ciechi, uno spazio d'ombra insondabile, dove la luce, bucando, crea uno o più centri irrelati ad un qualsiasi perimetro o ad una distinta periferia («Iddio è spera intelligente, il cui centro è in ogni loco, la circumferentia in nessuno», secondo la proposizione ermetica e neo platonica che Bruno rilanciò con più drastico significato). Né par dubbio che l'angoscia e il disorientamento siano i connotati espressivi delle grandi ombre divoranti, delle luci consunte nelle opere estreme: le vicende umane lo confermano.

Ma se tutto ciò esiste nell'opera di Caravaggio a livello globalmente espressivo, sarei cauto nel riconoscere questi stessi ingredienti nella ricetta simbolica, in quello che ritengo sia cioè il significato programmatico del luminismo caravaggesco. Non credo infatti che la sua luce-ombra voglia alludere al Dio e all'universo bruniani; tanto meno ci può soccorrere, in questo senso, la dottrina della luce del Patrizi, che forse è più estranea di quella bruniana (con cui ha tuttavia in comune la componente neoplatonica ed ermetica) al pathos espressivo di Caravaggio, e neanch'essa potrà interessare il livello simbolico delle sue intenzioni rappresentative. E' solo, la dottrina del Patrizi, un documento dell'importanza e dell'attenzione che si votava alla luce nella speculazione neo-platonica del tempo. Tanto vale, allora, rifarci ancora ai neo-platonici Dialoghi d'Amore dove si attribuisce alla luce una decisa preminenza anche formale ed estetica nell'analisi della bellezza, contestando le classiche proporzioni.

Risalendo tuttavia all'indietro, la tesi neo-platonica della luce come "sostanza", essenza delle cose corporee e «corpo incorporeo» rimanda alla matrice agostiniana, che è quella, credo, realmente operante in presa diretta sull'immaginazione luministica del Caravaggio. In sant'Agostino, la valutazione della luce come sostanza è inestricabilmente connessa alla luce come metafora e al suo significato morale di estrazione gnostica: la luce è attributo di Dio e come tale è anche principio di bene, oltre che "lume" ovvero guida, illuminazione: assunto centrale nel pensiero di Agostino è l'assoluta dipendenza dell'intelletto umano da Dio in quanto luce di verità. Per san Tommaso, vanto della mente umana sarà il «lume naturale», che rende capace l'uomo di conoscere, ben distinto dal *lumen gloriae* e dal *lumen gratiae*: premessa questa, in qualche modo, del razionalismo umanistico. Invece per sant'Agostino la conoscenza è pura «visione di Dio», perpetua

illuminazione: questa posizione era evidentemente più consona al clima dogmatico della

Controriforma. La luce della conoscenza e la luce della grazia sono tutt'uno, dono che scende dall'alto.

Se allora un significato simbolico nella luce di Caravaggio sussiste, questo va ricercato in qualcosa di più basico ed elementarmente religioso, nella vecchia simbologia gnostica (ma anche alchemica, secondo il modello del Genesi) del male come tenebra, e nella sua contrapposizione al bene, come la morte si contrappone alla vita.

1565 Nella pittura del Caravaggio, la luce:

- A è una eredità delle tecniche pittoriche precedenti
- B serve solo a creare uno sfondo
- C ha solo un significato simbolico
- D ha solo un significato stilistico
- E ha due significati distinti ma correlati

1566 La visione del Caravaggio è influenzata da:

- A le idee estetiche del razionalismo
- B la filosofia della tarda scolastica
- C la concezione tolemaica del mondo
- D la nuova cosmologia copernicana
- E fattori esclusivamente tecnici

1567 Nella teoria di sant'Agostino la luce:

- A deriva dalla creazione del sole
- B non ha alcun significato mistico
- C è solo un fenomeno naturale
- D è principio della conoscenza e della grazia
- E è simbolo del lumen naturale

1568 I fondali del Caravaggio:

- A rivelano una certa fretta compositiva
- B creano uno spazio d'ombra
- C mettono in rilievo i primi piani
- D sono ricchi di molteplici colori
- E stabiliscono una razionale prospettiva

1569 Nel luminismo caravaggesco il contrasto luce/ombra:

- A riflette l'antitesi bene/male
- B serve a creare l'illusione della profondità
- C è sempre molto sfumato
- D ha una funzione puramente tecnica
- E serve a definire meglio le figure

In base alle informazioni contenute nel brano seguente, rispondere alle successive domande.

«La maggior parte degli impulsi umani si può dividere in due classi, quelli che sono possessivi e quelli che sono costruttivi o creativi. Le istituzioni sociali sono i rivestimenti o le personificazioni degli impulsi e si possono classificare approssimativamente secondo gli impulsi che rappresentano. La proprietà è l'espressione diretta del possesso; scienza e arte stanno tra le più dirette espressioni della creatività. Il desiderio di possesso può essere aggressivo o difensivo: cerca di trattenere quanto si possiede o di togliere ad altri. Nei due casi, l'atteggiamento di ostilità verso gli altri fa parte della sua essenza. Sarebbe un errore supporre che l'impulso di possesso difensivo sia sempre giustificabile, mentre quello offensivo sia sempre biasimevole; quando nello *status quo* esiste una grande ingiustizia, può essere l'esatto opposto e di solito nessuno dei due casi è giustificabile. L'interferenza dello Stato nelle azioni degli individui è resa necessaria dall'impulso del possesso. Alcuni beni possono essere acquistati o mantenuti con la forza, mentre altri no. Si può ottenere una moglie con la forza, come hanno fatto i Romani con le donne sabine; ma l'affetto di una moglie non può essere acquistato in questo modo. Non si sa però se i Romani desiderassero l'affetto delle donne sabine. Coloro nei quali gli impulsi di possesso sono forti, tendono a preoccuparsi soprattutto dei beni che la forza può ottenere. Tutti i beni materiali appartengono a questa categoria. La libertà nei confronti di questi beni, se fosse illimitata, tenderebbe a rendere ricchi i forti e poveri i deboli. Una società capitalista, a causa degli impedimenti parziali imposti dalla legge, rende ricchi gli uomini astuti e poveri gli uomini onesti, perché la forza dello Stato è messa a disposizione degli uomini, non secondo un principio giusto o razionale, ma secondo una serie di massime tradizionali la cui spiegazione è puramente storica. Per tutto quel che riguarda il possesso e l'uso della forza, la libertà illimitata porta anarchia e ingiustizia. La libertà di uccidere, la libertà di rubare, la libertà di defraudare, non appartengono più agli individui, però appartengono ancora ai grandi Stati e vengono da essi esercitate in nome del patriottismo. Tanto gli individui, quanto gli Stati, non dovrebbero essere liberi di esercitare la forza secondo la loro iniziativa, se non nei casi di improvvisa emergenza, come verrà in seguito stabilito a giustificazione davanti a un tribunale. La ragione è che l'esercizio della forza da parte di un individuo contro un altro è sempre male, da ambedue le parti, e può essere tollerato soltanto quando viene compensato da un preponderante bene che ne consegue. Allo scopo di rendere minima la quantità di forza esercitata attualmente nel Mondo, è necessaria l'esistenza di una autorità pubblica, depositaria di una forza praticamente irresistibile la cui funzione dovrebbe essere soprattutto quella di reprimere l'uso privato della forza. L'uso della forza è *privato* quando viene esercitato da una delle parti interessate, o dai suoi amici o complici, e non da una autorità pubblica neutrale, secondo una determinata regola intesa nel pubblico interesse. Il regime della proprietà privata sotto il quale viviamo fa ben poco per impedire l'uso privato della forza. Quando un tale è proprietario di un pezzo di terra, ad esempio, può usare la forza contro coloro che vi transitano abusivamente, che però non devono usare la forza contro di lui. È chiaro che sono necessarie restrizioni alla libertà di transito, perché la terra possa essere coltivata. Ma se questo potere deve appartenere all'individuo, lo Stato dovrebbe assicurarsi che non occupi più terra di quanta gli spetti, nell'interesse pubblico, e che la parte dei prodotti che ne ricava non sia più di un giusto compenso per la sua fatica. I possessori di terre e di capitali oggi possono, con la pressione economica, usare la forza contro quelli che non posseggono niente. Questa forza è sanzionata dalla legge, mentre la forza esercitata dai poveri contro i ricchi è illegale. Questo stato di cose è ingiusto e non impedisce l'uso della forza privata come dovrebbe. L'intero campo degli impulsi possessivi, e dell'uso della forza che producono, ha bisogno di un controllo da parte di un'autorità neutrale pubblica, nell'interesse tanto della giustizia, quanto della libertà. Nell'interno di una nazione, quest'autorità pubblica sarà naturalmente lo Stato; nei rapporti tra le nazioni, se l'attuale anarchia deve cessare, dovrà essere un parlamento internazionale.»

1570 Secondo l'autore del brano:

- **A** la scienza è espressione del desiderio di possesso
- **B** non si sa se i Romani ottenessero le mogli con la forza
- **C** nel desiderio di possesso di tipo difensivo c'è un'essenza di ostilità
- **D** non gli individui, ma gli Stati devono essere liberi di esercitare la forza secondo la loro iniziativa
- **E** nessuna delle precedenti

1571 Nel brano si afferma che:

- **A** l'esercizio della forza da parte di un individuo contro un altro non può essere mai tollerato
- **B** l'uso della forza è sempre illegale
- **C** esiste una forza ingiusta riconosciuta dalla legge
- **D** l'unica forza che può regolare i rapporti reciproci è quella dell'anarchia
- **E** nessuna delle precedenti

1572 Il titolo del brano potrebbe essere:

- **A** Natura degli impulsi umani
- **B** Libertà individuale e pubblico controllo
- **C** Proprietà e giustizia
- **D** Libertà e impulsi individuali
- **E** Pubblico e privato dai Romani a oggi

1573 Il contenuto del brano è:

- **A** storico
- **B** etico
- **C** civico
- **D** scientifico
- **E** didascalico

Scegliere la risposta che ritenete corretta in base soltanto a ciò che risulta esplicito o implicito nel brano, cioè solo in base a quanto si ricava dal brano e non in base a quanto eventualmente sapete già sull'argomento.

I francobolli italiani

La funzione del francobollo è di affrancare la corrispondenza al fine di inoltrarla al destinatario, attraverso i servizi postali, pubblici o privati. Affinché possa espletare questa funzione è indispensabile che il francobollo rechi l'indicazione dell'autorità che lo ha emesso (indicazione che denota anche l'origine della corrispondenza affrancata) includendo anche una cifra relativa al suo valore facciale. In altre parole, il francobollo è un mezzo di comunicazione grafica latore di due messaggi, l'uno relativo all'autorità emittente, l'altro riguardante il suo costo, che è anche il costo della funzione cui è destinato. Costituito da un piccolo pezzo di carta dai contorni regolari, di formato rettangolare, quadrato o (raramente) triangolare (non interessa qui se il verso ne sia gommato o no e neppure se i suoi margini siano dentellati o debbano essere singolarmente ritagliati con le forbici) il francobollo reca sulla sua faccia, eseguiti a stampa, i due messaggi che ne costituiscono gli elementi essenziali. In condizioni ideali, da cui fosse esente ogni elemento accessorio, dati costitutivi e funzione dovrebbero identificarsi. Ma tali condizioni vengono meno nella nascita stessa del francobollo, la cui genesi e la cui realizzazione ne comportano necessariamente una serie di scelte grafiche, tecniche e simboliche. Il tipo della stampa, i caratteri delle scritte e delle cifre, l'immagine con cui l'autorità emittente si dichiara, sono tutti dati da cui il bollo postale deriva una precisa posizione storica, ben più complessa di quel che sia implicito nel suo semplice atto di nascita. Ed è una posizione le cui radici assumono valori e legami culturali, divenuti via via più articolati con il diffondersi delle emissioni commemorative (di cui la più antica, dedicata al cinquantesimo anniversario dell'assunzione al trono della regina Vittoria, apparve nel 1887 nel Regno Unito d'Inghilterra) seguite poi da altri tipi, celebrativi di speciali occasioni, di avvenimenti di particolare significato politico, oppure relativi ad aspetti di costume e di arte, della fauna o della flora. Beninteso, non mancheranno certo occasioni in cui il francobollo (come la carta moneta) potrà presentarsi sotto aspetti di estrema concisione, con le indicazioni indispensabili ridotte al minimo; ma anche in casi siffatti (e infrequenti) saranno il tipo della carta, l'anonimità generica dei caratteri di stampa, la rozzezza dell'esecuzione a costituire le precipue componenti di stile e di connotati, denunciando anormali circostanze di crisi sociale o politica, dalle quali è stata preclusa la necessaria gestazione preliminare, la rosa delle scelte e la cura nel realizzarle.

Provvisto di connotati così vari e complessi, di una carica semantica talmente ampia e di radici storiche e figurative tanto profonde e articolate, il francobollo può anche venire considerato e giudicato sotto il semplice profilo estetico, alla stregua cioè di un'incisione o di una stampa più o meno d'arte. Una lettura del genere non terrà in alcun conto la sua ricca (e praticamente infinita) serie di allusioni, simboli, riferimenti, né si preoccuperà di rilevare quello che è il suo significato primario: di essere un indicatore assai preciso di situazioni politiche e culturali. Ma un'interpretazione delle opere figurative maggiori, siano esse dipinti o sculture, architetture o incisioni, risulta parziale, quando venga condotta sotto il solo ed esclusivo aspetto formale (senza tenere cioè in alcun conto i connotati iconografici o iconologici, e gli aspetti socio-culturali) risultandone una successione di testi figurativi avulsi dalla realtà storica e legati tra di loro da una astratta rete di rapporti di stile e di evoluzione delle forme; così la lettura del francobollo, se condotta in modo unilaterale sotto l'esclusivo aspetto grafico, rimane sorda e cieca ai suoi connotati più validi e significativi. In realtà, il francobollo è oggi il mezzo figurativo più stringato e concentrato di propaganda, quasi un manifesto murale ridotto ai minimi termini, dal quale il substrato sociale e politico si rivela con estrema chiarezza e pregnanza. Ed è anche il mezzo figurativo di propaganda più capillarmente diffuso, sia nei diversi strati della società, cioè a livello locale, sia, in senso orizzontale, per i suoi destinatari situati in un sistema terminale che ignora distanze e frontiere.

1574 Il valore facciale è:

A il costo del trasporto
B il prezzo convenzionale unico
C il costo effettivo del servizio postale
D il costo di produzione del francobollo
E il prezzo di acquisto del francobollo

1575 La lettura del francobollo sotto l'aspetto estetico:

A serve per stabilirne l'origine
B costituisce una lettura parziale
C ignora il valore simbolico
D è completamente fuorviante
E ne mette in risalto il valore funzionale

1576 La "posizione storica" del francobollo indica:

A i suoi elementi figurativi e culturali
B il territorio per cui è valido
C la durata della sua validità
D l'ente emittente
E l'anno di emissione

1577 Un francobollo di aspetto rozzo e con indicazioni estremamente concise indica:

A la provenienza dal terzo mondo
B la sua rarità
C il suo minor pregio
D la sua antichità
E una crisi sociale o politica

1578 Una emissione speciale:

A ha validità limitata
B vale solo per certi territori
C è fatta per scopi commemorativi o celebrativi
D ha finalità filateliche
E serve per corrispondenze particolari

In base alle informazioni contenute nel brano seguente, rispondere alle successive domande.

«La fedeltà con cui l'uomo culturale si attiene alle norme tramandate del comportamento è assicurata in larga misura dal fatto che egli traspone quei sentimenti che aveva avuto per il datore della tradizione su tutto ciò che da questi gli veniva trasmesso. La persona che, in condizioni normali, esercita maggiormente questo influsso sul giovane è molto probabilmente il padre. Nelle grandi famiglie primitive questo ruolo poteva però essere assunto nello stesso modo anche da un fratello maggiore, da uno zio o dal nonno, ma in ogni caso da un membro della stessa famiglia. In questa sede io ho parlato sempre al singolare di datore di tradizione perché volevo esprimere con ciò la mia opinione che nella maggior parte dei casi è una persona singola ad assumersi il ruolo paterno di datore di tradizione; col che non voglio dire naturalmente che anche l'azione di massa di molti portatori di cultura non sia in grado di trasmettere la tradizione. Non sarebbe possibile svincolarsi dalle più strette e peculiari norme comportamentali della tradizione familiare, se l'amore e il rispetto che l'adolescente sente per chi gli dà la tradizione non si trasformasse a un certo punto, attraverso un vero e proprio cambiamento di segno, in una moderata ostilità e aggressività o, per essere più precisi, se questi sentimenti non si mescolassero con i loro antagonisti in modo ambivalente. L'intensità di questo rovesciamento dipende da molti fattori collaterali. Se il datore di tradizione è una persona tirannica e severa, che ha imposto con la violenza all'adolescente le norme comportamentali della famiglia, la ribellione sarà più violenta e accompagnata da più forti sentimenti di odio che nei confronti di un educatore più mite e "democratico". In ogni caso, però, probabilmente non è possibile che il distacco del giovane dalla famiglia avvenga senza che intervengano in qualche modo sentimenti di ostilità. Questo distacco, comunque, è altrettanto necessario per lo sviluppo della cultura umana quanto lo è l'impollinazione per certe piante e l'esogamia per molte specie animali. Appena l'adolescente ha cominciato a contrapporsi criticamente e quasi ostilmente alla figura paterna e alle norme del comportamento sociale che questa gli ha trasmesso, comincia anche a guardarsi intorno alla ricerca di altri datori di tradizione, che siano più lontani dallo stretto ambito familiare. A ciò seguono quindi i famosi anni di vagabondaggio, dopo gli anni dell'apprendistato. A volte essi si esprimono in un vero e proprio vagabondare, ma spesso prendono la forma di un viaggio di ricognizione spirituale. Ciò che spinge lontano l'individuo giovane è la nostalgia per qualcosa di ineffabile ed elevato, che si differenzi sostanzialmente dagli avvenimenti quotidiani della vita familiare. Non è difficile indicare quale sia il vero scopo, utile alla cultura e alla conservazione della specie, di questo comportamento appetitivo: esso sta nella ricerca di un gruppo culturale le cui norme sociali tradizionali si differenzino da quelle della società dei genitori, ma che nello stesso tempo abbiano sufficienti somiglianze con esse, in modo da permettere all'individuo di identificarsi con queste nuove norme. Così l'adolescente si trova spesso ad "adottare" un maestro, un amico più anziano, a volte addirittura un'intera famiglia amica, che agiscono per lui come nuovi datori di tradizione.»

1579 Secondo l'autore, il distacco del giovane dalla propria famiglia:

- A riveste un ruolo marginale nello sviluppo della cultura umana
- B avviene senza sentimenti di ostilità
- C non può avvenire senza sentimenti di ostilità
- D difficilmente avviene senza sentimenti di ostilità
- E nessuna delle altre alternative è corretta

1580 Il contenuto del brano è:

- A religioso
- B etico
- C filosofico
- D psicologico
- E didattico

1581 Il comportamento appetitivo del giovane:

- A si esprime spesso in un vero e proprio vagabondare
- B ha come oggetto norme sociali tradizionali totalmente diverse da quelle della società dei genitori
- C presuppone una posizione critica nei confronti del datore di tradizione
- D ha come unico fine quello di rovesciare le convinzioni del datore di tradizione
- E nessuna delle altre alternative è corretta

1582 Nel brano si afferma che il datore di tradizione:

- A è sempre il padre
- B è sempre un membro della famiglia del giovane
- C è sempre una persona singola
- D non esiste
- E nessuna delle altre alternative è corretta

1583 Individuare, tra le seguenti, l'affermazione che non concorda con quanto espresso nel brano:

- A gli anni dell'apprendistato precedono quelli del vagabondaggio
- B sentimenti di odio e di amore non possono coesistere tra loro nella fase di distacco del giovane dalla famiglia
- C un individuo, nel corso della vita, può avere più datori di tradizione
- D "viaggio di ricognizione spirituale" non è necessariamente sinonimo di vagabondare
- E nessuna delle altre alternative è corretta

Leggere il brano seguente e rispondere alle successive domande.

Il rincaro generalizzato delle derrate alimentari a cui stiamo assistendo è dovuto, in parte, ad un'annata pessima, meteorologicamente, per i raccolti, ma il grosso degli aumenti di prezzo, secondo gli esperti, è effetto del rimbalzo della materia prima per l'etanolo. Simon Johnson, capoeconomista del Fmi, parla di "sorprendente impennata dei prezzi da primavera", sottolineando che l'etanolo "ha prodotto uno shock macroeconomico". In effetti, il biocarburante oggi più di moda si fa in Brasile con la canna da zucchero e, nel resto del mondo, soprattutto lavorando le pannocchie di granturco. Ma l'irresistibile attrazione esercitata sugli agricoltori dal raddoppio del prezzo del granturco e dalle previsioni di una domanda in crescita esplosiva, per far fronte alla richiesta di etanolo, li sta portando a cambiare coltivazione, spiazzando gli altri prodotti. Diventa più conveniente produrre mais o girasoli – da cui si ricava l'altro ecocarburante, il biodiesel – piuttosto che, ad esempio, grano. Il risultato è che l'offerta degli altri prodotti si restringe. La Siria ha bloccato l'export di grano, il Canada non ne venderà fino a novembre. Anche l'Australia ha ridotto le forniture. Ma non finisce qui. Perché neanche il granturco basta più, per l'etanolo e per il suo uso tradizionale.

Il risultato è un aumento dei prezzi su tutto lo spettro del mondo alimentare. Se noi dobbiamo vedercela con il rincaro degli spaghetti, gli americani si sono trovati a pagare il 70% in più il cartone di popcorn al cinema e il litro di latte quanto uno di benzina. Costano di più i gelati e, in Inghilterra, il pane è quasi raddoppiato. Ma l'ondata sta per sommergere tutto quello che va nella borsa della spesa. Gian Domenico Auricchio, presidente di Federalimentare, denuncia aumenti dei costi nell'industria italiana del 20% per le uova, 50% per il burro, 20-40% per le carni. Un impatto pesante per i consumatori, anche se non drammatico. Ma, lontano dal ricco Occidente, può essere una tragedia. Il World Food Programme, l'organizzazione ONU per gli aiuti alimentari, dichiara di non essere più in grado, all'attuale livello dei prezzi internazionali, di mantenere i suoi programmi. L'International Food Policy Research Institute di Washington calcola che la sola corsa dell'agricoltura ai biocarburanti, da qui al 2010, farà crescere i prezzi del granturco del 20%, della soia del 26%, del grano dell'11%, della manioca (il cibo base in Africa e in Sud America) del 33%. Del doppio o del triplo al 2020.

1584 Quale delle seguenti coltivazioni non viene esplicitamente citata dal brano come materia prima per i biocarburanti?

- A Mais
- B Manioca
- C Girasoli
- D Canna da zucchero
- E Granoturco

1585 Quale potrebbe essere un titolo per il brano?

- A L'aumento dei prezzi degli alimentari nei Paesi del Terzo Mondo
- B Impatto del clima sui prezzi dei prodotti alimentari
- C Conseguenze sui prezzi dei prodotti alimentari imputabili alla produzione dei biocarburanti
- D Le principali coltivazioni utilizzate per la produzione dei biocarburanti
- E Il problema della fame nel mondo

In base alle informazioni contenute nel brano seguente, rispondere alle successive domande.

«La critica storica ha ormai confutato l'opinione un tempo comune secondo la quale non vi sarebbe stato alcun reale progresso scientifico e tecnologico nell'età medievale. Il periodo successivo al secolo XII fu infatti caratterizzato da uno sviluppo rapido e pressoché ininterrotto che non si esaurì neppure con il sopraggiungere della grande crisi economica e demografica dovuta alla peste nera. Sul piano culturale, col sorgere delle università si crearono dei centri per lo studio delle scienze naturali, studio che si basava in gran parte (ma non esclusivamente) sulle opere degli antichi greci. La tecnologia ricevette un forte impulso dallo sfruttamento di forze naturali quali l'acqua e il vento, dall'adozione di macchinari tessili e di una metallurgia più efficiente, nonché dal diffondersi di invenzioni più recenti come l'orologio meccanico, la bussola e la polvere da sparo, che aprirono una nuova era nella produzione, nel commercio e nella strategia militare. Naturalmente, si può obiettare che era ancora necessario smantellare buona parte delle dottrine elaborate nell'alto Medioevo perché le nuove idee e i nuovi metodi si potessero affermare nel campo della scienza e della medicina, e inoltre, che bisognava rivoluzionare le pratiche dell'artigianato medievale perché si potesse sviluppare una società moderna. Ciò nonostante, le conquiste raggiunte in ciascun campo verso la fine del XV secolo costituirono un salto di qualità rispetto agli standard prevalenti all'epoca di Carlo Magno, paragonabile soltanto a quello provocato dall'avvento della scienza e della tecnologia nel secolo XIX. Senza questo stadio intermedio, non avremmo avuto né la rivoluzione scientifica del secolo XVII, né la rivoluzione industriale del secolo XVIII.

Il riconoscimento di questi progressi è determinante per l'impostazione iniziale del nostro lavoro, in quanto sarebbe un errore attribuire tutti i mutamenti fondamentali della scienza e della tecnologia sia all'originalità senza precedenti del pensiero moderno, sia esclusivamente al gioco deterministico dei fattori economici. Nessuno di questi campi conobbe mai un momento di profonda e violenta transizione; al contrario, i cambiamenti si verificarono gradualmente man mano che nuovi metodi e nuove idee mostrarono la loro validità; alcuni orientamenti dell'età medievale ebbero applicazione concreta, mentre altri vennero abbandonati.

Contrariamente a quel che si può credere, neppure il fenomeno delle nuove invenzioni, che pure fu un attributo fondamentale della scienza e della tecnologia dell'Europa occidentale durante la prima fase dell'età moderna, produsse se non raramente dei mutamenti repentini nella vita economica o scientifica. Un aspetto basilare della progressiva differenziazione tra il mondo medievale e quello moderno forma il tema centrale di questo capitolo. Si tratta del rapporto tra il filosofo e l'artigiano, o, in termini moderni, tra lo scienziato e il tecnico. Troppo spesso si è ritenuto, in maniera alquanto sbrigativa, che la frattura esistente nella società medievale tra le due rispettive funzioni fosse essa stessa, in gran parte, la causa sia della sterilità della scienza che del livello rudimentale della tecnica. Si è finito in tal modo con il concludere che un duplice progresso ha avuto origine in tempi moderni dalla consapevolezza dei forti legami e della comunanza di interessi tra queste due funzioni: la scienza ha smesso di essere speculativa e la tecnologia è divenuta oggetto di analisi più serie. Di qui, il luogo comune che lo sviluppo tecnologico richieda un parallelo incoraggiamento della scienza "pura" e costituisca il requisito essenziale di una produzione efficiente. Il pericolo implicito in questa concezione è l'idea che la tecnologia si sviluppi sempre e soltanto se "guidata" dalla scienza, e, per converso, che la scienza avanzi soltanto se stimolata dai bisogni tecnici.

Ma, nel passato, le cose andarono ben diversamente. Nel Medioevo e nel Rinascimento, tale relazione tra lo studio della Natura e il controllo della Natura a scopi umani venne riconosciuta solo in alcuni casi particolari, tra cui quello dell'utilità di appurare le proprietà delle erbe nella cura delle malattie. Tuttavia questa connessione non venne ignorata per mera ottusità mentale, ma perché le condizioni oggettive le toglievano ogni reale valore. In effetti, le forme di ricerca scientifica allora in voga e i confusi processi di un artigiano tradizionale avevano così poco in comune che certamente nessun vantaggio sarebbe risultato da una più stretta collaborazione. Solo in alcuni casi molto limitati, la ricerca scientifica si rivelava utile a scopi pratici, come ad esempio nell'applicazione dell'astronomia alla navigazione oceanica nel secolo XV, oppure determinati bisogni pratici suggerivano ai filosofi "naturali" concreti problemi da risolvere. Benché la descrizione sistematica dei procedimenti commerciali sia cominciata soltanto nel corso del secolo XVII, buona parte delle nostre conoscenze in fatto di tecnologia dell'età medievale e della prima fase dell'età moderna risale ai resoconti dei mestieri dell'epoca redatti da uomini di cultura. Che tali scrittori, malgrado l'interesse che portavano per questo argomento, non siano stati in grado di fornire un'analisi esauriente delle tecniche degli artigiani, ci dà la misura della frattura esistente tra la teoria e la pratica.

Era dunque necessaria una lunga serie di mutamenti indipendenti e interi stadi di sviluppo sia nella scienza che nella tecnologia perché queste due discipline potessero completarsi a vicenda. Lo scienziato doveva ancora imparare l'importanza di un esame rigoroso dei fatti, del metodo sperimentale e della prudenza nella formulazione di teorie generali. Soltanto dopo aver acquisito una rigorosa base sperimentale, meccanica, fisica e chimica egli poté chiarire i relativi procedimenti tecnici. D'altra parte, perché la scienza trovasse pratica applicazione era pur sempre necessario un certo livello di organizzazione tecnica ed economica. Lo sviluppo di una produzione su larga scala, la ricerca di nuove fonti energetiche, di macchinari più elaborati, e di procedimenti chimici più complessi, gli effetti della competizione e la ricerca di un'autosufficienza nazionale, tutte queste cose messe insieme contribuirono a suscitare l'esigenza dell'analisi scientifica e di tecniche più sistematiche. Durante il periodo in questione la scienza si sviluppò in modo del tutto indipendente dalla tecnologia; solo negli ultimi anni la figura dello scienziato sperimentale fu finalmente in grado, in alcuni casi, di assumersi l'iniziativa di nuove invenzioni. Verso la fine del secolo XVIII questa grave frattura tra scienza e tecnologia cominciò a colmarsi, e tra le due discipline ebbe inizio una fase reale di collaborazione; ma fino a quel momento i loro rispettivi problemi e il loro autonomo sviluppo erano stati più importanti di qualsiasi occasionale interconnessione.»

1586 Qual è il titolo che meglio esprime le idee del brano?

- **A** Il progresso scientifico nel Medioevo
- **B** Il rapporto tra scienza e tecnologia nell'Età Moderna
- **C** Scienza e tecnologia dall'epoca medievale all'epoca moderna
- **D** Le scoperte scientifiche dal Medioevo all'Età Moderna
- **E** Il rapporto tra filosofia e artigianato nel Medioevo

1587 Nel brano si affermano tutte le seguenti idee tranne una. Quale?

- **A** Sono rari i casi in cui, nel Medioevo e nel Rinascimento, la ricerca scientifica si è rivelata utile a scopi pratici
- **B** La connessione tra scienza e tecnica nel periodo medievale e rinascimentale venne ignorata a causa della scarsa comunanza dei processi utilizzati nei due rami
- **C** Le nostre conoscenze relative alla tecnologia medievale derivano da scritti di intellettuali dell'epoca
- **D** L'utilizzo delle erbe nella cura delle malattie è un esempio efficace delle frequenti applicazioni concrete della ricerca scientifica medievale
- **E** La descrizione sistematica dei procedimenti commerciali delle età medievale e rinascimentale è iniziata nel secolo XVII

1588 Secondo quanto riportato dal brano, la frattura tra scienza e tecnologia:

- **A** cominciò a colmarsi soltanto verso la fine del 1800
- **B** necessitava di organizzazione tecnica ed economica per essere superata
- **C** era caratteristica del secolo XIX
- **D** era imputabile alle scarse relazioni tra scienziati e tecnici
- **E** era stata evidenziata dai resoconti degli uomini di cultura dell'epoca

1589 Il carattere del brano è:
- A colloquiale
- B polemico
- C tecnico-scientifico
- D descrittivo
- E economico

1590 L'autore ritiene che:
- A le nuove invenzioni della prima fase dell'età moderna contribuirono a migliorare rapidamente la vita economica e scientifica dell'Europa Occidentale
- B il progresso scientifico e tecnologico avanza rapidamente in corrispondenza delle scoperte più rilevanti, per poi attenuare il proprio sviluppo e attraversare fasi statiche durante le quali i progressi vengono assimilati e pienamente utilizzati
- C il periodo dal Medioevo all'epoca moderna rappresenta uno stadio intermedio, in termini di sviluppo scientifico e tecnologico, che ha favorito la rivoluzione scientifica del secolo XVII e quella industriale del secolo XVIII
- D la frattura tra scienza e tecnica nel Medioevo rappresenta la causa dell'astrattezza della ricerca scientifica e della rudimentalità dei processi tecnologici del periodo
- E una collaborazione più intensa tra scienza e tecnica nel periodo medievale avrebbe sensibilmente beneficiato entrambe

1591 Quale accoppiata di termini completa la seguente frase: "*La bionda che aveva popolato l'immaginario ___ del dottor De Donatis uscì sotto braccio al suo ___ accompagnatore. L'uomo aveva una faccia quadrata, da mastino, senza espressione*".
(M. Cassani, *Pioggia battente*, Sironi 2009)
- A esotico / strano
- B eretico / bavoso
- C enigmatico / intelligente
- D medico / elegante
- E erotico / mascelluto

In base alle informazioni contenute nel brano seguente, rispondere alle successive domande.

Dal congresso di Stoccolma sono partite le linee guida della moderna lotta all'infarto (170.000 casi all'anno in Italia, con il 50% di decessi ancora nel domicilio). Il consumo del pesce è sicuramente un aspetto fondamentale, a cui vanno aggiunti la riduzione o, meglio, l'eliminazione del fumo, il controllo del peso e un'attività fisica regolare. Tutte queste linee vanno seguite non a cominciare da una certa età, ma fin da bambini e proprio ai bambini vanno insegnate specifiche e utili regole di vita.

Il segreto del pesce (soprattutto azzurro, per i nostri mari) risiede nella particolare ricchezza in Omega-3, particolari acidi grassi capaci di ridurre l'incidenza di aritmie gravi tipiche dell'infarto cardiaco.

Secondo la rivista «New England Journal of Medicine» tali grassi possono ridurre l'incidenza di morte improvvisa (in Italia una ogni 10 minuti) sia nei soggetti sani sia nei pazienti infartuati. Lo studio, seguendo più di 22.000 medici maschi per oltre 17 anni, ha concluso che coloro che hanno fatto il maggior uso di acidi grassi Omega-3 hanno ridotto il rischio di morte improvvisa dell'81%.

1592 In base a quanto riportato dal testo, qual è in Italia il numero dei decessi annui per infarto ancora nel domicilio causati dal fumo eccessivo?
- A 170.000
- B 85.000
- C 22.000
- D 81%
- E Non è determinabile

1593 Quale delle seguenti informazioni NON è deducibile dal brano?
- A In Italia sono circa 85.000 i casi di decessi per infarto che avvengono non in ospedale ma ancora nel domicilio
- B Le persone con un peso eccessivo sono più esposte al rischio di infarto rispetto a quelle con un peso nella norma
- C Il consumo di qualsiasi acido grasso consente la riduzione delle aritmie cardiache
- D Insegnare ai bambini ad avere una regolare attività fisica consente loro di ridurre il rischio di infarto nella vita
- E Le persone che non fumano sono meno esposte al rischio di infarto

Leggere il brano e rispondere alla relative domande.

La concentrazione del capitale è un fenomeno naturale, che è andato avanti da quando esiste il capitalismo, e il settore dei mass media non ha fatto eccezione. [...] Ben Bagdikian, che è stato un giornalista piuttosto conosciuto del «Washington Post» prima di diventare direttore della scuola di giornalismo dell'Università di Berkeley, in California, vent'anni fa ha scritto un libro intitolato *The Media Monopoly*, in cui analizzava la concentrazione della proprietà dei mezzi di comunicazione negli Stati Uniti. Da allora, ogni due anni, Bagdikian ha pubblicato una nuova edizione aggiornata, e ogni volta il numero delle principali aziende operanti nei media si era ridotto. La prima edizione ne aveva individuate una cinquantina, oggi invece sono solo sei. Questa tendenza alla concentrazione non è solo americana, ma ha una connotazione internazionale, come testimoniano, per esempio, l'impero di Murdoch o le pubblicazioni Bertelesmann.

Monopolio a parte, un'altra tendenza è quella che spinge verso una progressiva volgarizzazione dei media. Gli investitori pubblicitari, infatti, non pagano per fare ragionare le persone, ma per fare in modo che siano passive e obbedienti. Non è un caso, dunque, se in televisione il tempo occupato dalla pubblicità che fa il lavaggio del cervello agli spettatori continua a crescere, mentre quello riservato all'informazione è sempre più risicato. Nel 1979 ho vissuto per un po' di tempo in Italia, a Pisa, e guardavo la televisione per tentare di imparare un po' di italiano. All'epoca la pubblicità era confinata negli intervalli tra un programma e l'altro, ma durante la mia visita successiva in Italia mi sono accorto che gli spot avevano ormai preso il sopravvento. Lo stesso fenomeno è avvenuto negli Stati Uniti e non ha risparmiato neppure i giornali, anche se in televisione ha un impatto più estremo.

Anche in un quotidiano considerato serio e autorevole come il «New York Times», infatti, quando i pezzi grossi si riuniscono alle quattro del pomeriggio per decidere la struttura del giornale, per prima cosa impostano la distribuzione delle inserzioni pubblicitarie nelle varie pagine. Solo dopo questo passaggio si occupano di quelle che vengono definite le *news holes*, vale a dire i buchi nella pubblicità in cui possono essere inserite le notizie. Nell'industria televisiva la divisione è tra *content* e *fill*, tra "contenuto" e "riempitivo". Contrariamente a quanto si potrebbe pensare, il contenuto, la parte più importante, è rappresentato dalla pubblicità, mentre il riempitivo è ciò che tiene lo spettatore incollato al televisore tra un blocco pubblicitario e l'altro. I soldi, la creatività, l'energia e gli sforzi che vengono dedicati all'elaborazione della pubblicità superano di gran lunga quelli investiti nell'informazione e nei programmi.[...]

Il pubblico televisivo è composto prevalentemente da persone anziane, di 60 o 70 anni, che sono anche quelle che in generale hanno la maggiore disponibilità di denaro. I programmi televisivi, però, non si rivolgono a loro, ma ai giovani. [...] È un paradosso solo apparente, perché numerosi studi hanno dimostrato che la *brand loyalty*, ovvero la fedeltà della gente alle varie marche, si sviluppa molto presto, perciò se cominci a comprare un certo tipo di prodotto quando hai 15 anni, è probabile che continuerai ad acquistarlo per il resto della tua vita. I pubblicitari, quindi, devono fare presa sulle persone quando sono ancora giovani. È incredibile il modo in cui queste campagne pubblicitarie vengono elaborate. C'è addirittura una branca di psicologia applicata che studia i capricci dei bambini. I bambini, infatti, con le loro insistenze possono portare i genitori all'esasperazione e spingerli a comprare. Le risorse e le energie investite nella pubblicità vanno a sostenere questo tipo di strategie, e il loro effetto sui mezzi di comunicazione è enorme. D'altra parte, esiste una controtendenza, rappresentata dal fatto che la società sta diventando più civilizzata, come dimostrano i diritti delle donne, la salvaguardia dell'ambiente e una serie di altre questioni di cui la gente, a differenza che in passato, adesso si preoccupa. I media non possono non tener conto di questi cambiamenti e la pubblicità deve adattarsi alle nuove caratteristiche dell'audience.

tratto da *Una conversazione con Noam Chomsky*, intervista di Simone Ramella

1594 Quale delle seguenti alternative definisce il tema centrale del brano?

- A La concentrazione dei media tra informazione e pubblicità
- B I capricci dei bambini guidano la pubblicità
- C La pubblicità nelle trasmissioni televisive
- D Audience e *brand loyalty*
- E Il monopolio dei media

1595 Delle affermazioni di seguito riportate, solo una È COERENTE con quanto affermato nel brano. Quale?

- A Secondo una ricerca di Chomsky, negli ultimi vent'anni negli Stati Uniti il numero delle principali aziende che si occupano di media si è ridotto da una cinquantina a sei
- B Poiché la maggior parte degli spettatori televisivi ha un'età compresa fra i 60 e i 70 anni, la pubblicità dovrebbe rivolgersi essenzialmente a costoro
- C La *brand loyalty* si acquisisce già in età adolescenziale
- D Fortunatamente oggi la pubblicità tiene conto delle mutate caratteristiche dell'audience
- E La pubblicità costituisce un "riempitivo" (*fill*) invadente nei programmi televisivi

In base alle informazioni contenute nel brano seguente, rispondere alle successive domande.

«Le disuguaglianze di reddito tra Paesi sono ampie, né hanno accennato a diminuire negli ultimi decenni. Anche la distribuzione del reddito internazionale è molto squilibrata, poichè un piccolo numero di Paesi controlla gran parte del reddito mondiale. Ciò significa che rispetto al tenore di vita dei Paesi industrializzati la maggioranza della popolazione mondiale versa in condizioni di grave povertà. Un altro dato poco incoraggiante è che globalmente, dagli anni cinquanta in poi, le economie dei Paesi poveri non sono cresciute più rapidamente di quelle dei Paesi ricchi; al contrario, è proprio nei Paesi industrializzati che si è manifestata una leggera tendenza a una maggiore velocità di crescita. Tuttavia, malgrado le tendenze siano globalmente sfavorevoli, l'esperienza dei Paesi che componevano il "Sud" del pianeta quarant'anni fa è ben lungi dall'essere uniforme: alcuni sono usciti dalla spirale della povertà, guadagnando lo status di "Paesi di recente industrializzazione", altri hanno accumulato un ritardo sempre maggiore. Vi è una grande quantità di dati accumulata negli ultimi anni sul progresso economico di oltre cento Paesi. Di fronte a questi dati, che dimostrano come il sottosviluppo non sia una trappola senza uscita, gli economisti hanno cercato di individuare i fattori principali che hanno determinato lo sviluppo economico dei Paesi più poveri, aiutandolo o ostacolandolo. La ricerca economica è di recente riuscita a individuare alcuni di questi fattori anche se, purtroppo, molto resta ancora da scoprire.

La buona notizia che emerge dai nostri studi, comunque, è che lo sviluppo economico dei Paesi più poveri, non è completamente assoggettato a forze che sfuggono al loro controllo, quali per esempio un cambiamento delle ragioni di scambio internazionali o l'aiuto dei Paesi sviluppati; operando scelte adeguate, i Paesi più poveri possono influire in modo significativo sul proprio futuro. Gli strumenti efficaci sono molteplici ma in questa sede mi soffermerò solo su due di essi: gli investimenti volti a potenziare il sistema scolastico e altre fonti di sapere e formazione, e l'adozione di politiche e programmi pubblici adeguati. Qui di seguito affronterò rapidamente ciascuno di questi argomenti... Per il profano, il termine capitale designa per lo più il denaro depositato in un conto bancario, i macchinari che fanno funzionare un'industria, le fornaci di un'acciaieria. Queste realtà costituiscono del capitale in quanto generano reddito e prodotti su un lungo periodo di tempo. Secondo tale definizione, tuttavia, anche la scuola, un corso di informatica o le vaccinazioni sono "capitale", poiché accrescono il reddito, la produttività, o la salute di un individuo durante la sua esistenza. Il prodotto di tali investimenti è definito capitale umano, giacché salute, sapere, capacità e abitudini sono qualità inscindibili dagli esseri umani che le posseggono. Prima del XIX secolo, nessun Paese operava investimenti sistematici in capitale umano, e la spesa destinata alla scolarizzazione, alla formazione e ad altre forme di investimento analoghe era abbastanza contenuta. La situazione cambiò radicalmente nell'ottocento, quando in Gran Bretagna e successivamente in altri Paesi la scienza cominciò ad essere applicata alla creazione di nuovi beni e allo sviluppo di metodi di produzione più efficaci.»

1596 Quale tra le seguenti alternative esprime una delle tesi principali del brano?

- A Lo sviluppo economico dei Paesi più poveri è possibile e dipende anche dalle scelte fatte da tali Paesi
- B I Paesi che erano in ritardo da un punto di vista dello sviluppo economico hanno tutti colmato tale ritardo negli ultimi quarant'anni
- C I fattori che determinano lo sviluppo economico dei Paesi più poveri sono ancora totalmente oscuri
- D Il tenore di vita dei Paesi più poveri è destinato ad avvicinarsi a quello dei Paesi industrializzati
- E Nessuna delle altre alternative è corretta

1597 Dal brano si deduce che l'autore è:

- A docente universitario di economia politica
- B uno studioso di politica economica
- C un premio Nobel per l'economia
- D un ministro del Bilancio
- E un esperto inglese di storia economica

1598 Secondo quanto affermato nel brano, l'aiuto dei Paesi sviluppati è:

- A un fattore che determina lo sviluppo dei Paesi più poveri e sul quale questi ultimi esercitano il loro controllo
- B una forza che sfugge al controllo dei Paesi più poveri
- C un fattore che non influenza lo sviluppo economico dei Paesi più poveri
- D una forza parzialmente controllata dai Paesi più poveri
- E nessuna delle altre alternative è corretta

1599 Dagli anni cinquanta in poi, la crescita economica secondo l'autore è stata:

- A globalmente maggiore nei Paesi più poveri rispetto ai Paesi industrializzati
- B sfavorevole per tutti i Paesi poveri
- C uniforme nei diversi Paesi
- D globalmente maggiore nei Paesi industrializzati rispetto ai Paesi più poveri
- E nessuna delle altre alternative è corretta

1600 La spesa destinata alla scolarizzazione, prima dell'inizio dell'Ottocento:

- A era eccessiva
- B era molto contenuta in tutti i Paesi a eccezione della Gran Bretagna
- C era ritenuta un investimento produttivo
- D era abbastanza contenuta in tutti i Paesi
- E nessuna delle altre alternative è corretta

Soluzioni

Quesito	Risposta	Quesito	Risposta	Quesito	Risposta	Quesito	Risposta	Quesito	Risposta	Quesito	Risposta	Quesito	Risposta	Quesito	Risposta	Quesito	Risposta	Quesito	Risposta
1	D	2	B	3	E	4	D	5	C	6	D	7	A	8	A	9	B	10	E
11	B	12	B	13	C	14	A	15	A	16	A	17	B	18	A	19	A	20	E
21	E	22	A	23	A	24	B	25	C	26	C	27	B	28	A	29	E	30	E
31	C	32	C	33	B	34	D	35	A	36	D	37	B	38	B	39	C	40	D
41	E	42	B	43	E	44	B	45	A	46	B	47	B	48	B	49	A	50	D
51	C	52	C	53	C	54	B	55	D	56	A	57	B	58	A	59	E	60	B
61	A	62	C	63	C	64	C	65	C	66	D	67	A	68	E	69	B	70	A
71	D	72	B	73	E	74	C	75	A	76	A	77	C	78	A	79	B	80	A
81	B	82	D	83	A	84	E	85	C	86	D	87	D	88	D	89	A	90	C
91	C	92	D	93	E	94	E	95	A	96	C	97	E	98	D	99	B	100	B
101	B	102	E	103	D	104	E	105	E	106	A	107	D	108	E	109	A	110	B
111	C	112	A	113	D	114	B	115	E	116	A	117	A	118	B	119	B	120	A
121	D	122	A	123	C	124	B	125	B	126	C	127	A	128	C	129	B	130	E
131	D	132	D	133	A	134	B	135	C	136	D	137	A	138	B	139	B	140	B
141	D	142	E	143	C	144	B	145	D	146	B	147	B	148	C	149	A	150	B
151	C	152	B	153	D	154	E	155	A	156	C	157	D	158	B	159	E	160	C
161	A	162	C	163	C	164	E	165	D	166	B	167	E	168	C	169	D	170	D
171	E	172	D	173	C	174	D	175	C	176	D	177	A	178	C	179	A	180	C
181	A	182	B	183	E	184	E	185	C	186	D	187	B	188	D	189	A	190	C
191	A	192	A	193	C	194	E	195	B	196	C	197	D	198	B	199	C	200	C
201	E	202	B	203	D	204	A	205	D	206	C	207	C	208	E	209	A	210	E
211	D	212	C	213	B	214	E	215	E	216	C	217	A	218	B	219	B	220	D
221	C	222	A	223	B	224	D	225	C	226	B	227	C	228	E	229	C	230	B
231	C	232	D	233	A	234	B	235	E	236	A	237	C	238	A	239	E	240	D
241	B	242	A	243	A	244	B	245	A	246	C	247	D	248	E	249	A	250	C
251	A	252	B	253	C	254	D	255	D	256	D	257	B	258	B	259	C	260	D
261	E	262	B	263	A	264	D	265	B	266	C	267	D	268	E	269	A	270	D
271	D	272	B	273	D	274	D	275	C	276	A	277	A	278	C	279	B	280	B
281	B	282	E	283	A	284	D	285	C	286	D	287	C	288	B	289	D	290	E
291	D	292	B	293	C	294	C	295	B	296	D	297	A	298	B	299	C	300	B

Quesito	Risposta	Quesito	Risposta	Quesito	Risposta	Quesito	Risposta	Quesito	Risposta	Quesito	Risposta	Quesito	Risposta	Quesito	Risposta	Quesito	Risposta	Quesito	Risposta
301	C	302	B	303	A	304	D	305	D	306	A	307	A	308	E	309	E	310	B
311	D	312	A	313	C	314	B	315	D	316	C	317	B	318	C	319	B	320	D
321	A	322	C	323	D	324	E	325	B	326	C	327	B	328	B	329	A	330	E
331	C	332	E	333	B	334	B	335	C	336	D	337	B	338	B	339	A	340	C
341	C	342	A	343	D	344	C	345	A	346	E	347	A	348	D	349	E	350	D
351	A	352	C	353	D	354	A	355	A	356	B	357	C	358	B	359	D	360	D
361	D	362	B	363	D	364	E	365	A	366	C	367	E	368	A	369	A	370	D
371	A	372	B	373	A	374	C	375	A	376	D	377	A	378	B	379	E	380	E
381	E	382	E	383	B	384	A	385	B	386	C	387	E	388	A	389	A	390	B
391	E	392	A	393	E	394	A	395	A	396	A	397	E	398	A	399	C	400	A
401	D	402	C	403	C	404	C	405	A	406	E	407	A	408	E	409	B	410	B
411	D	412	A	413	B	414	D	415	A	416	E	417	D	418	E	419	C	420	C
421	E	422	D	423	B	424	D	425	C	426	E	427	C	428	B	429	B	430	D
431	E	432	C	433	D	434	A	435	A	436	D	437	D	438	C	439	C	440	B
441	D	442	C	443	B	444	B	445	D	446	D	447	C	448	D	449	B	450	D
451	A	452	B	453	D	454	B	455	C	456	C	457	B	458	D	459	A	460	D
461	C	462	A	463	B	464	A	465	D	466	E	467	C	468	E	469	C	470	C
471	A	472	A	473	D	474	A	475	D	476	C	477	B	478	A	479	E	480	B
481	D	482	A	483	B	484	A	485	B	486	C	487	E	488	E	489	E	490	E
491	B	492	C	493	D	494	B	495	E	496	C	497	D	498	A	499	C	500	E
501	B	502	A	503	B	504	D	505	E	506	E	507	C	508	A	509	A	510	C
511	B	512	C	513	E	514	C	515	B	516	A	517	C	518	B	519	D	520	D
521	A	522	B	523	C	524	B	525	C	526	A	527	B	528	B	529	A	530	D
531	B	532	B	533	E	534	D	535	C	536	C	537	B	538	C	539	D	540	B
541	A	542	D	543	C	544	C	545	C	546	E	547	B	548	D	549	E	550	A
551	D	552	E	553	A	554	C	555	D	556	D	557	B	558	E	559	D	560	D
561	B	562	C	563	D	564	A	565	A	566	D	567	D	568	C	569	D	570	E
571	B	572	B	573	E	574	B	575	E	576	E	577	B	578	A	579	C	580	A
581	D	582	A	583	B	584	D	585	C	586	C	587	A	588	E	589	B	590	B
591	E	592	A	593	D	594	A	595	B	596	D	597	B	598	C	599	C	600	B
601	A	602	D	603	B	604	D	605	D	606	B	607	B	608	C	609	D	610	C
611	C	612	E	613	D	614	C	615	D	616	C	617	D	618	B	619	A	620	E
621	E	622	C	623	E	624	D	625	C	626	B	627	D	628	E	629	D	630	D
631	C	632	B	633	A	634	C	635	D	636	A	637	B	638	D	639	C	640	C
641	C	642	D	643	D	644	D	645	E	646	E	647	B	648	C	649	B	650	E
651	C	652	C	653	B	654	B	655	E	656	C	657	D	658	B	659	E	660	A
661	D	662	A	663	C	664	A	665	E	666	C	667	E	668	C	669	B	670	D
671	B	672	C	673	D	674	C	675	C	676	A	677	C	678	A	679	C	680	B
681	C	682	C	683	E	684	B	685	A	686	C	687	D	688	B	689	B	690	C
691	B	692	B	693	D	694	C	695	B	696	B	697	E	698	E	699	A	700	D

Quesito	Risposta	Quesito	Risposta	Quesito	Risposta	Quesito	Risposta	Quesito	Risposta	Quesito	Risposta	Quesito	Risposta	Quesito	Risposta	Quesito	Risposta	Quesito	Risposta
701	A	702	E	703	B	704	C	705	C	706	D	707	D	708	E	709	C	710	C
711	D	712	D	713	C	714	D	715	C	716	A	717	B	718	A	719	E	720	C
721	C	722	D	723	E	724	C	725	C	726	D	727	D	728	B	729	E	730	B
731	A	732	B	733	B	734	B	735	C	736	B	737	D	738	D	739	B	740	D
741	C	742	C	743	B	744	E	745	D	746	B	747	A	748	C	749	D	750	A
751	A	752	C	753	C	754	A	755	A	756	E	757	C	758	C	759	D	760	E
761	E	762	A	763	B	764	B	765	C	766	E	767	D	768	A	769	A	770	B
771	B	772	C	773	E	774	E	775	A	776	B	777	D	778	A	779	B	780	D
781	B	782	D	783	D	784	D	785	A	786	B	787	A	788	C	789	A	790	A
791	B	792	D	793	C	794	B	795	A	796	D	797	B	798	C	799	B	800	A
801	A	802	A	803	B	804	A	805	E	806	D	807	A	808	B	809	B	810	C
811	D	812	C	813	A	814	D	815	A	816	B	817	C	818	C	819	C	820	B
821	A	822	B	823	C	824	C	825	A	826	E	827	B	828	E	829	B	830	B
831	D	832	D	833	A	834	E	835	C	836	D	837	D	838	E	839	B	840	D
841	A	842	C	843	E	844	D	845	B	846	B	847	A	848	B	849	B	850	C
851	E	852	C	853	D	854	C	855	C	856	B	857	B	858	A	859	B	860	B
861	C	862	B	863	D	864	B	865	B	866	C	867	A	868	C	869	A	870	D
871	B	872	C	873	C	874	D	875	B	876	E	877	A	878	C	879	B	880	E
881	B	882	A	883	C	884	A	885	A	886	A	887	A	888	C	889	C	890	C
891	A	892	D	893	A	894	E	895	A	896	E	897	D	898	A	899	E	900	B
901	C	902	A	903	E	904	E	905	B	906	D	907	A	908	A	909	C	910	C
911	C	912	D	913	C	914	B	915	B	916	C	917	D	918	C	919	B	920	D
921	D	922	B	923	B	924	D	925	A	926	B	927	B	928	C	929	B	930	A
931	B	932	D	933	C	934	C	935	C	936	B	937	A	938	A	939	D	940	C
941	E	942	E	943	D	944	D	945	B	946	D	947	D	948	C	949	A	950	A
951	C	952	B	953	A	954	C	955	B	956	D	957	C	958	C	959	E	960	A
961	C	962	B	963	B	964	B	965	E	966	A	967	A	968	C	969	C	970	C
971	C	972	C	973	C	974	C	975	E	976	A	977	A	978	E	979	E	980	B
981	A	982	B	983	B	984	D	985	E	986	B	987	E	988	C	989	B	990	A
991	D	992	D	993	A	994	D	995	B	996	B	997	B	998	A	999	C	1000	D
1001	A	1002	D	1003	B	1004	E	1005	B	1006	E	1007	A	1008	D	1009	E	1010	B
1011	A	1012	E	1013	B	1014	A	1015	A	1016	B	1017	B	1018	C	1019	E	1020	B
1021	B	1022	A	1023	C	1024	B	1025	E	1026	B	1027	B	1028	A	1029	D	1030	A
1031	B	1032	C	1033	D	1034	B	1035	A	1036	E	1037	A	1038	B	1039	C	1040	D
1041	A	1042	E	1043	C	1044	B	1045	D	1046	C	1047	D	1048	E	1049	B	1050	A
1051	C	1052	A	1053	B	1054	E	1055	D	1056	B	1057	E	1058	B	1059	D	1060	C
1061	E	1062	B	1063	C	1064	A	1065	E	1066	B	1067	D	1068	C	1069	A	1070	D
1071	C	1072	A	1073	B	1074	A	1075	A	1076	A	1077	B	1078	D	1079	B	1080	C
1081	D	1082	B	1083	E	1084	C	1085	C	1086	B	1087	A	1088	D	1089	C	1090	A
1091	D	1092	B	1093	C	1094	A	1095	E	1096	E	1097	D	1098	A	1099	E	1100	E

Quesito	Risposta	Quesito	Risposta	Quesito	Risposta	Quesito	Risposta	Quesito	Risposta	Quesito	Risposta	Quesito	Risposta	Quesito	Risposta	Quesito	Risposta	Quesito	Risposta
1101	B	1102	A	1103	D	1104	B	1105	C	1106	D	1107	E	1108	C	1109	D	1110	D
1111	A	1112	A	1113	A	1114	B	1115	A	1116	B	1117	A	1118	C	1119	B	1120	B
1121	B	1122	C	1123	E	1124	A	1125	A	1126	A	1127	A	1128	B	1129	B	1130	A
1131	B	1132	B	1133	B	1134	A	1135	C	1136	E	1137	E	1138	E	1139	C	1140	C
1141	E	1142	A	1143	B	1144	B	1145	C	1146	C	1147	C	1148	B	1149	D	1150	B
1151	C	1152	B	1153	A	1154	D	1155	C	1156	D	1157	E	1158	A	1159	B	1160	B
1161	C	1162	E	1163	A	1164	C	1165	E	1166	C	1167	D	1168	E	1169	D	1170	A
1171	A	1172	D	1173	C	1174	C	1175	C	1176	D	1177	C	1178	E	1179	C	1180	B
1181	D	1182	B	1183	C	1184	E	1185	B	1186	E	1187	C	1188	A	1189	B	1190	C
1191	C	1192	D	1193	D	1194	A	1195	B	1196	C	1197	D	1198	D	1199	B	1200	C
1201	A	1202	C	1203	A	1204	A	1205	B	1206	D	1207	D	1208	D	1209	C	1210	D
1211	A	1212	B	1213	B	1214	C	1215	E	1216	E	1217	E	1218	D	1219	C	1220	A
1221	B	1222	C	1223	B	1224	E	1225	B	1226	C	1227	A	1228	C	1229	B	1230	D
1231	A	1232	A	1233	C	1234	A	1235	D	1236	A	1237	A	1238	E	1239	B	1240	B
1241	C	1242	D	1243	B	1244	D	1245	B	1246	C	1247	D	1248	B	1249	E	1250	D
1251	B	1252	A	1253	D	1254	B	1255	E	1256	D	1257	E	1258	B	1259	C	1260	A
1261	A	1262	D	1263	C	1264	E	1265	A	1266	D	1267	C	1268	E	1269	D	1270	C
1271	C	1272	C	1273	C	1274	B	1275	D	1276	C	1277	B	1278	C	1279	C	1280	D
1281	C	1282	C	1283	B	1284	C	1285	E	1286	C	1287	E	1288	B	1289	A	1290	E
1291	C	1292	D	1293	D	1294	C	1295	A	1296	A	1297	D	1298	B	1299	B	1300	A
1301	A	1302	D	1303	E	1304	D	1305	C	1306	E	1307	B	1308	B	1309	D	1310	D
1311	A	1312	E	1313	A	1314	B	1315	D	1316	E	1317	A	1318	A	1319	D	1320	D
1321	D	1322	D	1323	D	1324	C	1325	A	1326	B	1327	A	1328	D	1329	A	1330	E
1331	E	1332	C	1333	A	1334	B	1335	D	1336	D	1337	A	1338	C	1339	B	1340	E
1341	B	1342	D	1343	C	1344	A	1345	E	1346	B	1347	B	1348	C	1349	B	1350	C
1351	B	1352	C	1353	B	1354	B	1355	C	1356	A	1357	E	1358	C	1359	C	1360	A
1361	D	1362	C	1363	B	1364	A	1365	B	1366	C	1367	B	1368	B	1369	B	1370	C
1371	D	1372	A	1373	C	1374	E	1375	B	1376	B	1377	A	1378	B	1379	D	1380	C
1381	C	1382	A	1383	C	1384	B	1385	D	1386	B	1387	A	1388	B	1389	C	1390	A
1391	C	1392	A	1393	A	1394	B	1395	C	1396	E	1397	D	1398	E	1399	C	1400	B
1401	A	1402	E	1403	B	1404	C	1405	E	1406	E	1407	A	1408	C	1409	D	1410	B
1411	E	1412	D	1413	A	1414	E	1415	B	1416	A	1417	A	1418	C	1419	D	1420	E
1421	B	1422	C	1423	A	1424	B	1425	B	1426	C	1427	D	1428	A	1429	C	1430	D
1431	B	1432	E	1433	B	1434	E	1435	E	1436	E	1437	D	1438	A	1439	E	1440	D
1441	A	1442	C	1443	A	1444	E	1445	C	1446	B	1447	E	1448	E	1449	A	1450	B
1451	D	1452	B	1453	E	1454	C	1455	D	1456	B	1457	C	1458	D	1459	D	1460	E
1461	B	1462	B	1463	C	1464	C	1465	C	1466	D	1467	E	1468	C	1469	C	1470	D
1471	A	1472	E	1473	C	1474	C	1475	A	1476	E	1477	B	1478	B	1479	D	1480	C
1481	A	1482	E	1483	A	1484	C	1485	E	1486	B	1487	D	1488	E	1489	C	1490	D
1491	A	1492	C	1493	B	1494	A	1495	D	1496	D	1497	C	1498	A	1499	A	1500	E

Quesito	Risposta	Quesito	Risposta	Quesito	Risposta	Quesito	Risposta	Quesito	Risposta	Quesito	Risposta	Quesito	Risposta	Quesito	Risposta	Quesito	Risposta	Quesito	Risposta
1501	C	1502	E	1503	A	1504	A	1505	C	1506	C	1507	B	1508	D	1509	E	1510	E
1511	C	1512	B	1513	E	1514	A	1515	E	1516	D	1517	E	1518	C	1519	B	1520	C
1521	D	1522	C	1523	D	1524	A	1525	A	1526	D	1527	C	1528	A	1529	E	1530	A
1531	D	1532	B	1533	A	1534	C	1535	B	1536	C	1537	D	1538	E	1539	C	1540	D
1541	D	1542	C	1543	A	1544	B	1545	E	1546	B	1547	D	1548	A	1549	C	1550	B
1551	E	1552	B	1553	B	1554	B	1555	C	1556	B	1557	C	1558	A	1559	A	1560	E
1561	C	1562	D	1563	C	1564	E	1565	E	1566	D	1567	D	1568	B	1569	A	1570	C
1571	C	1572	B	1573	C	1574	E	1575	B	1576	A	1577	E	1578	C	1579	D	1580	D
1581	C	1582	E	1583	B	1584	B	1585	C	1586	C	1587	D	1588	B	1589	C	1590	C
1591	E	1592	E	1593	C	1594	A	1595	C	1596	A	1597	B	1598	B	1599	D	1600	D

parte seconda

MATEMATICA

Quesiti

1601 Se una certa operazione sugli elementi di un insieme ha come risultato un elemento dell'insieme stesso si usa dire che tale insieme è *chiuso* rispetto a questa operazione.
L'insieme X dei quadrati degli interi positivi
X = {1, 4, 9, 16, ...}
è chiuso rispetto:

A all'addizione
B alla moltiplicazione
C alla divisione
D all'estrazione di radice quadrata
E a nessuna operazione

1602 In un piano è dato un sistema di coordinate cartesiane *x*, *y*. L'insieme dei punti *P* = (*x*, *y*) tali che $\log_2 (x^2) = 0$ è:

A l'insieme vuoto
B un punto
C una coppia di rette parallele
D una coppia di rette perpendicolari
E una circonferenza

1603 L'area del triangolo ABC in figura vale:

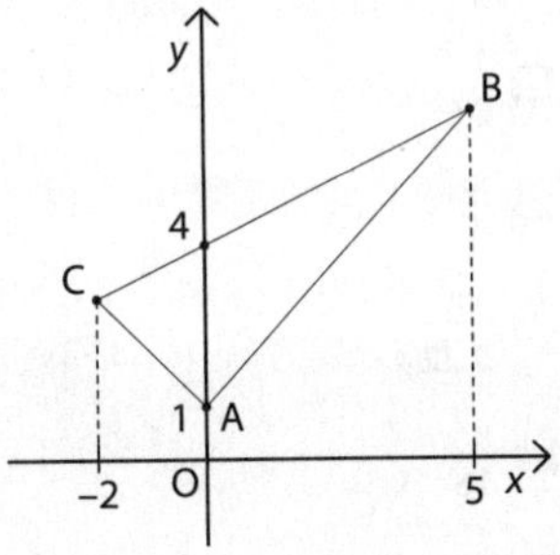

A $\frac{9}{2}$

B $\frac{15}{2}$

C $\frac{21}{2}$

D 9

E 14

1604 Nella figura si vedono quattro triangoli isosceli uguali.

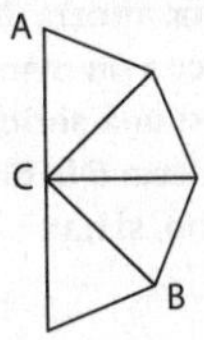

Se la distanza fra i punti A e C è1, allora il quadrato della distanza fra i punti A e B è:

A 2
B 1,5
C $1 + \sqrt{2}$
D $2 + \sqrt{2}$
E 3

1605 Una popolazione di dimensione iniziale *W* aumenta in modo costante con un tasso del 10% al giorno. Dopo 7 giorni la dimensione della popolazione è:

A $W(1 + 0{,}07)$
B $W(1 + 0{,}1)^7$
C $(W + 0{,}01W)^7$
D $W + \frac{W}{7}$
E $W \cdot 0{,}07$

1606 Nell'intervallo [0, 2π] l'equazione:

$$\frac{\cos x}{\operatorname{sen} x} = 1$$

ha due soluzioni. Il loro prodotto è:

A $-\frac{1}{2}$

B $\frac{1}{2}$

C 1

D $\frac{1}{16}\pi^2$

E $\frac{5}{16}\pi^2$

MATEMATICA

1607 L'insieme delle soluzioni del sistema:

$$\begin{cases}(x-1)^2+y^2\le 1\\ |x|\le 1\end{cases}$$

A è simmetrico rispetto all'asse y
B è simmetrico rispetto all'asse x
C è simmetrico rispetto all'orgine
D contiene solamente punti con coordinata y non negativa
E nessuna delle precedenti alternative è corretta

1608 Un cono ha altezza h e area di base A. Viene sezionato con un piano β parallelo alla base e si ottiene così una sezione la cui area è la metà di A. Allora, detta d la distanza del piano β dal vertice del cono, si ha:

A $d = \frac{h}{2}$
B $d^2 = \frac{h^2}{2}$
C $d^2 = \frac{h^3}{2}$
D $d^3 = \frac{h^2}{2}$
E $d^3 = \frac{h^3}{2}$

1609 Una funzione a valori reali, definita sull'insieme dei numeri reali, si dice *pari* se per ogni numero reale x si ha $f(-x) = f(x)$. Quale delle seguenti funzioni NON è pari?

A $\cos\left(x+\frac{\pi}{2}\right)$
B $\cos(x+2\pi)$
C $1+\cos x$
D $\operatorname{sen}(x^2)$
E $(\operatorname{sen} x)^2$

1610 Nell'intervallo $[0, 2\pi]$ l'equazione:

$$\operatorname{sen} x = \frac{1}{3}$$

ha due soluzioni. Indichiamo con c la più piccola delle due; allora l'altra è:

A $\frac{\pi}{2} - c$
B $\frac{\pi}{2} + c$
C $\pi - c$
D $\pi + c$
E $2\pi - c$

1611 Per quale dei seguenti valori di a le rette di equazioni:

$$2x + ay = 7,\ ax + 3y = 4$$

NON si intersecano?

A 2
B 3
C 6
D $\sqrt{6}$
E $\sqrt{7}$

1612 Data la funzione:

$$y = x^4 - x^2 - 1$$

si può affermare che:

A $y = (x^2-1)^2$
B la funzione è intera e di quarto grado
C la funzione è fratta
D la funzione è intera e di sesto grado
E la variabile indipendente è y

1613 Con riferimento alla figura, sapendo che ABOC è un quadrato, che BDC è un arco di circonferenza centrata in A e che la distanza di A da O è 2, quanto vale l'area della regione ombreggiata?

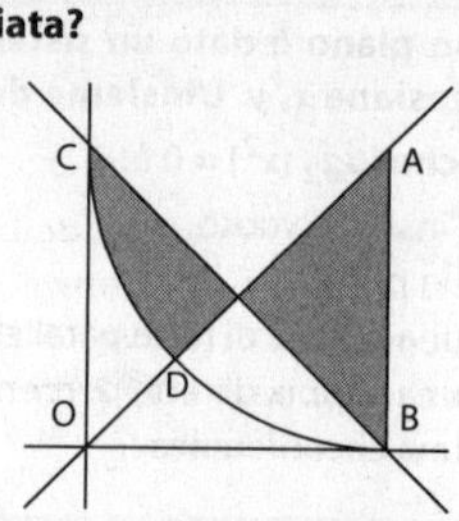

A $\frac{3}{4}$
B $\frac{1}{2}$
C $\frac{\pi}{4}$
D $\frac{\pi}{3\sqrt{2}}$
E $\frac{\pi^2}{16}$

1614 Quale tra quelli indicati è l'insieme delle soluzioni della disequazione

$$\frac{1}{x} > \frac{1}{x-1}$$

A l'insieme vuoto
B $\{-1 < x\}$
C $\{x > -1\}$
D $\{0 < x < 1\}$
E l'insieme dei numeri reali $\mathbb{R}$

1615 Il volume del solido che si ottiene ruotando il triangolo di vertici (1,0), (3,0) e (0,2) di un giro completo attorno all'asse y è:

A 2π
B 4π
C 6π
D $\frac{8}{3}\pi$
E $\frac{16}{3}\pi$

1616 In figura è rappresentato il grafico di una delle seguenti funzioni. Quale?

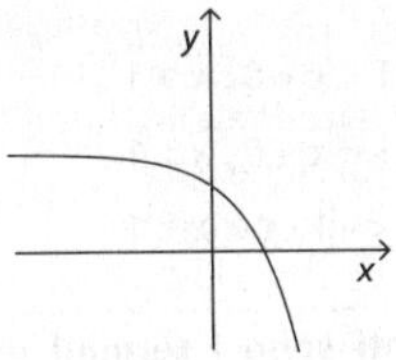

A -2^{x-3}
B $3 \cdot 2^{-x}$
C 2^{-3x}
D $3-2^{-x}$
E $3-2^{x}$

1617 Le prime 10 rilevazioni dell'altezza degli studenti di una classe hanno una media pari a 168 cm. Le successive 15 rilevazioni hanno una media pari a 172 cm. Qual è la media delle 25 osservazioni?

A 169 cm
B 170 cm
C 171 cm
D 172 cm
E Nessuna delle precedenti

1618 Le soluzioni della disequazione $x^2-6x+5<0$ sono:

A $x<1$ o $x>5$
B $1<x<5$
C $2<x<3$
D $x<-6$
E non esistono nel campo reale

1619 Il logaritmo di x in base 7 è un numero y tale che:

A $y^7 = x$
B $x^7 = y$
C $10^y = 7$
D $7^y = x$
E $y^x = 7$

1620 L'equazione $y = a^b$ ha senso:

A per ogni valore di a e b
B se $a>0$ e b qualunque
C per ogni a se $b>0$
D $a>0$ e $b>0$
E nessuna delle risposte proposte è corretta

1621 Si consideri la funzione $f(x) = 1-\frac{\sqrt{x^2}}{x}$; quale delle seguenti affermazioni è vera?

A $f(x)=0$ per ogni x
B $f(x)=0$ per ogni $x>0$; $f(x)=2$ per $x<0$
C $f(x)=0$ per ogni $x \neq 0$
D $f(x)=2$ per ogni x
E Nessuna delle precedenti

1622 In un piano cartesiano l'equazione $y = x$ rappresenta:

A una retta parallela all'asse y
B una retta parallela all'asse x
C un punto del piano
D la bisettrice del I e III quadrante
E la bisettrice del II e IV quadrante

1623 L'equazione nell'incognita reale x:

$$\frac{x^2-3x}{3-x} = -2$$

A non ha soluzioni
B ha l'unica soluzione $x=3$
C ha un'unica soluzione la quale è diversa da 3
D ha due soluzioni
E ha più di due soluzioni

1624 Il sistema:

$$\begin{cases} 2x+\sqrt{y} = 1 \\ x-3\sqrt{y} = -10 \end{cases}$$

ha un'unica soluzione $(\bar{x}, \bar{y})$. Quanto vale $\bar{x}+\bar{y}$?

A -10
B -8
C 0
D 8
E 10

1625 È data la funzione $f(x) = x^2-4$. Per quale dei seguenti valori di t si ha $f(t+3) = 0$?

A -5
B -3
C 0
D 2
E 4

MATEMATICA

1626 **Il polinomio $x^2 + x + 1$ si può scrivere nella forma $(x + b)^2 + c$, dove b e c sono due numeri. Allora c è uguale a:**

A $\frac{1}{4}$

B $\frac{1}{2}$

C $\frac{3}{4}$

D $\frac{5}{4}$

E $\frac{3}{2}$

1627 **Il polinomio**

$$x^3 + 3x^2 - 4x$$

è divisibile per:

A $x + 1$

B $x + 2$

C $x - 4$

D $x + 4$

E x^3

1628 **Quale dei numeri proposti approssima meglio $\sqrt{4 \cdot 10^7}$?**

A $2 \cdot 10^3$

B $6 \cdot 10^3$

C $8 \cdot 10^3$

D $2 \cdot 10^4$

E $6 \cdot 10^4$

1629 **Due grandezze positive m e v sono legate dalla relazione:**

$$m = \frac{1}{\sqrt{1 - v^2}}$$

Allora v è uguale a:

A $\sqrt{1 - \frac{1}{m}}$

B $\sqrt{1 - \frac{1}{m^2}}$

C $\sqrt{1 + \frac{1}{m^2}}$

D $\frac{1}{1 + m^2}$

E $1 - \frac{1}{m}$

1630 **La curva che nel piano x,y ha equazione $x^2 + y^2 = r^2$ è:**

A una retta

B una circonferenza

C una parabola

D un'ellisse

E un'iperbole

1631 **Il campo di esistenza di $f(x) = \log_{10} \frac{x}{x^2 - 1}$ è:**

A tutto $\mathbb{R}$

B $x > 1$

C $-1 < x < 0$, $x > 1$

D $-1 < x \leq 0$, $x > 1$

E $x < -1$, $0 < x < 1$

1632 **Quanti sono i termini di una progressione geometrica di ragione uguale a 2 con primo termine 4 ed ultimo 1024?**

A 12

B 9

C 10

D 8

E Nessuno dei valori precedenti

1633 **Il volume di una piramide è uguale:**

A all'area di base per l'altezza diviso tre

B alla terza parte dell'area di base

C all'area di base per l'altezza

D al perimetro di base per l'altezza diviso tre

E al perimetro di base per l'apotema diviso due

1634 **La disequazione $x^2 < a$ nell'incognita x:**

A è impossibile per $a < 1$

B è risolta, qualunque sia $a > 0$, per $-a < x < a$

C è risolvibile purché $a < 0$

D è risolvibile per ogni valore di a

E nessuna delle precedenti affermazioni è corretta

1635 **L'area della superficie totale di un parallelepipedo vale S. Allora l'area della superficie totale del parallelepipedo ottenuto dal precedente raddoppiandone le dimensioni è uguale a:**

A $8S^3$

B $2S$

C $4S$

D $8S$

E S^2

1636 Il numero $\log_{10} 10^{1993}$:

A non può essere un numero intero
B è un numero intero di 4 cifre
C è un numero intero di 1993 cifre
D è un numero intero di 10^{1993} cifre
E è un numero intero di 10 cifre

1637 In figura sono rappresentati una semicirconferenza di centro O e raggio 1 e due suoi punti A e B; sappiamo che l'angolo AOB è retto.

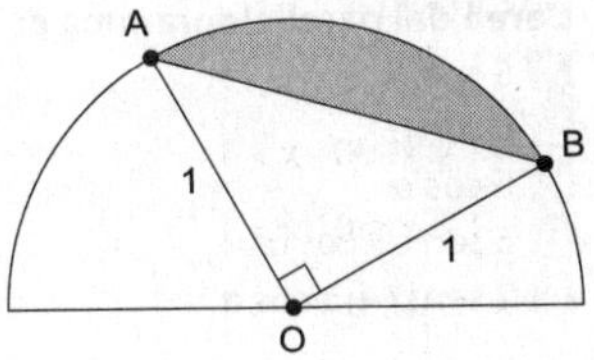

L'area della regione ombreggiata è

A $\frac{\pi}{2} - \frac{1}{2}$

B $\frac{\pi}{2} - \frac{1}{\sqrt{2}}$

C $\frac{\pi}{4} - \frac{1}{2}$

D $\frac{\pi}{4} - 1$

E $\frac{\pi}{4} - \sqrt{2}$

1638 Sono dati gli insiemi A e B. Si sa che $A \cap B = A$. Allora si può dedurre che

A $B = \varnothing$
B $A \cup B = B$
C $A = \varnothing$
D $A \cap B = B$
E $A \cup B = A$

1639 Nel sistema di numerazione ternaria le tre sole cifre usate sono 0, 1 e 2. Quindi, ad esempio, si hanno le uguaglianze seguenti (nelle quali il numero in basso ricorda la base):

$$0_{10} = 0_3 \quad 1_{10} = 1_3 \quad 2_{10} = 2_3,$$
$$3_{10} = 10_3 \quad 4_{10} = 11_3 \quad 5_{10} = 12_3$$

eccetera. Quale dei seguenti numeri è 912_{10} in forma ternaria?

A 12101_3
B 20121_3
C 210212_3
D 1010101_3
E 1020210_3

1640 Da un'urna contenente 20 palline numerate da 1 a 20, viene estratta, a occhi bendati, una pallina. Supponendo che tutte le palline abbiano le stesse probabilità di essere estratte, qual è la probabilità che esca una pallina contrassegnata da un quadrato perfetto?

A 1/4
B 1/5
C 1/10
D 3/20
E 2/5

1641 La somma delle soluzioni dell'equazione

$$x^2 - 2x = 3$$

è:

A –3
B –2
C 1
D 3
E nessuno dei valori indicati nelle altre risposte

1642 Il palo verticale schematizzato in figura è posto in una zona piana. I raggi del sole formano un angolo di ampiezza α con il suolo e l'ombra ha lunghezza L.

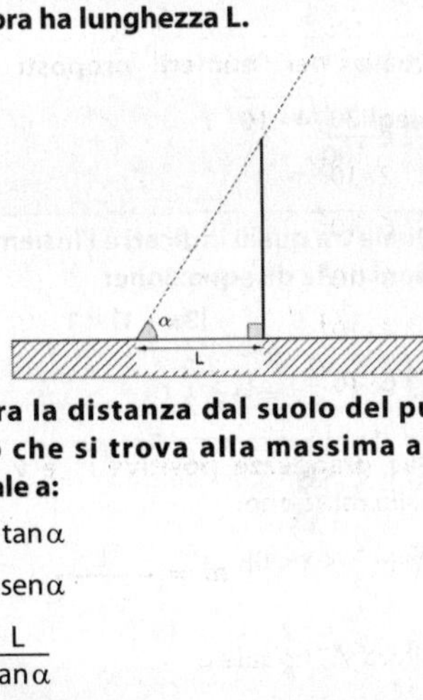

Allora la distanza dal suolo del punto del palo che si trova alla massima altezza è uguale a:

A $L \tan\alpha$

B $L \,\text{sen}\,\alpha$

C $\frac{L}{\tan\alpha}$

D $L \cos\alpha$

E $\frac{L}{\text{sen}\,\alpha}$

1643 Risolvere la disequazione:

$$(2x + x^2 + 1)/(x^2 - 1) > 0$$

A $x > 0$
B $x < -1$ e $x > 1$
C $-1 < x < 1$
D $x < 0$
E x qualunque

MATEMATICA

1644 Le rette di equazioni $x = y$ e $x + y = 2$:

A si intersecano nei punti (1; 1) e (0; 0)
B non si intersecano
C si intersecano nel punto (1; 1)
D si intersecano nel punto (2; 0)
E si intersecano nel punto (0; 2)

1645 Una popolazione, che è inizialmente di 32 batteri, aumenta del 50% ogni ora. Di quanti batteri sarà dopo 4 ore?

A 100
B 112
C 128
D 162
E 256

1646 Ho un rettangolo T e lo modifico diminuendo un lato del 10% e l'altro lato del 20 %. Ottengo così un nuovo rettangolo T′. Il rapporto fra l'area di T′ e l'area di T:

A dipende dal rapporto fra i lati del rettangolo
B dipende dall'area del rettangolo
C è $\frac{\sqrt{2}}{2}$
D è $\frac{18}{25}$
E è $\frac{70}{100}$

1647 Quale tra quelli indicati è l'insieme delle soluzioni della disequazione:

$$|3x + 1| < 1$$

A $\{x < -\frac{2}{3}\} \cup \{x > \frac{2}{3}\}$
B $\{-\frac{2}{3} < x < \frac{2}{3}\}$
C $\{-\frac{2}{3} < x < 0\}$
D $\{0 < x < \frac{2}{3}\}$
E $\{x > -\frac{2}{3}\}$

1648 Per $x > 0$, $\log x + \log x + \log x$ è uguale a:

A $(\log x)^3$
B $\log x^3$
C $\log \frac{x}{3}$
D $3x^3$
E $3x$

1649 Se $\log_a 17 = 3$, allora:

A $\frac{3}{17} = a$
B $a^3 = 17$
C $a^{17} = 3$
D $17^3 = a$
E $17^a = 3$

1650 Un parallelogramma ha un angolo acuto di ampiezza α e i lati di lunghezza 2 e 3. L'area del parallelogramma è:

A 5 sen α
B 6 sen α
C 6 cos α
D 6 sen α · cos α
E 2 sen α + 3 cos α

1651 L'area del cerchio avente diametro 10 cm è:

A 20π cm^2
B 25π cm^2
C 50π cm^2
D 100π cm^2
E nessuna delle precedenti

1652 L'espressione $8^6 + 8^7$ è anche uguale a:

A 8^{13}
B 8^{42}
C 16^{13}
D $9 \cdot 8^6$
E nessuna delle precedenti

1653 Nel piano cartesiano O*xy* sono date le rette di equazione $3x - y - 2 = 0$ e $2x + 6y + 7 = 0$; posso concludere che:

A le rette sono parallele
B le rette sono perpendicolari
C le rette sono incidenti in (1; 1)
D una di esse passa per (1; 0)
E nessuna delle precedenti

1654 L'espressione e^{-x^2} con $x \in \mathbb{R}$ è anche uguale a:

A $e^{x^{-2}}$
B $(e^x)^{-2}$
C $(e^{x^2})^{-1}$
D $\left(\frac{1}{e^2}\right)^x$
E nessuna delle precedenti

QUESITI

1655 **Un triangolo ha i lati lunghi 10 cm, 10 cm e 12 cm. Qual è la sua area?**

A $48\ cm^2$
B $50\ cm^2$
C $60\ cm^2$
D $96\ cm^2$
E $1200\ cm^2$

1656 **In figura è rappresentato il grafico di una funzione $f: [-6, 6] \to \mathbb{R}$.**

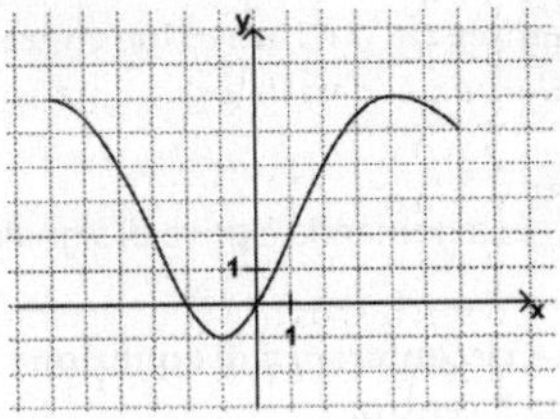

Qual è l'insieme dei valori di x tali che $f(x) \leq 2$?

A $[-6, 1]$
B $[-6, 4]$
C $[-6, -3] \cup [1, 6]$
D $[-3, 1]$
E $[-1, 6]$

1657 **In un triangolo rettangolo i cateti misurano 6 cm e 8 cm; indicato con α l'angolo opposto al cateto maggiore, si può affermare che:**

A $\cos\alpha = \frac{3}{5}$
B $\text{sen}\,\alpha = \frac{2}{5}$
C $\cos\alpha = \frac{\sqrt{3}}{2}$
D $\text{tg}\,\alpha = \frac{3}{4}$
E nessuna delle precedenti

1658 **Il polinomio $x^4 - 16$ è divisibile per:**

A $x - 4$
B $x + 2$
C $x^2 - 8$
D $(x - 2)^2$
E nessuna delle precedenti

1659 **Nel piano cartesiano Oxy l'equazione $x = 0$ individua:**

A la bisettrice del I quadrante
B una retta passante per (1; 0)
C l'asse y
D l'asse x
E nessuna delle precedenti

1660 **Sono date le funzioni $f(x) = \sqrt{x}$ e $g(x) = \frac{1}{x}$.**

L'insieme delle soluzioni della disequazione:

$$f(x) < g(x)$$

è:

A $(1, +\infty)$
B $(0, +\infty)$
C $(-\infty, 1)$
D $(0, 1) \cup (1, +\infty)$
E $(0, 1)$

1661 **Per quale valore di a i punti $(-5; -3)$, $(2; a)$ e $(12; 31)$ del piano cartesiano sono allineati?**

A -1
B 1
C 11
D 17
E Per nessuno dei valori indicati nelle altre risposte

1662 **Quanto vale un millesimo di 10^{-3}?**

A 10^6
B 10^{-6}
C 1
D 0
E Nessuna delle precedenti

1663 **Dire quante soluzioni ha nell'intervallo $[0, 2\pi]$ l'equazione $\cos 2x = 0$:**

A due
B tre
C quattro
D cinque
E nessuna delle precedenti

1664 **Se x varia nell'insieme dei numeri reali, cioè $x \in \mathbb{R}$, allora la funzione $f(x) = (1 + \cos x)^2$:**

A è sempre maggiore di zero
B è sempre diversa da zero
C è sempre maggiore di uno
D è sempre non negativa
E nessuna delle precedenti

1665 **Le soluzioni della disequazione:**

$$(x - 1)^2(x + 1) > 0$$

sono gli $x \in \mathbb{R}$ tali che:

A $x \neq 1$
B $-1 < x < 1$
C $x > -1$ e $x \neq 1$
D tutti gli $x \in \mathbb{R}$
E nessuna delle precedenti

MATEMATICA

1666 Qual è la probabilità che si verifichi l'evento testa-testa-croce-testa-testa in seguito a 5 lanci della moneta?

A $\frac{1}{5}$

B $\frac{1}{6}$

C $\frac{1}{2}$

D $\frac{1}{32}$

E $\frac{1}{16}$

1667 Siano a e b due numeri reali con $a < b$. Quali, fra le seguenti affermazioni, è vera?

A $|a| < |b|$

B $a^2 < b^2$

C $ab < b^2$

D $a^2 + b^2 < 2ab$

E Nessuna delle precedenti

1668 In un supermercato americano il prezzo di un oggetto viene dimezzato di settimana in settimana finché non viene venduto. Un oggetto risulta scontato dell'87,5% dopo:

A tre settimane

B un numero di settimane che dipende dal prezzo iniziale

C due settimane

D quattro settimane

E cinque settimane

1669 Dire per quali valori di x è verificata la disequazione:

$$\frac{x+2}{x+1} \geq 1$$

A Per qualunque x reale, diverso da -1

B Per x maggiore di -1

C Per qualunque x reale

D Per x minore o uguale di -2

E Per x maggiore di -1 oppure minore o uguale di -2

1670 L'equazione $6^x = -36$:

A ha due soluzioni irrazionali

B non ammette soluzioni nel campo reale

C ha come radici 2 e – 2

D ha come unica radice 2

E ha come unica radice – 2

1671 Quale delle seguenti espressioni rappresenta una circonferenza in coordinate cartesiane?

A $x + y = R$

B $x - y = R$

C $x^2 + y^2 = R^2$

D $(x + y)^2 = R$

E $xy = R$

1672 Determinare l'area S del triangolo i cui vertici sono i punti A (1 ; 2), B (2 ; 4) e C (2 ; 2).

A S = 4

B S = 1

C S = 0

D S = 2

E La domanda è priva di significato

1673 La circonferenza di equazione $x^2 + y^2 - 2x = 0$ ha il centro:

A sull'asse x

B sull'asse y

C sulla retta $x = y$

D nell'origine degli assi

E nel punto di coordinate (0 ; 2)

1674 $\sqrt{x(x+2)}$ è uguale a:

A $\sqrt{x^2} + \sqrt{2x}$

B $x + \sqrt{2x}$

C $\sqrt{x^2 + 2x}$

D $\sqrt[4]{x^2(x+2)^2}$

E nessuna delle risposte precedenti è corretta

1675 Quali sono le soluzioni dell'equazione $x^2 + x = 0$?

A 0, 0

B 0, – 1

C – 1, – 1

D 1, – 1

E Il sistema non ha soluzioni reali

1676 Dato il sistema $\begin{cases} \frac{3}{x} + \frac{4}{y} = 18 \\ \frac{1}{x} + \frac{2}{y} = 8 \end{cases}$ le soluzioni sono:

A $x = -1; y = 0$

B $x = -9; y = 0$

C non ammette soluzioni

D $x = 1/2 ; y = 1/3$

E $x = 0; y = -1$

1677 Trovare la soluzione dell'equazione $\frac{1}{y} = 10$.

A $0{,}1$
B 0
C 1^{-10}
D 10
E 9

1678 Il $\log_{10}(ab)$ con a e b numeri reali maggiori di 1 è:

A compreso fra –1 e 0
B minore di 0
C maggiore di 0
D uguale a 0
E non esiste

1679 La variazione di una grandezza con il tempo può essere descritta con una funzione esponenziale se:

A in intervalli di tempo uguali l'incremento della grandezza è percentualmente costante
B la grandezza è inversamente proporzionale al tempo
C in intervalli di tempo uguali, la grandezza cresce di quantità uguali
D in intervalli di tempo uguali, la grandezza decresce di quantità uguali
E la grandezza è direttamente proporzionale al quadrato del tempo

1680 Dati tre monomi:

$$x^{n+2}y^{n+p+2}z^{p+q+1} \qquad x^n y^{p+2} z^{p+q+2}$$
$$x^{n+p+q}y^{m+n+p}z^{m+n+p+q}$$

dove *m, n, p, q* sono interi positivi, il loro massimo comune divisore è:

A $x^n y^p z^{p+q}$
B $x^n y^p z^{p+q+1}$
C $x^n y^{p+2} z^{p+q+1}$
D xyz
E nessuno dei monomi precedenti

1681 Quale dei seguenti logaritmi differisce dagli altri?

A $\log_2 8$
B $\log_4 64$
C $\log_e e^3$
D $\log_3 12$
E $\log_{10} 1000$

1682 In un sistema di riferimento cartesiano ortogonale Oxy, sia *r* la retta di equazione:

$$y = \frac{3x+1}{-2}$$

Quale delle seguenti equazioni rappresenta una retta parallela ad *r* e passante per il punto $(1;1)$?

A $y = \frac{2}{3}x + 1$
B $y = -\frac{3}{2}x + 1$
C $y = \frac{3}{2}(x-1) + 1$
D $y = 1 + \frac{2}{3}(x-1)$
E $y = \frac{5-3x}{2}$

1683 Fissato nel piano un sistema di assi cartesiani ortogonali Oxy, consideriamo le circonferenze *c* di centro $O(0;0)$ e raggio 2, e *c′* di centro O′ e raggio 3. Le circonferenze *c* e *c′* si intersecano in due punti. Tra i seguenti punti, quale può essere O′?

A $(-4;-4)$
B $(3;4)$
C $\left(1;\frac{9}{2}\right)$
D $\left(\frac{11}{3};\frac{11}{3}\right)$
E $(5;-2)$

1684 Qual è il massimo numero intero che divide il prodotto di ogni quaterna di numeri interi consecutivi?

A 2
B 4
C 8
D 24
E 1

1685 L'espressione $-\frac{2^6 - x^2}{x-8}$ è uguale a:

A $16 - x$
B $x - 8$
C $-x + 8$
D $-32 - x$
E $x + 8$

MATEMATICA

1686 **La funzione $y = x^2 - 4$:**
- A passa per l'origine degli assi
- B ha un punto di minimo in (0; –4)
- C ha un punto di minimo in (2; 0)
- D ha un punto di minimo in (0; 2)
- E ha un punto di massimo in (0; –4)

1687 **Qual è il maggiore tra i seguenti valori?**
- A cos330°
- B sen210°
- C sen150°
- D cos120°
- E sen0°

1688 **Dato un mazzo di 40 carte (10 cuori, 10 quadri, 10 picche, 10 fiori), qual è la probabilità che estraendo 4 carte in successione, senza reinserimento, si ottengano 4 semi diversi?**
- A circa $\frac{1}{2^8}$
- B $\frac{1}{100}$
- C $\frac{10}{4}$
- D $\frac{1}{4^{10}}$
- E $\frac{1}{2}$

1689 **Se si raddoppia il raggio di base di un cilindro, il suo volume:**
- A non varia
- B raddoppia
- C triplica
- D quadruplica
- E diventa 8 volte più grande

1690 **Quali numeri reali elevati al quadrato e aumentati di un'unità sono maggiori o uguali del loro doppio?**
- A Nessuno
- B Solo $x = 0$
- C Solo $x = 1$
- D Tutti quelli strettamente positivi
- E Tutti

1691 **Quali sono le soluzioni della seguente equazione?**

$$4^x - 2^{x+2} + 3 = 0$$

- A $-1; 1; -\sqrt{3}\,; \sqrt{3}$
- B $0; \log_2 3$
- C 1; 3
- D L'equazione ammette infinite soluzioni
- E L'equazione non ammette soluzioni reali

1692 **Sapendo che $x^2 - y^2 = 48$ e $x + y = 12$, quanto vale $x - y$?**
- A 36
- B 1/4
- C –36
- D 8
- E 4

1693 **L'espressione**

$$\frac{1-\sqrt{5}}{1+\sqrt{5}} - \frac{1+\sqrt{5}}{1-\sqrt{5}}$$

equivale a:
- A –3
- B 0
- C 1
- D $\sqrt{5}$
- E 5

1694 **Disporre in ordine crescente le potenze:**

$$a = 2^{-1} \quad b = (1/2)^2 \quad c = (1/2)^{-2} \quad d = 4^2$$

- A $b < c < d < a$
- B $b < d < a < c$
- C $a < b < c < d$
- D $b < a < c < d$
- E $c < b < a < d$

1695 **L'espressione $(x-1)^3 - (x-1)^2$ equivale a:**
- A $x - 1$
- B $x^3 - 4x^2 + 5x - 2$
- C $x^3 - 2x^2 + x$
- D $x^3 - x^2 - 2$
- E nessuna delle altre risposte è corretta

1696 **Nel grafico riportato in figura la circonferenza maggiore ha raggio pari a 4 cm.**

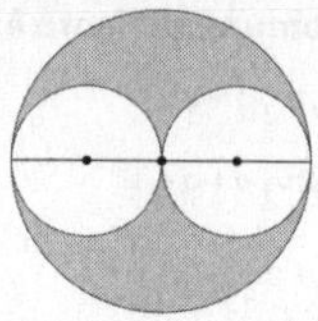

L'area della figura colorata misura:
- A $8\pi\ cm^2$
- B $4\pi\ cm^2$
- C $2\pi\ cm^2$
- D $16\pi\ cm^2$
- E $6\pi\ cm^2$

1697 **Il logaritmo in base 2 di –1/4:**
- A vale –2
- B vale 2
- C vale 1/2
- D vale –1/2
- E non esiste

1698 **Che numero si ottiene razionalizzando la seguente frazione?**

$$\frac{8}{\sqrt[3]{128}}$$

A 2
B $\sqrt[3]{2^2}$
C $\sqrt{2^2}$
D $\sqrt[3]{2}$
E 4

1699 **Qual è l'insieme delle soluzioni della seguente equazione?**

$$x^2 + x - 90 = 0$$

A {–10; 9}
B {–10}
C {10; –9}
D {3; –3}
E L'equazione non ammette soluzioni reali

1700 **Disporre in ordine crescente i numeri:**

$$a = \sqrt[5]{4^2} \quad b = \sqrt[3]{2^{-1}} \quad c = \sqrt[3]{64} \quad d = \sqrt[2]{1/8}$$

A $b < d < a < c$
B $d < b < a < c$
C $d < c < a < b$
D $a < d < b < c$
E $d < b < c < a$

1701 **Quali sono le soluzioni della seguente disequazione?**

$$(x + 1)^2 < (x - 1)(x + 1)$$

A $x < -1$
B $x > -1$
C $x = 1$
D $-1 < x < 1$
E $x < -1$ e $x > 1$

1702 **L'equazione:**

$$(x + 2)^2 + y(y + 1) - 4 = 0$$

rappresenta:
A una parabola
B un'ellisse
C un'iperbole
D una circonferenza
E una circonferenza con centro nell'origine

1703 **L'equazione $x^2 + y^2 = a$, con a numero reale, rappresenta:**
A una parabola per ogni valore di a
B un'ellisse se $a > 0$, un'iperbole se $a < 0$
C una circonferenza se $a > 0$
D un'ellisse per ogni valore di $a < 0$
E una coppia di rette se $a > 0$

1704 **Quale tra le seguenti è la funzione inversa di $f(x) = \frac{\sqrt{3}}{3}x + 3$?**

A $f^{-1}(x) = \sqrt{3}x - \sqrt{27}$
B $f^{-1}(x) = \sqrt{3}x - \sqrt{3}$
C $f^{-1}(x) = 3x - \sqrt{3}$
D $f^{-1}(x) = \sqrt{3}x$
E $f^{-1}(x) = 3x - \frac{\sqrt{3}}{3}$

1705 **Quali sono le soluzioni di $\sqrt{3}\cos x = 3$?**

A $x = \frac{\pi}{6}$
B $x = \frac{\pi}{6} + k\pi$
C $x = \frac{\pi}{6} + 2k\pi$
D L'equazione ammette infinite soluzioni
E L'equazione è impossibile

1706 **Qual è la probabilità che lanciando tre dadi esca su tutti lo stesso numero?**
A 1/6
B 5/6
C 6/5
D 1/36
E 1/216

1707 **Qual è il valore della seguente espressione?**

$$\frac{1}{3}\log_2 8 - \log_2 32 + 3\log_2 \frac{1}{8}$$

A –6
B 1
C 2
D –13
E Nessuna delle altre risposte è corretta

1708 **Quale tra le seguenti rette risulta perpendicolare alla retta di equazione $x = -1/2$?**
A $x = 2$
B $y = \sqrt{2}$
C $x = 1/2$
D $y = 2x$
E $x = -2$

1709 **Il volume di un cubo misura 3^{-6} m^3. Il suo lato misura:**
A 9 m
B 0,9 m circa
C 0,11 m circa
D 3^{-18} m
E 3^2 m

MATEMATICA

1710 **Trovare le radici di un'equazione di 2° grado, sapendo che la loro somma è 0 e il loro prodotto è –100.**

A –1 e 10
B –10 e 1
C –1 e 1
D –10 e 10
E 1 e 10

1711 **Disporre in ordine decrescente le seguenti frazioni:**

$$a = -5/16 \quad b = -1/4 \quad c = -5/4 \quad d = 16/5$$

A $d > a > b > c$
B $c > a > b > d$
C $d > b > a > c$
D $d > b > c > a$
E $b > a > d > c$

1712 **Quanto valgono il M.C.D. e il m.c.m. dei seguenti monomi?**

$$10x^3y \quad 27zx^2 \quad 15y^2z^4$$

A 1 $10x^3y$ e $27x^3y^2z^4$
B 1 e $270x^3y^2z^4$
C $100x^3y$ e $675x^3y^2z^4$
D $10xyz$ e $1350zx^2$
E $1xyz$ e $1350x^3y^2z^4$

1713 **La doppia disequazione $8 < x^3 < 27$ è verificata per:**

A $-3 < x < -2$
B $2 < x < 3$
C $-3 < x < -2$ e $2 < x < 3$
D $x < 3$
E $x > 2$

1714 **La funzione:**

$$y = \frac{1}{\log(x^2 + 1)}$$

è definita per:

A $x \neq 0$
B $x < -1$ e $x > 1$
C $-1 < x < 1$
D ogni valore reale di x
E nessun valore reale di x

1715 **Quali sono le soluzioni della seguente equazione?**

$$2^{x^3} = \left(\frac{1}{8}\right)^9$$

A L'equazione non ammette soluzioni reali
B $x = -3$
C $x = -3$ e $x = 3$
D $x = -27$
E L'equazione ammette infinite soluzioni

1716 **In un triangolo rettangolo di lati 3, 4 e 5, quanto vale l'altezza relativa all'ipotenusa?**

A 12/25
B 2/3
C 6/5
D 4/3
E 12/5

1717 **Dato un mazzo di 40 carte (10 cuori, 10 quadri, 10 picche, 10 fiori), qual è la probabilità che estraendo 10 carte in successione, reinserendo nel mazzo ogni volta la carta estratta, si ottengano 10 cuori?**

A $\frac{1}{256}$
B $\frac{1}{2^{20}}$
C $\frac{1}{4^4}$
D 1
E $\frac{1}{2}$

1718 **Quanto vale la seguente espressione?**

$$\frac{1}{\sqrt{3}} + \frac{1}{\sqrt{3}} + \frac{1}{\sqrt{3}}$$

A $\frac{1}{\sqrt{3}}$
B 3
C $\sqrt{3}$
D $\frac{\sqrt{3}}{3}$
E $\frac{3}{\sqrt[6]{3}}$

1719 **Qual è l'insieme delle soluzioni della seguente equazione?**

$$x^2 + 5x - 6 = 0$$

A {–1; –6}
B {–1}
C {–1; 6}
D {–6;1}
E L'equazione non ammette soluzioni reali

1720 **Quali dei seguenti numeri non è un quadrato perfetto?**

A 150
B 729
C $2 \cdot 50$
D 1024
E $49 \cdot 36$

1721 **Due sfere hanno raggi R_1 e R_2 tali che:**

$$R_1/R_2 = 6$$

Allora il rapporto tra le superfici S_1 e S_2 vale:

A 3
B 6
C 12
D 36
E 216

1722 **La retta di equazione $y = -2x$ interseca la circonferenza di equazione $x^2 + y^2 = 5$ in due punti distinti, di cui uno appartenente al secondo quadrante. Le sue coordinate sono:**

A (1; 2)
B (1; –2)
C (–1; 2)
D (2; –1)
E (–2; 1)

1723 **In matematica si definisce numero perfetto un numero naturale che è uguale alla somma dei suoi divisori, escluso il numero stesso. Il numero 6, per esempio, è un numero perfetto perché 1 + 2 + 3 = 6.**
Quale tra i seguenti è un numero perfetto?

A 12
B 18
C 21
D 25
E 28

1724 **Ridurre ai minimi termini la seguente frazione algebrica:**

$$\frac{a^2 + 5a + 6}{a^2 + 4a + 4}$$

A $\frac{a+3}{a+2}$
B $\frac{a+2}{a-2}$
C $\frac{a+3}{a-2}$
D $a + 3$
E $\frac{(a-2)^2}{a+3}$

1725 **Calcolare il M.C.D. e il m.c.m. dei numeri:**
54, 60 e 72

A 2 e 216
B 2 e 1080
C 6 e 216
D 6 e 1080
E 30 e 1080

1726 **Il triplo di 9^{-2} è:**

A 27
B 1/27
C 27^{-2}
D $1/27^2$
E 9^{-6}

1727 **Michela è appassionata di matematica e le piace trovare i divisori primi nelle date. Così, il 10 agosto del 2022 ha moltiplicato tra loro i numeri 10, 8 e 2022, notando che la massima potenza di 2 che divide il numero trovato è:**

A 2^5
B 2^3
C 2^4
D 2^6
E 2^2

1728 **Alessia arriva tardi al lavoro una volta su 5 e, quando arriva puntuale, si attarda al bar con i colleghi una volta su 4, entrando comunque tardi in ufficio. In 20 giorni lavorativi, quante volte Alessia arriva in orario in ufficio?**

A 8
B 10
C 12
D 15
E 18

1729 **Individua il numero intero che approssima meglio la seguente frazione:**

$$\frac{4 + \sqrt{5}}{4 - \sqrt{5}}$$

A –1
B 0
C 1
D 2
E 3

1730 **Elena frequenta una scuola in cui si studiano solo cinque materie: matematica, fisica, logica, biologia e chimica.**
Al termine dell'anno scolastico riceve la sua pagella online e vede che la sua media totale è di 7,2 e i voti di matematica, fisica, logica e biologia sono, rispettivamente, 8, 7, 7 e 6, ma non riesce a visualizzare il voto di chimica.
Quanto ha preso Elena in chimica?

A 6
B 7
C 8
D 9
E Non si può determinare

MATEMATICA

1731 **Indicare l'insieme delle soluzioni della seguente equazione fratta:**

$$\frac{x^2-4x-12}{x^2-4}=0$$

A $x=6$
B $x=6$ e $x=-2$
C $x=-2, x=2, x=6$
D $x=-2$ e $x=2$
E L'equazione non ammette soluzioni

1732 **L'espressione:**

$$2\text{Log}10+\text{Log}\frac{1}{1000}-\text{Log}\frac{1}{10}$$

equivale a:
A –2
B 0
C 1
D 111/100
E 10

1733 **Quale delle seguenti è l'equazione della retta passante per P(0; 0) e perpendicolare alla retta $y=x-2$?**
A $y=x$
B $y=-x+2$
C $x=2$
D $y=-x$
E $y=\frac{1}{2}x$

1734 **La funzione y = tgx:**
A è sempre definita
B è sempre positiva
C è sempre negativa
D non è definita per $x=\frac{\pi}{2}+k\pi$
E è periodica di periodo $2k\pi$

1735 **Quanti numeri distinti di tre cifre, non tutte distinte, si possono scrivere usando solo 0, 2, 4, 6, 8?**
A 100
B 1000
C 999
D 125
E 20

1736 **Un quarto di 8^8 è:**
A 2^{22}
B 2^8
C 8^2
D 4
E 2^2

1737 **La coppia ordinata di numeri reali (–1; 3) è soluzione di uno solo dei seguenti sistemi lineari. Quale?**

A $\begin{cases}x+y-2=0\\3x-y+1=0\end{cases}$

B $\begin{cases}x+y=0\\3x+3y+1=0\end{cases}$

C $\begin{cases}x+5y-3=0\\3x+2y=0\end{cases}$

D $\begin{cases}x+y-2=0\\3x+y=0\end{cases}$

E $\begin{cases}x+y+1=0\\3x+y=0\end{cases}$

1738 **Disporre in ordine crescente i numeri:**

$$a=\frac{8}{\sqrt{8}}\quad b=\frac{4}{\sqrt{4}}\quad c=\frac{2}{\sqrt{2}}$$

A $c<a<b$
B $a<b<c$
C $c<b<a$
D $a<c<b$
E $b<a<c$

1739 **Quali sono le soluzioni della seguente equazione?**

$$\ln x=2\ln(3x)$$

A $x=3$ e $x=-3$
B $x>0$
C $x=1/9$
D $x=1/9$ e $x=0$
E L'equazione non ammette soluzioni reali

1740 **I punti di intersezione dei grafici delle funzioni $y=-2x^2+8$ e $y=2x^2-8$ sono:**
A (0; 1) e (1; 0)
B (0; –2) e (0; 2)
C (–2; 0) e (2; 0)
D (0; 4) e (0; –4)
E i due grafici non si intersecano

1741 **Per preparare 700 g di marmellata, Elisa utilizza 1,2 kg di frutta e 250 g di zucchero. Quanta frutta deve utilizzare se vuole preparare 2 kg di marmellata?**
A 1,2 kg circa
B 3,4 kg circa
C 2500 g circa
D 3,2 kg circa
E 3600 g circa

1742 L'espressione:

$$\text{sen}45° + \text{tg}60° + \cos135° - \text{sen}60°$$

vale:

A $\frac{1}{2}$

B 1

C $\frac{\sqrt{3}}{2}$

D $\sqrt{3}$

E $2\sqrt{2}$

1743 Quale tra le seguenti equazioni rappresenta una circonferenza?

A $x + y = 1$

B $x^2 + y^2 + 9 = 0$

C $3x^2 + y^2 - 2x - 2y = 0$

D $x^2 + y^2 - 3 = 0$

E $x^2 - y^2 = -1$

1744 La funzione:

$$y = \sqrt{-x+1} - \sqrt[3]{x-5}$$

è definita per:

A $x \geq 5$

B $x \leq 1$

C $x \leq 1$ e $x \geq 5$

D $x < 1$ e $x > 5$

E ogni valore reale di x

1745 Se in un triangolo rettangolo si raddoppia la lunghezza di tutti i lati, come varia l'area?

A Raddoppia

B Triplica

C Quadruplica

D Diventa 6 volte più grande

E Diventa 8 volte più grande

1746 Qual è la moda dei seguenti numeri?

2, 5, 3, 2, 6, 2, 5, 3, 6, 2

A 6

B 5

C 4

D 3

E 2

1747 Sono dati due numeri *a* e *b*, con *a* positivo e *b* negativo e tali che:

$$|a| < |b|$$

Quale delle seguenti affermazioni è corretta?

A $a/b > 0$

B $a \cdot b > 1$

C $a + b < 0$

D $b - a > 0$

E $|a|/b > 0$

1748 Quale delle seguenti funzioni è definita per tutti i valori reali di *x*?

A $y = \frac{x}{x^2+4}$

B $y = 2^{1/x}$

C $y = \log(3-2x)$

D $y = \sqrt{x^2-1}$

E $y = \text{tg}x$

1749 L'espressione:

$$\frac{1-\sqrt{2}}{1+\sqrt{2}} \; \frac{1+\sqrt{2}}{1-\sqrt{2}}$$

equivale a:

A $\sqrt{32}$

B 1

C 0

D $2\sqrt{2}$

E nessuna delle altre risposte è corretta

1750 Sapendo che $x + y = a$ e $x^2 + y^2 = b^2$ quanto vale il prodotto *xy*?

A $a^2 - b^2$

B $\frac{(a+b)(a-b)}{2}$

C $(a+b)^2$

D $(a+b)(a-b)$

E Nessuna delle altre risposte è corretta

1751 Due numeri naturali consecutivi sono tali che la somma dei loro reciproci vale 17/72. Il maggiore tra i due è:

A 8

B 9

C 11

D 12

E 17

1752 L'equazione $4321x^2 - 4321x + 4321 = 0$:

A ammette due soluzioni reali e distinte

B ammette due soluzioni reali e coincidenti

C non ammette soluzioni reali

D ammette due soluzioni intere

E è indeterminata

1753 Il perimetro di un rombo è 20 cm e la somma delle sue diagonali misura 14 cm. L'area del rombo misura:

A 6 cm^2

B 12 cm^2

C 20 cm^2

D 24 cm^2

E 28 cm^2

1754 a^{-3} **è equivalente a:**

A $-\frac{3}{a}$

B $\frac{1}{a^3}$

C $-a^3$

D $\frac{-a}{3}$

E $\sqrt[3]{a}$

1755 **La media aritmetica di due numeri *a* e *b* è 30: se *c* vale 15, quanto vale la media dei tre numeri *a*, *b* e *c*?**

A 10
B 15
C 25
D 45
E 75

1756 **L'espressione $x^2 + y^2 - 2xy - 1$ può essere riscritta nella forma:**

A $(xy - x) \cdot (xy + x) - 1$

B $(x - y)^2 - 1$

C $(x - y) \cdot (x + y) - 1$

D $(x + y + 1) \cdot (-xy - 1)$

E $(x + y + 1) \cdot (x + y - 1)$

1757 **Da un mazzo di 40 carte (10 cuori, 10 quadri, 10 fiori, 10 picche) se ne estraggono tre; qual è la probabilità che siano tutte e tre di fiori, supponendo di non rimettere la carta estratta nel mazzo?**

A 11/247
B 25/1482
C 9/800
D 7/10
E 3/247

1758 **Dati i seguenti monomi:**

$$5xy^2,\ 15x^2yz,\ 10x^2y^2z^2$$

il loro m.c.m. (minimo comune multiplo) è:

A $5xy$

B $30x^2y^2z^2$

C $30x^2z^2$

D $150x^2y^2z^2$

E $50x^3y^3z^3$

1759 **Data una funzione $f(x)$ tale che:**

$$f(x+1) = \frac{2f(x)+2}{2} \quad \text{e} \quad f(1) = 2$$

quanto vale $f(2)$?

A 3
B 0
C 1/2
D 2
E 1

1760 **La relazione rappresentata dal seguente diagramma:**

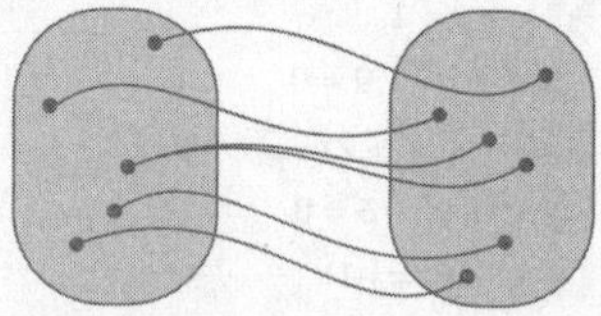

A non è una funzione
B è una funzione iniettiva
C è una funzione biiettiva
D nessuna delle altre risposte è corretta
E è una funzione suriettiva

1761 **Il valore iniziale di una grandezza che, a seguito dell'incremento del 20%, ha assunto il valore di 2160, era:**

A 1800
B 1720
C 1500
D 1850
E 2000

1762 **Se una persona deposita in banca € 500,00, e ha le seguenti condizioni: 10% di interesse annuo e € 10,00 di spese annue, quanto ha dopo 3 anni?**

A € 662,19
B € 632,40
C € 620,00
D € 680,00
E Nessuna delle precedenti

1763 **Quale dei valori sotto riportati costituisce la migliore approssimazione della radice quadrata di 814.420?**

A 90
B 900
C 9000
D 81.442
E 407.270

QUESITI

1764 **Determinare per quale valore del parametro reale m il polinomio:**

$$x^2 - 5x + m$$

risulta divisibile per $(x-3)$.

A $m = 4$

B $m = 6$

C $m = 1/2$

D $m = -2$

E $m = -4$

1765 **Quanti tra i seguenti numeri sono primi?**

97, 117, 223, 381, 423

A 1

B 2

C 3

D 4

E 5

1766 **Data l'equazione:**

$$\operatorname{sen}x = -\frac{1}{10}$$

quanti sono i valori reali che la soddisfano nell'intervallo $0 \le x \le 2\pi$?

A Infiniti

B Nessuno

C 1

D 2

E 4

1767 **Il radicale:**

$$\sqrt[9]{\frac{3^5 \cdot 3^{10} \cdot 3^{15} + (3^5)^6}{3^3 + 3^3}}$$

è uguale a:

A $\sqrt[9]{3^{33}}$

B 9

C $\sqrt[3]{81}$

D 3^9

E 27

1768 **Nel piano cartesiano l'equazione:**

$$2x^2 + 2y^2 - 4y = 0$$

rappresenta:

A una conica degenere

B una circonferenza con centro in (0; –2)

C una circonferenza con centro in (0; –1)

D una circonferenza con centro in (–2; 0)

E una circonferenza con centro in (0; 1)

1769 **A cosa è uguale la somma $5 + \frac{1}{2} + \frac{1}{3}$?**

A $\frac{6}{7}$

B $\frac{7}{6}$

C $\frac{27}{6}$

D $\frac{35}{6}$

E $\frac{17}{6}$

1770 **Siano $y = m_1x + k_1$ e $y = m_2x + k_2$ due rette del piano. Quale relazione deve sussistere affinché esse siano perpendicolari?**

A $m_1 = m_2$

B $k_1 = k_2$

C $m_1 = -\frac{1}{m_2}$

D $m_1 = \frac{1}{m_2}$

E $\frac{k_1}{m_1} = \frac{k_2}{m_2}$

1771 **Sul lato AB del pentagono regolare ABCDE è costruito il quadrato ABFG. Qual è l'ampiezza dell'angolo $\alpha = F\hat{B}C$ espresso in gradi?**

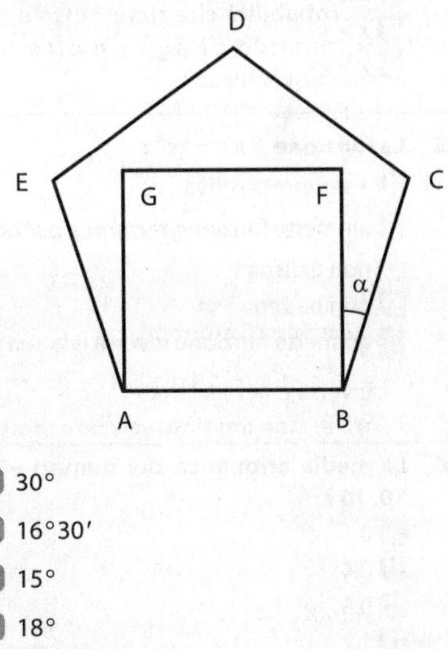

A 30°

B 16°30′

C 15°

D 18°

E 22°30′

MATEMATICA

1772 Stabilire quale fra i seguenti numeri è irrazionale (cioè reale, ma non razionale):

A 0,25
B 1,0(2)
C $\sqrt{3}$
D $\sqrt{49}$
E $\sqrt{3} \cdot \frac{1}{\sqrt{3}}$

1773 Quattro relazioni tra gli elementi di due insiemi X e Y sono rappresentate dai seguenti diagrammi:

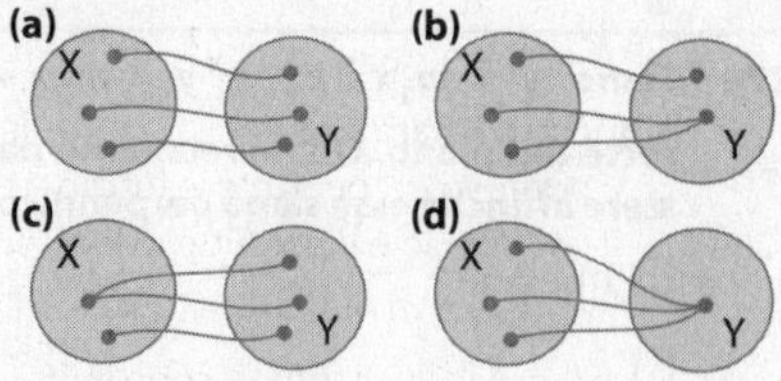

A sono tutte funzioni
B (c) e (d) non sono funzioni
C (a) e (b) sono funzioni biettive
D (b) e (d) sono funzioni suriettive ma non iniettive
E nessuna delle precedenti

1774 Determinare il dominio della funzione:

$$y = \sqrt{x-1}$$

A $x > 0$
B $x \geq 1$
C $x \leq 2$
D $x > 1$
E $x > -1$

1775 La funzione $f(x) = x^3$:

A è sempre positiva
B ammette funzione reciproca per ogni $x \in \mathbf{R}$
C non è dispari
D non ha zeri
E ammette funzione inversa e la sua funzione inversa è $g(x) = \sqrt[3]{x}$

1776 La media aritmetica dei numeri −16, −6, 0, 10, 16 è:

A 0
B 0,4
C 0,8
D 1,2
E 0,6

1777 Quanti ambi si possono formare con 90 numeri differenti?

A 27.000
B 7200
C 4005
D 8010
E Nessuna delle precedenti alternative è corretta

1778 Se l'equazione $2x^2 + kx - 4 = 0$ ha una radice uguale a 2, quanto vale l'altra?

A −2
B 1
C −4
D −1
E 0

1779 Quanti sono i modi distinti di realizzare un poker d'assi (4 assi e 1 carta diversa) scegliendo in un mazzo di 52 carte da gioco? (L'ordine di scelta delle carte non ha importanza)

A 48
B 13
C 4
D 26
E 52

1780 La funzione $y = \frac{x^4}{4}$ è:

A crescente
B decrescente
C pari
D dispari
E nessuna delle precedenti

1781 Il polinomio $x^3 + 1$ è divisibile per:

A $x + 1$
B $x - 1$
C $x^2 + x + 1$
D $x + 1$ e $x - 1$
E nessuno dei precedenti

1782 Il campo di esistenza della funzione $\log \frac{x^2 - 2x + 1}{x + 1}$ è:

A $x \neq -1$
B $x > -1$
C $x > -1$ e $x \neq 1$
D $x < -1$
E l'insieme $\mathbb{R}$

1783 Antonio, Fabio e Giuseppe sono autotrasportatori di un'azienda di distribuzione merci. Antonio trasporta vini e compie il suo giro in 9 giorni mentre Fabio e Giuseppe distribuiscono l'uno pasta e l'altro olio e compiono i loro giri in 8 e 6 giorni rispettivamente. Se oggi partono contemporaneamente, fra quanti giorni si ritroveranno ancora insieme in azienda la prossima volta?

A 144
B 36
C 432
D 72
E 23

1784 $\log_5 \sqrt[7]{25}$ equivale a:

A $\frac{5}{3}$
B $-\frac{3}{5}$
C $\frac{2}{7}$
D $\frac{3}{10}$
E $\log_5 35$

1785 Il punto P(2; 3) è il piede della perpendicolare condotta dall'origine ad una retta. L'equazione di questa retta è:

A $2x + 3y - 13 = 0$
B $3x + 2y - 12 = 0$
C $5x - 3y - 1 = 0$
D $-4x - y + 11 = 0$
E $6x + 4y + 24 = 0$

1786 Nel piano riferito a coordinate cartesiane (ortogonali, monometriche) sono assegnate le seguenti rette:

$r)\ 2x + y + 1 = 0$

$s)\ x + 2y + 7 = 0$

$u)\ y = x + 2$

$v)\ x - 2y + 3 = 0$

Riconoscere quali tra esse formano coppie di rette perpendicolari.

A Solo *u*) e *v*)
B Solo *s*) e *v*)
C Solo *s*) e *u*)
D Solo *r*) e *v*)
E Nessuna coppia di rette perpendicolari

1787 $\text{Log}_{10}10^{-1/5}$ è uguale a:

A $-\frac{1}{5}$
B 5
C -5
D $\frac{1}{5}$
E $-\frac{5}{10}$

1788 Date le funzioni reali nella variabile *x*:

$$f(x) = x^3 - 1 \quad g(x) = x^2$$

$$h(x) = \sqrt{x^2 - 2}$$

si può affermare che:

A il dominio è $\mathbb{R}$ per tutte le funzioni
B il codominio è $\mathbb{R}$ per tutte le funzioni
C le funzioni $g(x)$ e $h(x)$ non sono iniettive
D le funzioni $f(x)$ e $h(x)$ sono iniettive
E il dominio è lo stesso per tutte le funzioni

1789 Quale tra le seguenti affermazioni è sbagliata?

A Tutte le funzioni ammettono la funzione inversa
B Una funzione dispari è simmetrica rispetto all'origine
C Una funzione pari è simmetrica rispetto all'asse delle *y*
D Alcune relazioni sono funzioni
E La funzione logaritmica è iniettiva

1790 L'ordine crescente dei numeri $x = 0{,}8$; $y = 0{,}63$; $z = 13/20$; $t = 7/25$ è:

A *t*, *y*, *z*, *x*
B *x*, *z*, *y*, *t*
C *x*, *y*, *z*, *t*
D *t*, *y*, *x*, *z*
E *y*, *t*, *z*, *x*

1791 Data una funzione $y = f(x)$ è sempre vero che:

A la funzione reciproca ha lo stesso dominio della funzione $f(x)$
B la funzione inversa ha lo stesso dominio della funzione $f(x)$
C la funzione inversa è data da $y = \frac{1}{f(x)}$
D la funzione inversa è data da $y = -f(x)$
E la funzione reciproca è data da $y = \frac{1}{f(x)}$

1792 L'ordinamento corretto fra i numeri 2^{500}, 5^{300} e 10^{100} è il seguente:

A $5^{300} < 10^{100} < 2^{500}$

B $10^{100} < 2^{500} < 5^{300}$

C $10^{100} < 5^{300} < 2^{500}$

D $2^{500} < 5^{300} < 10^{100}$

E $5^{300} < 2^{500} < 10^{100}$

1793 Il seno di un angolo:

A è una grandezza adimensionale

B si misura in radianti

C ha le dimensioni di una lunghezza

D si misura in gradi

E ha le dimensioni del reciproco di una lunghezza

1794 Sia x un numero reale tale che $0 < x < 1/2$; dire quale delle seguenti catene di disuguaglianze è vera:

A $0 < \text{sen}\, x < \cos x < \text{sen}^2 x < 1$

B $0 < \text{sen}^2 x < \text{sen}\, x < \cos x < 1$

C $0 < \text{sen}\, x < \text{sen}^2 x < \cos x < 1$

D $0 < \text{sen}^2 x < \cos x < \text{sen}\, x < 1$

E le precedenti affermazioni sono false

1795 Se $\cos\alpha = 0{,}7$ (con $0 < \alpha < \pi$), quale tra le seguenti affermazioni è vera?

A $\text{sen}\,\alpha < 0{,}7$

B $\text{tg}\,\alpha > 1$

C $\cos 2\alpha = 0{,}49$

D $\alpha < \pi/6$

E $\cos^2\alpha = 0{,}51$

1796 Quanto vale l'espressione $1 + (-8)^{2/3}$?

A 19/3

B 5

C – 13/3

D – 15/3

E Non è definita

1797 Rispetto al numero 0,00002, il valore – 0,0025 è:

A maggiore

B minore

C in valore assoluto minore

D poiché sono di segno diverso non è possibile stabilire nessuna relazione tra i due numeri

E i due numeri non sono confrontabili

1798 L'uguaglianza

$$\log_{10}(-a) + \log_{10}(-b) = \log_{10} ab$$

è VERA:

A qualunque siano i numeri reali a e b

B solo se i numeri reali a e b sono entrambi positivi

C solo se i numeri reali a e b sono entrambi negativi

D solo se $a = b = 0$

E non è mai vera

1799 La soluzione dell'equazione $\log_{16} 4^{1/3} = x$ è:

A $\frac{1}{6}$

B $\frac{1}{8}$

C $\frac{3}{4}$

D $-\frac{3}{4}$

E $\frac{1}{4}$

1800 Uno studente universitario, dopo aver superato tre esami, ha la media del 28. Nell'esame successivo lo studente prende 20. Qual è la sua media dopo il quarto esame?

A 27

B 26

C 25

D 24

E 23

1801 Gettando due dadi a sei facce si ottiene un punteggio variabile dal due al dodici. Quale delle seguenti coppie di numeri è formata da due punteggi con la stessa probabilità?

A 5; 9

B 5; 7

C 7; 8

D 3; 4

E 3; 5

1802 Quale dei seguenti numeri NON è un numero primo?

A 5

B 31

C 29

D 13

E 51

QUESITI

1803 La retta $y = 2x - 4$ forma con l'asse x un angolo α:

A $\alpha > \pi/4$

B $\alpha < \pi/4$

C $\alpha = \pi/4$

D $\alpha = \pi/2$

E nessuna delle precedenti

1804 $2{,}5 \cdot 10^{-4} + 5 \cdot 10^{-5} =$

A $0{,}3 \cdot 10^{-3}$

B $30 \cdot 10^{-3}$

C $2{,}55 \cdot 10^{-4}$

D $7{,}5 \cdot 10^{-4}$

E $7{,}5 \cdot 10^{-3}$

1805 Una cellula si divide regolarmente in due nuove cellule in ogni unità di tempo *T*. Quante cellule troveremo dopo un lasso di tempo pari a 5*T*?

A 10

B 13

C 16

D 32

E 63

1806 $\frac{10^{-3}}{10^{9}} =$

A 10^{-12}

B 10^{-6}

C 6

D 10^{6}

E 10^{-9}

1807 Si vuole dividere un segmento di lunghezza 1 metro in due parti in modo che la lunghezza della maggiore di esse sia media proporzionale tra la lunghezza dell'intero segmento e quella della parte restante. Le due parti hanno allora lunghezza rispettivamente uguale a:

A 3/4 m; 1/6 m

B 2/3 m; 1/3 m

C $\frac{3-\sqrt{5}}{2}$ m; $\frac{\sqrt{5}-1}{2}$ m

D $\frac{2-\sqrt{3}}{3}$ m; $\frac{\sqrt{3}+1}{3}$ m

E 4/5 m; 1/5 m

1808 Come può essere interpretata la seguente uguaglianza?

$$\cos\left(\frac{\alpha}{2}\right) = \sqrt{\frac{1+\cos\alpha}{2}}$$

A Un'identità verificata per ogni valore di α

B La definizione del coseno dell'angolo $\alpha/2$

C Un'equazione con infinite soluzioni

D Una formula che permette di concludere che il coseno dell'angolo $\alpha/2$ è sempre irrazionale

E Nessuna delle precedenti risposte è esatta

1809 Dati i numeri 1, 2, 3, 4 e 5, la somma dei loro quadrati e il quadrato della loro somma sono rispettivamente:

A 55 e 225

B 55 e 75

C 75 e 225

D 25 e 125

E 75 e 125

1810 Il denominatore comune delle seguenti frazioni $\frac{1}{14}, \frac{1}{21}, \frac{1}{15}, \frac{1}{10}$ è pari a:

A 105

B 35

C 135

D 210

E 42

1811 Una scatola contiene un certo numero di biglie grandi e piccole. Di queste, il 30% sono bianche e le restanti nere; inoltre l'80% delle nere sono grandi e le restanti piccole. Se le biglie piccole bianche sono 12, quante sono quelle grandi nere?

A 28

B 48

C 56

D 112

E Non è possibile rispondere perché non si conosce il numero totale di biglie contenute nella scatola

1812 Quanto vale l'espressione $\frac{3^8}{9^4}$?

A $\frac{1}{3}$

B $\frac{1}{9}$

C 1

D 3

E 2

MATEMATICA

1813 **L'uguaglianza $(\text{sen } x)^4 + \cos 2x = (\cos x)^4$ con x numero reale, è verificata:**

A per ogni x
B per nessun x
C soltanto per $x = 0$
D soltanto per $x = \pi/2$
E per infiniti x, ma non per ogni x

1814 **L'equazione trigonometrica $\text{sen } x - \cos x = 0$ ha come soluzione uno dei seguenti valori di x. Quale?**

A $3/4\pi$ + multipli di π oppure $3/4\pi$ – multipli di π
B $1/4\pi$ + multipli di π oppure $1/4\pi$ – multipli di π
C $1/4\pi$ + multipli di $\pi/2$ oppure $1/4\pi$ – multipli di $\pi/2$
D $2/3\pi$ + multipli di $\pi/2$ oppure $2/3\pi$ – multipli di $\pi/2$
E $\pi/2$ + multipli di $\pi/2$ oppure $\pi/2$ – multipli di $\pi/2$

1815 **Si consideri un numero positivo x; lo si incrementi del 18% e si riduca successivamente il risultato del 18%; chiamando y il numero così ottenuto:**

A $x > y$
B $x = y$
C $x < y$
D $\frac{x}{y} = 1$
E $x \leq y$

1816 **L'espressione (4 ln 3 – 2 ln 3 + 2 ln 1) risulta uguale a:**

A 2 ln 4
B ln 9
C 6 ln 3
D 4 ln 3
E 4 ln 2

1817 **Tre delle seguenti terne di numeri rappresentano le lunghezze dei lati di tre triangoli:**

(a) 3, 4, 5 (b) 2, 8, 8 (c) 1, 5, 7
(d) 2, 10, 12 (e) 3, 10, 12

Qual è, fra le possibilità indicate, quella esatta?

A a, b, d
B a, c, e
C a, b, e
D b, c, d
E c, d, e

1818 **Sia T un triangolo isoscele con gli angoli alla base di 45°. Se la base misura 10, quanto misura l'altezza relativa alla base?**

A $5\sqrt{2}$
B $\frac{10}{\sqrt{2}}$
C 5
D $\sqrt{75}$
E 10

1819 **Volendo dividere un triangolo equilatero in triangoli equilateri tra loro uguali (senza ottenere resti), in quante parti, tra le seguenti indicate, posso suddividerlo?**

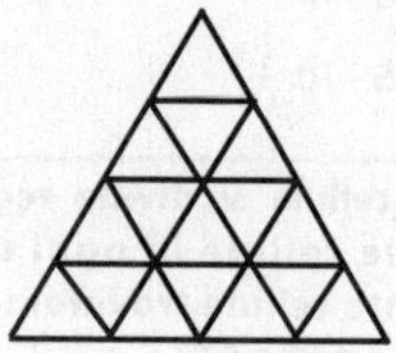

A 45 parti
B 100 parti
C 60 parti
D 92 parti
E 26 parti

1820 **Quanti sono i numeri naturali di 5 cifre tutte diverse, che non contengono né lo 0, né il 3, né il 6?**

A 5040
B 2520
C 120
D 21
E 7

1821 **Indicato con x un angolo la cui misura in radianti può variare tra 0 e 2π, l'equazione $\text{sen} x + \cos x = 0$ ammette:**

A due soluzioni
B otto soluzioni
C quattro soluzioni
D una soluzione
E nessuna soluzione

1822 **L'espressione $a^n + b^n$ è divisibile per $(a - b)$:**

A mai
B sempre
C solo se n è pari
D solo se n è dispari
E quesito senza soluzione univoca o corretta

QUESITI

1823 **Sono dati tre numeri naturali *x*, *y* e *z* e si sa che *x* è il triplo di *z* mentre *z* è quattro volte *y*. Quanto vale il quoziente tra il doppio di *x* e la metà di *y*?**

A 48

B $\frac{3}{4}$

C 12

D 54

E $\frac{4}{3}$

1824 **L'ombra di un campanile è lunga la metà della sua altezza. Detta α la misura dell'angolo formato dal sole sull'orizzonte in quel momento, si può dire che:**

A $45° \leq \alpha \leq 60°$

B $60° \leq \alpha$

C $\alpha < 30°$

D è notte

E $30° \leq \alpha < 45°$

1825 **Le soluzioni della disequazione $\cot g^2 x - 1 > 0$ sono:**

A $x > \pi$

B $-\pi/4 + k\pi < x < \pi/4 + k\pi$ con $x \neq k\pi$

C $-1 < x < 1$

D $\pi/4 + k\pi < x < 3\pi/4 + k\pi$

E $x < \pi$

1826 **L'equazione sen$x = -1/2$ è soddisfatta per:**

A $x = 0$

B $x = -\pi/6 + 2k\pi$

C $x = -\pi/3 + 2k\pi$

D $x = +\pi/6 + 2k\pi$ oppure $x = -\pi/6 + 2k\pi$

E $x = +\pi/3 + 2k\pi$

1827 **La probabilità che nel lancio contemporaneo di due dadi escano due numeri consecutivi è:**

A $\frac{1}{6}$

B $\frac{5}{18}$

C $\frac{1}{3}$

D $\frac{7}{36}$

E $\frac{5}{36}$

1828 **Un proiettile viene sparato a caso contro un bersaglio circolare. Tale bersaglio è suddiviso in nove corone circolari concentriche di spessore 1 cm ed un cerchio di raggio 1 cm; le figure sono numerate da 1 a 10 con valori crescenti dal bordo del bersaglio verso il centro. La probabilità che il proiettile colpisca la corona corrispondente al valore 5 è:**

A 10%

B 50%

C 11%

D 25%

E 5%

1829 **La parabola di equazione $y = 4 - x^2$:**

A non taglia l'asse *x*

B è tangente all'asse *x*

C taglia l'asse *x* in due punti simmetrici rispetto all'origine

D taglia l'asse *x* in due punti entrambi di ascissa positiva

E non taglia l'asse *y*

1830 **Tra i punti del ramo di iperbole equilatera di equazione $xy = k$ ($k > 0$), appartenente al III° quadrante, ha distanza minore dall'origine quello di coordinate:**

A $(-k/2; -2k)$

B $(\sqrt{k}; \sqrt{k})$

C $(\sqrt{-k}; \sqrt{-k})$

D $(-k/2; -k/2)$

E $(-\sqrt{k}; -\sqrt{k})$

1831 **Per un viaggio un'agenzia turistica chiede 40 euro pro capite, se si raggiunge almeno il numero di 35 passeggeri. Inoltre, a ogni passeggero eccedente i 35, concede uno sconto del 25%. Quanto costa in totale il viaggio se i passeggeri sono 50?**

A 1850,00 euro

B 1880,00 euro

C 1500,00 euro

D 1737,50 euro

E 2000,00 euro

1832 **Qual è il periodo di cos (4α)?**

A $\pi/2$

B π

C 2π

D 4π

E 8π

MATEMATICA

1833 Quanto valgono il M.C.D. e il m.c.m. dei seguenti monomi?

$$6a^2c^3 \quad 18d^2a \quad 4a^2c^2d^3$$

A $2a^2c^2d^2$ e $36a^5c^5d^5$
B $6a^2c^3$ e $432a^5c^5d^5$
C $2a$ e $36a^2c^3d^3$
D $4a$ e $432a^5c^5d^5$
E $9a^2c^2d^2$ e $36a^2c^3d^3$

1834 La disequazione di secondo grado:

$$x^2 + 2\sqrt{2}x + 2 \leq 0$$

è verificata per:

A $x = -\sqrt{2}$
B $x = 1$
C $x = 2$
D ogni valore reale di x
E nessun valore reale di x

1835 Quali sono le soluzioni della seguente equazione?

$$25^x + 5^{x+2} + 150 = 0$$

A −10; −15
B −2; 3
C −3; 2
D $\log_5 10$; $\log_5 15$
E L'equazione non ammette soluzioni reali

1836 La funzione $y = \text{Log}x$:

A passa per l'origine
B è definita su tutto $\mathbb{R}$
C è decrescente
D passa per il punto (0; 1)
E è crescente

1837 L'espressione:

$$\text{sen}90° - \cos 270° + \text{sen}0° - \text{tg}45°$$

vale:

A 0
B 1/2
C 1
D $\sqrt{2}$
E $\sqrt{3}$

1838 Un'urna contiene 10 palline rosse, 3 palline bianche e qualche pallina blu. Sapendo che la probabilità di estrarre una pallina rossa è 5/9 e quella di estrarre una pallina bianca è 1/6, le palline blu sono:

A 2
B 3
C 4
D 5
E 6

1839 Quale delle seguenti è l'equazione della retta passante per P(−1; 1) e parallela alla retta $-3x + 2y + 1 = 0$?

A $y = \frac{3}{2}x + \frac{5}{2}$
B $y = \frac{3}{2}x + 5$
C $y = 2x + 3$
D $y = x + 2$
E Nessuna delle altre risposte è corretta

1840 Quanto misura l'area di un esagono regolare il cui perimetro è di 36 cm?

A $18\sqrt{3}$
B $54\sqrt{3}$
C $\frac{36}{\sqrt{3}}$
D $52\sqrt{3}$
E $26\sqrt{3}$

1841 Quali sono le soluzioni di $\text{tg}^2 x = 1$?

A $x = \frac{\pi}{4}$
B $x = \frac{\pi}{2} + k\pi$
C $x = \frac{\pi}{4} + k\pi$
D $x = \frac{\pi}{4} + k\frac{\pi}{2}$
E L'equazione è impossibile

1842 In quale dei seguenti modi si può scomporre l'espressione $2a^2 - 4ab - 8 + 2b^2$?

A $2(a - b + 2)(a - b - 2)$
B $2(a + b + 2)(a - b - 2)$
C $(a + b + 2)(a + b - 2)$
D $(a - b - 2)(a + b - 2)$
E $(a - b + 2)(a + b - 2)$

1843 Sapendo che $x^2 - y^2 = a$ e $x + y = b$ quanto vale $x - y$?

A $\frac{a}{b}$
B $a - b$
C $\frac{a+b}{a-b}$
D $b - a$
E $\frac{b}{a}$

QUESITI

1844 Quanto vale l'espressione $\frac{1}{\sqrt{6}}+\frac{2}{\sqrt{6}}+\frac{3}{\sqrt{6}}$?

A $\sqrt{6}$

B $\frac{3}{\sqrt{6}}$

C $\frac{1}{\sqrt{6}}$

D $\frac{\sqrt{6}}{6}$

E $\frac{6}{\sqrt[6]{6}}$

1845 Che numero si ottiene razionalizzando la seguente frazione?

$$\frac{\sqrt{8}+1}{\sqrt{8}-1}$$

A $\frac{9}{7}$

B 1

C $\sqrt{8}$

D $\sqrt{2}$

E $\frac{9+4\sqrt{2}}{7}$

1846 Qual è l'insieme delle soluzioni della seguente equazione?

$$(x+1)^2-(x+1)(x-1)=0$$

A {0}
B {+1; –1}
C {–1}
D {–2}
E L'equazione non ammette soluzioni reali

1847 L'equazione $27^x = 9\cdot\left(\frac{1}{9}\right)^{-2}$:

A ha come soluzione $x = 2$
B ha come soluzione $x = -2$
C ha infinite soluzioni
D ha come soluzioni $x = 2$ e $x = -2$
E ha come soluzione $x = 0$

1848 La disequazione di secondo grado:

$$x^2+2\sqrt{2}x+2\geq 0$$

è verificata per:

A $x = 2$
B $x = -\sqrt{2}$
C $x = 1$
D ogni valore reale di x
E nessun valore reale di x

1849 Le rette $-2x + y + 1 = 0$ e $x + 2y = 0$ sono:

A parallele
B perpendicolari
C passanti entrambe per (2; 3)
D passanti entrambe per l'origine
E nessuna delle altre risposte è corretta

1850 La funzione:

$$y=\frac{(x+2)^2}{\sqrt{x^2+4}}$$

è definita per:

A $x \neq \pm 2$
B $x < -2$ e $x > 2$
C $x \geq 0$
D ogni valore reale di x
E nessun valore reale di x

1851 L'equazione $\text{sen}^3 x + \text{sen} x \cdot \cos^2 x = 0$:

A ha come soluzione $x = \frac{\pi}{2} + k\pi$

B ha come soluzione $x = \frac{\pi}{2} + 2k\pi$

C ha come soluzione $x = k\pi$
D ha come soluzione $x = 2k\pi$
E è impossibile

1852 L'equazione $2^x + 4 = 0$:

A ha come soluzione $x = -2$
B ha come soluzione $x = 2$
C ha come soluzioni $x = -2$ e $x = 2$
D ha infinite soluzioni
E non ammette soluzioni reali

1853 L'equazione $x^2 - 2y^2 = 1$ rappresenta:

A un'iperbole
B una parabola
C una parabola passante per (3; 2)
D una circonferenza
E un'ellisse

1854 La funzione $y = -\frac{x}{2} + 1$:

A passa per l'origine
B è crescente
C rappresenta una retta orizzontale
D è decrescente
E nessuna delle altre risposte è corretta

1855 Il 2% del 5% di un numero vale 1. Il numero è:

A 1000
B 100
C 10
D 50
E 2000

MATEMATICA

1856 **Quali sono le soluzioni di sec$x = 2$?**

A L'equazione è impossibile

B $x = \frac{\pi}{3} + 2k\pi$ e $x = \frac{5}{3}\pi + 2k\pi$

C $x = \frac{\pi}{3} + 2k\pi$

D $x = \frac{5}{3}\pi + 2k\pi$

E $x = \frac{\pi}{3} + k\pi$

1857 **Qual è la probabilità di ottenere tre 6 lanciando tre dadi?**

A 1/6

B 5/6

C 6/5

D 1/36

E 1/216

1858 **Disporre in ordine crescente i seguenti logaritmi:**

$$a = -\text{Log}2 \quad b = \text{Log}\left(\frac{1}{9}\right)^{-2} \quad c = 2\text{Log}\left(\frac{3}{2}\right)$$

A $a < c < b$

B $a < b < c$

C $b < c < a$

D $c < a < b$

E Nessuna delle altre risposte è corretta

1859 **Il sistema:**

$$\begin{cases} x^2 - y^2 = 9 \\ (x+y)(x-y) = 16 \end{cases}$$

A ha una soluzione

B ha due soluzioni coincidenti

C ha due soluzioni distinte

D ha infinite soluzioni

E non ha soluzioni

1860 **Qual è la probabilità che lanciando 2 dadi il secondo indichi un numero minore o uguale rispetto al primo?**

A 1/2

B 5/6

C 21/36

D 2/6

E 1/18

1861 **Sapendo che $x + y = 5$ e x è il successivo di y, quanto vale $x^2 - y^2$?**

A 1

B 5

C 10

D 15

E 25

1862 **Il sistema:**

$$\begin{cases} (x+1)^2 = (x+1)(x-1) - y \\ y = x + 8 \end{cases}$$

A non ammette soluzioni reali

B ha una sola soluzione

C ha un numero di soluzioni finito e maggiore di 1

D ha infinite soluzioni

E nessuna delle altre risposte è corretta

1863 **Quali sono le soluzioni della seguente disequazione?**

$$\frac{x^2 + 3x - 10}{x^2 + 7x + 10} < 0$$

A $-2 < x < 2$

B $x < 2$

C $x > -2$

D $x < -2$ e $x > 2$

E Nessuna delle altre risposte è corretta

1864 **Le soluzioni dell'equazione:**

$$x^4 + 3x^3 + 3x^2 + x = 0$$

sono:

A $x = 0, x = -1$

B $x = -1$

C $x = -1, x = 1$

D infinite

E l'equazione non ammette soluzioni

1865 **Quali sono le soluzioni della seguente disequazione?**

$$(x+1)(x+6) < (x-1)(x+4)$$

A $x < -5/2$

B $x > 5/2$

C $x \geq 5/2$

D $2 < x < 5$

E La disequazione non ammette soluzioni reali

1866 **Qual è la probabilità che lanciando due dadi non escano due numeri uguali?**

A 1/6

B 2/6

C 5/6

D 12/10

E 35/36

1867 **Quante soluzioni ammette la seguente equazione?**

$$x^4 + 3x^2 + 4 = 0$$

A 2

B 3

C 4

D Infinite

E L'equazione non ammette soluzioni reali

1868 Quali dei seguenti numeri non è un quadrato perfetto?

A 324
B 500
C $28 \cdot 7$
D $20 \cdot 45$
E $3 \cdot 27$

1869 Ridurre ai minimi termini la seguente frazione algebrica:

$$\frac{a^2 + a - 6}{a^2 - 9}$$

A $\frac{a+2}{a+3}$
B $(\frac{a+3}{a-2}$
C $\frac{a-2}{a-3}$
D $\frac{a+3}{a+2}$
E $\frac{a-3}{a-2}$

1870 Le soluzioni dell'equazione:

$$x^6 + 29x^3 + 54 = 0$$

sono:

A $x = -3, x = 3$
B $x = -2, x = 2$
C $x = -3, x = 2$
D $x = -3, x = \sqrt[3]{-2}$
E L'equazione non ammette soluzioni

1871 Quali sono le soluzioni della seguente disequazione?

$$\frac{1}{x-1} < \frac{1}{x+2}$$

A $x > 1/2$
B $x < 1/2$
C $x < -2$ e $x > 1$
D $-2 < x < 1$
E Nessuna delle altre risposte è corretta

1872 Due lati consecutivi di un rettangolo differiscono di 7 cm. Sapendo che l'area del rettangolo è pari a 60 cm^2, quanto misura la sua diagonale?

A 4 cm
B 5 cm
C 12 cm
D 13 cm
E Le informazioni fornite non sono sufficienti

1873 Disporre in ordine crescente le seguenti frazioni:

$$a = 9/27 \quad b = -2/5 \quad c = 4/10 \quad d = 8/5$$

A $b < c < a < d$
B $b < a < d < c$
C $a < b < c < d$
D $c < b < a < d$
E $b < a < c < d$

1874 L'espressione:

$$(x-1)^3 - (x-1) \cdot (x^2 + x + 1)$$

equivale a:

A $3x^2 + 3x + 2$
B $3x(x + 1)$
C $-3x^2 + 3x$
D 0
E 1

1875 Una retta parallela alla bisettrice del primo e terzo quadrante incontra l'asse delle *x* nel punto di ascissa 3. L'equazione della retta è:

A $y = x - 3$
B $y = x + 3$
C $y = -x - 3$
D $y = -x + 3$
E $y = x$

1876 La funzione reale $y = \sqrt{2x^2 - 5x + 3}$ è definita solo per:

A $x < 1$ oppure $x > 3/2$
B $x \geq 1$
C $x \leq 1$ oppure $x \geq 3/2$
D $x < -1$ oppure $x > 3/2$
E $x \leq 3/2$

1877 Per quali valori del parametro reale *a* il sistema lineare:

$$\begin{cases} ax + 5y - 2 = 0 \\ y - 2x = 1 \end{cases}$$

è determinato?

A Per ogni *a* diverso da –2
B Per ogni *a* diverso da 0
C Per ogni *a* diverso da –10
D Solo per $a = 10$
E Solo per $a = 2$

1878 Sapendo che $x + y = a$ e x è il successivo di y, quanto vale $x^2 - y^2$?

A 1
B a
C $2a$
D $a^2 - 2a$
E a^2

MATEMATICA

1879 Quali sono le soluzioni della seguente equazione?

$$x^4 - 5x^2 - 36 = 0$$

A $\{-2; 2\}$
B $\{-3; 3\}$
C $\{-3; -2; 2; 3\}$
D $\{2; 3\}$
E L'equazione non ammette soluzioni reali

1880 Il numero:

$$\frac{35 \cdot 36}{42 \cdot 25}$$

è uguale a:

A 1
B 1225/1724
C 6/5
D 5/6
E 35/36

1881 Indicare l'insieme delle soluzioni della seguente equazione:

$$(x+1)^2 + (x+1)(x-1) = 0$$

A $\{-1; 1\}$
B $\{-1; 0\}$
C $\{0\}$
D $\{-2; 0\}$
E L'equazione non ammette soluzioni reali

1882 Il seguente sistema:

$$\begin{cases} -2(x+15) = (x-1)^2 - 4y - (x+1)(x-1) + 4x \\ y = x+8 \end{cases}$$

A ha due soluzioni
B ha una sola soluzione
C ha quattro soluzioni
D ha infinite soluzioni
E non ammette soluzioni

1883 Quali sono le soluzioni della seguente equazione?

$$\mathrm{Log}\,x + \mathrm{Log}\,(x+2) = \mathrm{Log}\,3$$

A $x = 1/2$
B $x = 1$
C $x = -3$ e $x = 1$
D $x > -2$
E L'equazione non ammette soluzioni reali

1884 Lanciando una moneta e un dado con che probabilità si ottengono croce e un numero pari?

A 1/2
B 2/36
C 1/72
D 1/4
E 1/6

1885 Quali sono le soluzioni della seguente equazione?

$$x^4 - 13x^2 + 36 = 0$$

A $\{-3; -2; 2; 3\}$
B $\{-3; 3\}$
C $\{-2; 2\}$
D $\{2; 3\}$
E L'equazione non ammette soluzioni reali

1886 Il seguente sistema:

$$\begin{cases} x^2 + y^2 - 49 = 0 \\ y = x+8 \end{cases}$$

A ha una sola soluzione
B ha due soluzioni coincidenti
C ha due soluzioni distinte
D ha infinite soluzioni
E non ha soluzioni

1887 Un esagono regolare è inscritto in una circonferenza di raggio $r = 2$ cm. Il suo perimetro e la sua area misurano, rispettivamente:

A 12 cm e $3\sqrt{3}$ cm^2
B 12 cm e 6 cm^2
C 12 cm e $6\sqrt{3}$ cm^2
D 24 cm e $3\sqrt{3}$ cm^2
E 24 cm e $\sqrt{3}$ cm^2

1888 In quale dei seguenti modi si può scomporre l'espressione $x^2 - 6x + 9 - 4y^2$?

A $(x-3-y) \cdot (x-3+y)$
B $(x-3-y) \cdot (x+3-y)$
C $(x+3-y) \cdot (x+3+y)$
D $(x-3-2y) \cdot (x-3+2y)$
E Nessuna delle altre risposte è corretta

1889 Sapendo che $x+y=8$ e $x^2+y^2=16$, quanto vale il prodotto xy?

A 42
B 48
C 40
D 24
E 128

1890 Quali sono le soluzioni della seguente equazione fratta?

$$\frac{x^2+4x+4}{x^2+5x+6} = 0$$

A $x = -2$
B $x = -3$
C $x = -2$ e $x = -3$
D $x = 2$ e $x = 3$
E L'equazione non ammette soluzioni

QUESITI

1891 Quali sono le soluzioni della seguente disequazione?

$$\frac{1}{(x+2)^2} > \frac{1}{x+2}$$

A $x < -2$ e $-2 < x < -1$
B $x > 1$
C $x < -1$
D $x > -1$
E $x < 1$

1892 Quali sono le soluzioni della seguente equazione?

$$2\log(x+1) = \log(x^2+3x+2)$$

A $x < -2$ e $x > -1$
B $x > -1$
C $x = -1$
D L'equazione non ammette soluzioni reali
E L'equazione ammette infinite soluzioni

1893 Il rettangolo ABCD rappresentato in figura viene fatto ruotare attorno al lato AB.

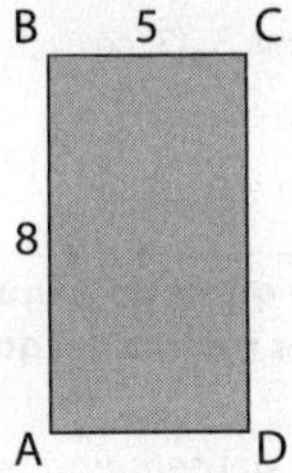

Il cilindro generato da tale rotazione ha volume pari a:

A 40π
B 50π
C 100π
D 200π
E 320π

1894 Il multiplo di 15 più vicino a 777 è 780. Qual è il multiplo di 15 più vicino a 7777?

A 7765
B 7770
C 7775
D 7780
E 7785

1895 L'espressione:

$$\text{sen}^2 x + \text{sen}^2 x \cdot \cos^2 x + \cos^4 x$$

è uguale a:

A 0
B 1
C dipende dal valore di x
D 1/2
E −1

1896 Quanto vale $\log_4 65$?

A 1,21
B 1,81
C 2,56
D 3,01
E 4,15

1897 La somma e il prodotto delle due radici di un'equazione di secondo grado sono rispettivamente 5 e −6. Quale delle seguenti potrebbe essere l'equazione?

A $x^2 - 6x + 5 = 0$
B $x^2 - 5x - 6 = 0$
C $x^2 - 5x + 6 = 0$
D $x^2 + 5x - 6 = 0$
E $x^2 + 6x + 5 = 0$

1898 Un triangolo rettangolo ha un cateto di lunghezza 1 e l'ipotenusa di lunghezza $\sqrt{5}$. Qual è la lunghezza dell'altezza relativa all'ipotenusa?

A $\frac{1}{\sqrt{5}}$
B $\frac{2\sqrt{5}}{5}$
C 2
D 5
E $\sqrt{5}$

1899 Nel triangolo isoscele ABC la mediana AM misura 3 cm e la tangente dell'angolo ACB è 0,5. Qual è la misura, in centimetri, della base BC?

A 1/2
B 6
C 12
D 5
E 4

1900 Quali sono le soluzioni reali della disequazione $|x+1| < |x-3|$?

A $x < 1$
B $x < 4$
C $x < -4$
D La disequazione non ammette soluzioni reali
E La disequazione è soddisfatta da ogni valore reale e di x

1901 Quanti sono i numeri reali che soddisfano l'equazione $x^4 - 5x^2 - 36 = 0$?

A 0
B 1
C 2
D 4
E Infiniti

MATEMATICA

1902 Un triangolo isoscele, inscritto in una circonferenza di raggio $2a$, ha un lato lungo quanto il diametro. Quanto misura il suo perimetro?

A $4a^2$

B $4a(\sqrt{2}+1)$

C $4a^2+1$

D $8a$

E $2a(2\sqrt{2}+1)$

1903 L'espressione $\left(\operatorname{sen}\frac{\pi}{8}+\cos\frac{\pi}{8}\right)^2$ è uguale a:

A $1-\frac{\sqrt{2}}{2}$

B 0

C $\frac{\sqrt{3}}{2}-1$

D $\frac{\sqrt{3}}{2}$

E $\frac{2+\sqrt{2}}{2}$

1904 L'età media dei partecipanti ad una festa è di 24 anni. Se l'età media degli uomini è di 28 anni e quella delle donne è di 18 anni, qual è il rapporto tra il numero degli uomini e quello delle donne?

A 14/9

B 9/14

C 2

D 3/2

E 4/3

1905 Il risultato corretto di $\frac{3}{7}\div\frac{2}{3}$ è:

A $\frac{14}{9}$

B $\frac{9}{14}$

C $\frac{6}{21}$

D $\frac{2}{7}$

E $\frac{1}{4}$

1906 Nel piano cartesiano l'insieme dei punti che verificano la condizione $(x-5)(y+3)=0$ è:

A il punto A(5; 0) e il punto B(0; −3)

B l'intersezione della retta $x = 5$ e della retta $y = -3$

C l'unione della retta $x = 5$ e della retta $y = -3$

D l'insieme dei punti della curva $y = \frac{15-3x}{x-5}$

E tutti i punti appartenenti alla retta $x = 5$ oppure tutti i punti appartenenti alla retta $y = -3$

1907 Il numero $81^{1/4}$ è uguale a:

A $\frac{81}{4}$

B $\frac{1}{9}$

C 3

D $\frac{1}{3}$

E 9

1908 Indicare quale dei seguenti numeri è equivalente alla somma dei quadrati di 2, 3, 4 e 5:

A 50

B 54

C 45

D 29

E 100

1909 In un cubo la lunghezza della diagonale di una faccia è *d*. Se si ingrandisce il cubo raddoppiando *d*, allora la superficie totale del cubo:

A raddoppia

B viene moltiplicata per 23

C quadruplica

D viene moltiplicata per 22

E viene moltiplicata per 6

1910 In un maneggio vi sono 20 cavalli, 15 bianchi e 5 neri. Supponendo che uno a caso dei 20 cavalli venga portato altrove, qual è la probabilità che sia nero?

A 1/3

B 1/4

C 1/5

D 1/15

E 1/20

1911 È noto che nel gioco della roulette diciotto numeri sono rossi, diciotto sono neri e uno (lo zero) non è né rosso né nero. Supponiamo ora che a una roulette (non truccata) siano usciti numeri di colore rosso per *n* volte consecutive. Alla giocata successiva:

A è più probabile che esca rosso
B è più probabile che esca nero
C è altrettanto probabile l'uscita del rosso o del nero
D è più probabile che esca nero se $n > 18$
E è più probabile che esca rosso se $n > 37$

1912 Il polinomio $x^2 - 3x + 2$ si scompone in:

A $(x^2 - 3)x$
B $(x + 3)(x - 2)$
C $(x - 2)(x - 1)$
D non è scomponibile
E $(x + 1)(x + 2)$

1913 Un triangolo, un quadrato, un pentagono e un cerchio hanno perimetro uguale: che cosa si può dire delle loro aree?

A Il quadrato ha quella massima
B Il triangolo ha quella massima
C Il cerchio ha quella massima
D Il pentagono ha quella massima
E Il cerchio ha quella minima

1914 $\log_{10}100 + \log_{10}10 + \log_{10}1 + \log_{10}0{,}1 =$?

A $\log_{10}111{,}1$
B 4,1
C 2
D 2,2
E 5,11

1915 Il minimo comune multiplo dei numeri 3, 4, 5 e 7 è:

A 2100
B 4200
C 210
D 420
E 70

1916 Il prodotto $(y + 2x)(y - 2x)$ è uguale a:

A $y^2 + 4xy + 4x^2$
B $y^2 - 4xy + 4x^2$
C $y^2 + 4x^2$
D $y^2 - 4x^2$
E $y^2 - 4xy - 4x^2$

1917 Un negozio, durante i saldi, pratica uno sconto del 15% su tutti i prezzi di listino. Sul prodotto X pratica un ulteriore sconto del 20%. Qual è lo sconto complessivo praticato sul prodotto X?

A 5%
B 17,5%
C 30%
D 32%
E 35%

1918 $3^{4-x} = 9$ ammette come soluzione:

A $x = 0$
B $x = 2$
C $x = -2$
D $x = 3$
E $x = -1/3$

1919 A e B sono due eventi indipendenti. La probabilità che A si verifichi è 2/5; la probabilità che B non si verifichi è 5/6. Quale è la probabilità che A e B si verifichino contemporaneamente?

A 1/15
B 2/15
C 1/3
D 17/30
E 13/15

1920 Tre studenti si preparano per sostenere lo stesso esame. Se le probabilità di superarlo sono rispettivamente pari a 0,6, 0,8 e 0,5, qual è la probabilità che tutti e tre riescano a superare l'esame?

A 0,48
B 0,24
C 0,30
D 0,20
E 0,40

1921 Si intende per "poliedro" un solido limitato da ogni parte da porzioni di piani (le facce) costituite da poligoni. Il cubo o esaedro è limitato da sei facce quadrate. Il poliedro avente il minor numero di facce è:

A il prisma a base triangolare
B il tetraedro
C il triedro
D il dodecaedro
E l'esaedro

MATEMATICA

1922 L'espressione $x^2 - 2x - 1$ è uguale a:

A $(x-1)^2$

B $(x-1)(x+1)$

C $(x+1)^2$

D $(1-x)^2$

E nessuna delle risposte precedenti è corretta

1923 La somma $\frac{a}{b} + \frac{c}{d}$ vale:

A $\frac{a+c}{b+d}$

B $\frac{ac}{bd}$

C $\frac{ad+bc}{bd}$

D $\frac{a+c}{bd}$

E $\frac{ac+bd}{bd}$

1924 Dato il sistema $\begin{cases} x+y=28 \\ x-y=\frac{1}{4}x \end{cases}$, le soluzioni del sistema sono:

A $x = 14, y = 14$

B $x = 28, y = 7$

C $x = 16, y = 12$

D $x = 12, y = 16$

E il sistema non ammette soluzioni

1925 Il valore di $(100-4)^2$ è:

A $(12 \cdot 8)^2$

B $10000 + 16 + 400$

C $1000 + 16 - 400$

D $(100+4) \cdot (100-4)$

E $(10+2) \cdot (10-2)$

1926 L'espressione $10^9 + 10^8 + 10^8 + 10^9$ è uguale a:

A 10^{34}

B 40^{34}

C duemilioniduecentomila

D duemiliardiduecentomilioni

E $20^9 + 20^8$

1927 Il grafico di una delle seguenti funzioni interseca l'asse x. Indicare di quale si tratta:

A $f(x) = e^x$

B $f(x) = x^2 + 1$

C $f(x) = \frac{1}{x}$

D $f(x) = -2 + \text{sen}x$

E $f(x) = \log x$

1928 Si lanci due volte una moneta non truccata. Calcolare la probabilità che:

a) esca due volte testa;

b) esca una volta testa e una volta croce;

c) esca due volte croce.

Dire inoltre qual è la somma di tali probabilità.

A $\frac{1}{4}; \frac{1}{4}; \frac{1}{4}; \frac{3}{4}$

B $\frac{1}{4}; \frac{1}{4}; \frac{1}{2}; 1$

C $\frac{1}{4}; \frac{1}{2}; \frac{1}{4}; 1$

D $\frac{1}{2}; \frac{1}{4}; \frac{1}{2}; \frac{5}{4}$

E $\frac{1}{2}; \frac{1}{4}; \frac{1}{4}; 1$

1929 Tirando contemporaneamente due dadi, quante possibilità vi sono di ottenere lo stesso numero su entrambi i dadi?

A 1 su 6

B 1 su 12

C 1 su 36

D 1 su 48

E 1 su 100

1930 Un'urna contiene 25 palline bianche e 75 palline nere. Se viene estratta una pallina nera, essa viene rimessa nell'urna; se viene estratta una pallina bianca, questa viene tolta e ne viene aggiunta una nera. La probabilità di avere nell'urna 24 palline bianche e 76 nere dopo due estrazioni (e relative inserzioni) è:

A 7/16

B 5/16

C 151/400

D 149/400

E 1/3

1931 Stabilire quali delle seguenti coppie di monomi sono simili:

A $xyz^2, \frac{5}{2}x^2yz$

B x^3yz, xy^2z^2

C $4x^2yz^3, \frac{1}{2}x^2yz^3$

D $\frac{2}{3}xy^2, \frac{2}{3}x^2y$

E $3x, 3y$

1932 Quanto misurerà l'area di un rettangolo i cui lati misurano rispettivamente 10^{-3} cm e 10^{-2} dm ?

A 10^{-4} cm^2

B 10^4 dm

C 10^{-2} cm^2

D 10^{-2} dm

E 10^4 dm^2

1933 Se al numero 0,776 si aggiungono due centesimi si ottiene:

A 0,7762

B 0,778

C 0,7702

D 0,976

E 0,796

1934 L'equazione della circonferenza che ha centro in (2; 1) e passa per l'origine è:

A $(x-2)^2+(y-1)^2 = 5$

B $x^2+y^2 = 5$

C $(x-2)^2+(y-1)^2 = \sqrt{5}$

D $x^2+4x+y^2+2y = 0$

E $(x-2)^2+(y-1)^2 = -5$

1935 Il numero *h* è il logaritmo decimale di:

A h^{10}

B 10^h

C $10h$

D $\frac{10}{h}$

E nessuna delle precedenti alternative è corretta

1936 La funzione $f(x) = \log_{10}(x^2+3x-3)$ è positiva per:

A $x \in R$

B $x \leq -4 , x \geq 1$

C $x < -4 , x > 1$

D $-4 < x < 1$

E $-4 \leq x \leq 1$

1937 Le 5 lampadine della decorazione di un albero di Natale, sono collegate in serie: se una si guasta l'intera decorazione si spegne. Le 5 lampadine sono state scelte a caso da una scatola di 1000, di cui 100 sono guaste. La probabilità che la decorazione luminosa funzioni è:

A 0,18

B circa 0,9

C circa 0,59

D circa 0,67

E circa 0,41

1938 Una scatola contiene 10 palline bianche, 40 rosse, 50 nere. Qual è la probabilità di estrarre in sequenza prima una pallina bianca e poi una rossa? (N.B.: La seconda estrazione è effettuata senza reinserire nell'urna la prima pallina.)

A 4%

B 6%

C 10%

D Non calcolabile

E Nessuna delle risposte qui fornite

1939 Il numero 0,(2):

A è reale, ma non razionale

B è uguale a $\frac{2}{9}$

C è uguale a $\frac{2}{99}$

D è uguale a $\frac{2}{90}$

E è uguale a $\frac{2}{900}$

1940 $10^3 \cdot 10^{-2} =$

A 10

B $9 \cdot 10^2$

C $9 \cdot 10$

D $10^{-3/2}$

E 1

MATEMATICA

1941 **Disporre in ordine crescente le seguenti quantità: $a = -\frac{1}{6}$, $b = -\frac{1}{2}$, $c = 0$.**

A $b; a; c$
B $c; a; b$
C $a; b; c$
D $c; b; a$
E $a; c; b$

1942 **Il prezzo di listino di un televisore è 750 euro. Un commerciante lo vende a 600 euro. Lo sconto praticato sul prezzo di listino è:**

A 15%
B 20%
C 25%
D 12,5%
E 80%

1943 **L'equazione $\frac{2}{x+1} - \frac{1}{1-x} = \frac{1}{1+2x}$ ha soluzione:**

A $x = -1$ e $x = 1$
B $x = 0$ e $x = \frac{1}{5}$
C $x = -\frac{1}{2}$
D $x = \frac{1}{2}$
E non ha soluzione

1944 **Il logaritmo in base 1/3 di 3 è:**

A un numero negativo
B uguale a 1
C un numero positivo
D non definito
E 0

1945 **L'espressione $\left(2x + \frac{3}{x}\right)^2$, definita per $x \neq 0$, è uguale a:**

A $4x^2 + \frac{9}{x^2}$
B $4x^2 + 12 + \frac{9}{x^2}$
C $4x^2 - 12 + \frac{9}{x^2}$
D $4x^2 + 6 + \frac{9}{x^2}$
E $4x^2 - \frac{9}{x^2}$

1946 **Si hanno 10 quesiti per ognuno dei quali sono suggerite 4 risposte, delle quali una sola giusta. Calcolare qual è la probabilità di rispondere correttamente a tutte e dieci le domande se si risponde a caso.**

A 1/40
B 1/4
C 1/10
D 1/14
E $(1/4)^{10}$

1947 **L'espressione $(x + 3y)^3$ è uguale a:**

A $x^3 + 27y^3$
B $x^3 + 9x^2y + 27xy^2 + 27y^3$
C $x^3 - 9x^2y + 27xy^2 - 27y^3$
D $x^2 + 3x^2y + 9xy^2 + 27y^3$
E $(x + 3y)(x^2 + 3xy + 9y^2)$

1948 **L'espressione $\frac{4}{x^2} - \frac{9}{y^3}$, definita per $x \neq 0$ e $y \neq 0$, è uguale a:**

A $\frac{36}{x^2 - y^3}$
B $\left(\frac{2}{x} - \frac{3}{y}\right)\left(\frac{2}{x} + \frac{3}{y}\right)$
C $\frac{-5}{x^2 - y^3}$
D $\frac{4y^3 - 9x^2}{x^2y^3}$
E $\frac{4x^2 - 9y^3}{x^2y^3}$

1949 **Quale dei seguenti numeri può rappresentare la media aritmetica di quattro multipli di 3 consecutivi?**

A 5
B 7,5
C 9
D 10,3
E 12

1950 **In una serie ordinata di 41 dati la mediana è:**

A la media aritmetica del 19° e 20° dato
B il 21° dato
C il 20° dato
D la media aritmetica del 21° e 20° dato
E un dato compreso tra il 20° e il 21°

QUESITI

1951 **La soluzione della disequazione $\sqrt{3-x}<2$ è:**

A $x<-1$
B $x>-1$
C $x\leq 3$
D $-1<x\leq 3$
E $-1<x<0$

1952 **Determinare quale dei seguenti valori soddisfa l'equazione $3^x = 2^3$.**

A $\log_9 8$
B $\log_9 4$
C $\frac{3\log_7 2}{\log_7 3}$
D $2\log_8 3$
E $2\log_3 2$

1953 **Nel piano cartesiano sono dati i seguenti 4 punti:**
$A=(2;-7)$ $B=(5;17)$ $C=(-2;7)$ $D=(-17;-5)$
Determinare quale delle seguenti coppie di punti appartiene ad una stessa retta passante per l'origine.

A A e B
B A e C
C B e C
D B e D
E C e D

1954 **Quante sono le soluzioni reali dell'equazione di terzo grado $x^3-x^2+x-1 = 0$?**

A non si pu ò dire, perché il grado è superiore a due
B tre
C due
D una
E nessuna

1955 **Si sostiene che noi usiamo il sistema decimale perché abbiamo 10 dita. Un marziano vede scritta l'operazione 15 + 5 e scrive, giustamente, che il risultato è 22. Quante dita ha il marziano?**

A 8
B 10
C 6
D 22
E 15

1956 **Se x e y sono due numeri diversi da zero (x positivo) quale delle seguenti affermazioni è VERA?**

A x^y è sempre maggiore di zero
B y^x è sempre maggiore di zero
C $\log xy$ è sempre maggiore di zero
D xy è sempre maggiore di zero
E Quesito senza soluzione univoca o corretta

1957 **Il massimo comune divisore e il minimo comune multiplo tra i numeri: 6, 20, 30, 60 valgono rispettivamente:**

A 6; 120
B 2; 60
C 2; 180
D 6; 30
E 6; 60

1958 **Sapendo che in un triangolo rettangolo un cateto è la metà dell'altro e che l'area del triangolo è pari a 64 m^2, determinare quale delle seguenti lunghezze approssima meglio la lunghezza dell'ipotenusa del triangolo.**

A 12 m
B 14 m
C 18 m
D 24 m
E 36 m

1959 **Sia un triangolo equilatero con lato pari a 4. Su ogni lato del triangolo si costruisca un semicerchio avente per base il lato del triangolo stesso e due semicerchi aventi per base metà del lato del triangolo stesso, come rappresentato nella figura seguente.**

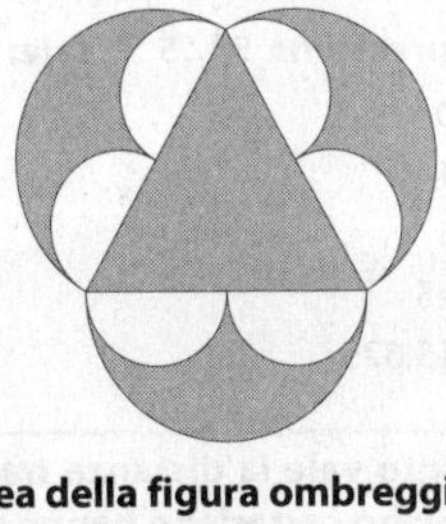

Qual è l'area della figura ombreggiata?

A $2\sqrt{3}+6\pi$
B $4\sqrt{3}+3\pi$
C $4\sqrt{3}+6\pi$
D $2\sqrt{3}+3\pi$
E $2\sqrt{3}$

MATEMATICA

1960 **La somma di 200 numeri naturali consecutivi, di cui il primo è 200, è pari a:**
A 60.100
B 60.000
C 60.200
D 59.900
E 79.800

1961 **L'equazione $(x-1)^2 + (y-3)^2 = k$ rappresenta una:**
A circonferenza tangente all'asse x per k = 1
B parabola per k < 0
C circonferenza per k > 0
D circonferenza per ogni valore di k
E circonferenza tangente all'asse x per ogni valore di k

1962 **Nell'insieme dei numeri reali, la disequazione $x^2 < -9$ è verificata per:**
A qualunque valore di x
B valori di x esterni all'intervallo $(-3, 3)$ estremi esclusi
C valori di x interni all'intervallo $(-3, 3)$ estremi inclusi
D nessun valore di x
E valori di x interni all'intervallo $(-3, 3)$ estremi esclusi

1963 **Se il 20% di *N* è 200, quanto vale *N*?**
A 10
B 20
C 200
D 400
E 1.000

1964 **L'espressione $5^3/5^{-3}$ vale:**
A 0
B 1
C 5
D 25
E 15.625

1965 **Quanto vale la distanza tra due punti che in un piano cartesiano hanno coordinate (1; 4) e (5; 1)?**
A $\sqrt{3}$
B $\sqrt{2}$
C 5
D 4
E 7

1966 **La funzione $f(x) = \log_{10}\left(1 - \frac{1}{x^2}\right)$ è minore di zero per:**
A $x < 0$
B $x < -1$
C $x < -1$, $x > 0$
D $-1 < x < 0$
E nessuna delle precedenti alternative è corretta

1967 **Un quadrilatero ha le diagonali di lunghezza 1 e 2 (in metri). La sua area *A* (espressa in metri quadrati) è:**
A maggiore di 1
B maggiore o uguale a 2
C maggiore o uguale a 1
D minore o uguale a 1
E minore di 1

1968 **Indicare quale delle seguenti tre terne di numeri sicuramente non corrisponde ai lati di un triangolo.**
A 6, 5, 7
B 7, 13, 18
C 5, 5, 12
D 5, 12, 13
E 3, 4, 5

1969 **Qual è la probabilità che lanciando due dadi si totalizzi 9?**
A $\frac{2}{9}$
B $\frac{1}{9}$
C $\frac{3}{4}$
D $\frac{1}{4}$
E $\frac{1}{6}$

1970 **Stabilire quale delle seguenti affermazioni è vera:**
A la somma degli angoli interni di un rettangolo vale 180°
B un rettangolo è un parallelogramma
C un rettangolo è un rombo
D la somma degli angoli interni di un rettangolo vale 720°
E un rettangolo è un quadrato

1971 Le probabilità che lanciando 3 monete si ottengano tre risultati identici (tutte teste ovvero tutte croci) è:

A $\frac{3}{8}$
B 1
C 0
D $\frac{2}{8}$
E $\frac{1}{8}$

1972 Un triangolo rettangolo ha perimetro lungo 12 cm. Allora i suoi due cateti possono essere lunghi:

A 4 e 5 cm
B 2 e 3 cm
C 5 e 6 cm
D 3 e 4 cm
E 1 e 2 cm

1973 Sei triangoli equilateri possono essere accostati intorno a un punto A del piano ricoprendo con esattezza lo spazio, poiché la somma degli angoli che vengono accostati al vertice è eguale a 360°. Verificare nei tre casi seguenti se l'accostamento al vertice di diversi poligoni regolari produce lo stesso risultato di esatta copertura dello spazio.

A 3 pentagoni
B 2 esagoni + 2 triangoli
C 2 ottagoni + 1 quadrato + 1 triangolo
D 2 pentagoni + 1 esagono
E 4 pentagoni

1974 La disequazione $|5 - x| < 1$:

A non ha soluzioni
B ha soluzioni positive e negative
C ha solo soluzioni positive
D ha solo soluzioni negative
E ha la sola soluzione $x = 5$

**1975 Su di un segmento AB lungo 25 cm si scelga un punto interno C in modo che l'area della gura piana formata dai due quadrati, costruiti dalla stessa parte rispetto alla retta AB e aventi lati AC e CB, sia uguale a 337 cm².
Il perimetro della figura ottenuta è di:**

A 75 cm
B 82 cm
C 91 cm
D 100 cm
E 132 cm

1976 Il sistema in due equazioni a due incognite $\begin{cases} x + y = 1 \\ 2x - 2y = -4 \end{cases}$ **è:**

A risolvibile solo per $x = 0$ e $x = \infty$
B indeterminato
C impossibile
D risolvibile per qualunque valore di x
E risolvibile solo per x maggiore di 0

1977 Si lanciano tre gettoni su una faccia dei quali è raffigurato un leone e sull'altra una tigre. La probabilità di avere due leoni e una tigre è:

A 3/8
B 2
C 1
D 2/3
E 1/4

1978 Un trapezio isoscele e un quadrato sono equivalenti. Le basi del trapezio misurano 12 e 6 e il lato misura 5. Allora il lato del quadrato misura:

A 6
B 5
C 7,2
D 36
E non è possibile calcolarlo

1979 L'area di un rettangolo inscritto in una circonferenza di raggio r :

A è minore o uguale a r^2
B non dipende dal perimetro del rettangolo
C è minore o uguale a $2r^2$
D può essere maggiore di $2r^2$
E non è mai uguale a $2r^2$

1980 Riferendosi alla figura seguente, indicare i valori corretti di x, y e z.

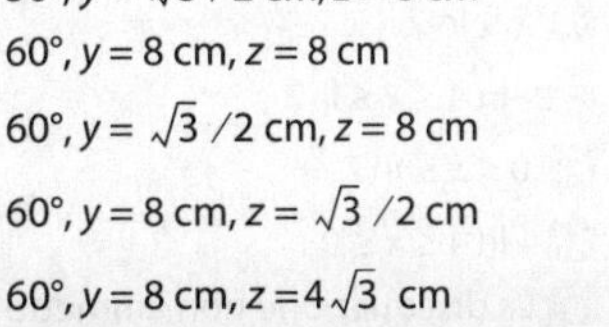

A $x = 50°$, $y = \sqrt{3}/2$ cm, $z = 8$ cm
B $x = 60°$, $y = 8$ cm, $z = 8$ cm
C $x = 60°$, $y = \sqrt{3}/2$ cm, $z = 8$ cm
D $x = 60°$, $y = 8$ cm, $z = \sqrt{3}/2$ cm
E $x = 60°$, $y = 8$ cm, $z = 4\sqrt{3}$ cm

MATEMATICA

1981 Sia Q un ottagono regolare. Allora la somma delle tangenti trigonometriche degli angoli interni di Q è:

A 8
B – 8
C 0
D – 1
E varia al variare del lato di Q

1982 La rotazione di un rettangolo di base 3 cm e altezza 5 cm attorno alla sua base genera:

A un cono con altezza uguale a 5 cm
B un cono con diametro di base uguale a 10 cm
C un cilindro con diametro di base uguale a 10 cm
D un cilindro con altezza uguale a 5 cm
E un cilindro con diametro di base uguale a 6 cm

1983 Un cocomero di forma sferica viene tagliato in 16 fette tutte uguali fra loro. Se il diametro del cocomero è di 40 cm, il volume di ciascuna fetta è di:

A $\frac{40}{16}\pi\ cm^3$
B $\frac{40^3}{16}\pi\ cm^3$
C $\frac{\pi^3}{16}\ cm^3$
D $\frac{2000}{3}\pi\ cm^3$
E $\frac{\pi}{16}\ cm^3$

1984 Siano *S* e *s* le due aree rispettivamente del cerchio circoscritto e del cerchio inscritto in un triangolo equilatero di lato *l*. Allora:

A *S* è il doppio di *s*
B *S* è il quadruplo di *s*
C il triplo di *S* è uguale al quadruplo di *s*
D il rapporto *S*/*s* dipende da *l*
E le superfici dei due cerchi sono grandezze fra loro incommensurabili

1985 Quali sono le soluzioni reali della seguente disequazione?

$$e^{2x} + 2e^x - 8 \leq 0$$

A $x \leq \ln 2$
B $-\ln 4 \leq x \leq \ln 2$
C $0 \leq x \leq \ln 2$
D $-\ln 4 \leq x \leq 0$
E La disequazione non ammette soluzioni reali

1986 Quante diagonali ha un tetraedro?

A 0
B 1
C 2
D 4
E 6

1987 In una città sono pubblicati tre giornali: il Mattino, il Pomeriggio e la Sera. Il 40% dei cittadini legge il Mattino, il 30% legge il Pomeriggio e il 10% legge la Sera. Inoltre, il 15% dei cittadini legge sia il Mattino che il Pomeriggio, il 7% sia il Mattino che la Sera e il 5% sia il Pomeriggio che la Sera. Infine, il 2% dei cittadini legge tutti e tre i giornali. Qual è la percentuale di cittadini che non legge alcun giornale?

A 45%
B 50%
C 20%
D 60%
E 1%

1988 Qual è il quoziente della frazione 5/0?

A 0 (zero)
B 5
C Non esiste
D Infinito
E 1

1989 La somma di due numeri irrazionali:

A è sempre irrazionale
B può essere razionale
C è immaginaria
D è sempre razionale
E è sempre positiva

1990 Quanti tra i seguenti numeri non sono primi?
549, 701, 937, 1777, 2123

A 1
B 2
C 3
D 4
E 5

1991 Se *x* è un numero reale *negativo*, allora:

A $x \cdot |x| > 0$
B $x + |x| > 0$
C $\frac{x}{|x|} > 0$
D $-x \cdot |x| < 0$
E $x - |x| < 0$

QUESITI

1992 Quale delle seguenti affermazioni è vera?

A Se x è un numero irrazionale, allora $x + \pi$ può essere intero
B Se x è un numero razionale, allora anche $x + \pi$ lo è
C Se x è un numero irrazionale, allora $x^2 + \pi$ non può essere intero
D Se x è un numero irrazionale, allora anche x^2 lo è
E Se x è un numero irrazionale, allora $x/2$ può essere razionale

1993 Il numero degli individui di una popolazione si raddoppia a ogni minuto. Dopo 5 minuti metà degli individui muore. Dopo 6 minuti si hanno 160 individui. Quanti erano gli individui all'inizio?

A 10
B 16
C 5
D 20
E 40

1994 Log_{10} 2.567.000.000.000 è un numero compreso tra:

A 0 e 1
B 10 e 11
C 12 e 13
D 25 e 26
E 11 e 12

1995 Un'equazione polinomiale di grado *n*, a coefficienti reali, ha *n* soluzioni (alcune possono essere coincidenti, altre complesse). Questa affermazione è:

A sempre falsa
B vera o falsa, dipende dal valore di n
C vera quando n è pari
D sempre vera
E vera quando n è dispari

1996 Sappiamo che H è un insieme di numeri interi positivi. Se in H non c'è alcun numero dispari, allora siamo certi che in H non c'è alcun numero che sia:

A un multiplo di 3
B una potenza di 5
C divisibile per 7 e per 11
D il quadrato di un altro numero
E nessuna delle precedenti risposte è corretta

1997 L'espressione $\log_2 8 + \log_2 5$ è uguale a:

A $\log_2 40$
B $\log_2 13$
C $2^8 + 2^5$
D $3 + \sqrt{5}$
E nessuno dei valori precedenti

1998 A quanti radianti corrisponde l'angolo di 180°?

A π
B $\pi/4$
C $\pi/2$
D 2π
E $3\pi/2$

1999 La curva di equazione $y = 3x^2 + 1$ interseca:

A solo l'asse x
B solo l'asse y
C entrambi gli assi
D l'asse y nel punto $(0\,;\,2)$
E nessuna delle precedenti alternative

2000 Ricordiamo che i numeri naturali sono quelli del tipo 1, 2, 3, 4, ... e che i numeri razionali positivi sono quelli che si ottengono come quoziente di numeri naturali. Siano *p* e *q* due numeri razionali positivi tali che $p - q = 5/2$. Allora:

A non esiste alcun numero naturale n tale che $q < n < p$
B non possono esistere tre numeri naturali n, m, r tali che $q < n < m < r < p$
C esiste al massimo un numero naturale n tale che $q < n < p$
D esistono almeno due numeri naturali n e m tali che $q < n < m < p$
E nessuna delle precedenti affermazioni è corretta

2001 Sia $ax^2 + bx + c = 0$ un'equazione di secondo grado a coefficienti razionali. Allora:

A le soluzioni sono numeri razionali
B le eventuali soluzioni sono numeri razionali distinti
C se $b^2 - 4ac > 0$ le soluzioni sono numeri reali distinti
D se $c = 0$ le soluzioni sono numeri razionali coincidenti
E ci sono sempre due soluzioni di cui almeno una è razionale

2002 **L'espressione $\ln \frac{1}{e^2} - \ln 1$ è uguale a:**

A $-1/2$

B 2

C $\ln\left(\frac{1-e^2}{e^2}\right)$

D -2

E $1/2$

2003 **Sia P la seguente affermazione "Se n è un numero primo, allora $n^2 - 1$ è divisibile per 4". Allora:**

A P è vera per ogni numero primo n

B P è falsa per ogni numero primo n

C P è vera per ogni numero primo n maggiore di 2

D P è falsa per $n = 3$

E nessuna delle precedenti risposte è vera

2004 **È dato un cono di raggio R e altezza $3R$. La quantità di cui bisogna diminuire l'altezza e aumentare il raggio di base affinché il volume non cambi è:**

A $\frac{R}{3}(1+\sqrt{3})$

B $R\left(1+\frac{\sqrt{3}}{2}\right)$

C $\frac{R}{2}(1+\sqrt{21})$

D $\frac{R}{2}(3+\sqrt{3})$

E $\frac{R}{4}(3-\sqrt{3})$

2005 **Per quali valori reali di x è verificata l'equazione $|x-3| = 3-x$?**

A $x \leq 3$

B $x = 3$

C $x \geq 3$

D $x \leq 3$ o $x \geq 6$

E Per nessun valore di x

2006 **Qual è la ragione della seguente progressione geometrica 21, 63, 189, 567 ... ?**

A 2

B 3

C 5

D 7

E 9

2007 **Una clessidra è costituita dall'unione di due coni circolari uguali alti 10 cm ciascuno. Dopo 7 minuti il livello della sabbia nella parte superiore è sceso di 5 cm. Quanto tempo manca ancora perché la clessidra si svuoti completamente?**

A 7 minuti

B 2 minuti e 30 secondi

C 1 minuto

D 50 secondi

E 5 minuti

2008 **Il circocentro di un triangolo (cioè il centro del cerchio a esso circoscritto) appartiene a un suo lato se il triangolo è:**

A acutangolo

B equilatero

C rettangolo

D ottusangolo

E scaleno

2009 **Si suddivida un cubo di 2 metri di spigolo in piramidi (come quella ombreggiata in figura) di altezza uguale a un metro. Si ricomponga un solido che contenga all'interno un cubo vuoto e che abbia solo facce triangolari (e nessuna quadrata) "ruotando" le piramidi attorno agli spigoli del cubo. Quante facce avrà il solido così ricomposto?**

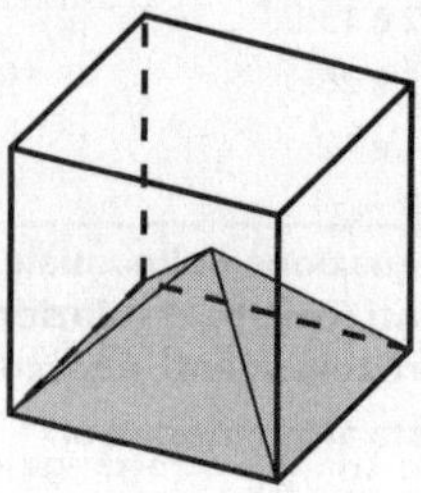

A 36

B 12

C 16

D 24

E 30

2010 **Il grado di un polinomio corrisponde:**

A alla somma dei gradi di tutti i monomi addendi

B al minimo comune multiplo dei gradi dei monomi addendi

C al grado del monomio di grado minimo

D al grado del monomio di grado massimo

E al prodotto dei gradi dei monomi addendi

2011 L'espressione $\sqrt{\frac{1-x}{1+x}}$ con x un numero reale, equivale a:

A $\frac{1-x}{\sqrt{1+x^2}}$

B $\frac{x-1}{\sqrt{1-x^2}}$

C $\frac{\sqrt{1-x^2}}{1+x}$

D $\frac{\sqrt{x^2-1}}{1+x}$

E $\sqrt{\frac{x-1}{1+x}}$

2012 Disporre in ordine crescente i seguenti numeri:

$$x = 10^{-2}; \quad y = -10^2;$$
$$z = 1/10^{-3}; \quad w = -10^{-4}$$

A w, y, x, z
B x, y, z, w
C y, x, z, w
D y, w, x, z
E z, y, w, x

2013 Scegliere, tra le seguenti, l'equazione di grado minore che ha per soluzioni tutti gli interi da – 2 a + 2, estremi compresi.

A $x^3 - 5x^2 + 4x = 0$

B $x^5 - 5x^3 + 4x = 0$

C $x^3 - 5x^2 + 4x = 0$

D $x^4 + 2x^3 - x^2 - 2x = 0$

E Nessuna delle precedenti

2014 In un triangolo rettangolo non isoscele, gli angoli non retti sono:

A uguali
B complementari
C supplementari
D cardinali
E nessuna delle precedenti

2015 Lo spigolo di un cubo ha lunghezza 10 mm. Il volume del cubo, in m^3 ha misura:

A $3 \cdot 10^{-5}$
B 10^{-15}
C 100
D 10^{-3}
E 10^{-6}

2016 Si consideri una corona circolare di raggio esterno R e raggio $r = R/3$ e sia A la sua area. Se il raggio esterno raddoppia e quello interno diventa il triplo, l'area della corrispondente corona circolare è uguale a:

A $\frac{A}{27}$

B $8A$

C $\frac{27}{8}A$

D $\frac{9}{77}A$

E $\frac{77}{9}A$

2017 Se un cubo e una sfera hanno lo stesso volume:

A la superficie del cubo è maggiore di quella della sfera
B la superficie della sfera è maggiore di quella del cubo
C non c'è possibilità di raffronto
D le superfici dei due solidi sono uguali
E la superficie della sfera è doppia rispetto a quella del cubo

2018 Una coppia vuole avere due figli dello stesso sesso: quanti figli deve avere per essere sicura che almeno due siano dello stesso sesso?

A Non si può stabilire
B Due
C Tre
D Più di tre
E Almeno quattro

2019 La soluzione della disequazione $x^3 \leq x^4$ è:

A $x \leq 0$
B $x \leq -1$
C $x \geq 1$
D $x \leq 0$ e $x \geq 1$
E $x \leq -1$ e $x \geq 0$

2020 La terza parte di un angolo retto misura:

A $\pi/2$ radianti
B 45 gradi
C $\pi/6$ radianti
D 60 gradi
E $\pi/3$ radianti

MATEMATICA

2021 In due triangoli simili, le misure dei lati del più piccolo sono uguali al 50% delle corrispondenti misure del più grande; il rapporto tra l'area del triangolo maggiore e quella del triangolo minore è:

A 4
B 0,5
C 0,25
D 2
E i dati forniti non sono sufficienti per rispondere

2022 Per quali dei seguenti angoli il coseno NON è nullo?

A 270 gradi
B 360 gradi
C 450 gradi
D 630 gradi
E 90 gradi

2023 Per $x > 0$, il prodotto di x per $\log x$ è uguale a:

A $\log x^x$
B $(\log x)^x$
C $\log(x + x)$
D $e^{\log x}$
E $\log x^2$

2024 L'uguaglianza $\sqrt{(a+2)^2} = a + 2$ è verificata:

A solo se $a = -2$
B per ogni $a \geq -2$
C per ogni $a < -2$
D per ogni $a \in \mathbb{R}$
E per ogni $a \in \mathbb{R}, a \neq -2$

2025 L'espressione $-(x+3)^2$ assume valori negativi per:

A qualsiasi valore di x
B $x < -3$
C $x \neq -3$
D x negativo
E nessun valore di x

2026 L'espressione $\text{Log}\dfrac{4(1-x)+x^2}{(x-2)^2}$ ha per $x \neq 2$ valore:

A 1
B 2 Log 4
C 0
D 10^{4x}
E $x - 2$

2027 Dire per quali numeri reali a e b l'uguaglianza $ax^2 + bx + b/3 = 0$ è verificata solo da numeri reali non negativi.

A $b = 0, a \neq 0$
B Nessun numero a, b
C $a = b = 0$
D $a = 0, b < 0$
E Nessuna delle precedenti affermazioni è corretta

2028 Dato il sistema $\begin{cases} a^x \cdot a^y = a^5 \\ a^{x^2 - y^2} = a^5 \end{cases}$ le soluzioni sono:

A 6; 4
B 3; 6
C 3; 2
D $a^3; a^2$
E $a^{1/3}; a^{1/2}$

2029 La funzione $y = \log(1 + x)$ è definita per:

A $x > -1$
B $x \geq -1$
C $x < 0$
D tutti i valori reali di x diversi da -1
E tutti i valori reali di x

2030 Il numero 3,2(4) (dove le parentesi racchiudono il periodo) è uguale a:

A 324/100
B 324/99
C 292/90
D 321/90
E 321/99

2031 L'equazione $3x^2 + 3y^2 - xy - 1 = 0$ rappresenta nel piano cartesiano:

A un'ellisse
B un'iperbole
C una circonferenza
D una retta
E una parabola

2032 Il polinomio $x^4 - 7x^3 + 18x^2 - 20x + 8$ coincide con:

A $(x-1) \cdot (x^3 - 2)$
B $(x-1) \cdot (x-2)^3$
C $(x-1)^2 \cdot (x+1)$
D $(x-1)^2 \cdot (x^2 + 8)$
E $(x-1)^3 \cdot (x-2)$

QUESITI

2033 Un proiettile viene sparato a caso contro un bersaglio circolare. Tale bersaglio è suddiviso in nove corone circolari concentriche di spessore 1 cm e un cerchio di raggio 1 cm; le figure sono numerate da 1 a 10 con valori crescenti dal bordo del bersaglio verso il centro. La probabilità che il proiettile colpisca la corona corrispondente al valore 5 è:

A 10%
B 50%
C 11%
D 25%
E 5%

2034 Un rombo ha lato 10 cm e una diagonale di 12 cm. La sua area è uguale a:

A 48 cm^2
B 96 cm^2
C 54 cm^2
D 60 cm^2
E 84 cm^2

2035 Dovendo pavimentare una superficie piana con piastrelle di forma geometrica regolare e di uguale lato quali delle seguenti forme sono combinabili (senza dover tagliare le piastrelle)?

A Quadrato - esagono
B Ottagono - quadrato
C Pentagono - triangolo equilatero
D Pentagono - esagono
E Nessuna delle precedenti affermazioni è corretta

2036 Tra i triangoli rettangoli aventi la stessa ipotenusa quello di area massima ha:

A un cateto uguale alla metà dell'altro cateto
B i cateti uguali fra loro
C un cateto uguale alla metà dell'ipotenusa
D la somma dei cateti uguale all'ipotenusa
E la differenza dei cateti uguale all'ipotenusa

2037 Si uniscano tra loro i centri delle facce del cubo, in modo da disegnare un solido interno al cubo che ha per vertici i centri delle facce del cubo. Il solido così ottenuto ha:

A 2 facce quadrate e 6 triangolari
B 8 facce triangolari
C 6 facce triangolari e 4 quadrate
D 6 facce quadrate
E 8 facce quadrate

2038 Sono dati un triangolo equilatero E, un quadrato Q e un cerchio C, tutti della medesima superficie. Detti E_1 e Q_1, rispettivamente, i perimetri del triangolo equilatero E e del quadrato Q e detta C_1 la circonferenza che racchiude il cerchio C, la disposizione di E_1, Q_1 e C_1 in ordine decrescente è:

A E_1, Q_1, C_1
B E_1, C_1, Q_1
C Q_1, E_1, C_1
D C_1, Q_1, E_1
E Q_1, C_1, E_1

2039 L'espressione $(a^2 - 4)/(a^2 - a - 2)$:

A non è definita per $a = 1$
B non è definita per $a = -2$
C è uguale ad $(a + 2)/(a + 1)$, purché a sia diverso da 2
D è definita per ogni valore di a
E nessuna delle precedenti affermazioni è corretta

2040 Fra i seguenti numeri reali quello che rende minima la somma del numero stesso con il suo reciproco è:

A $1/2$
B 1
C 0
D $\sqrt{2}$
E $\sqrt{3}$

2041 Il numero (– 2) elevato alla (– 2) vale:

A – 0,25
B 0,25
C 1
D 4
E 2

2042 L'andamento temporale di una grandezza può essere descritto da una funzione esponenziale se essa cambia con la seguente legge:

A in intervalli di tempo uguali il decremento è percentualmente costante
B la sua misura è inversamente proporzionale al tempo
C in intervalli di tempo uguali cresce di quantità uguali
D raddoppiando l'intervallo di tempo l'incremento quadruplica
E la sua misura è inversamente proporzionale al quadrato del tempo

MATEMATICA

2043 **L'espressione $k^{(a+b)}$ è uguale a:**

A $k^a + k^b$

B k^{ab}

C $a^k \cdot b^k$

D $k^a \cdot k^b$

E $k^a - k^b$

2044 **La funzione y = sen $2x$ ha periodo uguale a:**

A π

B $\pi/2$

C 2π

D 4π

E 3π

2045 **Le due rette $y = 2$ e $y = -3x + 2$ si incontrano per x uguale a:**

A 0

B -3

C $+2$

D -2

E $-2/3$

2046 **Un'ellisse è una curva piana:**

A i cui punti sono equidistanti da due punti fissi detti fuochi

B che racchiude un'area minore di quella del cerchio di uguale perimetro

C i cui punti sono equidistanti da una retta e da un punto assegnati

D tale che il prodotto delle distanze dei suoi punti da due punti fissi è costante

E il cui grafico giace solo nel secondo e nel quarto quadrante

2047 **Il diametro di una sfera ha lunghezza 6 cm; approssimativamente, il volume della sfera è:**

A 113 cm

B 113 cm^2

C 113 cm^3

D 904 cm^3

E 904 cm^2

2048 **Il rapporto tra la diagonale e il lato di un quadrato è pari a:**

A 1,41

B $\sqrt{2}$

C 2

D $\pi/2$

E π

2049 **Sia V_1 il solido (corona sferica) delimitato da due superfici sferiche concentriche di raggi rispettivamente 1 m e 4 m. Sia V_2 il cilindro circolare retto con raggio di base di 3 m e altezza di 3 m. Detto a il rapporto fra il volume di V_1 e il volume di V_2, si ha che:**

A $1 \le a < 2$

B $2 \le a < 3$

C $3 \le a < 4$

D $4 \le a < 5$

E $5 \le a < 6$

2050 **Quale dei seguenti numeri ha logaritmo in base 10 strettamente compreso fra 4 e 6?**

A $10^3 + 1$

B $10^6 - 1$

C 1234

D -10^5

E -10^{-5}

2051 **Per a e b entrambi positivi, $\log\left(\frac{a}{b}\right)$ equivale a:**

A $\frac{\log a}{\log b}$

B $\log a + \log b$

C $\log a \cdot \log b$

D $\log(a - b)$

E $\log a - \log b$

2052 **Il logaritmo di x in base 5 è un numero y tale che:**

A $10^x = 5y$

B $5^y = x$

C $x^5 = y$

D $10^y = 5x$

E $y^5 = x$

2053 **L'equazione della retta passante per i punti $(0; 0)$ e $(\sqrt{2}; 4\sqrt{2})$ è:**

A $y = 4x + 1$

B $y = \frac{1}{4}x - 1$

C $y = 4x$

D $y = \frac{1}{4}x$

E $y = 2x$

2054 La rappresentazione grafica nel piano cartesiano della relazione $xy = k$ (con k costante non nulla) è una:

A iperbole
B parabola
C circonferenza
D retta
E sinusoide

2055 Dati 4 numeri e sapendo che le loro somme a 3 a 3 sono: 9, 10, 11 e 12, è possibile affermare che essi sono:

A 1; 2; 3; 4
B 1; 3; 5; 7
C 2; 4; 6; 7
D 2; 3; 4; 5
E 2; 4; 6; 8

2056 Se il discriminante di una equazione di secondo grado è negativo, le radici dell'equazione:

A non sono reali
B sono due, reali e di segno opposto
C sono due, reali ed entrambe negative
D si riducono a una sola
E sono due, reali ed entrambe positive

2057 Per i logaritmi naturali vale la proprietà:

A il logaritmo di una somma è uguale al prodotto dei logaritmi degli addendi
B il logaritmo di un prodotto è uguale alla somma dei logaritmi dei fattori
C il logaritmo di una potenza è uguale alla somma dell'esponente più il logaritmo della base
D la potenza del logaritmo di un numero è uguale al prodotto dell'esponente per il numero
E i logaritmi naturali sono la decima parte dei corrispondenti logaritmi decimali

2058 Qual è l'ordine per valore crescente delle quantità elencate?

$$a = \ln(9/2)$$
$$b = \ln(15/4)$$
$$c = \ln(36/7)$$
$$d = \ln(8)$$

A $c < a < b < d$
B $b < a < c < d$
C $a < c < b < d$
D $c < a < d < b$
E Nessuno dei valori qui riportati

2059 La disequazione $\sqrt{x-2} < 1 - x$:

A ha infinite soluzioni positive
B ha infinite soluzioni negative
C non ha soluzioni
D ha infinite soluzioni positive e infinite soluzioni negative
E ha un numero finito di soluzioni positive

2060 Il coseno di un angolo di 30° è uguale a:

A sen 60°
B zero
C sen 30°
D cos 60°
E tg 60°

2061 L'espressione $(a^{-1})^{-2} \cdot a^{-3}$ è uguale a:

A a
B a^{-6}
C 1
D $1/a$
E a^6

2062 L'espressione $\dfrac{3^{a-b}}{4^{a+b}}$ è uguale a:

A $12^{-b}\left(\dfrac{3}{4}\right)^{a}$
B $\dfrac{3^a - 3^b}{4^a + 4^b}$
C $3^a\left(\dfrac{3}{4}\right)^{-2b}$
D $\left(\dfrac{3}{4}\right)^{a^2-b^2}$
E nessuna delle risposte precedenti è corretta

2063 La parabola di equazione $y = -3x^2 + \sqrt{3}$:

A ha il vertice nel punto $(\sqrt{3}; 0)$
B ha il fuoco nel punto $(0; \sqrt{3})$
C ha come asse di simmetria l'asse delle ordinate
D non interseca l'asse delle ascisse
E ha come asse di simmetria l'asse delle ascisse

2064 Per un punto P esterno a un piano α quanti piani perpendicolari ad α si possono condurre?

A Uno
B Due
C Infiniti
D Nessuno
E Quattro

MATEMATICA

2065 Dire per quali numeri interi positivi a e b è vera questa affermazione: "Esiste c non multiplo di b tale che ac è multiplo di b".

A a e b dispari
B b primo e a dispari
C a e b non primi tra loro
D a e b pari
E Per nessuna coppia di interi positivi

2066 Nella proporzione $5 : x = x : -125$ il valore del medio proporzionale:

A è un numero irrazionale
B non esiste nel campo dei numeri reali
C è uguale a $1/25$
D è uguale a -25
E è uguale a 25

2067 Se n è un numero intero quadrato perfetto, qual è il minimo numero intero quadrato perfetto strettamente maggiore di n?

A $n+1$
B $n+2\sqrt{n}+1$
C n^2+1
D n^2+n
E n^2+2n+1

2068 Quanto vale il rapporto $\dfrac{0{,}0009}{3.000.000}$?

A $0{,}3 \cdot 10^{-10}$
B $3 \cdot 10^{-9}$
C $0{,}3 \cdot 10^{9}$
D $0{,}3 \cdot 10^{-9}$
E $3 \cdot 10^{9}$

2069 Di due numeri interi m e n si sa che $m - n + 2 = 0$ e che $m^n = 243$. Determinare m e n.

A $m=3, n=5$
B Non esistono soluzioni
C Infinite soluzioni
D $m=11, n=13$
E $m=6, n=8$

2070 Data l'espressione $y = \text{sen}\, x$, allora:

A y si può misurare in gradi
B y rappresenta un rapporto tra due segmenti e quindi è un numero puro
C y si misura in radianti e x in gradi
D y può assumere qualunque valore tra $-\infty$ e $+\infty$
E y può assumere qualunque valore tra 0 e $+\infty$

2071 Dire quanti sono nel piano cartesiano (x, y) i punti le cui coordinate x e y soddisfano tutte e tre le condizioni seguenti:

$$xy > 0; \qquad x^2 + y^2 = 1; \qquad x + y = 1$$

A Nessuno
B Uno
C Due
D Quattro
E Tre

2072 La curva che nel piano (x, y) è rappresentata dall'equazione $x^2 + y^2 = a^2$ è:

A un'ellisse
B una parabola
C un'iperbole
D una retta
E una circonferenza

2073 Assegnati tre segmenti di lunghezza 3, 4, 5 è possibile affermare che:

A non si può costruire alcun triangolo
B si può costruire un triangolo isoscele
C si può costruire un triangolo ottuso
D si può costruire un triangolo rettangolo
E si può costruire un triangolo equilatero

2074 Per individuare una sola circonferenza nello spazio basta conoscere:

A una retta tangente a essa, il punto di tangenza e un altro punto appartenente a essa
B due punti appartenenti a essa e la secante passante per essi
C il piano su cui giace e il raggio
D la sua lunghezza e il centro
E il raggio e il centro

2075 Il logaritmo decimale di un numero positivo e minore di 1 è compreso tra:

A -1 e $+1$
B -1 e 0
C $-\infty$ e 0
D $-\infty$ e -1
E 0 e 1

2076 Qual è la probabilità che dal lancio di un dado con facce numerate da 1 a 6 esca un numero dispari?

A $2/6$
B $1/6$
C $1/2$
D $5/6$
E $2/3$

QUESITI

2077 Si consideri un corridoio della larghezza di 1 m con un angolo retto, come in figura. La lunghezza massima che può avere un'asta rigida che possa raggiungere l'uscita del corridoio strisciando sul pavimento è:

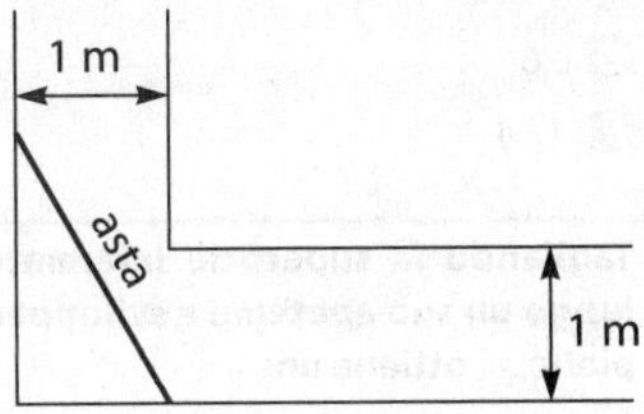

- A 1 m
- B $\sqrt{2}$ m
- C $2\sqrt{2}$ m
- D 3 m
- E 3,5 m

2078 In un triangolo ABC, rettangolo in C, sia $\overline{CH}$ l'altezza relativa all'ipotenusa. Se l'angolo in A è doppio di quello in B, allora $\overline{AH}$ è uguale a:

- A $\overline{CH}\,\sqrt{3}$
- B $\overline{AC}\,\sqrt{\frac{3}{2}}$
- C $\overline{AC}\,\sqrt{3}$
- D $\overline{CH}/\sqrt{3}$
- E $\overline{CH}/2$

2079 La funzione reale di variabile reale $f(x) = 1/(x^2 + 1)$ è definita:

- A per tutti i valori reali di x
- B per tutti i valori reali di x diversi da 0
- C per tutti i valori reali di x diversi da 1
- D per tutti i valori reali di x diversi da – 1
- E per nessuno di questi valori

2080 Uno studente universitario ha superato 4 esami, e ha la media di 23; qual è il voto minimo che lo studente dovrà prendere all'esame successivo affinché la media diventi almeno 25?

- A 29
- B 28
- C 26
- D 30
- E Qualunque sia il voto all'esame successivo, la media non potrà raggiungere il valore 25

2081 Sia ABCD un quadrilatero; quale delle seguenti affermazioni è sempre VERA?

- A ABCD è un parallelogramma
- B ABCD non può essere un trapezio scaleno
- C ABCD può essere un rettangolo
- D ABCD è un rettangolo
- E ABCD ha due lati uguali

2082 Centomila moltiplicato per un millesimo è uguale a:

- A un centomillesimo
- B un centomilionesimo
- C cento milioni
- D cento
- E un centesimo

2083 Log 399.255.040.041.042 è un numero compreso tra:

- A 13 e 14
- B 10 e 11
- C 39 e 40
- D 14 e 15
- E 11 e 12

2084 Se per i conigli valesse la legge "il numero di conigli che saranno presenti domani in un allevamento è la somma del numero di conigli presenti ieri più il numero dei conigli presenti oggi" e inoltre si assumesse tale legge valida per tutti i giorni a partire da oggi, quale successione sarebbe del tipo ipotizzato da questa legge?

- A 2, 3, 5, 8, 13, 21...
- B 1, 1, 1, 1, 1, 1...
- C 1, – 1, + 1, – 1, + 1, – 1...
- D 1, 2, 3, 4, 5, 6...
- E 1, 2, 4, 8, 16, 32...

2085 L'espressione Log $\sqrt{10^3}$ risulta uguale a:

- A 3,333...
- B 33,333...
- C 3/2
- D 2/3
- E 0,333...

2086 L'espressione ln (ab/cd), con a, b, c e d positivi, è equivalente a:

- A $\ln ab + \ln cd$
- B $\ln a + \ln b - \ln c - \ln d$
- C $\ln a + \ln b - \ln c + \ln d$
- D $\ln a - \ln b + \ln c - \ln d$
- E nessuna delle precedenti

MATEMATICA

2087 Supponiamo che x, y siano reali positivi, con $xy \neq 1$. La disuguaglianza:

$$\frac{x^2}{1-xy} > \frac{x}{y(1-xy)}$$

vale per:

A $x > y$
B $x > 1$ e $y > 1$
C $1 - xy > 0$
D mai
E sempre

2088 Se $x = -y$, allora:

A $x^2 = -y^2$
B $x + 2 = -y - 2$
C $\cos x = \cos y$
D $\operatorname{sen} x = \operatorname{sen} y$
E $\log x = \log y$

2089 Sia $a^2 + b^2 > 0$. Si deduce che:

A a e b sono positivi
B $a + b > 0$
C $a + b < 0$
D a e b non sono entrambi nulli
E $a \neq b$

2090 Quanto vale il rapporto 0,0005/50.000?

A 10^0
B 10^1
C 10^3
D 10^{-8}
E 10^8

2091 Nella relazione:

$$18/a + 7/b = 38$$

per $b = 7/2$ qual è il valore di a che soddisfa l'uguaglianza tra primo e secondo membro?

A 2/7
B 2
C 1
D 0,5
E 4

2092 La disequazione $2x^2 - 3x + 5 > 0$ è soddisfatta per:

A $2 < x < 7$
B $x < -4/5$
C tutti i valori di x
D $x < 1$ e $x > 5$
E nessun valore di x

2093 Se si vuole ridurre alla metà la superficie di un rettangolo, quale moltiplicatore deve applicarsi a entrambi i valori dei lati?

A 0,5
B $\sqrt{2}$
C $1/\sqrt{2}$
D 0,6
E 1/4

2094 Tagliando la superficie laterale di un cono lungo un suo apotema e sviluppandola su un piano, si ottiene un:

A triangolo
B quadrato
C settore circolare
D segmento circolare
E trapezio

2095 Nel piano cartesiano O*xy* l'insieme dei punti soddisfacenti l'equazione:

$$(x + 7) \cdot (y - 3) = 0$$

è rappresentato:

A dal punto (–7; 3)
B da due rette
C dai punti (–7; 0) e (0; 3)
D da un'iperbole
E da un piano

2096 Con nove quadrati di lato 1 cm si formano dei poligoni. Ciascun poligono formato dai nove quadrati è costruito in modo che ogni quadrato che lo forma abbia almeno un lato comune con un altro quadrato. Qual è il massimo perimetro possibile per i poligoni così costruiti?

A 21 cm
B 18 cm
C 20 cm
D 22 cm
E 19 cm

2097 È dato un rettangolo i cui lati consecutivi sono l'uno il doppio dell'altro. Tra i seguenti poligoni regolari contenuti nel rettangolo qual è quello di area massima?

A Ottagono
B Poligono con sedici lati
C Triangolo
D Quadrato
E Esagono

2098 Una lumaca si arrampica lungo un muro alto 5 m. Ogni giorno sale di 3 m e di notte scende di 2 m. Dopo quanti giorni avrà raggiunto la cima del muro?

A 5
B 3
C 4
D Al problema manca un dato
E Mai

2099 Il numero di cifre di $5^{28} \cdot 2^{32}$ (scritto in base 10) è:

A 61
B 29
C 30
D 60
E 59

2100 Si può affermare che $\dfrac{x+y}{\sqrt{a}\cdot\sqrt{x+y}}$ equivale a:

A $\sqrt{x+y}$
B $\sqrt{\dfrac{x+y}{-a}}$
C $\sqrt{\dfrac{x+y}{a}}$
D $\dfrac{\sqrt{x+y}}{a}$
E $(x+y)\sqrt{a}$

2101 Nel piano cartesiano *(x,y)* il grafico ottenuto unendo i grafici delle due equazioni $x = \sqrt{y}$ e $x = -\sqrt{y}$, definite per $y \geq 0$, è:

A una parabola
B un'iperbole
C un'ellisse
D una circonferenza
E una retta

2102 Fissato nel piano un sistema di assi cartesiani ortogonali *Oxy*, si considerino i cinque punti:

$$P = (5; 0) \qquad Q = (5; -5)$$
$$R = (0; -5)$$
$$S = (-3; -4) \qquad T = (-5; 5)$$

Quale di queste terne è formata da punti appartenenti alla medesima circonferenza che ha centro nell'origine?

A P, R, S
B Q, S, T
C P, Q, R
D Q, R, T
E P, R, T

2103 Siano dati, nello spazio, una retta *r* e un punto A giacente su *r*. Quante rette perpendicolari a *r* e passanti per il punto A si possono condurre?

A Nessuna
B Una
C Due
D Poche
E Infinite

2104 Due cerchi hanno raggi l'uno il triplo dell'altro. Quante volte è maggiore la superficie del cerchio di raggio maggiore rispetto all'altro?

A 3
B π
C 9
D 3π
E 27

2105 Si tirano tre dadi. Qual è la probabilità di ottenere due 6 e un numero diverso da 6?

A 15/216
B 15/36
C 5/36
D 216/15
E 6/42

2106 Lanciando in aria 2 monete qual è la probabilità di ottenere 1 testa e 1 croce?

A 1/4
B 2/4
C 3/4
D 4/4
E 1/3

2107 Sia T un triangolo rettangolo tale che l'ipotenusa misura 9 e un cateto 5. Quanto misura approssimativamente il perimetro di T?

A 19,1
B 23,2
C 17,2
D 21,4
E 18

2108 Il rapporto fra i perimetri del triangolo equilatero inscritto e di quello circoscritto a una stessa circonferenza è:

A 1/8
B 1/6
C 1/4
D 1/3
E 1/2

MATEMATICA

2109 Tenendo conto dell'ordine di nascita in quanti modi possibili possono aversi 4 figli maschi in una famiglia con 5 figli?

A 4
B 20
C 10
D 5
E 6

2110 L'equazione sen $x = -1$:

A ammette come soluzione $x = 90$ gradi
B ammette come soluzione $x = 270$ gradi
C ammette come soluzione $x = 180$ gradi
D ammette come soluzione $x = 360$ gradi
E non ammette soluzioni

2111 La somma degli angoli interni di un pentagono non regolare:

A vale 1080 gradi
B vale 540 gradi
C vale 360 gradi
D è sicuramente inferiore a 540 gradi
E dipende dalla lunghezza dei lati

2112 Divisa una circonferenza, mediante due punti A e B, in due archi "a" e "b", si scelgono due punti a piacere, C su "a" e D su "b". Gli angoli $A\hat{C}B$ e $A\hat{D}B$ sono:

A uguali
B supplementari
C complementari
D esplementari
E per rispondere occorre conoscere la posizione di A e B

2113 La somma algebrica degli scarti rispetto alla media aritmetica dei numeri – 4, – 3, – 2, 5, 6, 7, 8 è:

A 35
B 17
C 2,43
D 0
E 7

2114 L'esponente da dare al numero 10 per ottenere 5:

A si chiama "mantissa" di 5
B è uguale a 1/2
C prende il nome di "caratteristica" di 5
D è definito come "logaritmo decimale" di 5
E è definito come "logaritmo naturale" di 5

2115 Quanti numeri interi soddisfano l'equazione $(x^2 - x - 1)^{(x+2)} = 1$?

A 2
B 3
C 4
D 5
E Infiniti

2116 Se l'equazione $x^2 + ax + b = 0$ ha soluzioni 5 e 1, il discriminante vale:

A 4
B 16
C 56
D 29
E 1

2117 Moltiplicando due numeri negativi maggiori di – 1 si ottiene sempre un numero:

A minore del minore dei due
B maggiore del minore dei due
C maggiore del maggiore dei due
D maggiore o al più uguale a 1
E maggiore di 1

2118 È vero che:

A $\text{sen}^2\,\sigma + \cos^2\sigma - 1 = 0$
B $\text{sen}^2\,\sigma - \cos^2\sigma - 1 = 0$
C $\text{sen}^2\,\sigma + \cos^2\sigma + 1 = 0$
D $\text{sen}^2\,\sigma - \cos^2\sigma + 1 = 0$
E nessuna delle risposte precedenti è corretta

2119 Quale, tra i seguenti numeri, è divisibile per 3?

A 26
B 61
C 57
D 43
E 46

2120 Un quadrato è il solo quadrilatero avente:

A i lati uguali
B gli angoli uguali
C gli angoli retti
D le diagonali perpendicolari
E i lati e gli angoli uguali

2121 La funzione $y = \log x$ esiste:

A sempre
B per $x \geq 0$
C per $x > 0$
D per $x \geq 1$
E per $x \leq 0$

2122 Intersecando la superficie di un cono con un piano che forma con l'asse del cono un angolo pari all'angolo di apertura del solido, si ottiene:

A un'ellisse
B un'iperbole
C una parabola
D una circonferenza
E una retta

2123 L'espressione $1/3 \cdot \pi \cdot h^2 (3r - h)$, con h e r lunghezze, rappresenta:

A un prodotto di due superfici
B un volume
C una superficie
D una somma di lunghezze
E il prodotto di un volume per una lunghezza

2124 Data una retta *r* nello spazio, quante rette *s* perpendicolari a essa possono essere costruite?

A Infinite
B Due
C Tre
D Una
E Un numero finito maggiore di 2

2125 Il diametro della sfera circoscritta al cubo di spigolo $l = 4$ è:

A 2
B 8
C $4 \cdot \sqrt{3}$
D 12
E $4/\sqrt{3}$

2126 La differenza di due potenze di eguale esponente $(x^n - a^n)$ è divisibile per $(x + a)$ se e solo se:

A a è multiplo di n
B n è pari
C n è dispari
D a è un numero positivo intero
E n è multiplo di 3

2127 Quale delle seguenti uguaglianze è vera?

A $0{,}01 = 10^{-1} \cdot 10^{-1}$
B $0{,}01 = 0{,}001 \cdot 10^2$
C $0{,}01 = 10 \cdot 10^{-2}$
D $0{,}01 = 0{,}1 \cdot 10$
E Nessuna delle precedenti

2128 La funzione cartesiana $3 \cdot (x^2 + y^2) = 4$ rappresenta:

A un'iperbole
B una retta
C una circonferenza
D una parabola
E un'ellisse

2129 L'equazione $x^2 + 49 = 0$ ha soluzioni:

A non reali
B $x = 7$
C $x = -7$
D reali
E irrazionali

2130 Siano *a* e *b* numeri reali non nulli; le radici reali dell'equazione $x^2 + (a^2 + 1)\,x + b^2$, se esistono e sono distinte, sono:

A entrambe positive
B entrambe negative
C una positiva e l'altra negativa
D nulla si può dire con considerazioni immediate; occorre fare il calcolo
E occorre conoscere almeno il valore di a

2131 Le tre altezze di un triangolo si incontrano in un punto chiamato:

A baricentro
B circocentro
C incentro
D ortocentro
E nessuna delle precedenti

2132 Qual è la centesima parte di 10^{12}?

A 10^{10}
B 10^{-10}
C 10^{6}
D $10^{(12/100)}$
E 10^{-12}

2133 ABCDE è un pentagono di forma irregolare. Per poter fare il disegno del pentagono occorre conoscere, oltre alla lunghezza dei lati AB, BC, CD, DE, EA:

A le lunghezze delle due diagonali AD e CE
B l'ampiezza dell'angolo $A\hat{B}C$
C le ampiezze dei due angoli $A\hat{B}C$ e $B\hat{C}A$
D la lunghezza della diagonale AD e l'ampiezza dell'angolo $A\hat{E}D$
E nessuna delle precedenti affermazioni è corretta

MATEMATICA

2134 Nel piano cartesiano Oxy la retta passante per (1; 2) e perpendicolare alla retta di equazione $2x - 7y + 10 = 0$ ha equazione:

A $2x - 7y + 12 = 0$
B $7x + 2y - 11 = 0$
C $2x + 7y - 16 = 0$
D $7x - 2y - 3 = 0$
E $2x + 7y - 12 = 0$

2135 ABCD è un quadrilatero piano di forma irregolare; per farne il disegno è sufficiente avere:

A le misure dei quattro lati AB, BC, CD e DA e di uno degli angoli
B le misure dei tre lati AB, BC, CD e della diagonale BD
C le misure dei tre lati AB, BC, CD, l'ampiezza dell'angolo $A\hat{B}C$ e la lunghezza della diagonale AC
D le misure del lato AB e dei quattro angoli $A\hat{B}C$, $B\hat{C}D$, $C\hat{D}A$ e $D\hat{A}B$
E nessuna delle precedenti affermazioni è corretta

2136 Dati 4 segmenti, di lunghezza 10, 15, 20, 25 cm, quanti triangoli non degeneri si possono costruire con tali segmenti (usando i segmenti anche più di una volta)?

A 4
B 20
C 13
D 17
E 6

2137 Determinare il campo di esistenza T della funzione:

$$f(x) = \frac{1}{\sqrt{1-3x}}$$

A $T = (-\infty; 0)$
B $T = (-\infty; 0]$
C $T = [0; +\infty)$
D $T = (0; +\infty)$
E $T = (-\infty; 1/3)$

2138 Quale delle seguenti condizioni deve verificarsi affinché la retta di equazione $y = mx + n$ non passi per il quarto quadrante?

A $m > 0, n < 0$
B $m > 0, n = 0$
C $m < 0, n < 0$
D $m > 0, n > 0$
E $m < 0, n > 0$

2139 L'equazione $0{,}01^x + 4 = 14$ ha come soluzione:

A 2
B – 2
C – 0,5
D 0,5
E 0,02

2140 La probabilità che lanciando simultaneamente due dadi si ottengano due numeri la cui somma vale 11 è, rispetto alla probabilità che si ottengano due numeri la cui somma vale 10:

A minore
B maggiore
C circa doppia
D uguale
E non paragonabile perché si tratta di eventi diversi

2141 Gli angoli di un triangolo sono in progressione aritmetica, e il maggiore è il doppio del minore; i valori in gradi degli angoli sono:

A 45, 70, 95
B 40, 50, 80
C 60, 90, 120
D 20, 30, 40
E 40, 60, 80

2142 Nella proporzione $3 : x = x : -27$ il valore del medio proporzionale:

A è uguale a 9
B non esiste nel campo dei numeri reali
C è uguale a – 9
D è uguale a 1/9
E è uguale a – 1/9

2143 Posto $a = 1$, trovare i valori b e c nell'equazione $ax^2 + bx + c = 0$ in modo che le radici siano 7 e 2.

A $b = 5;\ c = 14$
B $b = -9;\ c = 7/2$
C $b = 9;\ c = 14$
D $b = -7/2;\ c = 9$
E $b = -9;\ c = 14$

2144 Se $\exp(a/b) = 1$ allora:

A $a/b = 1$
B $a = 0$
C $a/b = 10$
D $a = b$
E $b = 0$

2145 Il logaritmo decimale di un numero può essere negativo?

A Sì, se il numero è negativo
B No, mai
C Sì, se il numero è minore di 1
D Sì, se il numero è minore della base 10
E Sì, se il numero è compreso tra 1 e – 1

2146 Di una progressione geometrica *S* (*n*) si conoscono i termini *S* (1) = 2 e *S* (3) = 18. Determinare il termine *S* (2) e la ragione della progressione.

A $S(2) = 6$; ragione = 3
B $S(2) = 10$; ragione = 8
C $S(2) = 2\sqrt{5}$; ragione = $\sqrt{5}$
D $S(2) = 5$; ragione = 3
E $S(2) = 3$; ragione = 3

2147 Si ha un progetto disegnato su un foglio avente lati di lunghezze *a* e *b*. Lo si vuole fotografare e riprodurre su diapositiva, in modo che la sua area sia un centesimo di quella dell'originale e in modo che proiettandola si possa riottenere il progetto nelle dimensioni dell'originale. Le dimensioni della diapositiva dovranno essere:

A $a/10$; $b/10$
B $a/100$; b
C $a/50$; $b/50$
D $10a$; $b/10$
E a ; $b/100$

2148 L'equazione $10^{2\sqrt{x}} + 100^{\sqrt{x}} - 200 = 0$:

A non ha soluzioni
B ha una e una sola soluzione
C ha due soluzioni
D ha infinite soluzioni
E ha quattro soluzioni

2149 L'equazione $x^2 + 4y^2 = 3$ rappresenta:

A un'ellisse di semiassi $a = 3$, $b = \frac{3}{4}$
B un'ellisse di semiassi $a = \sqrt{3}$ e $b = \frac{2}{\sqrt{3}}$
C un'iperbole di semiassi $a = \frac{1}{\sqrt{3}}$ e $b = \frac{2}{\sqrt{3}}$
D un'ellisse di semiassi $a = \sqrt{3}$ e $b = \frac{\sqrt{3}}{2}$
E un'iperbole di semiassi $a = \sqrt{3}$ e $b = \frac{2}{\sqrt{3}}$

2150 Una figura piana si dice convessa:

A se esistono almeno due suoi punti tali che il segmento che li unisce non è un sottoinsieme della figura
B se, comunque si scelgono due suoi punti, il segmento che li unisce non è un sottoinsieme della figura
C se, comunque si scelgono due suoi punti, il segmento che li unisce è un sottoinsieme della figura
D se esistono almeno due suoi punti tali che il segmento che li unisce è un sottoinsieme della figura
E se, comunque si scelgono tre suoi punti, la circonferenza che essi definiscono è un sottoinsieme della figura

2151 L'angolo di una retta con un piano è uguale:

A all'angolo che la retta forma con una qualunque retta del piano
B all'angolo che un qualunque piano passante per la retta forma col piano dato
C all'angolo che la retta forma con due rette del piano
D all'angolo che la retta forma con un'altra retta ortogonale al piano
E all'angolo che la retta forma con la sua proiezione ortogonale sul piano

2152 La diagonale di un cubo di lato *L* vale:

A $L\sqrt{3}$
B L
C $L\sqrt{2}$
D L^2
E $L/\sqrt{2}$

2153 Nello spazio tridimensionale sono date due rette parallele non coincidenti. L'insieme dei punti equidistanti dalle due rette è:

A un cilindro
B un piano
C due rette
D una retta
E una sfera

2154 Nello sviluppo di $(a - b)^8$, qual è il coefficiente di ab^7?

A – 8
B 8
C 16
D – 16
E 32

MATEMATICA

2155 **Un triangolo rettangolo ha la mediana relativa all'ipotenusa che misura 75 cm e un cateto che misura 90 cm. Quanto misura l'altro cateto?**

A 1,2 m
B 80 cm
C 1 m
D 1,4 m
E 60 cm

2156 **La media aritmetica di 5 numeri è 40. Due di questi numeri sono 7 e 70. Quanto vale la media aritmetica degli altri numeri?**

A 43
B 41
C 23
D 37
E Non si può determinare

2157 **Quali sono le soluzioni della disequazione $3^{-8x}(3^{2x}-9)(3^{4-x^2}) \leq 0$?**

A $x \geq 1$
B $x \leq 2$
C La disequazione non ammette soluzioni
D $x \leq -2$ oppure $x \geq 2$
E $x \leq 1$

2158 **Anna ha nel suo cassetto 30 canottiere, alcune bianche, altre nere e altre con una fantasia. Scegliendo a caso una canottiera, la probabilità che sia nera è 1/3 e la probabilità che sia bianca è il triplo della probabilità che abbia una fantasia. Qual è la probabilità che estraendo una canottiera Anna ne prenda una bianca?**

A 1/6
B 4/3
C 1/3
D 2/3
E 1/2

2159 **La probabilità che una macchina produca un pezzo difettoso è del 10%. Qual è la probabilità che la macchina produca uno dopo l'altro due pezzi non difettosi?**

A 0,9
B 0,18
C 0,81
D 0,8
E 0,01

2160 **Sia $x = 303^2 - 297^2$. Allora:**

A $x \leq 10$
B $10 < x \leq 100$
C $100 < x \leq 1000$
D $1000 < x \leq 5000$
E $x > 5000$

2161 **Qual è la probabilità di indovinare almeno una risposta, rispondendo a caso a due quesiti con tre alternative ciascuno, di cui una sola corretta?**

A 2/3
B 5/9
C 1/3
D 4/9
E 1/9

2162 **Date le funzioni:**

$$f(x) = (x+2)^2 \quad \text{e} \quad g(x) = x^2 + 4$$

quale delle seguenti affermazioni è vera?

A Coincidono se e solo se $x = 0$
B Coincidono per ogni valore di x
C I loro grafici sono due parabole con i vertici coincidenti
D Entrambi i loro grafici passano per il punto (−2; 0)
E I loro grafici sono simmetrici rispetto all'asse delle ascisse

2163 **Un gruppo di persone è composto da 7 donne e 3 uomini e il loro peso medio è 69,8 kg. Il peso medio delle 7 donne è 65 kg. Quanto pesano, in media, i 3 uomini?**

A 74 kg
B 74,6 kg
C 81 kg
D 82,5 kg
E 85,2 kg

2164 **Tre segmenti sono tali che il primo supera di 10 cm il secondo mentre il terzo, che è la metà del secondo, misura 3 cm. Allora si può affermare che i tre segmenti:**

A possono essere i lati di un triangolo scaleno
B possono essere i lati di un triangolo equilatero
C possono essere i lati di un triangolo rettangolo
D possono essere i lati di un triangolo ottusangolo
E non possono essere i lati di un triangolo

2165 **Tre segmenti sono tali che il primo supera di 1 cm il secondo e il terzo, che è i 5/12 del secondo, misura 5 cm. Allora si può affermare che i tre segmenti:**

A possono essere i lati di un triangolo isoscele
B possono essere i lati di un triangolo equilatero
C possono essere i lati di un triangolo rettangolo
D possono essere i lati di un triangolo ottusangolo
E non possono essere i lati di un triangolo

2166 Nell'immagine seguente il quadrato ha lato pari a 2 cm.

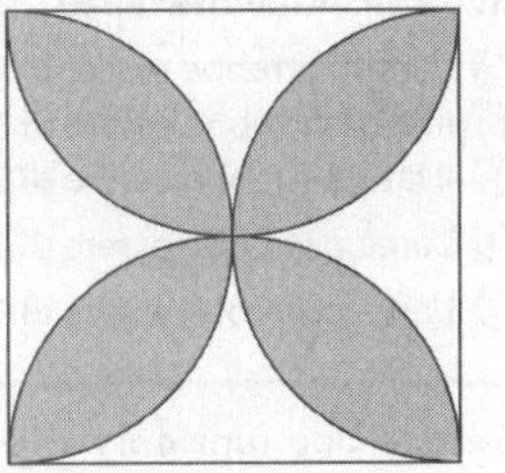

L'area della figura colorata è pari a:

A $2(\pi - 2)$ cm^2
B 2π cm^2
C $(4 - \pi)$ cm^2
D $\pi/2$ cm^2
E 4 cm^2

2167 La funzione $f(x) = \ln(2x^2 - 3x + 1)$ è definita:

A per $x \leq \frac{1}{2}$ oppure $x \geq 1$
B per $x > 1$
C per $\frac{1}{2} < x < 1$
D per $x < \frac{1}{2}$ oppure $x > 1$
E per ogni valore reale di x

2168 Calcolare il valore dell'espressione:

$$\log_3\sqrt{3} + 5\log_4 1 - \log_5 0{,}04$$

A −2
B −1,5
C 1,5
D 2,5
E 7,5

2169 Qual è la probabilità che, lanciando tre dadi, solo un mostri la faccia 2?

A 25/216
B 25/72
C 1/216
D 5/12
E 5/216

2170 Qual è il minimo comune multiplo tra 360, 500 e 1210?

A $2 \cdot 5 \cdot 11$
B $2 \cdot 3 \cdot 5 \cdot 11$
C $2^6 \cdot 5^5 \cdot 11^4$
D $2^2 \cdot 3 \cdot 5^2 \cdot 11^2$
E $2^3 \cdot 3^2 \cdot 5^3 \cdot 11^2$

2171 Quali sono le soluzioni di $0{,}75^x \geq 16/9$?

A $x \geq 0$
B $x \geq 2$
C $x \geq -2$
D $x \leq 2$
E $x \leq -2$

2172 La quantità di un certo farmaco da prescrivere a un paziente dipende dalla sua massa. Detta *m* la massa in kg, si applica la formula $D = (3m - 10)/4$ e poi si approssima il valore *D* al multiplo di 10 più vicino. In questo modo si ottiene la dose in mg. Qual è la minima massa di un paziente a cui vengono prescritti 70 mg del farmaco?

A 50 kg
B 90 kg
C 96 kg
D 96,7 kg
E 97 kg

2173 L'equazione $x^2 + 2x = cx - 1$, con parametro *c* reale non nullo, ha due soluzioni reali coincidenti se:

A $c = -4$
B $c = 4$
C $c = -1$
D $c = 1$
E $c = 2$

2174 L'insieme A contiene tutti i numeri naturali che sono divisori di 6. L'insieme B contiene tutti i numeri primi minori di 11. Qual è la cardinalità di $A \cap B$?

A 0
B 2
C 3
D 4
E 6

2175 Quale tra i seguenti è l'insieme delle soluzioni dell'equazione $\text{Log}^2 x - \text{Log}\, x = 2$?

A S = {1; 2}
B S = {100}
C S = {0,1; 100}
D S = {10; 100}
E S = {−1; 2}

2176 Quante sono le soluzioni dell'equazione $\log_2 x = x^2 - 2x$?

A 0
B 1
C 2
D 3
E Infinite

2177 Il triangolo ABC ha l'angolo in C retto, l'angolo in B di 30° e il cateto minore misura 3 m. Quanti metri misura il minore dei due segmenti in cui l'ipotenusa è divisa dall'altezza a essa relativa?

A $3\sqrt{3}/2$
B $\sqrt{3}/2$
C 6
D 1,5
E 2

2178 Sia *c* un numero reale. Se $x = -3$ è una soluzione dell'equazione $x^2 + 5x - 2c = 0$ allora *c* è uguale a:

A −12
B −2
C 12
D 2
E −3

2179 Nel piano cartesiano qual è la pendenza della retta che passa per i punti (2; 3) e (−4; −1)?

A 3/2
B 2/3
C −3/2
D −1
E −3/2

2180 Quante sono le soluzioni reali della seguente equazione?

$$\frac{x}{x-2} = \frac{1}{x+3}$$

A 0
B 1
C 2
D 3
E Infinite

2181 Quanto vale il prodotto delle soluzioni della seguente equazione?

$$\frac{x}{x+5} = \frac{2}{x-1}$$

A −5
B 5
C 10
D −10
E −2

2182 Determinare il valore di $\left[\left(\sqrt{16^{-\frac{1}{6}}}\right)^{\sqrt{3}}\right]^{\sqrt{3}}$.

A 2
B 4
C 16
D 0,5
E Nessuna delle altre risposte è corretta

2183 Dato un quadrato avente perimetro maggiore di 32 km, quale tra le seguenti alternative è sicuramente falsa?

A L'area potrebbe essere di 100 km^2
B Il lato potrebbe essere di 16 km
C Il lato potrebbe essere di 8000 m
D L'area potrebbe essere di 1600 km^2
E L'area potrebbe essere di 10^8 m^2

2184 Date le due funzioni $y = e^{x^2}$ e $y = e^x \cdot e^2$, quale delle seguenti affermazioni è vera?

A Hanno lo stesso valore per due valori di *x*
B Hanno lo stesso valore per infiniti valori di *x*
C Hanno lo stesso valore per un valore di *x*
D Sono uguali per ogni *x* reale
E Non sono mai uguali, per nessun valore reale di *x*

2185 Qual è la soluzione di $8^x = 8^2 + 8^2$?

A L'equazione non ammette soluzioni
B 4
C 6
D 7/3
E 1/2

2186 Quale tra i seguenti è l'insieme delle soluzioni dell'equazione $5^{3x} - 26 \cdot 5^{2x} + 5^{x+2} = 0$?

A $S = \mathbb{R}$
B $S = \varnothing$
C $S = \{0\}$
D $S = \{0; 2\}$
E $S = \{2; 4\}$

2187 Quale tra i seguenti è l'insieme delle soluzioni di $\log_2(3 + x) + \log_2(x - 4) = 3$?

A $S = \{8\}$
B $S = \{-4\}$
C $S = \{5\}$
D $S = \{6\}$
E $S = \varnothing$

2188 Le rette $y = 1000$ e $y = 1000x$:

A sono incidenti nel punto (0; 1000)
B sono coincidenti
C hanno entrambe coefficiente angolare pari a 1000
D sono incidenti nel punto (1; 1000)
E sono perpendicolari

2189 Quali sono le soluzioni di sen$x \cdot$ cos$x = 1$?

A $x = 2k\pi$
B $x = \pi/2 + 2k\pi$
C $x = \pi/4 + 2k\pi$
D È impossibile
E $x = 3\pi/4 + 2k\pi$

2190 Qual è il rapporto tra il volume di un cubo e il volume della massima piramide a base quadrata in esso contenuta?

A 1
B 2
C 3
D 4/3
E 5/3

2191 Per quale valore del parametro reale k le rette $4y = kx - 3$ e $4x - ky = 1$ sono parallele?

A Per ogni valore di k
B Solo per k = 4
C Solo per k = 0
D Per k = 2 e k = −2
E Per k = 4 e k = −4

2192 A quale frazione dell'area totale corrisponde l'area della parte colorata in figura?

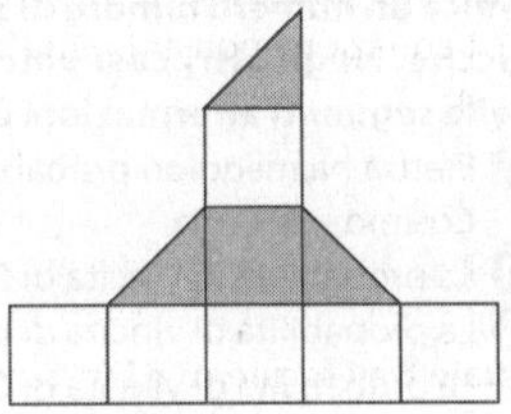

A 1/9
B 5/17
C 4/10
D 3/17
E 2/9

2193 Trovare l'equazione della retta passante per i punti (−1; 3) e (4; −2).

A $y = x + 4$
B $y = -\frac{2}{3}x + \frac{7}{3}$
C $y = \frac{x}{2} + \frac{7}{2}$
D $y = x - 2$
E $y = -x + 2$

2194 In un triangolo rettangolo ABC, rettangolo in A, i lati BC e AC misurano rispettivamente 10 cm e 6 cm. Quanto vale il rapporto tra l'area del quadrato costruito sull'ipotenusa e la somma delle aree dei semicerchi aventi come diametri i cateti?

A 1
B $\pi/2$
C $8/\pi$
D $100/17\pi$
E $200/17\pi$

2195 La somma delle aree di due quadrati è 10 e la differenza tra i loro perimetri è 8. Quanto è lungo il lato del quadrato più piccolo?

A 1
B 2
C 3
D 5
E 8

2196 Dato un sistema di riferimento cartesiano Oxy, quanto misura in m² l'area del cerchio delimitato dalla circonferenza di equazione $x^2 + y^2 - 4x + 2y + 1 = 0$?

A 2π m²
B 4π m²
C 1 m²
D π m²
E Non è possibile calcolarla

2197 L'insieme C contiene tutti i numeri naturali composti minori di 10. L'insieme D contiene tutti i numeri naturali che sono divisori di 8. Qual è la cardinalità di $C \cup D$?

A 2
B 5
C 6
D 7
E 8

2198 Quanto vale la miliardesima parte di 10^{-5}?

A 10^{-4}
B 10^{4}
C 10^{45}
D 10^{-14}
E Nessuna delle altre risposte è corretta

2199 Se:

$$a = \ln 6 \quad b = \ln 2 \quad c = \ln 18$$

qual è il valore di $\frac{b-a}{c-a}$?

A −1/4
B −1/2
C 1/2
D 2
E −1

2200 Per determinare due numeri il cui prodotto è −5 e la cui somma è 7, quale delle seguenti equazioni si deve risolvere?

A $x^2 + 5x + 7 = 0$
B $x^2 + 7x - 5 = 0$
C $x^2 - 7x - 5 = 0$
D $x^2 - 5x + 7 = 0$
E $x^2 - 7x + 5 = 0$

MATEMATICA

2201 **Quanti sono i possibili anagrammi (anche senza significato) della parola SASSARI?**

A 2520
B 840
C 420
D 7!
E 75

2202 **Individuare le soluzioni della disequazione:**

$$1 + \frac{1}{3}x < -\frac{3}{2}x + \frac{2}{3}$$

A $x < -\frac{10}{11}$
B $x < -\frac{10}{7}$
C $x > -\frac{2}{7}$
D $x > \frac{10}{7}$
E $x < -\frac{2}{11}$

2203 **Per quali valori del parametro reale *p* l'equazione:**

$$x^2 + y^2 - 2y + 4p + 3 = 0$$

è quella di una circonferenza non degenere?

A $p > 1/2$
B $p < 1$
C Per ogni valore reale di p
D $p < -1/2$
E $p < -1$

2204 **Quale dei seguenti numeri può essere espresso come il prodotto di tre interi diversi e maggiori di 1?**

I. 24
II. 27
III. 48

A Solo I e III
B Solo I e II
C I, II e III
D Solo I
E Solo III

2205 **Se l'età degli studenti di una classe varia dai 18 ai 22 anni, estremi inclusi, quale delle seguenti disequazioni descrive tutte le possibili età *x* degli alunni considerati?**

A $|x - 18| \leq 4$
B $|x + 20| \leq 2$
C $|x - 21| \leq 1$
D $|x - 22| \leq 0$
E $|x - 20| \leq 2$

2206 **Quale delle seguenti relazioni è un'identità?**

A $\cos(2x) = 2\cos(x)$
B $\cos(x + y) = \cos(x) + \cos(y)$
C $\text{sen}(2x) = 2\,\text{sen}(x)\cos(x)$
D $\text{sen}(x - y) = \text{sen}(x) - \text{sen}(y)$
E $\text{sen}(x + y) = 2\,\text{sen}(x)\cos(y)$

2207 **L'equazione $x^2 - 9 = -3y^2$ rappresenta:**

A un'iperbole
B una circonferenza
C un'ellisse
D una parabola
E una retta

2208 **Cosimo, Daria ed Elettra giocano lanciando un dado a 6 facce ed estraendo una carta da un mazzo di 40 carte. Cosimo vince se il dado indica un numero maggiore di 3 e se la carta è di un segno rosso. Daria vince se il dado indica un numero minore di 3 o se la carta è di picche. Negli altri casi vince Elettra. Quale delle seguenti affermazioni è vera?**

A Elettra ha maggiori probabilità di vincita di Cosimo e di Daria
B La probabilità di vincita di Daria è 7/12
C La probabilità di vincita di Elettra è del 25%
D La probabilità di vincita di Cosimo è maggiore del 30%
E La probabilità di vincita di Daria è 2/3

2209 **Sapendo che il raggio della circonferenza in figura misura 4 cm, quanto misura l'area della figura colorata?**

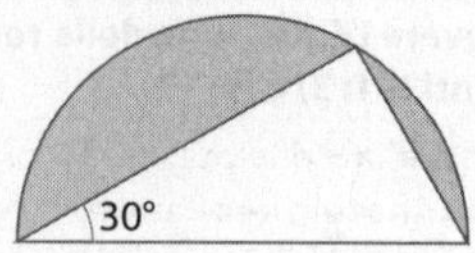

A $16(\pi - \sqrt{3})$
B $8(\pi - 2\sqrt{3})$
C $8(\pi - \sqrt{2})$
D $8(\pi - \sqrt{3})$
E $16(\pi - \sqrt{2})$

2210 **La disequazione di secondo grado:**

$$ax^2 + 2a^2 < 0$$

con *x* incognita e *a* parametro reale, ammette soluzioni reali:

A per nessun valore di a
B per tutti i valori di a
C se e solo se $a > 0$
D se e solo se $a \leq 0$
E se e solo se $a < 0$

2211 L'azienda Tuttisvegli, che produce caffè, nell'ultimo anno ha modificato la capacità della confezione di vendita, passando da confezioni da 100 g a confezioni da 80 g ciascuna. Il prezzo di vendita, però, è rimasto invariato ed è pari a 5 euro a confezione. Qual è stata la percentuale di aumento del prezzo del caffè?

A 20%
B 25%
C 10%
D 15,5%
E 22,5%

2212 L'equazione $x^4 - 3x^3 + x + 2a = 0$, con a parametro reale:

A ammette come soluzione $x = 0$ per ogni valore di a
B ammette come soluzione $x = 2$ per $a = 0$
C non ammette soluzioni reali, qualunque sia il valore di a
D ammette come soluzione $x = 0$ per $a = 3$
E ammette come soluzione $x = 2$ per $a = 3$

2213 In un triangolo rettangolo il cateto maggiore misura 6 cm e l'altezza relativa all'ipotenusa 2 cm. Quanto misura l'ipotenusa?

A $\sqrt{32}$
B $\frac{9}{2}\sqrt{2}$
C Non si può determinare
D $\frac{17}{2}\sqrt{2}$
E $\sqrt{32} + \sqrt{2}$

2214 La media delle masse di tre neonati è 3,6 kg. Il neonato più pesante ha massa 4,1 kg e il range delle masse è 1,2 kg. Qual è mediana tra le masse dei tre neonati?

A 3,9 kg
B 3,5 kg
C 2,9 kg
D 3,8 kg
E 3,0 kg

2215 Dato:

$$x = \frac{(3^{y-1})^2 \cdot 9^{4y}}{27^{3-2y}}$$

con y numero reale, individuare la risposta corretta.

A $x = 3^{8y-5}$ per ogni valore reale di y
B $x = 3^{4y+7}$ per ogni valore reale di y
C $x = 3^{16y-11}$ per ogni valore reale di y
D x non è definito per alcuni valori di y
E Nessuna delle altre risposte è corretta

2216 Il coefficiente angolare della retta passante per i punti (1; 3) e (−2; −2) è:

A 3/5
B −3/5
C 5/3
D −5/3
E 1/3

2217 Quale delle equazioni proposte rappresenta una funzione $y = f(x)$ tale che $f(1) = 2$ e $f(0) = 4$?

A $y = x + 4$
B $y = -x + 4$
C $y = -2x + 4$
D $y = -2x$
E $y = -x + 3$

2218 Quale delle seguenti affermazioni relative alla parabola di equazione $y = ax^2$, con a numero reale diverso da 0, è vera?

A Ha concavità verso l'alto, qualunque sia il valore di a
B Passa per il punto di coordinate (0; a)
C Il suo fuoco coincide con l'origine degli assi cartesiani
D La sua direttrice è la retta $y = 0$
E Il suo asse di simmetria è la retta $x = 0$

2219 Il perimetro e l'area di un rettangolo misurano rispettivamente 28 cm e 24 cm². Quanto misura il lato più lungo?

A 4 cm
B 6 cm
C 2 cm
D 12 cm
E 24 cm

2220 In un sacchetto ci sono 20 palline numerate da 1 a 20. Qual è la probabilità di estrarre un numero dispari e maggiore di 11?

A 1/4
B 2/5
C 9/10
D 1/2
E 1/5

2221 Il bollettino sanitario evidenzia che nelle ultime 24 ore si sono registrati 36.966 nuovi casi di infezione a fronte di 204.903 tamponi effettuati.
Il tasso di positività è:

A circa il 18%
B circa il 22%
C circa il 25%
D circa il 15%
E i dati non sono sufficienti per determinarlo

MATEMATICA

2222 L'espressione $10^9 + 10^8 + 10^9$ è uguale a:

A 2.100.000.000
B 10^{14}
C 2.100.000
D $20^9 + 10^8$
E $2,1 \cdot 10^8$

2223 In un'equazione di secondo grado a coefficienti reali:

A il segno dei coefficienti consente di stabilire se le radici sono reali
B le soluzioni non sono reali se il discriminante è positivo
C la somma delle radici è sempre reale
D il prodotto delle radici è sempre positivo
E le soluzioni sono reali se il discriminante è negativo

2224 L'equazione $x^4 + 3x^2 - 1 = 0$:

A ammette 4 radici reali e distinte
B non ammette radici reali
C ammette 2 radici reali e distinte
D ammette infinite radici reali
E ammette due radici reali e coincidenti

2225 Un rettangolo mantiene la stessa area se si aumenta la sua base di 8 cm e si diminuisce di 5 cm la sua altezza. Se invece si diminuisce la base di 5 cm e si aumenta l'altezza di 8 cm, la sua area aumenta di 130 cm². I lati, espressi in centimetri, sono:

A $x = 40; y = 30$
B $x = 170; y = 40$
C $x = 24; y = 20$
D $x = 20; y = 24$
E non esiste soluzione

2226 Qual è la probabilità che la somma dei risultati del lancio di due dadi sia uguale a 4?

A 1/2
B 1/3
C 1/8
D 1/9
E 1/12

2227 L'espressione $x^2 + y^2 + 4x + 6y + 4 = 0$ rappresenta una circonferenza il cui raggio è:

A 4
B 24
C 6
D 3
E 2

2228 Il teorema: "Un fascio di rette parallele determina, su due trasversali, due classi di segmenti fra loro in proporzione" è il teorema di:

A Euclide
B Pitagora
C Talete
D Cramer
E Erone

2229 Se $ax + by + c = 0$ e $a'x + b'y + c' = 0$ sono le equazioni di due rette distinte del piano, entrambe passanti per il punto P_0 di coordinate $(x_0; y_0)$, cosa può dirsi dell'insieme I dei punti che soddisfano la seguente equazione?

$$2(ax + by + c) + 3(a'x + b'y + c') = 0$$

A I è una retta passante per P_0
B I è una retta, ma non sempre passa per P_0
C P_0 appartiene a I, ma I non sempre è una retta
D P_0 non appartiene a I, che non sempre è una retta
E Non ci sono dati sufficienti per rispondere

2230 In un triangolo rettangolo la mediana relativa all'ipotenusa:

A è pari al cateto maggiore
B è pari al cateto minore
C è pari alla metà dell'ipotenusa
D è pari alla media aritmetica delle lunghezze dei cateti
E non ha relazione con i lati

2231 Tra le seguenti figure geometriche quale ha la superficie maggiore?

A Quadrato di lato *a*
B Triangolo equilatero di lato *a*
C Cerchio di raggio uguale ad *a*
D Esagono di lato *a*
E Nessuna

2232 Se si vuole riempire di acqua un contenitore a forma di cubo di spigolo 1 m versando il liquido con un altro contenitore della capacità di un litro, quante volte bisognerà ripetere l'operazione?

A 100 volte
B 1000 volte
C 500 volte
D 10 volte
E Più di 100 volte

QUESITI

2233 La metà di $\left(\frac{1}{2}\right)^{50}$ è uguale a:

A $\left(\frac{1}{4}\right)^{25}$

B $\left(\frac{1}{2}\right)^{51}$

C $\left(\frac{1}{4}\right)^{50}$

D $\left(\frac{1}{2}\right)^{25}$

E $\left(\frac{1}{2}\right)^{49}$

2234 La soluzione dell'equazione $\log_{\frac{1}{16}} x = \frac{1}{4}$ è:

A $x = \frac{1}{4}$

B $x = 4$

C $x = 2$

D $x = \frac{1}{2}$

E $x = -\frac{1}{2}$

2235 Il coefficiente angolare di una retta è:

A l'angolo formato dalla retta con l'asse delle ascisse espresso in radianti

B l'angolo formato dalla retta con l'asse dalle ordinate espresso in radianti

C il seno dell'angolo formato dalla retta con l'asse delle ascisse

D la tangente dell'angolo formato dalla retta con l'asse delle ascisse

E il coseno dell'angolo formato dalla retta con l'asse delle ascisse

2236 Tre poligoni regolari di uguale perimetro (un quadrato, un triangolo e un pentagono) sono inscritti in tre distinti cerchi. Quale dei tre cerchi ha la superficie maggiore?

A Il cerchio con semiperimetro uguale al perimetro del poligono

B Il cerchio circoscritto al triangolo

C Il cerchio circoscritto al quadrato

D Il cerchio circoscritto al pentagono

E I tre cerchi hanno superfici identiche

2237 Due grandezze si dicono direttamente proporzionali quando:

A il loro prodotto ha un valore costante

B aumentano contemporaneamente

C la loro somma ha un valore costante

D il loro rapporto ha un valore costante

E diminuiscono contemporaneamente

2238 Due rette di equazioni $y = mx$ e $y = nx$ sono tra loro sempre perpendicolari se:

A $mn = 1$

B $m/n = 0{,}5$

C $m = n$

D $mn = -1$

E $mn = 0{,}5$

2239 Data la funzione $y = a + bx$, se x si raddoppia, di quanto aumenta y?

A x

B b

C 2a

D 2b

E bx

2240 Una successione di numeri tutti uguali tra loro costituisce:

A solo una sequenza di numeri

B solo una progressione aritmetica

C solo una progressione geometrica

D sia una progressione aritmetica che una progressione geometrica

E nessuna delle precedenti

2241 L'equazione $x^2 + 4x + 3 + 3^{-x} = 0$ nell'incognita reale x:

A ha un'unica soluzione

B non ha soluzioni

C ha due soluzioni

D ha quattro soluzioni

E ha infinite soluzioni

2242 Una goccia sferica di mercurio di raggio R viene suddivisa in otto goccioline di raggio R/2. Il rapporto superficie/volume del sistema diventa:

A 2 volte più grande

B 8 volte più piccolo

C 8 volte più grande

D 2 volte più piccolo

E nessuna delle precedenti

MATEMATICA

2243 Il ln $(a^b)^c$, dove a, b e c indicano quantità positive, è uguale a:

A $c \ln a + c \ln b$
B $ac \ln b$
C $bc \ln a$
D $b \ln ac$
E nessuna delle precedenti

2244 Il $\log_{1024} 2$ è:

A 12
B 2^{10}
C 1/10
D 10
E 1/12

2245 È vero che $\frac{a}{b} + \frac{b}{a} \geq 2$, comunque scelti a e b interi positivi?

A Sì, con $a > 2$ e b qualsiasi
B Sì, con $a > 2$ e $b > 2$
C Sì, per qualsiasi valore di a e di b
D Mai
E Sì, con $a > b > 2$

2246 L'equazione della retta che passa per il punto in cui la parabola $y = -2x^2 + 4x + 3$ interseca l'asse delle ordinate e che risulta perpendicolare all'asse della conica è:

A $x = 3$
B $y = x + 3$
C $y = 2x + 3$
D $y = 3$
E $y = -x - 3$

2247 Lanciando due dadi regolari quale tra i sottoelencati risultati ha la più alta probabilità di verificarsi?

A 5
B 12
C 6
D 7
E 11

2248 L'equazione $2x^2 + 3y^2 - 8x + 6y - 7 = 0$ rappresenta una curva del piano. Si tratta di:

A un cerchio di centro (1; 1) e raggio 2
B un'ellisse
C un'iperbole
D un'iperbole equilatera
E una parabola

2249 Una fabbrica di bulloni sostiene una spesa fissa mensile media di 120.000 euro (il mese commerciale è inteso di 30 giorni) e un costo di produzione di 3,15 euro per ogni bullone prodotto. Indicata con y la spesa giornaliera complessiva e con x il numero di bulloni prodotti in un giorno, individuare la relazione tra le variabili x e y.

A $y = 4000 + \frac{3{,}15}{x}$
B $y = 3{,}15x - 120000$
C $y = 120000 + 3{,}15x$
D $y = 4000 + 3{,}15x$
E $y = \frac{3{,}15}{x} - 4000$

2250 In un triangolo rettangolo il quadrato costruito su un cateto è equivalente al rettangolo che ha per lati:

A l'ipotenusa e la proiezione dell'altro cateto sull'ipotenusa
B il cateto stesso e la differenza fra l'ipotenusa e l'altro cateto
C l'ipotenusa e la proiezione del cateto stesso sull'ipotenusa
D il cateto stesso e la proiezione dell'altro cateto sull'ipotenusa
E il cateto stesso e la differenza delle proiezioni dei cateti sull'ipotenusa

2251 L'incentro di un triangolo è il punto di intersezione:

A delle altezze
B delle mediane
C degli assi dei lati
D delle bisettrici
E delle bisettrici degli angoli esterni

2252 Disporre in ordine crescente i seguenti numeri:

$p = 0{,}12$ $q = 10^{-1}$ $r = 27/200$ $s = 6/25$

A p, q, r, s
B s, r, q, p
C q, p, r, s
D q, p, s, r
E s, q, r, p

2253 Il numero binario 1011 equivale (nel sistema decimale) a:

A 5
B 7
C 9
D 11
E 19

QUESITI

2254 Perché una retta sia parallela a un piano è sufficiente che:

A sia parallela a due rette del piano
B sia parallela a una retta del piano
C i suoi punti siano equidistanti da tutti i punti del piano
D i suoi punti non siano equidistanti dai punti del piano
E sia parallela a una retta ortogonale al piano

2255 In ogni triangolo rettangolo con un angolo di 30°:

A un cateto è metà dell'ipotenusa
B la somma di due cateti è uguale all'ipotenusa
C un cateto è la metà dell'altro
D i due cateti sono uguali
E un cateto è uguale all'ipotenusa

2256 Si determinino due interi *m* e *n* tali che $m/n = 0,\overline{12}$.

A 5 e 3
B 4 e 33
C 1 e 12
D 5 e 12
E 12 e 100

2257 L'espressione $\sqrt{(x^2+y^2)}$ è uguale a:

A (x^2+y^2)
B $x+y$
C $x^2-2xy+y^2$
D $(x+y)^2-2xy$
E nessuna delle precedenti

2258 Elevando al quadrato i due membri di una equazione si ottiene una equazione che:

A ha le stesse soluzioni di quella iniziale
B può avere meno soluzioni di quella iniziale
C può avere più soluzioni di quella iniziale
D non ha alcuna soluzione
E ha infinite soluzioni

2259 L'espressione $(a+b)^2$ è uguale a:

A a^2+b^2
B $2a+2b$
C a^2+b^2-2ab
D a^2-b^2
E a^2+b^2+2ab

2260 Data la retta *r* di equazione $y = x + a$, allora:

A l'equazione $y = -x$ rappresenta una retta perpendicolare a *r*
B l'equazione $x = y + a$ rappresenta una retta perpendicolare a *r*
C l'equazione $y = -x + b$ rappresenta una retta parallela a *r*
D l'equazione $x + y = a$ rappresenta una retta parallela a *r*
E nessuna delle precedenti affermazioni è corretta

2261 Un triangolo rettangolo ha un angolo di 60° e altezza relativa all'ipotenusa lunga 1 cm. Il suo perimetro misura:

A $\sqrt{3}$ cm
B $2(1+\sqrt{3})$ cm
C $(\sqrt{3}-1)$ cm
D $(4\sqrt{3}-1)$ cm
E non ci sono dati sufficienti per rispondere

2262 In una data circonferenza sono inscritti un quadrato di lato *q* e un triangolo equilatero di lato e. Quale delle seguenti relazioni fra *q* ed *e* è vera?

A $q = e$
B $q > e$
C $q < e$
D $q = 2e$
E Nulla si può dire se non si conosce la misura del raggio della circonferenza

2263 Posto: $c = 9^9$, $a = 9^0$, $b = c^9$, dire quale delle relazioni seguenti è vera.

A $a > b$
B $a < b$
C $a = b$
D $a = 10b$
E Nessuna delle alternative proposte

2264 Nel triangolo rettangolo ABC di cateti AC = 12 e CB = 5 vengono tracciati due archi di cerchio, uno di centro A e raggio 12, l'altro di centro B e raggio 5, che tagliano l'ipotenusa rispettivamente nei punti M e N. La lunghezza del segmento MN è:

A 2
B 13/5
C 3
D 4
E 24/5

MATEMATICA

2265 Di un triangolo si conoscono i tre lati a, b, c (con a > b > c) e gli angoli α, β, γ ordinatamente opposti ai lati. Quale delle seguenti affermazioni è vera?

A $\alpha + \beta > \gamma$
B $\alpha + \beta = \gamma$
C $\alpha + \beta < \gamma$
D $b + c < a$
E $a - b > c$

2266 In un contenitore vi sono 500 palline bianche, 500 palline nere e 500 palline rosse. Qual è il numero minimo di palline che è necessario estrarre dal contenitore per essere certi di averne almeno tre nere?

A 1003
B 3^k, con k = numero delle estrazioni effettuate
C 503
D 7
E Dipende dal colore della prima pallina estratta

2267 4893 moltiplicato per 8.754.896 è uguale a:

A 42.837.706.124
B 42.837.706.128
C 42.837.706.125
D 42.837.706.129
E 42.837.706.126

2268 L'equazione di secondo grado: $ax^2 + b = 0$ ha radici reali quando:

A $a < 0$ e qualunque sia il segno di b
B a e b hanno segni opposti
C a e b sono entrambi negativi
D a e b sono entrambi positivi
E $b < 0$ e qualunque sia il segno di a

2269 Siano *a*, *b*, *c* tre numeri reali positivi, tali che sia $ab > c$. Quale delle seguenti disuguaglianze risulta FALSA?

A $-a < -c/b$
B $abc > c^2$
C $-b < c/a$
D $a/c < 1/b$
E $b^2/c > b/a$

2270 *x* elevato a – *y* è uguale:

A all'opposto di x elevato a y
B al reciproco di x elevato a y
C al reciproco di y elevato a x
D a y elevato a x
E all'opposto di y elevato a x

2271 Detta k una costante, l'affermazione "*x* e *y* sono inversamente proporzionali" equivale a:

A $xy = k$
B $y = kx$
C $x = ky$
D $x - y = k$
E $x + y = k$

2272 Questo dado da gioco è stato ricavato sezionando una sfera.

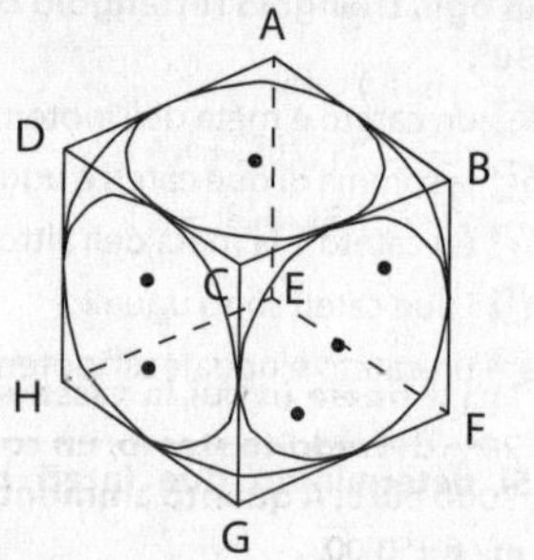

Il diametro della sfera di origine ha la dimensione del segmento:

A BC
B BD
C AG
D BH
E AE

2273 L'espressione $[(0,1)^3 + \sqrt[3]{0,027}]$ vale:

A circa 0,3
B circa 0,001
C 0,4
D 0,07
E 0,8

2274 Il Log 1234,56 è uguale a:

A 3 + Log 123,456
B – 5 + Log 0,0123456
C 3 + Log 0,123456
D – 2 + Log 123.456
E Log 123.456 1

2275 Siano *x*, *y* e *a* numeri reali positivi diversi da 1. Sia $x \leq y$. Quale delle seguenti affermazioni è vera?

A $\log_a x \leq \log_a y$
B $\log_x a \leq \log_y a$
C $a^x \leq a^y$
D $y^a \leq x^a$
E $\log_{a+1} x \leq \log_{a+1} y$

2276 **Se α è un numero reale, quanto vale l'espressione $\cos(\pi/6 - \alpha) + \cos(\pi/6 + \alpha)$?**

A $2\cos(\pi/6)$
B $1/2$
C $\sqrt{3}\,\cos\alpha$
D $\cos\alpha\,\cos(\pi/6)$
E Nessuna delle precedenti

2277 **Determinare l'insieme delle soluzioni della disequazione $|x^2 + 3| > 4x$.**

A $(-\infty, 0)$
B $[0, 1) \cup (3, +\infty)$
C $(-\infty, 1) \cup (3, +\infty)$
D $(-\infty, -3) \cup (3, +\infty)$
E $(1, 3)$

2278 **In un paese in cui la tassa sul reddito è del 20% del reddito stesso, un contribuente paga 3000 euro. A quanto ammonta il suo reddito?**

A € 15.000
B € 29.000
C € 150.000
D € 120.000
E € 12.000

2279 **Se $x > y$ e $y > z$ risulterà:**

A $z = x$
B $y < z$
C $x > z$
D $z = y$
E $z > y$

2280 **Posto $a = 10^{-7}$, $b = (1/10)^7$, $c = 1/(1/10)^7$, $d = 7^{10}$, dire quale delle relazioni seguenti è vera.**

A $a = b$
B $a = c$
C $a = d$
D $b = c$
E Nessuna delle alternative proposte

2281 **Il rapporto fra le aree di un quadrato e di un triangolo equilatero aventi lati della stessa lunghezza è:**

A 2
B $\dfrac{\sqrt{3}}{4}$
C $\dfrac{2}{\sqrt{3}}$
D $\dfrac{4\sqrt{3}}{3}$
E 4

2282 **Fra i seguenti numeri reali**

$$\frac{3}{4};\ \sqrt{5};\ 0{,}314;\ 1{,}5\bar{1};\ \frac{\pi}{2};\ \sqrt{225}$$

quelli razionali sono:

A $\dfrac{3}{4}$; 0,314; $1{,}5\bar{1}$; $\sqrt{225}$
B $\dfrac{3}{4}$; $\sqrt{5}$; $1{,}5\bar{1}$; $\sqrt{225}$
C $\dfrac{3}{4}$; 0,314; $\sqrt{225}$; $\dfrac{\pi}{2}$
D $\dfrac{3}{4}$; 0,314; $1{,}5\bar{1}$; $\dfrac{\pi}{2}$
E nessuna delle precedenti

2283 **Un'urna contiene solo palline bianche e palline nere; le palline nere sono 75 e sono i 5/3 delle bianche. L'urna contiene in tutto:**

A 120 palline
B 100 palline
C 45 palline
D 125 palline
E 135 palline

2284 **L'uguaglianza $\ln a^2 = 2 \ln a$ è verificata:**

A per ogni $a < 0$
B per ogni $a \in \mathbb{R}$
C per ogni $a \neq 0$
D per ogni $a \geq 0$
E per ogni $a > 0$

2285 **Il numero $\left(\dfrac{1}{\sqrt{2}}\right)^5$ è anche uguale a:**

A $\dfrac{1}{\sqrt[5]{2}}$
B $\dfrac{1}{\sqrt[10]{2}}$
C $\dfrac{\sqrt[5]{2}}{4}$
D $\dfrac{\sqrt{2}}{8}$
E nessuna delle precedenti

2286 **La disequazione $x + 2 \geq |x|$ è verificata:**

A solo se $x \geq 0$
B per ogni $x \geq -1$
C per ogni $x \leq 1$
D per ogni $x \in \mathbb{R}$
E per ogni $x \leq -1$

MATEMATICA

2287 Disporre in ordine crescente i seguenti numeri reali:

$$10^{-3}\,;\,-10^{3}\,;\,\frac{1}{10^{-3}}\,;\,-3\cdot10^{-3}$$

A $-10^3\,;\,-3\cdot10^{-3}\,;\,10^{-3}\,;\,\frac{1}{10^{-3}}$

B $-3\cdot10^{-3}\,,\,-10^3\,;\,\frac{1}{10^{-3}}\,;\,10^{-3}$

C $-10^3\,;\,10^{-3}\,;\,\frac{1}{10^{-3}}\,;\,-3\cdot10^{-3}$

D $-3\cdot10^{-3}\,;\,-10^3\,;\,10^{-3}\,;\,\frac{1}{10^{-3}}$

E nessuna delle precedenti

2288 Il punto P(2; 3) è il piede della perpendicolare condotta dall'origine a una retta. L'equazione di questa retta è:

A $2x+3y-13=0$
B $3x+2y-12=0$
C $5x-3y-1=0$
D $-4x-y+11=0$
E $6x+4y+24=0$

2289 La base di un rettangolo è 22 m e l'altezza 9 m. Valutare, nell'ordine, di quanto deve aumentare l'altezza e di quanto deve diminuire la base affinché, restando l'area la stessa, il perimetro diminuisca di 4 m.

A 4 ; 2
B 5 ; 1
C 3 ; 3
D 2 ; 4
E 1 ; 5

2290 Se $P(t)=3t^2-4t+2$, allora:

A l'equazione $P(t)=0$ ha due soluzioni reali distinte
B la disequazione $P(t)<0$ è verificata per ogni $t<0$
C $P(1)=1$
D $P(-101)=-30.201$
E nessuna delle precedenti

2291 Dato un quadrato Q di lato *a*, si considerino il cerchio inscritto in Q, il cerchio circoscritto a Q e la corona circolare da essi determinata. L'area della corona circolare è uguale a quella del cerchio inscritto:

A per nessun valore di *a*
B per ogni valore di *a*
C se e solo se $a\geq1$
D se e solo se $a\leq1$
E se e solo se $a=1$

2292 Se *n* è un numero naturale ($n=1, 2, 3, ...$), allora $n(n+1)$ è:

A pari solo se *n* è pari
B dispari solo se *n* è dispari
C sempre pari
D sempre dispari
E dispari solo se *n* è pari

2293 La probabilità che, lanciando due volte un dado a 6 facce, il numero ottenuto al primo lancio sia minore del numero ottenuto al secondo lancio è:

A $\frac{5}{6}$

B $\frac{5}{12}$

C $\frac{3}{7}$

D $\frac{1}{2}$

E $\frac{1}{3}$

2294 L'ortocentro di un triangolo è:

A il punto che si ottiene dall'intersezione delle perpendicolari a ciascun lato tracciata per il punto medio del lato
B il punto che si ottiene dall'intersezione delle bisettrici degli angoli interni
C il punto che si ottiene dall'intersezione delle perpendicolari al lato opposto condotte da ciascun vertice
D il punto che si ottiene dall'intersezione delle mediane relative a ciascun lato condotte per il vertice opposto
E il punto che si ottiene dall'intersezione delle bisettrici degli angoli esterni

2295 Si considerino i seguenti numeri: 91, 231, 640, 121. Quanti di essi sono numeri primi?

A Uno
B Due
C Tre
D Quattro
E Nessuno

2296 La potenza $9^{0,5}$ è equivalente a:

A 45
B $\sqrt[5]{9}$
C $(1/9)^2$
D 3
E $\sqrt{3}$

2297 Quale tra le seguenti equazioni ha soluzioni reali?

A $x^4 + 1 = 0$

B $\dfrac{1}{x^2 - 1} = 0$

C $x^4 = x^4 + 1$

D $(x^2 + 1)^3 = 0$

E $x^4 = 2x^2$

2298 Fissato $x \in \mathbb{R}$, le soluzioni dell'equazione $(x + a) = (x + a)^2$ sono:

A due

B tre

C infinite

D nessuna

E nessuna delle precedenti

2299 La diagonale di un quadrato è di 4 cm; allora:

A il perimetro del quadrato è $4\sqrt{2}$ cm

B l'area del quadrato è $8\sqrt{2}$ cm^2

C il raggio della circonferenza circoscritta è $2\sqrt{2}$ cm

D il raggio della circonferenza inscritta è $\sqrt{2}$ cm

E nessuna delle precedenti

2300 Nel piano cartesiano *Oxy* l'insieme dei punti soddisfacenti l'equazione $xy = 0$ è rappresentato:

A dall'origine degli assi

B dall'unione di due rette

C da un'iperbole equilatera

D dalla bisettrice del II e IV quadrante

E dalla bisettrice del I e III quadrante

2301 Se $a, b \in \mathbb{R}$ sono tali che $a^2 + b^2 = 0$ allora:

A $\dfrac{a}{b} < 0$

B $a - b = 0$

C $\dfrac{a^2}{b^2} = -1$

D $a^2b^2 > 0$

E nessuna delle precedenti

2302 L'espressione $3^6 + 6^3$ è anche uguale a:

A 18^3

B $36 \cdot 3^6$

C 36^3

D $35 \cdot 3^3$

E 27^3

2303 Indicare quante coppie ordinate $(m; n)$ di interi positivi *m* ed *n* verificano la condizione

$$(m + n)^2 = (m - n)^2 + 64$$

A Nessuna

B Cinque

C Sei

D Dieci

E Infinite

2304 Se $a, b, c \in \mathbb{R}$, con $c \neq 0$, allora la disuguaglianza $\dfrac{a}{c} < \dfrac{b}{c}$ è verificata se:

A $a < b$ qualunque sia $c \neq 0$

B $ac < bc$ qualunque sia $c \neq 0$

C $a < b$ qualunque sia $c < 0$

D se $a < b < c < 0$

E nessuna delle precedenti

2305 Nel campo dei numeri reali l'equazione

$$x + \frac{1}{x} = \frac{1}{x}$$

è tale che:

A ha due soluzioni

B ha come soluzione $x = 0$

C ha infinite soluzioni

D non ha soluzioni

E nessuna delle precedenti

2306 Nel piano cartesiano *Oxy* l'equazione

$$2x^2 + 2y^2 + 5x - 6y = 0$$

individua:

A una circonferenza di centro l'origine

B una circonferenza di centro $\left(-\frac{5}{4}; \frac{3}{2}\right)$

C una circonferenza passante per (2; 2)

D una circonferenza di raggio $\frac{1}{4}$

E nessuna delle precedenti

2307 L'espressione $-3\ln a$ con $a > 0$, è anche uguale a:

A $\dfrac{1}{\sqrt[3]{\ln a}}$

B $\dfrac{1}{(\ln a)^3}$

C $\dfrac{1}{\ln(a)^3}$

D $\ln\left(\dfrac{1}{a^3}\right)$

E nessuna delle precedenti

MATEMATICA

2308 Un cubo ha il volume di 10^{-15} mm³. Il suo lato è:

A 10^{-5} m
B 10^{-7} dm
C 10^{-3} mm
D 10^{-5} cm
E 10^{-3} cm

2309 Si consideri l'equazione nell'incognita reale x:

$$x^2-(k-2)x+k-1=0$$

con k numero reale. Allora tale equazione:

A ha soluzioni reali opposte per $k=1$
B ha soluzioni reali opposte per $k=2$
C non ha mai soluzioni reali opposte
D ha soluzioni reali opposte per $k=-2$
E ha soluzioni reali opposte per $k=0$

2310 Dato un rettangolo, la somma della base e dell'altezza è uguale al quadruplo della loro differenza diminuita di 7 cm e la loro differenza è uguale a 1/3 della somma aumentata di 8 cm. Il perimetro del quadrato equivalente al rettangolo è uguale a:

A 24 cm
B 96 cm
C 48 cm
D 576 cm
E 130 cm

2311 L'equazione $3x^5+96=0$ ha per soluzione:

A $x=-2$
B $x=2$
C $x=-0,5$
D non ha soluzioni reali
E nessuna delle precedenti

2312 Il punto A si trova sull'asse delle x e ha per ascissa $x=1$. Il punto B si trova invece nel primo quadrante sulla retta $y=\frac{3}{4}x$ e ha distanza 1 dall'origine. Quanto distano A e B?

A $\frac{1}{2}$
B $\frac{\sqrt{10}}{5}$
C $\frac{\sqrt{2}}{5}$
D $\frac{5}{\sqrt{2}}$
E $5\sqrt{2}$

2313 L'equazione $y^2=-8x$ rappresenta una circonferenza o una parabola? Se è una circonferenza, determinare il centro C e il raggio R; se è una parabola, determinare il fuoco F e l'equazione della direttrice.

A Circonferenza di centro C (0 ; 0) e raggio R = 1
B Circonferenza di centro C (1 ; 1/8) e raggio R = 1
C Parabola di fuoco F (0 ; – 3) e direttrice $x=0$
D Parabola di fuoco F (– 2 ; 0) e direttrice $x=2$
E Parabola di fuoco F (0 ; – 2) e direttrice $x=0$

2314 Il parallelepipedo è un prisma con:

A 8 vertici, 12 spigoli, 4 diagonali
B 8 vertici, 8 spigoli, 2 diagonali
C 4 vertici, 8 spigoli, 1 diagonale
D 8 vertici, 14 spigoli, 4 diagonali
E 12 vertici, 8 spigoli, 4 diagonali

2315 Il primo teorema di Euclide si riferisce a:

A triangoli equilateri
B triangoli scaleni
C triangoli rettangoli
D triangoli isosceli
E qualunque triangolo

2316 Quale dei seguenti poligoni regolari di lato uguale ha area maggiore?

A Ottagono
B Eptagono
C Esagono
D Pentagono
E Quadrato

2317 Un cilindro e un cono hanno la stessa area di base e la stessa altezza. Quanto vale il rapporto tra il volume del cilindro e il volume del cono?

A 3,14159
B 1/3
C 3
D 1
E $1/\sqrt{3}$

2318 Una potenza perfetta è un numero intero che si può scrivere nella forma a^b, con a e b interi maggiori o uguali a 2. Determinare quale dei seguenti interi NON è una potenza perfetta.

A 500
B 125
C 216
D 1000
E 2500

QUESITI

2319 Per quanti numeri interi positivi n la potenza n^{100} è un numero con meno di 50 cifre?

A Uno
B Due
C Tre
D Più di tre, ma comunque in numero finito
E Infiniti

2320 Una popolazione di batteri ha, in un certo intervallo di tempo, un tasso di moltiplicazione costante (ossia il rapporto tra il numero di batteri che si creano in ogni unità di tempo e il numero di batteri è costante). La legge di sviluppo, in tali condizioni, è:

A esponenziale
B iperbolica
C logaritmica
D lineare
E parabolica

2321 Se una grandezza x è direttamente proporzionale al quadrato di una grandezza y, e y è inversamente proporzionale a una grandezza z, allora:

A x è inversamente proporzionale a z
B x è direttamente proporzionale al quadrato di z
C x è direttamente proporzionale a z
D x è inversamente proporzionale al quadrato di z
E la relazione tra x e y è diversa da quelle indicate nelle altre risposte

2322 Nello spazio, due rette che non si incontrano:

A giacciono sicuramente in piani diversi
B sono sicuramente parallele
C non sono sicuramente parallele
D possono essere parallele
E giacciono sicuramente nello stesso piano

2323 L'equazione $6^x = -36$:

A ha come unica radice 2
B ha come unica radice – 2
C ha come radici 2 e – 2
D non ammette soluzioni nel campo reale
E ha due soluzioni irrazionali

2324 La funzione cartesiana $y = 3x^2 + 4$ rappresenta:

A una parabola
B una circonferenza
C una retta
D un'iperbole
E un'ellisse

2325 Due rette di equazioni: $x - y = 0$ e $2x - 1 = 0$ hanno in comune il punto di coordinate:

A (1; 1)
B (2; 2)
C (0; 1)
D (1/2; 1/2)
E (0; 0)

2326 Sia x un numero reale tale che $x \log x < 0$. Ciò equivale a:

A $x > 1$
B $0 < x < 1$
C $x < -1$
D $x < 0$
E $-1 < x < 0$

2327 In una scatola vi sono r palline rosse, n palline nere e b palline bianche. Supponiamo che le palline nere siano il doppio delle bianche, che il numero complessivo delle palline sia 5 volte il numero delle palline nere e che $r - n - b$ sia uguale a due volte le palline nere. Il numero complessivo delle palline è uguale a:

A $4n$
B $\frac{10}{7}r$
C $9b$
D $\frac{15}{4}n$
E $\frac{7}{2}b$

2328 Se i primi tre termini di una progressione geometrica sono 1, 3, 9, ... , l'ottavo termine è:

A 81
B 243
C 729
D 2187
E 6561

2329 La relazione $\log_e a = b$ equivale a:

A $b = e \cdot a$
B $a^e = b$
C $e^a = b$
D $e^b = a$
E $a \cdot b = e$

2330 L'equazione $(\log_2 x)^{\log_2 x} = 1$ è verificata da:

A infiniti valori reali positivi
B da un solo valore reale
C da due valori reali
D da nessun valore reale
E nessuna delle risposte precedenti

MATEMATICA

2331 La potenza zero del numero 5 vale:

A 1/5
B 5
C non ha significato
D 0
E 1

2332 La disequazione $a - c + b < -b + 2a$ è equivalente a:

A $a > 2b - c$
B $a < 2b - c$
C $3a > 2b - c$
D $3a < c$
E $a > -c$

2333 Siano x e y numeri reali, con $-0{,}4 \leq x \leq 0{,}5$, $15 \leq y \leq 16$. Entro quali limiti possono variare i numeri $y - x$ e xy?

A $14{,}5 \leq y - x \leq 16{,}4$ e $-6{,}4 \leq xy \leq 8$
B $14{,}6 \leq y - x \leq 16{,}5$ e $-6 \leq xy \leq 8$
C $15{,}4 \leq y - x \leq 16{,}4$ e $6{,}4 \leq xy \leq 8$
D $14{,}5 \leq y - x \leq 16{,}5$ e $6 \leq xy \leq 8$
E Nessuna delle risposte precedenti

2334 In un triangolo rettangolo la somma dei cateti è 21 cm e la tangente di uno degli angoli acuti è 3/4. L'area del triangolo è:

A 54 cm^2
B 50 cm^2
C 60 cm^2
D 52,5 cm^2
E 48 cm^2

2335 In un quadrilatero circoscritto a un cerchio la somma di due lati opposti è:

A uguale alla somma degli altri due
B minore della somma degli altri due
C maggiore della somma degli altri due
D maggiore del semiperimetro
E nessuna delle risposte precedenti

2336 Data una retta *r* non perpendicolare al piano *P*, quanti piani passanti per *r* e perpendicolari al piano *P* si possono costruire?

A Due
B Uno
C Tre
D Infiniti
E Nessuno

2337 Determinare quanti sono i numeri reali $x \in [0, 2\pi]$ tali che $2\cos^2 x = \cos x$.

A 0
B 8
C 2
D 4
E 1

2338 Rispetto al volume del cubo qui rappresentato, il prisma ombreggiato ha un volume pari a:

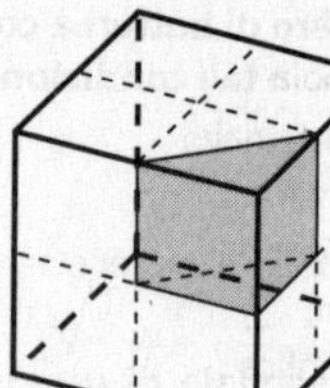

A 1/16
B 1/8
C 1/32
D 1/24
E 1/64

2339 Calcolare il valore di x che verifica l'uguaglianza: $2x + (5 - 2) - (1 - x) = 3$.

A $x = -1$
B $x = 3$
C $x = 1/3$
D $x = 1$
E $x = 1/2$

2340 Se $a + b = 36$ e a è 8 meno di c ma 12 più di b, c vale:

A 12
B 24
C 30
D 36
E nessuna delle precedenti

2341 Due grandezze x e y, tra loro dipendenti, assumono i seguenti valori numerici:

x: 1; 2; 3; 4; 5; 6; 7; 8...

y: 3,3; 6,6; 9,9; 13,2; 16,5; 19,8; 23,1; 26,4...

In un sistema di assi cartesiani, i punti di coordinate (x; y) giacciono su:

A una retta
B una parabola
C un arco di circonferenza
D un'iperbole
E un'ellisse

2342 L'equazione $4x^2 + 8x + y^2 = 0$ rappresenta, nel piano cartesiano:

A un'iperbole
B un'ellisse
C una circonferenza
D una parabola
E un'iperbole equilatera

2343 Su quale curva devono trovarsi quattro punti perché possa esistere un punto equidistante da essi?

A Ellisse
B Parabola
C Circonferenza
D Retta
E Nessuna delle precedenti

2344 Se la diagonale di un quadrato è uguale al diametro di un cerchio, allora:

A il perimetro del quadrato è minore della circonferenza del cerchio e l'area del quadrato è minore dell'area del cerchio
B il perimetro del quadrato è maggiore della circonferenza del cerchio e l'area del quadrato è minore dell'area del cerchio
C il perimetro del quadrato è maggiore della circonferenza del cerchio e l'area del quadrato è maggiore dell'area del cerchio
D il perimetro del quadrato è minore della circonferenza del cerchio e l'area del quadrato è maggiore dell'area del cerchio
E le due figure sono equivalenti

2345 In una data circonferenza sono inscritti un quadrato Q e un triangolo equilatero T. Quali delle seguenti affermazioni relative alle aree di Q e T è vera?

A Sono equivalenti
B L'area di Q è maggiore dell'area di T
C L'area di T è maggiore dell'area di Q
D L'area di T è la metà dell'area di Q
E Nulla si può dire se non si conosce la misura del raggio della circonferenza

2346 Si lanciano due dadi, uno rosso e uno blu. Qual è la probabilità che il numero del dado rosso sia maggiore di quello del dado blu?

A 1/2
B 5/12
C 7/12
D 5/6
E 1/6

2347 L'insieme delle soluzioni (x, y) del sistema:

$$\begin{cases} x \cdot y > 1 \\ x = y \end{cases}$$

è rappresentato graficamente in un sistema di riferimento cartesiano ortogonale da:

A un punto
B due punti
C una semiretta
D due semirette
E una retta

2348 A ogni lavaggio con procedure standard di biancheria infetta si può ritenere che il numero di microrganismi presenti si riduca di un fattore 100.
Supponendo che in un dato mucchio di panni siano presenti inizialmente $3 \cdot 10^8$ microrganismi, quanti ne rimarranno approssimativamente dopo 3 lavaggi?

A $3 \cdot 10^2$
B 10^5
C 10^2
D 10^8
E $3 \cdot 10^5$

2349 La somma di tre numeri, ciascuno elevato a zero:

A è negativa
B è positiva
C può essere positiva o negativa, a seconda dei valori dei tre numeri
D è sempre uguale a 1
E è zero

2350 Un vetro per occhiali protettivi lascia passare 1/5 della luce incidente. Quale frazione della luce incidente passerà attraverso tre strati sovrapposti dello stesso vetro?

A $\left(\frac{1}{5}\right)^3$
B $\frac{3}{5}$
C $\left(\frac{4}{5}\right)^3$
D $\frac{1}{15}$
E Nessuna

MATEMATICA

2351 Una retta inclinata di 45 gradi incontra l'asse delle ordinate nel punto di ordinata 3; l'equazione della retta è:

A $y = 3x + 1$
B $y = x + 3$
C $y = x$
D $y = x - 3$
E $y = 45x + 3$

2352 Un quadrangolo è inscritto in una circonferenza se e solo se:

A tutti gli angoli sono minori o uguali a 90°
B due angoli opposti sono complementari
C la somma degli angoli è pari a 180°
D due angoli opposti sono supplementari
E gli angoli adiacenti sono complementari

2353 Date le due funzioni $y = 6$ e $y = x^2$, i grafici corrispondenti rappresentano:

A una retta e una parabola che si incontrano in un punto
B una retta e una parabola che non si incontrano
C una retta e una parabola che si incontrano in due punti
D una parabola e il suo asse di simmetria
E nessuna di queste combinazioni

2354 Dato un cerchio di raggio *r*, la lunghezza di una corda risulta:

A minore o uguale a $2r$
B sempre maggiore di r
C sempre minore di r
D minore o uguale a r
E per rispondere occorre conoscere il valore di r

2355 L'equazione $(x - a) = (x - a)^2$ ha:

A una soluzione
B due soluzioni
C nessuna soluzione
D il numero delle soluzioni dipende dal valore di a
E infinite soluzioni

2356 Data una successione di numeri indicati con x_n che rispetta la legge:

$$x_{n+1} = 3 \cdot x_n - x_{n-1} \text{ (con } n = 2, 3, 4,..\text{)}$$

quale delle seguenti sequenze di numeri rispetta la legge di definizione?

A 1, 2, 4, 8, 16, 32, ...
B 1, 3, 8, 26, 80, 242, ...
C 1, 2, 5, 13, 34, 89, ...
D 1, – 3, 6, – 9, 27, – 81, ...
E Nessuna delle precedenti

2357 L'equazione:

$$\log(1 + x^2) = x - 1 - x^2$$

non può avere soluzioni. Quale, tra le seguenti, ne è la motivazione?

A Una funzione logaritmica non può avere intersezioni con una parabola
B Il primo membro è sempre positivo o nullo mentre il secondo membro è sempre negativo
C Il secondo membro non si annulla mai
D Né il primo membro né il secondo si annullano mai
E La funzione logaritmica è sempre positiva

2358 Una casa editrice dona dei libri ai 3 studenti più meritevoli di una scuola, distribuendoli in ordine di merito nel modo seguente: al più meritevole vengono assegnati la metà dei libri più 2; al secondo la metà dei libri rimasti più 2; quanti erano in tutto i libri donati dalla casa editrice se al terzo vengono assegnati 10 libri?

A 100
B 50
C 52
D 28
E 56

2359 I punti P = (1; 2) e Q = (2; 4) appartengono a una retta il cui coefficiente angolare ha valore:

A 0
B 1
C infinito
D 2
E – 1

2360 Data la funzione $y = ax^2 + bx + c$, affinché essa rappresenti una proporzionalità diretta fra *x* e *y* si deve avere:

A $a = 0$
B $b = 0$
C $b = 0$; $c = 0$
D $a = 0$; $c = 0$
E $a = 0$; $b = 0$

2361 La sfera inscritta in un cubo di lato *L* ha raggio:

A $L/2$
B $L/4$
C $L/3$
D $3L/2$
E $2L$

2362 Le rette *r* e *s* in figura sono parallele. Quale delle seguenti affermazioni è vera?

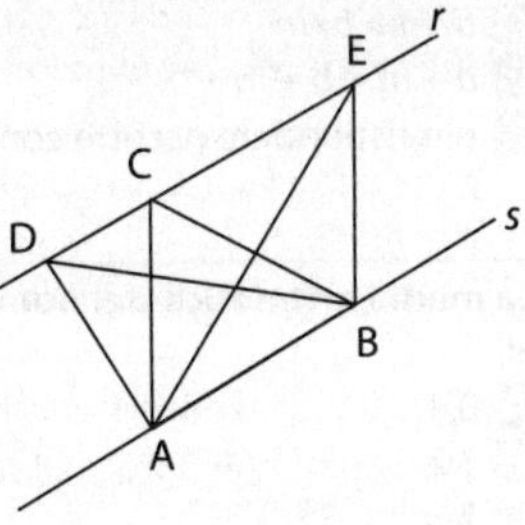

A L'area del triangolo ABC è maggiore dell'area del triangolo ADB
B I triangoli AEB e ABC hanno la stessa area
C L'area del triangolo AEB è minore dell'area del triangolo ADB
D L'area del triangolo ABC è minore dell'area del triangolo AEB
E L'area del triangolo ADB è maggiore dell'area del triangolo ABC

2363 A una certa ora del giorno un palo telegrafico e un'asta a esso parallela, infissa al suolo, proiettano ombre rispettivamente di 3 m e 50 cm. La parte dell'asta emergente dal suolo è lunga 2 m. L'altezza del palo telegrafico, espressa in metri è:

A 24
B 12
C 3
D 6
E nessuno di questi numeri

2364 Un cilindro ha la base con raggio 1 metro.

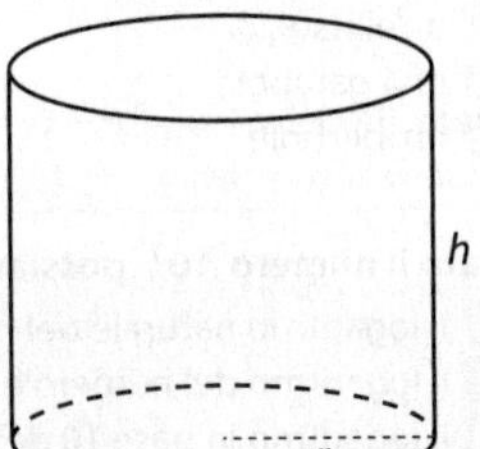

Quale altezza deve avere questo cilindro per poterne ricavare un cubo con soli quattro tagli?

A 2 metri
B 1 metro
C 3 metri
D $\sqrt{2}$ metri
E 0,5 metri

2365 Sia $a = b$, con a e b non nulli: si consideri l'uguaglianza $a^2 - b^2 = a^2 - ab$ (i due membri sono uguali: poiché $a = b$ risulta $b^2 = ab$); scomponendo in fattori si ottiene: $(a - b)(a + b) = a(a - b)$ da cui dividendo per $(a - b)$ si ottiene $a + b = a$ ovvero, essendo $a = b$, si ottiene $2a = a$ e infine, dividendo per a, si giunge all'assurdo $2 = 1$. Determinare la natura dell'errore nel precedente esempio.

A È un errore di raccoglimento
B Non si può dividere per a
C Non può essere $a = b$
D Non si può dividere per $a - b$
E È un errore di scomposizione

2366 Determinare il perimetro del quadrilatero che ha i vertici nei punti (0; 0), (1; 0), (4; 4) e (0; 1).

A 12
B $4 + 4\sqrt{2}$
C 10
D $2 + 4\sqrt{2}$
E 16

2367 Qual è la soluzione del sistema $\begin{cases} x + y = 3 \\ 3x - y = 1 \end{cases}$?

A $x = 2; y = 1$
B $x = 6; y = -3$
C $x = 6; y = 5$
D $x = 1; y = 2$
E $x = 3; y = 1$

2368 Siano *a*, *b*, *c*, *d* numeri reali positivi. Se $a = b$, $b < c$ e $c = 1/2\ d$, allora:

A $a > d$
B $a < b$
C $a = d$
D $a > c$
E $a < d$

2369 A un saggio di musica di pianoforte e flauto partecipano 20 allievi. Sapendo che più del 60% suona il pianoforte e che la metà è maggiorenne, si ha necessariamente che:

A qualche allievo di flauto è minorenne
B qualche allievo di flauto è maggiorenne
C qualche allievo di pianoforte è minorenne
D tutti gli allievi di flauto sono minorenni
E tutti gli allievi di pianoforte sono maggiorenni

MATEMATICA

2370 Per $x > 0$, sen x ha:

A un punto di massimo
B due punti di massimo
C infiniti punti di massimo
D nessun punto di massimo
E un punto di minimo

2371 Se 18 giocatori di tennis organizzano un torneo in cui ognuno deve incontrare una volta ciascuno degli altri 17, quanti sono gli incontri complessivi da disputare?

A 153
B 306
C 36
D 324
E 289

2372 Tre amici (A, B e C) giocano a testa o croce. Le regole del gioco sono le seguenti: ciascuno tira una sola volta la moneta: prima tira A, poi tira B e per ultimo C; vince chi fa testa per primo. Dette rispettivamente P_A, P_B, P_C le probabilità di vittoria (in percentuale) di A, B e C, risulta:

A $P_A + P_B + P_C = 100\%$
B $P_A = P_B = P_C = 50\%$
C $P_A = P_B = P_C = 33{,}3\%$ (circa)
D $P_A = 2P_B = 3P_C$
E $P_A = 2P_B = 4P_C$

2373 Il logaritmo decimale di un numero può essere nullo?

A Mai
B Sì, se il numero è negativo
C Sì, se il numero è uguale a 1
D Sì, se il numero è uguale a 0
E Sì, se il numero è uguale a 10

2374 In un quadrato Q si consideri il quadrato inscritto che ha come vertici i punti medi dei lati di Q. A partire da questo secondo quadrato se ne costruisca un terzo con lo stesso procedimento, e così via. Quante volte bisogna ripetere il procedimento descritto per ottenere alla fine un quadrato la cui area sia circa la millesima parte di quella di Q?

A 10
B 100
C 500
D 1000
E Più di 1000

2375 Dato $a > b$ e $m > 0$ si può dire che:

A $a - m < b - m$
B $a \cdot m > b - m$
C $a/m > b/m$
D $a + m < b + m$
E per rispondere occorre conoscere il valore di b

2376 La media aritmetica dei numeri –5, –2, 0, 4, 5 è:

A 0,4
B 3,2
C 2
D 0,5
E 0,75

2377 Due pentagoni che hanno la stessa area sono:

A regolari
B simili
C uguali
D equivalenti
E nessuna delle precedenti

2378 Se A e B sono due quadrilateri, quale affermazione è sempre vera?

A A ha 4 lati e B non è un triangolo
B A e B sono parallelogrammi
C A e B sono poligoni regolari
D La somma di A e B è un quadrilatero
E Nessuna delle precedenti

2379 Dire se le seguenti coppie di valori:

(0 ; – 2) (– 3 ; – 5) (1 ; – 1)

rappresentano punti di:

A una retta
B una circonferenza
C un'ellisse
D una parabola
E un'iperbole

2380 Dato il numero 10^7 possiamo dire che:

A il logaritmo naturale del numero è 7
B il logaritmo del numero è 49
C il logaritmo in base 10 del numero è 7
D il logaritmo in base 2 del numero è 7
E il logaritmo del numero non si conosce

2381 Per un triangolo rettangolo, quale delle seguenti affermazioni è falsa?

A Può essere equilatero
B Vale il teorema di Pitagora
C Può essere isoscele
D Può essere scaleno
E Vale il primo teorema di Euclide

2382 La funzione $x + y = k$ rappresenta, nel piano cartesiano:

A una circonferenza
B una parabola
C un'ellisse
D un'iperbole
E una retta

2383 La funzione goniometrica cos x è negativa:

A nel II° e nel IV° quadrante
B nel II° e nel III° quadrante
C nel III° e nel IV° quadrante
D solo nel II° quadrante
E nel I° e nel III° quadrante

2384 Due poligoni sono equivalenti se:

A hanno lo stesso numero di lati
B sono scomponibili in uno stesso numero finito di triangoli rispettivamente eguali
C hanno lo stesso numero di angoli
D hanno lati a due a due eguali
E la somma degli angoli interni ha lo stesso valore per entrambi

2385 Se $8^x = \frac{1}{4}$, a cosa è uguale $9^{1/x}$?

A $\frac{1}{9}$
B 27
C $\frac{1}{27}$
D $\frac{1}{3}$
E 3

2386 Quale delle seguenti frazioni è uguale al numero decimale periodico $5{,}3\bar{6}$?

A 59/11
B 531/90
C 483/99
D 161/30
E 531/99

2387 Per a diverso da 0, $[1/a + 1/(2a) + 1/(4a)]^{-1}$ = ?

A $4a/7$
B $8a$
C $1/(8a)$
D $7a/3$
E $3/(7a)$

2388 Per ogni numero naturale n, si consideri il numero $a_n = 5^{n+1} - 5^n$. Possiamo dire che:

A a_n è sempre pari
B a_n è sempre dispari
C la parità di a_n dipende da n
D a_n può essere negativo
E il segno di a_n dipende da n

2389 La probabilità di estrarre da un mazzo di 40 carte un asso di colore nero vale:

A $\frac{1}{40}$
B la domanda non ha senso
C $\frac{1}{10}$
D $\frac{1}{20}$
E $\frac{1}{25}$

2390 Se il rapporto tra a e b è uguale al rapporto tra b e x, il valore di x è:

A $x = ab$
B $x = \frac{a}{b}$
C $x = \frac{b^2}{a}$
D $x = \frac{a}{b^2}$
E $x = \frac{b}{a}$

2391 L'equazione $x^4 + 3x^2 - 1 = 0$:

A ammette 4 radici reali e distinte
B non ammette radici reali
C ammette 2 radici reali e distinte
D ammette infinite radici reali
E ammette 2 radici reali e coincidenti

2392 Per caratterizzare un triangolo, è necessario conoscerne alcuni elementi (quali angoli, lati ecc.). Quale dei seguenti insiemi di elementi NON consente di caratterizzare un unico triangolo?

A Un lato e gli angoli a esso adiacenti
B Un lato, un angolo a esso adiacente, e l'angolo a esso opposto
C Due lati e l'angolo compreso
D I tre angoli
E Quesito senza soluzione univoca o corretta

MATEMATICA

2393 **Siano A e B due eventi incompatibili con $P(A) = 0,4$ e $P(B) = 0,3$. Allora $P(A \cup B)$ vale:**

A 0,7
B 0,1
C 1
D non è possibile calcolarla
E 0

2394 **In un piano cartesiano, quale delle seguenti equazioni descrive una circonferenza?**

A $y + x = r$
B $y = \sqrt{r^2 + x^2}$
C $x^2 + y^2 = r^2$
D $(x + y)^2 = r^2$
E $(x - y)^2 = r^2$

2395 **Aumentando il numero 98 del 2% si ha:**

A 98,5
B 99
C 99,96
D 98,97
E 100

2396 $1 \cdot 2^1 + 1 \cdot 2^3 + 1 \cdot 2^4 =$

A 26
B 7
C 10
D 18
E 13

2397 **Quale sarà il risultato dell'espressione $\frac{10^3}{10^{-3}}$?**

A 10^6
B 1
C 3
D 10
E 100

2398 **Il rapporto tra due potenze aventi la stessa base è una potenza che ha:**

A stessa base ed esponente pari al prodotto degli esponenti
B stessa base ed esponente pari al rapporto degli esponenti
C stessa base ed esponente pari alla somma degli esponenti
D non è possibile eseguire alcuna operazione
E stessa base ed esponente pari alla differenza degli esponenti

2399 **La funzione $f(x) = 10^x$:**

A è definita solo per $x > 0$
B è una funzione dispari
C non ammette funzione inversa
D ammette come funzione reciproca $g(x) = 2^{1/x}$
E ammette funzione inversa e la sua funzione inversa è $g(x) = \log_{10} x$

2400 **Qual è il risultato dell'espressione $\frac{0,00008}{0,4}$?**

A 0,0002
B 0,2
C 0,000002
D 2
E 0,002

2401 **Per i logaritmi naturali vale la proprietà:**

A il logaritmo di una somma è uguale ai logaritmi degli addendi
B il logaritmo di un prodotto è uguale alla somma dei logaritmi dei fattori
C il logaritmo di una potenza è uguale alla somma dell'esponente più il logaritmo della base
D la potenza del logaritmo di un numero è uguale al prodotto dell'esponente per il numero
E i logaritmi naturali si calcolano dividendo i corrispondenti logaritmi decimali per $\frac{10}{e}$

2402 **Se si vuole ridurre alla metà la superficie di un rettangolo, quale moltiplicatore deve applicarsi ad entrambi i valori dei lati?**

A 0,5
B $\sqrt{2}$
C $1/(\sqrt{2})$
D 0,6
E $1/4$

2403 **Dati due numeri *a*, *b* entrambi maggiori di zero e minori di uno, quale delle seguenti affermazioni è comunque vera?**

A $a + b < 1$
B $a \cdot b < 1$
C $a \cdot b > 1$
D $a / b < 1$
E $a + b > 1$

2404 Di due coni circolari retti C e C_1, l'altezza di C è doppia di quella di C_1 e il raggio della base di C è metà di quella della base di C_1. Cosa si può dire dei loro volumi V e V_1?

A $V = V_1$

B $V = 2V_1$

C $V = 3V_1$

D $V = \frac{V_1}{2}$

E $V = \frac{V_1}{4}$

2405 Quali sono le coordinate dei punti di intersezione della curva di equazione $y^2 = x + 24$ con la retta di equazione $x = 1$?

A $(1; 5), (1; -5)$

B $\left(1; \frac{5}{2}\right), \left(1; -\frac{5}{2}\right)$

C $\left(1; \frac{5}{4}\right), \left(1; -\frac{5}{4}\right)$

D $\left(1; \frac{5}{8}\right), \left(1; -\frac{5}{8}\right)$

E $(1; 25), (1; -25)$

2406 Un contenitore cubico ha lo spigolo di 30 cm. Il suo volume è:

A 270 dm^3

B 0,027 m^3

C 0,27 m^3

D 27 cm^3

E 27.000 mm^2

2407 Per quali valori di a sussiste la relazione $|a| = -a$?

A Per qualunque valore di a

B Solo se $a = 0$

C Per $a > 0$

D Per nessun valore di a

E Per $a \leq 0$

2408 Elevando al cubo un numero reale negativo, in valore assoluto minore di 1, si ottiene sempre un numero:

A uguale a 1

B positivo e in valore assoluto minore di 1

C negativo e in valore assoluto maggiore di 1

D positivo e in valore assoluto maggiore di 1

E negativo e in valore assoluto minore di 1

2409 $\log_{100} 10$ è uguale a:

A 10

B 20

C 100

D 1

E $\frac{1}{2}$

2410 Se il 2% di N è 25, quanto è N?

A 500

B 2500

C 20.000

D 1250

E $0{,}2 \cdot 25$

2411 Un padre ha 50 anni e il figlio 26. Quando l'età del padre sarà tripla di quella del figlio?

A Mai

B 14 anni fa

C Fra 14 anni

D Non è possibile stabilirlo

E Fra 24 anni

2412 Il $\log_2 32$ vale:

A 64

B 8

C 5

D $3\sqrt{2}$

E 4

2413 Si apre un vocabolario a caso e si legge il numero della pagina a destra: è la pagina 253. Si sollevano un certo numero di fogli e si legge di nuovo il numero della pagina a destra: è la pagina 523. Quante sono le pagine dispari tra le due pagine indicate?

A 130

B 134

C 270

D 135

E 270

2414 Qual è la scomposizione in fattori primi del numero 312?

A $2^3 \cdot 3 \cdot 13$

B $2^2 \cdot 3^2 \cdot 13$

C $2^4 \cdot 3^3$

D $2^5 \cdot 3^2$

E $2^3 \cdot 3^2$

2415 **Sia *x* un numero razionale e si indichi col simbolo [*x*] (da leggersi: "parte intera di *x*") il più grande intero relativo minore o al più uguale a *x*. Dire quale delle seguenti relazioni è vera per ogni *x* e *y* reali:**

A $[x+1] = [x] + 1$
B $[x^2] = [x]^2$
C $[2x] = 2[x]$
D $[-x] = -[x]$
E se $x < y$, allora $[x] < [y]$

2416 **Posto**

$$a = 0{,}21 \quad b = \frac{1}{5} \quad c = \frac{1}{\log_2 5}$$

si ha:

A $c < b < a$
B $a < c < b$
C $a < b < c$
D $c < a < b$
E $b < a < c$

2417 **Un vetro avente lo spessore di 1 cm assorbe il 50% di un fascio di luce. Quale sarà l'assorbimento totale dello stesso vetro se lo spessore è di 3 cm?**

A 150%
B 60%
C 87,5%
D 75%
E 55%

2418 **Due grandezze *P* e *V* sono legate dalla relazione $P = 2/V$. Di quale percentuale circa deve aumentare *V* affinché *P* diminuisca del 40%?**

A 40%
B 55%
C 67%
D 80%
E 35%

2419 **La probabilità che nel lancio contemporaneo di due dadi escano due numeri aventi come somma un numero primo è:**

A 1/12
B 5/18
C 5/12
D 7/12
E 2/3

2420 **Il grafico della funzione $f(x) = \log_{10}(x-2)$:**

A giace sempre sopra l'asse *x*
B giace sempre sotto l'asse *x*
C giace tutto nel primo e quarto quadrante
D interseca due volte l'asse *x*
E non interseca mai l'asse *x*

2421 **Alla votazione di una proposta di legge ci sono stati: 24 astenuti, 3/5 dei presenti favorevoli e 1 / 5 dei presenti contrari. Quanti erano i presenti?**

A 120
B 240
C 384
D 360
E 60

2422 **L'equazione della retta che passa per il punto in cui la parabola $y = -2x^2 + 4x + 3$ interseca l'asse delle ordinate e che risulta perpendicolare all'asse della conica è:**

A $x = 3$
B $y = x + 3$
C $y = 2x + 3$
D $y = 3$
E $y = -x + 3$

2423 **Date nel piano due circonferenze C_1 e C_2 tangenti esternamente tra loro, di rette tangenti a entrambe le circonferenze:**

A non ne esistono
B ne esiste una
C ne esistono due
D ne esistono tre
E ne esistono quattro

2424 **Si definisce pendenza media di una funzione $f(x)$ nell'intervallo $[a, b]$ il numero:**

$$\frac{f(b) - f(a)}{b - a}$$

Quale tra le seguenti funzioni ha nell'intervallo $[0, 1]$ pendenza media maggiore?

A $f(x) = 3^x$
B $f(x) = 3\sqrt{x}$
C $f(x) = x^2$
D $f(x) = \log_{10}(9x + 1)$
E $f(x) = x + 2$

2425 **Per $a > 0$, $\log a + \log a =$**

A $\log 2a$

B $(\log a)^2$

C $\log a^2$

D $\frac{1}{2}\log a$

E nessuna delle risposte precedenti è corretta

2426 **L'espressione $(3 \cdot 10^4)(3 \cdot 10^{-4})$ è uguale a:**

A $3 \cdot 10^{-16}$

B $3 \cdot 10^8$

C $6 \cdot 20^8$

D 3^2

E $9 \cdot 10^{-16}$

2427 **Le misure di due grandezze x e y fra loro dipendenti sono espresse dai seguenti valori numerici:**

x	1	2	4	5
y	60	30	15	12

Qual è la relazione funzionale tra x e y?

A $y = 60 \cdot x$

B $x = \frac{60}{y}$

C $y = \frac{60}{x^2}$

D $y = 60 \cdot x^2$

E $\frac{y}{x} = 60$

2428 **Qual è il polinomio di secondo grado le cui radici sono 1 e 2?**

A $x^2 - 3x + 2$

B $x^2 + 3x + 2$

C $x^2 - 3x - 2$

D $x^2 + 2x - 3$

E $x^2 - 2x - 3$

2429 **Sia n un numero naturale e siano $P_0, P_1, \ldots P_n$ punti di un piano. L'insieme dei punti del piano equidistanti dagli $n + 1$ punti dati è non vuoto:**

A se e solo se i punti $P_0, P_1, \ldots P_n$ appartengono ad una stessa circonferenza

B se e solo se $P_0, P_1, \ldots P_n$ sono vertici di un poligono regolare

C qualsiasi siano n e $P_0, P_1, \ldots P_n$

D se e solo se $n = 2$

E in nessuno dei casi precedenti

2430 **Stabilire quale dei seguenti punti giace nel secondo quadrante:**

A (–1; –2)

B (2; 3)

C (2; –3)

D (–2; 3)

E (–2; –3)

2431 **Il numero 0,00008 corrisponde a:**

A $8 \cdot 10^5$

B $8 \cdot 10^{-5}$

C 8 millesimi

D 8 centesimi

E nessuno dei valori proposti

2432 **Sia P la seguente affermazione "Se n è un numero primo, allora $n^2 - 1$ è divisibile per 4". Allora:**

A P è vera per ogni numero primo n

B P è falsa per ogni numero primo n

C P è vera per ogni numero primo n maggiore di 2

D P è falsa per $n = 3$

E nessuna delle precedenti risposte è vera

2433 **Si consideri la relazione $y = \frac{a}{x}$. Mantenendo costante il valore di a, se si dimezza il valore di x:**

A il valore di y è ridotto alla metà

B il valore di y raddoppia

C il valore di y risulta moltiplicato per a

D il valore di y resta costante

E quesito senza soluzione univoca o corretta

2434 **La retta di equazione $x - y = 3$ interseca la retta $x + y = 1$ nel punto di coordinate:**

A (0; 0)

B (1; 2)

C (2; –1)

D (–1; 2)

E (2; 1)

2435 **Se $96 : 16 = x : 13$, quanto vale x?**

A 78

B 99

C 93

D 81

E 104

MATEMATICA

2436 La metà di 20^4 è:

A 5^4
B $8 \cdot 10^4$
C $5 \cdot 10^3$
D $0{,}5 \cdot 20^5$
E 10^4

2437 La somma $2{,}5 \cdot 10^{-4} + 5 \cdot 10^{-5}$ è uguale a:

A $0{,}3 \cdot 10^{-3}$
B $30 \cdot 10^{-3}$
C $2{,}55 \cdot 10^{-4}$
D $7{,}5 \cdot 10^{-4}$
E $3 \cdot 10^{-5}$

2438 Il sistema, per *x* e *y* reali:

$$\begin{cases} x^2 + y^2 - 9 = 0 \\ y = x - 5 \end{cases}$$

A non ha soluzioni
B ha infinite soluzioni
C ha due soluzioni coincidenti
D ha una sola soluzione
E ha due soluzioni distinte

2439 Quanto vale la frazione $\dfrac{10^{14} \cdot (10^3)^{-5}}{10^{-3} \cdot 10^2}$?

A 10^{-5}
B 10
C 1
D 10^{-1}
E 10^{-6}

2440 L'equazione $x^2 - (2\sqrt{5} + 1)x + 2\sqrt{5} = 0$:

A ha due radici reali negative
B ha due radici reali una positiva e una negativa
C ha due radici reali e positive
D non ha radici reali
E quesito senza soluzione univoca o corretta

2441 Per ogni angolo α vale:

A sen α = cos (α + 90°)
B sen α = – cos (α + 90°)
C sen α = sen (α + 180°)
D cos α = cos (α + 180°)
E sen α = cos (α + 180°)

2442 L'espressione $2^{-x} \cdot (2 + 2^{x^2} + 2^{-3x})$ è equivalente a:

A $2^{-x} + 2^{-x^3} + 2^{3x^2}$
B
C $2^{1/x} + 2^x + 2^{-3}$
D $4^{-x} + 4^{-x^3} + 4^{3x^2}$
E nessuna delle precedenti

2443 Il M.C.D. e il m.c.m. dei tre monomi

$$50xy^3 \; 20x^2yz \; 45y^2z^3$$

sono rispettivamente:

A $20y$; $900xy^3z^3$
B $5y$; $180\,x^3y^3z^3$
C $25xyz$; $50x^3y^4z^4$
D $5y$; $900x^2y^3z^3$
E $20y$; $50x^3y^4z^4$

2444 La disequazione $\frac{1}{x} < -1$ è soddisfatta per ogni *x* tale che:

A $-1 < x$
B $x < -1$
C $x < 0$
D $-1 < x < 0$
E nessuna delle precedenti alternative è corretta

2445 $\dfrac{\log_{10}60}{\log_{10}\sqrt{10}}$ è uguale a:

A $6\sqrt{10}$
B $-\log_{10}\dfrac{1}{3600}$
C $\log_{10}60 - \dfrac{1}{2}$
D $\log_{10}(6\sqrt{10})$
E $\log_{10}(6 - \sqrt{10})$

2446 Se $x + \dfrac{1}{x} = 2$ quanto vale $x^3 + \dfrac{1}{x^3}$?

A 2
B 5
C 4
D 3
E 8

QUESITI

2447 Il valore di $(500 - 1)^2$ è pari a:

A $25 \cdot 10^4 - 499$

B $25 \cdot 10^4 + 499$

C $25 \cdot 10^4 - 501$

D $25 \cdot 10^4 + 999$

E $25 \cdot 10^4 - 999$

2448 La probabilità che in una famiglia su 5 figli tutti siano maschi vale:

A $\frac{1}{32}$

B 0

C $\frac{1}{2}$

D non si può calcolare

E nessuna delle precedenti alternative è corretta

2449 Una cellula sferica ha il raggio di 10^{-5} m. Qual è il suo volume?

A $4{,}18 \cdot 10^{-5}\ m^3$

B $10^{-5}\ cm^3$

C $4{,}18 \cdot 10^{-15}\ m^3$

D $1{,}33 \cdot 10^{-6}\ cm^3$

E $4\pi \cdot 10^{-5}\ cm^3$

2450 Un rettangolo ha dimensioni uguali alle radici della seguente equazione:

$$2x^2 - 7x + 3 = 0$$

Il suo perimetro è dunque uguale a:

A 3

B 3/2

C 7

D 6

E 3,5

2451 Si ha un'urna contenente 8 palline bianche. Qual è il numero minimo di palline rosse che bisognerebbe aggiungere perché, estraendo due palline contemporaneamente, la probabilità che esse siano una bianca e una rossa sia 16/45?

A 10

B 5

C 2

D 3

E 8

2452 Il volume di un cilindro:

A è proporzionale al raggio

B coincide con la superficie del cilindro

C è proporzionale al quadrato del raggio

D è proporzionale alla terza potenza del raggio

E è proporzionale al quadrato dell'altezza

2453 L'espressione $a^n + b^n$ è divisibile per $(a + b)$:

A solo se n è pari

B solo se n è dispari

C sempre

D mai

E solo se n è un multiplo di 3

2454 L'espressione $(a^2 + b^2)^2$ è uguale a:

A $(a^2 + b^2) - (2ab)^2$

B $(a + b)^3 \cdot (a - b)$

C $(a - b)^3 \cdot (a + b)$

D $[(a - b)^2 + 2ab]^2$

E $(a^2 + b^2) + 2ab$

2455 Stabilire quale delle seguenti affermazioni è vera:

A $x^2 - 7x + 12 = (x + 3)(x + 4)$

B $x^2 - 7x + 12 = (x - 3)(x + 4)$

C $x^2 - 7x + 12 = (x - 3)(x - 4)$

D $x^2 - 7x + 12 = (x + 3)(x - 4)$

E $x^2 - 7x + 12 = (3x + 1)\left(\frac{1}{3}x + 12\right)$

2456 Se $x + y = 2$ e $x = 6$, quanto vale $2x + 4y$?

A 4

B −4

C 0

D 28

E −2

2457 La funzione $f(x) = \dfrac{x - 2}{\sqrt{x^2 - 1}}$ ammette come insieme di definizione:

A $-1 < x < 1$

B $x \leq -1$, $x \geq 1$

C $x < -1$, $x > 1$

D $x > 2$

E tutto $\mathbb{R}$

MATEMATICA

2458 Quanto vale $\log_{10}\sqrt{10^{-8}}$?

A $-0{,}8$
B 0,4
C 8
D -4
E Non è definito

2459 $\frac{1-\sqrt{3}}{1+\sqrt{3}}$ vale:

A $-2+2\sqrt{3}$
B $3+\sqrt{2}$
C $\sqrt{2}-3$
D $2+\sqrt{3}$
E $\sqrt{3}-2$

2460 In una classe di 30 alunni, ogni due maschi ci sono tre femmine. Detto M il numero dei maschi e F il numero delle femmine, stabilire quali tra le seguenti relazioni è CORRETTA:

A $2M = 3F$
B $3M = 2F$
C $2M + 3F = 30$
D $12M + 18F = 30$
E $18M + 12F = 30$

2461 Data l'equazione $(x-1)^2 = a$, con a reale, stabilire quale delle seguenti affermazioni è vera:

A l'equazione non ha soluzioni per ogni $a \in \mathbf{R}$
B l'equazione ha soluzioni se e solo se $a \geq 0$
C l'equazione ha soluzioni se e solo se $a > 0$
D l'equazione ha due soluzioni per ogni $a \in \mathbf{R}$
E nessuna delle precedenti affermazioni è vera

2462 Quante delle seguenti uguaglianze sono verificate per ogni numero reale α positivo e diverso da uno?

$$\log_{2\alpha} \alpha = 1/2 ;\ \log_{\sqrt{\alpha}} (1/\alpha) = -2 ;$$

$$(\log_{\alpha} \alpha^2) \cdot (\log_{\alpha^2} \alpha) = 1 ;$$

$$\log_{\alpha} (\alpha/2) = 1/2$$

A Nessuna
B Una
C Due
D Tre
E Tutte

2463 Se B è la base maggiore, b è la base minore e h l'altezza, l'area del trapezio è:

A $(B+b) \cdot h$
B $B \cdot b \cdot h$
C $\frac{B \cdot b}{h}$
D $\frac{(B+b) \cdot h}{2}$
E $2(B+b) \cdot h$

2464 Per quale delle seguenti funzioni l'equazione $f(x) = 2$ ammette soluzione?

A $f(x) = \log x$
B $f(x) = \operatorname{sen} x$
C $f(x) = -|x|$
D $f(x) = 1 - x^2$
E $f(x) = e^x + 2$

2465 Indicare per quali valori di x è soddisfatta la disequazione $\frac{x-a}{b-a} > 0$ (con $a > b > 0$):

A per $x < a$
B per $x < b$
C per $b < x < a$
D per nessun valore di x
E per $x = a$ e per $x = b$

2466 Cosa si ottiene dalla semplificazione di $\frac{16}{9} / \frac{4}{81}$?

A $4 \cdot 9$
B $6 \cdot 9$
C $8 \cdot 4$
D $6 \cdot 6$
E $2 \cdot 2$

2467 Il polinomio

$$9a^2 - a^4 + 2a^2b - b^2$$

è scomponibile nel prodotto:

A $(3a - a^2 + b)(3a + a^2 - b)$
B $a^2(9-2b) + (a^2 - b)(a^2 + b)$
C $-(a^2 + b^2)(a^2 - 1)$
D $(3a - b)^2(a^2 + 1)$
E $(3a^2 - b)(4a^2 + b)$

2468 **Il numero $\frac{49^{40}-1}{7^{40}-1}$ è uguale a:**

A) $42^{40}-1$

B) $49^{20}+1$

C) $7^{40}-1$

D) 7^{40}

E) 42^{40}

2469 **L'espressione algebrica $\frac{x^2-6x+9}{2x^3-5x^2-3x}$ è uguale a:**

A) $\frac{x-3}{2x+1}$

B) $-\frac{3-x}{2x^2+x}$

C) $\frac{x+3}{2x^2+x}$

D) $\frac{x-3}{x-2x^2}$

E) numeratore e denominatore non hanno fattori comuni, quindi l'espressione non è semplificabile

2470 **Semplificare la seguente frazione algebrica:**

$$\frac{x^2-1}{x^3+x+2x^2}$$

A) $x+1$

B) $\frac{x-1}{x(x+1)}$

C) $\frac{x+1}{x}$

D) $\frac{-1}{x^3+x+2x^2}$

E) $\frac{x}{x(x+1)}$

2471 **Per qualsiasi valore di un numero intero n, quale dei risultati delle seguenti espressioni è un numero naturale dispari?**

I) $2n+1$

II) $2n+4$

III) $2n-3$

A) Solo la I e la III

B) Solo la II

C) Solo la III

D) Solo la I e la II

E) Solo la I

2472 **In un cubo la lunghezza della diagonale di una faccia è d. Se si ingrandisce il cubo raddoppiando d, allora il volume del cubo:**

A) viene moltiplicato per $2\sqrt{2}$

B) viene moltiplicato per 8

C) raddoppia

D) viene moltiplicato per $3\sqrt{2}$

E) quadruplica

2473 **L'espressione $4x^2-\frac{9}{x^2}$, definita per $x \neq 0$, è uguale a:**

A) $4x^2-9$

B) $\left(4x-\frac{3}{x}\right)^2$

C) $\left(2x-\frac{3}{x}\right)\left(2x+\frac{3}{x}\right)$

D) $\frac{4}{x^2}-9x^2$

E) $\frac{4x^4-9}{x^4}$

2474 **Siano A e B due punti del piano. L'insieme dei punti P del piano tali che PA = PB è:**

A) una circonferenza di centro P e passante per A e B

B) una retta perpendicolare al segmento AB nel suo punto medio

C) una circonferenza passante per A, B, P

D) una retta perpendicolare al segmento AB in uno dei suoi estremi

E) una retta parallela al segmento AB

2475 **La disequazione $(x^2-1)(x+1)>0$ è soddisfatta per:**

A) $x<0$

B) $x>1$

C) $x>-1$

D) $x<1$

E) $-1<x<1$

2476 **$(2ab-b^2-a^2)\cdot(b-a)$ equivale a:**

A) $(a-b)^3$

B) $(b-a)^3$

C) b^3-a^3

D) a^3-b^3

E) $(b-a)^2(b+a)$

2477 In un progetto una stanza rettangolare ha i lati di 3 e 5 centimetri. Si fotocopia il progetto con un ingrandimento tale che le aree risultino il 144% dell'originale. Le dimensioni della stanza nella fotocopia sono:

A 4 cm e 6,4 cm
B 3,6 cm e 6 cm
C 3,8 cm e 5,4 cm
D 50 mm e 71 mm
E 3,6 cm e 5,4 cm

2478 Per determinare se un numero intero positivo *n* è un numero primo, è necessario e sufficiente controllare che non sia divisibile per nessun numero primo minore o al più uguale a:

A n
B n^2
C $\sqrt{n}$
D $1/2\ n$
E $n-1$

2479 L'espressione $\sqrt[3]{-27}$ indica una quantità:

A irrazionale
B immaginaria
C intera
D positiva
E nessuna delle risposte precedenti

2480 L'espressione:

$$\sqrt{\frac{a^m}{a^n}}$$ **con *a* numero reale positivo**

è uguale a:

A $\frac{\sqrt{a^{m+n}}}{a^n}$
B $a^n\sqrt{a^{m-n}}$
C $\frac{\sqrt{a^{m-n}}}{a^n}$
D $\frac{a^{m-2}}{a^{n-2}}$
E $a^{\frac{m+n}{2}}$

2481 Quanto vale $\sqrt{-4}$?

A Più di 2
B Meno di 2
C È un numero razionale
D È la somma di -2 e $+2$
E Non è definita nel campo reale

2482 L'espressione $\frac{5^9}{125^3}$ è equivalente a:

A $\frac{1}{5}$
B 1
C 125
D $\frac{1}{25}$
E 5^{-3}

2483 Dovendo pavimentare una superficie piana con piastrelle di forma geometrica regolare e di uguale lato quali delle seguenti forme sono combinabili (senza dover tagliare piastrelle)?

A Quadrato - esagono
B Ottagono - quadrato
C Pentagono - triangolo equilatero
D Pentagono - esagono
E Nessuna delle precedenti risposte è corretta

2484 Una sfera di superficie *S* e volume *V* è inscritta in un cilindro retto equilatero (cioè con diametro di base uguale all'altezza) di superficie laterale *S'* e volume *V'*. Quale delle relazioni seguenti è vera?

A $S < S'$
B $S > S'$
C $S = S'$
D $V = V'$
E $V' = 2V$

2485 In uno stagno c'è una bellissima ninfea che si produce raddoppiando ogni giorno la propria estensione sull'acqua. In 30 giorni arriva a coprire tutto lo stagno. Quanto tempo impiega a coprirne metà?

A 15
B 30
C 29
D 16
E 17

2486 Le previsioni del tempo danno per sabato prossimo piovoso al 50% e per domenica piovoso al 50%. Si può dire che pioverà in almeno uno dei due giorni al:

A 100%
B 75%
C 25%
D 50%
E 5%

2487 **La disequazione $\sqrt{\dfrac{x^2-1}{|x|}} \leq 0$:**

A è verificata per $x < -1$ oppure $x > 1$

B non è mai verificata

C è verificata per ogni x

D è verificata solo da $x = \pm 1$

E è verificata per ogni $x \neq 0$

2488 **Considerando i radicali aritmetici, il numero $\sqrt{(-5)^2}$ è uguale a:**

A 5

B $\sqrt{5}$

C -5

D ± 5

E $-|-5|$

2489 **L'equazione $3x^2 + 3y^2 - xy - 1 = 0$ rappresenta nel piano cartesiano**

A un'ellisse

B un'iperbole

C una circonferenza

D una retta

E una parabola

2490 **L'espressione $\sqrt[3]{a^2\sqrt{a^{-5}}}$ è equivalente a:**

A $\sqrt[6]{a}$

B $\sqrt[5]{\dfrac{1}{a^3}}$

C $\sqrt[6]{\dfrac{1}{a}}$

D $\sqrt[5]{\dfrac{1}{a}}$

E a^{-15}

2491 **Determinare l'insieme delle soluzioni della disequazione $\log_3(2x+1) < -1$.**

A $x < -\dfrac{2}{3}$

B L'insieme vuoto

C $-\dfrac{1}{2} < x < -\dfrac{1}{3}$

D $x < -\dfrac{1}{3}$

E $-\dfrac{1}{2} < x < 0$

2492 **Siano *a*, *b*, *c* tre numeri reali positivi. Si scriva il numero $\dfrac{\sqrt[3]{a^2b^2c^5} \cdot \sqrt[5]{a^3bc^2}}{\sqrt{abc^3d}}$ come radice di un monomio.**

A $\sqrt[8]{\dfrac{a^{15}b^9c^2}{d^4}}$

B $\sqrt[30]{\dfrac{a^{23}b^{11}c^{17}}{d^{15}}}$

C $\sqrt[30]{\dfrac{a^{18}b^{12}c^{15}}{d}}$

D $\sqrt[30]{\dfrac{a^4b^2c^4}{d}}$

E $\sqrt[30]{\dfrac{a^{18}b^9c^4}{d^{15}}}$

2493 **Uno studente ha sostenuto *N* esami. Se ne avesse sostenuti il triplo, ne avrebbe 6 in meno di un suo amico, che ne ha sostenuti 18. Quanto vale *N*?**

A 2

B 4

C 6

D 8

E 12

2494 **Quanto vale il rapporto 0,0005/50.000:**

A 10^0

B 10^1

C 10^3

D 10^{-8}

E 10^8

2495 **Se $a + \dfrac{1}{a} = 4$, quanto vale $a^2 + \dfrac{1}{a^2}$?**

A 16

B 14

C $5 + 2\sqrt[4]{2}$

D Il valore dipende da a

E 10

2496 **Nel campo dei numeri reali l'espressione $4 \cdot 10^{-2}$ vale:**

A 0,4

B 400

C 0,04

D 40

E 0,0004

MATEMATICA

2497 **Dette rispettivamente *A* e *B* le aree del cerchio inscritto e del cerchio circoscritto a un quadrato di lato 26 cm, il rapporto $\frac{B}{A}$ vale:**

- A 2
- B 0,5
- C $\sqrt{2}$
- D $13\sqrt{2}$
- E $26\sqrt{2}$

2498 **Due sfere hanno raggi di lunghezza l'una tripla dell'altra. Qual è il rapporto tra la misura del volume della sfera di raggio maggiore e quella del volume della sfera di raggio minore?**

- A 27
- B π
- C 9
- D 3π
- E 2π

2499 **Se il rapporto tra un arco di circonferenza e il raggio è uguale a $\pi/4$:**

- A l'angolo corrispondente è di 45°
- B l'angolo corrispondente è di 90°
- C non è possibile sapere qual è l'angolo corrispondente
- D l'angolo corrispondente è di 360°
- E l'angolo corrispondente è di π radianti

2500 **Sia data la funzione $y = \frac{x^2-4}{x-3}$. Qual è il suo insieme di definizione (o di esistenza)?**

- A Tutto l'insieme dei numeri reali
- B L'insieme dei numeri reali escluso lo zero
- C L'insieme dei numeri reali escluso +3
- D L'insieme dei numeri reali esclusi +2 e −2
- E L'insieme dei numeri reali esclusi +3 e −3

2501 **Qual è il più piccolo tra i seguenti numeri?**

- A 2^{-10}
- B $\frac{1}{2000}$
- C 10^{-2}
- D $\frac{2}{1000}$
- E $\frac{1}{20}$

2502 **L'espressione $\frac{a}{a+b}\sqrt{\frac{a}{b}+\frac{b}{a}+2}$ (dove $a, b > 0$) è uguale a:**

- A $\sqrt{\frac{a}{b}}$
- B $\sqrt{\frac{a^2}{b^2}}$
- C $\sqrt{\frac{a^2}{b}}$
- D $\sqrt{\frac{a}{b^2}}$
- E $\sqrt{\frac{b}{a}}$

2503 **L'espressione $\sqrt{4x^4-4x^2+1}$, con *x* un numero reale, equivale a:**

- A $2x^2-2x+1$
- B $\pm(2x^2-2x+1)$
- C $\pm(2x^2-1)$
- D $2x^2-1$
- E $|2x^2-1|$

2504 **L'espressione**

$$\sqrt{x+1}\cdot\left(\sqrt{\frac{x+1}{x-1}}-\sqrt{\frac{1}{x^2-1}}\right)-\sqrt{\frac{x}{x^2-1}}\cdot\sqrt{x^2+x}$$

è uguale a:

- A $\sqrt{x+1}$
- B $x+1$
- C 0
- D 1
- E $\sqrt{x}$

2505 **L'inverso del numero $\sqrt{\frac{5}{2}}-\sqrt{\frac{3}{2}}$ è:**

- A $\sqrt{\frac{2}{5}}-\sqrt{\frac{2}{3}}$
- B $\sqrt{\frac{2}{5}}+\sqrt{\frac{2}{3}}$
- C $\sqrt{\frac{5}{2}}+\sqrt{\frac{3}{2}}$
- D $\sqrt{\frac{5}{2}}-\sqrt{\frac{3}{2}}$
- E $\sqrt{\frac{3}{2}}-\sqrt{\frac{5}{2}}$

2506 Un numero a, positivo, viene diviso per il numero b, positivo e minore di 1; il risultato è un numero:

A minore a
B maggiore di a
C negativo
D immaginario
E nessuna delle risposte precedenti è corretta

2507 L'espressione
$4 \cdot 10^0 + 5 \cdot 10^1 + 3 \cdot 10^2 + 7 \cdot 10^3$ vale:

A 7354
B 7350
C 4735
D 4537
E 4357

2508 Due triangoli sono sicuramente uguali quando sono uguali:

A le tre coppie di angoli
B due lati e l'angolo compreso tra essi
C due lati e la somma degli angoli interni
D due lati e l'angolo opposto a uno di essi
E un lato e l'angolo opposto a esso

2509 Nell'insieme dei numeri reali, $8^{2/3}$ equivale a:

A $\frac{16}{3}$
B 4
C $\frac{1}{12}$
D $\frac{64}{3}$
E 12

2510 Il radicale $\sqrt{5+\sqrt{24}}$ è uguale a:

A $\sqrt{3}-\sqrt{2}$
B $\sqrt{2}-\sqrt{3}$
C $\sqrt{3}+\sqrt{2}$
D $2\sqrt{3}$
E $3\sqrt{2}$

2511 Il quadrato del trinomio $(a-b-c)$ è uguale a:

A $(a+b+c)\cdot(a-b-c)$
B $a^2-b^2-c^2+2ab+2bc+2ac$
C $a^2+b^2+c^2-2ab+2bc-2ac$
D $a^2+b^2+c^2-2ab-2bc-2ac$
E $a^2+b^2+c^2-2ab-2bc+2ac$

2512 Eseguire la razionalizzazione di:

$$\frac{1}{\sqrt{3}\cdot(\sqrt{5}-\sqrt{3})}$$

A $\frac{\sqrt{15}+3}{6}$
B $\frac{\sqrt{3}}{\sqrt{3}-\sqrt{5}}$
C $\frac{5\sqrt{3}}{3}$
D $\sqrt{3}+\sqrt{5}$
E $\frac{5\sqrt{3}}{6}$

2513 L'equazione $1+x=e^x$ è soddisfatta per:

A $x=-\infty$
B $x=1$
C $x=-1$
D $x=0$
E non è mai soddisfatta

2514 Le radici dell'equazione $5x^2-7x-6=0$ sono:

A $-6/7\,;\,5$
B $-3/5\,;\,9$
C $3/4\,;\,2$
D $6/7\,;\,3$
E $-3/5\,;\,2$

2515 La retta di equazione $y = 3x+2$ interseca l'asse delle x in un punto:

A di ascissa negativa
B di ascissa positiva
C di ascissa nulla
D di ascissa uguale a $\frac{2}{3}$
E di ascissa uguale a $\frac{1}{2}$

2516 Dati 3 mazzi di carte, ciascuno dei quali è composto da 40 carte e contiene 4 assi di seme diverso, calcolare la probabilità, estraendo una carta da ogni mazzo, di estrarre da ciascuno di essi l'asso di picche o l'asso di cuori.

A 1/40
B 3/20
C 1/8000
D 1/16.000
E 3/40

MATEMATICA

2517 L'espressione:

$$5 \cdot 10^0 + 5 \cdot 10^1 + 2 \cdot 10^2 + 3 \cdot 10^3$$

vale:

A 3200
B 3250
C 5523
D 3255
E 5532

2518 $\log 3 + \log 3$ equivale a:

A $\log 6$
B $\log 3$
C $\log 9$
D $\log \frac{1}{3}$
E $\log \frac{2}{3}$

2519 Sia *S* una sfera di raggio 3 cm. Stabilire quale delle seguenti affermazioni è vera:

A la superficie di *S* è 9π cm^2
B la superficie di *S* è 18π cm^2
C il volume di *S* è 108 cm^3
D il volume di *S* è 36π cm^3
E il rapporto tra il volume di *S* e la sua superficie è $\frac{1}{3}$ cm

2520 Un cubo ha il lato di 2 cm. Stabilire quale delle seguenti affermazioni è vera.

A La superficie laterale è 32 cm^2
B La superficie totale è 48 cm^2
C Il volume è 16 cm^3
D Il volume è 8 cm^3
E Il rapporto tra il volume e la superficie totale è $\frac{1}{2}$ cm

2521 Un cilindro ha il raggio di base di 2 cm e l'altezza di 1 cm. Allora:

A la superficie laterale è 4 cm^2
B la superficie totale è 6 cm^2
C il volume è 4π cm^3
D il rapporto tra volume e superficie totale è $\frac{2}{3}\pi$ cm
E nessuna delle precedenti affermazioni è vera

2522 Risolvere l'equazione $|x-2| = 3$.

A $x = 5$
B $x = 1$
C $x = -1$
D $x = 5$ e $x = -1$
E $x = -2$

2523 L'equazione $x^3 = 1$ ammette:

A solo la radice $x = 1$
B tre radici reali
C una radice reale e due complesse coniugate
D quattro radici reali
E tre radici reali coincidenti

2524 L'equazione:

$$(2-3k)x^2 + 2(k-1)x + k = 0 \quad \text{con } k \neq \frac{2}{3}$$

ha due soluzioni reali coincidenti per:

A $k = -\frac{1}{2}$
B $k = \frac{1}{2}$
C $k = 2$
D $k = 0$
E per nessun valore di *k*

2525 Le radici dell'equazione $2x^2 + (m^2+1)x - 3 = 0$, con *m* parametro reale, sono:

A entrambe positive
B una positiva (la maggiore in modulo) e una negativa
C una negativa (la maggiore in modulo) e una positiva
D per rispondere occorre conoscere il valore di *m*
E nessuna delle precedenti

2526 Si consideri un triangolo equilatero di lato 2 cm. Su ciascun lato si costruisca un semicerchio. Stabilire quanto vale l'area complessiva della figura ottenuta:

A $2\pi + \sqrt{3}$ cm^2
B $3\pi + 2\sqrt{3}$ cm^2
C $\frac{3}{2}\pi + \sqrt{3}$ cm^2
D $3\pi + \frac{\sqrt{3}}{2}$ cm^2
E $\pi + \sqrt{3}$ cm^2

QUESITI

2527 Per $b > 0$, $\log b^n$ equivale a:

A $n \cdot \log b$

B $n + \log b$

C $\log bn$

D $\frac{1}{n} \cdot \log b$

E $(\log n)^2$

2528 Il logaritmo decimale di 99,99 è:

A minore di 0
B compreso tra 0 e 1
C compreso tra 1 e 2
D compreso tra 2 e 10
E compreso tra 10 e 100

2529 $\log_{10} 4 + \log_{10} 3 =$

A $\log_{10}(4 \cdot 3)$

B $\log_{10}(4 + 3)$

C $\log_{10} \frac{4}{3}$

D $\log_{10} 4^3$

E $\log_{10} 3^4$

2530 $10^{\log_{10} 10^2}$ equivale a:

A 100
B 200
C 2
D 4
E 10

2531 Se il 35% di *x* è uguale a 175, il 60% di *x* vale:

A 300
B 315
C 280
D 350
E 180

2532 Per ogni numero reale *x*, calcolare il valore dell'espressione seguente:

$$\cos^2(\operatorname{sen}(x + \pi)) + \operatorname{sen}^2\left(\cos\left(x + \frac{\pi}{2}\right)\right)$$

A $\operatorname{sen} x$
B 1
C $\operatorname{sen} 2x$
D $\cos 2x$
E Nessuna delle precedenti alternative è corretta

2533 Delle risposte date a un questionario, 8 sono sbagliate e l'80% sono esatte. Quante risposte sono state date?

A 88
B 72
C 48
D 80
E 40

2534 Il sistema di due equazioni in due incognite

$$\begin{cases} x + y = 1 \\ 2x + 2y = 4 \end{cases}$$ **è:**

A risolubile solo per $x = 0$ e $y = x$
B indeterminato
C impossibile
D risolubile per ogni valore di *x*
E risolubile per ogni valore di *y*

2535 Il triplo di una lunghezza più la sua metà vale il suo quadruplo meno 50 cm. Quanto vale la lunghezza?

A 1 m
B 1/2 m
C 200 cm
D 150 cm
E 50,5 cm

2536 La distanza euclidea tra i punti P = (1; 0) e Q = (0; 2) è pari a:

A $\sqrt{0 + 3^2}$

B $\sqrt{2^2 - 1}$

C $\sqrt{1^2 - 2^2}$

D $\sqrt{1^2 + 2^2}$

E $\sqrt{1 + 0}$

2537 Calcolare il valore della seguente espressione:

$$\frac{\frac{2}{3} + \frac{1}{2} - 0{,}5}{0{,}2 - 0{,}8 \cdot \frac{1}{8}} - 0{,}2 \cdot \left(3 + \frac{1}{3}\right)$$

A 0
B 0,6
C $0{,}8\overline{6}$
D 6
E 0,86

MATEMATICA

2538 Stabilire quale fra le seguenti terne di numeri non può rappresentare la misura dei lati di un triangolo:

A 6, 8, 10
B 3, 4, 5
C 8, 6, 4
D 1, 3, 5
E $\frac{3}{2}, 2, \frac{5}{2}$

2539 Stabilire quali fra le seguenti curve non è una parabola:

A $y^2 - x^2 - 3x - 2 = 0$
B $y = 1 - x^2$
C $3x^2 - 5x + 6y - 1 = 0$
D $y = (x+2)^2$
E $y = -(x+4)^2$

2540 Quali sono le coordinate dei punti di intersezione della curva $2y^2 = 3x + 8$ con l'asse delle *y*?

A (0; 2) e (0; −2)
B (0; 2) e (−2; 0)
C (2; 0) e (−2; 0)
D (2; 0) e (0; −2)
E (0; 2) e (2; 0)

2541 Indicare quale delle seguenti affermazioni è sempre vera:

A la probabilità di un evento è sempre strettamente maggiore di zero
B la probabilità dell'unione di due eventi è sempre uguale alla somma delle probabilità dei due eventi
C la probabilità dell'unione di due eventi è uguale alla somma delle probabilità dei due eventi, nel caso i due eventi siano disgiunti
D la probabilità dell'unione di due eventi è uguale alla somma delle probabilità dei due eventi, nel caso i due eventi siano indipendenti
E la probabilità di un evento è sempre strettamente minore di uno

2542 Il numero 3,2(4) (dove le parentesi racchiudono il periodo) è uguale a:

A 324 / 100
B 324 / 99
C 292 / 90
D 321 / 90
E 321 / 99

2543 La disequazione $\frac{4 - x^2}{4 + x^2} \geq 0$ è soddisfatta:

A per $-2 < x < 2$
B per $x < -2$ e $x \geq 2$
C per $x < -2$ e $x > 2$
D per $x \leq -2$ e $x \geq 2$
E per $-2 \leq x \leq 2$

2544 In occasione di un esame due aule, A e B, sono occupate rispettivamente al 70% ed al 90% della loro capienza. Prima dell'inizio della prova si trasferiscono 13 studenti dell'aula B all'aula A. A questo punto l'aula A risulta occupata al 75% e l'aula B all'80%. Qual è il numero totale di studenti?

A 299
B 300
C 245
D 70
E 291

2545 Fra tre anni Matteo avrà il doppio dell'età che Sara aveva tre anni fa, mentre ora il quadruplo degli anni di lui è pari al quintuplo degli anni di lei. Quale delle seguenti affermazioni è vera?

A Per conoscere le età di Sara e Matteo ci vuole un ulteriore dato
B Si può dedurre che Sara è più vecchia di Matteo
C Fra un anno Sara avrà tanti anni quanti ne aveva Matteo un anno fa
D Si possono dedurre le età di Sara e di Matteo
E I due hanno la stessa età

2546 In quale delle seguenti quaterne di numeri sono elencati i valori in gradi sessagesimali degli angoli interni di un quadrilatero?

A 45, 120, 90, 104
B 120, 72, 54, 115
C 102, 90, 85, 81
D 90, 100, 120, 60
E 177, 38, 91, 54

2547 Nella proporzione $5 : x = x : -125$ il valore del medio proporzionale:

A non esiste nel campo dei numeri reali
B è un numero irrazionale
C è uguale a 25
D è uguale a − 25
E è uguale a $\frac{1}{25}$

QUESITI

2548 Se sul prezzo di un oggetto si pratica uno sconto del 30%, e quindi sul nuovo prezzo così ottenuto si applica un nuovo sconto del 20%, quanto vale in percentuale lo sconto (cioè la riduzione percentuale) totale sul prezzo iniziale?

A 44%
B 36%
C 50%
D 66%
E 72%

2549 Il quadrato del trinomio $(a - b + c)^2$ è uguale a:

A $(a + b + c)(a - b - c)$
B $a^2 - b^2 - c^2 + 2ab + 2bc + 2ac$
C $a^2 + b^2 + c^2 - 2ab - 2bc + 2ac$
D $a^2 + b^2 + c^2 + 2ab - 2bc + 2ac$
E $a^2 + b^2 + c^2 + 2ab - 2bc - 2ac$

2550 Le misure di due grandezze *x* e *y* fra loro dipendenti sono espresse dai seguenti valori numerici:

x	1	2	3	4	5
y	1,5	6	13,5	24	37,5

Possiamo affermare che *y* è:

A inversamente proporzionale a x^2
B direttamente proporzionale a x
C inversamente proporzionale a x
D direttamente proporzionale a x^2
E direttamente proporzionale a $1/x$

2551 La differenza $x^5 - x^3$ vale:

A x^2
B $x^{5/3}$
C $x^2(x^3 - 1)$
D $x^3(x^2 - 1)$
E $x^{3/5}$

2552 La divisione fra il polinomio

$$3x^4 - 2x^3 + 5x^2 + 36x - 5$$

e il polinomio $x + 2$ è uguale a:

A $(3x^3 - 8x^2 + 21x - 6) \cdot (x + 2) + 7$
B $(4x^3 + 8x^2 - 4x + 5) \cdot (x - 2) + 5$
C $(3x^3 - 8x^2 + 21x - 6) \cdot (x + 2)$
D $(3x^3 + 8x^2 - 21x + 6) \cdot (x + 2)$
E nessuna delle precedenti

2553 Supponiamo che un evento abbia probabilità $P = 0{,}1$. Allora l'evento a esso complementare ha probabilità pari a:

A 0,5
B 0,9
C −0,1
D non è possibile calcolarla
E 1,1

2554 In una serie ordinata di 7 numeri la mediana è:

A il primo numero
B il quarto numero
C il terzo numero
D la media aritmetica tra il terzo, il quarto e il quinto numero
E non possiamo determinarlo

2555 Dati i seguenti valori 1, 3, 4, 2, 5, 3, 3, 2, 6, 5, il grafico a torta che li rappresenta sarà formato da:

A 3 spicchi
B 4 spicchi
C 5 spicchi
D 6 spicchi
E non possiamo determinarlo

2556 Una successione di numeri tutti uguali fra di loro costituisce:

A solo una progressione aritmetica
B solo una progressione geometrica
C sia una progressione aritmetica che una progressione geometrica
D solo una sequenza di numeri
E nessuna delle altre risposte

2557 Calcolare la somma dei primi 100 numeri naturali:

A 100
B 10000
C 5050
D 4950
E 5000

2558 Con quale altra espressione può venire scritta la quantità 57.614.000?

A $57 \cdot 10^4 + 513 \cdot 100$
B $57 \cdot 10^3 + 614 \cdot 1000$
C $57 \cdot 10^2 + 613 \cdot 1000$
D $57 \cdot 10^6 + 614 \cdot 1000 + 0$
E $5700 \cdot 32$

MATEMATICA

2559 Tre orologi suonano, il primo ogni 3 ore, il secondo ogni 4 ore e il terzo ogni 5 ore. Oggi, martedì, suonano contemporaneamente alle ore 16. In quale giorno e a quale ora suoneranno ancora contemporaneamente la prossima volta?

- A Giovedì, alle ore 4
- B Mercoledì, alle ore 16
- C Venerdì, alle ore 4
- D Venerdì, alle ore 12
- E Giovedì, alle ore 16

2560 4893 moltiplicato per 8754896 è uguale a:

- A 42837706129
- B 42837706128
- C 42837706126
- D 42837706124
- E 42837706125

2561 Impiegando un certo capitale ad un certo tasso di interesse annuo, dopo il primo anno si ottiene un interesse di 40 euro e dopo il secondo, avendo capitalizzato la rendita, un interesse di 42 euro. Quale era il capitale iniziale?

- A 420 euro
- B 1.612 euro
- C 1.000 euro
- D 800 euro
- E 400 euro

2562 Stabilire quale delle seguenti affermazioni è vera:

- A $(x+3)^2 \geq 0$ per ogni x reale
- B $(x+3)^2 > 0$ per ogni x reale
- C $(x+3)^2 > 0$ per $x > -3$
- D $(x+3)^2 > 0$ per $x < -3$
- E $(x+3)^2 < 0$ per $x = -3$

2563 Se a, x e y sono tre numeri reali positivi, $\log_{10}2 + \log_{10}a - \log_{10}x - \log_{10}y$ è uguale a:

- A $2\log_{10}\frac{a}{xy}$
- B 0
- C $\log_{10}\frac{2a}{xy}$
- D $\log_{10}\frac{a}{xy}$
- E quesito senza soluzione univoca o corretta

2564 La funzione $y = 2^{-x}$:

- A è sempre positiva
- B ha valori positivi e negativi
- C è sempre negativa
- D è costante
- E non ha significato

2565 La funzione $f(x) = x - x^5$:

- A ha un solo zero in $x = 0$
- B è simmetrica rispetto all'origine
- C per $x > 0$ si ha $f(x) > 0$
- D si ha sempre $f(x) > 0$
- E non si ha mai $f(x) < 0$

2566 La funzione $f(x) = \sqrt{81 - x^4}$:

- A ha come campo di esistenza $-81 \leq x \leq 81$
- B ha come campo di esistenza $-9 \leq x \leq 9$
- C ha come campo di esistenza $-3 \leq x \leq 3$
- D esiste su tutto $\mathbb{R}$
- E $f(x) \neq 0$ sempre sul suo campo di esistenza

2567 La rappresentazione grafica della funzione $f(x) = (12 - 4x)^2$ è una:

- A retta con pendenza negativa
- B circonferenza di centro $(3; 0)$
- C ellisse con i fuochi sull'asse delle x
- D parabola con la concavità rivolta verso il basso
- E parabola con la concavità rivolta verso l'alto

2568 La frazione $\frac{2x}{x^2 - 4}$ esiste:

- A per ogni x reale
- B per $x > 1$
- C per $x \neq 0$
- D per $x \neq 2$ e $x \neq -2$
- E per $x \neq 2$

2569 Il campo di esistenza della funzione $f(x) = \frac{1}{\sqrt{x^2 - 1}}$ è:

- A $x \leq -1$, $x \geq 1$
- B tutto $\mathbb{R}$
- C $-1 < x < 1$
- D $x > 1$
- E $x < -1$, $x > 1$

2570 Due grandezze si dicono direttamente proporzionali quando:

A diminuiscono contemporaneamente
B aumentano contemporaneamente
C la loro somma ha un valore costante
D il loro prodotto ha un valore costante
E il loro rapporto ha un valore costante

2571 Se una sfera e un cubo hanno uguale volume, la superficie della sfera è:

A minore di quella del cubo
B maggiore di quella del cubo
C uguale a quella del cubo
D doppia di quella del cubo
E i dati forniti non sono sufficienti per rispondere

2572 La funzione $f(x) = \log_{10}(4 - x^2)$ ammette come campo di esistenza:

A $x < -2$, $x > 2$
B $x \leq -1$, $x \geq 2$
C $x > 2$
D $-2 < x < 2$
E $-2 \leq x \leq 2$

2573 La funzione $f(x) = \sqrt[4]{(x-1)(x^2-4)}$ ammette come campo di esistenza:

A $-2 < x < 1$, $x > 2$
B $-2 \leq x \leq 1$, $x \geq 2$
C $x \leq -2$, $1 \leq x \leq 2$
D $-2 \leq x \leq 2$
E tutto $\mathbb{R}$

2574 Sia $a^2 + b^2 > 0$. Si deduce che:

A a e b sono positivi
B $a + b > 0$
C $a + b < 0$
D a e b non sono entrambi nulli
E $a \neq b$

2575 La funzione $f(x) = 1 + x^2$ ammette come funzione reciproca:

A $g(x) = 1 + \frac{1}{x^2}$
B $g(x) = \frac{1}{1 + x^2}$
C $g(x) = \sqrt{1 + x^2}$
D $g(x) = \log(1 + x^2)$
E 1

2576 Se una funzione f ammette inversa g, allora:

A i grafici di f e di g sono simmetrici rispetto all'asse x
B i grafici di f e di g sono simmetrici rispetto all'origine
C i grafici di f e di g non hanno nessun legame
D i grafici di f e di g sono simmetrici rispetto alla bisettrice del I e III quadrante
E i grafici di f e di g sono simmetrici rispetto alla bisettrice del II e IV quadrante

2577 L'espressione $\log_{10} \frac{4(1-x) + x^2}{(x-2)^2}$ ha il valore (per x diverso da 2):

A 1
B $2\log_{10}(6 - 2)$
C 0
D $10^4 x$
E $-\infty$

2578 La funzione logaritmica $y = \log_{10} x$ può anche scriversi come una funzione esponenziale. Quale?

A $y^{10} = x$
B $x^{10} = y$
C $10^x = y$
D $10^y = x$
E $x^y = 10$

2579 La retta $y = k + hx$ è la bisettrice del primo quadrante degli assi cartesiani:

A sempre
B solo per $k = 1$ e $h = 0$
C solo per $k = 0$ e $h = 1$
D solo per $k = 1$ e $h = 1$
E mai

2580 La soluzione della disequazione

$$(x+3)(x+5) > (x+1)(x+9)$$

è:

A $x \leq 3$
B $x \geq 3$
C $x < 3$
D $x > 3$
E $0 < x < 3$

2581 Apriamo, a caso, un vocabolario e osserviamo che la pagina di destra è la 111, poi solleviamo alcuni centimetri di fogli e, sempre a destra, leggiamo 777. Quante pagine numerate pari vi sono fra le due letture?

A 332
B 333
C 334
D 665
E 666

2582 Quale tra le seguenti è la soluzione dell'equazione $\log_{10}x - \log_{10}2 = 2$?

A 4
B 8
C 200
D 50
E 100

2583 Quante soluzioni reali ammette, come minimo, un'equazione non indeterminata di 4º grado?

A Nessuna
B Una
C Due
D Quattro
E Tre

2584 Tra i primi 100 numeri naturali, sono contemporaneamente divisibili per 2, 3, 4, 5:

A 0 numeri
B 1 numero
C 2 numeri
D non è possibile stabilirlo
E 3 numeri

2585 Se $x = y - z$, allora:

A $x^2 = y^2 + z^2$
B $x^2 = y^2 + z^2 + 2yz$
C $x^2 = y^2 + z^2 - 2yz$
D $x^2 = y^2 - z^2$
E nessuna delle precedenti alternative è corretta

2586 La somma di tre numeri è 1000. Il primo è due terzi del secondo e il secondo è tre quinti del terzo. I tre numeri sono:

A 200; 300; 500
B 200; 200; 600
C 200; 400; 400
D 500; 200; 300
E 150; 300; 450

2587 La disequazione $\frac{4 + x^2}{x^2 - 3x + 2} \leq 0$ è soddisfatta:

A per ogni x reale
B per $x < 1$ e $x > 2$
C per $x \leq 1$ e $x \geq 2$
D per $1 < x < 2$
E per $1 \leq x \leq 2$

2588 Quale dei seguenti numeri è più vicino a $\log_2 15$?

A 15
B 5
C 2
D 4
E 6

2589 La funzione $f(x) = 1 + \frac{1}{4 + x^2}$:

A è sempre maggiore di 1
B assume almeno due volte il valore 1
C non è simmetrica rispetto all'asse y
D se $x < 0$, allora $f(x) < 0$
E $f(0) = 2$

2590 Quale dei seguenti punti non giace sulla retta di equazione $y = 2x + 1$?

A (1; 3)
B (0; 1)
C (–1; –1)
D (–1; 1)
E (2; 5)

2591 $5^{20} \cdot 5^{-19}$ è uguale a:

A $5^{20/19}$
B 5
C 5^{39}
D 5^{-380}
E 5^{-39}

2592 $(3^4)^5$ è uguale a:

A 3^9
B 3^{20}
C 3^{45}
D 3^{54}
E $3^{4/5}$

2593 **I grafici delle funzioni $f(x) = e^{-x}$ e $f(x) = x$ si intersecano:**

- A una sola volta
- B mai
- C tre volte
- D due volte
- E nessuna delle precedenti risposte è vera

2594 **Se $a < b$ e $c > 0$, allora:**

- A $ac > bc$
- B $ac < bc$
- C $\frac{c}{a} < \frac{c}{b}$
- D $ac < 0$
- E $bc > 0$

2595 **Nel gioco della roulette, come si sa, i numeri vanno da 0 a 36. Qual è la probabilità che il 17 esca due volte di fila?**

- A $\frac{1}{37 \cdot 37}$
- B $\frac{1}{37 \cdot 36}$
- C $\frac{1}{36 \cdot 36}$
- D $\frac{1}{37} + \frac{1}{37}$
- E $\frac{1}{17 \cdot 17}$

2596 **Se nella figura seguente il quadrato più esterno ha lato di lunghezza 1 m, la regione colorata in grigio ha area pari a:**

- A $\frac{1}{2}\left(\frac{5}{2}\pi - 3\right)\ \text{m}^2$
- B $\frac{1}{4}(\pi - 1)\ \text{m}^2$
- C $\frac{1}{4}\left(\frac{7}{4}\pi - 3\right)\ \text{m}^2$
- D metà dell'area del quadrato più esterno
- E non si può rispondere perché i dati sono insufficienti

2597 **L'equazione di secondo grado che ha soluzioni 1 e – 3 è:**

- A $x^2 - 2x - 3 = 0$
- B $x^2 + 2x - 3 = 0$
- C $x^2 - 2x + 3 = 0$
- D $x^2 + 2x + 3 = 0$
- E quesito senza soluzione univoca o corretta

2598 **L'equazione $x = (k - 1)y$ rappresenta:**

- A un'iperbole
- B una retta non passante per l'origine
- C una retta passante per l'origine
- D una parabola
- E un'ellisse

2599 **Un triangolo ha due angoli uguali a 60° e 70° rispettivamente. Quanto vale l'angolo esterno non adiacente ad essi?**

- A 10°
- B 50°
- C 80°
- D 90°
- E 130°

2600 **Per quale valore del parametro reale k dividendo il polinomio $3x^2 + 5x + k$ per il binomio $x - 1$ si ottiene resto 2?**

- A –2/3
- B –6
- C 5
- D 8
- E –1

2601 **Nel piano x, y le equazioni $y = -6$ e $y = x^2$ rappresentano:**

- A una retta e una parabola che non si incontrano
- B una retta e un'iperbole che non si incontrano
- C una retta e una parabola che si incontrano in due punti
- D una retta e un'iperbole che si incontrano in due punti
- E quesito senza soluzione univoca o corretta

2602 **L'equazione $x^3 + x^2 - x = 0$:**

- A non ha radici reali
- B ha una radice tripla (tre radici coincidenti)
- C ha una radice reale e due radici complesse
- D ha tre radici reali distinte
- E nessuna delle precedenti alternative è corretta

MATEMATICA

2603 Tre poliziotti in un poligono sparano ciascuno un colpo per centrare un bersaglio. La probabilità che il primo poliziotto colpisca il bersaglio è $1/2$, $2/3$ per il secondo poliziotto e $3/5$ per il terzo.
Qual è la probabilità che almeno una pallottola colpisca il bersaglio?

A $\frac{14}{15}$
B $\frac{43}{30}$
C $\frac{2}{5}$
D $\frac{13}{15}$
E 1

2604 In quali casi il logaritmo naturale di un numero è positivo?

A Quando il numero è maggiore di zero ma minore di uno
B Quando il numero è uguale a uno
C Quando il numero è maggiore di uno
D Per nessun numero
E Per ogni numero

2605 Data una retta *r* nello spazio, quante rette *s* perpendicolari ad essa possono essere costruite?

A Infinite
B Due
C Tre
D Una
E Un numero finito maggiore di due

2606 Quale dei seguenti insiemi numerici è formato da un solo elemento?

A $\{x$ numero reale tale che $x^2 = x\}$
B $\{x$ numero reale tale che $x \geq 1\}$
C $\{x$ numero reale tale che $x^2 = 2x - 1\}$
D $\{x$ numero reale tale che $x^2 + 1 = 0\}$
E $\{x$ numero reale tale che $x^2 - 1 = 0\}$

2607 Determinare i valori di *x* per il quale risulta soddisfatta la disequazione:

$$(x-1)\cdot(x+2) > 0$$

A $x < -1$ e $x > 2$
B $x < -2$ e $x > 1$
C $x < -2$ e $x > 2$
D $x < -1$ e $x > 3$
E $-2 < x < 2$

2608 La retta di equazione $y = x\sqrt{3} + 45$ con l'asse *y* forma un angolo di:

A 30°
B 45°
C 60°
D $\frac{\pi}{8}$ radianti
E $\frac{\pi}{12}$ radianti

2609 Dire per quali valori di *x* vale la disequazione $\frac{x-a}{x-b} > 0$ con $a > b > 0$.

A Per $x > a$
B Per $x < b$
C Per $b < x < a$
D Per $x > a$ e $x < b$
E Nessuna delle precedenti

2610 Individuare la forma semplificata a cui è riducibile il radicale:

$$\left(\sqrt[12]{9a^2x^2 + 4b^2x^2 - 12abx^2}\right)^3$$

A $x(3a-2b)^{1/2}$
B $x^2(3a-2b)$
C $[x(3a-2b)]^{1/2}$
D $[x(3a-2b)]^{2/3}$
E $x^{1/2}(3a-2b)^2$

2611 Un'identità algebrica $f(x) = g(x)$ è verificata:

A da qualunque valore della *x*
B da un numero finito di valori della *x*
C da un numero di valori che dipende dal massimo grado della *x*
D per rispondere occorre conoscere le espressioni di *f* e di *g*
E da un numero infinito di valori della *x*, ma non da tutti

2612 Il sistema $\begin{cases} y = 2x \\ x + \frac{y}{2} = 3 \end{cases}$:

A non ha soluzioni
B ha la sola soluzione $x = 3/2$; $y = 3$
C ha infinite soluzioni
D ha la sola soluzione $x = 1$; $y = 3/2 + 1$
E ha la sola soluzione $x = 5/2$; $y = 5$

2613 In una scatola vi sono 10 palline nere, una rossa, una verde. Qual è la probabilità, pescando due palline che esse siano la rossa e la verde?

A $\frac{2}{10}$

B $\frac{2}{10} \cdot \frac{1}{9}$

C $\frac{2}{12}$

D $\frac{2}{12} \cdot \frac{1}{11}$

E $\frac{2}{110}$

2614 La media aritmetica tra $\left(\frac{1}{2}\right)^{-2}$ e $\left(\frac{1}{2}\right)^{2}$ è:

A uguale a 0

B minore di 0

C uguale a $\frac{17}{8}$

D uguale a $\frac{17}{4}$

E uguale a $\frac{7}{4}$

2615 È data un'urna contenente 6 palline bianche, 8 palline rosse, 10 palline blu e 12 palline verdi. La probabilità di estrarre una pallina rossa è:

A $\frac{2}{9}$

B $\frac{1}{2}$

C $\frac{1}{3}$

D $\frac{3}{5}$

E $\frac{2}{5}$

2616 Lo spigolo di un cubo ha lunghezza 10 mm. Il volume del cubo, in metri cubi, misura:

A 10^{-6}

B 10^{-15}

C 100

D 10^{-3}

E 10^{-9}

2617 Per quali valori di a l'equazione $(a+1)x+2=0$ ha soluzioni inferiori a -2?

A $a<0$

B $0<a<1$

C $-1<a<+1$

D $-1<a<0$

E $a<-1$

2618 Nell'insieme dei numeri reali la disequazione $|x-1| \leq 2$ è verificata per:

A $1 \leq x \leq 3$

B $-2 \leq x \leq 2$

C $-1 \leq x \leq 2$

D $-1 \leq x \leq 3$

E $-1 < x \leq 2$

2619 La metà di 10^{-8} è:

A 10^{-4}

B $5 \cdot 10^{-8}$

C 5^{-8}

D $5 \cdot 10^{-7}$

E nessuna delle risposte precedenti

2620 Se il risultato di una divisione è negativo significa che:

A il denominatore è maggiore del numeratore

B il numeratore è compreso tra 0 e 1 e il denominatore è maggiore di 1

C sia il numeratore che il denominatore sono negativi

D numeratore e denominatore hanno segno opposto

E non è possibile che il risultato di una divisione sia negativo

2621 Il polinomio $x^2(x^2+15)-8x^3$ è equivalente a:

A $x^2[x(x-8)+15]$

B $-x^2(x-3)\cdot(x+5)$

C $x^2(x+15-8x^3)$

D $x^2(x-5)\cdot(x+3)$

E $x^2(x^2+7)$

2622 Qual è la somma degli scarti dalla media aritmetica dei numeri 3; 4; 5; 6; 7?

A 3

B 0

C −3

D 5

E 25

MATEMATICA

2623 Tirando contemporaneamente due dadi, quante probabilità vi sono di ottenere un determinato numero su entrambi i dadi?

A $\frac{1}{36}$

B $\frac{1}{12}$

C $\frac{2}{6}$

D $\frac{1}{100}$

E $\frac{1}{6}$

2624 Un viaggiatore intende recarsi dalla città Aalle città B, C e D e fare ritorno ad Adopo essersi recato in ogni città una sola volta. In quanti modi diversi può organizzare il viaggio?

A 6

B 4

C 3

D 24

E 12

2625 La probabilità che nel lancio di due dadi si ottenga la somma 5 rispetto a quella che si ottenga la somma 10 è:

A il doppio

B la metà

C maggiore

D minore

E un quarto

2626 Risolvere il seguente sistema di disequazioni

$$\begin{cases} x-1>0 \\ -2-x<0 \end{cases}$$

A $x<-2$ e $x>1$

B $x>1$

C $-2<x<1$

D Il sistema è impossibile

E $x>-2$

2627 Quale di queste espressioni equivale a:

$\ln y = x$?

A $x=e^y$

B $y=1/x$

C $y=e^x$

D $y=x$

E $y^x=e$

2628 In un cerchio di diametro D è inscritto un quadrato di lato L. Stabilire quale relazione lega D e L.

A $D = 2L$

B $D = 2 \cdot 2^{1/2} \cdot L$

C $D = 2^{1/2} \cdot L$

D $D = 3{,}1416 \cdot L$

E $D = \frac{1}{2}L$

2629 Per quali valori di x risulta $x^2 > 36$?

A $x>-6$

B $x<-6\,,\ x>6$

C $-6<x<6$

D $x>6$

E $x<-6$

2630 Se in un'urna sono contenute 10 palline numerate da 1 a 10, qual è la probabilità di estrarre la pallina numero 5, estraendo insieme due palline?

A $\frac{2}{10}$

B $\frac{1}{90}$

C $\frac{2}{90}$

D $\frac{2}{9}$

E $\frac{1}{10}+\frac{1}{9}$

2631 Quale delle seguenti affermazioni è ERRATA? Se due numeri sono ...

A primi tra loro, il M.C.D. è il loro quoziente

B primi tra loro, il m.c.m. è il loro prodotto

C uno multiplo dell'altro, il più grande è il m.c.m.

D uno multiplo dell'altro, il più piccolo è il M.C.D.

E primi tra loro, il M.C.D. = 1

2632 L'espressione $10^{-2} \cdot 10^{-8}$ è uguale a:

A 10^{-4}

B 10^{-12}

C 10^{-10}

D nessuna delle altre risposte è corretta

E 10^{-16}

2633 Stabilire quale delle seguenti proprietà è falsa.

A Due rette che si intersecano formano sempre 4 angoli uguali
B Per un punto P passa una ed una sola retta perpendicolare ad una retta data *r*
C Un angolo ottuso è maggiore di un angolo retto
D Un angolo retto è maggiore di un angolo acuto
E L'angolo adiacente ad un angolo retto è anch'esso retto

2634 Un triangolo equilatero ha il lato che misura 4. Allora:

A la sua altezza è $4\sqrt{3}$
B il suo perimetro è 8
C la sua area è $4\sqrt{3}$
D il suo perimetro è 16
E la sua area è 9

2635 Quanto vale il logaritmo in base 10 della radice quadrata di 10^{-8}?

A -4
B 0,8
C $-10/8$
D 8
E 1/16

2636 Per quali valori del parametro reale *a* le due rette di equazione $y = 2x + 1$ e $y = ax - 3$ non hanno alcun punto in comune?

A $a = 5$ e $a = 3$
B $a = 0$
C $a = 2$
D Per nessun valore di *a*
E Per ogni valore di *a*

2637 L'espressione $\log_{a^{1/2}}\left(\frac{1}{a^{2/3}}\right)$:

A vale 1/3
B vale $-4/3$
C è irrazionale
D ha un valore che dipende da *a*
E vale 3

2638 Se $y = 4x(x + 1)$, il grafico di *y* in funzione di *x* su un piano cartesiano è:

A un cerchio
B una retta
C un'iperbole
D una parabola
E una curva di tipo esponenziale

2639 Supponiamo di avere due eventi A e B disgiunti tali che $P(A) = 0,3$ e $P(A \cup B) = 0,7$. Allora:

A $P(B) = 0,3$
B $P(B) = 1$
C $P(B) = 0,4$
D la probabilità di B non è calcolabile
E $P(B) < 0,4$

2640 La radice dell'equazione $4x^5 + 128 = 0$ è:

A $x = -2$
B $x = 2$
C $x = -\frac{1}{2}$
D $x = 3$
E non esiste

2641 $-3 \cdot 10^{-3} =$

A 3
B -3
C $-0,0003$
D $-0,003$
E $-0,3$

2642 Se $x = e^{-\ln 2}$ si può dire che:

A $x = 2 \log e$
B $x = 1/2$
C $x = 2$
D $x = -2$
E nessuna delle precedenti

2643 Il $\log_a b$ è uguale a:

A $\log_b \frac{1}{a}$
B $\log_b a - 1$
C $(\log_b a)^{-1}$
D $-\frac{1}{\log_b a}$
E nessuna delle precedenti

2644 L'espressione $7^{2 + \log_7 x}$ è uguale a:

A $49x$
B $7^2 + x$
C $49 + \log_7 x$
D $49\log_7 x$
E $7x$

MATEMATICA

2645 **Se un polinomio $p(x)$ è divisibile per $x^2 - 4$, allora:**

A $\sqrt{2}$ e $-\sqrt{2}$ sono certamente radici di $p(x)$
B $p(x)$ non ha radici reali
C 2 non è una radice di $p(x)$
D -2 non è una radice di $p(x)$
E 2 e -2 sono certamente radici di $p(x)$

2646 **Un'urna contiene 10 palline: 6 rosse e 4 bianche. Qual è la probabilità che estraendo due palline dall'urna queste siano entrambe rosse?**

A 9/25
B 3/10
C 1/3
D 1/4
E 1/6

2647 **Il logaritmo della somma di due numeri $\log(a+b)$:**

A è uguale a $\log a + \log b$
B è uguale a $\log a \cdot \log b$
C è minore di zero per $(a+b) < 0$
D è uguale a zero per $a = 1 - b$
E nessuna delle precedenti

2648 **In una progressione geometrica il primo elemento è 2 e il sesto è 0,0625. Il quinto valore della progressione è:**

A 0,125
B 0,0125
C 0,5
D 0,05
E nessuno dei valori proposti nelle altre risposte è corretto

2649 **Un'iperbole di equazione $xy = k$ ($k > 0$) e una retta di equazione $x - y = h$, hanno in comune:**

A un punto
B due punti
C nessun punto
D dipende dal segno di h
E nessuna delle precedenti

2650 **Date due sfere di centro O e O′ e raggi R e R′ con R > R′, se la distanza OO′ è uguale a R + R′ le due superfici sferiche sono:**

A esterne una all'altra
B secanti
C tangenti esternamente
D tangenti internamente
E i dati non sono sufficienti per rispondere

2651 **Uno studente universitario, dopo aver superato tre esami, ha la media di 28. Nell'esame successivo lo studente prende 20. Qual è la sua media dopo il quarto esame?**

A 27
B 26
C 25
D 24
E 23

2652 **Qual è la relazione tra le radici quadrate dei numeri sotto riportati?**

$$a = (30/31)^{15} \quad b = (30/31)^{16}$$
$$c = (31/30)^{15} \quad d = (31/30)^{16}$$

A $a < b < c < d$
B $c < a < b < d$
C $b < a < c < d$
D $a < c < b < d$
E Nessuna delle risposte riportate

2653 **L'espressione $(2^n + 2^{n+1})^2$, con n intero positivo, è anche uguale a:**

A $9 \cdot 4^n$
B 2^{4n+2}
C 4^{4n+2}
D 2^{2n^2+2n}
E 16^{n^2+n}

2654 **Che valore deve avere a, affinché le due equazioni $ax = 15 - 3y$ e $y = 3x - 2$ rappresentino due rette perpendicolari fra loro?**

A $a = 3$
B $a = 1$
C $a = -1/3$
D $a = 0$
E $a = -1$

2655 **Supponiamo di lanciare contemporaneamente 2 dadi. La probabilità che il prodotto dei numeri ottenuti sia 6 vale:**

A $\frac{5}{36}$
B $\frac{1}{36}$
C $\frac{1}{6}$
D $\frac{1}{9}$
E 0

QUESITI

2656 La distanza tra i punti:

$A = (-5 ; k+5)$ e $B = (k ; 4)$

è uguale a $2\sqrt{10}$ per:

A $k = -6$
B $k = 0$
C $k = 1/2$
D $k = 1$
E $k = 7$

2657 Quanto vale l'espressione $\frac{43^{65} \cdot (43^2)^3}{43^{-12} \cdot 43^{20}}$?

A 43^{78}
B $43^{-1,625}$
C $(43^3)^{21}$
D 43^{-2}
E 43^{-43}

2658 Due oggetti, posti a un chilometro da un osservatore e visti da questo sotto un angolo di 0,01 radianti, hanno tra loro una distanza pari a:

A circa 100 metri
B circa 50 metri
C circa 10 metri
D circa 5 metri
E circa 1 metro

2659 Dati i punti M = (– 1; 0) e N = (3; – 1/2), l'equazione della retta per l'origine perpendicolare alla retta MN è:

A $y = 8x + 2$
B $y = -1/8x$
C $y = 8x$
D $y = 1/8x$
E $y = 8x + 8$

2660 $\log_{10}35$ è uguale a:

A $\log_{10}7 + \log_{10}5$
B $\log_{10}30 + \log_{10}5$
C $\log_{10}7 - \log_{10}5$
D $3\log_{10}5$
E $5\log_{10}3$

2661 A quanto equivale la radice quadrata di 81/25?

A 9/25
B 40/12
C 27/10
D 9/5
E 25/9

2662 La funzione $f(x) = \frac{x-1}{x+1}$ è definita:

A per ogni x reale
B per ogni x diverso da -1
C per ogni x diverso da -1 e da 1
D per $x > 0$
E per $x < 0$

2663 Trovare l'area del triangolo compreso fra gli assi cartesiani e la retta di equazione:

$$y = 5 - x/2$$

A $\frac{5}{4}$
B $\frac{2}{5}$
C 50
D 25
E Nessuna delle precedenti alternative è corretta

2664 Per quali valori reali di x la funzione $y = (ax)^2 + 3$ ha valori positivi?

A Solo per $x = a$
B Solo per $x = 3$
C Nessuno
D Per $x > 0$
E Per qualsiasi valore di x

2665 Sapendo che la distanza fra due punti A = (8; 1) e B = (0; x) è pari a 7, quanti valori può assumere x?

A Uno
B Nessuno
C Due
D Tre
E Infiniti

2666 L'area di un triangolo equilatero di lato 1 metro è data da m²:

A $\frac{\sqrt{3}}{4}$
B $\sqrt{\frac{2}{3}}$
C $\frac{1}{2}$
D $\frac{1}{3}$
E $\frac{1}{4}$

MATEMATICA

2667 Il logaritmo in base 5 di 24:
- A è compreso tra 1 e 2
- B è compreso tra 2 e 3
- C non esiste
- D è compreso tra – 1 e 1
- E è uguale a 24/5

2668 L'espressione 15^0 equivale a:
- A – 12
- B 1
- C 1/12
- D 12
- E 0

2669 Le soluzioni dell'equazione

$$x^3 - 3x^2 + 3x - 1 = 0$$

sono:
- A 0, 1, 2
- B 1 (tripla)
- C –1, 1 (doppia)
- D 1, –1, 2
- E –1 (tripla)

2670 Il punto *medio* di un palo rettilineo verticale è collegato con una fune tesa di lunghezza 5 m con un punto *P* del terreno posto a distanza 4 m dalla base del palo. Quale deve essere la lunghezza in metri di una fune che colleghi invece la *sommità* del palo con il medesimo punto *P* del terreno?
- A $2\sqrt{13}$
- B $2\sqrt{15}$
- C $2\sqrt{17}$
- D $3\sqrt{11}$
- E $3\sqrt{13}$

2671 Le soluzioni della disequazione:

$$(2 - x)(x + 1)x < 0$$

sono:
- A $-1 < x < 0$ oppure $x > 2$
- B $x < -1$ oppure $0 < x < 2$
- C $-1 < x < 0$
- D $x > 2$
- E $0 < x < 1$ oppure $x > 2$

2672 La somma dei reciproci di due numeri interi positivi è uguale ad uno. Allora la somma dei due numeri è:
- A nulla
- B uguale ad uno
- C uguale alla loro differenza
- D uguale al loro prodotto
- E negativa

2673 Una retta di coefficiente angolare $m = 5/7$ passa per i punti $(-3, -2)$ e $(a, 3)$ del piano cartesiano. Quanto vale il parametro a?
- A 2
- B 3,5
- C 4
- D 4,5
- E 5

2674 Una sfera di marmo piena, la cui superficie misura 100π cm^2, viene divisa in due parti uguali. Quanto vale (in centimetri quadrati) la superficie di ciascuna di queste parti?
- A 50π
- B 60π
- C 70π
- D 75π
- E 80π

2675 Sia $x < 2$. Allora l'espressione:

$$\sqrt{4 \cdot (x - 2)^2}$$

- A è uguale a $2x - 4$
- B è uguale a $4 - 2x$
- C è uguale a $4x - 8$
- D è uguale a $8 - 4x$
- E non è definita

2676 Quale delle seguenti espressioni è uguale a 6^5?
- A $18 \times 3^3 \times 2^4$
- B $6 \times 3^3 \times 2^5$
- C $12 \times 3^4 \times 2^4$
- D $9 \times 3^4 \times 2^4$
- E $12 \times 3^3 \times 2^4$

2677 Quanto misura l'area del triangolo che ha i vertici collocati nei punti A (2; 5), B (7; 5), C (11; 0) del piano cartesiano?
- A 12
- B 12,5
- C 13,5
- D 14
- E 14,5

2678 Un'urna contiene solo palline bianche, rosse e verdi per un totale di 116 palline. Le palline bianche superano di 6 unità le rosse e sono 11 meno delle verdi. Le palline rosse contenute nell'urna sono:
- A 20
- B 31
- C 37
- D 43
- E nessuna delle precedenti

2679 Se la somma di due numeri naturali è pari, allora si può affermare che:

A i due numeri sono entrambi pari
B i due numeri sono entrambi dispari
C i due numeri sono uno pari e uno dispari
D i due numeri sono entrambi pari o entrambi dispari
E nessuna delle precedenti

2680 Disporre in ordine crescente i seguenti numeri reali:

$$2^{-10} ; -2 \cdot 10^{-2} ; \sqrt{2^{10}} ; -2^{10}$$

A $-2^{10} ; \sqrt{2^{10}} ; 2^{-10} ; -2 \cdot 10^{-2}$
B $-2^{10} ; -2 \cdot 10^{-2} ; 2^{-10} ; \sqrt{2^{10}}$
C $-2 \cdot 10^{-2} ; -2^{10} ; \sqrt{2^{10}} ; 2^{-10}$
D $-2 \cdot 10^{-2} ; 2^{-10} ; \sqrt{2^{10}} ; -2^{10}$
E nessuna delle precedenti

2681 Nel piano cartesiano Oxy la retta passante per l'origine e perpendicolare alla retta di equazione $3x - 5y + 1 = 0$ ha equazione:

A $5x - 3y = 0$
B $3x + 5y - 2 = 0$
C $5x + 3y = 0$
D $3x - 5y = 0$
E $3x + 5y = 0$

2682 Fra i seguenti numeri reali

$$\sqrt{2} ; \frac{\sqrt{3}}{2} ; 0,\overline{01} ; \frac{3}{2}\pi ; \sqrt{121} ; \frac{1}{e}$$

quelli irrazionali sono:

A $\sqrt{2} ; 0,\overline{01} ; \frac{3}{2}\pi ; \sqrt{121}$
B $\sqrt{2} ; \frac{\sqrt{3}}{2} ; \frac{3}{2}\pi ; \frac{1}{e}$
C $\sqrt{2} ; \frac{3}{2}\pi ; \sqrt{121} ; \frac{1}{e}$
D $\sqrt{2} ; 0,\overline{01} ; \frac{3}{2}\pi ; \frac{1}{e}$
E nessuna delle precedenti

2683 Se $P(t) = 322t^2 - t - 321$ allora:

A l'equazione $P(t) = 0$ non ha soluzioni reali
B la disequazione $P(t) < 0$ è verificata per ogni $t < 0$
C $P(1) = 1$
D $P\left(-\frac{321}{322}\right) = 0$
E nessuna delle precedenti

2684 L'equazione nell'incognita <u>razionale</u> x:

$$(4x^2 - 25)(x^3 + 9) = 0$$

A non ammette soluzioni
B ammette due soluzioni distinte
C ammette tre soluzioni distinte
D ammette cinque soluzioni
E non si può risolvere, perché è di quinto grado

2685 Il polinomio $x^6 - 8$ è divisibile per:

A $x - \sqrt{2}$
B $x^2 + 2$
C $x^3 - 2$
D $x^2 - 2\sqrt{2}x + 2$
E nessuna delle precedenti

2686 Se si uniscono i punti medi dei lati di un quadrilatero si ottiene sempre:

A un parallelogramma
B un rettangolo
C un rombo
D un quadrato
E nessuna delle precedenti

2687 Quale fra i seguenti numeri si avvicina di più alla radice quadrata di 0,0018?

A 0,004
B 0,005
C 0,04
D 0,05
E 0,6

2688 Nel campo dei numeri reali il sistema

$$\begin{cases} xy - x = 0 \\ x^2 + xy = -2 \end{cases}$$

è tale che:

A ha una soluzione
B ha due soluzioni
C ha tre soluzioni
D non ha soluzioni
E ha infinite soluzioni

2689 Nel campo dei numeri reali l'equazione

$$\frac{1}{x^2 + x} = \frac{1}{3x - x^2}$$

A ha una sola soluzione
B ha due soluzioni
C ha tre soluzioni
D non ha soluzioni
E ha infinite soluzioni

MATEMATICA

2690 **Se $f(\alpha) = (\cos 2\alpha)^2 + (\text{sen} 2\alpha)^2$ allora per ogni $\alpha \in \mathbb{R}$ è vero che:**

A $f(\alpha) = 4\cos 2\alpha + 4\text{sen} 2\alpha$
B $f(\alpha) = 2 - \text{sen}\alpha \cos\alpha$
C $f(\alpha) = 2 + \text{sen}\alpha \cos\alpha$
D $f(\alpha) = 2$
E $f(\alpha) = 1$

2691 **Nel piano cartesiano la retta di equazione $y = mx - q$ è perpendicolare alla retta $3x - 2y = 5$. Quanto vale il coefficiente angolare m?**

A $-2/5$
B $-3/5$
C $-3/2$
D $-2/3$
E $2/5$

2692 **Ad un disegnatore si richiede di tracciare in un piano una circonferenza tangente nei punti A e B a due rette che si intersecano nel punto P, e tale che le distanze di A e B da P siano, rispettivamente, 8 cm e 6 cm. Quale delle seguenti affermazioni è vera?**

A Il problema è risolubile solo se le due rette sono perpendicolari
B Il raggio della circonferenza è di 12 cm
C Il centro di questa circonferenza si trova sulla bisettrice di uno degli angoli formati dalle due rette
D Il raggio della circonferenza è di 10 cm
E È impossibile tracciare una tale circonferenza

2693 **Al parco giochi 6 bambini giocano al girotondo. In quanti modi diversi si possono mettere in cerchio?**

A 30
B 90
C 120
D 600
E 720

2694 **Se $x + 1$ è minore di $2x + 3$ e a sua volta $2x + 3$ è minore di $3x - 1$, allora il numero reale x necessariamente soddisfa la condizione:**

A $x > 1$
B $x < 3$
C $x < 2$
D $x > 5$
E $x > 4$

2695 **L'espressione $\dfrac{3x^{-2}y^4z^{-3}}{3^{1/2}zy^{-1}x^2}$ è uguale a:**

A $\dfrac{y^5z^{-4}}{3^{-1/2}x^4}$
B $\dfrac{3^{1/2}y^{-5}z^{-4}}{x^4}$
C $\dfrac{3^{-1/2}y^{-5}z^4}{x^4}$
D $\dfrac{\sqrt{3}x^4y^5}{z^4}$
E $\dfrac{y^5z^{-4}}{\sqrt{3}x^4}$

2696 **Se $\dfrac{m}{n} = 2 - \dfrac{3x}{x+1}$ allora $\dfrac{n}{m} = ?$**

A $\dfrac{x+3}{1-x}$
B $\dfrac{x+1}{2-x}$
C $\dfrac{x+1}{x-2}$
D $\dfrac{x-1}{2-x}$
E $\dfrac{x+2}{x-1}$

2697 **Su una speciale carta geografica 8 centimetri rappresentano una distanza di 5 chilometri nella realtà. Quindi, su quella carta, quanto distano in centimetri due punti che nella realtà si trovano a 11 chilometri fra loro?**

A 16,8
B 17
C 17,2
D 17,6
E 18

2698 **Se $x = \dfrac{3a-b}{a+b}$ allora $\dfrac{x+3}{2} = ?$**

A $\dfrac{2a+b}{a+b}$
B $\dfrac{a+2b}{a+b}$
C $\dfrac{3a+b}{a+b}$
D $\dfrac{a+3b}{a+b}$
E $\dfrac{4a+b}{a+b}$

2699 **La media aritmetica fra i tre numeri *a, b, c* è uguale a 6. Quanto vale quindi la media aritmetica fra i *quattro* numeri *a, b, c,* 2?**

A 4
B 4,5
C 5
D 5,5
E 6

2700 **I due numeri p e q sono interi positivi tali che $p + q = 31$.**

Il valore della somma $(-1)^p + (-1)^q$ è quindi:

A uguale a 1 se p è pari
B uguale a -1 se q è dispari
C sempre uguale a zero
D sempre uguale a 1
E sempre uguale a 2

MATEMATICA

Soluzioni

Quesito	Risposta	Quesito	Risposta	Quesito	Risposta	Quesito	Risposta	Quesito	Risposta	Quesito	Risposta	Quesito	Risposta	Quesito	Risposta	Quesito	Risposta	Quesito	Risposta
1601	B	1602	C	1603	C	1604	D	1605	B	1606	E	1607	B	1608	B	1609	A	1610	C
1611	D	1612	B	1613	C	1614	D	1615	E	1616	E	1617	E	1618	B	1619	D	1620	B
1621	B	1622	D	1623	C	1624	D	1625	A	1626	C	1627	D	1628	B	1629	B	1630	B
1631	C	1632	B	1633	A	1634	E	1635	C	1636	B	1637	C	1638	B	1639	E	1640	B
1641	E	1642	A	1643	B	1644	C	1645	D	1646	D	1647	C	1648	B	1649	B	1650	B
1651	B	1652	D	1653	B	1654	C	1655	A	1656	D	1657	A	1658	B	1659	C	1660	E
1661	C	1662	B	1663	C	1664	D	1665	C	1666	D	1667	E	1668	A	1669	B	1670	B
1671	C	1672	B	1673	A	1674	C	1675	B	1676	D	1677	A	1678	C	1679	A	1680	C
1681	D	1682	E	1683	C	1684	D	1685	E	1686	B	1687	A	1688	A	1689	D	1690	E
1691	B	1692	E	1693	D	1694	D	1695	B	1696	A	1697	E	1698	B	1699	A	1700	B
1701	A	1702	D	1703	C	1704	A	1705	E	1706	D	1707	D	1708	B	1709	C	1710	D
1711	C	1712	B	1713	B	1714	A	1715	B	1716	E	1717	B	1718	C	1719	D	1720	A
1721	D	1722	C	1723	E	1724	A	1725	D	1726	B	1727	A	1728	C	1729	E	1730	C
1731	A	1732	B	1733	D	1734	D	1735	A	1736	A	1737	D	1738	C	1739	C	1740	C
1741	B	1742	C	1743	D	1744	B	1745	C	1746	E	1747	C	1748	A	1749	A	1750	B
1751	B	1752	C	1753	D	1754	B	1755	C	1756	B	1757	E	1758	B	1759	A	1760	A
1761	A	1762	B	1763	B	1764	B	1765	B	1766	D	1767	E	1768	E	1769	D	1770	C
1771	D	1772	C	1773	D	1774	B	1775	E	1776	C	1777	C	1778	D	1779	A	1780	C
1781	A	1782	C	1783	D	1784	C	1785	A	1786	D	1787	A	1788	C	1789	A	1790	A
1791	E	1792	B	1793	A	1794	B	1795	B	1796	B	1797	B	1798	C	1799	A	1800	B
1801	A	1802	E	1803	A	1804	A	1805	D	1806	A	1807	C	1808	C	1809	A	1810	D
1811	E	1812	C	1813	A	1814	B	1815	A	1816	B	1817	C	1818	C	1819	B	1820	B
1821	A	1822	A	1823	A	1824	B	1825	B	1826	B	1827	B	1828	C	1829	C	1830	E
1831	A	1832	A	1833	C	1834	A	1835	E	1836	E	1837	A	1838	D	1839	A	1840	B
1841	D	1842	A	1843	A	1844	A	1845	E	1846	C	1847	A	1848	D	1849	B	1850	D
1851	C	1852	E	1853	A	1854	D	1855	A	1856	B	1857	E	1858	A	1859	E	1860	C
1861	B	1862	B	1863	A	1864	A	1865	A	1866	C	1867	E	1868	B	1869	C	1870	D
1871	D	1872	D	1873	E	1874	C	1875	A	1876	C	1877	C	1878	B	1879	B	1880	C
1881	B	1882	D	1883	B	1884	D	1885	A	1886	C	1887	C	1888	D	1889	D	1890	E
1891	A	1892	D	1893	D	1894	B	1895	B	1896	D	1897	B	1898	B	1899	C	1900	A

Quesito	Risposta	Quesito	Risposta	Quesito	Risposta	Quesito	Risposta	Quesito	Risposta	Quesito	Risposta	Quesito	Risposta	Quesito	Risposta	Quesito	Risposta	Quesito	Risposta
1901	C	1902	B	1903	E	1904	D	1905	B	1906	B	1907	C	1908	B	1909	C	1910	B
1911	C	1912	C	1913	C	1914	C	1915	D	1916	D	1917	D	1918	B	1919	A	1920	B
1921	B	1922	E	1923	C	1924	C	1925	A	1926	D	1927	E	1928	C	1929	A	1930	C
1931	C	1932	A	1933	E	1934	A	1935	B	1936	C	1937	C	1938	E	1939	B	1940	A
1941	A	1942	B	1943	B	1944	A	1945	B	1946	E	1947	B	1948	D	1949	B	1950	B
1951	D	1952	C	1953	B	1954	D	1955	A	1956	A	1957	B	1958	C	1959	B	1960	D
1961	C	1962	D	1963	E	1964	E	1965	C	1966	E	1967	D	1968	C	1969	B	1970	B
1971	D	1972	D	1973	B	1974	C	1975	B	1976	D	1977	A	1978	A	1979	C	1980	E
1981	B	1982	C	1983	D	1984	B	1985	A	1986	A	1987	A	1988	C	1989	B	1990	B
1991	E	1992	A	1993	C	1994	C	1995	D	1996	B	1997	A	1998	A	1999	B	2000	D
2001	C	2002	D	2003	C	2004	C	2005	A	2006	B	2007	C	2008	C	2009	D	2010	D
2011	C	2012	D	2013	B	2014	B	2015	E	2016	C	2017	A	2018	C	2019	D	2020	C
2021	A	2022	B	2023	A	2024	B	2025	C	2026	C	2027	A	2028	C	2029	A	2030	C
2031	A	2032	B	2033	C	2034	B	2035	B	2036	B	2037	B	2038	A	2039	C	2040	B
2041	B	2042	A	2043	D	2044	A	2045	A	2046	B	2047	C	2048	B	2049	C	2050	B
2051	E	2052	B	2053	C	2054	A	2055	D	2056	A	2057	B	2058	B	2059	C	2060	A
2061	D	2062	A	2063	C	2064	C	2065	C	2066	B	2067	B	2068	D	2069	A	2070	B
2071	A	2072	E	2073	D	2074	A	2075	C	2076	C	2077	C	2078	D	2079	A	2080	E
2081	C	2082	D	2083	D	2084	A	2085	C	2086	B	2087	D	2088	C	2089	D	2090	D
2091	D	2092	C	2093	C	2094	C	2095	B	2096	C	2097	D	2098	D	2099	C	2100	C
2101	A	2102	A	2103	E	2104	C	2105	A	2106	B	2107	D	2108	E	2109	D	2110	B
2111	B	2112	B	2113	D	2114	D	2115	B	2116	B	2117	C	2118	A	2119	C	2120	E
2121	C	2122	C	2123	B	2124	A	2125	C	2126	B	2127	A	2128	C	2129	A	2130	B
2131	D	2132	A	2133	A	2134	B	2135	A	2136	D	2137	E	2138	D	2139	C	2140	A
2141	E	2142	B	2143	E	2144	B	2145	C	2146	A	2147	A	2148	B	2149	D	2150	C
2151	E	2152	A	2153	B	2154	A	2155	A	2156	B	2157	E	2158	E	2159	C	2160	D
2161	B	2162	A	2163	C	2164	E	2165	C	2166	A	2167	D	2168	D	2169	B	2170	E
2171	E	2172	B	2173	B	2174	B	2175	C	2176	C	2177	D	2178	E	2179	B	2180	A
2181	D	2182	D	2183	C	2184	A	2185	D	2186	D	2187	C	2188	D	2189	D	2190	C
2191	E	2192	B	2193	E	2194	C	2195	A	2196	B	2197	C	2198	D	2199	E	2200	C
2201	C	2202	E	2203	D	2204	A	2205	E	2206	C	2207	A	2208	C	2209	D	2210	E
2211	B	2212	E	2213	B	2214	D	2215	C	2216	C	2217	C	2218	E	2219	D	2220	E
2221	A	2222	A	2223	C	2224	C	2225	A	2226	E	2227	D	2228	C	2229	A	2230	C
2231	C	2232	B	2233	B	2234	D	2235	D	2236	B	2237	D	2238	D	2239	E	2240	D
2241	B	2242	A	2243	C	2244	C	2245	C	2246	D	2247	D	2248	B	2249	D	2250	C
2251	D	2252	C	2253	D	2254	B	2255	A	2256	B	2257	E	2258	C	2259	E	2260	A
2261	B	2262	C	2263	B	2264	D	2265	A	2266	A	2267	B	2268	B	2269	D	2270	B
2271	A	2272	B	2273	A	2274	D	2275	E	2276	C	2277	C	2278	A	2279	C	2280	A
2281	D	2282	A	2283	A	2284	E	2285	D	2286	B	2287	A	2288	A	2289	D	2290	C
2291	B	2292	C	2293	B	2294	C	2295	E	2296	D	2297	E	2298	A	2299	D	2300	B

Quesito	Risposta	Quesito	Risposta	Quesito	Risposta	Quesito	Risposta	Quesito	Risposta	Quesito	Risposta	Quesito	Risposta	Quesito	Risposta	Quesito	Risposta	Quesito	Risposta
2301	B	2302	D	2303	B	2304	B	2305	D	2306	B	2307	D	2308	B	2309	C	2310	B
2311	A	2312	B	2313	D	2314	A	2315	C	2316	A	2317	C	2318	A	2319	C	2320	A
2321	D	2322	D	2323	D	2324	A	2325	D	2326	B	2327	B	2328	D	2329	D	2330	B
2331	E	2332	A	2333	A	2334	A	2335	A	2336	B	2337	D	2338	A	2339	C	2340	E
2341	A	2342	B	2343	C	2344	A	2345	B	2346	B	2347	D	2348	A	2349	B	2350	A
2351	B	2352	D	2353	C	2354	A	2355	B	2356	C	2357	B	2358	C	2359	D	2360	D
2361	A	2362	B	2363	B	2364	D	2365	D	2366	A	2367	D	2368	E	2369	C	2370	C
2371	A	2372	E	2373	C	2374	A	2375	C	2376	A	2377	D	2378	A	2379	A	2380	C
2381	A	2382	E	2383	B	2384	B	2385	C	2386	D	2387	A	2388	A	2389	D	2390	C
2391	C	2392	D	2393	A	2394	C	2395	C	2396	A	2397	A	2398	E	2399	E	2400	A
2401	B	2402	C	2403	B	2404	D	2405	A	2406	B	2407	E	2408	E	2409	E	2410	D
2411	B	2412	C	2413	B	2414	A	2415	A	2416	E	2417	C	2418	C	2419	C	2420	C
2421	A	2422	D	2423	D	2424	B	2425	C	2426	D	2427	B	2428	A	2429	A	2430	D
2431	B	2432	C	2433	B	2434	C	2435	A	2436	B	2437	A	2438	A	2439	C	2440	C
2441	B	2442	B	2443	D	2444	D	2445	B	2446	A	2447	E	2448	A	2449	C	2450	C
2451	C	2452	C	2453	B	2454	D	2455	C	2456	B	2457	C	2458	D	2459	E	2460	B
2461	B	2462	C	2463	D	2464	A	2465	A	2466	A	2467	A	2468	B	2469	B	2470	B
2471	E	2472	B	2473	C	2474	B	2475	B	2476	A	2477	B	2478	C	2479	C	2480	A
2481	E	2482	B	2483	B	2484	C	2485	C	2486	B	2487	D	2488	A	2489	A	2490	C
2491	C	2492	B	2493	B	2494	D	2495	B	2496	C	2497	A	2498	A	2499	A	2500	C
2501	B	2502	A	2503	E	2504	C	2505	C	2506	B	2507	A	2508	B	2509	B	2510	C
2511	C	2512	A	2513	D	2514	E	2515	A	2516	C	2517	D	2518	C	2519	D	2520	D
2521	C	2522	D	2523	C	2524	B	2525	C	2526	C	2527	A	2528	C	2529	A	2530	A
2531	A	2532	B	2533	E	2534	C	2535	A	2536	D	2537	D	2538	D	2539	A	2540	A
2541	C	2542	C	2543	E	2544	A	2545	D	2546	E	2547	A	2548	A	2549	C	2550	D
2551	D	2552	A	2553	B	2554	B	2555	D	2556	C	2557	C	2558	D	2559	C	2560	B
2561	D	2562	A	2563	C	2564	A	2565	B	2566	C	2567	E	2568	D	2569	E	2570	E
2571	A	2572	D	2573	B	2574	D	2575	B	2576	D	2577	C	2578	D	2579	C	2580	C
2581	B	2582	C	2583	A	2584	B	2585	C	2586	A	2587	D	2588	D	2589	A	2590	D
2591	B	2592	B	2593	A	2594	B	2595	A	2596	C	2597	B	2598	C	2599	E	2600	B
2601	A	2602	D	2603	A	2604	C	2605	A	2606	C	2607	B	2608	C	2609	D	2610	C
2611	A	2612	B	2613	D	2614	C	2615	A	2616	A	2617	D	2618	D	2619	E	2620	D
2621	A	2622	B	2623	A	2624	A	2625	C	2626	B	2627	C	2628	C	2629	B	2630	A
2631	A	2632	C	2633	A	2634	C	2635	A	2636	C	2637	B	2638	D	2639	C	2640	A
2641	D	2642	B	2643	C	2644	A	2645	E	2646	C	2647	D	2648	A	2649	B	2650	C
2651	B	2652	C	2653	A	2654	B	2655	D	2656	D	2657	C	2658	C	2659	C	2660	A
2661	D	2662	B	2663	D	2664	E	2665	B	2666	A	2667	A	2668	B	2669	B	2670	A
2671	A	2672	D	2673	C	2674	D	2675	B	2676	A	2677	B	2678	B	2679	D	2680	B
2681	C	2682	B	2683	D	2684	B	2685	A	2686	A	2687	C	2688	D	2689	A	2690	E
2691	D	2692	E	2693	E	2694	E	2695	A	2696	B	2697	D	2698	C	2699	C	2700	C

parte terza

SCIENZE

Quesiti di fisica

2701 Quale delle seguenti affermazioni è sicuramente FALSA?

A Dato un materiale trasparente, le radiazioni luminose di diversa frequenza si propagano in esso con diverse velocità

B L'indice di rifrazione della luce in un materiale è inversamente proporzionale alla velocità della luce in quel materiale

C Per spiegare la formazione dell'arcobaleno occorre tenere conto della dipendenza dell'indice di rifrazione dal colore della luce

D La luce monocromatica che attraversa un prisma viene deviata

E L'indice di rifrazione della luce in un materiale è direttamente proporzionale alla velocità della luce in quel materiale

2702 Sono dati 2 blocchetti A e B di materiali diversi. Se si fornisce ad entrambi la stessa quantità di calore si osserva che la temperatura di A sale meno di quella di B. Quale delle seguenti affermazioni è sicuramente corretta?

A La capacità termica di A è minore di quella di B

B Il materiale che costituisce A ha un calore specifico maggiore di quello che costituisce B

C Il materiale che costituisce A ha un calore specifico minore di quello che costituisce B

D La capacità termica di A è maggiore di quella di B

E La situazione descritta non può mai verificarsi

2703 La prima legge di Ohm è riassunta in una formula. Quale?

A $P = \Delta V \cdot i$

B $R = \Delta V \cdot i$

C $\Delta V = R/i$

D $i = \Delta V/R$

E $R_{tot} = R_1 + R_2$

2704 Il lavoro di una forza costante è dato dal prodotto:

A vettoriale della forza per lo spostamento

B della forza per il braccio

C della forza per lo spostamento

D scalare della forza per lo spostamento

E scalare della massa per la velocità.

2705 Quanto vale il prodotto scalare di due vettori antiparalleli e aventi lo stesso modulo, pari a 5?

A 25

B –25

C 5

D – 5

E Il prodotto scalare di due vettori antiparalleli vale sempre zero

2706 Un'onda si propaga con la velocità di 250 m/s e la sua frequenza è di 50 Hz. Quant'è la sua lunghezza d'onda?

A 20 cm

B 0,5 m

C 5 m

D 50 m

E 0,50 cm

2707 Un pendolo semplice viene lasciato libero da fermo a una quota iniziale *h* rispetto alla posizione di equilibrio. Nel caso in cui si trascuri la resistenza dell'aria, l'altezza massima raggiunta dal pendolo nelle successive oscillazioni è:

A uguale a *h*

B maggiore di *h*

C minore di *h*

D maggiore o minore di *h* a seconda della massa del pendolo

E maggiore o minore di *h* a seconda della lunghezza del pendolo

2708 Una palla da golf viene lanciata con inclinazione di 30° rispetto al piano orizzontale e, trascurando gli attriti, percorre una traiettoria parabolica. Quale delle seguenti affermazioni è corretta?

A L'accelerazione della pallina è nulla lungo tutta la traiettoria

B L'accelerazione della pallina è diretta verso l'alto

C La componente verticale della velocità è costante

D La componente orizzontale della velocità è costante

E Al culmine della traiettoria la velocità è nulla

2709 Un punto materiale P, di carica q e massa m, è soggetto a una forza coulombiana di modulo F in un campo elettrico uniforme. Che valore avrebbe il modulo della forza se P avesse carica $2q$ e massa $2m$?

A $F/2$
B F
C $2F$
D $4F$
E $F/(2m)$

2710 Un elettrone inizia a oscillare all'istante $t_0 = 0$ s e si ferma all'istante $t_1 = 0{,}2$ s. All'istante t_1, fino a che distanza dall'elettrone è giunta l'onda elettromagnetica da esso generata?

A 600.000 km
B 60.000 km
C 30.000 km
D 100.000 km
E 0,0006 km

2711 Due resistori sono posti in parallelo in un circuito alimentato da un generatore che eroga una differenza di potenziale V_0. Indicare QUALE di queste affermazioni è certamente SBAGLIATA.

A Il rapporto tra le correnti nei due resistori è
$$\frac{I_1}{I_2} = \frac{R_1}{R_2}$$
B Il rapporto tra le correnti nei due resistori è
$$\frac{I_1}{I_2} = \frac{R_2}{R_1}$$
C La corrente nei resistori è proporzionale alla differenza di potenziale erogata dal generatore
D La corrente è maggiore nel resistore che presenta resistenza minore
E La differenza di potenziale è la stessa ai capi dei due resistori

2712 Una piccola cisterna d'acqua ha la forma di un parallelepipedo retto con area di base pari a 4 m^2 e una capienza di 10.000 litri. Se però in questo momento contiene solo 8.000 litri, quanto vale in metri la distanza fra la superficie libera dell'acqua e il bordo superiore della cisterna?

A 0,5
B 0,75
C 1,0
D 1,2
E 1,5

2713 Si definisce "conducibilità termica" λ di un materiale la quantità di calore (espressa in calorie, cal) che in 1 secondo ne attraversa uno strato piano di area superficiale 1 m^2 e di spessore 1 m quando fra le sue due facce vi sia la differenza di temperatura di 1 °C. Il valore di λ per pareti in mattone è pari a 0,15 cal/(m s °C) mentre il valore di λ per lastre di calcestruzzo è pari a 0,20 cal/(m s °C). Due pareti di identico spessore dividono un ambiente interno da uno esterno; le condizioni sono tali che le facce delle pareti sono mantenute a temperatura costante e pari a 20 °C all'interno e a 10 °C all'esterno. Se una parete è realizzata in mattoni e ha una superficie di 8 m^2 e la seconda è realizzata con una lastra di calcestruzzo di superficie 6 m^2, quale delle seguenti affermazioni è vera?

A Le due pareti trasmettono in un'ora la stessa quantità di calorie
B La parete in calcestruzzo trasmette in un'ora la quantità di calorie che la parete in mattone trasmette in mezz'ora
C La parete in calcestruzzo trasmette in un'ora la quantità di calorie che la parete in mattone trasmette in due ore
D La parete in calcestruzzo trasmette in un'ora i 3/4 delle calorie trasmesse dalla parete in mattone
E La parete in calcestruzzo trasmette in un'ora i 4/3 delle calorie trasmesse dalla parete in mattone

2714 L'entropia:

A aumenta sempre
B è una grandezza scalare
C è una proprietà dei gas
D è una unità di misura
E aumenta sempre in un sistema conservativo

2715 Per mantenere la temperatura costante per lungo tempo, nei thermos migliori vi è un'intercapedine senza aria e le pareti interne sono lucidate a specchio. Questo per:

A evitare i fenomeni della convezione e dell'irraggiamento
B evitare i fenomeni della conduzione e dell'irraggiamento
C evitare i fenomeni della conduzione e della convezione
D proteggersi le mani nel caso in cui la temperatura interna sia molto alta o molto bassa
E mantenere la stessa temperatura dell'intercapedine stessa

2716 Due corpi hanno massa diversa e lo stesso calore specifico. Se messi a contatto, per quanto riguarda il loro equilibrio termico possiamo affermare che essi:

A sono in equilibrio termico se, toccandoli, provocano la stessa sensazione termica
B sono in equilibrio termico se il livello che si legge nel termoscopio è proporzionale alla loro massa
C sono in equilibrio termico se, messi a contatto con lo stesso termoscopio, provocano la stessa dilatazione del mercurio
D non possono essere in equilibrio termico perché hanno massa diversa
E sono in equlibrio termico sempre, perchè hanno comunque lo stesso calore specifico

2717 Dieci moli di un gas perfetto che si trovano inizialmente alla temperatura di 27 °C subiscono una trasformazione isobara e il loro volume passa da 2 litri a 6 litri. A quale temperatura si trova il gas alla fine della trasformazione?

A 81 °C
B 627 °C
C 1200 K
D Per trovare la temperatura finale è necessario conoscere anche la pressione finale del gas
E Nessuna delle precedenti risposte è corretta

2718 Un raggio luminoso proveniente da un oggetto incide su uno specchio concavo passando per il suo centro di curvatura. Qualunque sia la direzione del raggio incidente, si può affermare che il raggio riflesso:

A passerà per il centro di curvatura
B passerà per il fuoco principale
C passerà per un punto compreso fra il fuoco principale e il centro di curvatura
D passerà per un punto compreso fra il fuoco principale e il vertice dello specchio
E sarà parallelo all'asse ottico principale dello specchio

2719 Un recipiente di massa pari a 20 kg e volume complessivo di 0,1 m^3 viene riempito con 90 litri d'acqua e successivamente sigillato. Immergendo il recipiente in un fluido di densità ρ, qual è, fra quelli elencati, il minor valore di ρ per cui il recipiente galleggia?

A 1,00 t/m^3
B 1,25 t/m^3
C 1,50 t/m^3
D 1,75 t/m^3
E 2,00 t/m^3

2720 Un segnale radio emesso da un radar viene riflesso da un ostacolo e torna all'antenna ricevente dopo un intervallo di tempo di $2{,}5 \cdot 10^{-4}$ s. Qual è la distanza della sorgente dall'ostacolo?

A Circa $7{,}5 \cdot 10^4$ m
B Circa $15 \cdot 10^4$ m
C Circa $3{,}8 \cdot 10^4$ m
D Circa $8{,}5 \cdot 10^5$ m
E Non si può sapere, dipende dalla frequenza del segnale radio

2721 Quale delle seguenti espressioni fornisce l'energia cinetica di un'automobile del peso di 10 kN che viaggia alla velocità di 90 km/h?

A 900 J circa
B 40.500 J circa
C 64.000 J circa
D 640.000 J circa
E 320.000 J circa

2722 Un aereo, partendo da fermo, raggiunge in 40 s la velocità di decollo, pari a 360 km/h. Qual è il valore medio dell'accelerazione che ha subito (g è l'accelerazione di gravità)?

A 1,0 *g*
B 0,5 *g*
C 1,0 m/s^2
D 2,5 m/s^2
E 10 m/s^2

2723 Se si raddoppia la distanza tra le armature di un condensatore piano mantenendo invariata la carica elettrica su ciascuna di esse, la d.d.p. tra le armature:

A si raddoppia
B si dimezza
C rimane invariata
D si quadruplica
E non si può rispondere senza conoscere la superficie delle armature

2724 Quando un corpo conduttore è carico ed è in equilibrio elettrostatico, le cariche elettriche si trovano:

A solo sulla sua superficie, mentre al suo interno l'intensità del campo elettrico è nulla
B sia al suo interno sia sulla superficie esterna, per cui il campo elettrico è uniforme
C distribuite uniformemente in tutto il conduttore, per cui il potenziale elettrico è uniforme
D solo al suo interno
E non si può rispondere senza conoscere la forma del conduttore

SCIENZE

2725 Il pascal è una unità di misura di:
A pressione
B portata
C potenza
D altezza piezometrica
E lavoro

2726 L'accelerazione di un corpo è:
A una misura della forza applicata al corpo
B la variazione di velocità del corpo
C sempre minore della velocità della luce
D sempre positiva
E una misura dell'inerzia del corpo

2727 Il lavoro fatto dalle forze conservative del campo per portare una carica puntiforme *q* da un punto in cui il potenziale vale V_1 a un altro punto in cui il potenziale vale V_2 è:
A $L = q(V_1 + V_2)$
B $L = q(V_2 - V_1)$
C $L = q(V_1 - V_2)$
D $L = (V_1 - V_2)/q$
E $L = 0$

2728 Un recipiente contenente acqua calda cede calore all'ambiente. La quantità di calore ceduto dipende:
A soltanto dalla massa d'acqua
B soltanto dalla differenza di temperatura tra acqua e ambiente
C tanto dalla massa d'acqua quanto dalla differenza di temperatura tra acqua e ambiente
D soltanto dal tempo in cui avviene il fenomeno
E da nessuna delle grandezze considerate

2729 Un corpo sospeso per il suo baricentro è:
A in equilibrio indifferente
B in equilibrio stabile
C in equilibrio instabile
D non è in equilibrio
E ruota continuamente intorno al baricentro

2730 Pur essendoci alcune cariche elettriche distribuite in una regione di spazio, in un punto l'intensità del campo elettrico è nulla. Per quanto riguarda il potenziale elettrico, si può affermare che nello stesso punto:
A anche il potenziale può essere nullo, se le cariche hanno segno diverso
B il potenziale può essere nullo, anche se le cariche hanno lo stesso segno
C il potenziale è nullo in ogni caso
D il potenziale è diverso da zero in ogni caso
E Il potenziale è maggiore di zero in ogni caso

2731 In un'onda elettromagnetica E e B variano continuamente al passare del tempo, in modo che:
A quando *E* è massimo, *B* è minimo e viceversa
B quando *E* è massimo, *B* è nullo e viceversa
C quando *E* è massimo, anche *B* è massimo
D quando *E* è minimo, *B* è nullo e viceversa
E dipende dal materiale attraverso cui si propaga l'onda

2732 Due corpi uguali A e B scivolano senza attrito lungo due piani inclinati che formano con il piano orizzontale rispettivamente un angolo di 30°, per il corpo A, e un angolo di 60°, per il corpo B, fino ad arrivare a terra. Nell'ipotesi che partano dalla stessa altezza, allora:
A A impiega meno tempo di B
B la velocità finale di A è minore di quella di B
C A e B toccano terra con la stessa velocità
D A e B impiegano lo stesso tempo a toccare terra
E non si verifica alcuna delle precedenti situazioni

2733 Un corpo è appoggiato sopra un piano inclinato avente la base b = 4 m.

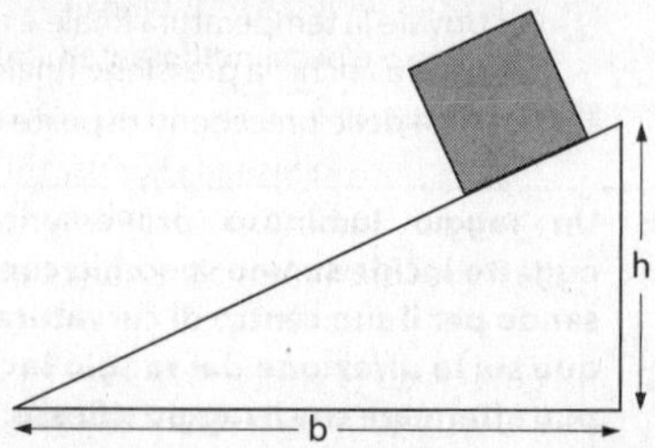

Sapendo che il coefficiente di attrito è 0,75, quale valore massimo può assumere l'altezza h senza che il corpo scivoli verso il basso?
A h = 5,3 m
B h = 7,5 m
C h = 3 m
D h = 4,75 m
E h = 3,5 m

2734 Un uomo dà un calcio a una bottiglia che si trova ai suoi piedi. La forza esercitata dalla bottiglia sull'uomo è:
A uguale alla forza esercitata dall'uomo sulla bottiglia
B maggiore della forza esercitata dall'uomo sulla bottiglia
C minore della forza esercitata dall'uomo sulla bottiglia
D di intensità dipendente dalla direzione del calcio
E nulla

2735 **Il centro di gravità di un corpo è il punto in cui può pensarsi applicata:**

A la forza peso
B la risultante delle forze esterne
C la forza centrifuga
D la forza centripeta
E la risultante delle forze di attrazione dei corpi esterni

2736 **Col termine bipolo si intende:**

A una doppia calamita
B un magnete
C l'insieme di due circuiti in parallelo
D un qualunque elemento di un circuito caratterizzato dall'avere due morsetti
E una molecola d'acqua

2737 **Una persona sale su una comune bilancia da abitazione e sulla scala graduata legge la misura di 70 kg. La grandezza di cui la persona ha effettuato la misura è:**

A la sua massa e non il suo peso; infatti l'unità di misura indicata dalla bilancia è il chilogrammo (unità di misura della massa) e non il newton (unità di misura delle forze)
B la massa o il peso indifferentemente
C il suo peso
D per rispondere bisogna conoscere il luogo dove è stata effettuata la misura
E la massa gravitazionale e non quella inerziale

2738 **La differenza di potenziale gravitazionale fra due città è di 1000 J/kg. Poiché una delle due città si trova a livello del mare, a che altitudine dovrebbe essere la seconda città?**

A Circa 10 m
B Circa 100 m
C Circa 500 m
D Circa 1000 m
E È necessario conoscere la massa delle due città

2739 **L'intensità della corrente elettrica:**

A indica la quantità di carica che passa nella sezione di un conduttore nell'unità di tempo
B indica il numero di cariche totali che attraversano un conduttore
C è l'energia termica posseduta dalle cariche che scorrono in una resistenza elettrica
D è la forza elettrica delle cariche che scorrono in un conduttore
E è inversamente proporzionale alla tensione ai capi di un conduttore

2740 **In un circuito chiuso, costituito da un condensatore, un induttore e un resistore in serie tra loro, la condizione che la tensione ai capi del condensatore sia uguale alla somma di quelle ai capi dell'induttore e del resistore si traduce nell'equazione:**

A $\frac{q}{C} = L\frac{\Delta I}{\Delta t} + RI$
B $qC = L\frac{\Delta I}{\Delta t} + RI$
C $CI = L\frac{\Delta I}{\Delta t} + RI$
D $\frac{q}{I} = L\frac{\Delta I}{\Delta t} + RI$
E $\frac{q}{C} = L\frac{\Delta I}{\Delta t} + \frac{R}{I}$

2741 **Le onde elettromagnetiche:**

A sono onde longitudinali
B sono onde trasversali
C sono onde polarizzate e rettilinee
D sono onde trasversali o longitudinali a seconda del mezzo in cui si propagano
E sono onde sferiche

2742 **L'angolo limite in un dato mezzo omogeneo è 45°. Che velocità ha la luce in tale mezzo, essendo c la velocità della luce nel vuoto?**

A c
B $\frac{c}{2}$
C $c\sqrt{2}$
D $\frac{c}{\sqrt{2}}$
E $\frac{c^2}{\sqrt{2}}$

2743 **Per quanto riguarda la trasformazione di energia elettrica in energia termica, per effetto Joule, si ha che:**

A l'effetto Joule si manifesta in corrente continua ma non in corrente alternata
B l'effetto Joule si manifesta sia in corrente continua che in corrente alternata
C la presenza di un condensatore amplifica l'effetto Joule per l'accumulo di energia elettrica, sia in corrente continua che alternata
D per calcolare l'energia termica prodotta basta conoscere la resistenza elettrica del circuito
E l'effetto Joule dimostra che 1 cal = 4,185 J e non riguarda le correnti elettriche

2744 Si indichi quale delle seguenti è una grandezza fondamentale nel sistema di unità di misura MKS:

A velocità
B forza
C massa
D energia
E pressione

2745 L'elettronvolt è un'unità di misura di energia che corrisponde a:

A 1 J
B 10^{-19} J
C $1{,}6 \cdot 10^{-19}$ J
D 4,18 J
E 1 C · 1 V

2746 Un corpo si muove di moto curvilineo uniforme. Quale dei seguenti diagrammi che evidenziano la velocità e l'accelerazione del corpo è corretto?

A
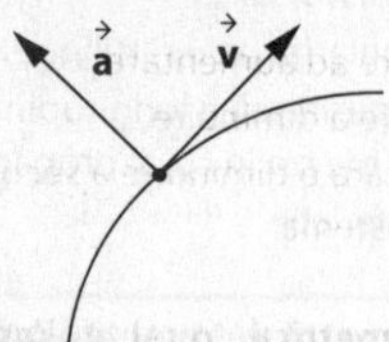

B
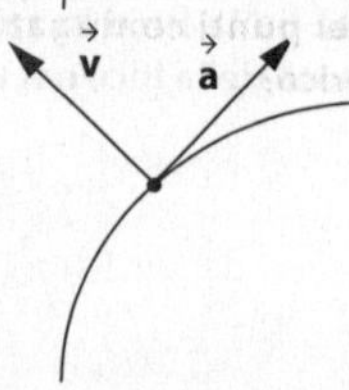

C
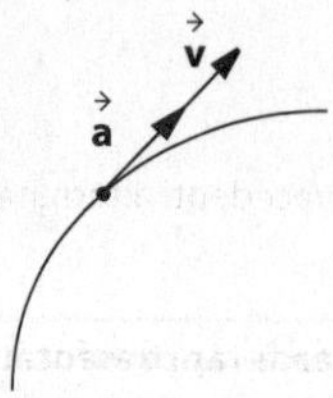

D
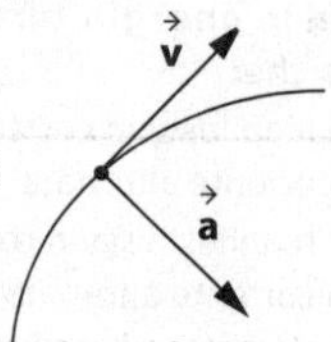

E
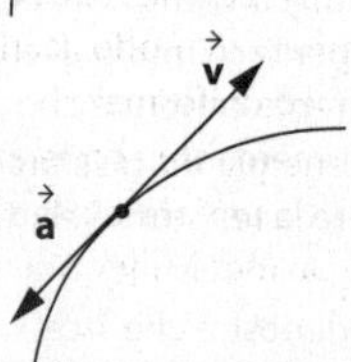

2747 Cos'è l'errore relativo di una grandezza misurata?

A Il rapporto tra lo scarto quadratico medio e la media aritmetica delle misure eseguite
B L'intervallo entro cui probabilmente sarà compreso il valore vero della misura
C Il valore della tolleranza che viene definita per le misure da eseguire
D Lo scarto quadratico medio delle singole misure eseguite
E Il rapporto tra la media delle misure e il valore medio

2748 La quantità di moto di un corpo puntiforme è data da:

A il prodotto della massa per la velocità
B il prodotto della massa per l'accelerazione
C la metà del prodotto della massa per il quadrato della velocità
D il prodotto della forza per lo spostamento
E il prodotto del peso per l'altezza

2749 Due vettori spostamento A e B di intensità 3 m e 4 m hanno direzioni che formano un angolo di 60° tra loro. Qual è l'intensità del vettore somma?

A 7 m
B 1 m
C 5 m
D 3 m
E Nessuna delle precedenti

2750 Perché l'urto tra due sfere sia perfettamente elastico è necessario che:

A si conservi, dopo l'urto, l'energia cinetica totale del sistema delle due sfere, ma non la quantità di moto
B si conservi, dopo l'urto, la quantità di moto totale del sistema delle due sfere, ma non l'energia cinetica
C si conservino, dopo l'urto, l'energia cinetica e la quantità di moto del sistema costituito dalle due sfere
D si conservino, dopo l'urto, l'energia cinetica e la quantità di moto di ciascuna sfera
E si conservino, dopo l'urto, l'energia cinetica totale del sistema e la quantità di moto di ciascuna sfera

2751 Quale fra le seguenti unità di misura è appropriata per il calore?

A Grado centigrado
B Grado Fahrenheit
C Joule
D Kelvin
E Newton

2752 Nel caso di una lente sottile divergente, dove e come sarà l'immagine di un oggetto posto sull'asse ottico tra il fuoco e la lente?

A Virtuale, diritta e dalla stessa parte dell'oggetto
B Reale, rovesciata e dalla stessa parte dell'oggetto
C Reale, diritta e dalla parte opposta rispetto all'oggetto
D Virtuale, rovesciata e dalla parte opposta rispetto all'oggetto
E Virtuale, rovesciata e dalla stessa parte dell'oggetto

2753 Due onde che hanno la stessa lunghezza d'onda e uguale ampiezza si dicono in opposizione di fase, cioè con ampiezza totale nulla, quando risultano sovrapposte e spostate una rispetto all'altra di:

A un quarto di lunghezza d'onda
B una lunghezza d'onda
C due lunghezze d'onda
D un numero dispari di mezze lunghezze d'onda
E un numero pari di mezze lunghezze d'onda

2754 Un campo elettrico variabile E genera un campo magnetico B. Se ne deduce che:

A le linee del campo magnetico si chiudono su sé stesse su un piano parallelo alle linee del campo elettrico
B se *E* aumenta, le linee del campo magnetico si avvolgono in senso opposto
C se *E* diminuisce, le linee del campo magnetico si avvolgono in senso opposto
D le linee del campo magnetico si chiudono su se stesse su un piano parallelo alle linee del campo elettrico
E nessuna delle risposte precedenti

2755 La capacità di un condensatore sferico è data da:

A $C = \varepsilon_0 \frac{S}{h}$
B $C = 4\pi\varepsilon_0 S$
C $C = 2\pi\varepsilon_0 \frac{R_1 R_2}{R_2 + R_1}$
D $C = 4\pi\varepsilon_0 \frac{R_1 R_2}{R_2 - R_1}$
E $C = 0$

2756 La velocità nel moto circolare uniforme:

A è costante
B ha modulo costante
C ha direzione costante
D ha modulo e direzione costanti
E ha modulo e direzione variabili

2757 La velocità media si può definire come:

A il prodotto tra spazio percorso e tempo impiegato
B la derivata del tempo rispetto allo spazio
C l'integrale definito della funzione spazio-tempo
D il differenziale della funzione accelerazione
E il rapporto tra spazio percorso e tempo impiegato

2758 Se si aumenta la temperatura di un gas perfetto, si può affermare che l'energia cinetica delle molecole:

A rimane sempre costante
B aumenta linearmente
C diminuisce sempre
D diminuisce solo per gas poliatomici
E aumenta esponenzialmente

2759 L'energia totale di un sistema isolato:

A aumenta sempre se aumenta la pressione
B è costante
C tende sempre ad aumentare
D tende sempre a diminuire
E può aumentare o diminuire a seconda della natura del sistema

2760 In ottica geometrica, qual è l'espressione della formula dei punti coniugati riferita a uno specchio sferico?

A $p + q = \frac{1}{f}$
B $p + q = f$
C $\frac{1}{p} + \frac{1}{q} = \frac{1}{f}$
D $\frac{1}{p} + \frac{1}{q} = f$
E nessuna delle precedenti alternative è corretta

2761 Quale tipo di moto è rappresentato nel diagramma seguente?

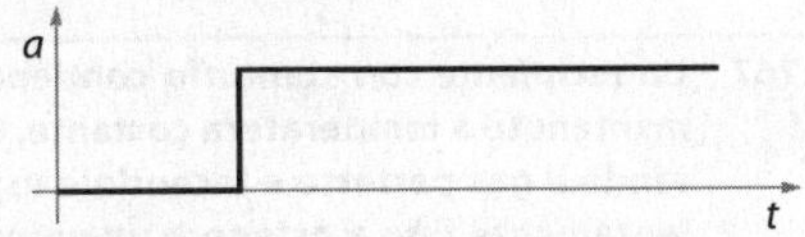

A Nessun moto reale perché l'accelerazione non può aumentare in modo istantaneo
B Un moto rettilineo uniforme
C Un moto uniformemente accelerato
D Un moto rettilineo uniforme che successivamente diviene un moto uniformemente accelerato
E Un moto armonico

SCIENZE

2762 Quale delle seguenti operazioni NON è permessa in fisica, per ragioni dimensionali?

A Velocità · Tempo
B Velocità – Tempo
C Altezza + Base
D Altezza – Base
E Altezza · Base

2763 Se si moltiplica una potenza meccanica per un tempo si ottiene una grandezza che ha le dimensioni di:

A una forza
B una pressione
C una superficie
D un lavoro
E una lunghezza

2764 La miopia dell'occhio si corregge con:

A una lente convergente
B una lente divergente
C un sistema di due lenti convergenti
D un sistema di due lenti, una convergente e l'altra divergente
E una lente doppiamente divergente

2765 L'energia cinetica si conserva:

A in ogni urto elastico
B in ogni processo d'urto centrale
C in ogni urto totalmente anelastico
D se i corpi si muovono di moto accelerato sopra una retta
E sempre, indipendentemente dal tipo di urto

2766 Quale tra le seguenti affermazioni è corretta?

A Il campo elettrostatico $\mathbf{E}_0$ e il campo magnetostatico $\mathbf{B}_0$ sono entrambi conservativi
B Solo il campo elettrostatico $\mathbf{E}_0$ è conservativo
C Solo il campo magnetostatico $\mathbf{B}_0$ è conservativo
D Nessuno dei due campi è conservativo
E Il campo elettrostatico $\mathbf{E}_0$ e il campo magnetostatico $\mathbf{B}_0$ sono entrambi conservativi, ma solo in determinate condizioni

2767 Un recipiente con stantuffo contiene un gas mantenuto a temperatura costante. Considerando il gas perfetto e facendolo espandere lentamente fino a ottenere un volume doppio di quello iniziale, si ha che la pressione del gas:

A raddoppia come il volume
B rimane costante perché il recipiente è chiuso
C diventa un quarto di quella iniziale
D diventa la metà di quella iniziale
E rimane costante perchè la temperatura non varia

2768 Qual è la definizione di calore specifico di una sostanza?

A È il calore contenuto nell'unità di volume di tale sostanza
B È il calore necessario a far passare l'unità di massa della sostanza allo stato liquido
C È la temperatura di fusione della sostanza
D È la quantità di calore che deve essere somministrata all'unità di massa della sostanza per aumentarne la temperatura di 1 °C
E È la sua energia interna in condizioni standard

2769 La milionesima parte del chilogrammo è il:

A microgrammo
B centigrammo
C milligrammo
D grammo
E decagrammo

2770 Se una particella di carica *q* si trova in un campo elettrico uniforme E e parte da ferma, possiamo dedurre che:

A il suo moto è rettilineo uniforme
B se la sua velocità iniziale è rivolta nel verso opposto a quello della forza elettrica, la velocità aumenta sempre di più, in modo continuo
C se la sua velocità iniziale è rivolta nello stesso verso della forza, il moto della particella risulta analogo a quello di un sasso scagliato verso l'alto
D il suo moto è analogo a quello di un corpo soggetto alla forza peso
E non avrà un moto quantificabile, partendo da ferma ed essendo il campo elettrico uniforme

2771 L'immagine di una sorgente luminosa ottenuta con una lente è definita virtuale quando:

A è capovolta rispetto alla sorgente
B si trova dalla parte opposta rispetto alla sorgente
C si trova dalla stessa parte rispetto alla sorgente
D non si trova sul cammino effettivo dei raggi luminosi
E si trova sul cammino effettivo dei raggi luminosi

2772 Un oggetto è posto nel fuoco di una lente convergente. Qual è il fattore di ingrandimento dell'immagine?

A 1
B 2
C L'ingrandimento dipende dalla distanza focale
D L'immagine si forma all'infinito e non è quindi possibile parlare di ingrandimento
E Il valore dell'ingrandimento dipende dalle dimensioni dell'oggetto

2773 L'induzione magnetica B e l'intensità del campo magnetico H sono legate dalla relazione:

A $B = \mu H$
B $B = \mu \cdot (1/H)$
C $B = (1/\mu) \cdot H$
D $B = 1/(\mu H)$
E Nessuna delle precedenti alternative è corretta

2774 Un tratto di cavo ha una resistenza di 0,1 Ω. Se la sua sezione viene aumentata moltiplicandola per 4, la nuova resistenza del filo è:

A 0,025 Ω
B 0,4 Ω
C 0,625 Ω
D 1,6 Ω
E i dati non sono sufficienti per rispondere alla domanda

2775 Una lente biconvessa ingrandisce di un fattore 2 un oggetto posto a una distanza di 10 cm. Quanto misura la distanza focale della lente?

A circa 3 cm
B circa 6 cm
C circa 3 dm
D circa 6 dm
E circa 1 m

2776 Delle seguenti uguaglianze tra unità di misura, qual è quella corretta?

A 1 joule = 1 volt · 1 ampere
B 1 joule = 1 coulomb · 1 volt
C 1 watt = 1 joule · 1 secondo
D 1 farad = 1 coulomb · 1 volt
E Nessuna delle precedenti alternative è corretta

2777 Il "bar" è una unità di:

A lavoro
B pressione
C potenza
D impulso
E potenza

2778 L'ingrandimento di un microscopio:

A è uguale alla somma degli ingrandimenti dell'obiettivo e dell'oculare
B è uguale al prodotto degli ingrandimenti dell'obiettivo e dell'oculare
C è uguale all'ingrandimento dell'obiettivo diviso l'ingrandimento dell'oculare
D dipende dalla lunghezza d'onda della luce usata
E dipende dal mezzo, attraverso il quale passa la luce, interposto tra vetrino e obiettivo

2779 Una leva è incernierata in un punto distante 1/3 della sua lunghezza da un estremo. Indicando con F_1 e F_2 le due forze agenti, perpendicolarmente alla leva, sui due estremi (F_1 sul braccio più corto ed F_2 sul più lungo), la leva è in equilibrio quando il rapporto F_1/F_2 vale:

A 1/3
B 3/2
C 1
D 2
E 3

2780 Due moti armonici, aventi lo stesso centro, avvengono sugli assi x e y di un sistema di riferimento cartesiano. Quali devono essere le loro caratteristiche perché componendoli si ottenga una traiettoria circolare?

A Devono avere la stessa ampiezza, la stessa frequenza ed essere in fase
B Devono avere la stessa ampiezza, frequenza doppia ed essere in fase
C Devono essere sfasati di π, con la stessa ampiezza e la stessa frequenza
D Devono essere sfasati di π/2, con la stessa ampiezza e la stessa frequenza
E Devono essere in fase e con ampiezza uno doppio dell'altro

2781 Il prodotto vettoriale tra due vettori di intensità nota è massimo quando:

A il prodotto scalare tra gli stessi vettori è nullo
B il prodotto scalare tra gli stessi vettori è minimo
C i vettori sono paralleli e hanno lo stesso verso
D i vettori sono paralleli e hanno verso opposto
E i vettori hanno modulo uguale

2782 Un corpo non sottoposto a forze può essere in moto?

A No, in quanto solo l'azione di una forza può determinare il moto
B No, in quanto per spostare un corpo occorre effettuare un lavoro
C Sì, ma tale moto sarà sicuramente rettilineo uniforme
D Sì, con un moto circolare uniforme
E Nessuna delle precedenti risposte è corretta

2783 Nel vuoto è possibile la trasmissione del calore?

A Sì, ma solo per irraggiamento
B Sì, ma solo per convezione
C Sì, ma solo per conduzione
D Sì, ma solo per induzione
E No

SCIENZE

2784 Un corpo è posto a una distanza di 3 metri dal centro ottico di una lente convergente biconvessa, la cui distanza focale vale 0,8 m.

A l'immagine è virtuale e capovolta
B l'immagine è reale e dritta
C l'immagine è reale è ingrandita
D l'immagine dista circa 1 m dal centro ottico
E l'immagine dista circa 10 m dal centro ottico

2785 In un campo elettrico E uniforme, una carica *q*:

A non si muove, essendo il campo uniforme
B si muove nella stessa direzione ma in verso opposto rispetto al campo elettrico
C ha velocità costante
D risente di una accelerazione proporzionale all'intensità del campo elettrico
E subirà un'attrazione verso la carica che ha generato il campo elettrico

2786 Le onde radio hanno una frequenza compresa tra 10^4 Hz e 10^{11} Hz. Fra quali valori sono comprese nel vuoto le loro lunghezze d'onda?

A Fra 300 m e 3 cm
B Fra 100 m e 1 cm
C Fra 3 km e 1 cm
D Fra 30 km e 3 mm
E Fra 30 m e 3 mm

2787 Quali sono le unità di misura nel Sistema internazionale delle grandezze energia, pressione, potenziale elettrico, volume?

A Joule, mm di mercurio, volt, litro
B Joule, atmosfera, farad, m^3
C Joule, newton/m^2, volt, m^3
D Erg, pascal, volt, cm^3
E Erg, millibar, volt, litro

2788 Una lente divergente:

A fornisce un'immagine reale e rimpicciolita
B fornisce un'immagine virtuale ingrandita
C ha una distanza focale negativa
D disperde i raggi in tutte le direzioni
E nessuna delle precedenti

2789 Un proiettile è sparato orizzontalmente con la velocità iniziale di 100 m/s e a un'altezza di 10 m dal suolo. Trascurando la resistenza dell'aria, a che distanza il proiettile toccherà il suolo?

A Circa 50 m
B Circa 100 m
C Circa 150 m
D Circa 200 m
E 1500 m

2790 L' "erg" è un'unità di misura di:

A densità
B frequenza
C forza
D lavoro
E massa

2791 Un disco compie 4 giri ogni 2 secondi: quanto vale la sua velocità angolare?

A $4\pi \frac{\text{rad}}{\text{s}}$
B $4 \frac{\text{giri}}{\text{s}}$
C $4 \frac{\text{rad}}{\text{s}}$
D $2\pi \frac{\text{rad}}{\text{s}}$
E $8 \frac{\text{rad}}{\text{s}}$

2792 Un corpo ha sulla Terra un peso di 500 newton. Quando tale corpo si trova sufficientemente lontano dalla Terra, ha un peso di 250 newton. Che cosa succede alla sua massa?

A Si dimezza
B Raddoppia
C Rimane la stessa
D Varia di un fattore 2 al quadrato
E Aumenta

2793 Un'asta rettilinea e rigida *AB* è incernierata in *A* a un punto fisso intorno al quale è libera di ruotare senza attrito ed è mantenuta in posizione orizzontale da un cavo d'acciaio verticale collegato a essa in *B*. L'asta ha un peso trascurabile ma nel suo punto medio è appoggiato un carico puntiforme. Se si sposta questo carico e lo si colloca più vicino a *B*, a tre quarti dell'asta, come si modifica la tensione nel cavo rispetto alla situazione precedente?

A Aumenta del 50%
B Diminuisce del 25%
C Resta inalterata
D Raddoppia
E Aumenta del 15%

2794 Quale è l'intervallo del visibile nello spettro elettromagnetico?

A Da 0,01 μm a 0,38 μm
B Da 0,38 μm a 0,76 μm
C Da 0,76 μm a 1000 μm
D Da 0,1 mm a 100 cm
E Da 0,38 nm a 0,76 nm

QUESITI DI FISICA

2795 **Disponendo due specchi piani in modo che formino un angolo di 60° quante immagini riflesse produrranno di un oggetto reale posto nello spazio tra essi compreso?**

A 1

B 2

C 3

D 4

E 5

2796 **Il primo principio della termodinamica stabilisce che:**

A il lavoro effettuato è sempre uguale al lavoro impiegato

B l'energia è una grandezza che si conserva

C non è possibile che il calore passi spontaneamente da un corpo freddo a un corpo caldo

D l'entropia aumenta sempre

E l'entalpia aumenta sempre

2797 **Un corpo di massa m si muove di moto rettilineo uniforme. Quale affermazione è vera?**

A Il vettore velocità è costante

B Il modulo del vettore velocità è proporzionale all'accelerazione

C Il modulo del vettore accelerazione è diverso da zero

D Il vettore accelerazione è perpendicolare alla traiettoria

E Nessuna delle precedenti

2798 **Un uomo adulto può percepire suoni con frequenze comprese fra circa 16 Hz e 16.000 Hz, un ragazzo fra 12 Hz e 18.000 Hz, un cane fra 10 Hz e 50.000 Hz. Se una sorgente emette un suono di lunghezza d'onda 2 cm, chi riesce a sentirlo?**

A Solo il cane

B Solo il cane e il ragazzo

C Tutti e tre

D Nessuno dei tre

E Dipende dal tipo di suono

2799 **Ai capi di un partitore capacitivo, costituito da tre condensatori in serie di capacità C_1, C_2, C_3, è applicata una d.d.p. V. La d.d.p. applicata al conduttore di capacità C_1 è:**

A $V_1 = (C_1C_2C_3)V$

B $V_1 = C_2C_3V/(C_1C_2 + C_1C_3 + C_2C_3)$

C $V_1 = (C_1C_2 + C_1C_3 + C_2C_3)V/C_2C_3$

D $V_1 = (C_1C_2 + C_1C_3 + C_2C_3)V$

E $V_1 = V$

2800 **Un solenoide ha induttanza L_1. Come sarà l'induttanza L_2 di un secondo solenoide avente lo stesso numero di spire, la stessa sezione e lunghezza doppia?**

A $L_2 = L_1$

B $L_2 < L_1$

C $L_2 = L_1/2$

D $L_2 = 2 \cdot L_1$

E $L_2 = L_1/4$

2801 **In un mezzo di indice di rifrazione $n = 1{,}5$ la velocità della luce:**

A è uguale alla velocità della luce nel vuoto (circa $3 \cdot 10^8$ m/s)

B è all'incirca uguale a $2 \cdot 10^8$ m/s

C è all'incirca uguale a $4{,}5 \cdot 10^8$ m/s

D è all'incirca uguale a $1{,}5 \cdot 10^8$ m/s

E è nulla

2802 **L'energia potenziale:**

A è caratteristica del moto rettilineo uniforme

B diminuisce sempre con lo spazio percorso

C si misura in joule

D è nulla durante la caduta di un grave

E è un vettore

2803 **In un campo magnetico uniforme, il flusso del vettore induzione magnetica attraverso una superficie piana di area S è dato:**

A dal numero delle linee di forza che attraversano la superficie

B dal prodotto $B \cdot S$

C dal prodotto $B \cdot S \cdot \cos\alpha$, essendo α l'angolo tra il vettore induzione magnetica e il versore normale alla superficie

D dal prodotto $B \cdot S \cdot \text{sen}\alpha$, essendo α l'angolo tra il vettore induzione magnetica e il versore normale alla superficie

E nessuna delle precedenti alternative è corretta

2804 **Quante diottrie consente di guadagnare una lente convergente con distanza focale pari a 50 cm?**

A 1

B 2

C 3

D 4

E nessuna delle precedenti

SCIENZE

2805 Un'onda polarizzata deve:

A essere trasversale
B essere longitudinale
C avere l'aria come mezzo di propagazione
D avere il piano di vibrazione coincidente con quello di polarizzazione
E può essere sia trasversale che longitudinale

2806 Il prodotto litri · atmosfere rappresenta:

A un'energia
B una potenza
C una pressione
D una portata
E nessuna delle precedenti risposte è corretta

2807 Una lampadina, che può essere considerata come una sorgente luminosa puntiforme, si trova alla distanza di 5 m da una parete. Un disco circolare opaco di raggio 0,40 m viene collocato parallelamente alla parete alla distanza di 2 m dalla lampadina, in modo che la congiungente della lampadina con il centro del disco sia perpendicolare al disco stesso ed alla parete. Qual è il raggio dell'ombra prodotta da questo disco sulla parete?

A 0,80 m
B 0,90 m
C 1 m
D 1,20 m
E 1,30 m

2808 Quale delle seguenti affermazioni è sicuramente FALSA?

A La resistenza di un conduttore ohmico è inversamente proporzionale alla sua sezione
B La resistenza di un conduttore ohmico è direttamente proporzionale alla sua lunghezza
C La resistenza di un conduttore ohmico dipende dalla sua temperatura
D La resistenza di un conduttore ohmico dipende dal materiale di cui è costituito
E La resistenza di un conduttore ohmico è inversamente proporzionale alla sua temperatura termodinamica assoluta

2809 Per ottenere la risultante di due forze aventi lo stesso punto di applicazione cosa si deve fare?

A Occorre orientarle nella stessa direzione
B Sommare i loro moduli
C È sufficiente applicare il Teorema di Pitagora
D Comporle vettorialmente
E Nessuna delle altre risposte è corretta

2810 Un corpo del peso di 10 kN è appoggiato al terreno e l'area di appoggio misura $2\ m^2$. Quale delle seguenti espressioni della pressione di contatto con il terreno è errata?

A $5\ kN/m^2$
B $0{,}5\ N/cm^2$
C $5\ N/cm^2$
D $5 \cdot 10^{-4}\ kN/cm^2$
E $5000\ N/m^2$

2811 Un ciclista deve percorrere 100 km ed è incerto quale tabella di marcia adottare fra le seguenti:

a) percorrere la prima metà del tragitto a 30 km/h e la seconda metà a 10 km/h;

b) percorrere tutto il tragitto a 20 km/h;

c) percorrere il tragitto a 30 km/h per metà del tempo e a 10 km/h per l'altra metà.

Se *x*, *y* e *z* indicano, rispettivamente, i tempi richiesti dalle tre strategie per percorrere i 100 km, quale fra le seguenti relazioni è corretta?

A $y = x > z$
B $x = y > z$
C $x = z > y$
D $x = y = z$
E $z = y < x$

2812 Il baricentro di un solido di massa *m* è:

A un punto materiale di massa *m*
B un punto geometrico necessariamente appartenente al solido
C un punto geometrico anche non appartenente al solido
D un punto geometrico necessariamente non appartenente al solido
E nessuna delle precedenti

2813 Un corpo puntiforme si muove sotto l'azione di una sola forza. Se questa forza raddoppiasse, che cosa si può affermare con certezza?

A Lo spostamento sarebbe proporzionale al quadrato del tempo
B La velocità raddoppierebbe
C L'accelerazione raddoppierebbe
D L'energia cinetica raddoppierebbe
E La quantità di moto raddoppierebbe

2814 Un corpo di peso *P* cade nel vuoto partendo da fermo; *g* indica l'accelerazione di gravità nel moto uniformemente accelerato del corpo. Quanto vale l'energia cinetica accumulata nel tempo *t*?

A $E = \frac{1}{2}Pgt^2$

B $E = \frac{1}{2}Pgt$

C $E = 2Pgt^2$

D $E = 2Pgt$

E $E = \frac{1}{2}Pg^2t^2$

2815 Quanto lavoro compiono i muscoli del braccio di un uomo che tiene ferma per 10 s una massa di 1 kg sulla mano tesa orizzontalmente?

A –1 J

B 0,1 J

C 0 J

D 10 J

E 1 J

2816 Come varia l'energia potenziale gravitazionale di una massa di acqua che cade dalla sommità di una cascata al bacino sottostante?

A Aumenta proporzionalmente al salto di quota

B Aumenta in modo quadratico rispetto al salto di quota

C Rimane costante

D Diminuisce proporzionalmente al salto di quota

E Diminuisce in modo quadratico rispetto al salto di quota

2817 Quale delle seguenti condizioni si verifica quando un corpo si muove unicamente sotto l'azione di forze conservative?

A L'energia meccanica del corpo si mantiene costante

B Aumentano sia l'energia cinetica che l'energia potenziale del corpo

C Il lavoro fatto dalle forze sul corpo è sempre uguale a zero

D Il lavoro fatto dalle forze tra due punti A e B dipende dalla traiettoria seguita dal corpo per andare da un punto all'altro

E Diminuiscono sia l'energia cinetica che l'energia potenziale del corpo

2818 Due corpi A e B di ugual volume V e di massa m_A e m_B tale che $m_A = 4m_B$ sono completamente immersi in un liquido. Dire se la spinta idrostatica cui è sottoposto il corpo A è:

A la metà di quella di B

B quattro volte quella di B

C un quarto di quella di B

D uguale a quella di B

E doppia di quella di B

2819 Il "diagramma orario del moto uniforme" è rappresentato da:

A una semiretta parallela all'asse *x*

B una semiretta parallela all'asse *y*

C una semiretta uscente dall'origine

D un arco di parabola uscente dall'origine

E un'iperbole equilatera

2820 Due vettori, entrambi non nulli, sono perpendicolari fra loro. La somma dei due vettori è:

A nulla

B un vettore appartenente al piano individuato dai due vettori

C un vettore perpendicolare al piano individuato dai due vettori

D un vettore che ha modulo pari alla somma dei moduli degli addendi

E è impossibile fare la somma di due vettori perpendicolari tra loro

2821 Due punti materiali A e B hanno la stessa energia cinetica; la massa di A è pari a quattro volte la massa di B. Se q_A e q_B indicano i moduli delle quantità di moto di A e di B rispettivamente, quale delle seguenti relazioni è valida?

A $2q_A = q_B$

B $q_A = 2q_B$

C $q_A = q_B$

D $q_A = 4q_B$

E $4q_A = q_B$

2822 Un treno parte da fermo con accelerazione costante pari a 3 m/s². Quale delle seguenti affermazioni è errata?

A Dopo 10 s la velocità del treno è 30 m/s

B Dopo 5 s la velocità del treno è 54 km/h

C Dopo 8 s la velocità del treno è 1,44 km/min

D Dopo 10 s il treno ha percorso lo spazio *s* = 150 m

E Dopo ogni intervallo di tempo di 1 s la velocità del treno triplica

2823 Un pendolo è costituito da un punto materiale di massa *m* sospeso all'estremità libera di un filo avente massa trascurabile e lunghezza *L*. Da quale delle seguenti grandezze non dipende il periodo delle piccole oscillazioni di tale pendolo?

A Dalla lunghezza *L* del filo
B Dall'accelerazione di gravità del luogo
C Dalla massa *m*
D Non si può rispondere senza conoscere il numero di oscillazioni compiute
E Nessuna delle risposte precedenti è corretta

2824 Una persona si pesa su una bilancia appoggiata su un piano inclinato. Il peso indicato dalla bilancia sarà:

A quello reale
B minore di quello reale
C maggiore o minore di quello reale a seconda che il piano sia in salita o in discesa
D maggiore di quello reale
E non si può rispondere sulla sola base dei dati forniti

2825 Il pendolo di un orologio è realizzato interamente in acciaio ed è stato tarato in modo che l'orologio funzioni esattamente in un ambiente con temperatura di 20 °C. Che cosa si può dire del comportamento dell'orologio se la temperatura ambiente sale a 25 °C?

A non cambia nulla
B non si può dire nulla
C il comportamento dipende dalla lunghezza del pendolo a 20 °C
D l'orologio va avanti
E l'orologio resta indietro

2826 Quale tra le seguenti grandezze è uno scalare?

A Temperatura
B Velocità
C Campo elettrico
D Campo magnetico
E Forza

2827 Le ruote posteriori di un trattore hanno diametro doppio di quelle anteriori. Qual è il rapporto fra le velocità angolari delle ruote anteriori e di quelle posteriori?

A 2
B 4
C 8
D 1/2
E 1

2828 Se un sasso impiega due secondi a giungere al fondo di un pozzo, quanti secondi impiegherà, se si trascura l'attrito dell'aria, a giungere al fondo di un pozzo di profondità quattro volte superiore?

A 8 secondi
B 4 secondi
C 2 secondi
D 16 secondi
E 32 secondi

2829 Una macchina, per sollevare una massa di un quintale a un'altezza di 10 metri in 10 secondi, deve sviluppare una potenza minima di circa:

A 1 kW
B 10 kW
C 100 kW
D 0,1 kW
E 0,01 kW

2830 Un oggetto è appoggiato su di un carrello la cui superficie è priva di attrito. Se il carrello viene messo in movimento con accelerazione *a*, qual è l'accelerazione dell'oggetto?

A *a*
B Zero
C *a*/2
D Dipende dalla massa del corpo
E Nessuna delle precedenti risposte è esatta

2831 Per riscaldare 1 kg di acqua liquida di 1 °C occorre un apporto di energia pari a 4200 J. Se una pentola che contiene 400 g di acqua inizialmente a 20 °C viene posta su un fornello che fornisce una potenza di 420 W, quanti secondi occorrono perché l'acqua raggiunga la temperatura di 80 °C?

A 15 s
B 60 s
C 240 s
D 2400 s
E 4800 s

2832 In un circuito immerso in un campo di induzione magnetica B può prodursi una forza elettromotrice indotta

a) perché cambia nel tempo la direzione di B;

b) perché cambia nel tempo il modulo di B.

A a) vero; b) vero
B a) vero; b) falso
C a) falso; b) vero
D a) falso; b) falso
E Nessuna delle precedenti

QUESITI DI FISICA

2833 Qual è la potenza meccanica che un uomo sviluppa nella risalita veloce delle scale di un edificio sapendo che: la sua massa è di 70 kg; l'uomo può superare un dislivello di 3 m tra un piano e l'altro in 10 s; si può trascurare il lavoro necessario per contrastare la resistenza dell'aria; si può assimilare il valore di g a 10 m/s².

A meno di 0,1 kW
B da 0,1 kW a 0,2 kW
C da 0,2 kW a 0,3 kW
D da 0,3 kW a 0,4 kW
E più di 0,4 kW

2834 Un picofarad è equivalente a:

A 10^{-3} farad
B 10^{-9} farad
C 10^{-6} farad
D 10^{9} farad
E 10^{-12} farad

2835 Componendo un moto rettilineo uniforme con un moto rettilineo uniformemente accelerato aventi la stessa direzione si ottiene:

A un moto rettilineo uniforme
B un moto rettilineo uniformemente accelerato
C un moto circolare uniforme
D un moto armonico
E un moto parabolico

2836 Sommando due forze, applicate allo stesso punto, di intensità 1 N e 2 N, con le rette di applicazione inclinate di $\pi/3$, si ottiene una forza di intensità pari a:

A 3 N
B $\sqrt{5}$ N
C 5 N
D 7 N
E $\sqrt{7}$ N

2837 Due mobili partono contemporaneamente dall'origine di un sistema di riferimento cartesiano ortogonale. L'uno si muove con velocità 3 *v* lungo l'asse *x* e l'altro con velocità 4 *v* lungo l'asse *y*. La velocità con cui i due mobili si allontanano l'uno dall'altro è:

A 1 *v*
B 3 *v*
C 5 *v*
D 7 *v*
E 9 *v*

2838 Una forza costante *F*, agendo per un certo tempo *t* su di un corpo, ne fa aumentare la velocità di un fattore 10 rispetto a quella iniziale. Allora:

A l'energia cinetica è aumentata di 10 volte
B l'accelerazione del corpo è aumentata di 10 volte
C il lavoro compiuto sul corpo è uguale a $F \cdot t$
D la quantità di moto del corpo è aumentata di 10 volte
E l'accelerazione del corpo è diminuita di 10 volte

2839 Calcolare il lavoro che bisogna compiere per far variare la velocità di un corpo di massa pari a 2 kg da 4 m/s a 6 m/s.

A 6 J
B 24 J
C 48 J
D 20 J
E 0,5 J

2840 Un corpo pesante di massa *M* si muove (senza attriti) nel campo di forze conservativo della gravità (*g* = cost) con energia cinetica *T*, energia potenziale *U* ed energia totale *E*. Indicare l'equazione ERRATA.

A $U = mgh$
B $T = \frac{1}{2}mv^2$
C $T = E - U$
D $E = T - U$
E $mg = m\frac{\Delta v}{\Delta t}$

2841 Secondo i principi della termodinamica, per un sistema non isolato, cioè soggetto ad interazioni con altri sistemi, l'entropia:

A può solo aumentare nel tempo
B non può diminuire nel tempo
C può solo diminuire nel tempo
D resta costante nel tempo
E può sia aumentare che diminuire nel tempo

2842 Un litro di liquido a 10 °C viene mescolato con mezzo litro dello stesso liquido a 40 °C; la temperatura di equilibrio è:

A 30 °C
B 10 °C
C 1/2 °C
D 25 °C
E 20 °C

SCIENZE

2843 **Un recipiente di massa pari a 20 kg e volume complessivo di 0,1 m^3 viene riempito con 90 litri d'acqua e successivamente sigillato. Immergendo il recipiente in un fluido di densità ρ, qual è, fra quelli elencati, il minor valore di ρ per cui il recipiente galleggia?**

A 1,00 t/m^3
B 1,25 t/m^3
C 1,50 t/m^3
D 1,75 t/m^3
E 2,00 t/m^3

2844 **Dieci moli di gas sono contenuti in un volume di 1 m^3. All'aumentare della temperatura aumenta la pressione del gas in quanto:**

A il gas tende alla condizione di gas perfetto
B il gas si allontana dalla condizione di gas perfetto
C l'energia cinetica degli atomi aumenta
D l'energia interna non varia
E l'energia cinetica degli atomi diminuisce

2845 **Per calcolare il lavoro compiuto da un gas in una espansione a pressione costante, oltre alla sua pressione occorre conoscere:**

A il volume finale occupato dal gas
B il volume iniziale occupato dal gas
C la variazione di volume del gas
D la natura del gas
E tale lavoro risulta sempre nullo

2846 **Individuare, tra quelle riportate di seguito, l'affermazione corretta.**

A Le onde luminose sono onde elastiche
B Le microonde sono visibili
C La lunghezza d'onda di una radiazione è data dal prodotto della sua velocità di propagazione per il periodo
D Le onde elettromagnetiche non si propagano nel vuoto
E Le onde elettromagnetiche sono longitudinali

2847 **Una resistenza di 2 ohm è attraversata da una corrente e la potenza sviluppata è di 18 watt. Quanto vale la differenza di potenziale ai capi della resistenza?**

A 9 volt
B 6 volt
C 36 volt
D 4,5 volt
E 3 volt

2848 **Quattro forze complanari, tre di intensità F e una di intensità 2F, sono applicate nello stesso punto P come in figura.**

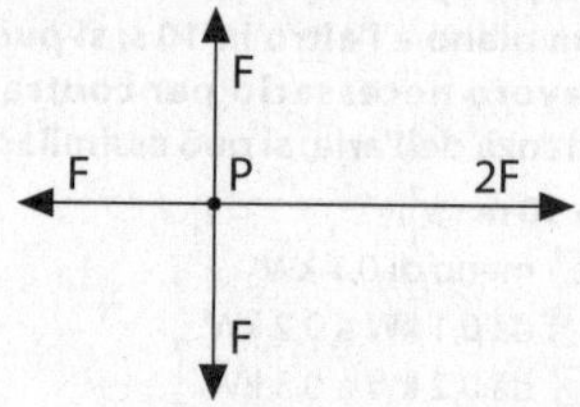

L'intensità della forza risultante è:

A F
B 0
C 5F
D 3F
E 4F

2849 **Disporre i seguenti colori in ordine crescente di energia delle radiazioni corrispondenti.**

A Rosso, giallo, verde, viola
B Giallo, verde, rosso, viola
C Giallo, rosso, verde, viola
D Giallo, viola, verde, rosso
E Tutte hanno la stessa energia in quanto componenti della radiazione visibile

2850 **Tra gli estremi A e B di un resistore di resistenza *R* è applicata una d.d.p. ΔV. Se un secondo resistore di egual resistenza è collegato in parallelo al primo mantenendo la stessa d.d.p. tra A e B, la corrente tra A e B:**

A si dimezza
B rimane la stessa
C raddoppia
D quadruplica
E nessuna delle precedenti possibilità è corretta

2851 **In un piano cartesiano in cui l'ascissa è il tempo e l'ordinata è l'accelerazione, il grafico che rappresenta l'andamento in funzione del tempo dell'accelerazione di un corpo che si muove di moto uniformemente accelerato è:**

A una parabola con il vertice nell'origine e concavità verso l'alto
B una parabola con il vertice nell'origine e concavità verso il basso
C una retta parallela all'asse delle ascisse
D una retta parallela all'asse delle ordinate
E una retta passante per l'origine, inclinata di 45 gradi rispetto all'asse delle ascisse

2852 Se una sorgente radioattiva emette 10^7 particelle alfa al secondo, ognuna da 4 Mev:

A il nuclide figlio è certamente instabile

B la potenza emessa è 4 GeV/s

C dopo 10^7 secondi la sorgente è dimezzata

D l'energia emessa al secondo è $4 \cdot 10^{13}$ eV

E l'energia emessa al secondo è $10^7/4 \cdot 10^6$ eV

2853 La composizione di due forze non nulle può dare una risultante nulla:

A se le due forze sono parallele, discordi e con lo stesso modulo

B se le due forze sono parallele e concordi

C se le due forze sono ortogonali

D mai

E sempre

2854 Due forze parallele e di verso opposto, entrambe di intensità *F*, sono applicate a un sistema rigido come mostrato in figura.

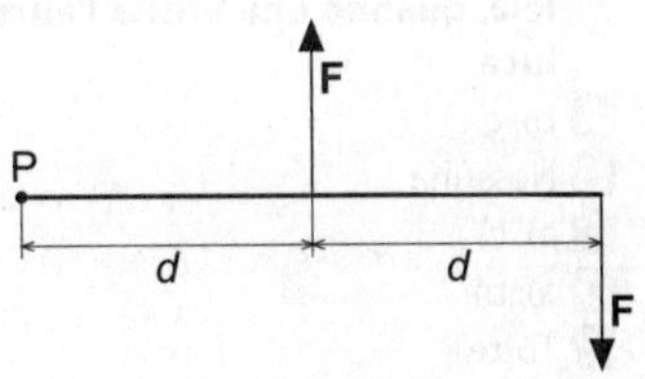

Quanto vale l'intensità del momento risultante delle due forze rispetto al punto P?

A 0

B $3F \cdot d$

C $F \cdot d$

D $2F \cdot d$

E $4F \cdot d$

2855 Qual è la definizione di accelerazione?

A L'accelerazione è la velocità massima raggiunta da un oggetto (cioè: $a = v_{max}$)

B L'accelerazione è la velocità minima raggiunta da un oggetto (cioè: $a = v_{max}$)

C L'accelerazione è il tempo necessario per raggiungere una certa velocità

D L'accelerazione è il prodotto della variazione di velocità per l'intervallo di tempo in cui questa è avvenuta $[a = (v_2 - v_1)\ (t_2 - t_1)]$

E L'accelerazione è il rapporto tra la variazione di velocità in un certo intervallo di tempo e l'intervallo di tempo stesso $[a = (v_2 - v_1)/(t_2 - t_1)]$

2856 Un oggetto è posto di fronte a uno specchio piano a tre metri di distanza. A quale distanza dallo specchio si forma l'immagine?

A 9 m

B L'immagine si forma sullo specchio

C 6 m

D Non è possibile calcolarlo senza conoscere la distanza focale dello specchio

E 3 m

2857 Quale carico bisogna applicare all'estremo B del tratto verticale della fune AOB, di massa trascurabile, per mantenere in equilibrio il carico A scorrevole senza attrito su un piano inclinato di $\pi/6$ sull'orizzontale, avente massa di 1 kg?

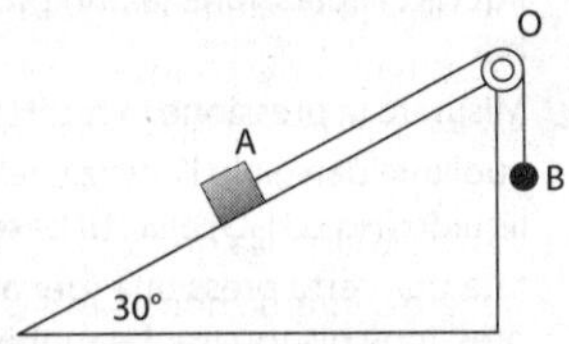

A $\frac{1}{2}$ kg

B $\frac{\sqrt{2}}{3}$ kg

C $\frac{1}{\sqrt{3}}$ kg

D $\frac{1}{\sqrt{2}}$ kg

E $\sqrt{3}$ kg

2858 Un getto d'acqua esce orizzontalmente con una velocità di 10 m/s da un foro situato a 5 metri d'altezza dal suolo.

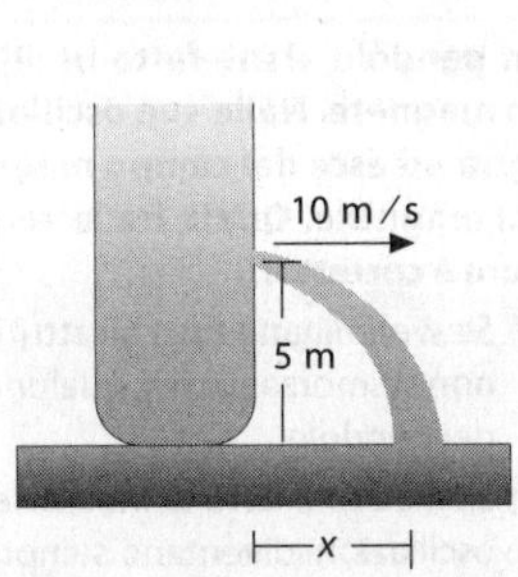

A che distanza dal piede della verticale il getto raggiunge il suolo?

A Circa 3 m

B Circa 5 m

C Circa 10 m

D Circa 12 m

E Circa 15 m

2859 Si consideri la pressione in ogni punto di un liquido (in condizioni statiche, supponendo nulla la pressione sulla superficie libera). Quale delle seguenti affermazioni (in qualche modo legate alla legge di Stevino, o delle pressioni idrostatiche) è ERRATA?

A) La pressione a una certa profondità *h* non dipende da *h*, ma dalla distanza tra il punto preso in considerazione e il fondo del recipiente (mare o lago o altro)

B) Se l'accelerazione di gravità g fosse diversa da quella media sulla Terra (per esempio la metà di quella che noi subiamo tutti i giorni) ebbene la pressione sarebbe diversa (secondo l'esempio: la metà)

C) Variando la densità (assoluta o relativa) del liquido, la pressione (a pari profondità) cambia

D) Misurare la pressione in mmHg o cmH_2O vuol dire dare solo l'altezza della colonna del liquido (Hg o H_2O) alla cui base viene esercitata una certa pressione (per avere la vera pressione bisognerebbe moltiplicare questa altezza per la densità del liquido e per l'accelerazione di gravità)

E) La pressione a una certa profondità *h* è direttamente proporzionale ad *h*

2860 Il modulo della forza di Lorentz agente su una particella carica in moto con velocità v in un campo magnetico B è:

A) zero, solo se **B** è nullo

B) zero, se **v** è ortogonale a **B**

C) zero, se **v** è parallela a **B**

D) sempre diverso da zero, se **v** e **B** sono non nulli

E) zero, se **v** forma con **B** un angolo di 45°

2861 Un pendolo viene fatto oscillare tra i poli di un magnete. Nelle sue oscillazioni il pendolo entra ed esce dal campo magnetico generato dal magnete. Quale fra le seguenti affermazioni è corretta?

A) Se si eliminano tutti gli attriti, le oscillazioni non si smorzano mai, qualunque sia la natura del pendolo

B) Se il disco è fatto di materiale isolante, le oscillazioni diventano sempre più frequenti

C) Il disco si raffredda se è fatto di materiale conduttore

D) L'ampiezza delle oscillazioni aumenta progressivamente nel tempo, se il disco è fatto di materiale isolante

E) Le oscillazioni si smorzano rapidamente, se il disco è fatto di materiale conduttore

2862 Se su un ponte, sul quale scorre un corso d'acqua, grava un peso di *x* tonnellate, a quanto ammonterà complessivamente il peso che grava sul ponte nel momento in cui vi transita una nave del peso di 500 tonnellate?

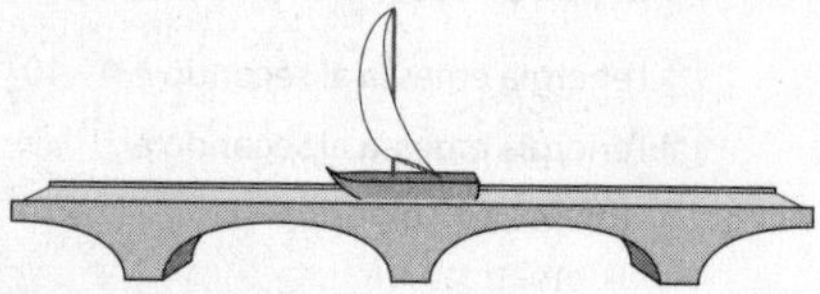

A) 500 tonnellate

B) *x* tonnellate

C) $x + 500$ tonnellate

D) $x - 500$ tonnellate

E) $500 \cdot x$ tonnellate

2863 Individuare, tra le seguenti, le affermazioni corrette:

a) Se raddoppiamo la lunghezza di un filo metallico, la sua resistenza raddoppia

b) Se due lampadine sono collegate in serie, quando una brucia anche l'altra si spegne

c) Se due lampadine sono collegate in parallelo, quando una brucia l'altra emette più luce

A) b); c)

B) Nessuna

C) a); c)

D) a); b)

E) Tutte

2864 Quali resistenze sono in parallelo nel circuito rappresentato nella figura?

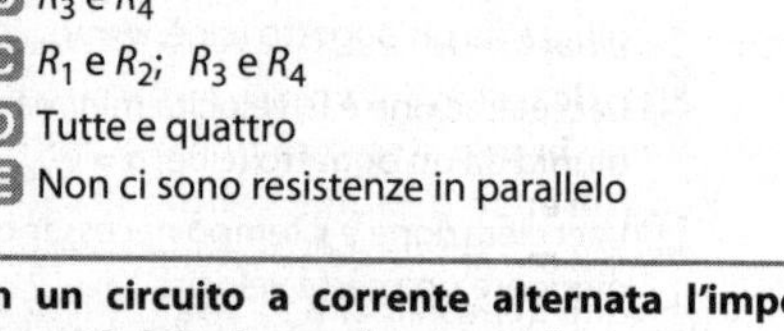

A) R_1 e R_2

B) R_3 e R_4

C) R_1 e R_2; R_3 e R_4

D) Tutte e quattro

E) Non ci sono resistenze in parallelo

2865 In un circuito a corrente alternata l'impedenza è data da una funzione di:

A) resistenza e induttanza

B) resistenza, capacità e induttanza

C) capacità e induttanza

D) resistenza pura

E) capacità pura

QUESITI DI FISICA

2866 Un cubetto di ghiaccio di 1 cm^3 di volume galleggia sull'acqua contenuta in un recipiente a temperatura costante di 25 °C. Quando il ghiaccio si sarà completamente sciolto, il livello dell'acqua sarà, rispetto a quello iniziale:

A invariato
B diminuito
C aumentato del doppio
D aumentato del quadruplo
E la domanda non ha senso

2867 Uno sciatore di massa $m = 80$ kg viene trainato da uno skilift lungo un pendio inclinato di 30° rispetto alla direzione orizzontale, alla velocità costante di 9 km/h. Sapendo che l'accelerazione di gravità vale $g = 9{,}8\ m/s^2$, dire se la potenza erogata dal motore dello skilift è:

A 720 kW
B 7056 J
C 980 W
D 727 J
E nessuna delle precedenti possibilità è corretta

2868 Un conduttore rettilineo è disposto lungo l'asse di un solenoide percorso da corrente. Che cosa si può dire sulla forza che agisce sul conduttore quando questo è attraversato da una corrente diretta nello stesso verso del campo generato dal solenoide?

A Sul conduttore agisce una forza diretta nello stesso verso del campo del solenoide
B Sul conduttore agisce una forza diretta nel verso opposto al campo del solenoide
C Sul conduttore agisce una forza diretta perpendicolarmente all'asse del solenoide
D Sul conduttore non agisce alcuna forza
E La direzione della forza sul conduttore è tale da formare con la direzione del campo un angolo il cui coseno è 3/2

2869 Due particelle A e B, aventi la stessa carica elettrica, si muovono di moto circolare uniforme in uno stesso campo magnetico su circonferenze di ugual raggio. Sapendo che $m_A = 2\ m_B$, quale delle seguenti relazioni tra i moduli delle velocità v_A e v_B è quella esatta?

A $v_A = v_B$
B $2\ v_A = v_B$
C $2\ v_B = v_A$
D $4\ v_A = v_B$
E $4\ v_B = v_A$

2870 In un esperimento immaginario, un blocco di 1 kg di ghiaccio a 0 °C è lasciato cadere da un'altezza *h* tale che il calore prodotto dall'impatto con il suolo lo fa fondere completamente. Da quale altezza dovrebbe cadere un blocco di ghiaccio di 25 kg per fondere completamente? (Si supponga che, in entrambi i casi, tutto il calore prodotto nell'urto venga utilizzato per fondere il ghiaccio)

A Da un'altezza 25 volte più piccola di *h*
B Da un'altezza 625 volte più grande di *h*
C Dalla stessa altezza *h*
D Da un'altezza 5 volte più grande di *h*
E Da un'altezza 25 volte più grande di *h*

2871 Una persona munita di fucile e proiettili si trova sopra un carrello in moto con velocità pari a 3 m/s. La massa di tutto il sistema è 100 kg. Nell'ipotesi che gli attriti risultino trascurabili, si domanda se la persona, sparando in successione alcuni proiettili, può arrestare il carrello.

A No, perché la quantità di moto di un sistema isolato si conserva
B Sì, purché la persona spari un numero di proiettili tale che l'energia cinetica complessiva risulti di 300 joule
C Sì, purché la persona spari un numero di proiettili tale che la loro quantità totale di moto risulti di verso opposto rispetto a quella del sistema iniziale e uguale a 300 kg · m/s
D Sì, purché la persona spari un numero di proiettili tale che la loro quantità totale di moto risulti dello stesso verso rispetto a quella del sistema iniziale e uguale a 300 kg · m/s
E No, perché non si conserverebbe l'energia cinetica

2872 Quanto vale la tensione ai capi delle resistenze R_2 e R_3 nel circuito in figura?

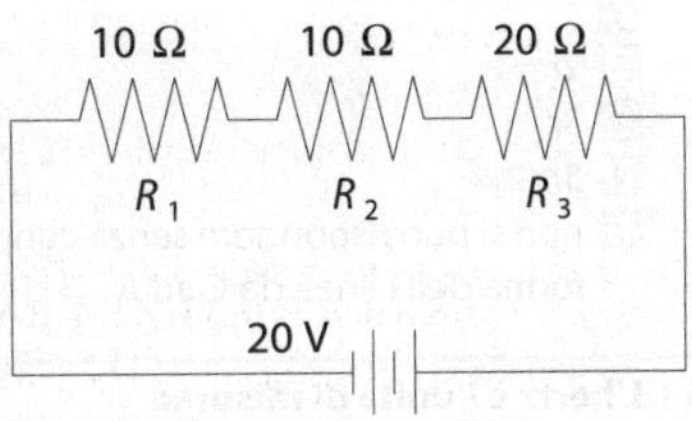

A 3 volt; 12 volt
B 5 volt; 10 volt
C 6 volt; 13 volt
D 7 volt; 14 volt
E 10 volt; 5 volt

SCIENZE

2873 Che cosa si può dire del passaggio del calore da un corpo freddo a uno più caldo?

A È impossibile
B Lo si può realizzare, ma richiede lavoro dall'esterno
C Si può verificare solo se la differenza di temperatura dei due corpi è inferiore a un certo valore
D È possibile solo per alcuni materiali
E Avviene spontaneamente

2874 Quale delle seguenti affermazioni relative al potenziale elettrostatico in un punto P di un campo elettrico è ERRATA?

A È numericamente uguale all'energia potenziale della carica unitaria positiva in P
B Dipende dalla carica esploratrice posta in P
C Dipende unicamente dalle cariche che creano il campo e dalla loro distanza da P
D È uguale al rapporto tra l'energia potenziale della carica esploratrice posta in P e il valore della carica stessa; si misura in joule/coulomb
E Si misura in volt

2875 La massa M parte da ferma in C; scorrendo lungo una guida entra in A nella circonferenza di raggio *r* e sale verso B.

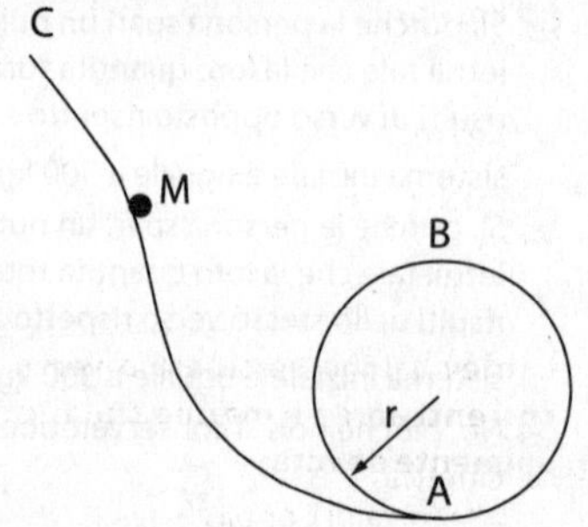

In assenza di attrito, la minima altezza di C rispetto ad A perché M giunga in B senza staccarsi dalla guida è:

A *r*
B 2*r*
C 3*r*
D 5*r*/2
E non si può rispondere senza conoscere la forma della linea da C ad A

2876 L'hertz è l'unità di misura:

A della frequenza di onde periodiche
B dell'energia delle onde radio
C dell'intensità delle onde sonore
D della lunghezza d'onda delle trasmissioni radio in modulazione di frequenza
E nessuna delle precedenti risposte è esatta

2877 Con riferimento al sistema illustrato in figura, determinare le tensioni T_A e T_B del filo (supposto di massa trascurabile), durante il moto di A e B in assenza di attriti.

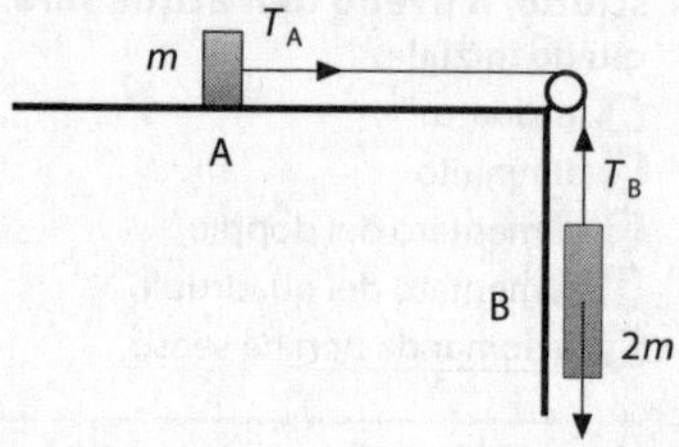

A $T_A = T_B = \frac{2}{3}mg$
B $T_A = T_B = mg$
C $T_A = mg$ e $T_B = 2mg$
D non determinabili perché occorre conoscere la posizione e la velocità di A a un istante iniziale
E non determinabili perché occorre conoscere la lunghezza del filo

2878 Una pallina viene scagliata verticalmente verso l'alto (nel campo gravitazionale) da una molla. Quanto vale l'accelerazione della pallina nell'istante immediatamente successivo al distacco della pallina dalla molla? (Si supponga che la resistenza dell'aria sia trascurabile e che l'accelerazione di gravità sia diretta naturalmente verso il basso e di valore pari a 9,8 m/s^2).

A 0
B 9,8 m/s^2
C – 9,8 m/s^2
D Più di 9,8 m/s^2
E Non si può sapere, se non si conosce la forza esercitata dalla molla

2879 L'aria è formata per l'80% (circa) da azoto e per il 20% (circa) da ossigeno: la sua pressione al livello del mare è pari a una atmosfera. In questa miscela gassosa:

A le pressioni parziali dei due gas sono uguali e ciascuna è pari a una atmosfera
B la pressione parziale dell'azoto è minore di quella dell'ossigeno
C non si può parlare di pressione dell'ossigeno e dell'azoto, ma di pressione della miscela
D la pressione parziale dell'azoto è circa quattro volte quella dell'ossigeno
E le pressioni parziali dei due gas sono uguali e ciascuna è pari a 0,5 atmosfere

2880 Una massa *m* è lanciata lungo la guida in figura, caratterizzata da un anello circolare di raggio *r*. La velocità di lancio nel punto A (quota zero) necessaria per superare senza cadere il punto B deve essere tale che:

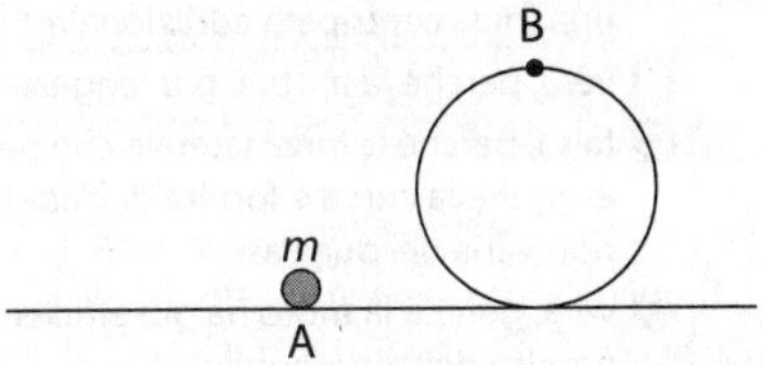

A l'energia cinetica in A sia pari all'energia potenziale in B
B l'accelerazione centripeta all'entrata della guida circolare sia pari, in modulo, all'accelerazione di gravità
C l'accelerazione centrifuga all'entrata della guida circolare sia pari, in modulo, all'accelerazione di gravità
D l'energia cinetica in A sia pari all'energia potenziale in B più l'energia cinetica necessaria in B perché ivi l'accelerazione centrifuga eguagli quella di gravità
E l'energia cinetica in A sia pari all'energia potenziale in B più l'energia cinetica necessaria in B perché ivi l'accelerazione centripeta uguagli quella di gravità

2881 La capacità di un condensatore elettrico piano:

A aumenta con la carica accumulata sulle armature
B aumenta all'aumentare della costante dielettrica del mezzo interposto tra le armature
C non dipende dalla superficie delle armature
D diminuisce con la differenza di potenziale applicata tra le armature
E aumenta all'aumentare della distanza tra le armature

2882 La distanza media Terra-Luna è circa 380.000 km e il raggio della Luna è circa 1750 km (0,27 volte quello della Terra); il rapporto tra la massa della Luna e quella della Terra è 1/81. Quale delle seguenti risposte individua più correttamente la posizione del centro di massa del sistema Terra-Luna?

A Il centro della Luna
B A mezza via tra la Luna e la Terra
C Il centro della Terra
D All'interno della Terra ma non al centro
E All'interno della Luna ma non al centro

2883 Le linee di forza del campo elettrico sono:

A sempre aperte
B sempre chiuse
C chiuse se il campo elettrico è generato dal fenomeno dell'induzione magnetica
D equipotenziali
E circolari

2884 È dato il vettore A di modulo $a \neq 0$. È dato poi il vettore B avente verso opposto al precedente e modulo *b* sconosciuto. Si sa inoltre che $\mathbf{A} + \mathbf{B} = 0$; possiamo allora concludere che:

A $a + b = 0$
B $a \cdot b = 0$
C $b = a$
D $b = 0$
E Non è possibile che $\mathbf{A} + \mathbf{B} = 0$

2885 Una certa grandezza fisica *z* dipende da una lunghezza *L*, da una velocità *v* e da un intervallo di tempo *t* secondo la relazione $z = L^2 t/v$. In quale tra le seguenti unità di misura potrebbe essere corretto esprimere *z*?

A km/h
B $m \cdot s^2$
C Kg/m
D m/s^2
E s^3

2886 La deviazione verso est o verso ovest delle correnti aeree e marine sulla Terra è principalmente dovuta:

A alla forza di Coriolis
B alla forza centrifuga
C all'attrazione gravitazionale del Sole
D all'inclinazione dell'asse terrestre
E al moto della Terra attorno al Sole

2887 Detti t_L e t_T i tempi di caduta di due gravi dalla stessa altezza rispettivamente sulla Luna e sulla Terra, ove le accelerazioni di gravità sono g_L e g_T, quale delle seguenti relazioni è esatta?

A $t_L/t_T = g_L/g_T$
B $t_L/t_T = g_T/g_L$
C $t_L/t_T = (g_L/g_T)^2$
D $t_L/t_T = (g_T/g_L)^2$
E $(t_L/t_T)^2 = g_T/g_L$

SCIENZE

2888 Determinare il valore della corrente che passa in R_2 quando:

A) l'interruttore I è aperto

B) I è chiuso

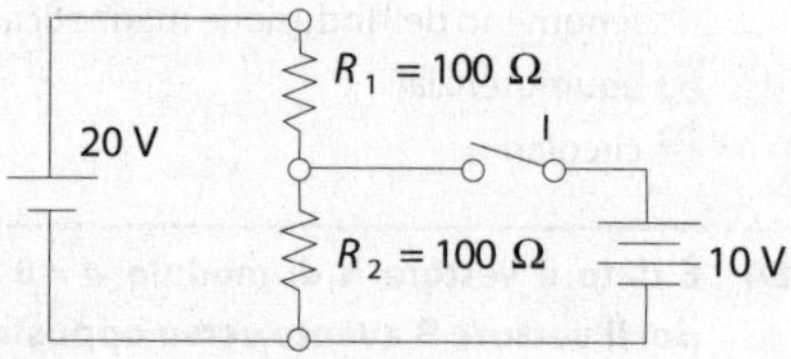

- A) 0,1 A; B) 0,1 A
- B) 0,1 A; B) 0,2 A
- C) 0,2 A; B) 0,1 A
- D) 0,2 A; B) 0,2 A
- E) 0,2 A; B) 0,3 A

2889 Il colore di una radiazione monocromatica dipende:

- A dalla sua intensità
- B dalla sua velocità nel vuoto
- C dal numero degli atomi che si diseccitano per unità di tempo
- D dalla sua frequenza
- E dalla sua ampiezza

2890 Il numero di Avogadro rappresenta il numero delle molecole contenute in:

- A 22,4 l di N_2 a 0 °C e alla pressione di 1 atm
- B 1 dm^3 di acqua a 4 °C
- C 1 l di aria a 0 °C
- D 1 kg di qualsiasi sostanza a 0 °C
- E 22,4 l di H_2 a 25 °C e alla pressione di 1 atm

2891 Le dimensioni fisiche dell'impulso di una forza nel sistema MKS sono:

- A [L]
- B $[M][L][T]^{-1}$
- C [M][T]
- D $[M][T]^{-2}$
- E $[M][L]^{-1}[T]$

2892 Un'automobile percorre una curva di raggio pari a 20 m con una velocità di modulo costante pari a 40 km/h. L'accelerazione dell'automobile è:

- A nulla
- B diretta come il raggio e rivolta verso l'interno della curva
- C tangente alla curva
- D diretta come il raggio e rivolta verso l'esterno della curva
- E pari a 9 m/s^2

2893 L'affermazione che una moto può compiere una curva di raggio assegnato a una velocità superiore a quella di un'automobile (a parità di coefficiente di aderenza tra gomma e asfalto) è:

- A vera, perché la moto, inclinandosi, fornisce una forza centripeta addizionale
- B vera, perché la moto è più leggera
- C falsa, perché la forza laterale che permette di eseguire la curva è fornita dall'aderenza, che non varia nei due casi
- D vera, perché la moto ha più efficienza aerodinamica dell'automobile
- E falsa, perché la moto può avere una potenza specifica più elevata di quella di un'automobile

2894 *Micro* è un prefisso che indica un sottomultiplo dell'unità pari a:

- A 1 centesimo
- B 1 decimo
- C 1 millesimo
- D 1 milionesimo
- E 1 miliardesimo

2895 Una spira ruota tra i Poli Nord e Sud di un magnete. Il valore assoluto della forza elettromotrice della corrente indotta è massimo quando:

- A la faccia della spira è perpendicolare alle linee di forza del campo magnetico
- B la faccia della spira forma un angolo di 45° con le linee di forza
- C la faccia della spira è parallela alle linee di forza del campo magnetico
- D la faccia della spira forma un angolo di 100° con le linee di forza
- E la faccia della spira forma un angolo di 60° con le linee di forza

2896 Un condensatore piano viene realizzato con due armature piane indefinite e parallele separate dal vuoto. All'interno del condensatore, a eguale distanza dalle due armature, viene posto un elettrone fermo. Indicare se l'elettrone:

- A si muove verso l'armatura negativa fino a raggiungere gli altri elettroni
- B si muove verso l'armatura positiva fino a raggiungerla
- C resta fermo al centro del condensatore
- D si muove con moto oscillatorio fra le due armature
- E nessuna delle precedenti risposte è corretta

2897 Un corpo con peso specifico pari alla metà di quello dell'acqua è immerso in acqua e tenuto fermo da una catena. A quale accelerazione si troverebbe soggetto se il corpo fosse lasciato libero improvvisamente? (*g* è l'accelerazione di gravità).

- A 1,0 *g*
- B 0,5 *g*
- C 2,0 *g*
- D Dipende dalla profondità a cui il corpo si trova
- E Dipende dal volume del corpo

2898 La massa totale degli abitanti dell'Italia è all'incirca:

- A 3 milioni di tonnellate
- B 30 milioni di chilogrammi
- C 300 mila quintali
- D 3 miliardi di grammi
- E 30 milioni di tonnellate

2899 Un recipiente cubico con lato di 20 cm contiene acqua fino a 2 mm dal bordo; in essa galleggia un cubo di ghiaccio di 10 cm di lato. Se il ghiaccio si scioglie, il livello dell'acqua:

- A scende
- B resta immutato
- C sale senza raggiungere il bordo
- D raggiunge il bordo
- E l'acqua trabocca

2900 La forza elettrica tra un protone e un elettrone è:

- A uguale a quella di attrazione gravitazionale tra le loro masse
- B opposta a quella di attrazione gravitazionale
- C molto più grande di quella di attrazione gravitazionale
- D molto più piccola di quella di attrazione gravitazionale
- E nessuna delle precedenti possibilità è corretta

2901 Una sferetta di massa $m = 10$ g, caricata elettricamente con carica $q = 10^{-7}$ C, è immersa in un campo elettrico E diretto verticalmente, tale che la forza elettrostatica equilibra la forza peso agente sulla sferetta. L'intensità del campo elettrico è:

- A 10^{-6} N/C
- B 980 N/C
- C 98 kV
- D 980 kV
- E nessuna delle precedenti possibilità è corretta

2902 Si vuole raffreddare nel più breve tempo possibile 1 litro di acqua bollente, in un contenitore metallico, senza alterarne le caratteristiche di asetticità. Il metodo più efficace è:

- A immergere il recipiente in acqua corrente
- B buttarvi dentro dei cubetti di ghiaccio
- C mettere il recipiente sotto il ventilatore
- D mettere il recipiente in un frigorifero
- E sciogliervi dentro del sale

2903 La pressione del sangue, in una persona in posizione eretta, è:

- A la stessa in tutto il corpo
- B massima al cervello
- C massima negli arti superiori
- D massima negli arti inferiori
- E maggiore nel lato sinistro del corpo

2904 L'acqua contenuta in una pentola, opportunamente riscaldata, bollirà quando:

- A nell'acqua verrà disciolto un sale
- B la pressione di vapore raggiungerà quella esterna
- C la temperatura dell'acqua supererà quella esterna
- D la pressione esterna è pari a una atmosfera
- E la pressione di vapore sarà inferiore a quella esterna

2905 Se il ghiaccio ha calore latente di fusione uguale a 334,8 J/g, la quantità di calore necessaria a sciogliere 1 kg di ghiaccio è circa:

- A 334,8 kcal
- B 80 kcal
- C 4186 J
- D 293 K
- E 41.860 J

2906 La definizione di fuoco di una lente sottile è:

- A il punto dell'asse ottico in cui convergono tutti i raggi provenienti da un qualsiasi punto oggetto
- B il punto dell'asse ottico in cui convergono tutti i raggi provenienti da un oggetto posto a distanza infinita dalla lente
- C l'inverso (o reciproco) dell'ingrandimento visuale della lente
- D il punto dell'asse ottico in cui convergono tutti i raggi provenienti dall'altro fuoco della lente
- E nessuna delle altre risposte è corretta

SCIENZE

2907 2 kg d'acqua alla temperatura di 80 °C vengono introdotti in un calorimetro contenente 1 kg d'acqua a 20 °C. La temperatura di equilibrio raggiunta dopo un certo tempo nel calorimetro è:

A 30 °C
B 60 °C
C 50 °C
D 33 °C
E non vi sono dati sufficienti per rispondere

2908 Un conduttore di resistenza 10 ohm connesso a 100 volt assorbe:

A 1 ampere
B 10 kilowatt
C 10 ampere
D 100 ampere
E 1 kilowatt

2909 In un dato filo conduttore percorso da corrente, se cambia la differenza di potenziale elettrico tra i suoi estremi cambia anche l'intensità della corrente elettrica, però rimane costante:

A il prodotto fra la prima e la seconda grandezza
B il prodotto fra la prima e il quadrato della seconda grandezza
C il prodotto fra la seconda e il quadrato della prima grandezza
D il rapporto fra le due grandezze
E la somma delle due grandezze

2910 Le linee di forza di un qualunque campo elettrico sono in ogni punto:

A dirette come il campo elettrico
B dirette perpendicolarmente al campo elettrico
C dirette come la velocità di una particella carica che si muove sotto l'azione del campo elettrico
D dirette perpendicolarmente alla velocità di una particella carica che si muove sotto l'azione del campo elettrico
E dirette orizzontalmente

2911 In una cella elettrolitica l'intensità di corrente che attraversa la soluzione, quando tra gli elettrodi si applica una differenza di potenziale, è dovuta:

A al moto d'insieme di ioni positivi e negativi
B al moto d'insieme solo degli ioni positivi
C al moto d'insieme solo degli ioni negativi
D all'agitazione termica degli ioni positivi
E al moto d'insieme degli elettroni

2912 Un treno, viaggiando a velocità costante di 100 km/h, va da una città A a una città B in quattro ore. Si supponga che, arrivato in B, inverta immediatamente il verso di marcia e ritorni ad A con una velocità costante, ma diversa da quella dell'andata. Quale deve essere la velocità di ritorno perché la velocità media nel tragitto complessivo A-B-A sia di 200 km/h?

A 300 km/h
B 400 km/h
C 500 km/h
D 600 km/h
E Infinita

2913 Quale delle seguenti affermazioni è vera?

A La luce e il suono si propagano anche nel vuoto, ma non con la stessa velocità
B Il suono si propaga con velocità differenti in mezzi differenti, mentre la luce ha sempre la stessa velocità in qualunque mezzo
C La luce si propaga con velocità differenti in mezzi differenti, mentre il suono ha sempre la stessa velocità in qualunque mezzo
D Sia la luce sia il suono si propagano con velocità differenti in mezzi differenti
E Le precedenti affermazioni sono tutte false

2914 Si dica quale tra le seguenti lunghezze d'onda appartiene al campo della radiazione X.

A 10^{-7} m
B 10 cm
C 10^{-3} m
D 10 m
E 10^{-11} m

2915 Si hanno 4 pile, ciascuna è da 1,5 V. Le si collegano in serie (collegando il polo + della prima al – della seconda, il + della seconda al – della terza e, infine, il + della terza al – della quarta). Quanto vale la differenza di potenziale d.d.p. (in valore assoluto) tra il polo – della prima e il polo + della quarta, a circuito aperto?

A Si crea un immediato cortocircuito, per cui immediatamente si ha 0 V
B Si annullano le cariche, quindi non succede nulla, ma si ottiene comunque 0 V
C Si ottiene una d.d.p. da 1,5 V, ma di maggiore durata
D Si ottiene una d.d.p. da 1,5 V di minor durata, ma più precisa e più stabile
E Si ottiene una d.d.p. di 6 V

QUESITI DI FISICA

2916 Un sasso viene lasciato cadere da una torre con velocità iniziale nulla. Dopo un tempo t dall'inizio della caduta la sua velocità è 10 m/s. Quanto vale la velocità all'istante $2t$?

A 20 m/s
B 50 m/s
C 100 m/s
D 10 m/s
E 5 m/s

2917 Due forze agiscono in direzioni perpendicolari l'una rispetto all'altra. I moduli delle due forze sono rispettivamente 3N e 4N. Quanto vale il modulo della forza risultante?

A 7 N
B 5 N
C 1 N
D 12 N
E 4/3 N

2918 In base al primo principio della dinamica, se vengono meno le forze che determinano il moto circolare uniforme di un corpo, questo:

A permane nel suo stato di moto circolare uniforme
B rallenta il suo moto sino a fermarsi
C cambia il tipo di moto da circolare uniforme a rettilineo uniforme
D assume un moto rettilineo uniformemente accelerato
E assume un moto uniformemente accelerato

2919 La pressione esercitata da due gas contenuti nello stesso recipiente è:

A uguale alla differenza tra le pressioni parziali
B uguale al quoziente delle pressioni parziali
C uguale al prodotto delle pressioni parziali
D uguale alla somma delle pressioni parziali
E dipende dal rapporto percentuale dei gas

2920 Se un corpo A cede una certa quantità di calore al corpo B che ha la stessa massa di A:

A la temperatura di A varia di tanto quanto quella di B
B entrambi i corpi si portano a una stessa temperatura che è inferiore a quella di B
C le variazioni di temperatura dei due corpi sono direttamente proporzionali alle rispettive capacità termiche
D il rapporto delle variazioni di temperatura dei due corpi è uguale al reciproco del rapporto dei rispettivi calori specifici, cambiato di segno
E le temperature di A e di B non variano

2921 Nella formulazione della legge dei gas perfetti $PV = nRT$:

A è implicito che un gas perfetto a zero gradi centigradi non occupa nessun volume
B si intende che R varia in dipendenza del variare di P, V e T, ma non della natura del gas, purché perfetto
C si intende che R dipende solo dalla natura del gas, ma non da P, V, T
D n è la massa del gas espressa in grammi
E nessuna delle precedenti affermazioni è corretta

2922 Un corpo, che ha un volume di 0,3 m^3, galleggia sull'acqua (densità 1 kg/dm^3). Sporgono dall'acqua 30 dm^3 del corpo. La densità del corpo vale:

A 0,1 kg/dm^3
B 0,9 kg/m^3
C 0,9 kg/dm^3
D 9 kg/dm^3
E 1 kg/dm^3

2923 Si riceve un segnale acustico con un ritardo di 50 periodi rispetto alla sorgente. Sapendo che la frequenza del suono è di 500 Hz e la velocità di propagazione è di 300 m/s, qual è la distanza tra il ricevitore e la sorgente?

A 1 m
B 5 m
C 10 m
D 30 m
E 100 m

2924 La forza elettromotrice è:

A la forza agente sugli elettroni di un filo conduttore
B la quantità di carica trasportata dalla corrente
C la differenza di potenziale ai capi di una pila
D la forza esercitata dagli elettroni di un filo conduttore
E tutte le precedenti

2925 La batteria di una automobile è caratterizzata, oltre che dalla tensione, anche dalla quantità di carica che è in grado di trasferire da un elettrodo all'altro espressa in ampere-ora (Ah). 100 Ah corrispondono a:

A 3600 coulomb
B 100 ampere
C 360.000 coulomb
D 100 coulomb
E 3600 ampere

2926 La resistenza di un conduttore ohmico:

A diminuisce all'aumentare della lunghezza del conduttore

B aumenta all'aumentare della resistività del conduttore

C aumenta all'aumentare della sezione del conduttore

D diminuisce all'aumentare della temperatura

E nessuna delle precedenti risposte è corretta

2927 Una carica elettrica si muove con velocità v all'interno di un campo magnetico. Il lavoro della forza di Lorentz è:

A negativo

B positivo

C nullo solo se il campo è uniforme

D nullo solo se il campo varia da punto a punto

E nullo qualunque sia il campo magnetico

2928 Un elettrone accelerato da una differenza di potenziale di 10 V possiede un'energia di:

A 10 erg

B 10 joule

C 10 eV

D 1 keV

E 100 joule

2929 I raggi catodici corrispondono a un flusso di:

A protoni

B neutroni

C elettroni

D nucleoni

E ioni

2930 Dopo 4 ore, dei 256 microgrammi di una certa sostanza radioattiva ne rimane uno solo, perché il resto si è trasformato in una specie diversa. Il tempo di dimezzamento è dunque uguale a:

A 2 ore

B 1 ora

C 1/2 ora

D 1/4 ora

E la domanda non ha senso

2931 La velocità media di un'automobile è 72 km/h. Quanti metri percorre in media l'automobile in un secondo?

A 36 m

B 1,2 m

C 20 m

D 259,2 m

E 72 m

2932 Per una leva inter-resistente (o favorevole), dire quale delle seguenti affermazioni è corretta:

A la forza attiva (o "potenza") è maggiore della forza passiva ("resistenza")

B la forza attiva (o "potenza") è minore della forza passiva ("resistenza")

C il lavoro fatto dalla forza attiva è minore di quello della passiva

D il lavoro fatto dalla forza attiva è maggiore di quello della passiva

E nessuna delle precedenti risposte è esatta

2933 Il modulo del vettore risultante dalla somma di due vettori, a e b, è uguale alla differenza tra il modulo del vettore a e il modulo del vettore b. È possibile affermare che:

A i vettori **a** e **b** hanno la stessa direzione e lo stesso verso

B i vettori **a** e **b** hanno la stessa direzione e verso opposto

C i vettori **a** e **b** possono avere una direzione e un verso qualsiasi

D le direzioni dei vettori **a** e **b** formano un angolo di 60°

E i vettori **a** e **b** hanno modulo uguale e verso opposto

2934 Siano date tre forze $\neq 0$, complanari, tutte e tre applicate all'origine di un sistema piano di assi cartesiani ortogonali, tutte e tre giacenti nel primo quadrante. Per quali dei seguenti valori dei moduli può essere nulla la loro risultante?

A Mai, qualsiasi siano i valori di F_1, di F_2 e di F_3

B $F_1 = 3$; $F_2 = 4$; $F_3 = 5$

C $F_1 = 1$; $F_2 = 7$; $F_3 = 13$

D $F_1 = 0{,}5$; $F_2 = 0{,}5$; $F_3 = 1$

E $F_1 = 1$; $F_2 = 2$; $F_3 = 4$

2935 Un proiettile di massa 10 g viene sparato verticalmente verso l'alto con velocità di 100 m/s e si conficca in un bersaglio, libero di muoversi, di massa 90 g. Se dopo l'impatto il sistema proiettile-bersaglio si muove verticalmente, quale spazio percorre prima di fermarsi?

A 51 m

B 510 m

C 0,51 m

D 5,1 m

E 0,051 m

QUESITI DI FISICA

2936 Un recipiente a forma cubica di lato 1 dm è riempito per metà del suo volume di acqua. Le condizioni esterne sono tali da produrre un'evaporazione dell'acqua di 1 g/h. Dopo 10 h il livello dell'acqua:

A è rimasto costante
B è sceso di 1 mm
C è sceso di 10 mm
D è salito di 1 mm
E è ridotto a zero

2937 Un corpo puntiforme si muove di moto circolare uniforme. Indichiamo con *r* il raggio della circonferenza, con *v* la velocità periferica, con ω la velocità angolare, con *T* il periodo, con *f* la frequenza. Qual è la giusta espressione?

A $T = v/2\pi r$
B $T = 2\pi r/v$
C $T = f/\pi$
D $T = \omega \cdot v$
E $T = \pi/v$

2938 Quale delle seguenti quantità rappresenta il tempo di caduta di un grave che cade da un'altezza *h*?

A $\sqrt{2gh}$
B $\sqrt{\frac{2h}{g}}$
C $2gh$
D $\frac{1}{2}gh^2$
E gh^2

2939 L'unità di misura del rendimento è:

A la caloria
B il joule
C il kelvin
D il watt
E il rendimento è una grandezza adimensionale

2940 Un frigorifero ha lo scopo di mantenere a bassa temperatura una cella frigorifera. Nel contempo esso ha l'effetto di:

A riscaldare l'ambiente in cui si trova
B raffreddare l'ambiente
C lasciare immutata la temperatura dell'ambiente
D aumentare l'umidità dell'ambiente
E ridurre l'inquinamento dell'ambiente

2941 Nell'aria il rapporto tra la velocità del suono e quella della luce è approssimativamente:

A $3 \cdot 10^{-7}$
B $1 \cdot 10^{-6}$
C $3 \cdot 10^{-5}$
D $1 \cdot 10^{-4}$
E $3 \cdot 10^{-3}$

2942 Quando in un condensatore piano, carico e isolato, si raddoppia la differenza di potenziale applicata alle armature, l'energia elettrostatica del condensatore:

A raddoppia
B si dimezza
C si riduce di un quarto
D quadruplica
E diventa un quarto

2943 La corrente in un conduttore metallico è dovuta:

A al moto degli elettroni
B al moto di cariche positive e negative
C al moto di un'onda elettromagnetica
D al moto di un fluido
E al moto di un solido

2944 Un'automobile di massa *m* scende dalla quota *h* a velocità costante perché usa i freni, e si porta al livello del mare (indichiamo con *U* l'energia potenziale di gravità e con *T* l'energia cinetica). In tale situazione:

A l'energia dissipata per attrito eguaglia la variazione di energia cinetica
B la ΔU eguaglia la variazione di energia cinetica
C $\Delta T = mgh$
D $\Delta U = mg/h$
E non si può applicare il teorema della conservazione dell'energia meccanica

2945 La pressione di 1 atmosfera è:

A qualunque pressione che si registra al livello del mare
B quella esercitata da una colonna d'acqua alta 76 m
C la pressione registrata a 760 m al di sopra del livello del mare
D la pressione esercitata da una colonna di mercurio alta 76 cm
E la pressione registrata a 76 m di profondità al di sotto della superficie del mare

SCIENZE

2946 Un treno marcia su vecchi binari che presentano giunzioni ogni 18 m. Un viaggiatore in 120 s cronometra 121 segnali sonori prodotti dal passaggio di una coppia di ruote sulle successive giunzioni delle rotaie. Sapendo che il viaggiatore ha fatto partire il cronometro in corrispondenza del primo dei 121 segnali, a che velocità viaggia il treno?

A 64,26 km/h
B 64,80 km/h
C 65,34 km/h
D 65,88 km/h
E 66,42 km/h

2947 Data la misura della lunghezza di un circuito in chilometri, si riconoscano tra le seguenti le dimensioni dell'errore assoluto e dell'errore relativo della misura.

A [L]; [L]
B [L]; $[L]^2$
C Adimensionale; [L]
D [L]; adimensionale
E Sono entrambe grandezze adimensionali

2948 Misurando la larghezza l e l'altezza h di un tavolo si trovano i seguenti valori:

$l = (180 \pm 0,2)$ cm e $h = (80 \pm 0,1)$ cm

Dire quale delle due misure è più precisa.

A l
B h
C Hanno la stessa precisione
D Per rispondere occorre conoscere gli errori assoluti
E Per rispondere occorre conoscere gli errori sistematici

2949 Una barca attraversa un fiume partendo da una sponda e dirigendosi in direzione perpendicolare alla sponda opposta, parallela alla prima, con velocità costante V rispetto all'acqua. Detto T il tempo che la barca impiegherebbe per raggiungere l'altra sponda se l'acqua fosse ferma, quanto vale il tempo minimo per attraversare il fiume (a parità di velocità della barca rispetto all'acqua) se la corrente è uniforme, con velocità di valore V parallela alle sponde?

A $T/2$
B $T/\sqrt{2}$
C T
D $2T$
E $2 \cdot \sqrt{T}$

2950 Un corpo si muove sotto l'azione di una forza costante. Quale delle seguenti quantità rimane costante nel moto?

A quantità di moto
B velocità
C accelerazione
D energia cinetica
E nessuna delle precedenti grandezze resta costante

2951 Due lampadine sono inserite in un circuito che comprende una pila e un interruttore. Come devono essere collegate le due lampadine perché possa verificarsi la condizione che una lampadina sia accesa e una sia spenta?

A In serie
B In parallelo con l'interruttore inserito in uno dei due rami
C In serie con l'interruttore inserito in mezzo alle due lampadine
D La condizione in cui una lampadina è spenta e una accesa non può mai verificarsi perché le lampadine appartengono allo stesso circuito
E La condizione di cui sopra può verificarsi per qualsiasi disposizione delle due lampadine

2952 Un campo magnetico è prodotto:

A da cariche elettriche in movimento
B da un campo elettrico stazionario
C da una massa in moto in un campo elettrico esterno
D da cause non in relazione a fenomeni elettrici
E da un sistema di cariche in quiete

2953 Un'automobile percorre un tratto di strada in salita alla velocità v e lo stesso tratto in discesa alla velocità v'. La velocità media è:

A $\frac{v + v'}{2}$
B $\frac{vv'}{2}$
C $\frac{vv'}{v + v'}$
D $\frac{2vv'}{v + v'}$
E $v + v'$

2954 Due grandezze fisiche si dicono omogenee se:

A si possono moltiplicare tra loro
B si possono dividere tra loro
C si possono sommare tra loro
D sono divisibili per uno stesso numero
E nessuna delle risposte è corretta

QUESITI DI FISICA

2955 L'energia necessaria per imprimere la velocità di 10 m/s a un corpo inizialmente fermo di massa pari a 10 kg è pari a:

A 500 watt
B 50 joule
C 250 watt
D 500 joule
E 100 N · m/s

2956 Due punti materiali A e B hanno la stessa energia cinetica; la massa di A è pari a quattro volte la massa di B. Se q_A e q_B indicano i moduli delle quantità di moto di A e di B rispettivamente, quale delle seguenti relazioni è valida?

A $2q_A = q_B$
B $q_A = 2q_B$
C $q_A = q_B$
D $q_A = 4q_B$
E $q_A = q_B$

2957 Quando dell'acqua che contiene sale da cucina (NaCl) sta bollendo, il vapore che si libera è costituito da:

A NaCl gassoso
B Cl_2 gassoso
C H_2O gassosa
D H_2 e O_2 gassosi
E H_2O gassosa e NaCl gassoso

2958 Un recipiente cubico con lato di 20 cm contiene acqua fino a 2 mm dal bordo; in essa è completamente immerso un cubo di ghiaccio di 10 cm di lato. Se il ghiaccio si scioglie, il livello dell'acqua:

A scende
B resta immutato
C sale senza raggiungere il bordo
D raggiunge il bordo
E l'acqua trabocca

2959 Un fotone è caratterizzabile con la frequenza ν o con la lunghezza d'onda λ. Detta *h* la costante di Planck:

A λ è direttamente proporzionale a ν
B *h* dipende dalla frequenza
C *h*ν è l'energia del fotone
D la velocità di propagazione nel vuoto è funzione di λ
E se λ supera il centimetro abbiamo a che fare con raggi gamma

2960 Se avvicinata a pezzetti di carta, una barretta di plastica strofinata con un panno di lana li attira a sé:

A perché la carta è un buon conduttore elettrico
B perché vengono indotte delle cariche elettriche sulla carta
C perché il campo gravitazionale diminuisce intorno alla barretta
D per attrazione magnetica
E per le particolari proprietà elettriche dell'aria

2961 Qual è la differenza tra le onde utilizzate nelle trasmissioni radiofoniche e quelle televisive?

A Nelle trasmissioni radiofoniche si utilizzano onde sonore (o elastiche); nelle trasmissioni televisive si utilizzano onde luminose
B In entrambe le trasmissioni si utilizzano onde elettromagnetiche ma con lunghezze d'onda diverse
C In entrambe le trasmissioni si utilizzano onde sonore (o elastiche) ma con lunghezze d'onda diverse
D Nelle trasmissioni radiofoniche si utilizzano onde elettromagnetiche; nelle trasmissioni televisive si trasmettono fasci di elettroni
E Nessuna delle precedenti

2962 Quale quantità di energia viene dissipata in un'ora da una comune lampada a incandescenza di 60 W?

A Circa 50 calorie
B Circa 500 calorie
C Circa 5.000 calorie
D Circa 50.000 calorie
E Circa 500.000 calorie

2963 L'unità di misura della resistività è:

A Ω/m^2
B $\Omega \cdot m^2$
C Ω/m
D $\Omega \cdot m$
E Ω/m^3

2964 Un autotreno percorre una curva in autostrada e la velocità indicata dal tachimetro rimane costante. L'accelerazione del mezzo:

A è proporzionale al quadrato della velocità
B è nulla
C è tangente alla traiettoria seguita
D è proporzionale al raggio della curva
E è proporzionale alla velocità

2965 Una forza si dice elastica quando:

A è di richiamo, cioè tende a ridurre la deformazione
B è costante al variare della deformazione
C aumenta decisamente all'aumentare della deformazione
D è di richiamo ed è proporzionale alla deformazione
E nessuna delle precedenti risposte è corretta

2966 L'energia consumata in un minuto da una lampadina di potenza pari a 80 W è:

A 4,8 kJ
B 80 J
C 1,33 kWh
D 0,08 kWh
E nessuna delle precedenti possibilità è corretta

2967 L'ampiezza del kelvin:

A è la stessa del grado fahrenheit
B si ottiene dividendo per 273 l'intervallo di temperatura compreso tra quella di fusione del ghiaccio e quella di ebollizione dell'acqua
C è la stessa del grado réaumur
D è la stessa del grado centigrado
E è la metà del grado centigrado

2968 La Terra ruota attorno al proprio asse:

A con velocità angolare di circa (40.000/24) km/h
B 24 volte in un giorno
C con velocità angolare (π/12) rad/ore
D con frequenza (1/3600) cicli/secondo
E nessuna delle precedenti risposte è corretta

2969 Se la Terra avesse una massa doppia e un raggio pari alla metà dei valori reali, la forza peso sulla Terra risulterebbe:

A quattro volte maggiore
B otto volte maggiore
C uguale
D la metà
E il doppio

2970 Se una forza agente su una particella è conservativa, il lavoro che essa compie per uno spostamento della particella dalla posizione A alla posizione B:

A dipende solo da A e B
B dipende dalla velocità della particella
C dipende dalla traiettoria percorsa
D dipende solo dalla massa della particella
E è nullo

2971 La velocità del suono nel vuoto assoluto è:

A circa 340 m/s
B pari a quella nell'aria
C circa 1000 km/h
D non è definita
E uguale a quella della luce

2972 Due resistenze uguali sono attraversate da correnti alternate di frequenze ν e 2ν aventi lo stesso valore efficace. Dette W_1 e W_2 le potenze medie dissipate per effetto Joule nelle due resistenze percorse dalle correnti di frequenza rispettivamente ν e 2ν, quale delle seguenti relazioni è quella esatta?

A $W_1 = W_2$
B $W_1 = 2\,W_2$
C $W_2 = 2\,W_1$
D $W_1 = 4\,W_2$
E $W_2 = 4\,W_1$

2973 Le masse di due proiettili sono in rapporto 10 : 1. Trascurando l'attrito dell'aria, se sparati dallo stesso cannone con la stessa velocità iniziale, in quale rapporto saranno le loro gittate?

A 1 : 1
B 1 : 10
C 10 : 1
D 100 : 1
E 5 : 1

2974 Il momento di una forza diversa da zero, rispetto a un punto non giacente sulla retta d'azione della forza stessa:

A è un vettore perpendicolare sia alla forza sia al braccio
B ha le stesse dimensioni fisiche di una pressione
C varia al variare del braccio ed è massimo quando il braccio è nullo
D è una grandezza senza dimensioni
E è definito solo nel caso di forze costanti e braccio costante

2975 Un satellite gira sulla sua orbita intorno alla Terra. Il lavoro che la forza di gravitazione compie sul satellite in un'orbita completa è:

A positivo
B negativo
C nullo
D positivo o negativo a seconda che l'orbita sia circolare ovvero ellittica
E nessuna delle precedenti

2976 La tensione di vapore di un liquido può essere misurata in:

A volt
B atmosfere
C metri cubi
D watt
E newton

2977 Un bambino, dopo una corsa, presenta 120 battiti cardiaci al minuto e a ognuno di essi l'arteria aortica riceve 40 millilitri di sangue, per cui:

A la portata media dell'aorta è 40 cm^3/s
B la portata media dell'aorta è 80 cm^3/s
C il cuore batte 20 volte al secondo
D il cuore batte $120 \cdot 3600$ volte all'ora
E l'aorta riceve 800 millilitri di sangue al secondo

2978 La caloria è:

A la quantità di calore necessaria a innalzare di un grado centigrado la temperatura di un grammo d'acqua distillata
B un'unità di misura dell'energia
C il calore necessario a innalzare da 14,5 a 15,5 gradi centigradi un chilogrammo d'acqua distillata
D un'unità di misura di temperatura
E un'unità di misura della potenza

2979 La frequenza di una certa emissione radiofonica è 100 megahertz. La lunghezza d'onda corrispondente in aria vale:

A 3 micron
B 300.000 km/s
C 3 m
D 1 km
E nessuna delle precedenti risposte è corretta

2980 Un sistema di cariche è costituito da due cariche puntiformi uguali e opposte collocate a una certa distanza tra loro. Che cosa si può dire del campo elettrico generato da un tale sistema?

A È dappertutto nullo poiché le due cariche sono uguali e opposte
B È identico a quello di una carica puntiforme di valore pari a metà della carica positiva
C È identico a quello di una carica puntiforme di valore pari a metà della carica negativa
D È dato dalla somma vettoriale dei campi elettrici prodotti dalle singole cariche
E È dato dalla differenza dei campi elettrici prodotti dalle singole cariche

2981 Un ciclista *T* segue un ciclista *V* a una distanza di 1 km e i due procedono alla medesima velocità. La strada improvvisamente inizia a salire con pendenza costante. Ammesso che ciascuno dei ciclisti dimezzi la sua velocità dall'istante in cui inizia la salita, qual è la loro distanza quando ambedue sono nel tratto in salita?

A 1 km
B 2 km
C 500 m
D 250 m
E Non è nota se non si conosce la velocità iniziale dei ciclisti

2982 Un ascensore si muove con velocità costante verso il basso mentre al suo interno un ragazzo si sta pesando su una comune bilancia (dinamometro). Il peso indicato dalla bilancia è:

A inferiore al reale
B uguale al reale
C superiore al reale
D inferiore, uguale, superiore a seconda del valore della velocità dell'ascensore
E nessuna delle precedenti

2983 Un corpo, che inizialmente si trova fermo a quota *h* dal suolo e possiede energia potenziale pari a 100 J, viene lasciato cadere liberamente. Trascurando l'attrito dell'aria, l'energia meccanica totale del corpo a quota *h*/2 risulta:

A uguale a 100 joule
B non si può rispondere perché non si conosce la velocità del corpo a quota *h*/2
C minore di 100 joule
D maggiore di 100 joule
E non si può rispondere perché non è data la massa del corpo

2984 In un circuito immerso in un campo magnetico B si ha produzione di corrente indotta. In questo caso quale delle seguenti condizioni è necessariamente verificata?

A Il flusso di **B** attraverso la superficie delimitata dal circuito varia nel tempo
B C'è moto relativo fra circuito e campo magnetico
C **B** varia nel tempo
D Il flusso di **B** concatenato con il circuito è costante nel tempo, ma è sufficientemente elevato
E Il circuito è opportunamente grande

SCIENZE

2985 Una mole di gas ideale alla pressione atmosferica $p_0 = 1{,}013 \cdot 10^5$ Pa e alla temperatura $T_0 = 273{,}15$ K occupa il volume $V_0 = 22{,}41$ dm^3. Il volume da essa occupato alla temperatura $T = 2\ T_0$ e alla pressione $p = 1{,}5\ p_0$ è:

A 29,88 dm^3
B 44,82 dm^3
C 33,61 dm^3
D 14,94 dm^3
E 11,22 dm^3

2986 La pressione idrostatica che si esercita alla profondità *h* in un liquido di densità *d*, se *g* è l'accelerazione di gravità, vale:

A hdg
B hg/d
C hd/g
D h/dg
E gd/h

2987 Sapendo che il calore specifico dell'acqua è pari a 1 kcal/(kg · °C), qual è l'aumento di temperatura di 20 litri d'acqua che si trovano a 20 °C e ai quali vengono fornite 100 kcal di calore?

A °C
B 1 K
C 5 °C
D 10 °C
E 20 °C

2988 In generale un elettrone in moto in un campo magnetico:

A prosegue il suo moto indisturbato
B viene deviato
C torna indietro
D si distrugge
E cattura un secondo elettrone

2989 Per riscaldare 1 kg di acqua liquida di 1 °C occorre un apporto di energia pari a 4200 J. Se una pentola che contiene 400 g di acqua inizialmente a 20 °C viene posta su un fornello che fornisce una potenza di 420 W, quanti secondi occorrono perché l'acqua raggiunga la temperatura di 80 °C?

A 15 s
B 60 s
C 240 s
D 2400 s
E 4800 s

2990 Sia dato un parallelepipedo rettangolo omogeneo e pieno avente lati *a*, *b*, *c*, che galleggia su di un liquido di densità 1,2 g / cm^3, con il lato *a* perpendicolare alla superficie libera del liquido. La metà di *a* emerge, l'altra metà è sommersa. Quanto vale la densità del materiale con cui è fatto il parallelepipedo?

A 0,2 g / cm^3
B 0,4 g / cm^3
C 0,6 g / cm^3
D 2,4 g / cm^3
E Non si può rispondere senza sapere i valori dei dati

2991 Una miniera tende ad allagarsi a causa di infiltrazioni d'acqua. Poiché il fenomeno avviene a 100 m di profondità e la quantità di acqua che arriva è valutata in 600 litri/minuto, che potenza minima deve avere un motore per pompare l'acqua e tenere asciutta la miniera? Si supponga che il motore abbia il massimo rendimento.

A Circa 100 W
B Circa 1 kW
C Circa 10 kW
D Circa 100 kW
E Circa 10 kW/h

2992 Quale fra i seguenti elementi è un semiconduttore?

A Ferro
B Indio
C Silicio
D Acqua
E Argento

2993 Una macchina termica produce in ogni suo ciclo di funzionamento il lavoro *L* = 1000 J, con un rendimento del 25%. Il calore da essa ceduto all'ambiente in ogni ciclo è, in modulo:

A 3000 J
B 4000 J
C 0 J
D 250 J
E 1000 J

2994 Quale dei seguenti apparecchi funziona solo in corrente alternata?

A Lampada a incandescenza
B Ferro da stiro
C Stufa elettrica
D Trasformatore
E Scaldabagno

2995 Un sasso ruota attorno a un centro fisso trattenuto da un filo lungo 1 m con velocità angolare $\omega = \sqrt{10}$ rad/s. Se g è l'accelerazione di gravità, qual è (entro il 2%) la giusta proposizione?

A È sottoposto ad accelerazione pari a 1 g
B È sottoposto ad accelerazione pari a 10 g
C La velocità periferica è 10π m/s
D La velocità periferica è π^2 m/s
E La frequenza del moto è 2 Hz

2996 L'accelerazione di gravità sulla Luna è circa 1/6 di quella sulla Terra. La massa di un uomo che si trova sulla Luna è:

A 1/6 di quella che ha sulla Terra
B 6 volte quella che ha sulla Terra
C uguale a quella che ha sulla Terra
D 1/36 di quella che ha sulla Terra
E 36 volte quella che ha sulla Terra

2997 Un corpo di massa 1000 g si trova a 100 cm dal suolo. La sua energia potenziale rispetto al suolo è di:

A 490 J
B 980 W
C 9,8 J
D 9800 J
E $9,8 \cdot 10^5$ J

2998 La differenza di potenziale tra le armature di un condensatore con capacità C = 1 mF vale 200 V. Quanto vale la carica sulle armature del condensatore?

A 500 mC
B 2×10^5 C
C 200 mC
D 5 mC
E 50 mC

2999 Un corpo C di massa *m*, isolato e in quiete, si divide in tre parti, P, Q e R, di uguale massa, che si muovono con velocità di uguale modulo $v \neq 0$, P e Q nella stessa direzione ma in versi opposti ed R in direzione perpendicolare a quella delle prime due parti. Tale fenomeno:

A dipende dal tipo di meccanismo che provoca la divisione del corpo in tre parti
B dipende dalla massa di C
C dipende dalla velocità *v*
D non è mai possibile
E è sempre possibile

3000 Un conduttore è percorso da una corrente *i* = 800 mA. In un tempo pari a due secondi la sezione del conduttore viene attraversata da (carica dell'elettrone $e = -1,6 \times 19^{-19}$ C):

A 4×10^{20} elettroni
B 10^{-19} elettroni
C 2×10^{22} elettroni
D 10^{19} elettroni
E 2×10^{16} elettroni

3001 Determinare la sequenza crescente delle seguenti unità di misura delle lunghezze: nm, cm, Gm, m, km.

A nm, Gm, cm, m, km
B Gm, nm, cm, m, km
C km, m, cm, Gm, nm
D nm, cm, m, km, Gm
E Gm, cm, m, nm, km

3002 La legge oraria di un punto materiale che si muove di moto uniformemente accelerato è: $s = 5t^2 + 2t + 6$ (*s* in metri, *t* in secondi; l'uguaglianza è intesa numericamente). Quanto vale l'accelerazione del punto materiale?

A $5\ m \cdot s^{-2}$
B $2\ m \cdot s^{-2}$
C $6\ m \cdot s^{-2}$
D $10\ m \cdot s^{-2}$
E $4\ m \cdot s^{-2}$

3003 Una camera d'aria di volume *V* contiene aria alla pressione di 180 kPa. Se la camera viene compressa a temperatura costante fino al volume 3/5 *V*, quanto vale la pressione finale dell'aria (considerata come gas perfetto)?

A 500 kPa
B 162 kPa
C 300 kPa
D 360 kPa
E 108 kPa

3004 Un recipiente cilindrico alto 0,5 m è completamente riempito con un liquido. Quale delle seguenti grandezze è necessario conoscere per calcolare la pressione sul fondo del recipiente?

A La viscosità del liquido
B La massa del liquido
C Il volume del recipiente
D La densità del liquido
E L'area di base del recipiente

SCIENZE

3005 Nel moto di un pendolo:

A la traettoria è un arco di parabola
B il modulo dell'accelerazione tangenziale è massimo agli estremi
C il modulo della velocità è massimo nel punto più alto
D la velocità angolare è costante
E la frequenza si misura in secondi

3006 Due suoni hanno diversa intensità e pertanto:

A hanno diverso timbro
B uno è più acuto e l'altro è più grave
C hanno diversa altezza
D trasportano diversa energia meccanica di oscillazione
E nessuna delle precedenti risposte è corretta

3007 La posizione del fuoco di una lente dipende:

A dalla distanza dell'oggetto
B dalla grandezza della lente
C dall'indice di rifrazione della lente
D dalla posizione del centro ottico
E dall'intensità dell'onda incidente

3008 Si può affermare che il calore specifico di un gas perfetto:

A è indipendente dalle trasformazioni a cui il gas è sottoposto, in quanto dipende solo dalla natura della sostanza considerata
B diminuisce da 0 °C a 4 °C mentre poi aumenta per temperature maggiori di 4 °C
C a pressione costante è maggiore del calore specifico a volume costante
D è una quantità costante solo per i gas reali
E è espresso da un numero puro, nel senso che si tratta di una grandezza priva di dimensioni

3009 Il campo magnetico è conservativo?

A No, mai
B Sì, sempre
C Solo nel vuoto
D Solo nei mezzi
E La domanda è priva di senso

3010 Essendo $h = 6{,}6 \cdot 10^{-34}$ J·s la costante di Planck, l'energia di un fotone di frequenza $\nu = 10^{15}$ Hz è:

A $E = 6{,}6 \cdot 10^{-7}$ pJ
B $E = 6{,}6 \cdot 10^{-37}$ pJ
C $E = 1{,}5 \cdot 10^{37}$ J
D $E = 1{,}5 \cdot 10^{-9}$ J
E nessuna delle precedenti risposte è corretta

3011 La lancetta dei minuti di un orologio ha una velocità angolare di rotazione pari a:

A $1{,}74 \times 10^{-3}$ rad/s
B 0, 1 rad/s
C $7{,}27 \times 10^{-5}$ rad/s
D $1/12$ ore^{-1}
E $1/12\pi$ ore^{-1}

3012 Un carrello di massa $M = 10$ kg si sta muovendo orizzontalmente alla velocità $v = 5$ m/s; a un certo punto si stacca dal carrello un pezzo di massa $m = 2$ kg. Cosa succede al carrello?

A Prosegue a 4 m/s
B Prosegue a 6,75 m/s
C Prosegue a 5 m/s
D Si ferma
E Nessuna delle precedenti risposte è corretta

3013 La differenza tra due vettori di uguale intensità è un vettore di intensità nulla. Vero o falso?

A Vero, se i vettori hanno la stessa direzione e lo stesso verso
B Vero, se i vettori sono tra loro perpendicolari
C Falso: i vettori non possono sottrarsi
D Sempre vero
E Sempre falso

3014 Una bolla d'aria sale lentamente in un liquido, mantenendo inalterata la propria temperatura. Il raggio della bolla, quando arriva alla superficie del liquido, è:

A uguale al raggio che aveva alla profondità iniziale
B minore di tale raggio
C maggiore di tale raggio
D non c'è modo di prevederlo
E zero

3015 Tre sfere di ugual diametro vengono lasciate cadere dalla medesima quota nello stesso istante. La sfera A è di acciaio, la sfera B è di rame, la sfera C è di legno. Si chiede qual è il loro ordine di arrivo sulla Terra, trascurando la resistenza dell'aria.

A Arrivano insieme
B Arrivano nell'ordine A, C, B
C Arrivano nell'ordine B, A, C
D Arrivano prima e contemporaneamente A e C, e quindi B
E Manca qualche elemento necessario per risolvere il problema

3016 Indicare come cambiano la velocità *v* e la lunghezza d'onda λ della luce quando questa passa dall'aria al vetro.

A v aumenta e λ diminuisce
B v aumenta e λ aumenta
C v diminuisce e λ aumenta
D v diminuisce e λ diminuisce
E v aumenta e λ non cambia

3017 Ponendo un oggetto a 4 m da uno specchio sferico, l'immagine si forma dalla stessa parte dell'oggetto a 2 m dal vertice. Possiamo affermare che:

A l'immagine è diritta
B l'immagine è ingrandita
C l'immagine è virtuale
D la distanza focale è maggiore di 2 m
E la distanza focale è minore di 2 m

3018 Supponendo di avere, in una stanza a temperatura ambiente, una tavoletta di legno e una di metallo delle stesse dimensioni (25 cm × 15 cm × 4 mm), e di deporre al loro centro due cubetti di ghiaccio identici estratti dal frigorifero contemporaneamente, indicare se:

A i due cubetti di ghiaccio si scioglieranno contemporaneamente
B si scioglie prima il cubetto di ghiaccio posto sul legno
C si scioglie prima il cubetto di ghiaccio posto sul metallo
D i due cubetti di ghiaccio non si scioglieranno
E nessuna delle precedenti risposte è corretta

3019 Come è possibile produrre un campo magnetico costante e uniforme, in una zona limitata dello spazio?

A Con un solenoide e un generatore in continua
B Con una spira circolare e una pila
C Con un magnete a barretta
D Con un solenoide e un trasformatore
E Con un filo rettilineo e una pila

3020 Il tempo di dimezzamento del C_{14} è 5760 anni. Trascorsi 17.280 anni, la radioattività iniziale sarà ridotta a:

A 1/4
B 1/8
C 1/16
D 1/6
E 1/3

3021 Un atleta olimpionico corre i 100 m piani percorrendo in 3 s i primi 18 m con accelerazione costante e proseguendo quindi la gara con velocità costante. Il tempo impiegato complessivamente è:

A 9,83 s
B 10,00 s
C 11,20 s
D 9,95 s
E 8,85 s

3022 Per quale motivo un satellite artificiale può girare in orbita attorno alla Terra senza ricadere sulla Terra stessa?

A Perché è abbastanza distante dalla Terra affinché l'attrazione terrestre non sia più efficace
B Perché la velocità di rotazione del satellite è tale che la forza centripeta è uguale alla forza di attrazione terrestre
C Perché il satellite subisce una uguale attrazione dalla Terra e dalla Luna
D Perché, grazie alla elevata velocità, è sostenuto dall'atmosfera come un aeroplano
E Perché il motore del satellite lo sostiene in orbita

3023 Tre cariche elettriche uguali e dello stesso segno sono poste ognuna al vertice di un triangolo equilatero. Si può affermare che il campo elettrico nel centro C del triangolo è:

A nullo
B uguale in modulo al triplo del campo generato da una delle cariche
C inversamente proporzionale al quadrato del lato del triangolo
D inversamente proporzionale al quadrato della distanza di C dalle cariche
E per rispondere occorre conoscere le dimensioni del triangolo

3024 Le radiazioni β^- sono:

A protoni
B elettroni
C neutroni
D positroni
E onde meccaniche

3025 La grandezza fisica che si può misurare in $kg \cdot m^2/s^2$ è:

A la quantità di moto
B la quantità di calore
C il calore specifico
D la forza
E l'entropia

SCIENZE

3026 Un'automobile parte da ferma e accelera costantemente lungo un rettilineo. Qual è la sua accelerazione, costante, perché percorra 1 chilometro in 25 secondi?

A 80 m/s^2
B 3,2 m/s^2
C 1,6 m/s^2
D 1,6 m/s
E 40 m/s^2

3027 Una ballerina che voglia aumentare la propria velocità angolare di rotazione tende a raccogliersi il più possibile avvicinando le braccia al corpo; ciò perché:

A aumenta il momento angolare di rotazione
B diminuisce il momento di inerzia
C aumenta la quantità di moto
D aumenta la resistenza fisica
E diminuisce la fatica

3028 Un corpo omogeneo di forma cilindrica, di altezza *h* e densità ρ_c, galleggia con asse verticale in un liquido di densità ρ_l. L'altezza della parte emersa è 1/10 dell'altezza *h*. Il rapporto ρ_c/ρ_l tra la densità del corpo e quella del liquido è:

A 11/10
B 1/2
C 1/10
D 9/10
E 1

3029 Dopo quanti secondi un grave lanciato da terra verticalmente verso l'alto, nel vuoto, con velocità di 9,8 m/s, tocca terra nuovamente?

A Dopo 0,5 s
B Dopo 1 s
C Dopo 2 s
D Dopo 4 s
E Dopo (9,8/2) s

3030 Il caffè contenuto in una tazza situata in un ambiente a temperatura costante di 20 °C si è raffreddato dalla temperatura di 90 °C a quella di 70 °C in tre minuti. Se si desidera bere il caffè alla temperatura di 50 °C è necessario attendere ancora:

A 1 minuto
B 2 minuti
C 3 minuti
D più di 3 minuti
E non si può rispondere senza conoscere il calore specifico dell'acqua

3031 Un corpo di massa *m* = 2 kg è sospeso verticalmente da una molla ideale di costante elastica *k* = 1 N/cm. In condizioni di equilibrio si osserva che l'allungamento della molla rispetto alla sua lunghezza di riposo è:

A 1 cm
B 2 cm
C 0,5 cm
D > 2 cm
E < 0,5 cm

3032 Un corpo rigido è mantenuto fermo da opportuni vincoli. Al corpo viene applicata una forza F che cresce costantemente per 10 secondi passando da 10 N a 20 N. In tale intervallo di tempo il lavoro compiuto dalla forza è:

A 10 J
B 15 J
C zero
D 10 N · s
E 15 N · s

3033 Se si trasporta una valigia con velocità costante mantenendola a una distanza costante da Terra, il lavoro compiuto è:

A nullo
B proporzionale alla distanza percorsa
C proporzionale al peso della valigia
D proporzionale alla massa della persona che trasporta la valigia
E non è possibile determinarlo sulla base delle informazioni fornite

3034 Una quantità d'acqua ghiacciata contenente del sale (NaCl) alla pressione di 1 atm fonderà a una temperatura:

A maggiore di 373 K
B minore di 373 K e maggiore di 273 K
C uguale a 373 K
D uguale a 273 K
E minore di 273 K

3035 Una carica elettrica puntiforme si muove inizialmente con velocità costante fino a quando non entra in una zona nella quale il suo moto diventa circolare; allora la zona in cui la carica si muove è sede di un campo:

A elettrico costante
B neutro
C magnetico
D gravitazionale
E di forze elettrostatiche

3036 Un fluido si dice viscoso se in esso:

A la velocità di scorrimento tra i suoi strati è minima
B è presente il solo attrito con le pareti del recipiente
C è presente un attrito interno
D non esiste accelerazione di gravità
E nessuna delle precedenti

3037 In una vasca da bagno vengono mescolati 20 l di acqua a 60 °C con 60 l di acqua a 20 °C. Trascurando le perdite di calore, quale sarà la temperatura di equilibrio dell'acqua?

A maggiore di 50 °C
B minore di 20 °C
C 30 °C
D 33 °C
E 40 °C

3038 Se si forniscono lentamente 100 J di calore a un blocco di 1 kg di ghiaccio che si trova alla temperatura di – 10 °C, si verifica che:

A il ghiaccio si scioglie
B la temperatura del ghiaccio aumenta, ma il ghiaccio non si scioglie
C la temperatura del ghiaccio aumenta e contemporaneamente il ghiaccio si scioglie
D la temperatura del ghiaccio diminuisce
E nessuna delle precedenti

3039 Si hanno due conduttori tenuti alla differenza di potenziale (costante) di 160 volt. È possibile ottenere, fra i due conduttori, un campo elettrico di 10.000 volt/metro?

A No, in nessun modo
B Sì, basta avvicinare i conduttori a una distanza opportuna
C Sì, il campo elettrico è indifferente alla differenza di potenziale
D La domanda è priva di senso
E No, a meno di mettere i due conduttori a terra

3040 Una corrente alternata alimenta un ferro da stiro. La potenza elettrica istantanea dissipata:

A è costante
B ha valor medio nullo e oscilla con la stessa frequenza della tensione e della corrente
C è nulla in ogni istante
D è sempre positiva e varia con la stessa frequenza della tensione e della corrente
E è sempre positiva e varia con frequenza doppia della frequenza della tensione e della corrente

3041 Riscaldando di 30 °C un gas in un recipiente chiuso da un pistone libero di muoversi:

A il volume rimane inalterato
B aumenta il volume
C raddoppia la pressione
D raddoppia il volume
E aumenta la temperatura del 30%

3042 Un'onda elettromagnetica di frequenza ν si propaga nel vuoto con velocità *c*. La sua lunghezza d'onda λ è data da:

A $\lambda = 1/\nu$
B $\lambda = c \cdot \nu$
C $\lambda = \nu/c$
D $\lambda = 1/c$
E $\lambda = c/\nu$

3043 Gli ultrasuoni:

A sono oscillazioni elastiche che possono trasmettersi nel vuoto
B sono oscillazioni elastiche che hanno frequenza inferiore a 100 Hz
C sono particolarmente intensi
D sono costituiti da onde elettromagnetiche di altissima frequenza
E non sono udibili dall'orecchio umano

3044 Degli elettroni e dei protoni, la cui velocità iniziale è trascurabile, vengono accelerati da uguali differenze di potenziale stabilite tra coppie di elettrodi posti all'interno di due tubi sotto vuoto. Quale delle seguenti affermazioni, riferita all'istante in cui elettroni e protoni raggiungono l'elettrodo di segno opposto, è vera?

A Gli elettroni hanno minore velocità
B I protoni e gli elettroni hanno la stessa energia cinetica
C I protoni e gli elettroni hanno la stessa quantità di moto
D I protoni hanno maggiore energia cinetica
E I protoni hanno minore quantità di moto

3045 Il lavoro necessario per spostare una carica puntiforme di 3 coulomb da un punto il cui potenziale è $V_1 = 150$ V a un punto il cui potenziale è $V_2 = 1000$ V è pari a:

A 3450 J
B 2550 J
C 850 V
D 283,3 J
E 250 V

SCIENZE

3046 **Una carica puntiforme q_0 è posta a distanza r da un'altra carica puntiforme q e ha una energia potenziale elettrostatica $W = 8 \cdot 10^{-5}$ J. Se la carica q_0 viene lasciata libera, quando si trova a distanza $2r$ da q ha acquistato una energia cinetica E pari a:**

A $E = 4 \cdot 10^{-5}$ J
B $E = 2 \cdot 10^{-5}$ J
C $E = 8 \cdot 10^{-5}$ J
D $E = 16 \cdot 10^{-5}$ J
E $E = 4 \cdot 10^{-10}$ J

3047 **Il lavoro per portare due cariche puntiformi e uguali Q, inizialmente molto distanti tra loro, a distanza a fissata sia L. Quanto sarà il lavoro speso per portare tre cariche dello stesso tipo e valore ai vertici di un triangolo equilatero di lato sempre uguale ad a, anch'esse inizialmente a distanze molto grandi tra loro?**

A $2L$
B $3L$
C $6L$
D L^2
E L^3

3048 **Tre lampadine di resistenza elettrica $R_1 < R_2 < R_3$ vengono alimentate in parallelo dalla stessa linea elettrica. Qual è la relazione tra le potenze dissipate dalle tre lampadine?**

A $P_1 < P_2$ e $P_2 > P_3$
B $P_1 = P_2 = P_3$
C $P_1 > P_3$ e $P_2 < P_3$
D $P_1 > P_2 > P_3$
E $P_1 < P_2 < P_3$

3049 **Calcolare la potenza meccanica media necessaria per sollevare di 2 m in 2 s la massa di 1,53 kg:**

A 6,12 W
B 15 J·s
C 1,53 J
D 15 W
E 1,53 J/s

3050 **I fili elettrici impiegati per il trasporto della corrente negli ambienti domestici sono di:**

A ferro
B rame
C argento
D ottone
E nichel

3051 **In un circuito alimentato da corrente continua in regime stazionario, l'intensità della corrente è limitata:**

A dalla resistenza del circuito
B dalla pressione a cui si trova il circuito
C dalla induttanza del circuito
D dalla capacità del condensatore presente nel circuito
E da nessuna delle precedenti

3052 **Due punti materiali viaggiano sulla stessa circonferenza con velocità costanti in modulo. I due periodi T_1 e T_2 sono il primo doppio del secondo. Il rapporto tra le accelerazioni a_1/a_2 vale:**

A 1
B 4
C 0
D 2
E 1/4

3053 **Un oggetto viene portato dall'equatore al Polo Nord. Che cosa accade al corpo?**

A Aumentano sia la massa, sia il peso
B Diminuisce la massa e il peso rimane costante
C Aumenta il peso e la massa rimane costante
D Diminuiscono sia la massa, sia il peso
E Aumenta la massa e il peso diminuisce

3054 **Una lampadina da 75 W è collegata a un generatore da 220 V. Qual è il valore della corrente che passa nella lampadina?**

A 2,9 A
B 1,7 A
C 16.500 A
D 0,34 A
E 0,58 A

3055 **La velocità delle onde elettromagnetiche dipende da:**

A densità del mezzo
B elasticità del mezzo
C temperatura del mezzo
D durezza del mezzo
E nessuna di queste caratteristiche

3056 **La temperatura di ebollizione dell'acqua sul Monte Bianco (4800 metri circa) è:**

A minore di 0 °C
B maggiore di 100 °C
C uguale a 100 °C
D minore di 100 °C
E uguale a 0 °C

3057 L'intensità di un campo magnetico generato da un filo rettilineo percorso da una corrente *i*, indicando con *r* la distanza dal filo, è:

A direttamente proporzionale a *i*
B direttamente proporzionale a *i* e a *r*
C inversamente proporzionale a *i* e a *r*
D direttamente proporzionale a *r*, inversamente a *i*
E nessuna delle precedenti risposte è corretta

3058 Nel Sistema internazionale delle unità di misura (SI) il flusso di induzione magnetica si misura in:

A tesla (T)
B magnetoni di Bohr
C weber (Wb)
D becquerel (Bq)
E henry (H)

3059 Se un corpo si trova a 2 metri da uno specchio piano, a che distanza si trova dalla propria immagine riflessa nello specchio?

A Per rispondere occorre conoscere la distanza focale dello specchio
B Un metro
C Due metri
D Otto metri
E Quattro metri

3060 Un oggetto è posto a una distanza dal piano principale di una lente pari a 3/2 della lunghezza focale. Qual è il fattore di ingrandimento dell'immagine?

A 3/2
B 2/3
C 5/2
D 2
E 3/5

3061 Il passaggio di fase, per esempio da solido a liquido, è un esempio di trasformazione:

A isoterma
B isobara
C isocora
D adiabatica
E isodensa

3062 L'ohm è uguale a:

A ampere/volt
B volt/ampere
C coulomb · volt
D volt · ampere
E coulomb/secondo

3063 Se l'asse di rotazione terrestre fosse perpendicolare al piano dell'eclittica:

A il circolo di illuminazione non passerebbe per i Poli
B la notte sarebbe più breve del dì
C il Sole a mezzodì sarebbe perpendicolare su tutti i punti della Terra
D il polo nord sarebbe illuminato e il polo sud al buio
E il circolo di illuminazione coinciderebbe con un meridiano

3064 Due oggetti di massa diversa cadono nel vuoto dalla stessa altezza; cosa si può dire delle loro velocità quando arrivano a metà di tale altezza?

A Non si può rispondere alla domanda senza conoscere il valore esatto delle masse
B Sono nulle
C È maggiore quella del corpo con massa minore
D È maggiore quella del corpo con massa maggiore
E Sono uguali

3065 Un litro di un liquido di densità 1,5 kg/litro ha massa uguale a:

A 1,5 kg
B 1500 kg
C 150 g
D 15 g
E 15 kg

3066 Su di un corpo di massa *m* che percorre una traiettoria rettilinea di lunghezza *s* agisce una forza costante *F* che forma un angolo α con la traiettoria stessa. Il lavoro *L* vale:

A $L = F \cdot s \cdot \text{sen}\,\alpha$
B $L = m \cdot F \cdot s \cdot \cos\alpha$
C $L = m \cdot F \cdot s$
D $L = F \cdot s \cdot \text{tg}\,\alpha$
E $L = F \cdot s \cdot \cos\alpha$

3067 In un certo istante del moto, un punto materiale ha velocità *v* ed energia cinetica *E*. Se in un altro istante l'energia cinetica assume valore pari a 2*E*, quanto vale la velocità del punto materiale?

A $2v$
B $\sqrt{2}v/2$
C $\sqrt{2}\,v$
D $0{,}5\,v$
E $0{,}25\,v$

SCIENZE

3068 La grandezza fisica che si può misurare in joule/kelvin è:

- A la capacità termica
- B il peso specifico
- C il calore specifico
- D la quantità di calore
- E l'accelerazione

3069 I tre contenitori indicati in figura sono colmi d'acqua sino allo stesso livello.

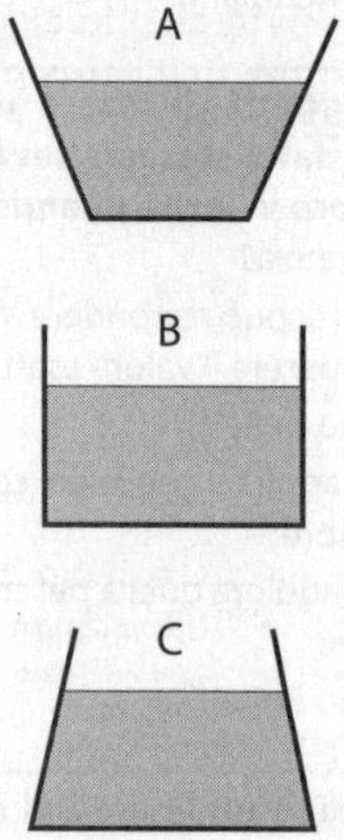

La pressione sul fondo:

- A è identica per A, B e C
- B è maggiore per A
- C è maggiore per B
- D è maggiore per C
- E non esiste una regola determinata in materia

3070 Per una data quantità di gas rarefatto è approssimativamente costante:

- A il prodotto di pressione, volume e temperatura
- B il prodotto della pressione per il volume diviso la temperatura
- C il prodotto del volume per la temperatura diviso la pressione
- D il prodotto della pressione per la temperatura diviso il volume
- E le precedenti risposte sono tutte false

3071 Nella rappresentazione grafica di un'onda in funzione del tempo, la distanza tra due massimi contigui, misurata lungo l'asse dei tempi, è:

- A la fase
- B il periodo
- C la lunghezza d'onda
- D la pulsazione
- E la velocità di propagazione

3072 La resistenza in un conduttore metallico:

- A aumenta con la temperatura
- B diminuisce con la temperatura
- C resta costante all'aumentare della temperatura
- D aumenta o diminuisce con la temperatura a seconda del tipo di metallo
- E è dovuta allo spostamento di un gas

3073 Si hanno a disposizione tre lampade con cui illuminare il foglio che si sta leggendo. La lampada A, da 40 W, dista 1 m dal foglio. La lampada B, da 80 W, dista 2 m dal foglio. La lampada C, da 640 W, dista 4 m dal foglio. Supponendo che tutta l'energia elettrica venga convertita in energia luminosa, emessa simmetricamente in tutte le direzioni, come risulta l'illuminazione prodotta sul foglio?

- A Le lampade A e C sono equivalenti e ciascuna illumina più della lampada B
- B La lampada A illumina più di ciascuna delle altre
- C La lampada C illumina più di ciascuna delle altre
- D Le lampade A e B sono equivalenti e ciascuna illumina più della lampada C
- E La lampada B illumina più di ciascuna delle altre

3074 Per riparare l'elemento riscaldante di una stufetta elettrica viene usato un filo conduttore avente un diametro e una resistività doppi rispetto al conduttore originario. Come deve essere la sua lunghezza rispetto a quella originaria per ottenere la stessa resistenza?

- A Doppia
- B La metà
- C Otto volte maggiore
- D Quadrupla
- E Un quarto

3075 Un pendolo semplice è costituito da una massa *m*, collegata da un filo di lunghezza *l* di massa trascurabile a un punto fisso O. Il pendolo compie oscillazioni di ampiezza massima $\pi/4$ rispetto alla verticale, in assenza di attrito. Durante il moto, la tensione del filo:

- A è massima quando il pendolo inverte il moto
- B è massima nella posizione in cui il pendolo è a quota minima
- C è costante durante il moto
- D dipende dal numero di oscillazioni compiute
- E uguaglia il peso del pendolo

3076 Una carica elettrica negativa in riposo rispetto a un magnete:

A subisce una forza perpendicolare al campo magnetico
B è attratta verso il polo sud del magnete
C è attratta dal polo nord del magnete
D non subisce alcuna forza
E subisce una forza diretta come le linee di forza del campo magnetico

3077 Un serbatoio della capacità di 6 metri cubi è alimentato da un rubinetto che immette 2 litri di acqua al secondo. Quanti minuti richiede il riempimento del serbatoio?

A 300
B 50
C 30
D 500
E 120

3078 Solo una delle seguenti terne di unità di misura appartiene interamente allo stesso sistema di unità di misura (SI o MKSA). Indicare quale.

A Newton; pascal; rem
B Watt; pascal; metro/secondo
C Joule; poise; metro
D Kilowattora; mole; atmosfera
E Joule; metro; erg

3079 Un sasso viene lasciato cadere con velocità nulla in un pozzo. Il rumore del sasso che tocca il fondo giunge dopo 6 s dall'istante iniziale. La profondità del pozzo è di circa:

A 0,018 km
B 90 m
C 45 m
D 450 m
E 180 m

3080 Tra i principali moti della Terra oltre rotazione, rivoluzione e nutazione vi è anche la:

A traslazione
B trasgressione
C precessione
D gravitazione
E angolazione

3081 Per quale grandezza le unità di misura sono indicate correttamente?

A Forza: $F = 12$ N
B Massa: $M = 12$ J
C Calore: $Q = 13$ W
D Potenza: $P = 10$ kWh
E Accelerazione: $a = 30$ m/sec

3082 L'accelerazione di gravità sulla superficie di un pianeta che ha una massa pari alla metà di quella della Terra e un uguale raggio è:

A doppia
B metà
C uguale
D tripla
E nessuna delle precedenti

3083 A 2000 metri di altitudine la temperatura di ebollizione dell'acqua rispetto a quella a livello del mare:

A raddoppia
B si dimezza
C rimane invariata
D diminuisce
E aumenta

3084 Un condensatore piano isolato possiede una carica *q*. Se si allontanano le armature tra di loro, l'energia del condensatore:

A aumenta
B diminuisce
C rimane costante
D può aumentare o diminuire: dipende dalla carica *q* e dalla capacità *C* del condensatore
E nessuna delle altre risposte è corretta

3085 Una spira conduttrice circolare piana è immersa in un campo magnetico il cui flusso attraverso la superficie piana delimitata dalla spira varia linearmente nel tempo. Come si comporta la corrente indotta?

A È alternata
B Non esiste
C Varia linearmente
D Non varia
E Varia in maniera inversamente proporzionale

3086 Un numero n costante di moli di un gas ideale raddoppia il proprio volume mantenendo costante la temperatura. La pressione del gas:

A rimane costante
B si dimezza
C diminuisce di una quantità che dipende dalla natura del gas
D raddoppia
E quadruplica

SCIENZE

3087 Il tempo di frenata di una moto la cui velocità passa da 90 a 40 km/h è di 3 secondi. Il modulo dell'accelerazione subita dal pilota è:

A nulla
B pari a circa l'accelerazione di gravità g
C pari a circa $g/2$
D pari a circa $2g$
E infinita

3088 Un corpo sferico cavo può trovarsi in equilibrio indifferente quando è immerso in acqua?

A Sì, se la densità media del corpo è uguale a quella dell'acqua
B No, perché la spinta di Archimede è sempre minore del peso del corpo
C Occorrono altri dati per poter rispondere
D Sì, se la densità media del corpo è inferiore a quella dell'acqua
E No, perché la densità media di qualsiasi corpo è sempre maggiore di quella dell'acqua

3089 Le onde elettromagnetiche possono essere generate da:

A una corrente variabile nel tempo
B una massa oscillante
C una carica elettrica ferma
D una corrente stazionaria
E nessuna delle precedenti

3090 Osserviamo un segnale radio emesso da una sorgente che ci viene incontro muovendosi con velocità V:

A La lunghezza d'onda delle onde elettromagnetiche osservate è proporzionale alla velocità della sorgente
B La frequenza dell'onda elettromagnetica osservata è maggiore della frequenza con cui viene emessa
C L'intensità delle onde radio osservate cresce proporzionalmente alla velocità della sorgente
D La velocità delle onde elettromagnetiche osservate è proporzionale alla velocità della sorgente
E La velocità delle onde elettromagnetiche osservate è inversamente proporzionale alla velocità della sorgente

3091 Un elettrone è accelerato da una differenza di potenziale di 1 MV. L'energia acquistata sarà:

A 10^{-13} J
B 1 GeV
C 1 keV
D 1 MeV
E 10^{-10} J

3092 Se l'energia cinetica di un corpo raddoppia, la sua velocità:

A diminuisce
B quadruplica
C aumenta di un fattore 1,41
D raddoppia
E si dimezza

3093 Una forza F di modulo $F = 32$ N sposta il suo punto di applicazione nella direzione e nel verso indicati in figura da uno spostamento $S = 450$ cm.

Il lavoro compiuto dalla forza F è:

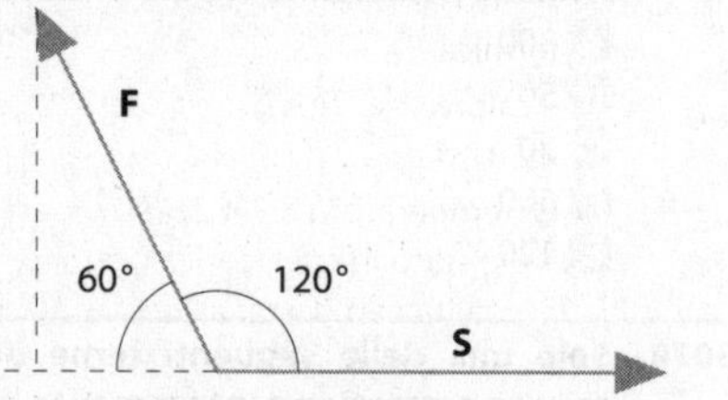

A $32 \text{ N} \cdot 450 \cdot 10^{-2} \text{ m} \cdot \cos 120° = -72$ J
B $-32 \text{ N} \cdot 450 \cdot 10^{-2} \text{ m} \cdot \cos 120° = 72$ J
C $-32 \text{ N} \cdot 450 \text{ cm} \cdot \cos 60° = -7200$ J
D $-32 \text{ N} \cdot 450 \cdot 10^{-2} \text{ m} \cdot \text{sen} 60° = -72\sqrt{3}$ J
E $32 \text{ N} \cdot 450 \cdot 10^{-2} \text{ m} \cdot \text{sen} 120° = 72\sqrt{3}$ J

3094 La temperatura è:

A un indice di stato fisico
B una variabile vettoriale
C una misura della quantità di calore
D una misura dell'energia libera
E una misura dell'entropia

3095 Un corpo del peso di 10 kN è appoggiato al terreno e l'area di appoggio misura 2 m². Quale delle seguenti espressioni della pressione di contatto con il terreno è errata?

A 5 kN/m²
B 0,5 N/cm²
C 5 N/cm²
D $5 \cdot 10^{-4}$ kN/cm²
E 5000 N/m²

3096 La misura della massa di un corpo è (20,0 ± 0,5) mg. Quanto vale l'errore percentuale?

A 0,5%
B 2,5%
C 5,0%
D 25%
E 50%

QUESITI DI FISICA

3097 Quali dei seguenti termini corrisponde a una grandezza fisica?

- **A** Poise
- **B** Ampere
- **C** Metro
- **D** Temperatura
- **E** Chilogrammo

3098 Individuare, fra quelle seguenti, l'affermazione falsa.

- **A** Non è conveniente usare l'acqua al posto del mercurio come liquido termometrico
- **B** Un oggetto che ha la stessa temperatura del nostro corpo non ci dà alcuna sensazione termica
- **C** Il calore specifico di una sostanza è indipendente dal suo stato di aggregazione
- **D** La temperatura di un corpo dipende solo dallo stato in cui il corpo si trova e non dalle modalità con cui tale stato viene raggiunto
- **E** Le prime due risposte sono entrambe esatte

3099 Sia P_0 la pressione atmosferica che agisce sulla superficie libera di una colonna di liquido di altezza *h* (densità assoluta ρ e massa m). La pressione totale P_t che agisce alla base della colonna è:

- **A** $P_t = P_0 - \rho g h$
- **B** $P_t = P_0 + g h$
- **C** $P_t = P_0 + m g h$
- **D** $P_t = \rho g h$
- **E** $P_t = P_0 + \rho g h$

3100 Se immergiamo totalmente in acqua un pezzo di sughero e un pezzo di ferro aventi lo stesso volume, quale dei due subirà la spinta maggiore?

- **A** Il pezzo di ferro
- **B** Il pezzo di sughero
- **C** Entrambi subiscono la stessa spinta
- **D** Il ferro non subisce alcuna spinta, infatti va a fondo
- **E** Nessuna delle risposte precedenti è esatta

3101 Una carica libera di muoversi, posta in un campo elettrico:

- **A** resta ferma
- **B** si sposta spontaneamente verso l'infinito
- **C** si sposta spontaneamente verso i punti a energia potenziale più bassa
- **D** si sposta spontaneamente verso i punti a energia potenziale più alta
- **E** si sposta spontaneamente lungo una direzione che dipende dal segno della sua carica

3102 Se la velocità di un'automobile è costante, qual è il grafico che individua l'andamento dello spazio percorso *s* in funzione del tempo *t* ?

A

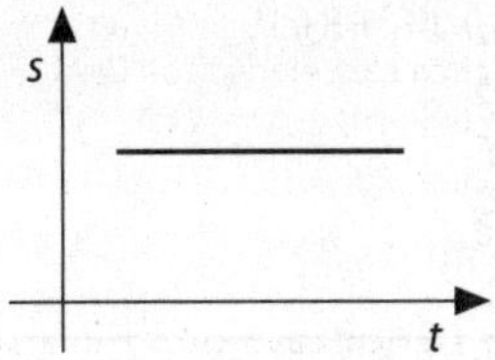

B

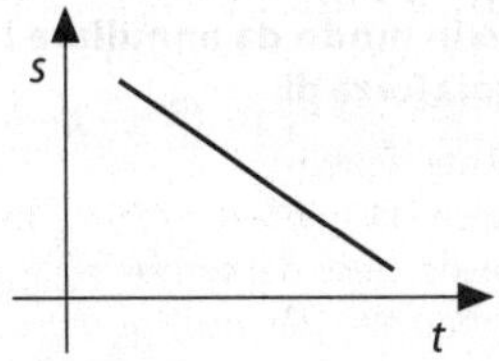

C

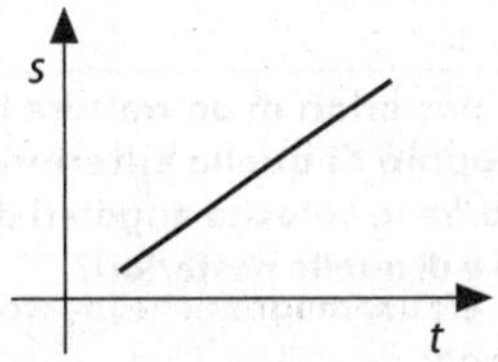

D

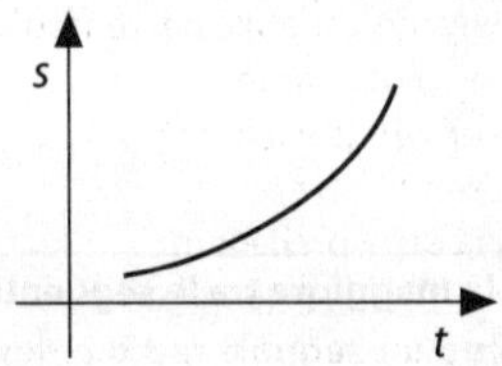

E

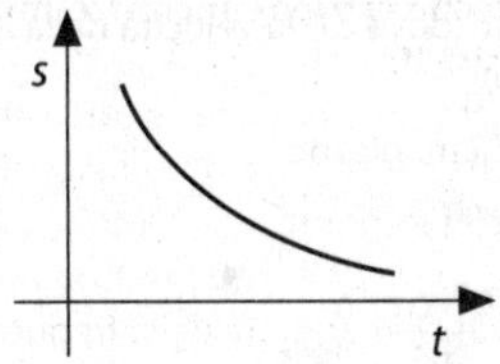

3103 Se un suono si propaga in un certo mezzo con una velocità di 500 m/s e ha una frequenza di 100 Hz, la lunghezza d'onda di tale suono è:

- **A** 500/100 = 5 metri
- **B** 500 · 100 = 50.000 metri
- **C** 100/500 = 0,2 metri
- **D** 500 – 100 = 400 metri
- **E** zero

3104 In un sistema di particelle la quantità di moto totale si conserva:

- **A** sì, sempre
- **B** no, mai
- **C** solo se il sistema è chiuso
- **D** solo se il sistema è isolato
- **E** solo se il sistema è adiabatico

3105 Due conduttori di resistenza R_1 e R_2 connessi in parallelo sono equivalenti a uno di resistenza:

A $(R_1 \cdot R_2)/(R_1 + R_2)$
B $R_1 - R_2$
C $R_1 \cdot R_2$
D $R_1 + R_2$
E $2(R_1 + R_2)$

3106 È possibile applicare forze di 6 N e di 10 N a un corpo in modo da annullare l'effetto di una singola forza di:

A 20 N
B 17 N
C 3 N
D 18 N
E 30 N

3107 Le ruote posteriori di un trattore hanno diametro doppio di quelle anteriori. Qual è il rapporto fra le velocità angolari delle ruote anteriori e di quelle posteriori?

A 2
B 4
C 8
D 1/2
E 1

3108 Indicare la maggiore tra le seguenti velocità:

A 10 m/s
B $10^{12} \cdot c$ (dove c è la velocità della luce nel vuoto)
C $7 \cdot 10^7$ cm/giorno
D 18 km/h
E $\frac{7}{24} \cdot 10^9$ cm/h

3109 Nella figura tutti i condensatori hanno la stessa capacità C.

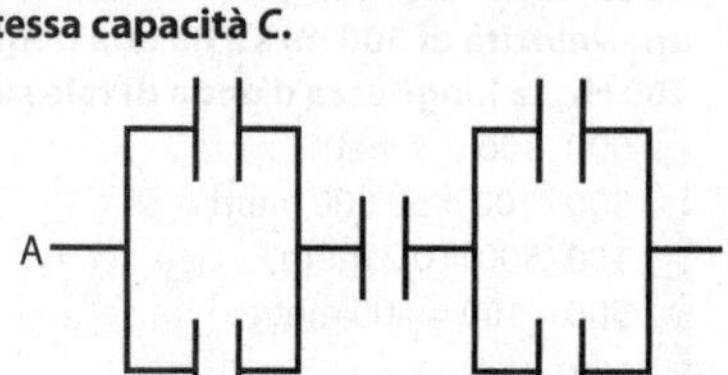

Fra i punti A e B la capacità equivalente vale:

A $3C/2$
B $3C$
C $2C$
D $2C/3$
E $C/2$

3110 B. Pascal nel *Traité de l'equilibre des liqueurs et de la pesanteur de la masse de l'air* (1663) studia, tra l'altro, il problema dell'equilibrio dei liquidi nei vasi comunicanti facendo astrazione dal peso del liquido e considerando solo la pressione sulla superficie. Il pensiero di Pascal è ben riassunto da E. Mach nell'importante trattato *La Meccanica nel suo sviluppo Storico-Critico* (Praga, 1883):
«Consideriamo due vasi comunicanti chiusi da pistoni di peso proporzionale alle rispettive superfici. In questo caso si ha equilibrio, giacché, in conseguenza dell'invariabilità del volume del liquido, gli spostamenti (dei pistoni) sono inversamente proporzionali ai pesi che sopportano».

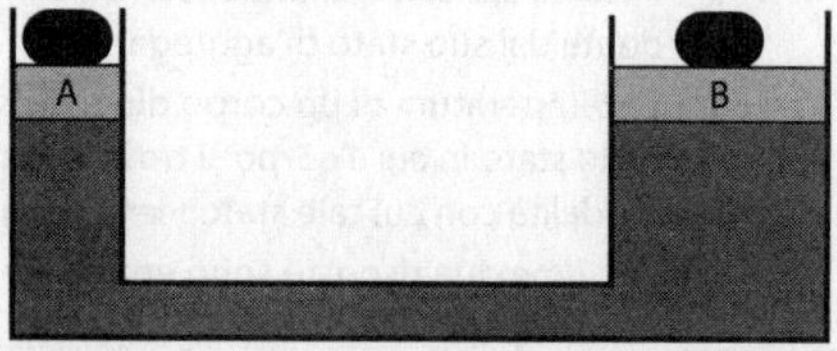

Si consideri il recipiente di figura sul quale agiscono due pistoni A e B di sezione circolare, ognuno sopportante un peso. Siano R_A e R_B, con $R_B = 2\ R_A$, rispettivamente i raggi delle sezioni dei pistoni A e B e siano P_1 e P_2 due pesi il cui rapporto è $P_1/P_2 = 4$. Dalla lettura del brano precedente, l'equilibrio:

A è possibile solo se P_1 poggia sul pistone B e P_2 sul pistone A
B è possibile solo se P_1 poggia sul pistone A e P_2 sul pistone B
C non è mai possibile
D il sistema è sempre in equilibrio per il principio dei vasi comunicanti
E nessuna delle precedenti risposte è corretta

3111 Un oggetto viene lanciato verticalmente verso l'alto con una determinata velocità. Trascurando la resistenza dell'aria, indicare quale delle seguenti affermazioni è corretta:

A l'energia cinetica dell'oggetto è massima alla massima altezza raggiunta
B in accordo al principio di conservazione dell'energia meccanica l'energia totale dell'oggetto è costante durante il moto
C in accordo al principio di conservazione della quantità di moto, la quantità di moto dell'oggetto rimane costante durante il moto
D l'oggetto percorre uguali distanze in uguali tempi durante il percorso
E nessuna delle precedenti

QUESITI DI FISICA

3112 Un corpo è appoggiato sopra un piano inclinato avente la base b = 5 m.

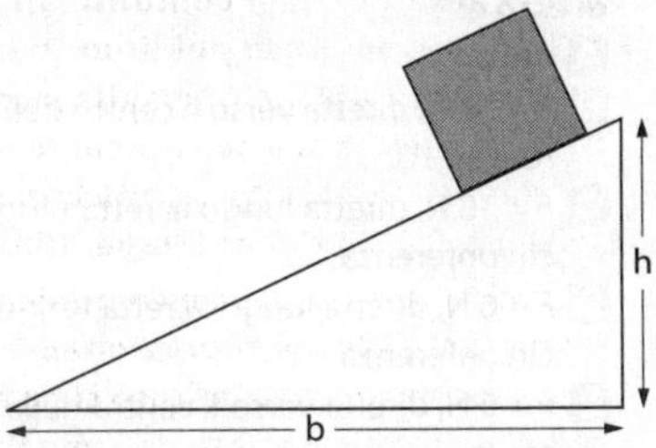

Sapendo che il coefficiente di attrito è 0,8, quale valore massimo può assumere l'altezza h senza che il corpo scivoli verso il basso?

- A h = 6 m
- B h = 7,5 m
- C h = 4 m
- D h = 4,5 m
- E h = 3,5 m

3113 Nell'urto anelastico di due corpi non soggetti a vincoli la quantità di moto del sistema da essi costituito:

- A si trasforma completamente in calore
- B si conserva solo se hanno massa uguale
- C non si conserva
- D si trasforma in energia potenziale
- E si conserva

3114 La viscosità di un fluido:

- A dipende dalle forze di attrito interno
- B non è una grandezza fisica
- C è un numero puro
- D esprime la sua densità
- E non dipende dalle forze di attrito interno

3115 Se il calore latente di fusione del rame vale 212 J/g, la quantità di calore necessaria a liquefare 1 kg di rame che si trova al punto di fusione è circa:

- A 212 kcal
- B 2,12 J
- C 2120 kelvin
- D 50,7 kcal
- E nessuna delle precedenti

3116 Un gas reale si può considerare simile a un gas perfetto:

- A a bassa pressione e bassa temperatura
- B a pressione alta e temperatura bassa
- C quando è rarefatto
- D ad alta pressione e ad alta temperatura
- E ad alta temperatura e bassa pressione

3117 La pressione in un liquido alla profondità *h* vale $P = 10.000\ N\ m^{-2}$. Se $h = 10$ m, il peso specifico del liquido è:

- A $1\ N \cdot dm^{-3}$
- B $1.000\ N \cdot dm^{-3}$
- C $100.000\ N \cdot m^{-1}$
- D $100\ N \cdot m^{3}$
- E nessuna delle risposte precedenti è esatta

3118 Sia dato un condotto di sezione variabile in cui scorre un liquido. Quale delle seguenti affermazioni è vera?

- A La velocità del fluido è costante in ogni punto del condotto
- B La portata del condotto è costante
- C La pressione del fluido è costante
- D Velocità, pressione e portata variano da punto a punto poiché varia la sezione del condotto
- E La portata è inversamente proporzionale alla sezione

3119 Il fenomeno della riflessione totale della luce si verifica quando un raggio luminoso:

- A passa dall'aria al vetro con un angolo di incidenza superiore a un angolo critico
- B passa dal vetro all'aria con un angolo di incidenza superiore a un angolo critico
- C incide su una superficie metallica
- D incide sulla superficie di un mezzo trasparente con un angolo di incidenza di 45 gradi
- E passa da un vetro a un altro in condizioni di incidenza normale

3120 A che distanza dal filamento di una lampadina da 125,6 W l'intensità luminosa è pari a $1000\ W/m^2$?

- A 1 mm
- B 1 cm
- C 10 cm
- D 1 m
- E 10 m

3121 Il rendimento di una macchina termica che scambia calore con due termostati è:

- A sempre uguale al 30%
- B uguale al calore effettivamente trasformato in lavoro
- C uguale all'energia termica utilizzata dalla macchina
- D dipende dalle temperature delle sorgenti di calore (o termostati) con cui la macchina scambia calore
- E sempre uguale al 70%

SCIENZE

3122 Si può parlare di capacità elettrica del corpo umano?

A Sì, ma solo se l'uomo è a piedi nudi
B No, mai
C No, perché non si tratta di un conduttore
D Non si può rispondere senza ulteriori precisazioni
E Sì, sempre

3123 Su un contatore di energia elettrica sono indicate la tensione di linea (220 V) e la corrente massima ammessa (10 A). Si può usufruire tranquillamente della linea per fare uso contemporaneamente di un boiler (potenza 1,5 kW), di un ferro da stiro (0,3 kW), di due lampade da 50 W ciascuna e di una lampada da 40 W?

A Sì
B No
C Il problema è indeterminato
D Sì, ma al massimo della corrente ammessa
E Sì, se si spegne il ferro da stiro

3124 Quale delle seguenti unità è utilizzabile per indicare misure di pressione?

A parsec
B joule/m^2
C kelvin
D poise
E mmHg

3125 Due vettori, entrambi non nulli, sono perpendicolari fra loro. La somma dei due vettori è:

A nulla
B un vettore appartenente al piano individuato dai due vettori
C un vettore perpendicolare al piano individuato dai due vettori
D un vettore che ha modulo pari alla somma dei moduli degli addendi
E è impossibile fare la somma di due vettori perpendicolari tra loro

3126 Un automobilista con la sua vettura viaggia a 200 km/h per mezz'ora, poi a 150 km/h per 1 ora e infine a 50 km/h per 2 ore. Qual è la sua velocità media?

A 150 km/h
B 100 km/h
C 133 km/h
D 200 km/h
E Non si può calcolare

3127 Un oggetto di massa $m = 2$ kg si muove lungo una circonferenza di raggio $R = 1$ m con velocità costante $v = 3$ m/s. La forza F che agisce su di esso è:

A nulla
B $F = 18$ N, diretta verso il centro della circonferenza
C $F = 18$ N, diretta lungo la retta tangente alla circonferenza
D $F = 6$ N, diretta lungo la retta tangente alla circonferenza
E $F = 6$ N, diretta verso il centro della circonferenza

3128 Il femore di un uomo si frattura se sottoposto a una forza di compressione di $2 \cdot 10^5$ N. Una persona di 80 kg cade su una gamba esercitando una forza di compressione sul femore. Qual è il valore della decelerazione che produrrebbe una frattura?

A 2500 m s^{-2}
B 160 m s^{-2}
C 25 m s^{-2}
D 250 m s^{-2}
E 1600 m/s^2

3129 Un oggetto di massa $m = 1$ kg è in equilibrio sospeso a un filo verticale. La forza esercitata dal filo vale:

A 1 N
B 9,8 N
C 0,102 N
D 4,9 N
E nessuna delle precedenti possibilità è corretta

3130 Un "calore latente" si misura in:

A cal · °C
B cal/°C
C cal
D °C/cal
E cal/g

3131 Una carica elettrica q viene posta fra due cariche identiche Q, alle distanze d_1 dalla prima e d_2 dalla seconda, con $d_1 < d_2$. Sia F_1 la forza di interazione con la prima carica e sia F_2 la forza di interazione con la seconda carica. Risulta:

A $F_1 < F_2$
B $F_1 = F_2$
C $F_1 > F_2$
D $F_1 = 1/F_2$
E $F_1 = 2F_2$

3132 Un tubo verticale di 1 cm^2 di sezione è collegato alla sola apertura praticata nella parete superiore di un recipiente pieno d'acqua, alto mezzo metro. Sapendo che il recipiente si rompe quando la differenza fra pressione interna ed esterna raggiunge il valore di 20 newton/cm^2 (pari a circa 2 atmosfere), quanta acqua si deve versare nel tubo per rompere il recipiente?

A Circa 1 litro
B Circa 2 litri
C Circa 3 litri
D Circa 4 litri
E Circa 10 litri

3133 La pressione dell'acqua sul fondo di un recipiente dipende:

A dalla forma del recipiente
B dalla superficie di base del recipiente
C dal peso complessivo dell'acqua
D dalla temperatura dell'acqua
E dall'altezza dell'acqua nel recipiente

3134 L'energia interna di un gas perfetto è:

A la somma delle energie cinetiche delle diverse molecole
B la somma delle energie cinetiche e potenziali delle diverse molecole
C la quantità di calore posseduta dal gas
D la temperatura del gas
E l'energia potenziale dipendente dall'interazione tra le molecole del gas

3135 Un raggio di luce monocromatica nel mezzo 1 incide sulla superficie di separazione tra il mezzo 1 e l'altro mezzo che chiameremo mezzo 2. Se l'angolo di incidenza è maggiore dell'angolo di rifrazione, l'indice di rifrazione del mezzo 2 rispetto al mezzo 1 è:

A compreso tra – 1 e 0
B uguale a 1
C uguale a – 1
D maggiore di 1
E minore di 1

3136 Data una carica elettrica puntiforme, è sempre possibile definire in un punto qualunque dello spazio circostante:

A il campo elettrico di dipolo
B il campo elettrico
C la forza agente su una carica imprecisata
D il lavoro per trasportare una carica imprecisata
E nessuna delle precedenti risposte è esatta

3137 Una carica puntiforme si muove su un piano orizzontale, privo di attrito, avvicinandosi a un'altra carica puntiforme, dello stesso segno, fissa sul piano. Il moto avviene lungo una retta che unisce le due cariche. All'inizio le due cariche sono a distanza L e la velocità della carica in moto è v_0. Indicare quale delle seguenti affermazioni è corretta:

A la velocità della carica mobile aumenterà sotto l'effetto del campo elettrico generato dalla carica fissa
B la carica mobile si avvicinerà alla carica fissa spendendo tutta la sua energia cinetica per vincere il potenziale repulsivo, quindi si fermerà
C dopo un tempo sufficientemente lungo la carica mobile sarà nuovamente nella posizione iniziale con velocità uguale e opposta alla velocità iniziale
D la carica mobile, dopo essere stata frenata dal potenziale repulsivo, comincerà a ruotare attorno alla carica fissa
E nessuna delle precedenti risposte è corretta

3138 A due condensatori con capacità una doppia dell'altra, in due circuiti elettrici distinti, viene applicata una stessa differenza di potenziale. La carica accumulabile sulle armature dei due condensatori:

A dipende dalla resistenza del circuito
B è la stessa perché indipendente dal condensatore
C è pari alla metà sul condensatore a capacità doppia
D è doppia sul condensatore a capacità doppia
E è quadrupla sul condensatore a capacità doppia

3139 Un campo magnetico si misura in:

A magneton
B newton/ampere
C newton/(ampere metro)
D tesla/s
E farad

3140 Un oggetto di massa $m = 0,5$ kg, legato a una fune, viene fatto ruotare su una traettoria circolare a una frequenza di 2 Hz. Qual è la sua velocità angolare in radianti al secondo?

A $1,5\,\pi$
B $6\,\pi$
C $4\,\pi$
D $3\,\pi$
E $2\,\pi$

SCIENZE

3141 **Nel libro I dell'opera sui *Galleggianti* di Archimede, si legge:**

«I [corpi solidi] più pesanti del liquido, abbandonati nel liquido, sono trasportati verso il basso, fino al fondo, e saranno tanto più leggeri nel liquido, quanto maggiore è il peso del liquido avente il volume della grandezza solida». La proposizione di Archimede permette di misurare la densità di corpi solidi aventi forma non semplice. Si usa a tale scopo la bilancia idrostatica in figura.

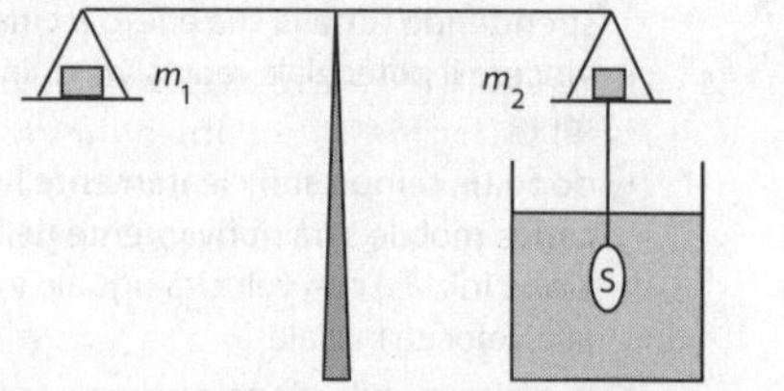

Ponendo un corpo solido S sul piattello di una bilancia si determina il suo peso e la sua massa m_1. Successivamente il corpo viene sospeso al di sotto del piattello della bilancia e immerso, come mostrato in figura, in un liquido di densità nota ρ_1; in questa situazione il sistema viene equilibrato ponendo una massa m_2 sul piattello. La densità ρ_s del corpo è:

- A $\rho_s = (m_1/m_2)\,\rho_1$
- B $\rho_s = [m_1/(m_1 - m_2)]\,\rho_1$
- C $\rho_s = \rho_1$
- D $\rho_s = m_1$
- E $\rho_s = m_2$

3142 **Nel sistema in figura le due masse A e B (con $m_A = 2\,m_B$), collegate fra di loro da un filo inestensibile di massa trascurabile, sono scorrevoli senza attrito rispettivamente lungo il piano inclinato e lungo la verticale.**

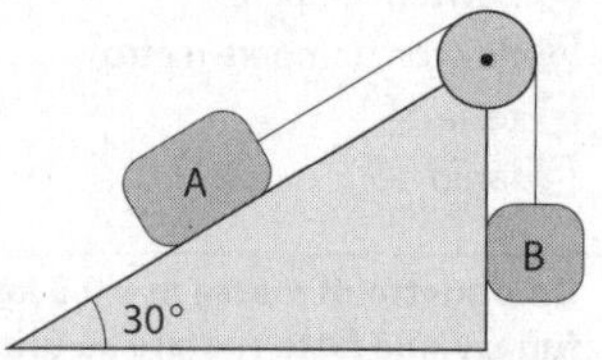

Inizialmente le due masse sono tenute ferme. Se si lasciano libere:

- A rimangono ferme
- B la massa A scende con accelerazione g
- C la massa A scende con accelerazione $g/4$
- D la massa B scende con accelerazione g
- E la massa B scende con accelerazione $g/4$

3143 **Il peso di un corpo si trova:**

- A moltiplicando il volume del corpo per il suo peso specifico
- B dividendo il volume del corpo per il suo peso specifico
- C sottraendo il volume del corpo dal suo peso specifico
- D sommando il volume del corpo e il suo peso specifico
- E elevando il volume del corpo al suo peso specifico

3144 **Un sasso viene lanciato verso l'alto in direzione verticale. Nel punto più alto della traiettoria quale delle seguenti combinazioni di accelerazione (*a*) e velocità (*v*) è corretta?**

- A $a \approx 9{,}8$ m/s^2, $v \approx 9{,}8$ m/s
- B $a \approx 9{,}8$ m/s^2, $v = 0$
- C $a = 0$, $v \approx 9{,}8$ m/s
- D $a = 0$, $v = 0$
- E $a = 0$, $v \approx -9{,}8$ m/s

3145 **Perché la Luna non cade sulla Terra?**

- A Perché la forza centrifuga equilibra quella di gravità
- B Perché a quella distanza l'attrazione gravitazionale è nulla
- C Perché la sua massa è alquanto inferiore a quella della Terra
- D Perché la sua orbita non è perfettamente circolare
- E Perché la Luna si trova troppo vicina alla Terra

3146 **Un ascensore in salita veloce si stacca dal cavo, rallenta rapidamente, si arresta e comincia a precipitare. Nell'istante in cui occupa la posizione più alta:**

- A l'energia cinetica è massima
- B gli occupanti non pesano sul pavimento
- C l'ascensore è fermo e privo di accelerazione
- D gli occupanti si sentono schiacciati contro il pavimento dell'ascensore
- E l'energia potenziale è minima

3147 **Una massa di un quintale viene sollevata. Quando giunge all'altezza di 15 m dal suolo, la sua energia potenziale:**

- A è pari alla sua energia cinetica
- B è di 50.000 joule
- C è la stessa che avrebbe una massa di 200 kg a 7,5 m dal suolo
- D è di 0,15 newton/m^2
- E è minima

3148 Se un rubinetto versa 5 litri in due minuti:

A il rubinetto impiega 36 secondi per versare un litro
B la portata è di circa 24,6 cm^3/s
C la velocità di efflusso è di 10 metri · minuto
D la portata è di 5 dm^3/s
E la portata è di 2,5 litri/minuto

3149 Un recipiente cilindrico con raggio di 5 cm e altezza di 0,5 m viene riempito d'acqua fino all'orlo. Quanto varrebbe la pressione che l'acqua esercita sul fondo del recipiente se il raggio fosse di 10 cm e il contenitore fosse sempre riempito fino all'orlo?

A Il doppio
B Il quadruplo
C La metà
D Un terzo
E Lo stesso valore

3150 Un solido omogeneo galleggia in un liquido emergendo per 1/4 del suo volume. La sua densità relativa a quel liquido:

A è maggiore dell'unità
B vale 0,25 kg/m^3
C non è possibile rispondere senza conoscere la densità assoluta del liquido
D vale 0,75
E nessuna delle precedenti risposte è esatta

3151 Un bicchiere contiene del ghiaccio che sta fondendo. Durante tale processo:

A la temperatura dell'acqua si abbassa
B la temperatura del ghiaccio è costante
C il ghiaccio cede calore
D la temperatura dell'acqua aumenta
E la massa totale aumenta

3152 La velocità di propagazione del suono è:

A di 340 m/s in qualunque mezzo
B sempre uguale al prodotto della lunghezza d'onda per la frequenza
C indipendente dal mezzo
D massima nel vuoto
E minima nei solidi

3153 Uno specchio sferico:

A può essere convesso o concavo
B riflette solo i raggi che incidono normalmente alla superficie
C fornisce immagini sempre capovolte
D ha distanza focale sempre maggiore del raggio
E nessuna delle altre risposte è corretta

3154 Tre cariche elettriche uguali (in valore e segno) sono vincolate a una circonferenza lungo la quale sono però libere di spostarsi. Come si dispongono?

A Due agli estremi di un diametro e la terza equidistante da esse
B Concorrono verso un unico punto
C Ai vertici di un triangolo rettangolo che ha il diametro come ipotenusa
D Possono assumere qualunque configurazione
E Ai vertici di un triangolo equilatero

3155 Un anello P si muove su di una circonferenza fissa, di raggio *R*, sospinto da un'asta che ruota uniformemente, con velocità angolare ω, attorno a un punto fisso O della circonferenza.

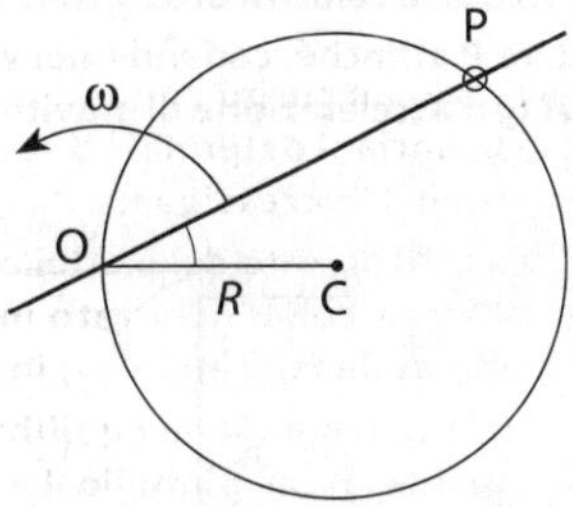

Con quale velocità l'anello si muove sulla circonferenza?

A ωR
B $2\omega R$
C $\omega^2 R \operatorname{sen} \omega t$
D $\omega^2 Rt$
E $4\omega^2 Rt$

3156 Se tre condensatori carichi, uguali, sono collegati in parallelo:

A la capacità di uno di essi vale il triplo di quella risultante
B la carica negativa è equiripartita fra le armature omonime
C in un condensatore la differenza di potenziale è 1/3 di quella totale
D la carica positiva totale è il triplo di quella negativa totale
E la carica negativa totale è il triplo di quella positiva totale

3157 Quale, fra le seguenti relazioni, è corretta?

A 2 kg · 6 cm/s^2 = 8 joule
B 0,2 coulomb/10^{-3} farad = 200 volt
C 8 joule/2 m = 8 kg · 2 m/s^2
D 2 ampere = 0,4 watt · 50 volt
E 10 kg · 3 m/s = 30 newton

SCIENZE

3158 Se un piede equivale a 12 pollici, a quanti pollici quadrati equivalgono 3 piedi quadrati?

A) 24
B) 72
C) 144
D) 432
E) 512

3159 Un corpo solido subisce una deformazione elastica. Ciò vuol dire che la deformazione:

A) aumenta al cessare della causa
B) diminuisce al cessare della causa
C) scompare al cessare della causa
D) rimane invariata al cessare della causa
E) è indipendente dalla causa

3160 Con quale velocità orizzontale v_0 occorre lanciare P affinché, cadendo nel vuoto, colpisca Q? (g = accelerazione di gravità).

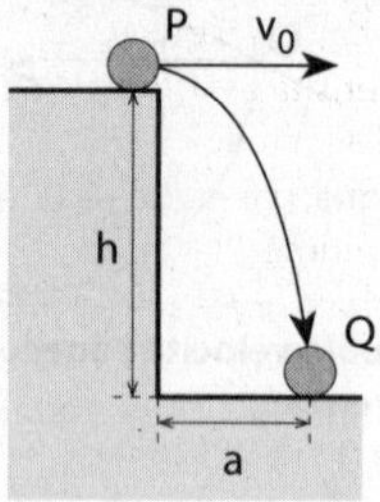

A) $v_0 = a \cdot \sqrt{\frac{2h}{g}}$
B) $v_0 = \frac{g \cdot h}{a}$
C) $v_0 = a \cdot \sqrt{\frac{g}{2h}}$
D) $v_0 = g \cdot \frac{a}{h}$
E) La risposta richiede la conoscenza della massa di P

3161 Il campo elettrostatico prodotto da una carica puntiforme positiva nel vuoto:

A) ha linee di forza di forma circolare con centro nella carica
B) è uniforme
C) ha intensità direttamente proporzionale al quadrato della distanza dalla carica
D) ha intensità inversamente proporzionale alla distanza dalla carica in direzione radiale
E) ha linee di forza rettilinee uscenti dalla carica

3162 Quale delle seguenti grandezze si può misurare in m^2/s?

A) L'accelerazione
B) La velocità uniforme
C) La velocità angolare
D) La velocità lineare
E) La velocità areolare

3163 Un grave viene lasciato cadere nel vuoto all'istante $t = 0$ da una altezza h_0. Quale dei seguenti diagrammi rappresenta la relazione corretta tra h e t?

A)
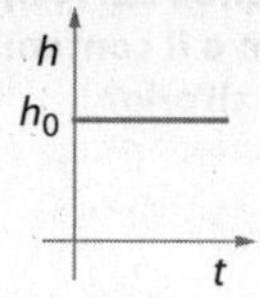

B)
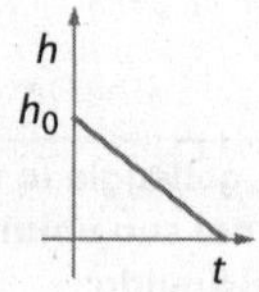

C)
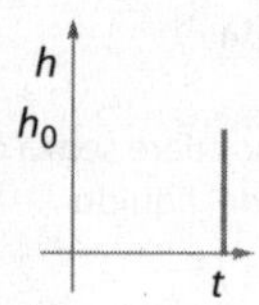

D)
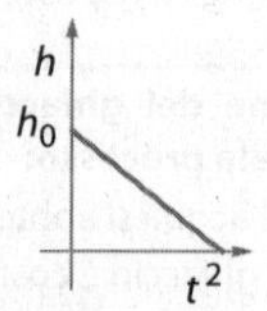

E)
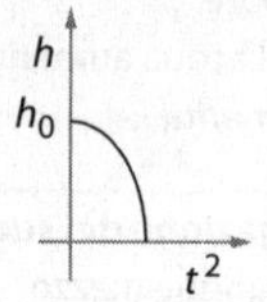

3164 La densità dell'acqua è 1 g/cm^3. Qual è la massa di 4 m^3 di acqua?

A) 4 kg
B) $4 \cdot 10^3$ kg
C) 40 kg
D) $4 \cdot 10^2$ kg
E) $4 \cdot 10^4$ kg

3165 Una resistenza attraversata dalla corrente:

A) si scalda
B) si raffredda
C) assorbe elettroni
D) aumenta il voltaggio
E) si contrae di volume

QUESITI DI FISICA

3166 L'energia potenziale di un corpo di 10 kg a 10 m di altezza è:

A non ricavabile
B 980 J
C 100 J
D 980 N
E 100 N

3167 Due masse d'acqua m_1 alla temperatura $T_1 = 60$ °C e $m_2 = 2m_1$ alla temperatura $T_2 = 90$ °C vengono mescolate in un calorimetro. La loro temperatura di equilibrio finale è:

A 75 °C
B 80 °C
C 70 °C
D 85 °C
E 65 °C

3168 Un litro di acqua a pressione atmosferica portato all'ebollizione passa allo stato di vapore. Individuare, tra quelle che seguono, l'affermazione errata.

A Il processo di evaporazione avviene nel caso considerato prevalentemente a 100 °C
B Il processo di evaporazione avviene in genere solo a 100 °C
C Il processo di ebollizione avviene a 100 °C a pressione atmosferica
D Il processo di ebollizione può avvenire a temperature inferiori a 100 °C in alta montagna
E Il processo di ebollizione può avvenire anche a temperature superiori a 100 °C

3169 Un palloncino di gomma viene gonfiato a 20 °C e posto in un frigorifero a – 5 °C. Ci si può aspettare che:

A il palloncino mantenga inalterato il suo volume
B il palloncino diminuisca il suo volume
C l'aria fuoriesca dal palloncino
D il palloncino esploda
E il palloncino aumenti il suo volume

3170 Siano *a*, *b* e *c* le lunghezze degli spigoli di un parallelepipedo regolare. Data la relazione $abc + X = Y$, determinare quale tra le seguenti sono, rispettivamente, le dimensioni delle grandezze *X* e *Y*.

A *X* è una lunghezza e *Y* un volume
B Entrambe le grandezze sono superfici
C Entrambe le grandezze sono lunghezze
D Entrambe le grandezze sono volumi
E Nessuna delle precedenti

3171 Il peso dell'aria che riempie una stanza in inverno (7 °C) è maggiore o minore di quello dell'aria che riempie la stessa stanza in estate (37 °C)? E di quanto, supponendo costante la pressione?

A Maggiore, 5 volte
B Minore, 0,2 volte
C Maggiore, 1,1 volte
D Minore, 0,9 volte
E Uguale

3172 Un gas perfetto sottoposto inizialmente a una pressione *P* passa, in seguito a una trasformazione isocora, dalla temperatura di 27 °C a 54 °C. Dunque:

A il volume raddoppia
B la pressione finale è $P/2$
C la pressione finale è $2P$
D la pressione finale è $4P$
E nessuna delle precedenti

3173 Il ghiaccio galleggia nell'acqua perché:

A il peso specifico del ghiaccio è uguale a quello dell'acqua
B la densità del ghiaccio è minore di quella dell'acqua
C l'acqua, passando da 0 °C a 4 °C, diminuisce di volume
D l'unità di massa del ghiaccio pesa meno dell'unità di massa dell'acqua
E nessuna delle precedenti

3174 La luce:

A è formata da particelle subatomiche
B è una radiazione elettromagnetica monocromatica
C può essere prodotta solo da lampade incandescenti
D è una radiazione elettromagnetica policromatica
E ha sempre velocità di 300.000 chilometri al secondo

3175 La quantità di moto si misura in:

A metri · secondi
B newton · metri
C newton · secondi
D chilogrammi · metri · secondi · secondi
E joule · secondi

3176 Una caloria (cal) equivale a:

A 1 watt
B 1/273 joule
C 1 erg · m
D 4,18 joule
E 10 newton

3177 Se si sommano le masse dei vari costituenti di un atomo si trova un valore che è maggiore della massa dell'atomo stesso. Questa differenza di massa o difetto di massa:

A viene emessa sotto forma di raggi X
B viene convertita in energia cinetica
C viene convertita in calore
D si trasforma in energia di legame
E nessuna delle precedenti risposte è corretta

3178 L'energia elettrostatica immagazzinata in un condensatore di capacità 1 μF a cui è applicata la differenza di potenziale di $3 \cdot 10^3$ V vale:

A $3 \cdot 10^{-3}$ J
B 4,5 J
C 9 J
D $3 \cdot 10^3$ J
E 3 J

3179 Due conduttori disposti in parallelo hanno resistenza rispettivamente 10 ohm e 100 ohm. La resistenza totale è:

A calcolabile solo se si conosce la differenza di potenziale applicata
B circa 11 ohm
C 110 ohm
D circa 9 ohm
E 0,11 ohm

3180 Il campo elettrico E è conservativo?

A Sì, sempre
B No, mai
C Sì, se non è indotto da una variazione del flusso di **B**
D No, se non è indotto da una variazione del flusso di **B**
E Solo se il sistema è chiuso

3181 Un campo magnetico stazionario è prodotto da:

A una carica elettrica ferma
B un campo di forze elettrostatiche
C una carica elettrica in moto con velocità costante
D un campo elettrico variabile nel tempo
E un campo di forze elastiche

3182 Un filo di rame ha una resistenza *R*. Quanto vale la resistenza di un secondo filo di rame avente la stessa lunghezza e diametro alla metà del primo?

A *R*/4
B *R*/2
C 2*R*
D 4*R*
E *R*

3183 Due oggetti si urtano in modo totalmente anelastico. Durante un urto certamente:

A si conserva l'energia potenziale
B si conserva l'energia cinetica
C si conserva la quantità di moto
D si conserva l'energia meccanica
E non si conserva la quantità di moto ma l'energia totale del sistema rimane invariata

3184 Un filo percorso da una corrente elettrica di intensità variabile genera nello spazio un campo:

A magnetico
B elettrico
C scalare
D conservativo
E gravitazionale

3185 Un sistema compie 10^6 oscillazioni in un secondo. Il periodo delle oscillazioni vale:

A 10^6 Hz
B 10^{-6} s
C 10^6 s
D 10^{-6} Hz
E 10^3 s

3186 Un oggetto è appoggiato su un carrello la cui superficie è priva di attrito. Se il carrello viene messo in movimento con accelerazione *a*, qual è l'accelerazione dell'oggetto?

A *a*
B Zero
C *a*/2
D Dipende dalla massa del corpo
E Nessuna delle precedenti risposte è esatta

3187 Un oggetto parte con un'accelerazione di 10 cm/s²; dopo 10 s la sua velocità è:

A 100 m/s
B 1 m/s
C 10 m/s
D 100 m/s
E 1 cm/s

3188 L'equazione dimensionale della forza è:

A $[M][L][T]^{-1}$
B $[M][L][T]^{-2}$
C $[M]^{-1}[L][T]$
D $[M][L]^{-2}[T]^{-2}$
E $[M][L]^{-1}[T]^{-1}$

3189 In un ascensore la tensione delle funi cambia per effetto dell'accelerazione durante la fase di partenza, e della decelerazione durante la fase di arresto. Per un ascensore che sta decelerando, la tensione delle funi che sorreggono la cabina:

A aumenta sempre: sia se l'ascensore sta salendo sia se l'ascensore sta scendendo
B diminuisce se l'ascensore sta salendo e aumenta se l'ascensore sta scendendo
C aumenta se l'ascensore sta salendo e diminuisce se l'ascensore sta scendendo
D diminuisce sempre sia se l'ascensore è in salita sia se l'ascensore è in discesa
E la tensione delle funi non cambia durante la decelerazione ne se l'ascensore sta salendo ne se sta scendendo

3190 Un ragazzo scivola a velocità costante lungo uno scivolo del parco giochi. Tenendo conto dell'attrito quale delle seguenti affermazioni è corretta?

A Le forze di attrito compiono un lavoro nullo
B La forza di attrito è maggiore della risultante delle altre forze agenti
C La risultante delle forze applicate è diretta verso l'alto
D La risultante delle forze applicate è diretta verso il basso
E La risultante delle forze applicate è nulla

3191 Una massa M appesa ad una molla di costante elastica K compie oscillazioni di ampiezza A. Se si raddoppia l'ampiezza delle oscillazioni, quale delle seguenti affermazioni è corretta?

A La frequenza delle oscillazioni raddoppia
B Il periodo delle oscillazioni raddoppia
C La frequenza delle oscillazioni si dimezza
D Il periodo delle oscillazioni si dimezza
E Lo spazio percorso dalla massa in un periodo raddoppia

3192 Un corpo puntiforme si muove di moto rettilineo uniformemente accelerato a partire dal tempo $t = 0$, con una velocità iniziale diversa da zero. Se dopo un secondo il corpo ha percorso 3 m e dopo due secondi ha percorso 10 m, la sua accelerazione è pari a:

A 1 m/s^2
B 2 m/s^2
C 3 m/s^2
D 4 m/s^2
E 5 m/s^2

3193 In una tubatura orizzontale a sezione circolare viene trasportato un flusso costante d'acqua. Se in un punto nel quale la tubatura ha una sezione di area 6 cm^2 l'acqua viaggia a 0,80 m/s, quale è la sua velocità in un punto nel quale l'area della sezione è di 4 cm^2?

A 0,40 m/s
B 0,60 m/s
C 0,75 m/s
D 1,20 m/s
E 1,50 m/s

3194 Un sub osserva una bolla d'aria che da una profondità di circa 15 metri si muove verso la superficie dell'acqua. Trascurando la variazione di temperatura tra fondo e superficie, di quanto aumenta il volume della bolla? (Ricorda che a partire dalla superficie dell'acqua dove la pressione è quella atmosferica, sott'acqua la pressione aumenta di circa 1 atmosfera ogni 10 metri)

A $V_{sup} = 0{,}25\ V_{fondo}$
B $V_{sup} = V_{fondo}$
C $V_{sup} = 2{,}5\ V_{fondo}$
D $V_{sup} = 9\ V_{fondo}$
E $V_{sup} = 15\ V_{fondo}$

3195 Un'asta pesante, omogenea e rettilinea, di lunghezza 6 m, è collocata in posizione orizzontale su due appoggi H e K privi di attrito, posti alla stessa quota e ipotizzabili come puntiformi. L'estremo sinistro dell'asta è alla distanza di 1 m dall'appoggio H, mentre l'estremo destro dell'asta è alla distanza di 2 m dall'appoggio K. Quale delle seguenti affermazioni relative alle forze esercitate dall'asta sui due appoggi è corretta?

A Le forze esercitate su H e K sono uguali fra loro
B La forza esercitata su H è la metà di quella esercitata su K
C La forza esercitata su K è il triplo di quella esercitata su H
D La somma delle forze esercitate sui supporti è pari alla metà del peso dell'asta
E La forza esercitata su K è uguale al peso dell'asta

3196 L'energia cinetica:

A si misura in joule
B diminuisce sempre con lo spazio percorso
C è caratteristica del moto rettilineo uniforme
D è nulla durante la caduta di un grave
E è direttamente proporzionale alla velocità

SCIENZE

3197 Quale delle seguenti unità di misura può esprimere nel sistema SI la grandezza *L · C*, prodotto di un'induttanza per una capacità?

A s
B s^{-1}
C s^2
D henry/farad
E s/farad

3198 Confrontando le lunghezze d'onda delle onde acustiche e di quelle luminose si deduce che:

A λ è sempre più piccola nelle onde luminose
B λ è sempre più piccola nelle onde acustiche
C il valore della lunghezza d'onda è circa lo stesso in entrambi i tipi di onde
D il valore della lunghezza d'onda è circa lo stesso per i colori vicini al rosso
E λ dipende dal mezzo in cui viaggiano le onde acustiche

3199 La temperatura assoluta è:

A la più bassa temperatura teoricamente possibile
B la temperatura espressa in kelvin
C la temperatura indicata da un termometro tarato in gradi celsius
D la temperatura della superficie del Sole
E la temperatura di scioglimento del ghiaccio

3200 Per COMPRIMERE una molla di 10 cm rispetto alla posizione di equilibrio è necessario compiere un lavoro L = 1,7 J. Il lavoro necessario per ALLUNGARE la molla di 10 cm rispetto alla posizione di equilibrio è:

A L = −1,7 J
B L = −3,4 J
C L = 0 J
D L = 1,7 J
E L = 3,4 J

Quesiti di chimica

3201 Individuare l'affermazione errata:
- A è chiamato catione un atomo che possiede elettroni in meno rispetto al numero di protoni
- B è chiamato catione un atomo che possiede elettroni in più rispetto al numero di neutroni
- C la carica elettrica di uno ione corrisponde alla quantità di elettroni che esso ha acquistato o perduto
- D è chiamato anione un atomo che possiede elettroni in più rispetto al numero di protoni
- E il legame ionico si forma tra ioni di segno opposto

3202 Non appartiene ai metalli di transizione:
- A Fe
- B Zn
- C Pb
- D Ag
- E Cu

3203 L'entropia è la funzione di stato correlata:
- A alla temperatura del sistema
- B al calore del sistema
- C all'energia interna del sistema
- D all'entalpia del sistema
- E al disordine del sistema

3204 Il numero di ossidazione dell'idrogeno nell'acqua ossigenata (H_2O_2) è:
- A +2
- B 0
- C –1
- D +1/2
- E +1

3205 L'inerzia chimica dei gas nobili deriva:
- A dal fatto di avere un particolare rapporto massa/carica
- B dal fatto di avere l'ultimo livello elettronico incompleto
- C dal fatto di essere dei gas
- D dal fatto di avere tutti nell'ultimo livello una struttura elettronica stabile
- E dal fatto di non possedere caratteristiche metalliche

3206 Quale sostanza chimica rappresenta la componente principale dei vetri?
- A Carbonato di calcio
- B Silice
- C Piombo
- D Carburo di tungsteno
- E Carbonio

3207 Come viene rappresentata la normalità?
- A m
- B M
- C No
- D N
- E n

3208 L'unità di massa atomica:
- A è uguale alla dodicesima parte della massa dell'isotopo 12 del carbonio
- B è uguale alla massa dell'atomo di idrogeno
- C è uguale alla massa dell'elettrone
- D è uguale a 1 grammo
- E rappresenta la massa di un atomo di carbonio

3209 Il metano è un:
- A idrocarburo saturo
- B idrocarburo aromatico
- C idrocarburo ciclico
- D idrocarburo insaturo
- E idrocarburo a catena ramificata

3210 Secondo la legge di Lavoiser in una trasformazione chimica rimane costante:
- A la massa del sistema
- B la densità del sistema
- C il volume delle sostanze
- D lo stato di aggregazione delle sostanze
- E il contenuto energetico

3211 Per quale dei seguenti composti allo stato puro non è prevedibile l'esistenza di legami a idrogeno intermolecolari?
- A HCOOH
- B CH_3COCH_3
- C $CH_3CH_2NH_2$
- D NH_3
- E CH_3CH_2OH

SCIENZE

3212 Individuare il solvente polare:
- A benzene
- B etano
- C C_6H_6
- D H_2O
- E cloroformio

3213 La precipitazione è il processo che avviene quando:
- A la reazione chimica avviene a una velocità fuori controllo
- B viene impiegato l'enzima precipitasi
- C la reazione dà luogo a prodotti più pesanti dei reagenti
- D la reazione dà luogo a prodotti più leggeri dei reagenti
- E i prodotti di reazione non sono solubili nel mezzo

3214 "A temperatura ambiente, l'acqua è un liquido dotato di ottime proprietà solventi; molti sali, come per esempio il solfato di potassio, si sciolgono rapidamente in acqua, mentre sono praticamente insolubili in solventi apolari come il tetracloruro di carbonio o il toluene. Questa proprietà è una conseguenza del carattere dipolare della molecola dell'acqua; il reticolo cristallino di un sale è tenuto unito da attrazioni elettrostatiche molto forti tra gli ioni positivi e quelli negativi; quando il solfato di potassio cristallino è posto in acqua, le molecole polari di quest'ultima sono fortemente attratte dagli ioni K^+ ed SO_4^{2-}, e strappano questi ioni al reticolo". Quale delle seguenti affermazioni può essere dedotta dalla lettura del brano precedente?
- A L'acqua è capace di trasformare il solfato di potassio da sostanza dipolare a sostanza ionica
- B Le molecole dell'acqua interagiscono con gli ioni del sale
- C Tutte le sostanze si sciolgono in acqua
- D L'acqua è costituita da ioni
- E Nell'acqua esiste un reticolo cristallino

3215 In chimica, la condensazione è:
- A il passaggio di stato dallo stato gassoso allo stato liquido
- B una reazione in cui due sostanze si combinano con perdita di una molecola d'acqua
- C il passaggio di stato dallo stato liquido a quello solido
- D il passaggio di stato dallo stato solido a quello gassoso
- E il passaggio di stato dallo stato solido a quello liquido

3216 Cos'è il butanale?
- A Un sale
- B Un acido carbossilico
- C Un chetone
- D Una aldeide
- E Un alcol

3217 Il vino è:
- A una sostanza
- B una soluzione
- C un sistema eterogeneo
- D un'emulsione
- E una sospensione

3218 Che cosa è il ghiaccio secco?
- A Ghiaccio ottenuto da acqua deionizzata
- B Anidride carbonica solida
- C Ghiaccio ottenuto da soluzioni concentrate di NaCl
- D Ghiaccio a consistenza farinosa
- E Ghiaccio alla temperatura di –100°C

3219 Un "acido carbossilico" è:
- A un composto organico che non contiene ossigeno
- B considerato sempre un acido forte
- C uno zucchero
- D un composto organico che contiene un gruppo –COOH
- E un monomero

3220 Indicare il solo processo che rappresenta una trasformazione fisica:
- A combustione
- B distillazione
- C ossidazione
- D salificazione
- E riduzione mediante Zn e acidi

3221 L'elemento che in una reazione diminuisce il suo numero di ossidazione è detto:
- A controcatione
- B riducente
- C elettrodo
- D ossidato
- E ossidante

3222 In una equazione chimica cosa indicano i coefficienti stechiometrici?
- A Il numero di grammi dei reagenti e prodotti
- B Il numero di atomi dei reagenti e prodotti
- C Il numero di elettroni di valenza di reagenti e prodotti
- D Il numero di litri dei reagenti e prodotti presenti in fase gassosa
- E Il numero di moli di reagenti e prodotti

3223 Il numero di moli di soluto contenute in ogni kg di solvente viene definito:

A normalità
B molarità
C molalità
D frazione molare del solvente
E frazione molare del soluto

3224 In un miscuglio, o miscela eterogenea, si individuano almeno due:

A elementi
B fasi
C solidi
D liquidi immiscibili
E gas immiscibili

3225 Come si dividono gli idrocarburi alifatici?

A Saturi e insaturi
B Ciclici e aromatici
C Saturi e aromatici
D Ciclici e saturi
E Aromatici e insaturi

3226 Lo ione K^+:

A può provenire dalla ionizzazione di un alogeno
B proviene da un metallo alcalino
C è un anione
D è un anione bivalente
E proviene da un metallo alcalino-terroso

3227 "Due liquidi immiscibili formano un sistema bifase; se uno di questi liquidi conteneva originariamente una sostanza disciolta, parte del soluto passa dall'una all'altra fase, fino a raggiungere uno stato di equilibrio caratterizzato, a ogni temperatura, dalle concentrazioni del soluto nelle due fasi liquide. Si osserva che, per due liquidi determinati, e se la temperatura non cambia, il rapporto tra le concentrazioni del soluto nelle due fasi è costante, cioè indipendente dalla quantità totale del soluto nelle due fasi; questo rapporto viene chiamato coefficiente di ripartizione del soluto tra i due solventi". Quale delle seguenti affermazioni NON può essere dedotta dalla lettura del brano precedente?

A Una stessa sostanza può sciogliersi in due liquidi immiscibili tra loro
B Se varia la temperatura, il soluto tende a sciogliersi solo in uno dei due solventi
C Il valore del coefficiente di ripartizione dipende dalla natura dei due liquidi
D Il valore del coefficiente di ripartizione dipende dalla temperatura
E Ciascuno dei due liquidi immiscibili costituisce una fase

3228 Un gas rimane sciolto meglio in una soluzione se:

A la soluzione è calda
B la soluzione è neutra
C la soluzione è densa
D il solvente è solido
E la soluzione è fredda

3229 In una molecola neutra il valore della somma dei numeri di ossidazione di tutti gli atomi che la formano è:

A positivo, negativo o nullo a seconda degli atomi presenti nella molecola
B sempre uguale a zero
C positivo se prevalgono atomi di metalli, negativo se prevalgono atomi di non metalli
D uguale a zero solo se non ci sono legami ionici
E sempre un numero pari

3230 Se una molecola si scioglie in esano e non in acqua, tale molecola sarà:

A polare
B ionica
C dativa
D non polare
E acida

3231 Che cosa avviene durante la combustione di una candela?

A Un processo chimico
B Un consumo di anidride carbonica
C Un'emissione di ossigeno
D Una sublimazione
E Una evaporazione della cera

3232 Date le seguente soluzioni: glucosio 0,1 M, acido acetico 0,1 M, acido acetico 0,2 M e NaCl 0,1 M; quale ha la pressione osmotica maggiore a parità di temperatura?

A Nessuna delle soluzioni elencate è osmoticamente attiva
B Glucosio 0,1 M
C Acido acetico 0,1 M
D Acido acetico 0,2 M
E NaCl 0,1 M

3233 Calcolare i coefficienti stechiometrici della reazione:

$$a\,P + b\,HNO_3 + c\,H_2O \rightarrow d\,H_3PO_4 + e\,NO$$

A a=3; b=10; c=2; d=3; e=5
B a=1; b=5; c=2; d=3; e=5
C a=3; b=5; c=1; d=3; e=5
D a=3; b=5; c=2; d=3; e=5
E a=3; b=5; c=1; d=3; e=5

SCIENZE

3234 Indicare quale delle seguenti specie è impossibile:

- A H_2
- B O_3
- C N_2
- D H_3
- E Cl_2

3235 L'acqua ossigenata è:

- A un composto diverso dall'acqua
- B una forma isotopica dell'acqua
- C una forma allotropica dell'acqua
- D una soluzione di ossigeno in acqua
- E una forma reattiva dell'acqua

3236 Un alcano è un composto organico:

- A costituito solo da idrogeno e carbonio
- B con proprietà simili agli alcali
- C costituito da carbonio, ossigeno e idrogeno
- D del quale non è nota l'esatta formula molecolare
- E contenente almeno un atomo di un metallo alcalino

3237 L'anidride carbonica è costituita da:

- A carbonio e idrogeno
- B carbonio e azoto
- C carbonio e ossigeno
- D carbonio, idrogeno e ossigeno
- E idrogeno, ossigeno, carbonio, azoto

3238 L'etano appartiene ai/agli:

- A alcheni
- B alcani
- C composti aromatici
- D composti ciclici
- E alchini

3239 Che cosa è la cromatografia?

- A Un metodo per colorare i composti chimici
- B Un metodo per riconoscere le sostanze chimiche facendole reagire col cromo
- C Un metodo di scrittura chimica
- D Un metodo per rilevare le proprietà ottiche delle sostanze
- E Un metodo per separare le sostanze chimiche che formano una miscela

3240 Quante moli di glucosio ($C_6H_{12}O_6$) sono contenute in 900 g di tale sostanza?

- A 38
- B 150
- C 75
- D 5
- E 50

3241 Il pH esprime:

- A la concentrazione di ioni H^+
- B la concentrazione di ioni OH^-
- C solo l'acidità della cellula
- D la concentrazione delle proteine
- E solo l'acidità delle soluzioni acquose

3242 Quanti equivalenti sono contenuti in una mole di $Al(OH)_3$?

- A 4
- B 3
- C 2
- D 7
- E 1

3243 Gli isotopi di uno stesso elemento hanno:

- A lo stesso numero di protoni, ma diverso numero di elettroni
- B lo stesso numero di elettroni, ma diverso numero di protoni
- C lo stesso numero di massa, ma diverso numero atomico
- D lo stesso numero atomico, ma diverso numero di massa
- E lo stesso numero atomico e lo stesso numero di massa

3244 Quale carica ha un sistema formato da 7 protoni, 7 neutroni e 6 elettroni?

- A – 6
- B – 1
- C 0
- D + 1
- E + 7

3245 In una reazione di equilibrio per la quale la reazione da sinistra a destra sviluppa calore, la reazione da destra a sinistra è:

- A isotermica
- B endotermica
- C una ossidazione
- D trascurabile
- E esoergonica

3246 Partendo da una soluzione di acido cloridrico con pH = 1 (soluzione A), desidero ottenere una soluzione con pH = 4 (soluzione B). Di quante volte devo diluire la soluzione A per ottenere la soluzione B?

- A 3
- B 4
- C 10^4
- D 1000
- E 10.000

QUESITI DI CHIMICA

3247 Il legame di coordinazione o dativo è un legame:

A ionico
B a idrogeno
C covalente
D dipolo-dipolo
E doppio

3248 Indicare quale delle seguenti variazioni NON influenza lo stato di equilibrio della reazione esotermica:

$$H_{2(gas)} + I_{2(gas)} \rightleftarrows 2\,HI_{(gas)}:$$

A aumento della temperatura
B aumento della pressione
C aumento della concentrazione reagenti
D aumento della concentrazione prodotti
E aumento del numero di moli di idrogeno

3249 Il butanolo è:

A estere
B ammina
C semiacetale
D ammide
E alcol

3250 A quale dei seguenti valori si avvicina maggiormente il pH di una soluzione acquosa 10^{-10} M di HCl?

A pH 11
B pH 5
C pH 7
D pH 9
E pH 10

3251 A quale pH si ha la maggior concentrazione in idrogenioni?

A 4
B 4,5
C 7
D 8
E 12

3252 Una soluzione è definita come un sistema costituito:

A da un numero di fasi dipendente dalla temperatura e dalla pressione
B da un numero di fasi dipendente dalla pressione
C da tante fasi quante sono le specie chimiche che la costituiscono
D da un numero di fasi variabile con la temperatura
E da una sola fase indipendentemente dal numero di specie chimiche che la costituiscono

3253 Quanti grammi di carbonio sono contenuti in 5 moli di $C_2H_4O_2$?

A 10
B 120
C 60
D 20
E 24

3254 Dati i seguenti acidi: (1) H_2SO_4; (2) CH_3COOH; (3) H_2S; (4) HCN; (5) $HClO_4$; (6) HNO_3; (7) H_3PO_4; (8) HF, individuare la serie che indica solamente quelli poliprotici.

A (3), (4), (8)
B (1), (5)
C (2), (4), (6)
D (1), (3), (7)
E (1), (2), (3), (7)

3255 Dati l'anione cloruro (Cl^-) (numero atomico 17) e l'atomo di argon (Ar) (numero atomico 18), indicare l'affermazione corretta:

A Cl^- possiede un elettrone in più rispetto a Ar
B Cl^- ha lo stesso numero atomico di Ar
C Cl^- possiede lo stesso numero di protoni di Ar
D Ar e Cl^- hanno la stessa configurazione elettronica esterna
E sia Ar che Cl^- possiedono 17 elettroni

3256 La struttura elettronica del sodio (Z = 11) è la seguente:

A $1s^2\,2s^2\,3s^2\,3p^4\,3d^1$
B $1s^2\,2s^2\,2p^4\,3s^2\,3p^1$
C $1s^2\,2s^2\,2p^5\,3s^2$
D $1s^2\,2s^2\,2p^6\,3s^1$
E $1s^1\,2s^1\,2p^6\,3s^2\,3p^3$

3257 Quante moli di HCl sono presenti in 100 litri di soluzione acquosa di tale sostanza a pH = 5 ?

A 100
B 0,005
C 0,001
D 0,00001
E 0,000001

3258 I raggi beta sono costituiti da particelle che corrispondono per carica e massa a un:

A nucleo di elio
B protone
C neutrone
D nucleo di idrogeno
E elettrone

3259 Indica il motivo per cui ogni trasformazione chimica è accompagnata da effetti energetici:

A i nuclei degli atomi dei reagenti si trasformano in nuclei più piccoli e quindi diminuisce l'energia interna del sistema
B alcune sostanze reagenti cambiano il proprio stato di aggregazione e quindi devono assorbire o cedere calore
C i legami chimici presenti nei reagenti sono diversi da quelli presenti nei prodotti e quindi cambia l'energia chimica
D gli atomi dei reagenti si trasformano in atomi diversi che formano tra loro legami più stabili nei prodotti
E i prodotti sono sempre sostanze con maggiore stabilità, quindi il sistema finale ha sempre maggiore energia

3260 Una soluzione acquosa di acido solforico 0,1 M contiene:

A 0,1 mol di acido in 100 ml di soluzione
B 0,001 mol di soluto in 1 litro di soluzione
C 0,1 mol di acido in 10 litri di acqua
D 1 ml di acido in 1 ml di soluzione
E 0,0001 mol di acido in 1 ml di soluzione

3261 Gli elementi di transizione:

A hanno accentuato carattere metallico
B hanno elevata elettronegatività
C hanno più stati di ossidazione diversi
D sono molto instabili
E formano ossidi acidi

3262 I protoni di un atomo determinano:

A il peso atomico
B il numero atomico
C il numero di massa
D il numero quantico
E il numero di ossidazione

3263 Sapendo che il peso atomico del calcio è 40 e il peso atomico del cloro è 35 ne segue che 110 g di cloruro di calcio contengono:

A 70 g di cloro
B 51,33 g di cloro
C 79,66 g di cloro
D 80 g di cloro
E 85,56 g di cloro

3264 Nella molecola CH_4 i quattro legami tra carbonio e idrogeno sono:

A legami a idrogeno
B legami dativi
C legami covalenti
D legami ionici
E legami metallici

3265 Raddoppiando la concentrazione degli ioni H^+ di una soluzione contenente inizialmente solo acqua pura a 25 °C, il pH risultante sarà:

A 5,0
B 6,0
C 7,3
D 6,7
E 14

3266 Una micromole di atomi contiene:

A $6,023 \cdot 10^{23}$ atomi
B $6,023 \cdot 10^{17}$ atomi
C un numero di atomi che dipende dal numero atomico
D $6,023 \cdot 10^{17}$ grammi
E $6,023 \cdot 10^{20}$ atomi

3267 Quale fra le seguenti sostanze ha il punto di ebollizione più alto, alla stessa pressione esterna?

A Acqua
B Etere etilico
C Alcol etilico
D Cloruro di idrogeno
E Metano

3268 Quale delle seguenti soluzioni è meno acida?

A $[H_3O^+] = 2,5 \cdot 10^{-4}$ M
B $[OH^-] = 5 \cdot 10^{-5}$ M
C $[H_3O^+] = 1 \cdot 10^{-3}$ M
D $[OH^-] = 1 \cdot 10^{-9}$ M
E $[H_3O^+] = 5 \cdot 10^{-2}$ M

3269 Una soluzione 1 molare contiene 40 g di un composto in mezzo litro di soluzione. Qual è il peso molecolare del composto?

A 40
B 80
C 4
D 20
E 8

3270 In base alla loro costante di dissociazione acida, ordinare in ordine decrescente i seguenti acidi: acido fosforoso H_3PO_3, acido solforico H_2SO_4 e acido acetico CH_3COOH.

A $CH_3COOH > H_3PO_3 > H_2SO_4$
B $H_2SO_4 > H_3PO_3 > CH_3COOH$
C $CH_3COOH > H_2SO_4 > H_3PO_3$
D $H_2SO_4 > CH_3COOH > H_3PO_3$
E $H_3PO_3 > CH_3COOH > H_2SO_4$

3271 Quale elemento corrisponde alla configurazione elettronica $1s^2\ 2s^2\ 2p^3$?

A Ossigeno
B Idrogeno
C Ferro
D Fluoro
E Azoto

3272 Qual è la $[H^+]$ di una soluzione a pH = 6?

A 10^6 M
B 10^{-6} M
C $6 \cdot 10^{-1}$ M
D $6 \cdot 10^{-6}$ M
E 6 M

3273 Le forze che tengono unite fra loro le molecole di ammoniaca sono:

A forze di Van der Waals
B legami ionici
C legami covalenti
D legami a idrogeno
E legami dativi

3274 La struttura elettronica $1s^2\ 2s^2\ 2p^6\ 3s^2\ 3p^6$ è riferibile:

A a un alogeno
B a un elemento di transizione
C a un gas nobile
D a un metallo alcalino-terroso
E a un elemento radioattivo

3275 Indicare quale, tra le seguenti sostanze, disciolta in acqua darà luogo a una soluzione con pH > 7:

A acido cloridrico
B cloruro di sodio
C acido perclorico
D cloruro di ammonio
E idrossido di sodio

3276 Indicare in quale di questi processi si rompono legami covalenti:

A evaporazione dell'acqua
B $O_3 \rightarrow O_2 + O$
C fusione del cloruro di sodio
D $NaOH \rightarrow Na^+ + OH^-$
E dissoluzione di KCl in acqua

3277 Il simbolo del nichel è:

A Nc
B N
C Ni
D Ne
E Nl

3278 Quale fra i seguenti elementi, appartiene al gruppo dei "gas nobili", diciottesimo gruppo della tavola periodica degli elementi?

A Bario
B Azoto
C Idrogeno
D Argon
E Tungsteno

3279 La reazione di decomposizione del carbonato di calcio è la seguente:

$$CaCO_3\ (s) \rightarrow CaO\ (s) + CO_2\ (g)$$

Partendo da 3 moli di $CaCO_3$, quale volume di CO_2 a 0° C e 1 atm, si ottiene?

A 67,2 litri
B 3 litri
C 12,2 litri
D 22,4 litri
E 1 litro

3280 Il "bicarbonato" che utilizziamo per neutralizzare l'acidità gastrica è:

A Na_2CO_3
B $KHCO_3$
C $NaHCO_3$
D K_2CO_3
E $KNaCO_3$

3281 In una soluzione acquosa del volume complessivo di 500 ml sono presenti 20 g di idrossido di sodio. Sapendo che il peso formula dell'idrossido di sodio è 40, la concentrazione della soluzione è:

A 1 molare
B 1 molale
C 20% peso/peso
D 20% peso/volume
E 0,5 molare

3282 Nella reazione $2\ HBr + I_2 \rightarrow 2\ HI + Br_2$:

A il bromo si riduce e lo iodio si ossida
B il bromo si ossida e lo iodio si riduce
C il bromo e lo iodio si ossidano e l'idrogeno si riduce
D l'idrogeno si riduce e lo iodio si ossida
E l'idrogeno e il bromo si ossidano e lo iodio si riduce

3283 Un atomo di carbonio, ibridizzato sp^3, presenta:

A due legami tripli
B due legami doppi
C un legame singolo e uno triplo
D due legami singoli e uno doppio
E quattro legami singoli

SCIENZE

3284 Chi ha formulato la seguente espressione: "Volumi uguali di gas differenti, nelle stesse condizioni di temperatura e pressione, contengono lo stesso numero di molecole"?

A Boyle e Mariotte
B Charles
C Gay-Lussac
D Avogadro
E Cannizzaro

3285 L'acido X ha p*K* = 2; l'acido Y ha p*K* = 4. Quale delle seguenti affermazioni è CORRETTA?

A L'acido Y è un acido inorganico forte
B L'acido X è 100 volte più forte dell'acido Y
C L'acido X è due volte più dissociato dell'acido Y
D L'acido X è un acido debolissimo
E L'acido Y è 100 volte più forte dell'acido X

3286 Qual è la normalità di una soluzione al 4% di NaOH (P.M. = 40)?

A 1 N
B 0,1 N
C 0,4 N
D 4 N
E 10 N

3287 Addizionando 900 ml di acqua pura a 100 ml di una soluzione di acido forte avente pH = 4, il pH della soluzione è:

A invariato
B circa 3,9
C 5
D 3
E 4,5

3288 Il numero atomico dell'atomo di ossigeno è 8. Ciò significa che:

A nel nucleo vi sono 4 protoni e 4 neutroni
B 4 elettroni orbitano attorno al nucleo che contiene 4 protoni
C il nucleo è costituito esclusivamente da 8 protoni
D il nucleo è costituito esclusivamente da 8 neutroni
E attorno al nucleo orbitano 8 elettroni

3289 L'acqua può bollire a 70 °C?

A Sì, quando se ne scalda una quantità piccolissima
B Sì, aumentando la pressione del sistema
C Sì, diminuendo la pressione del sistema
D No, l'acqua bolle solamente a 100 °C
E No, l'acqua può bollire anche a temperature diverse, ma sempre maggiori di 100 °C

3290 Qual è la formula bruta del cicloesano?

A C_6H_8
B C_6H_{10}
C C_6H_{14}
D C_6H_{12}
E C_6H_6

3291 Il simbolo del fosforo è:

A P
B Ph
C Po
D F
E pH

3292 La densità di un liquido è 1,08 kg/l. Ciò significa che:

A 10 ml pesano 10,8 g
B 1 ml pesa 1,08 kg
C 1 l pesa 10,8 g
D 10 ml pesano 108 mg
E 1 l pesa 1080 mg

3293 Disporre i seguenti acidi secondo la forza acida crescente (acido meno forte a sinistra; acido più forte a destra):

X) H_2S
Y) HNO_3
Z) HNO_2.

A X < Y < Z
B Z < Y < X
C X < Z < Y
D Y < X < Z
E Z < X < Y

3294 Per ottenere 0,5 moli di ossigeno, quante moli di acqua ossigenata si devono decomporre? (La reazione non bilanciata è: $H_2O_2 = O_2 + H_2O$)

A 0,1 moli
B 0,5 moli
C 1 mole
D 0,125 moli
E 0,75 moli

3295 Una soluzione di acido acetico 0,1 M ($K_a = 1{,}8 \cdot 10^{-5}$) è:

A meno acida di una soluzione 0,1 M di acido cloridrico
B acida come una soluzione 0,1 M di acido cloridrico
C neutra
D basica
E più acida di una soluzione 0,1 M di acido cloridrico

QUESITI DI CHIMICA

3296 Nella molecola di benzene, gli atomi di carbonio hanno ibridazione:

A tutti sp^2
B metà sp^2, metà sp
C tutti sp^3
D tutti sp
E tutti d^2sp^3

3297 Che quantità di acqua si forma dall'ossidazione di 22,4 litri di metano (considerati a 0 °C e 1 atm)?

A 18 g
B 36 kg
C 22,4 kg
D 11,2 kg
E 36 g

3298 Nel GPL usato come carburante per motori a scoppio la lettera P sta per:

A propene
B propanolo
C propandiolo
D propano
E propantriolo

3299 La massa molecolare dell'acqua è pari a 18 u.m.a. Perciò in 1 litro d'acqua sono contenute:

A 55,5 mol di acqua
B $1{,}8 \cdot 10^{-3}$ mol di acqua
C 100 mol di acqua
D 22,4 mol di acqua
E $1{,}8 \cdot 10^{3}$ mol di acqua

3300 Aprendo una lattina di bibita gassata si forma, nelle immediate vicinanze dell'apertura, una "nebbiolina". Ciò è dovuto:

A alla CO_2 che si libera e si rende evidente
B all'espansione improvvisa del vapore d'acqua, che condensa
C alla formazione di un aerosol della bibita, dovuto allo scuotimento della lattina e all'improvvisa apertura
D all'espansione della CO_2, che produce un abbassamento della temperatura con condensazione del vapore d'acqua
E all'aumento della temperatura

3301 La reazione $Na_2SO_4 + BaCl_2 \rightarrow BaSO_4 + 2\ NaCl$ è una reazione:

A acido-base
B di idrolisi
C di precipitazione
D di ossidoriduzione
E di complessazione

3302 Il composto KIO_4 si chiama:

A periodato di potassio
B periodato di sodio
C iodato di potassio
D tetraioduro di potassio
E ioduro di potassio

3303 Il glucosio è solubile in acqua e non si scioglie in benzene. In relazione a questa caratteristica il glucosio è:

A ionico
B polare
C non polare
D idratato
E oleoso

3304 Tra le seguenti proprietà degli elementi presenta un andamento periodico:

A la massa nucleare
B l'affinità elettronica
C il numero atomico
D il numero di massa
E la massa atomica

3305 Una reazione esotermica:

A può essere spontanea o non spontanea
B è sempre spontanea
C è sempre non spontanea
D avviene sempre con diminuzione dell'energia libera
E è favorita da un aumento della temperatura

3306 Una mole di una proteina pesa 60 kg; nella mole in questione sono contenuti:

A 60 amminoacidi
B 6.000 amminoacidi
C 60.000 molecole
D $6{,}023 \cdot 10^{23}$ molecole di proteina
E $6{,}023 \cdot 10^{23}$ molecole di amminoacidi

3307 Il numero di ossidazione del manganese nel composto $Ca(MnO_4)_2$ è:

A +7
B +6
C −6
D −7
E +5

3308 Quale delle seguenti reazioni è correttamente bilanciata stechiometricamente?

A $Al(OH)_3 + 3\ H_2SO_4 \rightarrow Al(SO_4)_3 + 6\ H_2O$
B $2\ Al(OH)_3 + H_2SO_4 \rightarrow Al_2(SO_4) + 6\ H_2O$
C $2\ Al(OH)_3 + 2\ H_2SO_4 \rightarrow Al_2(SO_4)_2 + 6\ H_2O$
D $2\ Al(OH)_3 + 3\ H_2SO_4 \rightarrow Al_2(SO_4)_3 + 6\ H_2O$
E $2\ Al(OH)_3 + H_2SO_4 \rightarrow 2\ Al(SO_4)_3 + 6\ H_2O$

SCIENZE

3309 Gli acidi carbossilici:
- A in genere hanno bassi valori della costante di dissociazione
- B formano esteri mediante reazione con altri acidi carbossilici
- C non formano sali
- D si ottengono per riduzione delle aldeidi
- E formano ammine mediante reazione con l'ammoniaca

3310 In 2000 ml di una soluzione acquosa sono presenti 3,65 g di HCl (p.M. = 36,5 u.m.a.); la concentrazione della soluzione è:
- A 0,5 M
- B 0,05 M
- C 0,1 M
- D 0,05 m
- E 3,65 M

3311 Secondo il principio di esclusione di Pauli un orbitale atomico può contenere al massimo:
- A due elettroni con spin antiparalleli
- B due elettroni con spin paralleli
- C tre elettroni con spin antiparalleli
- D due elettroni purché differenti per il valore del numero quantico principale
- E due elettroni e un neutrone

3312 In che stato fisico si trovano gli alcani che hanno catene lineari che vanno da 5 a 17 atomi di carbonio?
- A Liquido
- B Solido
- C Gas
- D Gel
- E Colloidale

3313 Il petrolio contiene prevalentemente:
- A alcoli
- B bitumi
- C carbon fossile
- D composti eterociclici
- E idrocarburi

3314 L'ozono:
- A è costituito da molecole monoatomiche
- B è un riducente assai energico
- C è una forma allotropica dell'elemento ossigeno
- D è costituito da molecole biatomiche
- E è un isotopo dell'elemento ossigeno

3315 Tra due atomi si può formare un legame π se:
- A i due atomi sono ionizzati
- B i due atomi hanno la stessa elettronegatività
- C tra i due atomi già esiste un legame di tipo σ
- D i due atomi non sono ibridizzati
- E sono entrambi ibridizzati *sp*^{3}

3316 Se si aumenta la pressione, tenendo costante la temperatura, l'equilibrio della reazione in fase gassosa:

$$2\,SO_3 \rightarrow 2\,SO_2 + O_2$$

- A si sposta a destra
- B si sposta a sinistra
- C rimane inalterato
- D si sposta in modo da produrre un aumento di entropia
- E si sposta in modo da favorire la liberazione dell'ossigeno gassoso

3317 Quale dei seguenti composti, a concentrazione 1 M in acqua, provoca il maggiore incremento del punto di ebollizione della soluzione?
- A $CaCl_2$
- B NaCl
- C KCl
- D Glucosio
- E Saccarosio

3318 Quale dei seguenti termini NON si riferisce alla medesima classe di composti?
- A Idrati di carbonio
- B Carboidrati
- C Zuccheri
- D Glicidi
- E Gliceridi

3319 Gli orbitali ibridi *sp*^{2} si formano tra:
- A un orbitale *s* e un orbitale *p*
- B un orbitale *s* e due orbitali *p*
- C orbitali *sp* e orbitali *sp*
- D un orbitale *p* e due orbitali *s*
- E un orbitale *s* e tre orbitali *p*

3320 Data la reazione $Zn + Cu^{2+} = Zn^{2+} + Cu$ è corretto dire che:
- A Zn acquista elettroni
- B Zn è l'agente ossidante
- C Cu^{2+} è l'agente ossidante
- D Zn viene ridotto
- E Cu^{2+} perde elettroni

3321 Quale affermazione è corretta?
- A Nell'acqua pura la concentrazione degli ioni H_3O^+ è zero
- B In una soluzione a pH = 7 la concentrazione degli ioni OH^- è 10^{-7} M
- C Nell'acqua pura la concentrazione degli ioni OH^- è zero
- D Una soluzione formata da 1 litro di HCl 0,1 M e un litro di $Mg(OH)_2$ 0,1 M è neutra
- E La base coniugata di un acido forte è una base forte

3322 Se una soluzione è satura di un soluto S:

A la quantità di soluto è ancora inferiore a quella massima che il solvente è in grado di sciogliere
B la quantità del solvente è maggiore di quella del soluto
C non può sciogliere altri soluti
D la quantità di soluto è maggiore di quella del solvente
E non può disciogliere altro soluto S alla stessa temperatura

3323 Il legame covalente è polarizzato quando:

A si stabilisce tra atomi uguali
B richiede la compartecipazione di due coppie elettroniche
C si stabilisce tra atomi con differente elettronegatività
D richiede la compartecipazione di tre coppie elettroniche
E si stabilisce tra ioni

3324 La reazione del propano C_3H_8 con ossigeno O_2 (combustione) avviene con formazione di CO_2 e H_2O; per bruciare una mole di propano, le moli di ossigeno necessarie sono:

A 4
B 5
C 6
D 7
E 8

3325 Quale delle seguenti è la formula dell'acido solforico?

A H_2SO_3
B H_2SO_4
C H_2S
D $H_2S_2O_5$
E H_2SO_2

3326 In quale delle seguenti risposte gli elementi sono disposti nel corretto ordine crescente del potenziale di ionizzazione?

A F, O, N, C
B O, N, C, F
C C, N, O, F
D C, O, N, F
E F, O, N, C

3327 In una soluzione che ha pH = 7, la concentrazione di ioni OH^- è:

A 10^{-7}
B 10^{-14}
C 7
D 14
E 10^7

3328 Quale delle seguenti equazioni descrive correttamente la reazione chimica tra i reagenti: As_2O_3, KIO_4 e KOH?

A $As_2O_3 + 2\,KIO_4 + 6\,KOH \rightarrow 2\,K_3AsO_4 + 2\,KIO_3 + 3\,H_2O$
B $As_2O_3 + 3\,KIO_4 + 6\,KOH \rightarrow 2\,K_3AsO_4 + 2\,KIO_3 + 3\,H_2O$
C $As_2O_3 + 2\,KIO_4 + 6\,KOH \rightarrow 2\,K_3AsO_4 + 2\,KIO_3 + 4\,H_2O$
D $As_2O_3 + 2\,KIO_4 + 5\,KOH \rightarrow 2\,K_3AsO_4 + 2\,KIO_3 + 3\,OH$
E $As_2O_3 + 2\,KIO_4 + 6\,KOH \rightarrow 2\,K_3AsO_4 + 4\,KIO_3 + 3\,H_2O$

3329 La combustione totale del glucosio $C_6H_{12}O_6$ porta alla formazione di:

A 6 atomi di C e 6 molecole di H_2O_2
B 6 molecole di CO_2 e 6 di H_2O
C 6 molecole di CO_2 e 6 di H_2
D 3 molecole di C_2H_6 e 3 di O_2
E 6 molecole di CH_4 e 3 di O_2

3330 Come viene definito il legame che unisce due atomi di idrogeno?

A Legame allosterico
B Legame neutro
C Legame a idrogeno
D Legame covalente
E Legame ionico

3331 Quale di queste formule è corretta?

A Na_2SO_4
B $NaSO_4$
C $NaSO_3$
D Ca_2SO_4
E Ca_2SO_3

3332 Nella reazione $CO_2 + H_2O \rightarrow H_2CO_3$, il carbonio:

A si riduce
B si ossida
C non cambia numero di ossidazione
D cambia numero di ossidazione
E nessuna delle precedenti risposte è corretta

3333 Il numero quantico secondario, essendo *n* il numero quantico principale, può assumere tutti i valori compresi tra:

A 0 ed $n-1$, zero escluso ed $n-1$ incluso
B 0 ed $n-1$, zero incluso ed $n-1$ escluso
C $n-1$ ed $n+1$
D 0 ed $n-1$, zero incluso ed $n-1$ incluso
E $n+1$ ed $n+3$

SCIENZE

3334 Le ammine hanno carattere:

A sempre neutro
B debolmente acido
C fortemente acido
D debolmente basico
E fortemente basico

3335 Secondo la teoria di Brønsted-Lowry, nelle reazioni acido-base viene trasferito un protone da un acido a una base, con formazione di un nuovo acido e di una nuova base, che vengono chiamate rispettivamente "acido coniugato" della base di partenza e "base coniugata" dell'acido di partenza; la reazione è reversibile e l'equilibrio è favorevole alla formazione dell'acido e della base più deboli. Pertanto:

A nella reazione tra HCl e acqua si formano ioni idruro e ioni cloruro
B nella reazione tra NH_3 e H_2O si formano ioni idronio e ioni ammonio
C la base coniugata di H_3O^+ è H_2O
D l'acido coniugato di PO_4^{3-} è H_3PO_4
E la base coniugata di H_2SO_4 è SO_4^{2-}

3336 Quali sono le forze che tengono insieme le molecole di metano?

A Forze di Van der Waals
B Legami ionici
C Legami omeopolari
D Legami covalenti
E Legami a idrogeno

3337 In una reazione di ossidoriduzione, l'elemento che si riduce:

A acquista elettroni
B aumenta il proprio numero di ossidazione
C perde elettroni
D acquista sempre atomi di idrogeno
E perde sempre atomi di ossigeno

3338 Qual è il nome del C_3H_8?

A Butano
B Etano
C Metano
D Triano
E Propano

3339 Il composto MgH_2 è:

A acido magnesidrico
B idrossido di magnesio
C un idracido
D idrato di magnesio
E idruro di magnesio

3340 L'energia necessaria per strappare una mole di elettroni a una mole di atomi per formare una mole di ioni monovalenti positivi viene definita:

A potenziale chimico molare
B potenziale di ionizzazione molare
C indice di dislocazione molare
D grado di ionizzazione molare
E costante di ionizzazione molare

3341 Gli elementi del settimo gruppo della tavola periodica degli elementi sono:

A fortemente elettronegativi
B forti riducenti
C tipicamente metallici
D sempre allo stato solido
E semimetalli

3342 Per ossidazione blanda degli alcoli secondari si ottengono:

A acidi carbossilici
B chetoni
C miscele di aldeidi e chetoni
D aldeidi
E miscele di alcoli primari e di alcoli terziari

3343 La solubilità di un gas in un liquido:

A diminuisce all'aumentare della pressione parziale del gas
B aumenta all'aumentare della temperatura
C aumenta al diminuire della temperatura
D è indipendente dalla pressione parziale del gas
E è indipendente dalla temperatura

3344 Due atomi di zolfo che possiedono uguale numero atomico ma numero di massa diverso – rispettivamente 34 e 36 – rappresentano:

A due isomeri del medesimo elemento
B due isotopi del medesimo elemento
C due isotipi del medesimo elemento
D due elementi diversi
E un atomo e uno ione

3345 Calcola la molarità della soluzione preparata sciogliendo 1,5 mg di carbonato di calcio in 3,0 ml di H_2O. Il P.M. del carbonato di calcio è 100.

A $0,5 \times 10^{-3}$ M
B $1,0 \times 10^{-3}$ M
C $1,5 \times 10^{-3}$ M
D $5,0 \times 10^{-3}$ M
E $2,0 \times 10^{-3}$ M

3346 Il prodotto ionico dell'acqua rappresenta:

A una costante di equilibrio
B il pH di una soluzione acquosa
C il grado di dissociazione dell'acqua
D il p*K* dell'acqua
E nessuna delle precedenti

3347 Nell'isotopo radioattivo ^{14}C del carbonio sono presenti:

A 7 protoni, 7 neutroni, 6 elettroni
B 6 protoni, 8 neutroni, 6 elettroni
C 7 protoni, 7 neutroni, 7 elettroni
D 6 protoni, 7 neutroni, 7 elettroni
E 8 protoni, 6 neutroni, 6 elettroni

3348 In una reazione di neutralizzazione si ha sempre che:

A il pH finale è uguale a quello iniziale
B il pH finale è minore di quello iniziale
C il pH finale è diverso da quello iniziale
D il pH finale è maggiore di quello iniziale
E la concentrazione finale degli ioni idrogeno è nulla

3349 Una soluzione acquosa di glucosio (peso molecolare 180) alla concentrazione 0,2 molare è formata da:

A 180 g di glucosio per litro di soluzione
B 200 g di glucosio per litro di acqua
C 36 g di glucosio per litro di soluzione
D 0,4 g di glucosio per litro di solvente
E 360 mg di glucosio per 100 ml di soluzione

3350 Ordinare in ordine crescente di elettronegatività i seguenti elementi: Mg, Cl, Na.

A Mg < Cl < Na
B Na < Mg < Cl
C Na < Cl < Mg
D Cl < Mg < Na
E Cl < Na < Mg

3351 Il carbonio:

A è un metallo
B può avere numero di valenza 1, 2 e 4
C nei confronti dell'idrogeno non presenta alcuna reattività
D forma unicamente composti organici
E possiede 4 elettroni nel guscio di valenza

3352 La formula del nitrato di calcio è:

A $CaNO_3$
B Ca_2NO_3
C $Ca(NO_3)_2$
D $Ca_2(NO_3)_3$
E $Ca(NO_2)_2$

3353 0,5 moli di He con massa atomica 4 sono mescolate con 0,5 moli di O_2 con massa atomica 16. In condizioni standard di pressione e temperatura il volume occupato dalla miscela gassosa è pari a:

A 11,2 litri
B 20 litri
C 22,4 litri
D 36 litri
E 44,8 litri

3354 In una reazione in cui $PbCl_2$ si trasforma in $PbCl_4$, si può affermare che:

A il piombo si è ridotto
B entrambi gli elementi si sono ossidati
C il piombo si è ossidato
D il cloro si è ossidato
E il cloro si è ridotto

3355 Indica, tra i seguenti composti, quello che in soluzione acquosa dà idrolisi basica:

A NaCl
B NaBr
C KCl
D NH_4Cl
E CH_3COONa

3356 Un metallo alcalino, in presenza di ossigeno:

A forma l'ossido corrispondente
B forma l'idrossido corrispondente
C resta inalterato essendo scarsamente reattivo
D reagisce in rapporto stechiometrico 1:1
E forma l'anidride corrispondente

3357 A quante moli corrispondono 4,0 ml di un composto avente massa molecolare pari a 50 u.m.a. e densità 1,25 g/ml?

A 0,1
B 0,01
C 0,2
D 0,5
E 0,003

3358 Come si preparano 100 ml di una soluzione acquosa di NaCl (PM = 58) al 4% peso/volume?

A Si pesano 58 g di NaCl e si aggiunge acqua fino ad arrivare a 100 ml
B Si pesano 58 · 4 g di NaCl e si aggiungono 100 ml di acqua
C Si pesano 4 g di NaCl e si aggiunge acqua fino al volume totale della soluzione di 100 ml
D Si pesa il 4% di 58 g di NaCl e si aggiungono 100 ml di acqua
E Si pesano 34 g di NaCl e si aggiungono 100 ml di acqua

SCIENZE

3359 Come si chiama il gruppo alchilico che ha formula $-CH_2CH_2CH_3$?

A Propano
B Propene
C Propanale
D Propino
E Propile

3360 In genere un composto inorganico a carattere riducente contiene:

A numerosi atomi di ossigeno
B uno o più elementi a numero di ossidazione piuttosto elevato
C uno o più elementi a numero di ossidazione piuttosto basso
D carattere acido
E carattere basico

3361 Quanti grammi di HCl (PM = 36) sono contenuti in 10 ml di una soluzione 2 M?

A 2
B 0,72
C 7,2
D 36
E 72

3362 In una soluzione acquosa la concentrazione degli ioni OH^- è 10^{-2} M. Il pH della soluzione è:

A 2
B 12
C 7
D 9
E 0,02

3363 L'effetto di un catalizzatore su una reazione chimica di equilibrio è quello di:

A spostare l'equilibrio a destra
B accelerare il raggiungimento dell'equilibrio
C spostare l'equilibrio a sinistra
D aumentare il valore della costante di equilibrio
E far avvenire la reazione in modo non violento

3364 In una pila Daniell il ponte salino serve a …

A garantire che le due soluzioni abbiano la stessa temperatura
B calcolare la f.e.m. (forza elettromotrice)
C garantire l'apertura del circuito mediante una corrente ionica
D garantire la chiusura del circuito mediante una corrente ionica
E garantire che le due soluzioni abbiano valori costanti di pressione

3365 Nella reazione tra anidride acetica ed etanolo si forma:

A etere dietilico
B etilene
C etano
D acetato di etile
E nessun composto

3366 I legami a idrogeno si formano fra due molecole d'acqua perché la molecola d'acqua è:

A lineare
B apolare
C polare
D grande
E idrofoba

3367 Una soluzione 2 M di NaCl (PM = 58) in acqua è formata da:

A 232 mg di NaCl in 2 ml di soluzione
B 116 mg di NaCl in 1 litro di soluzione
C 29 g di NaCl in 1 litro di soluzione
D 2 moli di NaCl in 1 ml di acqua
E 1 mole di NaCl in 100 ml di soluzione

3368 Il cloruro di ammonio in acqua dà:

A un sistema tampone
B un'idrolisi neutra
C un'idrolisi basica
D una reazione di neutralizzazione
E un'idrolisi acida

3369 Le formule degli ioni fluoro, nitrito e solfito sono:

A Fl^-, NO_3^-, SO_3^{2-}
B F^-, NO_2^-, SO_3^{2-}
C Fr^-, NH_2, S^{2-}
D F^-, NH_3, SO_2
E F^-, NO_3^-, SO_4^{2-}

3370 Aggiungendo idrossido di calcio a una soluzione:

A il pH cresce
B il pH diminuisce
C il pH non varia
D il pH diventa minore di 7
E il pH diventa maggiore di 10

3371 Una soluzione ha pH = 2. La concentrazione molare di H^+ è:

A 10^{-12}
B 10^{-2}
C 10^{2}
D 10^{12}
E 10^{-10}

QUESITI DI CHIMICA

3372 In quale dei seguenti campioni è contenuto il maggior numero di molecole?

A 1 mole di H_3PO_4 (PM = 98)
B 1 mole di mioglobina (PM = 17.000)
C 1 mole di H_2O_2 (PM = 34)
D 1 mole di H_2O (PM = 18)
E Tutti i composti precedenti contengono lo stesso numero di molecole

3373 Per bilanciare la reazione

$$H_2S + 2\,HNO_3 \rightarrow H_2SO_3 + NO + H_2O$$

occorre:

A non fare nulla
B un coefficiente 2 davanti a H_2O
C un coefficiente 2 davanti a NO
D togliere il coefficiente 2 davanti a HNO
E un coefficiente 3 davanti a NO

3374 Gli alchini sono idrocarburi contenenti almeno:

A un legame semplice
B un legame doppio
C un legame triplo
D un atomo d'azoto
E due legami doppi

3375 Sapendo che il peso formula dell'acido fosforico (H_3PO_4) è 98 una soluzione contenente 196 g per litro ha la seguente concentrazione normale:

A 4
B 6
C 8
D 2
E 0,5

3376 Indica quanti atomi di ossigeno sono necessari per l'ossidazione totale di una molecola di metano:

A uno
B due
C tre
D quattro
E cinque

3377 Sapendo che il peso atomico del ferro è 55, dello zolfo è 32 e dell'ossigeno è 16 ne segue che facendo reagire 55 g di ferro con la quantità stechiometrica di acido solforico si ottengono:

A 0,1 moli di solfato ferroso
B 0,5 moli di solfato ferroso
C 1,0 moli di solfato ferroso
D 2,0 moli di solfato ferroso
E 0,33 moli di solfato ferroso

3378 Il peso equivalente del ferro (PA = 55,84) nel cloruro ferrico è circa:

A 55,84
B 27,92
C 18,61
D 13,96
E 167,52

3379 Il raggio dell'atomo di H, approssimativamente misura:

A 10 Avogadro
B $2 \cdot 10^{-8}$ m
C 8 mm
D $2 \cdot 10^{-9}$ cm
E 100 pm

3380 Nella disintegrazione di un radioisotopo il tempo di dimezzamento:

A è costante nel tempo
B aumenta nel tempo
C diminuisce nel tempo
D dipende dalla quantità dell'isotopo
E dipende dal numero dei neutroni

3381 Quale coppia è collegata e tenuta assieme da legami (ponti) idrogeno?

A Etanolo-sodio metallico
B Acqua-metano
C Propano-butano
D Etanolo-isopropanolo
E Benzene-fenantrene

3382 Il numero di molecole contenute in una mole di qualsiasi sostanza è:

A 10^{23}
B $6{,}02 \cdot 10^{23}$
C $6{,}02 \cdot 10^{-23}$
D $6{,}02 \cdot 10^{9}$
E $22{,}414 \cdot 10^{23}$

3383 Secondo Planck la luce e le altre forme di energia sono "pacchetti" di:

A fotoni
B bosoni
C quanti
D barioni
E elettroni

3384 Per quale dei seguenti elementi è caratteristica la formazione di ioni colorati?

A Alcalini
B Alcalino terrosi
C Di transizione
D Alogeni
E Idrogeno e ossigeno

SCIENZE

3385 Quale tra i seguenti elementi NON è un elemento di transizione?
A Ferro
B Cobalto
C Manganese
D Alluminio
E Cromo

3386 Data la seguente equazione di reazione: $AgNO_3 + NaCl \rightarrow AgCl$, individuare l'affermazione corretta.
A È completa
B Tra i reagenti manca la specie AgCl
C Tra i prodotti manca la specie NO_3
D Tra i prodotti manca la specie $NaNO_3$
E Tra i prodotti manca la specie O_2

3387 Facendo reagire due moli di idrogeno con 4 moli di cloro, quante moli di acido cloridrico si formano?
A 6
B 2
C 8
D 4
E 3

3388 Sapendo che il peso atomico del bario è 137 e quello del cloro 35, un litro di soluzione 0,5 M di cloruro di bario ne contiene:
A 207 g
B 135 g
C 35 g
D 103,5 g
E 86 g

3389 Quale tra le seguenti affermazioni, relative agli elementi del gruppo VII A della tavola periodica, è corretta?
A Sono caratterizzati da bassa affinità elettronica
B Formano con idrogeno composti detti idracidi
C Non si combinano mai con l'ossigeno
D Manifestano comportamento metallico
E Sono tutti allo stato gassoso in condizioni di pressione e temperatura ambiente

3390 Approssimando il peso atomico del calcio a 40, e il peso atomico del cloro a 35, quanti grammi di composto occorre pesare per ottenere 3 moli di $CaCl_2$?
A 30 g
B 70 g
C 150 g
D 225 g
E 330 g

3391 Il legame covalente:
A è più debole del legame a idrogeno
B è tipico dei composti salini
C è il legame caratteristico dei composti organici
D in acqua si scinde per solvatazione
E tiene uniti sodio e cloro nel cloruro di sodio

3392 Diluendo 1000 volte con acqua pura una soluzione avente pH 5 il nuovo valore di pH sarà:
A 0,005
B 8
C 2
D 7
E 11

3393 Un anione possiede:
A elettroni in numero minore rispetto ai protoni
B protoni ed elettroni in numero uguale, neutroni in numero minore
C elettroni in numero maggiore rispetto ai protoni
D neutroni in numero minore rispetto ai protoni
E elettroni in numero maggiore rispetto ai neutroni

3394 A cosa corrisponde il numero di ossidazione di un elemento?
A Al numero di protoni presenti nel nucleo dell'elemento
B Al numero di elettroni messi in gioco dall'elemento in un legame chimico
C Al numero complessivo di protoni e neutroni presenti nel nucleo dell'atomo
D Al valore di elettronegatività dell'elemento
E Al numero di cariche dell'elemento

3395 In una soluzione acquosa è disciolto il sale $ZnSO_4$. Se da questa soluzione si vuole ottenere zinco metallico si può:
A aggiungere una sostanza ossidante
B aggiungere una sostanza riducente
C scaldare
D aggiungere una base
E aggiungere un acido

3396 Se 100 ml di soluzione acquosa contengono 9 g di glucosio (peso molecolare 180), la concentrazione della soluzione è:
A 5 molare
B 2 molare
C 18 molare
D 0,5 molare
E 180 millimolare

3397 Gli elementi del primo gruppo, detti anche elementi alcalini, presentano la seguente caratteristica comune:

A a temperatura e pressione ambiente sono tutti gas
B sono elementi difficili da trovare in natura
C formano legami covalenti con elementi del settimo gruppo
D formano con grande facilità i corrispondenti cationi monovalenti
E formano con grande facilità sia cationi monovalenti che bivalenti

3398 Quale tra i seguenti composti è un'ammina?

A $CH_3–(CH_2)_5–COOH$
B $CH_3–CH_2–NH_2$
C $CH_3–CH_2–SH$
D $CH_3–CO–CH_3$
E $CH_3–CH_2–CH_2OH$

3399 Quale di questi composti contiene la maggior percentuale in peso di zolfo?

A H_2SO_3
B S_3O_9
C SO_3
D H_2SO_4
E SO_2

3400 Il legame che si trova nello ione ammonio (NH_4^+) ma non nell'ammoniaca (NH_3) è un:

A legame covalente dativo
B legame a idrogeno
C legame covalente non polare
D legame ionico
E legame π

3401 Miscelando volumi eguali di soluzioni equimolari di HCl a pH = 2 e di NaOH a pOH = 2 si ottiene una soluzione avente:

A pH = 7
B pH = 2
C pOH = 2
D pH = 4
E pOH = 4

3402 In una soluzione diluita di un acido forte monoprotico, tipo HCl, abbiamo una $[H^+] = 0{,}001$ mol/l. Qual è la concentrazione degli ioni $[OH^-]$ espressa in mol/l?

A 10^{-14}
B 10^{-3}
C 10^{-11}
D 10^{-7}
E 10^{-12}

3403 I pesi atomici di H, P e O sono rispettivamente 1, 31 e 16 u.m.a. Il peso molecolare espresso in u.m.a. dell'acido ortofosforico è:

A 48
B 96
C 82
D 66
E 98

3404 Nella combinazione di un elemento del gruppo I A con uno del gruppo VII A si forma:

A un legame a idrogeno
B un legame covalente polare
C un legame ionico
D un legame covalente puro
E un legame dipolo/dipolo

3405 Un legame covalente è caratterizzato dalla compartecipazione di:

A almeno due elettroni fra due atomi, in un orbitale molecolare
B almeno due coppie di elettroni fra due atomi, su orbite ellittiche
C almeno otto elettroni fra due atomi
D almeno due elettroni ibridi tra due atomi
E almeno un elettrone fra due atomi dello stesso elemento

3406 Una mole di acido carbonico (H_2CO_3) contiene:

A 3 atomi di ossigeno
B $6{,}02 \cdot 10^{23}$ atomi di idrogeno
C $6{,}02 \cdot 10^{23}$ atomi di ossigeno
D $6{,}02 \cdot 10^{23}$ atomi di carbonio
E una mole di atomi di idrogeno

3407 Data la reazione chimica $NH_3 \rightarrow H_2 + N_2$, quali sono i coefficienti stechiometrici che permettono di bilanciarla?

A 2, 2, 3
B 2, 3, 3
C 1, 2, 1
D 3, 1, 3
E 2, 3, 1

3408 Sapendo che il peso formula dell'idrossido di sodio è 40, qual è il pH di una soluzione che ne contiene 4 g/l?

A 7
B 9
C 13
D 1
E 10

SCIENZE

3409 Quale delle seguenti molecole può formare legami a idrogeno con l'acqua?

A CH_4
B $MgCl_2$
C CH_3CH_2COOH
D O_2
E $CH_3–(CH_2)_2–CH_3$

3410 Il peso molecolare del cloruro di sodio (NaCl) è 58. Quanti grammi di NaCl è necessario pesare per ottenere 10 litri di soluzione 0,2 molare?

A 58
B 116
C 11,6
D 580
E 0,2

3411 Quale di queste affermazioni è corretta?

A A pH 3 non ci sono ioni OH^-
B A pH 3 si ha la stessa concentrazione di ioni H_3O^+ e di OH^-
C A pH 3 la concentrazione di ioni OH^- è maggiore di quella di H_3O^+
D A pH 3 la concentrazione di OH^- è minore di quella di H_3O^+
E Il pH non dipende dalla concentrazione di OH^-

3412 In una soluzione la concentrazione degli ioni H_3O^+ è 10^{-4} M. Il pH della soluzione è:

A 4
B 9
C 10
D 7
E 3

3413 Una semireazione di riduzione è sempre caratterizzata da:

A perdita di elettroni
B diminuzione degli atomi di ossigeno
C acquisto di atomi di idrogeno
D perdita di protoni
E diminuzione del numero di ossidazione dell'elemento che si riduce

3414 Un agente ossidante è una sostanza che:

A perde elettroni
B acquista elettroni
C sviluppa ossigeno
D origina un ossido
E acquista protoni

3415 La solubilità di una sostanza in un solvente viene definita come:

A la concentrazione 10 M
B la concentrazione 1 M
C la metà della concentrazione necessaria a saturare la soluzione
D la concentrazione della soluzione satura
E la concentrazione 1 m

3416 La seguente reazione

$$As_2O_3 + HCl \rightarrow AsCl_3 + H_2O$$

opportunamente bilanciata si scrive:

A $As_2O_3 + 3\,HCl \rightarrow AsCl_3 + 3\,H_2O$
B $As_2O_3 + HCl \rightarrow 2\,AsCl_3 + H_2O$
C $As_2O_3 + 9\,HCl \rightarrow 2\,AsCl_3 + 5\,H_2O$
D $As_2O_3 + 6\,HCl \rightarrow 2\,AsCl_3 + 3\,H_2O$
E $As_2O_3 + HCl \rightarrow AsCl_3 + H_2O$

3417 Individuare, tra le seguenti sostanze, l'acido forte in acqua:

A acido cianidrico
B acido carbonico
C acido acetico
D acido nitrico
E acido lattico

3418 Quale delle seguenti affermazioni è corretta (PA di N = 14 u.m.a.)?

A 28 moli di N_2 pesano 1 g
B Una molecola di N_2 occupa 22,414 l in condizioni standard
C 28 molecole di N_2 pesano 1 g
D Una mole di N_2 pesa 28 g
E Una molecola di N_2 pesa 28 g

3419 Indicare tra i composti seguenti un tipico agente ossidante:

A SO_2
B H_2O
C $KMnO_4$
D CO
E He

3420 Indicare, tra i seguenti composti, quello che non forma legami a ponte di idrogeno con l'acqua:

A NH_3
B HF
C CH_3OH
D CH_3COOH
E CH_4

3421 **In una reazione chimica gli ioni Ag^+ in soluzione si trasformano in atomi del metallo. Ciò significa che gli ioni Ag^+:**
- A si ossidano
- B agiscono da ossidanti
- C si neutralizzano
- D si solidificano
- E cambiano il loro numero atomico

3422 **Quale tra i seguenti composti è un acido carbossilico?**
- A $CH_3–(CH_2)_3–COOH$
- B $CH_3–(CH_2)_3–NH_2$
- C $CH_3–CH_2–SH$
- D $CH_3–CO–CH_3$
- E $CH_3–CH_2–CH_2OH$

3423 **Una reazione chimica si trova in uno stato di equilibrio quando:**
- A le concentrazioni dei reagenti e dei prodotti non cambiano più
- B la concentrazione dei reagenti è uguale a quella dei prodotti
- C la concentrazione dei reagenti è uguale a zero
- D la concentrazione dei reagenti è maggiore di quella dei prodotti
- E la concentrazione dei reagenti è minore di quella dei prodotti

3424 **Il legame covalente si forma quando due atomi:**
- A trasferiscono uno o più elettroni da un atomo a un altro
- B mettono in comune tutti gli elettroni di valenza
- C trasferiscono tutti gli elettroni di valenza da un atomo a un altro
- D mettono in comune tutti gli elettroni
- E mettono in comune una coppia di elettroni

3425 **Un aiuto cuoco deve preparare l'acqua per la pasta asciutta e, secondo la ricetta del cuoco (amante della chimica), deve fare in modo che i 10 litri di soluzione acquosa finale abbiano una concentrazione molare di NaCl (P.M. = 58) pari a 0,15 M. Indicare la massa di sale da sciogliere nei 10 litri dell'acqua del pentolone:**
- A 5,8 g
- B 58 g
- C 15 g
- D 29 g
- E 87 g

3426 **Una soluzione di cloruro di sodio al 5% p/v contiene:**
- A 5 grammi in 1000 ml
- B 5 grammi in 100 ml
- C 5 grammomoli in 100 ml
- D 5 equivalenti in 1000 ml
- E 5 moli in 100 ml

3427 **La somma algebrica dei numeri di ossidazione degli atomi di CN^- è:**
- A +1
- B –4
- C +4
- D 0
- E –1

3428 **Un esempio di legame a idrogeno è quello tra:**
- A un atomo di idrogeno di una molecola di acqua e uno di un'altra
- B un atomo di idrogeno di una molecola di acqua e quello di ossigeno di un'altra
- C due atomi di carbonio in un idrocarburo
- D due atomi di idrogeno di due molecole polari
- E un atomo di carbonio e uno di idrogeno in un idrocarburo

3429 **Quale delle seguenti sostanze messa in acqua genera ioni?**
- A HCl
- B C_6H_6
- C SiO_2
- D CH_4
- E CH_3OH

3430 **Quanti equivalenti sono contenuti in una mole di H_3PO_4?**
- A 3
- B 4
- C 8
- D 1
- E 1/3

3431 **Sono sempre elettroliti forti:**
- A gli acidi
- B gli esteri
- C le basi
- D i sali solubili
- E le anidridi

3432 **A 2,5 moli di CO_2 (P.M. = 44) corrispondono:**
- A 2,5 g
- B 110 g
- C 17,6 g
- D 132 g
- E 46,5 g

3433 **Una soluzione acquosa a 25°C in cui la concentrazione di H^+ è uguale a 10^{-5} M e la concentrazione di OH^- è pari a 10^{-8} M:**

A non esiste
B ha pH 5,0
C ha pH 8,0
D ha pH 0,8
E ha pH 0,5

3434 **Lo ione Na^+:**

A è un anione bivalente
B è un anione monovalente
C è un catione monovalente
D proviene dalla ionizzazione di un alogeno
E è un catione bivalente

3435 **Fra due atomi con una grande differenza di elettronegatività si forma un:**

A legame covalente omopolare
B legame dativo
C legame di coordinazione
D legame covalente eteropolare
E legame ionico

3436 **Una soluzione acida è caratterizzata da:**

A una concentrazione di idrogeno disciolto superiore a quella dell'ossigeno
B una concentrazione di ioni idrogeno inferiore a quella di ioni ossidrile
C una concentrazione di ioni idrogeno superiore a quella di ioni ossidrile
D una concentrazione di idrogeno disciolto uguale a quella dell'ossigeno
E la presenza di un composto inorganico idrogenato

3437 **Data la seguente reazione di ossidoriduzione $MnO_2 + 4\,HCl \rightarrow MnCl_2 + Cl_2 + 2\,H_2O$:**

A l'ossigeno si riduce, il cloro si ossida
B il manganese si ossida, l'ossigeno si riduce
C l'idrogeno si ossida, il manganese si riduce
D il manganese si ossida, il cloro si riduce
E il manganese si riduce, il cloro si ossida

3438 **Data la reazione chimica:**

$$H_2SO_3 + AuNO_3 \rightarrow Au_2SO_3 + HNO_3$$

quali sono i coefficienti stechiometrici che permettono di bilanciarla?

A 1, 2, 1, 3
B 1, 1, 2, 1
C 1, 2, 1, 2
D 1, 3, 1, 3
E 2, 3, 1, 2

3439 **I composti ionici:**

A sono più facilmente solubili in solventi polari
B sono più facilmente solubili in solventi apolari
C sono solubili in solventi incapaci di formare legami a idrogeno
D sono sempre solubili in benzina
E non sono mai solubili in acqua

3440 **Il nuclide isotopo dell'idrogeno noto come trizio è costituito da:**

A 3 protoni, 1 elettrone e 1 neutrone
B 1 protone, 1 elettrone e 3 neutroni
C 1 protone, 1 elettrone e 2 neutroni
D 1 protone, 3 elettroni e 1 neutrone
E 3 protoni, 1 elettrone e 3 neutroni

3441 **A quale categoria di composti organici appartiene il composto CH_3–NH–CH_2CH_3?**

A Chetoni
B Esteri
C Eteri
D Ammine
E Amminoacidi

3442 **Quanti grammi di un soluto al 7% sono sciolti in un litro di soluzione?**

A 7 g
B 70 g
C 100 g
D 0,7
E 700 g

3443 **Un ossido acido è un composto binario formalmente derivato da:**

A non metallo e ossigeno
B metallo e ossigeno
C non metallo e acqua
D metallo e idrogeno
E non metallo e idrogeno

3444 **Il composto CH_3–CO–CH_3 è:**

A un chetone
B un alcano
C un alchino
D un acido carbossilico
E un alcol

3445 **In una soluzione acquosa basica si ha che:**

A $[H_3O^+] > 7$
B $[OH^-] > 7$
C $[H_3O^+] = [OH^-]$
D $[H_3O^+] > [OH^-]$
E $[H_3O^+] < [OH^-]$

3446 La molarità di una soluzione acquosa di HCl che contiene 0,4 moli di acido in 500 ml è:

A 0,2 M
B 2,0 M
C 4,0 M
D 0,8 M
E 0,4 M

3447 Nella tavola periodica degli elementi un gruppo è:

A un insieme di elementi con la stessa massa atomica
B un insieme di elementi con lo stesso numero atomico
C un insieme di elementi con lo stesso numero di elettroni nel guscio più esterno
D un insieme di elementi con lo stesso raggio atomico
E un insieme di elementi con lo stesso numero di elettroni interni

3448 Un alcol si definisce secondario se:

A è poco importante
B presenta due gruppi –OH legati allo stesso atomo di carbonio
C la catena carboniosa è di due atomi di carbonio
D il gruppo –OH è legato a un atomo di carbonio secondario
E presenta due gruppi –OH legati a due atomi di carbonio adiacenti

3449 Una reazione che avviene con sottrazione di calore dall'ambiente esterno si definisce:

A ipotermica
B endotermica
C esotermica
D isotermica
E atermica

3450 La formula del carbonato di ammonio è:

A NH_3CO_3
B $(NH_4)_2CO_2$
C NH_3CO_2
D NH_4CO_3
E $(NH_4)_2CO_3$

3451 Indicare in quale dei seguenti solventi sono solubili i composti ionici:

A benzene
B acetone
C etere
D acqua
E olio d'oliva

3452 Il numero di massa di un elemento corrisponde:

A al numero dei protoni dell'elemento
B al numero dei neutroni dell'elemento
C al numero di protoni più il numero di neutroni
D al numero di protoni meno il numero di neutroni
E al numero di neutroni meno il numero di protoni

3453 Il cloro ha numero di ossidazione –1 nel seguente composto:

A $HClO$
B HCl
C Cl_2
D $HClO_4$
E $HClO_3$

3454 Un idrocarburo insaturo con un doppio legame è:

A un alcano
B un alchino
C aromatico
D un alchene
E un alcol

3455 Indicare quale dei seguenti composti è un chetone:

A $C_2H_5–CO–CH_3$
B $C_2H_5–CHO$
C $C_2H_5–COOH$
D $C_2H_5–O—CH_3$
E $C_2H_5–COO–CH_3$

3456 L'osmosi è un processo che permette il passaggio attraverso la membrana semipermeabile di:

A soluto e solvente
B proteine
C carboidrati
D soluto
E solvente

3457 Il legame a idrogeno si forma tra:

A l'atomo di idrogeno e quello dell'ossigeno
B due atomi di idrogeno
C l'idrogeno e un atomo molto elettropositivo di un'altra molecola
D l'idrogeno e un atomo molto elettronegativo di un'altra molecola
E due atomi di idrogeno e uno di ossigeno

SCIENZE

3458 Gli elettroliti forti sono:

A acidi che in soluzione non si dissociano
B acidi completamente dissociati in soluzione
C carboidrati che in soluzione si dissociano
D basi poco dissociate in soluzione
E sali che in soluzione restano indissociati

3459 La velocità di una reazione chimica:

A è sempre costante dall'inizio alla fine di una reazione
B dipende dalle concentrazioni di reagenti e prodotti
C raddoppia raddoppiando la concentrazioni di reagenti e prodotti
D è influenzata dalla concentrazione dei prodotti che si accumulano col suo procedere
E non dipende dalla concentrazione dei prodotti

3460 Il cianuro di potassio ha reazione basica perché:

A l'acido cianidrico è un elettrolita debole e l'idrossido di potassio è un elettrolita forte
B sia l'idrossido di potassio che l'acido cianidrico sono elettroliti forti
C lo ione cianuro ha carattere debolmente acido
D l'idrossido di potassio è una base debole
E l'idrossido di potassio è un elettrolita debole e l'acido cianidrico è un elettrolita forte

3461 In relazione alla definizione di acido e di base secondo la teoria di Brønsted e Lowry, indica l'unica affermazione sbagliata:

A si definiscono acidi tutte le specie chimiche che sono in grado di cedere ioni H^+
B si definiscono basi tutte le specie chimiche che sono in grado di acquistare ioni H^+
C si definiscono basi soltanto le specie chimiche che sono in grado di produrre ioni OH^-
D una specie chimica manifesta le sue proprietà acide solo in presenza di una specie che si comporta da base
E una reazione chimica acido-base consiste nel trasferimento di un protone dall'acido alla base

3462 Gli alcoli sono caratterizzati da punti di ebollizione più alti dei corrispondenti alcani. Questo a causa:

A della polarità della molecola
B del tipo di legame tra O–C
C di ragioni non ben conosciute
D della possibilità di formare dei legami a H
E dell'elevata simmetria delle molecole

3463 Sapendo che il numero di massa di un atomo è 15 e che il suo numero atomico è 7 ne segue che il numero di neutroni contenuti nel sopra descritto atomo è:

A 8
B 14
C 15
D 7
E 22

3464 Il processo di "arricchimento dell'uranio" consiste:

A nel trasformare l'isotopo 238 nell'isotopo 235
B nell'aumentare la percentuale dell'isotopo 238 rispetto all'isotopo 235
C nell'aumentare la percentuale dell'isotopo 235 rispetto all'isotopo 238
D nel trasformare l'isotopo 235 nell'isotopo 238
E nell'aggiungere alla miscela degli isotopi 235 e 238 l'isotopo 239

3465 A quale volume bisogna diluire 10 ml di HCl 8 M per ottenere HCl 0,2 M?

A 200 ml
B 400 ml
C 40 ml
D 80 ml
E 800 ml

3466 Quale è la differenza tra miscugli e composti?

A I miscugli sono formati da sostanze mescolate in proporzioni variabili, e i composti sono costituiti da due o più elementi presenti in proporzioni fisse
B I miscugli sono formati da sostanze mescolate e i composti da elementi mescolati
C I miscugli sono formati da sostanze mescolate in proporzioni fisse, e i composti sono costituiti da due o più elementi presenti in proporzioni fisse.
D I miscugli sono formati da sostanze mescolate in proporzioni fisse, e i composti sono costituiti da due o più elementi presenti in proporzioni variabili
E Non vi è nessuna differenza tra miscugli e composti

3467 Si definisce elettronegatività la capacità di un elemento di:

A attirare gli elettroni di legame
B attirare verso il nucleo i suoi elettroni più esterni
C cedere energia all'interno di un legame
D respingere gli elettroni di legame
E assorbire energia di legame

3468 Le percentuali in volume di azoto e ossigeno nell'aria sono rispettivamente circa:

A 60 e 40
B 70 e 30
C 40 e 60
D 80 e 20
E 72 e 28

3469 I due nuclidi 14 e 12 del carbonio si distinguono perché il primo possiede:

A due neutroni in più
B due protoni in più
C due protoni in meno
D due nucleoni in meno
E due elettroni in più

3470 Indicare il composto in cui l'atomo di cloro ha numero di ossidazione maggiore:

A HCl
B $NaCl$
C $HClO_4$
D CCl_4
E $HClO_2$

3471 Il metano (CH_4) ha peso molecolare 16. Il peso in grammi di 0,2 moli di metano è:

A 32 g
B 3,2 g
C 16 g
D 0,2 g
E 1,6 g

3472 Quale tra le seguenti formule di composti organici rappresenta un generico alcol?

A RCOR'
B ROH
C RCOOH
D ROR'
E RCOOR'

3473 Quanti grammi di NaOH (40 u.m.a.) bisogna sciogliere in 200 ml di acqua per preparare una soluzione 0,1 M?

A 0,4 g
B 1,6 g
C 4,0 g
D 8,0 g
E 0,8 g

3474 Indicare la molarità della soluzione formata da 9,2 g di glicerolo (peso molecolare 92) in 200 millilitri di soluzione.

A 0,5 M
B 1 M
C 2 M
D 9,2 M
E 0,2 M

3475 La reazione di sintesi dell'ammoniaca è:

$$N_2 + 3\,H_2 \rightarrow 2\,NH_3$$

Se la reazione procede in modo completo, facendo reagire 8 moli di H_2 con 2 moli di N_2 quante moli di ammoniaca si ottengono?

A 5
B 1
C 2
D 3
E 4

3476 Il cloruro di sodio si scioglie in acqua a seguito della formazione nella soluzione di legami:

A idrogeno
B ione-dipolo
C idrofobici
D ionici
E covalenti

3477 Il solido ionico $CaCl_2$ è un elettrolita forte perciò in acqua si dissocia completamente. Se aggiungiamo due moli di $CaCl_2$ a un litro d'acqua che cosa otteniamo?

A 1 mole di Ca^{2+} e 2 moli di Cl^-
B 2 moli di Ca^{2+} e 4 moli di Cl^-
C 1 mole di Ca^{2+} e 4 moli di Cl^-
D 2 moli di Ca^+ e 4 moli di Cl_2^-
E 2 moli di Ca^{2+} e 2 moli di Cl^-

3478 Data la seguente reazione:

$$Zn + 2\,HCl \rightarrow ZnCl_2 + H_2$$

A lo zinco si ossida e il cloro si riduce
B lo zinco si riduce e il cloro si ossida
C l'idrogeno si ossida e il cloro si riduce
D lo zinco si ossida e l'idrogeno si riduce
E non è una ossidoriduzione

3479 Quante millimoli di H_2O sono contenute in 9 g di H_2O? (PM dell'acqua è 18 g/mol)

A 500
B 0,5
C 50
D 100
E 1000

3480 Il legame covalente polarizzato si può formare tra:

A atomi a diversa elettronegatività
B atomi dello stesso elemento
C atomi con la stessa configurazione elettronica
D ioni con carica di segno opposto
E atomi che possono cedere e acquistare elettroni

SCIENZE

3481 Quanti grammi di un soluto al 5% (p/v) sono sciolti in 600 ml di soluzione?

A 5 g
B 600 g
C 50 g
D 30 g
E 300 g

3482 Gli ossidi basici sono composti binari dell'ossigeno con un elemento:

A non metallico
B molto elettronegativo
C a spiccate caratteristiche metalliche
D con alto valore del potenziale di ionizzazione
E del VI o VII gruppo della tavola periodica

3483 Quando si scioglie in acqua l'idrogenocarbonato (o bicarbonato) di sodio $NaHCO_3$, la soluzione risultante è:

A effervescente
B debolmente basica
C neutra
D debolmente acida
E fortemente acida

3484 Indicare l'affermazione ERRATA:

A l'alcol etilico (CH_3CH_2OH) può formare legami a idrogeno con l'acqua
B un legame covalente si instaura quando l'energia dell'intera molecola è minore della somma delle energie dei singoli atomi isolati
C la presenza di molti legami a idrogeno tra le molecole di un liquido ne fa abbassare il punto di ebollizione
D l'energia di legame è la quantità di energia necessaria a rompere una mole di un dato legame chimico
E la sublimazione è il passaggio diretto dallo stato solido allo stato aeriforme

3485 L'ordine di riempimento degli orbitali atomici per gli elementi del terzo periodo è:

A *4s*, *3d*, *4p*
B *3s*, *2p*, *3p*
C *3p*, *3s*, *3d*
D *3s*, *3p*
E *3s*, *3p*, *3d*

3486 Il gruppo carbonilico (–C=O) è presente nelle seguenti classi di composti organici:

A alcoli e aldeidi
B acidi carbossilici e chetoni
C ammine e ammidi
D aldeidi e chetoni
E ammine e chetoni

3487 Quanti grammi di ossigeno sono contenuti in 10 moli di acqua?

A 160
B 8
C 16
D 80
E 10

3488 "La legge di Henry, che stabilisce una relazione tra pressione gassosa e solubilità dei gas nei liquidi, è una legge ideale, che viene seguita abbastanza esattamente solo dai gas di bassa solubilità; al crescere della solubilità aumentano invece le deviazioni dalla legge, deviazioni che peraltro tendono a diminuire al crescere della temperatura".
Quale delle seguenti affermazioni può essere dedotta dalla lettura del brano precedente?

A Un gas assai poco solubile in un liquido presenta notevoli deviazioni dalla legge di Henry
B La solubilità dei gas nei liquidi cresce al crescere della temperatura
C Quanto più il gas è solubile nel liquido, tanto maggiori sono le deviazioni dalla legge di Henry
D Quanto più bassa è la temperatura, tanto più sono basse le deviazioni dalla legge di Henry
E La legge di Henry è in realtà un enunciato dell'equazione di stato dei gas ideali

3489 L'ossido di potassio, reagendo con l'acqua, forma:

A un sale
B una soluzione basica
C una soluzione acida
D potassio libero
E la reazione non avviene

3490 Qual è la configurazione elettronica esterna del calcio?

A $4s^2$
B $2s^2$
C $3s^2$
D $5s^2$
E $6s^2$

3491 In una reazione chimica reversibile la velocità della reazione da sinistra a destra è uguale a quella da destra a sinistra quando:

A la reazione è all'equilibrio
B la concentrazione dei reagenti è uguale a quella dei prodotti
C la reazione è esotermica verso destra
D temperatura e pressione sono quelle standard
E la reazione è esotermica verso sinistra

3492 In relazione ai problemi legati all'uso dei combustibili nella vita quotidiana, indica quale delle seguenti affermazioni NON è CORRETTA:

- A alcuni combustibili contengono piccole quantità di zolfo che durante la combustione reagisce con l'ossigeno a dare ossidi acidi allo stato gassoso
- B gli ossidi di azoto e di zolfo, prodotti nelle combustioni, possono reagire con l'acqua formando sostanze acide che ricadono a terra creando il problema delle piogge acide
- C le piogge acide provocano gravi danni alle foreste
- D la grande produzione di CO_2 incrementa l'effetto serra dell'atmosfera causando un aumento della temperatura globale
- E il problema dell'effetto serra potrebbe essere contenuto se tutti utilizzassero come combustibile solo legna

3493 I catalizzatori sono sostanze che:

- A innescano le reazioni facendo aumentare la velocità delle particelle dei reagenti
- B intervengono sul meccanismo diminuendo il ΔH della reazione
- C innescano le reazioni facendo diminuire il valore dell'energia di attivazione
- D fanno reagire completamente i reagenti e quindi fanno avvenire completamente la reazione
- E innescano le reazioni facendo aumentare il valore dell'energia di attivazione

3494 Denominare il composto Na_2SO_3.

- A Solfuro di sodio
- B Solfito di sodio
- C Solfato di sodio
- D Bisolfito di sodio
- E Bisolfato di sodio

3495 Il numero di atomi di idrogeno contenuti in una mole di H_2O è:

- A 2
- B $6{,}023 \cdot 10^{-23}$
- C $6{,}023 \cdot 10^{23}$
- D $18{,}069 \cdot 10^{23}$
- E $12{,}046 \cdot 10^{23}$

3496 I non metalli:

- A sono tutti incolori
- B sono buoni conduttori di calore ma non di elettricità
- C sono tutti gassosi
- D sono pessimi conduttori di calore e di elettricità
- E hanno tutti bassa elettronegatività

3497 Quanti litri di anidride carbonica si formano per combustione completa di 120 g di carbone a condizioni standard?

- A 120
- B 224
- C 44
- D 10
- E $10 \cdot 6{,}02 \cdot 10^{23}$

3498 Il propanolo è un:

- A idrocarburo aromatico
- B alcol
- C aldeide
- D chetone
- E etere

3499 Quale delle seguenti soluzioni acquose è acida?

- A Cloruro di potassio
- B Acetato di sodio
- C Acetato di potassio
- D Bicarbonato di sodio
- E Cloruro di ammonio

3500 In soluzione acquosa indica quale, fra gli acidi CH_3COOH e HCl, è più forte.

- A HCl perché ha peso molecolare minore
- B CH_3COOH perché ha più atomi di idrogeno
- C CH_3COOH perché ha peso molecolare maggiore
- D HCl perché maggiormente dissociato
- E Sono egualmente forti perché contengono egual numero di atomi di idrogeno dissociabili

3501 Il composto NH_3 (ammoniaca) è:

- A un acido
- B una base
- C un acido triprotico
- D un sale
- E un sale acido

3502 La reazione $Ca(OH)_2 + H_2SO_4 \rightarrow CaSO_4 + H_2O$:

- A è bilanciata
- B deve essere bilanciata a livello dei reagenti
- C deve essere bilanciata a livello dei prodotti
- D non può avvenire in nessun caso
- E deve essere bilanciata sia a livello dei reagenti che dei prodotti

3503 Un equivalente di $Ca(OH)_2$ è uguale a:

- A una mole
- B mezza mole
- C due moli
- D un quarto di mole
- E quattro moli

SCIENZE

3504 Un elettrolita debole:
- A può dissociarsi completamente se la soluzione acquosa è molto concentrata
- B può dissociarsi completamente se la soluzione acquosa è molto diluita
- C non si dissocia mai completamente in soluzione acquosa, ma la dissociazione aumenta se si concentra la soluzione
- D non si dissocia mai completamente in soluzione acquosa, ma la dissociazione aumenta se si diluisce la soluzione
- E è sempre indissociato in soluzione acquosa

3505 Sapendo che un comune atomo di magnesio contiene 12 protoni, 12 elettroni e 12 neutroni, quale delle seguenti combinazioni corrisponde a un suo possibile isotopo?
- A 13 protoni, 12 elettroni, 13 neutroni
- B 13 protoni, 12 elettroni, 12 neutroni
- C 12 protoni, 13 elettroni, 12 neutroni
- D 12 protoni, 12 elettroni, 13 neutroni
- E 13 protoni, 13 elettroni, 12 neutroni

3506 Se si vuole ottenere una soluzione acquosa a pH = 4 partendo da una soluzione acquosa a pH = 2, un litro di quest'ultima va diluito con acqua fino a:
- A 100 l
- B 1000 l
- C 10 l
- D 2 l
- E 6 l

3507 Il pH di una soluzione di un sale in acqua:
- A è sempre uguale a 7
- B è sempre minore di 7
- C è sempre maggiore di 7
- D è sempre uguale a 3
- E dipende dalla natura chimica del sale

3508 Gli ossidi acidi reagiscono con:
- A gli acidi per dar luogo a ossidi
- B l'acqua per dar luogo a idrossidi
- C i sali per dar luogo ad acidi
- D ossidi acidi per dar luogo a sali
- E l'acqua per dar luogo ad acidi

3509 L'anidride carbonica viene anche detta gas serra, perché:
- A viene utilizzata nelle serre per incrementare la crescita delle piante
- B filtra i raggi calorifici ma non quelli luminosi
- C filtra i raggi luminosi ma non quelli calorifici
- D viene utilizzata nelle serre per favorire la riproduzione delle piante
- E viene utilizzata nelle serre per uccidere i parassiti delle piante

3510 Secondo la teoria di Bohr, un elettrone che ruota attorno al nucleo in un livello energetico dello stato fondamentale (quindi previsto dalla condizione quantica):
- A emette energia e crea un campo elettrico
- B emette energia e crea un campo magnetico e un campo elettrico
- C non varia la sua energia
- D si avvicina progressivamente al nucleo
- E emette continuamente fotoni

3511 Per ottenere un metallo allo stato di elemento da un minerale che lo contiene sotto forma di ossido, quale tra le seguenti trasformazioni chimiche si deve effettuare?
- A Ossidazione
- B Neutralizzazione
- C Acidificazione
- D Riduzione
- E Distillazione frazionata

3512 Il peso molecolare del saccarosio $C_{12}H_{22}O_{11}$ è 342 u.ma.; ciò implica che in 34,2 g di questa sostanza le molecole sono circa:
- A 342
- B 3420
- C 34,2 miliardi
- D seicentomila miliardi di miliardi
- E sessantamila miliardi di miliardi

3513 I sali sono composti formalmente ottenuti per sostituzione di:
- A tutti gli atomi di idrogeno di un acido con atomi monovalenti
- B tutti gli atomi di idrogeno di un acido con atomi metallici
- C tutti gli atomi di idrogeno di un acido con atomi di non-metalli
- D uno o più atomi di idrogeno di un acido con atomi di un metallo
- E uno ione a carattere acido con uno a carattere basico

3514 Quale tra questi composti è una base debole?
- A CH_3COOH
- B H_2O
- C NaCl
- D NaOH
- E NH_3

3515 La reazione fra H_2SO_4 e NaOH produce:
- A anidride solforica e acqua
- B ossido di sodio e solfuro di idrogeno
- C solfuro di sodio e acqua
- D solfato di sodio e acqua
- E solfito di sodio e acqua

3516 "Molte reazioni che avvengono per via fotochimica non potrebbero svolgersi senza la luce, perché richiedono un notevole apporto di energia. In altri casi, l'azione della luce è simile a quella di un catalizzatore; l'assorbimento della luce provoca cioè nelle molecole del reagente una modificazione, per cui la molecola stessa reagisce assai rapidamente, ma allo stesso modo in cui potrebbe reagire, molto più lentamente, in assenza di luce". Quale delle seguenti affermazioni può essere dedotta dalla lettura del brano precedente?

A Le modalità di azione della luce non sono le stesse in tutte le reazioni fotochimiche
B La luce provoca in tutti i casi profonde modificazioni nelle molecole del reagente
C Nelle reazioni fotochimiche l'energia luminosa si converte in energia termica
D Nessuna reazione fotochimica può avvenire in assenza di luce
E Nelle reazioni fotochimiche tutta l'energia luminosa si converte in energia chimica

3517 Gli idracidi sono:

A acidi che contengono un idrossile
B composti binari formati solo da atomi di idrogeno e da un elemento molto elettronegativo, come Cl, F o I
C acidi organici che si sciolgono in acqua
D acidi che hanno un forte potere idratante
E composti ternari la cui formula contiene la molecola H_2O

3518 La velocità di una reazione di prim'ordine:

A è funzione del quadrato della concentrazione dei reagenti
B non subisce variazioni
C raddoppia diminuendo la temperatura
D diminuisce nel tempo
E ha un andamento non prevedibile

3519 La struttura elettronica $1s^2\ 2s^2$ è riferibile a:

A un metallo alcalino terroso
B un alogeno
C un semimetallo
D un metallo alcalino
E un gas nobile

3520 L'affinità elettronica:

A è maggiore nel potassio che nel litio
B è maggiore nel fluoro che nell'ossigeno
C è maggiore nel fosforo che nell'azoto
D è minore nel carbonio che nel litio
E è minore nell'ossigeno che nello zolfo

3521 Un equivalente di $Al(OH)_3$ è uguale a:

A una mole
B un terzo di mole
C tre moli
D un sesto di mole
E sei moli

3522 Una soluzione acquosa 10^{-6} M di KOH presenta una concentrazione di ioni H_3O^+ pari a:

A 10^{-10} M
B 10^{-5} M
C 10^{8} M
D $6 \cdot 10^{-7}$ M
E 10^{-8} M

3523 Qual è il nome del composto $ClCH_2CH_2OH$?

A Cloruro di etile
B Alcol etilico
C 3 cloropropanolo
D 3 cloroetanolo
E 2 cloroetanolo

3524 Indicare l'acido triprotico:

A acido solfidrico
B acido cloridrico
C acido acetico
D acido fosforico
E acido solforico

3525 Lo ione negativo di un atomo deriva:

A dalla perdita di un protone
B dall'acquisto di uno o più elettroni
C dalla perdita di un neutrone
D dall'acquisto di un neutrone e un elettrone
E dalla trasformazione di un protone in elettrone

3526 Il numero di ossidazione dell'azoto nello ione NO_3^- è:

A +3
B +5
C −4
D +2
E −1

3527 Quale dei seguenti composti possiede nella molecola non più di un atomo di ossigeno?

A Alcol etilico
B Glicole
C Acido acetico
D Diidrossichetone
E Dialdeide

3528 Secondo Brønsted:

A la base coniugata di un acido debole è una base forte
B quanto più forte è un acido, tanto più debole è la sua base coniugata
C quanto più debole è un acido, tanto più debole è la sua base coniugata
D l'acido coniugato di una base debole è un acido forte
E un acido forte non può avere una base coniugata

3529 Che tipo di ibridazione hanno gli atomi di carbonio nel butano?

A Tutti sp^3
B Tutti sp^2
C Due sp^2 e due sp^3
D Uno sp^3 e tre sp^2
E Tutti sp

3530 Indicare la configurazione elettronica possibile per l'elemento M che dà facilmente lo ione M^+:

A $1s^2\ 2s^2\ 2p^6\ 3s^1$
B $1s^2\ 2s^2\ 2p^5$
C $1s^2\ 2s^2\ 2p^6\ 3s^2$
D $1s^2\ 2s^2\ 2p^6$
E $2s^2$

3531 "L'uranio, che appartiene al gruppo dei cosiddetti attinidi (una famiglia di 14 elementi analoga a quella dei lantanidi), è uno degli elementi radioattivi naturali che più comunemente si riesce a ottenere allo stato puro in quantità apprezzabili; infatti quasi tutti gli altri nuclidi radioattivi hanno vita assai breve, e risultano di difficile e a volte pericoloso isolamento; i nuclidi radioattivi a vita lunga, quali per esempio l'isotopo 230 del torio, hanno attività specifica assai limitata; inoltre l'uranio presenta caratteristiche chimiche che ne facilitano notevolmente l'isolamento".
Quale delle seguenti affermazioni PUÒ essere dedotta dalla lettura del brano precedente?

A L'uranio è l'unico nuclide radioattivo che si sia riusciti finora a isolare
B Uno degli isotopi radioattivi del torio ha vita assai breve
C È più facile isolare un nuclide radioattivo a vita breve piuttosto che uno a vita lunga
D L'attività specifica di un nuclide radioattivo a vita lunga è notevolmente limitata
E L'uranio è un lantanide

3532 Quali sono i prodotti di una reazione tra un ossido metallico e un acido?

A Due sali
B Un idrossido
C Un altro ossido e un sale più debole
D Sale più acqua
E Un acido e una base

3533 Una soluzione 0,001 M di acido acetico (acido debole) ha pH:

A maggiore di 3
B 3
C minore di 3
D 10^{-3}
E 10^3

3534 L'ossidazione totale di una mole di metano dà origine a:

A una mole di CO_2
B una mole di CO_2 e due moli di H_2O
C due moli di CO_2
D due moli di CO_2 e due moli di H_2O
E una mole di CO ed una mole di CO_2

3535 Indica quale delle seguenti sostanze ha il peso molecolare minore:

A ossigeno
B acqua
C azoto
D monossido di carbonio
E anidride carbonica

3536 Una base secondo Brønsted-Lowry è:

A un accettore di ioni OH^-
B un donatore di protoni
C un accettore di protoni
D un accettore di elettroni
E un donatore di elettroni

3537 La reazione $CaO + H_2O \rightarrow Ca(OH)_2$ è esotermica. Questo significa che:

A la reazione sviluppa calore e di conseguenza il $Ca(OH)_2$ perde istantaneamente il cntenuto d'acqua, che evapora, e ritorna a essere CaO
B la reazione assorbe calore dall'ambiente e il $Ca(OH)_2$ si raffredda
C la reazione avviene senza alcuna variazione di temperatura
D la reazione sviluppa calore e il $Ca(OH)_2$ si riscalda
E la reazione assorbe calore dall'ambiente e il $Ca(OH)_2$ solidifica perché l'acqua contenuta ghiaccia istantaneamente

3538 Il simbolo Co è usato per rappresentare:

A un atomo di sodio
B una molecola di monossido di carbonio
C il carbonio nel suo stato amorfo
D un generico composto organico
E nessuno di questi

3539 Il nome corretto di $MnCl_2$ è:

A triclorato di manganese
B magnesio - cloruro
C clorato di manganese
D cloruro di magnesio
E cloruro di manganese

3540 Quale delle seguenti tecniche di separazione comporta dei passaggi di stato?

A Filtrazione
B Distillazione
C Cromatografia
D Estrazione
E Decantazione

3541 Se si aumenta di 1000 volte la concentrazione degli ioni ossidrili (OH^-) in una soluzione con un pH iniziale di 6, quale valore di pH finale si ottiene?

A pH 10
B pH 9
C pH 8
D pH 7
E pH 2

3542 Quale dei seguenti acidi presenta la base coniugata più forte?

A H_2SO_4
B H_2O
C HNO_3
D CH_3COOH
E HCl

3543 Quale di queste formule è corretta?

A $NaCl_2$
B H_3CO_3
C H_5PO_3
D NaH_2PO_4
E CaH_2PO_3

3544 La formula molecolare di un composto ci permette di conoscere:

A la forma della molecola
B solo il tipo degli atomi che lo compongono
C l'esatto numero di atomi che compongono la molecola e i loro legami
D la struttura della molecola
E il tipo e il numero di atomi che lo compongono

3545 Quale dei seguenti sistemi NON è eterogeneo?

A Schiuma
B Sospensione
C Fumo
D Emulsione
E Soluzione

3546 Secondo la definizione di Brønsted-Lowry, quale dei seguenti ioni può comportarsi solo come acido?

A NH_4^+
B PO_3^{3-}
C HPO_3^{2-}
D HPO_4^{2-}
E HSO_4^-

3547 In una reazione di neutralizzazione si ha sempre che:

A un grammo di base reagisce con un grammo di acido
B una mole di base reagisce con una mole di acido
C la concentrazione finale degli ioni idrogeno è nulla
D la concentrazione finale degli ioni idrogeno è minore di quella iniziale
E un grammoequivalente di acido reagisce con un grammoequivalente di base di pari forza

3548 Il prodotto ionico dell'acqua a 25 °C è:

A $1 \cdot 10^{-4}$ M
B $1 \cdot 10^{-14}$ M
C $1 \cdot 10^{14}$ M
D $1 \cdot 10^{16}$ M
E $1 \cdot 10^{-7}$ M

3549 Che tipo di ibridazione hanno gli atomi di carbonio impegnati in un triplo legame?

A sp^2
B sp
C $sp^2 d$
D sp^3
E Non sono ibridati

3550 Un acido può essere definito come:

A un composto che contiene idrogeno
B un composto che in acqua libera H_3O^+
C una sostanza che libera idrogeno atomico
D un composto che in acqua libera ioni OH^-
E un composto capace di donare una coppia di elettroni

3551 Il pOH di una soluzione acquosa che contiene 10^{-4} moli di HCl in 100 ml è:

A 3 B 10 C 2 D 11 E 4

SCIENZE

3552 Quale, tra i seguenti, non è un gas nobile?
A Radon
B Elio
C Argon
D Neon
E Ossigeno

3553 Qual è il nome del composto CH_2=CH–CHO?
A Propenale
B Propanale
C Aldeide propionica
D Acetaldeide
E Aldeide propanica

3554 La reazione fra acido fosforico e idrossido di potassio produce:
A fosfato di potassio e idrogeno
B fosfato di potassio e acqua
C ossido di potassio e anidride fosforica
D fosfina gassosa, acqua e idruro di potassio
E la reazione non avviene affatto

3555 In quale delle seguenti quantità di ossigeno è contenuto un numero di Avogadro di molecole di O_2? (Ossigeno: massa atomica relativa 16,0)
A 1,00 litri in condizioni normali
B 16,0 g
C 1,00 g
D 16,0 l (in condizioni normali)
E 32,0 g

3556 Per ossidazione dell'alcol etilico si ottiene:
A acetone
B etano
C etene
D acido acetico
E acido formico

3557 Il legame a ponte di idrogeno:
A è un legame forte
B è un legame covalente debole
C esiste tra molecole di acido solfidrico
D è presente nell'acqua sia allo stato liquido che a quello solido
E è presente nell'idrogeno molecolare

3558 Identificare la corretta combinazione dei coefficienti stechiometrici dopo aver bilanciato la seguente reazione redox:

$$IO_3^- + H_2S \rightarrow I_2 + SO_3^{2-} + H_2O + H^+$$

A 6 : 5 → 3 : 5 : 4 : 2
B 6 : 6 → 2 : 3 : 5 : 4
C 2 : 1 → 1 : 1 : 1 : 2
D 6 : 5 → 3 : 5 : 3 : 4
E 4 : 10 → 2 : 5 : 6 : 4

3559 La formula del nitrito di ammonio è:
A NH_4NO_3
B $NaNO_3$
C NH_4NO_2
D $NaNO_2$
E $NH_4(NO_3)_2$

3560 Il nitrito ferrico si ottiene dalla reazione tra:
A acido nitrico + idrossido ferroso
B acido nitroso + idrossido ferrico
C acido nitrico + idrossido ferrico
D acido nitroso + idrossido ferroso
E acido nitroso + ossido ferroso

3561 Si può definire soluzione:
A il brodo
B acqua + sale da cucina
C il latte non scremato
D olio + aceto
E acqua + benzene

3562 Il legame di Van der Waals è:
A molto forte
B forte
C ionico
D covalente
E debole

3563 L'elettronegatività è:
A maggiore nel fosforo che nell'azoto
B maggiore nel potassio che nel litio
C maggiore nel fluoro che nell'ossigeno
D minore nel carbonio che nel litio
E minore nell'ossigeno che nello zolfo

3564 Il benzene è:
A un idrocarburo saturo
B una olefina
C un idrocarburo aromatico
D un alcol
E una paraffina

3565 Indicare quale delle seguenti reazioni NON è corretta.
A $NH_3 + H_2SO_4 = NH_4SO_4$
B $NH_3 + HCl = NH_4Cl$
C $NH_4HCO_3 + HCl = NH_4Cl + CO_2 + H_2O$
D $CaO + 2HCl = CaCl_2 + H_2O$
E $K_2CO_3 + H_2SO_4 = K_2SO_4 + H_2O + CO_2$

3566 Mediante decarbossilazione dell'acido propionico si ottiene:
A propano
B etano
C butano
D propene
E aldeide propionica

QUESITI DI CHIMICA

3567 Nella reazione:

$$As_2O_3 + 4\ HNO_3 + H_2O \rightarrow 2\ H_3AsO_4 + 4\ NO_2$$

gli elementi che subiscono una variazione del numero di ossidazione sono:

A As e N
B O e As
C N e H
D As e H
E nessuno

3568 Dall'ossidazione totale di una mole di etanolo si ottengono:

A due moli di CO_2 e tre di acqua
B solo due moli di CO_2
C due moli di CO e una di CO_2
D solo due moli di CO
E due moli di CO_2 e una di acqua

3569 Cosa sono le proprietà colligative delle soluzioni?

A Temperatura, pH e concentrazione salina di una soluzione
B Le proprietà di una miscela di gas collegate al tipo di gas presenti
C Le proprietà di una soluzione che dipendono dalla natura chimica del soluto
D Le proprietà di una soluzione che dipendono dall'energia interna delle molecole di soluto
E Le proprietà di una soluzione che dipendono dal numero di particelle di soluto presenti

3570 Quale tra i seguenti composti organici è una base?

A Etanolo
B Propene
C Etilammina
D Acetaldeide
E Acetammide

3571 In una mole di ossigeno molecolare sono contenuti:

A $6{,}023 \times 10^{23}$ atomi di ossigeno
B $6{,}023 \times 10^{-23}$ molecole di ossigeno
C $12{,}046 \times 10^{23}$ moli di ossigeno molecolare
D $12{,}046 \times 10^{23}$ atomi di ossigeno
E $6{,}023 \times 10^{46}$ atomi di ossigeno

3572 Per preparare 250 ml di NaOH 1M (PM = 40) occorrono:

A 40 g di NaOH
B 1 g di NaOH
C 150 g di NaOH
D 10 g di NaOH
E 250 g di NaOH

3573 Due composti che hanno la stessa formula bruta ma diversa formula di struttura sono detti:

A isotopi
B isomeri
C isocori
D isomorfi
E isotropi

3574 La solubilizzazione di un gas in un liquido:

A non cambia al variare della temperatura
B è praticamente nulla
C dipende dalla pressione osmotica della soluzione ottenuta
D è quasi sempre un processo esotermico
E avviene soltanto se il gas è ideale

3575 In una reazione all'equilibrio:

A le velocità delle reazioni diretta e inversa sono uguali a zero
B la velocità della reazione diretta è uguale a zero
C la velocità della reazione inversa è uguale a zero
D le velocità delle reazioni diretta e inversa sono tra loro uguali ma diverse da zero
E tutti i reagenti si sono trasformati nei prodotti
F

3576 Quale tra i seguenti composti organici NON è un idrocarburo?

A Etanolo
B Propene
C Etino
D Benzene
E Cicloesano

3577 A quale volume si devono diluire 10 ml di NaOH 6 M per ottenere NaOH 0,5 M?

A 300 ml
B 20 ml
C 30 ml
D 120 ml
E 60 ml

3578 Un legame covalente doppio è formato da:

A due legami σ
B due legami a idrogeno
C due legami π
D un legame π e un legame σ
E nessuna delle risposte precedenti è corretta

3579 A quale dei seguenti valori del pH si ha la massima concentrazione di ioni H_3O^+?

A 3,11 B 3,5 C 6,6 D 6,12 E 8,14

SCIENZE

3580 **I numeri quantici che caratterizzano un orbitale atomico sono:**
A 4 B 2 C 1 D 3 E 5

3581 **La formula del solfato ferrico, $Fe_2(SO_4)_3$, indica tra l'altro che nei cristalli del sale:**
A il rapporto fra l'elemento ferro e l'elemento zolfo è di 2 a 3
B lo zolfo è legato all'ossigeno con un legame ionico
C gli ioni SO_4^{2-} cristallizzano separatamente da quelli di ferro
D è presente una molecola biatomica di ferro e tre di SO_4
E due atomi di ferro sono legati covalentemente nel reticolo

3582 **In quale delle seguenti sostanze il legame tra gli atomi è di natura ionica?**
A Diamante
B Ammoniaca
C Bromuro di potassio
D Acido cloridrico
E Acqua

3583 **In quale dei seguenti composti allo stato liquido sono presenti legami idrogeno?**
A Esano (C_6H_{14})
B Etilene ($CH_2 = CH_2$)
C Acido fluoridrico (HF)
D Idruro di sodio (NaH)
E In nessuno dei composti elencati

3584 **Il numero di ossidazione del cromo nel composto $K_2Cr_2O_7$ è:**
A +12
B –6
C +6
D –8
E +5

3585 **L'ozono, costituente dello smog fotochimico, è:**
A una miscela di ossidi acidi
B un ossido dello zolfo
C un prodotto di combustione della benzina
D un ossido dell'azoto
E una forma particolare di ossigeno

3586 **Il pH dell'acqua pura è:**
A 7 a 25 °C
B –7
C 14 a qualsiasi T
D 10^{-7}
E 7 a qualsiasi T

3587 **Il numero di ossidazione dello zolfo nella molecola H_2SO_4 è:**
A +3
B –2
C +6
D +4
E –6

3588 **Da sinistra a destra, lungo un periodo della tavola periodica:**
A aumentano il volume atomico e l'energia di ionizzazione
B aumenta l'elettronegatività mentre diminuisce il volume atomico
C diminuisce l'elettronegatività mentre aumenta il carattere metallico
D aumenta l'affinità elettronica mentre diminuisce elettronegatività
E diminuiscono l'affinità elettronica e l'energia di ionizzazione

3589 **In 5 moli di acqua sono contenute:**
A $5 \cdot 6{,}022 \cdot 10^{23}$ molecole
B $6{,}022 \cdot 10^{23}$ molecole
C $5 \cdot 10^{80}$ molecole
D 5.000.000 di molecole
E 5.000.000.000 di molecole

3590 **La formula bruta C_4H_{10} corrisponde a:**
A un acido carbossilico
B un estere
C un chetone
D un'aldeide
E un alcano

3591 **Nella tavola periodica degli elementi, il sodio è un:**
A non metallo
B alogeno
C metallo alcalino
D gas nobile
E metallo alcalino-terroso

3592 **La formula bruta del perclorato di litio è:**
A $LiHCl_2$
B $LiBCl_4$
C LiCl
D $LiClO_4$
E Li_2ClO_3

3593 **Il composto Cl_2O_7 è:**
A anidride ipoclorosa
B anidride clorica
C anidride perclorica
D anidride clorosa
E pentossido di cloro

3594 In una pila elettrochimica il polo positivo è costituito dall'elemento:

- A più ossidante
- B più riducente
- C nessuna risposta è corretta
- D con più alta elettronegatività
- E presente in maggior concentrazione

3595 Gli elettroni prima di accoppiarsi occupano:

- A tutti gli orbitali disponibili
- B tutti gli orbitali a maggior energia disponibili
- C tutti gli orbitali di uguale energia disponibili
- D orbitali casualmente
- E tutti lo stesso orbitale

3596 L'ibridazione sp^3 è presente nel:

- A H_2
- B butano
- C butene
- D benzene
- E cicloalchene

3597 Quanto pesa una mole di boro (numero di massa 11, numero atomico 5)?

- A Una quantità in g pari al numero di Avogadro
- B 5 g
- C 11 kg
- D 11 g
- E 16 g

3598 Il propanone e il propanale:

- A possiedono entrambi un gruppo carbonilico
- B sono antipodi ottici
- C hanno entrambi forte carattere basico
- D hanno entrambi forte carattere acido
- E sono epimeri

3599 In una soluzione a pH = 7 il rapporto tra la concentrazione di H^+ e quella di OH^- è pari a:

- A 14
- B 0
- C 1
- D 10
- E 7

3600 Il valore massimo del numero di ossidazione del fluoro nei suoi composti è:

- A 7
- B 5
- C 1
- D 0
- E – 1

SCIENZE

Soluzioni

Quesito	Risposta	Quesito	Risposta	Quesito	Risposta	Quesito	Risposta	Quesito	Risposta	Quesito	Risposta	Quesito	Risposta	Quesito	Risposta	Quesito	Risposta	Quesito	Risposta
2701	E	2702	D	2703	D	2704	D	2705	B	2706	C	2707	A	2708	D	2709	C	2710	B
2711	A	2712	A	2713	A	2714	B	2715	B	2716	C	2717	B	2718	A	2719	B	2720	C
2721	E	2722	D	2723	A	2724	A	2725	A	2726	A	2727	C	2728	C	2729	A	2730	A
2731	C	2732	C	2733	C	2734	A	2735	A	2736	D	2737	C	2738	B	2739	A	2740	A
2741	B	2742	D	2743	B	2744	C	2745	C	2746	D	2747	A	2748	A	2749	E	2750	C
2751	C	2752	A	2753	D	2754	C	2755	D	2756	B	2757	E	2758	B	2759	B	2760	C
2761	D	2762	B	2763	D	2764	B	2765	A	2766	B	2767	D	2768	D	2769	C	2770	D
2771	D	2772	D	2773	A	2774	A	2775	B	2776	B	2777	B	2778	B	2779	D	2780	D
2781	A	2782	C	2783	A	2784	D	2785	D	2786	D	2787	C	2788	C	2789	C	2790	D
2791	A	2792	C	2793	A	2794	B	2795	E	2796	B	2797	A	2798	B	2799	B	2800	C
2801	B	2802	C	2803	C	2804	B	2805	A	2806	A	2807	C	2808	E	2809	D	2810	C
2811	E	2812	C	2813	C	2814	A	2815	C	2816	D	2817	A	2818	D	2819	C	2820	B
2821	B	2822	E	2823	C	2824	B	2825	E	2826	A	2827	A	2828	B	2829	A	2830	B
2831	C	2832	A	2833	C	2834	E	2835	B	2836	E	2837	C	2838	D	2839	D	2840	D
2841	E	2842	E	2843	B	2844	C	2845	C	2846	C	2847	B	2848	A	2849	A	2850	C
2851	C	2852	D	2853	A	2854	C	2855	E	2856	E	2857	A	2858	C	2859	A	2860	C
2861	E	2862	B	2863	D	2864	B	2865	B	2866	A	2867	C	2868	D	2869	B	2870	C
2871	D	2872	B	2873	B	2874	B	2875	D	2876	A	2877	A	2878	C	2879	D	2880	E
2881	B	2882	D	2883	C	2884	C	2885	B	2886	A	2887	E	2888	A	2889	D	2890	A
2891	B	2892	B	2893	C	2894	D	2895	C	2896	B	2897	A	2898	A	2899	B	2900	C
2901	E	2902	A	2903	D	2904	B	2905	B	2906	B	2907	B	2908	E	2909	D	2910	A
2911	A	2912	E	2913	D	2914	E	2915	E	2916	A	2917	B	2918	C	2919	D	2920	D
2921	E	2922	C	2923	D	2924	C	2925	C	2926	B	2927	E	2928	C	2929	C	2930	C
2931	C	2932	B	2933	B	2934	A	2935	D	2936	B	2937	B	2938	B	2939	E	2940	A
2941	B	2942	D	2943	A	2944	E	2945	D	2946	B	2947	D	2948	A	2949	C	2950	C
2951	B	2952	A	2953	D	2954	C	2955	D	2956	B	2957	C	2958	A	2959	C	2960	B
2961	B	2962	D	2963	D	2964	A	2965	D	2966	A	2967	D	2968	C	2969	B	2970	A
2971	D	2972	A	2973	A	2974	A	2975	C	2976	B	2977	B	2978	B	2979	C	2980	D
2981	C	2982	B	2983	A	2984	A	2985	A	2986	A	2987	C	2988	B	2989	C	2990	C
2991	C	2992	C	2993	A	2994	D	2995	A	2996	C	2997	C	2998	C	2999	D	3000	D

Quesito	Risposta	Quesito	Risposta	Quesito	Risposta	Quesito	Risposta	Quesito	Risposta	Quesito	Risposta	Quesito	Risposta	Quesito	Risposta	Quesito	Risposta	Quesito	Risposta
3001	D	3002	D	3003	C	3004	D	3005	B	3006	D	3007	C	3008	C	3009	A	3010	A
3011	A	3012	C	3013	A	3014	C	3015	A	3016	D	3017	E	3018	C	3019	A	3020	B
3021	A	3022	B	3023	A	3024	B	3025	B	3026	B	3027	B	3028	D	3029	C	3030	D
3031	D	3032	C	3033	A	3034	E	3035	C	3036	C	3037	C	3038	B	3039	B	3040	E
3041	B	3042	E	3043	E	3044	B	3045	B	3046	A	3047	B	3048	D	3049	D	3050	B
3051	A	3052	E	3053	C	3054	D	3055	E	3056	D	3057	A	3058	C	3059	E	3060	D
3061	A	3062	B	3063	E	3064	E	3065	A	3066	E	3067	C	3068	A	3069	A	3070	B
3071	B	3072	A	3073	A	3074	A	3075	B	3076	D	3077	B	3078	B	3079	E	3080	C
3081	A	3082	B	3083	D	3084	A	3085	D	3086	B	3087	C	3088	A	3089	A	3090	B
3091	D	3092	C	3093	A	3094	A	3095	C	3096	B	3097	D	3098	C	3099	E	3100	C
3101	E	3102	C	3103	A	3104	D	3105	A	3106	C	3107	A	3108	B	3109	E	3110	A
3111	B	3112	C	3113	E	3114	A	3115	D	3116	E	3117	A	3118	B	3119	B	3120	C
3121	D	3122	E	3123	A	3124	E	3125	B	3126	B	3127	B	3128	A	3129	B	3130	E
3131	C	3132	B	3133	E	3134	A	3135	D	3136	B	3137	C	3138	D	3139	C	3140	C
3141	A	3142	A	3143	A	3144	B	3145	A	3146	B	3147	C	3148	E	3149	E	3150	D
3151	B	3152	B	3153	A	3154	E	3155	B	3156	B	3157	B	3158	D	3159	C	3160	C
3161	E	3162	E	3163	D	3164	B	3165	A	3166	B	3167	B	3168	B	3169	B	3170	D
3171	C	3172	E	3173	B	3174	D	3175	C	3176	D	3177	D	3178	B	3179	D	3180	C
3181	C	3182	D	3183	C	3184	A	3185	B	3186	B	3187	B	3188	B	3189	B	3190	E
3191	E	3192	D	3193	D	3194	C	3195	B	3196	A	3197	A	3198	A	3199	B	3200	D
3201	B	3202	C	3203	E	3204	E	3205	D	3206	B	3207	D	3208	A	3209	A	3210	A
3211	B	3212	D	3213	E	3214	B	3215	B	3216	D	3217	B	3218	B	3219	D	3220	B
3221	E	3222	E	3223	C	3224	B	3225	A	3226	B	3227	B	3228	E	3229	B	3230	D
3231	A	3232	D	3233	D	3234	D	3235	A	3236	A	3237	C	3238	B	3239	E	3240	D
3241	A	3242	B	3243	D	3244	D	3245	B	3246	D	3247	C	3248	B	3249	E	3250	C
3251	A	3252	E	3253	B	3254	D	3255	D	3256	D	3257	C	3258	E	3259	C	3260	E
3261	C	3262	B	3263	A	3264	C	3265	D	3266	B	3267	A	3268	B	3269	B	3270	B
3271	E	3272	B	3273	D	3274	C	3275	E	3276	B	3277	C	3278	D	3279	A	3280	C
3281	A	3282	B	3283	E	3284	D	3285	B	3286	A	3287	C	3288	E	3289	C	3290	D
3291	A	3292	A	3293	C	3294	C	3295	A	3296	A	3297	E	3298	D	3299	A	3300	D
3301	C	3302	A	3303	B	3304	B	3305	A	3306	D	3307	A	3308	D	3309	A	3310	B
3311	A	3312	A	3313	E	3314	C	3315	C	3316	B	3317	A	3318	E	3319	B	3320	C
3321	B	3322	E	3323	C	3324	B	3325	B	3326	C	3327	A	3328	A	3329	B	3330	D
3331	A	3332	C	3333	D	3334	D	3335	C	3336	A	3337	A	3338	E	3339	E	3340	B
3341	A	3342	B	3343	C	3344	B	3345	D	3346	A	3347	B	3348	C	3349	C	3350	B
3351	E	3352	C	3353	C	3354	C	3355	E	3356	A	3357	A	3358	C	3359	E	3360	C
3361	B	3362	B	3363	B	3364	D	3365	D	3366	C	3367	A	3368	E	3369	B	3370	A
3371	B	3372	E	3373	C	3374	C	3375	B	3376	D	3377	C	3378	C	3379	E	3380	A
3381	D	3382	B	3383	A	3384	C	3385	D	3386	D	3387	D	3388	D	3389	B	3390	E
3391	C	3392	B	3393	C	3394	B	3395	B	3396	D	3397	D	3398	B	3399	E	3400	A

Quesito	Risposta	Quesito	Risposta	Quesito	Risposta	Quesito	Risposta	Quesito	Risposta	Quesito	Risposta	Quesito	Risposta	Quesito	Risposta	Quesito	Risposta	Quesito	Risposta
3401	A	3402	C	3403	E	3404	C	3405	A	3406	D	3407	E	3408	C	3409	C	3410	B
3411	D	3412	A	3413	E	3414	B	3415	D	3416	D	3417	D	3418	D	3419	C	3420	E
3421	B	3422	A	3423	A	3424	E	3425	E	3426	B	3427	E	3428	B	3429	A	3430	A
3431	D	3432	B	3433	A	3434	C	3435	E	3436	C	3437	E	3438	C	3439	A	3440	C
3441	D	3442	B	3443	A	3444	A	3445	E	3446	D	3447	C	3448	D	3449	B	3450	E
3451	D	3452	C	3453	B	3454	D	3455	A	3456	E	3457	D	3458	B	3459	E	3460	A
3461	C	3462	D	3463	A	3464	C	3465	B	3466	A	3467	A	3468	D	3469	A	3470	C
3471	B	3472	B	3473	E	3474	A	3475	E	3476	B	3477	B	3478	D	3479	A	3480	A
3481	D	3482	C	3483	B	3484	C	3485	D	3486	D	3487	A	3488	C	3489	B	3490	A
3491	A	3492	E	3493	C	3494	B	3495	E	3496	D	3497	B	3498	B	3499	E	3500	D
3501	B	3502	C	3503	B	3504	D	3505	D	3506	A	3507	E	3508	E	3509	C	3510	C
3511	D	3512	E	3513	D	3514	E	3515	D	3516	A	3517	B	3518	D	3519	A	3520	B
3521	B	3522	E	3523	E	3524	D	3525	B	3526	B	3527	A	3528	B	3529	A	3530	A
3531	D	3532	D	3533	A	3534	B	3535	B	3536	C	3537	D	3538	E	3539	E	3540	B
3541	B	3542	B	3543	D	3544	E	3545	E	3546	A	3547	E	3548	B	3549	B	3550	B
3551	D	3552	E	3553	A	3554	B	3555	E	3556	D	3557	D	3558	D	3559	C	3560	B
3561	B	3562	E	3563	C	3564	C	3565	A	3566	B	3567	A	3568	A	3569	E	3570	C
3571	D	3572	D	3573	B	3574	D	3575	D	3576	A	3577	D	3578	D	3579	A	3580	D
3581	A	3582	C	3583	C	3584	C	3585	E	3586	A	3587	C	3588	B	3589	A	3590	E
3591	C	3592	D	3593	C	3594	A	3595	C	3596	B	3597	D	3598	A	3599	C	3600	E

parte quinta

INGLESE

Quesiti

3601 **That car is _____ expensive.**
- A too
- B much
- C many
- D lot
- E same

3602 **We realized he was _____ asleep.**
- A deep
- B big
- C great
- D wide
- E sound

3603 **We _______ wear a suit at work but we usually do.**
- A must
- B mustn't
- C have to
- D don't have to
- E have got to

3604 **Is he the boy _____ parents won the lottery?**
- A who
- B whom
- C whose
- D that
- E which

3605 **The theatre was empty. There were very _____ people.**
- A much
- B little
- C few
- D a few
- E more

3606 **Our friends won't be able to join us. _____ pity!**
- A What
- B What a
- C How
- D How a
- E That

3607 **I have the ______ to study abroad.**
- A opportunity
- B possibility
- C chance
- D probability
- E lucky

3608 **It's 11pm. It's time the children _____ in bed.**
- A be
- B being
- C to be
- D are
- E were

3609 **I haven't received his letter yet. He promised he _____ write soon.**
- A is to
- B will
- C would
- D had to
- E got to

3610 **Is this sofa comfortable _____ ?**
- A almost
- B little
- C enough
- D much
- E right

3611 **As he fell down we tried to be serious but couldn't help _____.**
- A to laugh
- B laughing
- C to laughing
- D laugh
- E laughed

3612 **Drive _____!**
- A slow
- B quiet
- C safety
- D careful
- E carefully

INGLESE

3613 "I can't find Ann". "She _____ shopping".

- A may go
- B may have
- C might have gone
- D can have
- E could go

3614 Your bedroom looks _____ ten people were living in it!

- A if
- B as
- C as if
- D like
- E whether

3615 "Did you make that bag yourself?" "No, I _____ made".

- A had it
- B did it
- C didn't
- D made it
- E got it

3616 It's a _____ hot day today.

- A so
- B very
- C more
- D much
- E some

3617 We have already heard too much _____ all his adventures.

- A out
- B about
- C above
- D in
- E under

3618 If the weather had _____ nice, we would have _____ to the beach.

- A been, go
- B done, moved
- C done, gone
- D been, gone
- E be, go

3619 A man's ethical behaviour should be _____ on education and social ties.

- A written
- B read
- C understood
- D meant
- E based

3620 You have more books than _____.

- A we have books
- B us
- C we
- D I
- E theirs

3621 Nick _____ in Paris since June.

- A lives
- B has been living
- C lived
- D has lived
- E live

3622 As soon as I arrived at the party, Susy sat down _____ to me.

- A near
- B closer
- C next
- D up
- E where

3623 The pub is a popular meeting _____ for all the young people in the town.

- A place
- B space
- C plaza
- D square
- E area

3624 I have much _____ in informing you that tomorrow I will come back home.

- A satisfaction
- B astonishment
- C happiness
- D pleasure
- E confidence

3625 Mike _____ agrees with you.

- A certain
- B rather
- C complete
- D quite
- E true

3626 The path was icy and we were afraid _____.

- A to fall
- B of falling
- C to falling
- D falling
- E fall

QUESITI

3627 I cut _____ on the beach.

A myself
B me
C by
D on me
E on myself

3628 _____ did you take this picture? In Cornwall?

A Why
B What
C Where
D When
E Which

3629 Dentists _____ drills.

A some use
B often use
C uses often
D often uses
E often use

3630 As I _____ the knocking, I opened the door.

A hear
B heard
C was hearing
D will hear
E hearing

3631 _____. I'll be back on time.

A Not worry
B Don't
C Worry
D Don't worry
E No worry

3632 "Is there anybody _____ joining us?" "No, we are _____ here. The _____ will arrive later."

A else, each, others
B more, all, another
C again, all, other
D else, all, others
E else, both, else

3633 I gave her your letter personally. She assured she _____.

A will write
B would write back
C wrote back
D would have written
E written

3634 Michael sent an e-mail to his friends but _____ answered.

A nobody
B anyone
C someone
D everyone
E one

3635 Have you made your holiday plans _____?

A still
B already
C yet
D just
E ever

3636 _____ chips every day is bad for your health.

A To be eating
B Eating
C Eat
D Eaten
E To eating

3637 You feel sick because you drank _____ wine.

A too much
B too
C many
D too many
E very

3638 They _____ our help.

A need
B needn't
C must
D have to
E need of

3639 His son is a very young boy, he is _____ fifteen years old.

A rarely
B lively
C hastly
D scarcely
E easily

3640 My son was born _____ September.

A at
B on
C in
D for
E to

INGLESE

3641 _____ passed the test successfully.

A Some students of ours
B Some our students
C Our students some
D Some students of us
E Some of students

3642 _____ painted the Sistine Chapel?

A When
B Where
C What
D Who
E Whom

3643 Irish coffee _____ with cream.

A to serve
B served
C is served
D is serving
E will serve

3644 _____ the weather will get worse.

A Maybe
B May be
C Is
D Be
E Can

3645 The exhibition _____ we visited was wonderful.

A than
B then
C that
D who
E what

3646 If she _____ she will be late.

A will be hurring
B is hurring
C hurries
D doesn't hurry
E won't hurry

3647 They can't walk _____ as they are tired.

A higher
B the fastest
C more quickly
D speedy
E slowlier

3648 The flight was delayed _____ the weather condition.

A because
B because of
C owing
D as
E due

3649 _____ have you worked fot that company?

A Since when
B When
C How far
D How long
E For how long

3650 "Can I borrow some books?" "Yes, take _____ you like".

A than
B as many as
C as much as
D many as
E the many

3651 We _____ lunch at 2pm.

A usually have
B are having usually
C have usually
D have always been having
E have always

3652 "Can Jack fix my car engine?" "Yes, _____."

A he can
B he does
C can
D Jack is
E he can't

3653 _____ a nice stay here in Los Angeles!

A Do
B Are
C Is
D Let's
E Have

3654 The conference was boring. They didn't say _____ impressive.

A a thing
B something
C nothing
D everything
E anything

3655 Excuse-me, sir, _____ I borrow you pen, please?

A can
B may
C am
D must
E do

3656 Look at those cars _____ dangerously!

A drive
B driving
C to drive
D be driving
E are driving

3657 That team, _____ coach is an old man, is going to win the match.

A that
B who
C whose
D which
E its

3658 There is _____ water in the radiator.

A a few
B too
C few
D little
E bit

3659 The child has just made the cake _____.

A by himself
B to himself
C his own
D lonely
E own

3660 Jack _____ be at home. He is ill.

A has to
B cannot
C can
D must
E mustn't

3661 I think you _____ take people's advice.

A ought
B should
C would
D shall
E must

3662 They'll go to the airport _____ taxi.

A in
B on
C with
D with the
E by

3663 There's a _____ to do.

A much
B lot
C lots
D many
E more

3664 I will _____ to accept your invitation.

A please
B be pleased
C be nice
D pleased
E happily

3665 It is very _____ you to give me a lift.

A kind that
B too kind
C kind from
D kindly
E kind of

3666 She suggests _____ this book.

A us to read
B that read
C to read
D reading
E should read

3667 Are you _____ interested in classical music?

A yet
B still
C ever
D again
E unless

3668 Your sister is nicer _____ I expected.

A than
B that
C then
D as
E more

INGLESE

3669 He can keep warm _____ cold weather.

A even if
B though
C although
D despite
E in spite

3670 You _____ smoke here. It's forbidden.

A don't have to
B mustn't
C must
D have got to
E haven't go to

3671 _____ join them at the party. I prefer staying at home tonight.

A Let's
B Let's not
C Don't
D Let not
E Do

3672 My car _____ start because the battery is low.

A won't
B doesn't want to
C is not
D will
E is to

3673 Have you ever had a safari _____?

A last year
B this year
C in your life
D soon
E in the future

3674 Tulips and roses are beautiful _____.

A plant
B flower
C flowers
D trees
E grass

3675 Easter is always on _____.

A Sunday
B Monday
C Tuesday
D Wednesday
E Friday

3676 What's _____ with you now?

A right
B on
C good
D left
E wrong

3677 He is _____ cousin, Peter.

A mine
B you
C an
D my
E me

3678 Is this _____ suitcase, Mrs Jackson? No, _____ is white.

A your, mine
B your, my
C her, mine
D his, its
E you, me

3679 Look at _____ boys there!

A that
B these
C those
D this
E a

3680 I would like to buy _____ big house.

A those
B anyone
C mine
D a
E an

3681 This book _____ interesting at all: it's so boring!

A is
B is not
C has
D not
E no

3682 _____ I have some water, please?

A Must
B Would
C Cannot
D Am
E May

QUESITI

3683 **He wrote _____ interesting article.**

A rather
B unusual
C rather an
D unusually
E surprisingly

3684 **Is Dylan your _____ child?**

A older
B oldest
C eldest
D elder
E old

3685 **In this archeological area you can see _____ of Roman civilization.**

A traces
B inches
C tracks
D clue
E lights

3686 **The 8th of December is _____ holiday in Italy.**

A common
B unique
C public
D singular
E typical

3687 **Tomorrow at 9.00 I've got an appointment. I'll try to be _____ before 11.**

A back
B come
C gone
D left
E there

3688 **I'm _____ nervous.**

A become
B got
C get
D getting
E made

3689 **I didn't need to study for the exam. I knew it would be _____.**

A fully
B spread
C smart
D useful
E easy

3690 **Is _____ any way he can avoid going to prison?**

A there
B it
C ever
D really
E all

3691 **We will look _____ the matter in detail.**

A for
B at
C into
D through
E over

3692 **It's so nice _____ drive me to the station.**

A from him to
B that he
C he to
D of him to
E him to

3693 **Please, come in and take _____ your coat.**

A on
B over
C off
D up
E away

3694 **_____ much it costs, I will buy that car.**

A Therefore
B Finally
C However
D Never
E As

3695 **He spends _____ his time reading newspapers.**

A many
B more
C much
D most
E most of

3696 **Étienne wants to work in an international company. _____ why he needs to learn English.**

A He is
B It
C It's
D That's
E The

INGLESE

3697 Why shouldn't I smoke a cigarette if I _____?
A wouldn't
B want it
C would like
D want to
E like

3698 I studied Law and _____ my brother.
A too
B also
C either
D did
E so

3699 _____ I'm concerned, Swahili is not a difficult language.
A As far as
B As long as
C As much as
D As to
E What

3700 "Are you happy?" "_____ I am".
A Course
B Actually
C Instead
D Indeed
E In fact

3701 My grandfather _____ name's George.
A s'
B as
C of
D is
E 's

3702 This bill is incorrect. I _____.
A am not going to pay
B am not paying
C don't have to pay
D won't be paying
E don't pay

3703 _____ of what his parents suggest, he will do what he wants.
A However
B Regards
C Regardless
D Beside
E Though

3704 We all know he is rich. There's no need to show _____.
A off
B round
C in
D out
E to

3705 I regret _____ harder when I was at school.
A studying
B not studying
C not to have studied
D not to study
E didn't study

3706 What course are you _____ in?
A interested
B written
C made
D watched
E aiming

3707 I cannot see. Terence, switch the light on, _____?
A can you
B please
C will you
D don't you
E do you

3708 The situation is _____ than expected.
A worst
B worse
C the worst
D bad
E best

3709 Gil has just _____.
A wake
B woke
C awake
D woken
E awoken

3710 Have you had experience _____ with children?
A working
B in working
C to work
D work
E at working

QUESITI

3711 When he arrived at the airport he _____ see anyone there to meet him.

A won't
B cannot
C could
D couldn't
E was able to

3712 This is the school _____ I study illustration.

A in where
B where
C for what
D which
E at which

3713 There's so much noise here. Can you speak _____ a little?

A on
B to
C at
D over
E up

3714 Before driving you _____ drink any alcohol.

A shouldn't
B needn't
C can't
D don't have to
E mustn't

3715 I would like some information _____ the prices of your goods.

A on
B about
C of
D regard
E to

3716 There has been a fall of over 20% in the number of deaths _____ malaria worldwide.

A of
B for
C from
D by
E on

3717 We're going to my cousin's _____ in London.

A wedding
B wedge
C wednesday
D weather
E weaving

3718 Can you translate this word, please? I _____ speak Japanese.

A am not
B can't
C don't know
D wouldn't
E must

3719 My father would like _____ study more.

A me to
B I
C to me
D that I should
E I must

3720 They won't move to another city _____ they find a better job.

A at all
B as long as
C but
D unless
E even

3721 The shop will be open _____ 10pm.

A in
B as far as
C until
D over
E on

3722 Can you _____ a hand here?

A find
B give
C help
D find
E want

3723 He is so overweight. Why _____ he go on a diet?

A hasn't
B isn't
C don't
D doesn't
E did

3724 How _____ can cars go in town?

A quick
B much
C far
D fast
E long

INGLESE

3725 **I have _____ been any good _____.**

- A never, at cooking
- B never, to cook
- C ever, for cooking
- D ever, in cooking
- E never, to cook

3726 **My mother sings better than yours but Mike's mother sings _____.**

- A better
- B best
- C the best
- D the better
- E most

3727 **Sommer sunny days _____ end.**

- A are about to
- B come to
- C are in
- D are at
- E will be

3728 **I haven't seen Jane _____. Is she still in England?**

- A recent
- B late
- C lately
- D formerly
- E previously

3729 **_____ he arrives, I will speak to him.**

- A As much as
- B As soon as
- C Until
- D From
- E Since

3730 **Geena prefers not to go out. She _____ clean the house.**

- A can't
- B must
- C has to
- D hasn't
- E mustn't

3731 **To understand how this printing machine works please read the description _____.**

- A below
- B under
- C down
- D up
- E on

3732 **He's just found a new house and he _____ move soon.**

- A goes
- B is going to
- C will be
- D is to
- E has

3733 **_____ about five years to rebuild the hospital after the earthquake.**

- A There were
- B They were
- C It took
- D It did
- E It was

3734 **"Hello, can I speak to John please?" "_____?"**

- A What's the calling
- B Who are you calling
- C Which is it
- D Who's calling
- E Who speaks

3735 **If you leave for Egypt, _____ forget to bring your passport and insurance documents.**

- A don't
- B you will
- C you don't
- D are you
- E you don't have to

3736 **Sarah is always complaining. I wish she _____ more tolerant.**

- A were
- B would be
- C to be
- D could
- E was

3737 **My father sat in the chair _____ the window.**

- A the nearest
- B more near
- C near
- D nearer
- E nearest

3738 **They have worked for Apple _____.**

- A the time
- B for long time
- C for a long time
- D a long time
- E by the time

QUESITI

3739 **Sally's working conditions are _____ mine.**

A same as
B the
C as
D the same
E the same as

3740 **In Britain and Australia people drive _____.**

A left
B the left
C on the left
D lefty
E at the left

3741 **Do you think I _____ apply for that job?**

A could
B managed to
C being able to
D will be
E succeeded in

3742 **The new collection will be ready _____ summer.**

A above
B later
C by
D within
E at

3743 **Why are there so _____ warning lights on the flight deck?**

A many
B much
C lots
D down
E that

3744 **I just don't want to spill hot coffee _____ you. So please, let me sit down.**

A on
B up
C over
D in
E at

3745 **Before I answer your questions, here are _____ thoughts about being a teacher.**

A any
B no
C a
D some
E the

3746 **Don't be influenced _____ other people's stupidity.**

A from
B by
C for
D on
E with

3747 **Remember _____ your umbrella. It may rain.**

A to take
B taking
C you take
D you to take
E will take

3748 **He's got _____ nice friends.**

A as such
B so as
C so a
D such a
E such

3749 **_____ to try on this jacket, please.**

A I'd like
B I want
C I like
D I would
E May I

3750 **Thanks to her directions we _____ to find her house soon.**

A can
B could
C were
D were able
E will

3751 **After the match _____ were very tired.**

A both of us
B both us
C us
D both we
E both of

3752 **What would you do if on a bus you had a seat but an elderly man _____?**

A were to stand
B was standing
C stood
D didn't
E had

INGLESE

3753 Do you _____ know the news?

A ever
B soon
C just
D already
E now

3754 The train was _____ to arrive at 8 but it was two hours late.

A been
B thought
C scheduled
D believed
E understood

3755 _____ wait for me if I'm late.

A You don't
B Don't
C You wouldn't
D Won't
E Let's

3756 Mr Clark doesn't live in this building _____.

A more
B any time
C always
D no more
E any longer

3757 Mary doesn't know where my passport is, _____?

A does she
B is she
C has she
D she knows
E she does

3758 She's not so fluent in German, _____ after ten years in Germany.

A though
B even
C only if
D although
E despite

3759 He fell in love _____ on holiday.

A at
B during
C as
D when
E while

3760 A plane is flying _____ the town.

A across
B above
C on
D upstairs
E through

3761 I don't like the weather in Seattle. It rains _____.

A the whole time
B all the time
C all time
D every time
E a long time

3762 Did you all understand? _____ I read the passage again?

A Do
B Must
C Shall
D Will
E Would

3763 Everything _____ happened was my fault.

A has
B is
C what
D that
E did

3764 He's the laziest man she _____ with since her promotion.

A did work
B works
C is working
D worked
E has worked

3765 Sean looked forward _____ you again.

A to see
B seeing
C to seeing
D see
E saw

3766 You _____ buy vegetables. There is plenty in the fridge.

A needn't
B don't need
C needn't have
D have to
E must

QUESITI

3767 _____ **fire break the glass.**
- **A** In case of
- **B** Only if
- **C** If
- **D** Should
- **E** Maybe

3768 **"We are going home because Felicia is cold". "She _____ put on a warmer sweater before going out".**
- **A** could
- **B** must
- **C** should
- **D** should have
- **E** would have

3769 **I don't know _____ she still works as a teacher.**
- **A** whether
- **B** when
- **C** what
- **D** that
- **E** since when

3770 **People are not _____ to enter that room.**
- **A** able
- **B** due
- **C** can't
- **D** allowed
- **E** thought

3771 **Did they find the documents they _____ for?**
- **A** didn't look
- **B** have looked
- **C** looked
- **D** are looking
- **E** were looking

3772 **Will you explain to me _____ you won't join us?**
- **A** if
- **B** because
- **C** why*
- **D** now
- **E** as

3773 **The chief editor asked _____ an article on the matter.**
- **A** me to write
- **B** me writing
- **C** me write
- **D** I to write
- **E** that I write

3774 **What _____ having a pizza for dinner?**
- **A** if
- **B** about
- **C** to be
- **D** is
- **E** that we

3775 **Could you help me? I can't _____ on my own.**
- **A** manage
- **B** help
- **C** do
- **D** make
- **E** get

3776 **Two _____ of the people involved in the accident were injured.**
- **A** third
- **B** thirds
- **C** three
- **D** of the third
- **E** the thirds

3777 _____ **we haven't had any trouble with our car.**
- **A** Now
- **B** As far
- **C** Since
- **D** Up to now
- **E** Until

3778 **Nigel studied a lot. He is _____ to pass his exams.**
- **A** definite
- **B** probable
- **C** possibly
- **D** likely
- **E** like

3779 **Are you still thinking of _____ a house in the country?**
- **A** to buy
- **B** buying
- **C** buy
- **D** to buying
- **E** bought

3780 **There _____ seems to be an end to the attacks by terrorists.**
- **A** ever
- **B** never
- **C** is
- **D** don't
- **E** doesn't

INGLESE

3781 **She _____ solve her problems if that psychologist helped her.**

A will
B would
C has
D did
E could have

3782 **Dreams come true _____ we truly believe.**

A only
B only if
C whether
D but
E actually

3783 **He received no answers to _____ questions.**

A his
B he
C him
D that
E this

3784 **Were _____ many people at the exhibition?**

A they
B it
C here
D there
E place

3785 **Brenda is 15 years old and Amanda is 10. Brenda is the _____ of the two sisters.**

A old
B oldest
C younger
D eldest
E elder

3786 **"You ought to eat. You live on air". "No, I _____".**

A not
B do
C don't
D no
E live not

3787 **Have you _____ been to Paris?**

A never
B ever
C had
D been
E are

3788 **"Has he been faithful to you?" "Well, it depends _____ what you call faihful!"**

A to
B at
C on
D by
E from

3789 **They offer _____ muffins to their guests.**

A some
B any of
C some of
D a little
E little

3790 **I am ready to do anything you _____ propose.**

A ought
B should
C did
D had
E do

3791 **Those _____ eat fat food are usually overweight.**

A will
B are
C who
D which
E what

3792 **I want _____ help me.**

A you are
B that
C that you to
D you
E you to

3793 **His report was _____ accurate and disappointing.**

A not at all
B no
C at all
D such
E not any

3794 **We don't think we _____ to come and visit you tomorrow.**

A will
B won't
C will be able
D are able
E can

QUESITI

3795 **It is surprising to see _____ of the novel passes before the hero makes his entry.**

A so much
B how
C much
D how many
E how much

3796 **We _____ know anything about her life.**

A hardly
B hard
C difficult
D not
E little

3797 **Mark sent his _____ from London.**

A bye bye
B hello
C greeting
D greetings
E welcome

3798 **Their new house is _____ big _____ quiet as they said.**

A either, or
B neither, nor
C neither, neither
D nor, nor
E not, not

3799 **_____ me, rich doesn't mean happy.**

A On
B From
C In
D At
E To

3800 **_____ she is completely cured she has left hospital.**

A Since
B Though
C But
D Even
E As

3801 **Air travel _____ become much more common nowadays.**

A has
B is
C must
D could
E would

3802 **After the kissing, the frog _____ a prince.**

A turned over
B turned into
C tended to
D splitted in
E melted in

3803 **That boy likes _____ clever.**

A thinking
B to think
C thinking
D to be thought
E be thought

3804 **_____ can we do to make you happy?**

A What
B Why
C When
D Which
E Where

3805 **What do you mean _____ "cool people"?**

A from
B by
C with
D at
E through

3806 **He hasn't gained enough working experience _____.**

A again
B still
C yet
D not
E already

3807 **There are Chinese restaurants sprinkled all _____ the city.**

A in
B at
C across
D over
E down

3808 **Canova was an italian sculptor of _____ vision.**

A great
B big
C huge
D wide
E large

3809 If it doesn't rain tomorrow, I _____ go to the beach.

A did
B am
C had
D be
E shall

3810 I'd rather read a book _____ watch TV.

A then
B to
C instead
D than
E that

3811 My sister regretted _____ to university.

A not to go
B didn't go
C not go
D not going
E go

3812 I have never seen _____ house as this!

A as
B such
C such as
D such a
E a

3813 It has been a busy day at work. Tonight I _____ relax in front of the TV.

A go to
B am going to
C am to
D will be
E might

3814 "Thank you". "_____".

A You are welcome
B Please
C Not all
D Bless you
E Sake

3815 In that period Maggie was _____ visited by nightmares.

A ever
B soon
C anytimes
D frequently
E rightly

3816 _____ is the station from the bank?

A How much far
B How much
C How wide
D How far
E How long

3817 "Will Rachel have a baby?" "I _____".

A don't think so
B don't think
C think not
D think not so
E think no

3818 I know you are leaving for Berlin. Your girlfriend found a job in Germany, _____?

A true
B was it
C does she
D did she
E didn't she

3819 My husband plays football _____ Saturday.

A at
B whole
C all
D every
E each

3820 Do you speak _____ languages at work?

A much
B a few
C some
D any
E little

3821 The mother caught her child _____ all the cookies!

A eat
B eating
C to eat
D having eaten
E ate

3822 I was filled _____ anger at the way he treated me.

A for
B with
C to
D by
E on

QUESITI

3823 _____ you go I will follow you.

- A Elsewhere
- B Where any
- C Wherever
- D When how
- E However

3824 She is talking to him _____ you.

- A about
- B of
- C to
- D from
- E on

3825 Pierre and Marie Curie _____ the Nobel Price for their research.

- A awarded
- B was awarded
- C were awarded
- D are awarding
- E be awarded

3826 "Do you live in this place?" "No, we're _____ visiting".

- A only
- B often
- C rarely
- D already
- E just

3827 Children ate up all their breakfast and _____ to school.

- A went
- B are going to go
- C have gone
- D will go
- E can't go

3828 I was born _____ 9 January 1986.

- A in
- B on
- C the
- D at
- E a

3829 Ann is a colleague of _____.

- A us
- B our
- C ours
- D we
- E me

3830 The phone _____. Who do you think it is?

- A is ringing
- B rings
- C was ringing
- D rang
- E will ring

3831 My parents _____ yours for a long time.

- A are knowing
- B knew
- C know
- D have known
- E known

3832 _____ you open the window, please?

- A Do
- B Will
- C Shall
- D Are
- E Is

3833 I saw him a _____ days ago. He is happy and satisfied with his new job.

- A one
- B few
- C any
- D several
- E lot of

3834 Today is her birthday. Have you _____ her a present?

- A brought
- B taken
- C bound
- D broken
- E thought

3835 I recognized him at _____, though I hadn't seen him for years.

- A now
- B once
- C immediately
- D sometimes
- E twice

3836 We had a pizza _____ last night.

- A in
- B by
- C -
- D at
- E on

INGLESE

3837 _____ didn't you accept that job?

A Why
B What
C Which
D Where
E Who

3838 My brother doesn't enjoy _____ football.

A to play
B playing
C play
D to playing
E himself

3839 We _____ a new computer. It _____ a real bargain!

A have just bought, was
B have just bought, had been
C just bought, was
D did buy, would be
E are buying, is being

3840 Derek _____ for his girlfriend for about two hours but she _____ yet.

A is waiting, turning
B waits, doesn't turn
C has been waiting, hasn't turned up
D has been waiting, hasn't seen
E has been waiting, hasn't appeared

3841 This is the _____ compact disk by my favourite singer. _____ year some new songs of his will be recorded.

A latest, next
B late, next
C last, future
D last, the next
E latest, the next

3842 The man _____ his excuses and left.

A got
B had
C did
D makes
E made

3843 A lot of accidents _____ by careless driving.

A are causing
B caused
C are caused
D causes
E will cause

3844 John lives _____ his office.

A far from
B far
C from
D away
E far away

3845 The children look forward to _____ the puppy.

A see
B seeing
C be seen
D saw
E sees

3846 She's got _____ friends but they are very affectionate.

A a few
B few
C little
D much
E many

3847 If they _____ on our plan, we _____ a holiday in two months.

A agree, will take
B will agree, will have taken
C will agree, are gointo to take
D agree, take
E agreed, would have taken

3848 You _____ look for a job instead of living on your parents' earnings!

A ought
B couldn't
C rather
D have
E had better

3849 Do you prefer cooking _____ the washing up?

A to do
B to doing
C to be doing
D be doing
E doing

3850 My friends gave me _____ flowers on my birthday.

A a lot
B lots
C much
D a little
E some

3851 **My parents _____ pets.**
- A like
- B likes
- C doesn't like
- D don't
- E like to

3852 **Mark is a good student as he _____ a lot.**
- A doesn't study
- B study
- C studies
- D didn't study
- E will study

3853 **Jack has _____ talent to become a good actor.**
- A fair
- B enough
- C quite
- D well
- E such

3854 **_____ Sharon _____ Liz wants to tell them the truth. They prefer lying.**
- A Either, or
- B Neither, nor
- C Both, both
- D Nor, nor
- E None, nor

3855 **Short after the explosion, all the people _____ to evacuate the area.**
- A asking
- B has asked
- C was asked
- D were asked
- E asks

3856 **I remember putting the letter on this table. _____ it is not here!**
- A No
- B Still
- C Worse
- D Yet
- E Ever

3857 **I'm sorry _____ your absence _____ the inauguration of Brenda's exhibition.**
- A about, from
- B for, from
- C about, at
- D that, at
- E for, in

3858 **_____ you please stop talking when I speak?**
- A Mind
- B Shall
- C Will
- D Care
- E Want

3859 **I usually eat every kind of food _____ eggs.**
- A and
- B but
- C some
- D each
- E every

3860 **News from the Stock Exchange today _____ good.**
- A is
- B are
- C are being
- D was
- E were

3861 **Lisbon is _____ European city.**
- A any
- B the
- C an
- D a
- E no

3862 ***War and Peace* is the best book I _____ as a present.**
- A were given
- B are given
- C have been given
- D ever given
- E be giving

3863 **Laura, would you mind _____ the TV off, please?**
- A switching
- B switched
- C switch
- D to switch
- E be switched

3864 **He speaks _____ than her.**
- A faster
- B fast
- C fastest
- D the fastest
- E the fast

INGLESE

3865 With _____ money did he buy that big house?

A that
B who
C whom
D whose
E who's

3866 They're having difficulty _____ having a baby.

A on
B with
C for
D by
E over

3867 "Is this John's?" "Yes, it's _____".

A this
B is
C him
D his
E he

3868 _____ of the time, problems are not so big as we consider them.

A Most
B More
C Much
D Many
E Some

3869 Would you _____ an effort to get on with her?

A make
B do
C take
D have
E get

3870 Did they enjoy _____ at the party?

A yourself
B yourselves
C oneself
D themselves
E them

3871 The president is elected _____ five years.

A every
B each
C any
D at
E on

3872 You will be wondering _____ I rejected your offer.

A why
B because
C how
D the reason
E for

3873 Sandra speaks _____ French, _____ German.

A neither, or
B not only, but also
C –, also
D both, –
E not only, also

3874 Many things have happened _____ you went away.

A since
B for
C as
D over
E when

3875 I have got two sisters but _____ brothers.

A no
B none
C any
D a little
E a

3876 Are there _____ for me?

A some letter
B any letters
C a letters
D the letter
E some letters

3877 Mary and Jane are the only friends _____ helped me.

A whom
B which
C who
D some
E whose

3878 _____ are you trying to say?

A What
B How
C Why
D Do
E Which

QUESITI

3879 "_____ he like skating?" "No, he _____".

A Has, hasn't
B Does, doesn't
C Would, doesn't
D Do, don't
E Is, isn't

3880 I _____ any photos of my latest holiday.

A haven't got
B don't got
C don't
D have got to
E has

3881 _____ the left of the room there is a fireplace.

A On
B At
C In
D By
E Up

3882 _____ are you from?

A What
B Where
C Which
D That
E When

3883 They wish they _____ move to another town, but they haven't saved enough money yet.

A could
B do
C had
D can
E will

3884 If I _____ richer, I _____ travel around the world.

A will be, will
B be, would
C were, would
D am, would
E had, would

3885 "John hasn't arrived yet". "He _____ late: he knows this city perfectly!"

A can't be
B may be
C must be
D might be
E may be

3886 The floor is so dirty! _____ the baby sit on it!

A Let
B Do let
C Don't
D Don't let
E Let not

3887 That house _____ in 1970.

A were built
B built
C has built
D was built
E has been built

3888 That boy is so desperate that he _____ cry.

A is
B is going to
C will be going to
D will be
E does

3889 _____ you already _____ your bed?

A Have, made
B Haven't, make
C Did, make
D Do, make
E Didn't, make

3890 We _____ Mary to the station. Sean had just gone and picked her up.

A not drive
B didn't need to drive
C don't need to drive
D need have driven
E needn't drive

3891 The Empire State Building is about 400 metres _____.

A tall
B high
C long
D wide
E large

3892 Last week I could see my friend _____ enthusiastic about my proposal.

A is
B are
C be
D being
E was

INGLESE

3893 **"Would you like tea or coffee?" "_____. I don't mind".**

A Please
B I do
C Yes
D Either
E I would

3894 **The Chinese invented _____.**

A printing
B to print
C print
D to be printing
E printed

3895 **Italy is _____ Norway.**

A more sunny than
B sunnier than
C sunny
D sunny more
E very sunny

3896 **Mary is my cousin. _____ is very pretty.**

A It
B He
C She
D Her
E Hers

3897 **That boy is so stupid! I don't trust _____.**

A him
B he
C it
D his
E its

3898 **We are going to Peter's party. Will you come with _____?**

A we
B our
C ours
D I
E us

3899 **Buy _____ of this cheese. It's delicious.**

A some
B no
C not any
D little
E many

3900 **"Is this pen _____?" "No, _____ is black".**

A yours, our
B your, ours
C yours, ours
D you, we
E your, us

3901 **He _____ meat. He prefers fish.**

A love
B don't like
C dislikes
D adores
E does

3902 **What about _____ a book instead of chatting on the Internet?**

A read
B reading
C to read
D you read
E do you read

3903 **There is _____ salt left. Let _____ buy it!**

A no, us
B none, us
C any, us
D some, we
E any, we

3904 **_____ you like a cup of coffee?**

A Could
B Should
C Would
D Wood
E Do

3905 **_____ me the time, please?**

A Can you tell
B Do you tell
C Do you say
D Can you say to
E Shall you tell

3906 **Those are Mary _____ dolls.**

A is
B has
C 's
D 'd
E 'll

QUESITI

3907 **What is he _____ in the garage?**
- A does
- B do
- C doing
- D did
- E has done

3908 **_____ tell me lies! I _____ know the truth.**
- A Don't, want
- B Let, must
- C Doesn't, will
- D Don't, want to
- E Let's, really

3909 **Is _____ going to come to the party?**
- A somebody
- B someone
- C one of
- D anybody
- E something

3910 **You _____ cross when the traffic lights are red!**
- A can't
- B cannot
- C must
- D mustn't
- E don't have to

3911 **_____ see my bag anywhere?**
- A You can
- B Should you
- C Can you
- D Will you
- E Would you

3912 **Look at that butterfly! _____ wings are beautiful!**
- A It
- B Its
- C Her
- D Hers
- E She

3913 **I impressed everyone _____ my performance at work.**
- A for
- B on
- C with
- D at
- E by

3914 **Can you help me _____ these cases, please?**
- A be bring
- B bring
- C brought
- D to be bringing
- E bringing

3915 **There was some extra work to do and my colleagues wanted _____ it.**
- A I do
- B me to do
- C doing
- D me did
- E not doing

3916 **She won't lie anymore. She promised _____.**
- A it to me
- B me it
- C to me it
- D me for it
- E it me

3917 **If you _____ your hair, you _____ look better.**
- A cutted, would
- B cutted, -
- C had cut, -
- D didn't cut, will look
- E cut, would

3918 **He _____ his mind and he's ready to leave.**
- A does think
- B will take
- C shall not decide
- D wouldn't change
- E has changed

3919 **Juliet can always count _____ her friends and they rely _____ her too.**
- A with, to
- B to, with
- C with, on
- D on, on
- E on, with

3920 **Would you mind if I _____ the window, please?**
- A opening
- B opened
- C would open
- D will open
- E open

INGLESE

3921 What I said was wrong. I'm ashamed of _____.

A it
B I
C me
D myself
E itself

3922 The new trousers _____ fit me.

A doesn't
B not
C don't
D shan't
E aren't

3923 "They never watch TV". "_____".

A Neither do us
B Neither do we
C Either do we
D We don't
E Don't we

3924 How long _____ in Iran?

A have you gone
B is your stay
C are you staying
D have your stay
E did you go

3925 Remember that _____ is a difference between the words "job" and "work".

A there
B it
C the
D she
E he

3926 My friends Alice and James need a new car but they haven't money _____.

A still
B much
C instead
D however
E enough

3927 What time do they have _____ go to the swimming pool?

A and
B must
C can
D to
E would

3928 I'd prefer _____ travel by plane.

A if
B don't
C not
D not to
E I

3929 Ann _____ move to a bigger house.

A would like to
B would like
C wants
D liked
E likes to

3930 We tried lots of restaurants but _____ had any good toilets.

A none of them
B no of them
C no one them
D them
E nobody

3931 The house is not dirty. We _____ clean it.

A don't have to
B needn't have
C must
D have to
E have to

3932 George got married two years _____.

A now
B still
C ago
D about
E almost

3933 Tsunamis are not frequent. They _____ happen.

A frequently
B seldom
C rare
D often
E always

3934 We are good friends. We _____ each other for years.

A know
B have known
C knew
D are knowing
E are known

QUESITI

3935 A concert tour is _____ concerts by an artist or group of artists in different cities.

A lots of
B number of
C many of
D a series of
E series of

3936 If the phone _____, can you answer it?

A ring
B rings
C is ringing
D was ringing
E will ring

3937 Paul refuses to speak to me _____.

A again
B still
C yet
D more
E longer

3938 Those bananas are £1.50 _____.

A one
B them
C whole
D each
E every

3939 My brother took my bike without _____ me.

A ask
B to ask
C asking
D he asked
E been asked

3940 "What's the weather _____ today?" "It's a very sunny day!"

A like
B of
C off
D than
E soon

3941 I was wondering if you could help me. _____ there a restaurant near here?

A Are
B Is
C Were
D Be
E Could

3942 Could you tell me _____ to get to the Central Station, please?

A how
B if
C about
D where
E what

3943 Kirk will be back _____ Tuesday.

A by
B at
C within
D in
E for

3944 If you are hungry, _____ something to eat.

A can have
B may have
C will have
D have
E do

3945 The patient won't be able to walk unless he _____ rehabilitation exercises.

A did
B doesn't do
C does
D doesn't make
E makes

3946 It's late. We _____ hurry.

A got to
B are getting
C had rather
D had to
E had better

3947 If you are so tired you _____ go to bed so late.

A couldn't
B shouldn't
C would
D oughtn't
E might

3948 Where is the cake _____ was in the fridge?

A who
B whom
C that
D what
E where

INGLESE

3949 **The Taylors have some unexpected guests. They didn't tell them they _____ today.**

A came
B come
C were coming
D are coming
E would come

3950 **You've eaten _____ and you feel weak.**

A fewer
B bit
C too much
D too little
E more

3951 **The Russian teacher speaks very slowly _____ I can understand.**

A that
B so that
C so
D so as
E for

3952 **That architect _____ to have designed beautiful parks.**

A said
B has been saying
C says
D is saying
E is said

3953 **Have you ever had your wallet _____?**

A stole
B to steal
C stolen
D to be stolen
E stealing

3954 **We prefer chocolate _____ coffee.**

A to
B than
C at
D for
E of

3955 **I have been studying _____ yesterday.**

A for
B since
C from
D by
E in

3956 **The teacher asked the children _____ shout.**

A won't
B do not
C don't
D not to
E no

3957 **_____ my dogs are 5 years old.**

A Any of
B Both of
C Either
D Neither
E Each

3958 **Did you read the _____ newspaper?**

A one
B total
C all
D whole
E every

3959 **A doctor is _____ who heals people.**

A everyone
B anyone
C someone
D one
E person

3960 **I've got a bit of a headache. Could you give me something _____ it?**

A of
B at
C for
D in
E by

3961 **The _____ important thing to remember in this situation is their need of care.**

A much
B two
C many
D some
E only

3962 **If you'd like to take a seat, I'll call you when the chairman is _____ to see you.**

A ready
B fast
C about
D ever
E in

QUESITI

3963 Cautions _____ *"smoking makes you look older"* did _____ to curtail the habit.

A such, little
B like, small
C such as, a little
D such as, little
E such a, little

3964 Now the two friends _____ about what they _____ at the weekend.

A are talking, did
B talk, were doing
C talked, did
D were talking, are doing
E have talked, have done

3965 Nick used to judge _____ appearences.

A on
B at
C by
D to
E for

3966 It's been snowing _____ yesterday.

A for
B since
C by
D from
E at

3967 "Can you lend me some money, please?" "Sorry, I've got only few _____ on me".

A notes
B coins
C cheques
D money
E coin

3968 Jenny's _____ is blond.

A eyes
B hair
C hairs
D lips
E hands

3969 Cat is my favourite _____.

A bird
B pet
C fish
D pen-friend
E vet

3970 The sky is covered with black _____.

A clouds
B cloud
C covers
D rain
E storm

3971 John rings the _____ but there is no reply.

A phone
B bell
C sound
D ring
E door

3972 In August I'll be on _____.

A vacations
B out
C holiday
D holidays
E off

3973 At the airport, the first thing that passengers are to do is the _____.

A check-up
B check-out
C check-in
D check-into
E check

3974 Can you tell me the _____, please?

A clock
B hour
C time
D weather
E watch

3975 _____ come in! I want to see them!

A Let them
B They
C Them
D Let they
E Let

3976 _____ are you leaving _____?

A Who, with
B When, at
C Who, from
D Whom, with
E When, to

3977 Where _____ on holiday last summer?

- A are they going
- B will they go
- C do they go
- D should they go
- E did they go

3978 Would you like _____ strawberries?

- A few
- B a few
- C a little
- D many
- E much

3979 Tom likes _____.

- A to play swimming
- B to swim
- C swimming
- D swim
- E swam

3980 Before _____ your money you _____ ask for advice!

- A invest, had better
- B to invest, would
- C investing, had better
- D investing, rather
- E to invest, should

3981 Please, say _____. You are always so silent!

- A nothing
- B anything
- C somehow
- D something
- E things

3982 These are _____.

- A Paul's CDs
- B Paul's CD
- C Pauls CDs
- D Paul CD's
- E CD's Paul

3983 John _____ a good job but he refused.

- A offered
- B was offered
- C is offered
- D has offered
- E didn't offer

3984 You first married in 1999, _____?

- A ok
- B is it ok
- C is that right
- D do you
- E didn't you marry

3985 I think _____ for the USA when I'm 18.

- A to leave
- B leaving
- C should leave
- D me to leave
- E to leaving

3986 This box is _____ of wood.

- A done
- B built
- C out
- D made
- E make

3987 They were really mad about _____ the train.

- A missing
- B leaving
- C losing
- D looking
- E starting

3988 We maintained a close _____ for many years.

- A leadership
- B membership
- C lordship
- D readership
- E friendship

3989 It was a long journey _____ Paris _____ Tokyo.

- A by, to
- B from, till
- C from, to
- D by, in
- E from, at

3990 My parents are going on a trip _____ week.

- A next
- B last
- C few
- D a
- E one

QUESITI

3991 **I regret that I _____ applied for that job.**

A don't
B can't
C wouldn't
D mustn't
E didn't

3992 **This is the stadium where Beckham _____ .**

A first played
B played first
C played for first
D at first played
E played by first

3993 **When will he arrive _____ the airport?**

A in
B at
C to
D over
E until

3994 **You said you were _____, eat up then!**

A tired
B thirsty
C hungry
D bored
E angry

3995 **We saw the children running _____ the house.**

A among
B next
C between
D off
E towards

3996 **Are you _____ the truth?**

A thinking
B leaving
C saying
D telling
E trusting

3997 **The trees didn't yield _____ fruit this year.**

A many
B a lot of
C much
D very
E too

3998 **They drove very slowly because of the _____.**

A sun
B clouds
C cold
D pollution
E fog

3999 **When I was a child I _____ to walk to school every day.**

A used
B like
C mean
D hope
E love

4000 **If I were you, I _____ eat that stuff.**

A wouldn't
B can't
C mustn't
D don't
E shouldn't

INGLESE

Soluzioni

Quesito	Risposta	Quesito	Risposta	Quesito	Risposta	Quesito	Risposta	Quesito	Risposta	Quesito	Risposta	Quesito	Risposta	Quesito	Risposta	Quesito	Risposta	Quesito	Risposta
3601	A	3602	E	3603	D	3604	C	3605	C	3606	B	3607	A	3608	E	3609	C	3610	C
3611	B	3612	E	3613	C	3614	C	3615	A	3616	B	3617	B	3618	D	3619	E	3620	B
3621	B	3622	C	3623	A	3624	D	3625	D	3626	B	3627	A	3628	C	3629	E	3630	B
3631	D	3632	D	3633	B	3634	A	3635	C	3636	B	3637	A	3638	A	3639	D	3640	C
3641	A	3642	D	3643	C	3644	A	3645	C	3646	D	3647	C	3648	B	3649	D	3650	B
3651	A	3652	A	3653	E	3654	E	3655	B	3656	B	3657	C	3658	D	3659	A	3660	D
3661	B	3662	E	3663	B	3664	B	3665	E	3666	D	3667	B	3668	A	3669	D	3670	B
3671	B	3672	A	3673	C	3674	C	3675	A	3676	E	3677	D	3678	A	3679	C	3680	D
3681	B	3682	E	3683	C	3684	C	3685	A	3686	C	3687	A	3688	D	3689	E	3690	A
3691	C	3692	D	3693	C	3694	C	3695	E	3696	D	3697	D	3698	E	3699	A	3700	D
3701	E	3702	A	3703	C	3704	A	3705	B	3706	A	3707	C	3708	B	3709	D	3710	A
3711	D	3712	B	3713	E	3714	E	3715	B	3716	C	3717	A	3718	B	3719	A	3720	D
3721	C	3722	B	3723	D	3724	D	3725	A	3726	C	3727	A	3728	C	3729	B	3730	C
3731	A	3732	B	3733	C	3734	D	3735	A	3736	B	3737	E	3738	C	3739	E	3740	C
3741	A	3742	D	3743	A	3744	C	3745	D	3746	B	3747	A	3748	E	3749	A	3750	D
3751	A	3752	B	3753	D	3754	C	3755	B	3756	E	3757	A	3758	B	3759	E	3760	B
3761	B	3762	C	3763	D	3764	E	3765	C	3766	A	3767	A	3768	D	3769	A	3770	D
3771	E	3772	C	3773	A	3774	B	3775	A	3776	B	3777	D	3778	D	3779	B	3780	B
3781	B	3782	B	3783	A	3784	D	3785	E	3786	C	3787	B	3788	C	3789	A	3790	B
3791	C	3792	E	3793	A	3794	C	3795	E	3796	A	3797	D	3798	B	3799	E	3800	E
3801	A	3802	B	3803	D	3804	A	3805	B	3806	C	3807	D	3808	A	3809	E	3810	D
3811	D	3812	D	3813	B	3814	A	3815	D	3816	D	3817	A	3818	D	3819	D	3820	D
3821	B	3822	B	3823	C	3824	A	3825	C	3826	E	3827	A	3828	B	3829	C	3830	A
3831	D	3832	B	3833	B	3834	A	3835	B	3836	C	3837	A	3838	B	3839	A	3840	C
3841	A	3842	E	3843	C	3844	A	3845	B	3846	B	3847	A	3848	E	3849	B	3850	E
3851	A	3852	C	3853	B	3854	B	3855	D	3856	D	3857	A	3858	C	3859	B	3860	A
3861	D	3862	C	3863	A	3864	A	3865	D	3866	B	3867	D	3868	A	3869	A	3870	B
3871	A	3872	A	3873	B	3874	A	3875	A	3876	B	3877	C	3878	A	3879	B	3880	A
3881	A	3882	B	3883	A	3884	C	3885	A	3886	D	3887	D	3888	B	3889	A	3890	B
3891	B	3892	E	3893	D	3894	A	3895	B	3896	C	3897	A	3898	E	3899	A	3900	C

Quesito	Risposta	Quesito	Risposta	Quesito	Risposta	Quesito	Risposta	Quesito	Risposta	Quesito	Risposta	Quesito	Risposta	Quesito	Risposta	Quesito	Risposta	Quesito	Risposta
3901	C	3902	B	3903	A	3904	C	3905	A	3906	C	3907	C	3908	D	3909	D	3910	D
3911	C	3912	B	3913	C	3914	B	3915	B	3916	A	3917	E	3918	E	3919	D	3920	B
3921	D	3922	C	3923	B	3924	C	3925	A	3926	E	3927	D	3928	D	3929	A	3930	A
3931	A	3932	C	3933	B	3934	B	3935	D	3936	B	3937	A	3938	D	3939	C	3940	A
3941	B	3942	A	3943	A	3944	D	3945	C	3946	E	3947	B	3948	C	3949	E	3950	D
3951	B	3952	E	3953	C	3954	A	3955	B	3956	D	3957	B	3958	D	3959	C	3960	C
3961	E	3962	A	3963	D	3964	A	3965	C	3966	B	3967	B	3968	B	3969	B	3970	A
3971	B	3972	C	3973	C	3974	C	3975	A	3976	A	3977	E	3978	B	3979	C	3980	C
3981	D	3982	A	3983	B	3984	C	3985	B	3986	D	3987	A	3988	E	3989	C	3990	A
3991	E	3992	A	3993	B	3994	C	3995	E	3996	D	3997	C	3998	E	3999	A	4000	A